Croatie

Zagreb p. 42

Croatie continentale p. 72

Golfe de Kvarner p. 136

Istrie p. 99

Dalmatie du Nord p. 171

Split et Dalmatie centrale p. 199

Dubrovnik et Dalmatie du Sud p. 255

ÉDITION ÉCRITE ET ACTUALISÉE PAR
Peter Dragicevich
Marc Di Duca, Anja Mutić

PRÉPARER SON VOYAGE

Bienvenue en Croatie 4
Carte de la Croatie 6
17 façons de voir la Croatie 8
L'essentiel 16
Quoi de neuf ? 18
Envie de.... 19
Mois par mois 22
Itinéraires 26
Sports et activités 30
Voyager avec des enfants 36
Les régions en un clin d'œil 38

DOUCEURS CROATES, KOMIŽA P. 253

PARC NATIONAL DES LACS DE PLITVICE P. 173

SUR LA ROUTE

ZAGREB 42

CROATIE CONTINENTALE 72
Environs de Zagreb 73
Samobor 73
Mont Medvednica 76
Zagorje 77
Marija Bistrica 78
Klanjec 78
Krapinske Toplice 78
Krapina 79
Varaždinske Toplice 81
Varaždin 81
Međimurje 86
Slavonie 87
Đakovo 88
Osijek 88
Parc naturel de Kopački Rit 93
Baranja du Nord 94
Vukovar 96
Ilok 98

ISTRIE 99
Côte ouest de l'Istrie .. 101
Pula 101
Cap de Rt Kamenjak 108
Îles Brijuni 109
Vodnjan 110
Bale 111
Rovinj 111
Poreč 118
Umag 123
Istrie centrale et orientale 124
Momjan 124
Grožnjan 124
Motovun 125
Buzet 128
Roč 130

Pazin 131
Gračišće 133
Svetvinčenat 133
Labin et Rabac 134

GOLFE DE KVARNER 136
Rijeka 138
Opatija 144
Parc naturel d'Učka ... 148
Îles de Cres et de Lošinj 149
Beli 150
Ville de Cres 150
Valun 152
Lubenice 152
Osor 153
Nerezine 154
Mali Lošinj 154
Veli Lošinj 157
Île de Krk 159
Malinska 159
Ville de Krk 160
Punat 162
Vrbnik 162
Baška 163
Senj 165
Île de Rab 165
Ville de Rab 166
Lopar 170

DALMATIE DU NORD 171
Lika 173
Lacs de Plitvice et leurs environs 173
Parc national de Paklenica 176
Île de Pag 178
Ville de Pag 179
Novalja et ses environs .. 180
Zadar 182

Sommaire

COMPRENDRE LA CROATIE

La Croatie aujourd'hui. . 294
Histoire 296
L'esprit croate. 312
La cuisine croate 317
Architecture 323
Environnement 325
Arts et culture 328

CROATIE PRATIQUE

Carnet pratique 334
Transports 344
Langue 351
Index. 359
Légende des cartes . . . 367

ROVINJ P. 111

Riviera de Makarska . . 226
Brela. 226
Makarska. 226
La côte croate. 228
Parc naturel
de Biokovo. 233
Île de Brač 233
Supetar 235
Bol. 237
Île de Hvar. 240
Ville de Hvar 240
Stari Grad 247
Jelsa. 249
Île de Vis 249
Ville de Vis. 250
Komiža 253

Dugi Otok. 188
Veli Rat. 189
Božava 189
Sali 189
Baie de Telašćica 190
**Région
de Šibenik-Knin 190**
Îles Kornati 190
Tisno et île de Murter . . . 191
Parc national
de la Krka 192
Šibenik. 194
Primošten 197
Rogoznica 198

SPLIT ET LA DALMATIE CENTRALE. 199

Split 202
Environs de Split 219
Kaštela. 219
Trogir 220
Šolta. 224
Omiš. 225

DUBROVNIK ET DALMATIE DU SUD 255

Dubrovnik 257
**Vieille ville
de Dubrovnik. 268**
**Environs
de Dubrovnik. 276**
Cavtat. 276
Konavle 278
Îles Élaphites. 279
Île de Mljet 279
Parc national de Mljet . . .280
Okuklje. 281
Saplunara 281
**Péninsule
de Pelješac 282**
Ston et Mali Ston 282
Orebić. 283
Viganj 284
Île de Korčula 285
Ville de Korčula. 286
Lumbarda 290
Île de Lastovo 290

COUPS DE PROJECTEUR

Sports et activités. 30
La côte croate 228
**Vieille ville
de Dubrovnik. 268**
Architecture 323

Bienvenue en Croatie

Son mélange unique de glamour et d'authenticité fait de la Croatie une destination de choix, où les plages baignées par des eaux bleu saphir rivalisent avec des trésors culturels.

Les eaux cristallines de l'Adriatique

Le littoral croate, avec ses innombrables îles et îlots, a un indéniable charme et les amoureux du soleil ne cessent de s'extasier devant sa beauté. Il faut dire que le paysage est paradisiaque : l'or des falaises calcaires tachetées du vert profond des pins d'Alep, ou la blondeur des plages qui tranche avec le bleu intense de la mer. Nombre d'activités nautiques vous tireront de votre farniente : snorkeling, plongée, kayak, bateau ou planche à voile, entre autres.

Aux confins de tous les empires

Zone tampon entre les Balkans et l'Europe centrale, la Croatie est convoitée depuis des millénaires par des royaumes, empires et républiques aux intérêts divergents. Ce morcellement continu a profondément enrichi son patrimoine culturel. Les palais vénitiens côtoient des forts napoléoniens et les demeures viennoises ont pour vis-à-vis des sculptures réalistes-socialistes. Les excellents musées exposent des trésors emblématiques des grands moments de l'histoire européenne, à la fois terrible et fascinante.

La beauté de l'arrière-pays

Les Alpes dinariques, qui s'étendent de l'Italie à l'Albanie, longent une bonne partie de la côte. L'hydrographie karstique a modelé un paysage merveilleux, fait de sommets escarpés, de grottes, de canyons, de cascades et de lacs aux eaux turquoise. Plus loin dans les terres, les plaines et les cultures s'étendent à perte de vue. Les aventuriers trouveront leur bonheur parmi les nombreux sentiers de randonnée et de VTT, et les plus intrépides s'essaieront à l'escalade, au rafting ou à la tyrolienne.

Faire bonne chère

Si vous avez la chance d'être invité chez un Croate, il vous dira avec enthousiasme *"Jedi! Jedi! Jedi!"* (Mangez ! Mangez ! Mangez !). Partager un repas en dit long à la fois sur l'hospitalité des habitants et sur la qualité des produits locaux. Les tavernes familiales proposent généralement une cuisine simple et authentique, même si une nouvelle génération de grands chefs ose peu à peu introduire à table des recettes plus téméraires. Par ailleurs, le vin et l'huile d'olive croates, lauréats de prestigieuses récompenses, commencent à s'imposer sur la scène internationale.

Pourquoi j'aime la Croatie

par Peter Dragicevich, auteur

J'avoue ne pas être vraiment impartial, mais pour moi, la Croatie est la meilleure des destinations de voyage. Elle réunit singulièrement tout ce que j'aime : un cadre naturel à couper le souffle – idéal pour la baignade – du soleil en été, beaucoup d'histoire, une architecture intéressante, des vins incroyables, de délicieux fruits de mer... et j'en passe. C'est vrai, les Croates ne sont pas toujours très ouverts de prime abord, mais, une fois la glace rompue, vous découvrirez un peuple chaleureux et accueillant. Mes grands-parents sont originaires de Croatie, mais même sans cela, j'adorerais ce pays.

Pour en savoir plus sur nos auteurs, voir p. 368

Ci-dessus : Dubrovnik (p. 257)

Croatie

0 — 100 km

Kopački Rit
Le paradis des ornithologues (p. 93)

Parc national des lacs de Plitvice
Un écrin luxuriant pour la plus haute cascade du pays (p. 173)

Bol
Fief des véliplanchistes et plage somptueuse (p. 237)

Île de Mljet
Une île séduisante aux lacs bleu cobalt (p. 279)

Dubrovnik
L'étincelante perle de l'Adriatique (p. 257)

Ville de Hvar
Le spot des fiestas glamour (p. 240)

HONGRIE — Lac Balaton, Nagykanizsa, Koprivnica, Pécs, Mohács, Subotica, Bjelovar, Virovitica, Kutina, Kapovac (790 m), Našice, Osijek, Vukovar, Bačka Palanka, Novi Sad, Nova Gradiška, Slavonska Požega, Slavonski Brod, Vinkovci, Ilok, Prijedor, Brčko, Sremska Mitrovica, BELGRADE, Banja Luka, Šabac, **SERBIE**

BOSNIE-HERZÉGOVINE — Jajce, Travnik, Livno, Sinj, SARAJEVO, Goražde, Čačak, Konjić, Pljevlja, Supetar, Brela, Makarska, Mostar, Brač, Bol, Stari Grad, Jelsa, Hvar, Ville de Korčula, Péninsule de Pelješac, Metković, Korčula, Neum, Vela Luka, Lumbarda, Lastovo, Ston, Mljet, Jardins de Trsteno, Îles Élaphites, **MONTÉNÉGRO**, Nikšić, Trebinje, Dubrovnik, Cavtat, **PODGORICA**, Herceg Novi, Kotor

Rivières : Mura, Drave, Drava, Dunav, Danube, Tisa, Save, Bosna, Bosut, Drina, Vrbas, Neretva, Piva, Tara

ALTITUDE
- 1500 m
- 1000 m
- 700 m
- 500 m
- 300 m
- 200 m
- 100 m
- 0

17 façons
de voir la Croatie

Le charme de Dubrovnik

1 La vieille ville fortifiée de Dubrovnik (p. 257), inscrite au Patrimoine mondial de l'humanité, est la destination préférée des visiteurs en Croatie. Lourdement bombardés durant la guerre serbo-croate au début des années 1990, ses épais remparts, ses monastères, ses églises médiévales, ses places élégantes et ses quartiers résidentiels ont retrouvé leur superbe. Pour une vue imprenable sur la "Perle de l'Adriatique", empruntez le téléphérique jusqu'au sommet du mont Srđ, puis revenez vers la ville et faites le tour de ses remparts : c'est là que son histoire se dévoile.

Plitvice, un paradis naturel

2 Au cœur des forêts de la Croatie continentale, le parc national des lacs de Plitvice (p. 173) est un site enchanteur. Typiques des terrains karstiques, les innombrables plans d'eau émaillés de cascades – du lac Kozjak, long de 4 km, aux petits étangs entourés de roseaux – présentent de superbes reflets turquoise. Les lacs sont séparés par des barrières de travertin tapissées de mousse, et des passerelles en bois permettent aux visiteurs de s'immerger dans le paysage. Pour échapper à la foule, suivez les sentiers qui s'enfoncent parmi les hêtres, les épicéas, les pins et les sapins.

ANDREY OMELYANCHUK / 500PX ©

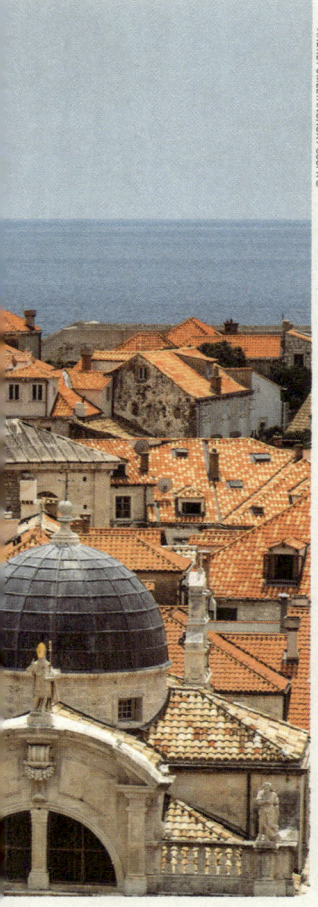

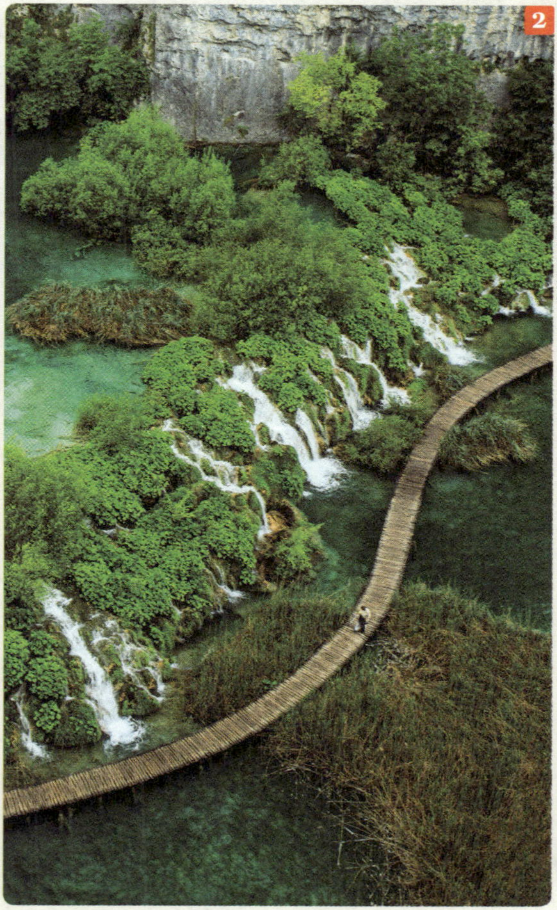

2

KELLY CHENG TRAVEL PHOTOGRAPHY / GETTY IMAGES ©

Merveilleuse Mljet

3 Recouverte de denses pinèdes, l'île de Mljet (p. 279) est une destination paradisiaque. La légende veut qu'Ulysse ait été retenu sur l'île pendant sept ans, et on comprend qu'il ait pris tout son temps pour en repartir. Classée parc national, la moitié ouest englobe deux superbes lacs aux reflets bleu de cobalt, un monastère bâti sur un îlot et un charmant petit port assoupi, Pomena. N'oubliez pas l'est de l'île, où vous trouverez des petites criques tranquilles, de superbes plages et deux excellents restaurants.

Bonne chère en Istrie

4 La dolce vita s'impose comme le maître mot en Istrie (p. 99), première destination gastronomique de Croatie. Les poissons, les truffes, les asperges sauvages et la viande de *boškarin*, race bovine rare, sont remarquables, tout comme les les huiles d'olive et vins primés. Ici, il convient de prendre son temps, aux tables huppées du littoral comme dans les tavernes traditionnelles des villages médiévaux ou dans les moulins à huile reconvertis en restaurants à l'intérieur des terres.

En haut à droite : risotto de fruits de mer à Rovinj (p. 111)

Pause-café à Zagreb

5 À Zagreb, l'incontournable pause-café en terrasse (p. 63), élevée au rang de rituel, peut se prolonger pendant des heures au gré des bavardages. Pour profiter de cette "culture du café", installez-vous à une table de la rue piétonne Tkalčićeva, bordée de cafés, ou sur le trottoir de Trg Petra Preradovića ou de Bogovićeva (voir photo). Ne manquez pas la *špica* : ce rendez-vous du samedi matin devant un café dans le centre-ville est un moment fort pour les Zagrébois.

Hvar, reine de la fête

6 En été, la ville de Hvar (p. 240) est prise d'assaut par les *beautiful people* à la peau bronzée qui viennent y faire la fête à toute heure du jour et de la nuit. Au programme : cocktails glamour sirotés au bord de la mer, sorties dans les bars et discothèques branchés, et soirées endiablées sur la plage – DJ aux platines, *afters*, etc. Emportez tenues de plages et chaussures pour danser et vous serez paré !

Vis l'incontournable

7 Vis (p. 249), la plus reculée des grandes îles croates, est aussi une des plus charmantes. Deux jolies villes ajoutent un intérêt historique à ses côtes nord et ouest, tandis que des petites criques idylliques, de sable ou de galets mais toutes irrésistibles, se cachent sur ses côtes est et sud. On trouvera aussi d'excellents restaurants traditionnels dans toute l'île, dispersés dans ses villages, dans des fermes ou près des plages isolées. La ville de Vis compte, elle, l'un des meilleurs restaurants du pays.
Ci-dessous : vue de Komiža (p. 253)

L'âme de Split

8 Offrez-vous une plongée dans l'Antiquité, le temps d'une promenade au palais de Dioclétien (p. 202 ; photo ci-dessous), l'un des plus imposants vestiges romains au monde. Il forme un quartier animé, cœur et âme de Split, qui regorge de bars, de boutiques et de restaurants. Un moment de flânerie dans ce dédale de ruelles, de passages et de cours est une expérience charmante. Vous pourrez ensuite quitter l'enceinte du palais pour aller prendre un verre le long de la Riva bordée de palmiers.

Korčula, spectaculaire

9 Comme une Dubrovnik en miniature, la jolie petite ville portuaire de Korčula (p. 286) a aussi des murailles et des tours imposantes mais beaucoup moins de touristes. Allez admirer la frise sculptée de la façade de sa somptueuse cathédrale, comme l'intérieur orné d'œuvres d'art de premier ordre. On peut parcourir toutes les rues pavées de marbre de sa vieille ville en moins d'une heure, ce qui laisse du temps pour paresser sur la plage ou aller manger dans une *konoba* (taverne) d'un village de l'arrière-pays. Ci-dessous : tour Veliki Revelin (p. 287)

Planche à voile à Bol

10 Bol, sur la côte sud de l'île de Brač, est réputée pour sa plage en forme de corne, Zlatni Rat (p. 237 ; photo ci-dessus), aux beaux galets dorés. La ville est prisée des véliplanchistes en raison du *maestral* (vent du nord) qui souffle, surtout d'avril à octobre, sur le bras de mer séparant Brač et l'île de Hvar. Le matin, le vent est léger, permettant aux débutants de se mettre à l'eau. Au début de l'après-midi, il atteint sa puissance maximale et fournit des conditions idéales pour les plus expérimentés en quête d'adrénaline.

Craquer pour Krka

11 On y trouve des ruines romaines, de vieux moulins à eau et deux monastères fascinants (l'un sur un îlot, l'autre construit sur d'anciennes catacombes). Mais la star de ce parc national (p. 192) grandiose est la rivière Krka elle-même, qui traverse des canyons, s'élargit pour former des lacs, puis se précipite en de nombreuses cascades. Des sentiers aménagés permettent de la longer et d'admirer les poissons qui fendent ses eaux émeraude. Vous pourrez couronner votre visite en plongeant dans un lac au pied d'une imposante cascade.

La nature sauvage de Rt Kamenjak

12 C'est à sa beauté sauvage et à son atmosphère de bout du monde que cette péninsule située au sud de Pula doit sa réputation. La réserve naturelle protégée du cap de Rt Kamenjak (p. 108) offre au regard des tapis de bruyère, de buissons et de fleurs sauvages sillonnés de sentiers. Bordée par une succession de baies et de plages de galets, baignée par des eaux cristallines, elle est très fréquentée en été. Pour autant, on trouve toujours une crique déserte pour s'évader ou un bar de plage sympathique pour prendre un verre.

Biševo ou la magie bleue

13 De toutes les grottes qui entourent Vis, la grotte Bleue de Biševo (Modra Špilja ; p. 254 ;) est la plus spectaculaire. Là, un phénomène naturel donne naissance à un merveilleux spectacle lumineux. Le matin, par temps clair, les rayons du soleil pénètrent par une entrée sous-marine, inondant l'intérieur de la grotte d'une lumière bleue envoûtante. Dans les eaux irisées, les rochers scintillent de reflets roses et argentés, créant un effet surnaturel. Se baigner dans ces eaux est une expérience inoubliable.

Kopački Rit, un fabuleux marais

14 Vaste plaine inondable à la confluence du Danube et de la Drave, Kopački Rit (p. 93) – classé réserve de biosphère par l'Unesco – recèle des paysages saisissants et est un haut lieu de l'ornithologie. Joignez-vous à une excursion en bateau, explorez la forêt inondée en canoë, suivez les sentiers de découverte ou promenez-vous à cheval ; vous verrez sans doute certaines des quelque 300 espèces d'oiseaux recensées, mais aussi des cerfs, des sangliers, des castors ou des renards.

Déstresser à Cres

15 Verdoyante, peu peuplée et jamais envahie de touristes, Cres (p. 149) est unique parmi les îles de l'Adriatique. En vous promenant dans la région de la Tramuntana, dans le nord de l'île, vous pourriez presque commencer à croire aux histoires d'elfes rôdant dans les vieilles forêts que racontent les anciens. À l'autre bout de l'île, Osor est une minuscule localité entourée de murs qui semble endormie. Entre les deux s'éparpillent de magnifiques plages, des villages que le temps a oubliés, nichés au sommet de collines, et le joli port aux tons pastel de la ville de Cres.

Châteaux de rêve dans le Zagorje

16 Les impressionnants châteaux médiévaux du Zagorje sont incontournables. Bien que datant de 1334, le château de Trakošćan (p. 80) fut restauré dans le style néogothique. On peut tout y apprendre sur l'aristocratie croate dans son musée bien conçu, et se promener dans les 87 ha de son parc à l'anglaise. Le château de Veliki Tabor (p. 80), juché sur une colline, mérite une visite pour le charme de son intérieur, qui abrite un musée, pour ses tours et tourelles et pour le paysage bucolique alentour.

Découvrir Zadar

17 Bâtie sur une péninsule, la vieille ville de Zadar (p. 182) mérite une halte. Des ruines romaines surgissent au hasard de votre promenade, tandis que musées et églises vous attendent presque à chaque coin de rue. On y trouve de nombreux bars ainsi que beaucoup d'excellents restaurants. Quelques très bonnes auberges de jeunesse attendent les petits budgets, alors que les stations balnéaires alentour attireront davantage les familles, et les charmants boutiques-hôtels séduiront les romantiques. Ci-dessous : le Salut au soleil (p. 185) de Nikola Bašić

L'essentiel

Pour plus de renseignements, voir le chapitre *Croatie pratique* (p. 333)

Monnaie
La kuna (Kn)

Langue
Croate

Visas
Pour un séjour inférieur à 3 mois, pas de visa requis pour les ressortissants de l'Union européenne, de la Suisse et du Canada.

Argent
Nombreux DAB. Cartes bancaires acceptées dans la plupart des hôtels et des restaurants. Espèces dans les petits restaurants, les boutiques et les chambres d'hôtes.

Téléphone portable
Possibilité d'acheter une carte SIM pour un téléphone déverrouillé.

Heure locale
Heure d'Europe centrale (GMT/UTC + 1 heure)

Quand partir

- **Zagreb** — Meilleures périodes : mai-juil, sept-oct
- **Rijeka** — Meilleure période : mai-sept
- **Split** — Meilleure période : avr-oct
- **Dubrovnik** — Meilleure période : avr-oct

Été chaud à très chaud, hiver doux
Été chaud à très chaud, hiver froid
Été doux, hiver froid

Haute saison
(juil-août)

➡ Le climat est idéal au cœur de l'été. L'île de Hvar est la plus ensoleillée, suivie de Split, de l'île de Korčula et de Dubrovnik.

➡ Les prix sont au plus haut, et les stations balnéaires très animées.

Saison intermédiaire
(mai-juin et sept)

➡ La côte est belle, et l'Adriatique assez chaude pour se baigner ; les touristes sont moins nombreux et les prix plus bas.

➡ Au printemps et au début de l'été, le *maestral* (vent du nord) est propice à la voile.

Basse saison
(oct-avr)

➡ En hiver, il fait froid dans les terres, et les tarifs sont peu élevés.

➡ Durant la période de Noël, les rues de Zagreb sont en effervescence, même lorsqu'il neige, avec la possibilité de skier en prime, dans les environs.

Sites Web

Adriatica.net (www.adriatica.net). Réservation de tous types d'hébergements sur la côte.

Croatie.eu (www.croatie.eu). Guide encyclopédique de la Croatie, bourré d'informations.

La Croatie en France (www.cronet.org). Un panorama très riche et de nombreux liens.

Office national croate du tourisme (www.croatia.hr). Bon point de départ pour organiser vos vacances.

Lonely Planet (www.lonelyplanet.fr). Informations de dernière minute, catalogue, fiches pays, forum.

Numéros utiles

Pour appeler la Croatie depuis l'étranger, composez votre code d'accès international, suivi de l'indicatif pays de la Croatie (le ☎385), de l'indicatif régional (sans le 0 initial), puis du numéro de votre correspondant.

De Croatie, pour téléphoner à l'étranger, composez le ☎00, puis l'indicatif du pays suivi du numéro sans le 0 initial.

Indicatif pays	☎385
Code d'accès international	☎00
Ambulance	☎194
Assistance routière	☎1987
Numéro d'urgence	☎112

Taux de change

Bosnie-Herzégovine	1 BAM	3,8 Kn
Canada	1 $C	5,36 Kn
Suisse	1 FS	6,98 Kn
Zone euro	1 €	7,44 Kn

Pour connaître les derniers taux de change, connectez-vous au site : www.xe.com/ucc/fr

Budget quotidien

Moins de 450 Kn
➡ Lit en dortoir : 100-325 Kn
➡ Emplacement de camping pour deux : 100-360 Kn
➡ Repas dans une taverne locale : 60 Kn
➡ Billet de bus, de tramway ou de train : 10-150 Kn

450-1 400 Kn
➡ Chambre double en hôtel : 450-800 Kn
➡ Repas dans un restaurant correct : 120 Kn
➡ Visite de ville à vélo : 175 Kn
➡ Brève course en taxi : 30 Kn

Plus de 1 400 Kn
➡ Chambre double dans un hôtel de luxe : à partir de 800 Kn
➡ Repas dans un restaurant chic : 300 Kn
➡ Excursion à la voile privée : 1 000 Kn
➡ Location de voiture : 450 Kn/jour

Heures d'ouverture

Nous indiquons les horaires pratiqués en haute saison ; ils sont généralement restreints en basse saison et pendant l'intersaison.

Administrations 8h-16h ou 8h30-16h30 lun-ven.

Banques 8h/9h-20h lun-ven, 7h-13h ou 8h-14h sam.

Boutiques 8h-20h lun-ven, 8h-14h ou 15h sam. Certaines ferment de 14h à 17h. Horaires plus étendus dans les centres commerciaux.

Bureaux de poste 7h-20h lun-ven, 7h-13h le sam. Ouverts plus longtemps l'été dans les stations balnéaires.

Cafés et bars 8h/9h-minuit

Restaurants 12h-23h/minuit. Souvent fermés le dimanche hors saison.

Arriver en Croatie

Aéroport de Zagreb (p. 69). Le bus de Croatia Airlines (30 Kn) part de l'aéroport toutes les demi-heures de 4h30 à 20h environ. Un taxi vers le centre coûte 110-200 Kn (20 minutes).

Aéroport de Split (p. 217). Une navette relie l'aéroport aux principales gares routières au moins 14 fois par jour (35 Kn, 30 minutes). Les bus locaux n°37 et 38 s'arrêtent près de l'aéroport toutes les 20 minutes, en direction de Split (17 Kn) ou de Trogir (13 Kn). Un taxi pour Split coûte 200-250 Kn.

Aéroport de Dubrovnik (p. 275). L'agence de voyages Atlas gère le service de bus-navettes (40 Kn, 30 min), calé sur les vols. Les bus vers Dubrovnik s'arrêtent à la porte Pile et à la gare routière. Un taxi coûte entre 250 et 280 Kn.

Comment circuler

Les transports sont abordables, rapides et souvent efficaces.

Avion Vols intérieurs étonnamment nombreux, surtout l'été.

Bateau Vaste réseau de car-ferries et de catamarans (plus rapides) tout le long de la côte et des îles.

Bus Abordables, couvrant généreusement le pays, avec de bonnes fréquences.

Train Moins réguliers que les bus et bien plus lents, avec un réseau limité.

Voiture Pratique pour voyager à son rythme ou visiter les zones les moins desservies. Il est possible d'en louer une dans toutes les grandes villes. Conduite à droite.

Pour plus d'informations sur **Comment circuler**, voir p. 347.

Quoi de neuf ?

Tyrolienne à Omiš
Traversez à toute vitesse l'impressionnant canyon de la rivière Cetina, avec cette tyrolienne à 150 m au-dessus du sol. Elle comprend 8 lignes au total, dont la plus longue court sur 700 m. (p. 225).

Île d'Obonjan
Cette petite île interdite à la circulation à quelques encablures de Šibenik est une nouvelle destination de vacances. Obonjan offre un concept original : l'hébergement se fait en tente de safari, et il y a un festival qui dure tout l'été (p. 198).

Safari en buggy, Dubrovnik
Prenez le téléphérique jusqu'au mont Srđ, qui domine Dubrovnik, et redescendez en buggy dans un nuage de poussière jusqu'à une ferme et un fort. (p. 266)

Circuits Game of Thrones
Apparemment, tout le monde à Dubrovnik en organise un ces temps-ci, pour le plus grand bonheur des fans de la série TV. Vous serez assailli par des hordes de rabatteurs avant même d'arriver à la Porte Pile.

Musée de la culture de Vučedol, Slavonie
Il est peut-être consacré à une culture préhistorique dont peu de gens ont entendu parler, mais cela n'empêche pas ce nouveau musée, à 4 km en aval de Vukovar, d'être extrêmement intéressant (p. 97).

Auberges de jeunesse
Les auberges de jeunesse indépendantes s'améliorent d'année en année en Croatie. Parmi nos nouveaux lieux préférés : Pula Art Hostel (p. 103), Hostel Bol (p. 238) et Earthers Hostel (p. 245).

Dîner décontracté, Hvar
Deux nouveaux restaurants décontractés offrent une alternative goûteuse aux établissements huppés de Hvar. Le Fig Cafe Bar (p. 246) sert de délicieux petits-déjeuners, tandis que 50 Hvar (p. 246) propose des burgers gourmands, et la vue en prime.

Zlatna Greda, Slavonie
L'écocentre de Zlatna Greda, situé dans un village abandonné du parc naturel de Kopački Rit, au nord-est de la Slavonie, compte désormais un nouveau parc d'aventures et un complexe hôtelier (p. 93).

Centre d'interprétation du parc naturel de Kopački Rit
Dans deux cabanes de bois au toit de chaume, le centre d'interprétation du parc naturel de Kopački Rit, propose des expositions interactives et un café (p. 93).

Bistrots de Zagreb
Ces dernières années, la folie des bistrots s'est emparée de Zagreb et a apporté une touche de diversité à sa scène gastronomique dominée jusque-là par les restaurants croates et italiens.

Tunel Grič
Abri antiaérien construit durant la Seconde Guerre mondiale, ce tunnel de 350 m de long dans la ville haute de Zagreb est désormais un passage piéton souterrain ouvert au public (p. 51).

Musée de l'Illusion
Les enfants adoreront cet ancien appartement de Zagreb transformé en musée, avec toutes sortes d'illusions d'optique, d'énigmes et de jeux (p. 50).

Envie de...

Villes fortifiées

Construites pour défendre, mais d'une beauté saisissante, les villes fortifiées comptent parmi les plus beaux trésors du pays.

Dubrovnik Entourée de remparts (p. 257), Dubrovnik est une ville attrayante.

Ston Après celles de Dubrovnik, ces fortifications à flanc de montagne sont les plus belles de Croatie. (p. 282)

Rovinj La vieille ville, pittoresque, a encore quelques remparts côté mer et trois portes d'origine. (p. 111)

Trogir Cette petite station balnéaire, qui se distingue par ses édifices romans et Renaissance bien conservés, possède aussi une belle cathédrale. (p. 220)

Ville de Korčula Une des plus belles vieilles villes de Croatie, qui s'avance sur la mer ceinte de murs robustes. (p. 286)

Osor Petite, modeste et méconnue, elle n'en est pas moins splendide. (p. 153)

Ville de Krk Le vieux centre labyrinthique est toujours entouré de remparts. (p. 160)

Ville de Rab Une multitude de clochers pittoresques dominent les remparts élevés côté mer. (p. 166)

Poreč Une ancienne voie romaine en traverse le centre. (p. 118)

Šibenik Il reste peu de choses des remparts, mais la cathédrale est le joyau architectural de la côte dalmate. (p. 194)

Plages

Avec ou sans maillot, profitez des plages de la côte et des îles croates !

Zlatni Rat Une langue de galets dorés ourlée de plages où les activités foisonnent. (p. 237)

Stiniva Une magnifique anse garnie de galets blancs, encerclée de hautes falaises. (p. 251)

Dubovica Plage isolée de l'île de Hvar où des flots d'un bleu scintillant lèchent les galets blancs. (p. 244)

Îles Pakleni Des plages ombragées de pins pour les naturistes… et pour les autres. (p. 248)

Zrće Haut lieu du clubbing estival en Croatie. (p. 181)

Lubenice Petite, sensationnelle et difficile d'accès. (p. 152)

Prapratno Ravissante plage sablonneuse sur la péninsule de Pelješac. (p. 283)

Plage du Paradis Superbe plage de sable à l'ombre des pins. (p. 170)

Brela Un chapelet de magnifiques criques frangées de pins. (p. 226)

Cap de Rt Kamenjak Trente kilomètres de côte sauvage : bras de mer, criques, galets et rochers. (p. 108)

Spécialités culinaires

Pour découvrir le vrai goût de la Croatie, traquez les meilleures denrées locales et les plats traditionnels.

Truffes Découvrez le trésor gastronomique le plus célèbre d'Istrie lors d'une chasse à la truffe à Paladini. (p. 129)

Huile d'olive Appelez à l'avance pour goûtez les huiles d'olives primées du domaine d'Ipša. (p. 129)

Pršut À Hvar, goûtez ce délicieux jambon cru local accompagné de vins fins au 3 Pršuta. (p. 247)

Fromage et agneau de Pag Le Konoba Figurica est une excellente adresse pour goûter les spécialités de l'île de Pag. (p. 178)

Poulpe, poisson ou viande cuit sous peka Le Roki's, sur l'île de Vis, maîtrise cette cuisson traditionnelle sous cloche. (p. 253)

Poisson grillé à la dalmate Servi partout sur la côte, celui du Konoba Matejuška, à Split, est remarquable. (p. 214)

Pašticada Ce ragoût dalmate à base de viande atteint la perfection au Konoba Trs, à Trogir. (p. 220)

Brodet/brujet/brodetto Nous aimons beaucoup la version de ce ragoût de poisson dalmate que sert le Stermasi. (p. 282)

Čobanac Goûtez ce ragoût de viande traditionnel slavon au Kod Ruže à Osijek. (p. 91)

Kremšnite U Prolazu est la meilleure adresse pour goûter les gâteaux à la crème de Samobor. (p. 73)

Vestiges romains

Autrefois proche du cœur de l'Empire, la Croatie possède des édifices romains parmi les plus beaux qui subsistent.

Split Le palais de Dioclétien (IVe siècle), avec son temple et son mausolée intacts, occupe toujours le cœur de la ville. (p. 202)

Pula Outre un magnifique amphithéâtre (Ier siècle), la ville renferme un temple entier et un arc de triomphe. (p. 101)

Salone Les ruines de toute une cité antique, avec basiliques, thermes, portes et amphithéâtre. (p. 221)

Brač Un musée du village de Škrip renferme un mausolée intact coiffé d'un dôme. (p. 234)

Parc national de Mljet Les vestiges d'un immense palais dominent Polače. (p. 280)

Parc national de la Krka Dans un coin isolé se dressent les vestiges d'un amphithéâtre militaire et d'un aqueduc. (p. 192)

Poreč Baladez-vous dans les ruines du forum, orné du Temple de Neptune. (p. 118)

Zadar Des ruines romaines se dressent dans les coins les plus inattendus de cette ville antique. (p. 182)

Varaždinske Toplice Ce centre thermal toujours prisé renferme les ruines des thermes romains d'Aqua Iasae. (p. 81)

En haut : Fromage de Pag, *pršut* (jambon cru), pain et figues
En bas : Parc national des lacs de Plitvice (p. 173)

Activités

La Croatie réserve d'innombrables activités de plein air : baignade dans l'Adriatique, VTT, planche à voile, kayak, escalade, rafting et plus encore…

Parc national de Paklenica Première destination croate pour l'escalade et nombreux sentiers de randonnée. (p. 176)

Bol Idéale pour la planche à voile, la voile, la plongée et, à l'intérieur des terres, la randonnée et le VTT. (p. 237)

Parc naturel de Kopački Rit Observation des oiseaux, kayak, équitation, sans compter un parc d'aventures familial avec tyroliennes. (p. 93)

Rovinj Parfaite pour le snorkeling, la plongée, le kayak, le vélo et l'escalade. (p. 111)

Vis Des sites de plongée superbes pour plongeurs confirmés, de belles plages et de bons coins pour la randonnée et le kayak. (p. 249)

Omiš Rafting et tyroliennes sur la Cetina, bonnes plages et randonnées. (p. 225)

Split Voile, kayak, mais aussi randonnée et escalade sur la colline du Marjan. (p. 202)

Poreč Bons sentiers cyclables et de randonnée à l'intérieur des terres, sites d e plongée à proximité. (p. 118)

Dubrovnik Kayak, plages superbes et circuit en buggy accessible en téléphérique. (p. 257)

Mont Medvednica Randonnée l'été, ski l'hiver. (p. 76)

Vie nocturne

La Croatie est devenue un haut lieu de la vie nocturne européenne, de la petite fête de plage aux immenses soirées clubbing.

Ville de Hvar La fête commence dans ses bars avant le crépuscule pour ne plus s'arrêter. (p. 240)

Plage de Zrće On danse jour et nuit dans cette Ibiza croate, royaume estival du clubbing. (p. 181)

Tisno Plusieurs festivals de musique prestigieux s'y déroulent en été ; le reste du temps, c'est le calme plat. (p. 191)

Split Dans cette ville noctambule, les murs du palais résonnent de musique, surtout en été. (p. 202)

Poreč La capitale des fêtards d'Istrie accompagne les danseurs jusqu'au bout de la nuit. (p. 118)

Zagreb La capitale croate abrite une foule de cafés-bars et une scène musicale artistique en plein essor. (p. 42)

Parcs nationaux

Cascades, forêts, montagnes et éblouissante côte adriatique… La nature est l'atout phare de la Croatie. Le pays compte huit parcs nationaux.

Lacs de Plitvice Un phénomène naturel, dévoilant des cascades entourées de forêts et des lacs turquoise de toute beauté. (p. 173)

Krka De stupéfiantes chutes d'eau et un monastère isolé. (p. 192)

Paklenica La nature à grande échelle, avec de bonnes possibilités de randonnée et d'escalade dans les canyons et montagnes. (p. 176)

Risnjak Des sentiers ombragés traversant d'épaisses forêts et des prairies fleuries. (p. 143)

Îles Kornati Des îles à la beauté austère, épargnées par le développement touristique. (p. 190)

Mljet Une île intacte, véritable paradis méditerranéen. (p. 279)

Brijuni Cet archipel istrien est le plus aménagé des parcs nationaux. (p. 109)

Îles

La côte croate est ponctuée d'une multitude d'îles splendides, des plus petites, verdoyantes et désertes, aux plus vastes, arides et animées.

Hvar La ville de Hvar et son ambiance trépidante, sur l'île la plus ensoleillée de Croatie, attirent les fêtards. (p. 240)

Vis Des plages superbes, des cités balnéaires et une gastronomie remarquable. (p. 249)

Mljet Tout en longueur, Mljet compte un lac salé, un monastère et de beaux paysages. (p. 279)

Cres L'une des îles les moins touristiques, malgré ses paysages époustouflants, ses villages médiévaux et son joli port. (p. 149)

Brač Elle abrite la plage la plus connue du pays, Zlatni Rat, dans la charmante ville de Bol. (p. 234)

Rab Cette île du golfe de Kvarner séduit par la variété de ses paysages, ses plages et sa jolie capitale médiévale. (p. 165)

Pag Paysage lunaire brûlé par le soleil, fromage réputé pour son odeur et discothèques sur la plage. (p. 178)

Korčula Tapissée de vignobles, d'oliveraies et d'agréables bourgades, l'île abrite la ville médiévale de Korčula. (p. 286)

Kornati Le plus grand archipel de l'Adriatique, composé de 140 îles, îlots et récifs, pour la plupart déserts. (p. 190)

Lošinj De magnifiques baies, une végétation luxuriante, ainsi que deux adorables petits ports. (p. 149)

Mois par mois

LE TOP 5
Carnaval de Rijeka, février
INmusic Festival, juin
Cest is D'Best, juin
Festival du film de Motovun, juillet
Ultra Europe, juillet

Janvier
Après les fêtes, la neige complique la circulation dans l'arrière-pays, et des vents forts balayent la côte et les îles, limitant le nombre de ferries.

🏃 Ski au Sljeme
Rendez-vous sur les pistes du Sljeme, près de Zagreb, principal sommet du massif de la Medvednica. Le ski est un sport populaire en Croatie (p.76).

👁 La côte tranquille
C'est le moment idéal pour explorer les villes côtières sans se ruiner : nombre d'hôtels proposent alors jusqu'à 50% de réduction.

👁 Nuit des musées
Des dizaine de musées et galeries de Zagreb ouvrent leurs portes le 31 janvier pour offrir au public une tranche de culture.

Février
À vous les randonnées dans la neige, mais attention sur les routes ! La bora (vent froid et sec) souffle sur le littoral adriatique, les ferries sont peu fréquents et dans les villes côtières, de nombreux hôtels sont fermés.

🎭 Saint-Blaise
Le 3 février, en l'honneur de saint Blaise, le saint patron de la ville, danseurs et musiciens remplissent les rues de Dubrovnik, au milieu des stands de restauration, des processions et des animations.

🎭 Carnaval
La principale fête de l'année. Cet événement qui précède le carême est marqué par de joyeux défilés en costume, des danses et des festivités. Les carnavals de Zadar, Split, Dubrovnik et Samobor sont aussi renommés (p. 141).

Mars
Les jours rallongent et la température se radoucit, surtout en bord de mer. La fonte des glaces en fait une période idéale pour admirer les chutes de Plitvice et de Krka.

☆ Zagrebdox
Des documentaires du monde entier sont visibles lors du Zagrebdox, un festival international qui se tient à Zagreb, de fin février à mars.

Avril
Savourez des moments de tranquillité sur les îles méridionales et la côte en profitant du soleil. L'arrière-pays reste frais et les rivières en crue se prêtent au kayak et au rafting.

☆ Biennale de musique contemporaine, Zagreb
Ce festival prestigieux est organisé dans la capitale en avril les années impaires depuis un demi-siècle.

🍴 Récolte des asperges sauvages
Au début du printemps, les asperges sauvages pointent dans les prés de l'Istrie. Faites comme les habitants : cueillez-en quelques-unes et préparez une délicieuse *fritaja* (omelette) aux asperges !

🎭 Semaine sainte
Korčula apporte un soin particulier aux célébrations de la Semaine sainte.

La semaine avant Pâques est dédiée aux cérémonies et processions en costume traditionnel organisés par les confréries religieuses locales.

Mai

Le soleil brille et il fait chaud sur la côte, et l'on peut se baigner. Les hôtels restent moins chers qu'en été et il y a encore peu de touristes. L'animation bat son plein dans les cafés de Zagreb et de Split.

Sudamja, Split

Début mai, 2 semaines de festivités encadrent la fête de saint Domnius (Sveti Dujam ; le 7 mai), patron de la ville. Concerts, courses de rameurs, rituels religieux et feux d'artifice. (p. 211)

Festival subversif

Activistes, militants ou simples curieux viennent de toute l'Europe à Zagreb pour ce festival qui dure 2 semaines. Des films sont projetés durant la première semaine, puis des conférences et tables rondes sont organisées la seconde.

Ljeto na Štrosu, Zagreb

Les festivités, qui débutent fin mai, se prolongent tout l'été. Au programme : cinéma gratuit en plein air, concerts de groupes locaux, ateliers d'art, concours de chiens bâtards et autres événements loufoques sur la promenade Strossmayer.

Journée caves ouvertes

Le dernier dimanche de mai, des vignerons réputés de l'Istrie ouvrent les portes de leurs caves pour des dégustations gratuites et d'autres réjouissances.

Juin

Plongez dans l'Adriatique, écumez les festivals et profitez des diverses activités de plein air. Les ferries adoptent leurs horaires d'été, mais les tarifs ne sont pas encore ceux de la saison haute et les hôtels n'affichent pas encore complet.

Cest is D'Best, Zagreb

Entre fin mai et début juin, musique, danse, théâtre, événements sportifs et autres divertissements prennent possession des rues de Zagreb pendant plusieurs jours. Des scènes jalonnent le centre-ville ; quelque 200 artistes internationaux participent à cette manifestation.

Inmusic Festival

Trois jours d'extravagances musicales sur les rives arborées du lac Jarun, où sont installés plusieurs scènes et sites de camping : voici le festival de musique le plus en vue de Zagreb. The Black Keys et Pixies en ont été les têtes d'affiche il y a quelques années (p. 57).

Design District Zagreb

Boutiques, ateliers, studios, concerts éclosent dans la rue Martićeva pendant ce mini-festival du design de 3 jours, en juin (p. 58).

Juillet

La saison touristique bat son plein. Sur la côte, les hôtels sont aussi remplis que les plages. Les ferries circulent sans discontinuer, les festivals abondent. Il fait bon alors explorer l'arrière-pays.

Hideout

DJ de renom et nuits de remue-ménage à foison : fin juin-début juillet, le festival qui a fait de Zrće un haut lieu de la dance music s'empare des bars et discothèques de plage (p. 180).

Dvorišta, Zagreb

Durant ce festival de 10 jours, nombre de cours intérieures de la Ville Haute s'ouvrent au public et accueillent concerts et autres événements (p. 58).

Festival d'été de Dubrovnik

Depuis les années 1950, ce festival est organisé à Dubrovnik de la mi-juillet à la fin août. Des concerts de musique classique, ainsi que des spectacles de théâtre et de danse ont lieu dans différents lieux de la ville, dont le fort de Lovrjenac (p. 267).

Festival d'été de Split

Du 15 juillet au 15 août, des scènes sont installées en plein air pour accueillir ballets, opéras et concerts dans toute la ville portuaire.

Festival du film de Motovun, Istrie

Ce festival du film, le plus amusant et le plus glamour du pays, présente une série de films indépendants et d'avant-garde fin juillet. Les rues médiévales de cette ville juchée sur une colline sont alors le théâtre de projections (en plein air et en salle), de concerts et de fêtes (p. 127).

☆ Festival de danse et de théâtre non verbal, Svetvinčenat

La ville istrienne endormie de Svetvinčenat se réveille fin juillet pour ce festival proposant chorégraphies modernes, théâtre de rue, cirque, mime et autres formes d'expression non verbale (p. 134).

☆ Ultra Europe

L'un des plus grands festivals mondiaux d'électro. Il occupe le stade Poljud de Split 3 jours en juillet avant de se transporter à Bol, Hvar et Vis pour terminer la semaine (p. 211).

☆ Fête de la Pleine Lune

Pendant la nuit de la pleine lune, les quais de Zadar sont illuminés de torches et de bougies, les étals vendent des mets locaux et les bateaux bordant les quais deviennent des marchés au poisson flottants.

Août

La saison touristique culmine sur l'Adriatique, la chaleur et les prix atteignent leur apogée et les plages ne désemplissent pas. Les Zagrébois fuient la chaleur de la capitale pour se réfugier sur la côte.

☆ Île Obonjan

Ce festival organisé sur une île privée démarre en juillet et se termine en septembre. Des manifestations culturelles se déroulent jour et nuit en août : DJ, musique live, humour, ateliers, causeries et yoga (p. 198).

☆ Soundwave, Tisno

Sur cinq jours en août, cette profusion de dance music voit se produire des artistes des franges alternative, dub et musiques du monde (p. 192).

☆ Sonus

À la mi-août sur l'île de Pag, la musique électronique s'installe sur l'emblématique plage de Zrće pour cinq jours et cinq nuits. Les années précédentes, des noms tels que John Digweed et Laurent Garnier ont figuré au programme (p. 180).

☆ Festival du film de Vukovar, Slavonie

Fin août, ce festival programme documentaires, longs et courts-métrages, principalement issus des pays du Danube. Y participer est une excellente manière de soutenir la ville, qui panse encore ses blessures de guerre (p. 97).

☆ Špancirfest

Fin août, ce festival éclectique anime les parcs et les places de Varaždin avec un riche éventail d'événements – musique du monde (afro-cubaine, gitane, tango...), acrobates, théâtre, artisanat traditionnel et spectacles d'illusionnisme (p. 83).

Septembre

C'est une très belle période pour visiter la Croatie. Fini la frénésie de l'été ! Le soleil brille toujours et la mer reste chaude. Zagreb s'anime à nouveau, après l'exode estival.

✕ Fête de Subotina, Buzet

La saison de la truffe blanche démarre avec cette fête organisée le deuxième samedi de septembre. Restez le temps qu'il faut pour déguster l'omelette géante aux truffes.

☆ Soirées baroques de Varaždin

Pendant 2 semaines, la musique baroque prend possession de la ville baroque de Varaždin. Des orchestres locaux et étrangers se produisent alors dans la cathédrale, les églises et les théâtres (p. 84).

☆ Festival de théâtre du monde

Un théâtre contemporain de haute qualité s'installe à Zagreb pour 2 semaines, souvent jusqu'à début octobre. Pour le plus grand plaisir des amateurs d'art dramatique du pays.

Octobre

Le pays reprend son rythme normal : les enfants retournent à l'école, et les parents, au travail. Le temps reste assez doux. Les ferries adoptent leurs horaires d'hiver.

☆ Festival du film de Zagreb

Projections de films et festivités sont au programme de cet événement culturel majeur de la mi-octobre, où des réalisateurs internationaux rivalisent pour remporter le Golden Pram (Grand Prix).

Chasse à la truffe

Lancez-vous à la recherche des truffes blanches et noires dans les forêts autour de Motovun et de Buzet, dans l'arrière-pays istrien. Vous pourrez ensuite les déguster dans un risotto, des pâtes ou une omelette (p. 129).

Novembre

Si l'arrière-pays grelotte, la côte peut rester ensoleillée, mais fraîche. La plupart des hôtels du littoral ferment pour la saison, de même que de nombreux restaurants.

Fête de la Saint-Martin

Le 11 novembre, la Martinje (Saint-Martin) est célébrée, avec dégustations de vin nouveau dans toutes les régions viticoles de Croatie.

Décembre

S'il gèle partout, il fait un peu moins froid sur la côte. Les églises sont pleines à craquer pour la messe de minuit le matin de Noël.

Festival du film des droits de l'Homme

Ce festival de cinéma d'une semaine, qui se tient au cinéma Kino Europa de Zagreb, met en lumière le non-respect des droits de l'homme dans le monde.

Fuliranje

Bravant le froid glacial, les habitants de Zagreb viennent consommer vin chaud et cuisine de rue dans ce marché de l'Avent dont l'emplacement varie (p. 58).

En haut : Špancirfest, Varaždin (p. 83)
En bas : Patinoire de Noël, Zagreb (p. 42)

Itinéraires

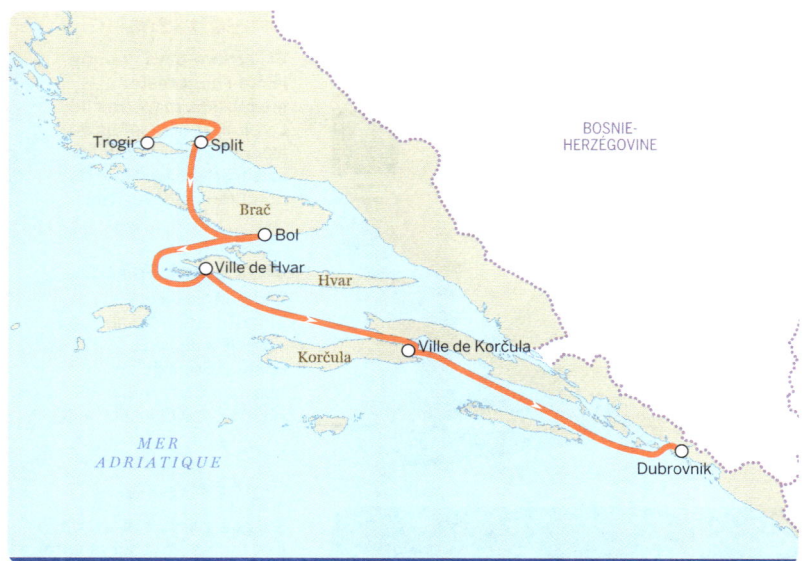

 L'essentiel de la Croatie

Cet itinéraire est axé sur une expérience typiquement croate : un voyage ensoleillé d'île en île le long de la côte dalmate. Nous l'avons envisagé comme un itinéraire à faire principalement par ferry. Commencez par une balade dans les rues pavées de marbre de **Trogir**. Vous pouvez passer la nuit dans cette ville ou rejoindre l'exubérante **Split**, deuxième ville du pays, pour un ou deux jours de visites et d'amusements nocturnes. Sautez à bord d'un ferry pour **Bol**, sur l'île de Brač (ou d'un car-ferry pour Supetar, puis d'un bus pour Bol). Cette charmante petite ville portuaire est célèbre pour sa belle plage.

Rejoignez ensuite en catamaran rapide la ville historique de **Hvar**, capitale animée de l'île éponyme (on peut aussi rejoindre Jelsa en catamaran, puis Hvar en bus). Cette destination pittoresque offre un fascinant mélange de glamour européen et de bars à l'ambiance survoltée. On peut rejoindre depuis Hvar la ville de **Korčula**, cité fortifiée très photogénique avançant sur l'Adriatique. Des ferries rapides directs pour Dubrovnik en partent l'été ; le reste du temps, il faut prendre un car-ferry pour Orebić puis terminer en bus. La découverte de la magnifique vieille ville de **Dubrovnik**, risque de vous laisser sans voix. Consacrez deux jours à sa visite.

De la capitale à la côte

Cet itinéraire de deux semaines couvre les lieux phares de Croatie, dont la capitale, trois parcs nationaux et les joyaux de la côte dalmate.

Prévoyez deux jours dans la capitale, **Zagreb**, pour sonder sa culture des cafés en plein essor, sa scène artistique avant-gardiste, sa vie nocturne bouillonnante et ses musées. En descendant vers le sud, arrêtez-vous une journée dans le **parc national des lacs de Plitvice**, classé au patrimoine mondial, pour découvrir ce labyrinthe verdoyant de lacs turquoise et de cascades. Rejoignez la côte en coupant par les monts Velebit et gagnez l'île de **Pag**, où vous goûterez les célèbres fromages à forte odeur et profiterez des discothèques estivales sur la plage. Rejoignez ensuite **Zadar**, une des villes les plus sous-estimées du pays, à la fois ancienne et moderne et très riche en sites d'intérêt.

Le lendemain, arrêtez-vous au **parc national de la Krka** et faites le tour des îles (1 heure) reliées entre elles par des passerelles. Pour terminer la visite, baignez-vous dans le lac situé sous Skradinski Buk, la plus grande chute d'eau du parc. Rejoignez ensuite **Šibenik**, autre vieille ville merveilleuse, dotée d'une cathédrale de toute beauté. Le lendemain, faites halte à **Trogir** pour admirer la ville fortifiée, classée au Patrimoine mondial, occupant la totalité d'une petite île. Descendez ensuite vers le sud jusqu'à la trépidante **Split**, où vous consacrerez deux jours au palais de Dioclétien. Si vous avez loué une voiture, restituez-la ici pour rejoindre en ferry la chic **ville de Hvar**, sa vie nocturne pleine de surprises et les plages nudistes des îles Pakleni, au large.

Prenez un autre ferry pour Pomena, sur la superbe île de **Mljet**, point d'entrée au **parc national de Mljet** – la vue de la ville de Korčula depuis le bateau est superbe. Marchez dans la forêt et autour des lacs salés avant de louer une voiture pour rejoindre l'extrémité est de l'île, où vous passerez la nuit. Le lendemain matin, prenez le ferry pour **Dubrovnik**. Découvrez les rues pavées de marbre de la vieille ville, leur animation et les beautés architecturales. Les ferries Hvar-Pomena-Dubrovnik ne fonctionnent que de mai à octobre. Le reste du temps, il vaut mieux faire l'impasse sur Mljet, regagner Split en ferry et prendre le bus pour Dubrovnik.

 Les fleurons de l'Istrie

Complexes hôteliers en bord de mer, jolies plages, cités médiévales en hauteur, cuisine de premier choix, vins primés et ravissants hôtels ruraux : les charmes de la péninsule istrienne sont à explorer.

Démarrez votre périple à **Pula**, capitale côtière de la péninsule. Dominant le port, son amphithéâtre romain est très bien conservé. D'une capacité de 20 000 spectateurs, l'Arena, comme on l'appelle ici, accueillait jadis des combats de gladiateurs. On peut en visiter les vestiges ainsi que le petit musée au sous-sol. Restez deux jours à Pula pour voir les autres ruines romaines et explorer le **cap de RT Kamenjak** à vélo ou à pied pendant au moins un après-midi. Collines ondoyantes, fleurs sauvages et quelque 30 km de plages et de criques vierges composent ce cap désert, point le plus méridional de l'Istrie.

Arrêtez-vous pour visiter ville de **Bale**, un des secrets les mieux gardés d'Istrie. Remontez ensuite jusqu'à **Rovinj**, fleuron de la côte, et consacrez au moins deux jours à explorer ses richesses : ses places à l'italienne et ses rues pavées pentues qui mènent à l'église Sainte-Euphémie, dont le campanile domine la péninsule du haut de ses 60 m. Prenez le temps de parcourir ses belles plages et quelques-unes des 14 îles verdoyantes qui forment l'archipel de Rovinj, juste au large. Filez ensuite sur la côte direction nord jusqu'à **Poreč** et sa basilique euphrasienne, un des plus beaux exemples de l'art byzantin encore sur pied, classée à l'Unesco, qui abrite d'exceptionnelles mosaïques byzantines.

Consacrez le reste de votre séjour à la découverte de l'intérieur boisé de l'île. Faites halte à **Grožnjan**, la musicale, avant de pousser jusqu'à **Motovun**, village également artistique juché sur une hauteur et connu pour son festival estival de cinéma. **Buzet**, ville perchée connue comme la capitale de la truffe en Istrie, est une bonne base pour visiter les villages du cœur gastronomique du pays, où l'on déguste du *pršut* (jambon cru), des olives, de bons vins et des truffes. Prenez le temps de vous promener dans l'adorable **Hum**, plus petite ville du monde. Rejoignez **Pazin**, au sud-ouest, pour franchir son célèbre gouffre qui inspira Jules Verne. En retournant à Pula, faites une dernière halte pour flâner dans **Svetvinčenat**, village doté d'une place et d'un château Renaissance.

 ## Golfe de Kvarner et la Dalmatie du Nord

Les délices des étendues côtières septentrionales et de leur arrière-pays sauvage, à parcourir depuis le golfe du Kvarner jusqu'à la Dalmatie du Nord et son large éventail de sites attrayants.

Débutez par la capitale du Kravner, **Rijeka**, troisième ville du pays et port prospère à l'atmosphère détendue et aux cafés pleins de vie. Prenez une journée pour explorer cette ville méconnue, et une de plus pour profiter d'**Opatija**. Ses villas Belle Époque datent du crépuscule de l'Empire austro-hongrois, quand la ville avait les faveurs de l'élite viennoise. Profitez-en pour flâner sur le Lungomare, un sentier qui serpente le long de la côte à travers d'exotiques massifs et des bosquets de bambou jusqu'à **Volosko**, joli village de pêcheurs, aujourd'hui parmi les eldorados gastronomiques de Croatie : déjeunez ou dînez dans un de ses restaurants réputés.

Ensuite, faites un saut de deux jours sur une des îles du Kvarner : reliées entre elles, les îles de **Cres** et de **Lošinj** sont les plus originales. Plus sauvage et plus verte, Cres possède des campings reculés, des plages aux eaux cristallines, une poignée de villages médiévaux et une atmosphère confidentielle. Plus peuplée et plus touristique, Lošinj affiche deux belles petites villes portuaires, une succession de jolies baies et une végétation variée, avec 1 100 espèces de plantes et 230 plantes médicinales, ramenées pour beaucoup de lointaines contrées par des capitaines. Sur l'île de **Rab**, passez deux jours à vous prélasser sur les plages de sable de la péninsule de Lopar et à explorer la ville de Rab, digne d'une carte postale avec ses vieilles ruelles en pierre d'où s'élèvent quatre clochers.

De retour sur le continent, si vous êtes d'humeur aventureuse, randonnez sur les chemins alpins et dans les stupéfiants canyons du **parc national de Paklenica**. Passez ensuite au moins deux jours dans la trépidante ville côtière de **Zadar**, qui mêle ruines romaines, architecture habsbourgeoise et un ravissant front de mer. En remontant vers l'intérieur des terres, passez la journée dans le féerique parc national des **lacs de Plitvice**, dont les sublimes lacs turquoise sont reliés par une série de cascades.

Préparer son voyage
Sports et activités

La Croatie, où des eaux cristallines côtoient des montagnes escarpées, offre de multiples possibilités aux voyageurs sportifs. Les plaisanciers profitent du superbe littoral et des myriades d'îles, tandis que ceux qui préfèrent le plancher des vaches ont tout le loisir d'arpenter un réseau de chemins de randonnée et de sentiers cyclables pour aller voir de plus près lacs, forêts, vallées verdoyantes et magnifiques hautes terres.

Le top des activités de plein air

Vis
Se baigner dans des baies retirées.

Parc national des lacs de Plitvice
Randonner sur les sentiers des lacs quand il n'y a pas trop de monde.

Parenzana Bike Trail
Cette piste cyclable istrienne compte 78 km en territoire croate.

Crveni Otok
Le snorkeling le long de la côte rocheuse de cette île proche de Rovinj.

Split
Filer comme le vent le temps d'une journée de voile.

Dubrovnik
Regarder le soleil se coucher sur la vieille ville depuis un kayak.

Bol
S'initier à la planche à voile sur l'île de Brač.

Parc national de Paklenica
S'attaquer aux voies d'escalades du parc.

La Cetina
Pratiquer le rafting sur cette rivière près d'Omiš.

Baignade

Impossible de résister aux eaux limpides de Croatie par une chaude journée et l'Agence européenne pour l'environnement indique que 94% des sites de baignade croates disposent d'une eau d'excellente qualité. La température de l'eau atteint parfois 25°C l'été et dépasse généralement les 20°C de juin à octobre.

Le littoral et les îles offrent nombre de sites parfaits pour faire trempette. La nature des plages est variable : sable, galets, rochers. Parmi les meilleures, certaines comme la délicieuse petite plage de Stiniva (p. 251), sur l'île de Vis, et Dubovica (p. 244), sur l'île de Hvar, sont tapissées de grands galets blancs et lisses. Les Croates préfèrent généralement les plages de galets, car les plages sablonneuses ont des eaux peu profondes. C'est particulièrement vrai des plages de Lopar (p. 170) sur l'île de Rab, et un peu moins des plages sablonneuses à l'extrémité est de Vis (p. 249) ou d'endroits comme Prapratno (p. 283), sur la péninsule de Pelješac.

En été, l'Adriatique est souvent fort calme ; les vagues naissent avec la bora (vent de nord-est), en hiver. En haute saison, les conditions sont généralement bonnes, et il faut juste faire attention aux oursins – mettez des sandales en plastique pour aller dans les rochers.

POUSSÉES D'ADRÉNALINE

Pour commencer en douceur, le téléphérique de Dubrovnik (p. 264) grimpe jusqu'à 405 m d'altitude pour une vue aérienne de la célèbre vieille ville. Autre activité adaptée à toute la famille, les tyroliennes de Zlatna Greda (p. 93) dans le parc naturel de Kopački Rit. Dans le même registre, en plus impressionnant, 8 tyroliennes (p. 225) franchissent les gorges de la Cetina près d'Omiš ; la plus haute est à 150 m du sol, la plus longue mesure 700 m. Une tyrolienne passe aussi au-dessus du gouffre de Pazin (p. 132), d'une profondeur de 100 m, en Istrie.

Paragliding Kvarner (p. 141), basé à Crikvenica près de Rijeka, propose des vols en parapente en tandem décollant de 770 m au-dessus de l'Adriatique. En Istrie, on peut pratiquer le parapente en tandem à Motovun (p. 126), tandis qu'en Slavonie, Parafreek (www.parafreek.hr) propose de décoller d'un site proche du Japetić (879 m), le plus haut sommet du massif du Samoborsko.

Sur l'île de Krk, le Centre de wakeboard Cable Krk (p. 162) permet de pratiquer le wakeboard et le ski nautique. Pour pratiquer le parachutisme, contactez la Croatian Aeronautical Federation (www.caf.hr). L'association de sports extrêmes Cro Challenge (www.crochallenge.com) est aussi un interlocuteur intéressant.

Comme toujours en Croatie, il est souvent plus facile de pratiquer en passant par une agence spécialisée dans les sports d'aventure. Quelques adresses fiables :

Alter Natura (p. 253). Basée à Vis : randonnée, kayak et descente en rappel.

Biokovo Active Holidays (p. 227). Randonnée, vélo, canyoning, rafting et kayak.

Huck Finn (www.huckfinncroatia.com). Circuits à sensations fortes en Croatie : kayak et kayak de mer, rafting, canoë, spéléologie, vélo, pêche, randonnée et voile.

Hvar Adventure (p. 244). Voile, vélo, escalade, randonnée, planche à voile, parachutisme, safaris en jeep et entraînement au triathlon.

Outdoor (www.outdoor.hr). Voyages d'aventure.

Portal Trogir (p. 224). Safaris en quad, rafting, plongée, canyoning.

Red Adventures (p. 244). Basé à Split : kayak de mer, escalade, randonnée et circuits à vélo.

Zagreb Tours (p. 57). Circuits d'aventure, entre autres possibilités.

Les baigneurs apprécient aussi les lacs du parc national de la Krka (p. 192), les lacs Bundek (p. 56) et Jarun (p. 56), à Zagreb, et l'île d'Ada (p. 97), sur le Danube, près de Vukovar.

Randonnée

La randonnée en Croatie va de la simple flânerie sur les promenades en planches et les sentiers bien entretenus autour des lacs de Plitvice (p. 173) à la marche éprouvante sur les hauteurs de Paklenica (p. 176). Les offices du tourisme croates et les bureaux des parcs nationaux ont tout ce qu'il faut pour vous recommander des randonnées adaptées au temps dont vous disposez et à vos capacités physiques. Beaucoup éditent des cartes gratuites ou vendent des cartes détaillées des secteurs les plus isolés. Pour un périple plus exigeant, voyez auprès de l'Association croate d'alpinisme (www.hps.hr/ ; p. 73), qui donne l'accès à un réseau de refuges de montagne ; vous pouvez aussi vous joindre aux randonnées guidées organisées par des agences spécialisées.

Le printemps, le début de l'été et l'automne sont des saisons à privilégier pour randonner : on évite ainsi la foule et le soleil estival. En juillet-août, les montagnes karstiques du littoral sont des fournaises où l'ombre et l'eau se font rares, tandis que les sentiers ombragés de Plitvice et de la Krka sont noirs de monde. À cette période, préférez le parc national de Risnjak (p. 143), moins fréquenté, ou des sites plus éloignés à l'intérieur des terres.

Les montagnes proches de Samobor (p. 73) offrent les meilleurs sentiers de randonnée de l'arrière-pays croate, jalonnés de forêts, de grottes, de gorges, de cascades et de neuf refuges de montagne. Le parc naturel de Medvednica (p. 76), au nord de Zagreb, est aussi intéressant.

En Istrie, on trouve des sentiers près de Buzet (p. 128) et Poreč (p. 118) ainsi qu'une boucle bien balisée de 11,5 km partant de Gračišće (p. 133). Dans le golfe de Kvarner il existe des sentiers peu fréquentés notamment dans le parc naturel d'Učka (p. 148) et le parc national de Risnjak (p. 143). Dans ce dernier, le sentier Leska est un parcours recommandé et facile de 4,2 km en forêt permettant d'observer des animaux. Les îles de Cres (p. 149), Lošinj (p. 149) et Rab (p. 165) ont aussi d'innombrables sentiers.

La Dalmatie est sillonnée de sentiers. Les parcs nationaux de Plitvice (p. 173) et de la Krka (p. 192) permettent de faire de belles balades au bord des lacs, mais sont envahis en été. Les parcs de Paklenica (p. 176) et de Biokovo (p. 233) offrent un relief montagneux et une vue superbe sur le littoral et les îles. Il y a aussi de magnifiques randonnées à faire sur les îles de Brač (p. 233), Hvar (p. 240), Vis (p. 249), Lastovo (p. 290) et Mljet (p. 279) et dans les montagnes au-dessus d'Omiš (p. 225) et d'Orebić (p. 283).

Cyclotourisme

Le cyclotourisme est de plus en plus prisé en Croatie. On peut facilement louer des vélos et il y a de nombreuses routes tranquilles, surtout dans les îles. Évitez la nationale longeant l'Adriatique, dangereuse car très fréquentée et prenez plutôt les ferries qui acceptent les vélos, moyennant un petit supplément.

Mars, avril, septembre et octobre sont les meilleures périodes pour pédaler car le temps est doux et plutôt sec. De juin à août, la circulation s'intensifie et il fait parfois terriblement chaud.

On trouve en Slavonie des pistes sur une longue distance (p. 93) : la Via Pacis Pannoniae (Panonski Put Mira, 80 km) entre Osijek et Sombor, en Serbie, et la route du Danube (138 km), qui longe les frontières hongroise et serbe.

Le meilleur itinéraire est le Parenzana Bike Trail (p. 124), qui suit une ancienne voie ferrée entre Trieste (Italie) et Poreč, en Istrie (la partie croate mesure 78 km).

Toujours en Istrie, on trouve des pistes cyclables vers Buzet, Pazin, Poreč et Rovinj, ainsi qu'un sentier facile de 41 km entre Pula et Medulin.

Le golfe de Kvarner aussi est une région intéressante pour les cyclistes : il existe 19 itinéraires à Opatija, dans le parc naturel d'Učka et sur les îles de Cres, Lošinj, Krk et Rab, tous détaillés dans la brochure *Kvarner by Bicycle*, disponible dans les offices du tourisme.

En Dalmatie, des sentiers panoramiques parcourent les îles de Mljet et de Lastovo. La brochure *Central Dalmatia Bike* détaille six itinéraires sur la riviera de Makarska allant de la balade facile (15 km) autour de Makarska à l'ascension éprouvante (61 km) du Biokovo, jusqu'à 1 749 m d'altitude. Le Biokovo est aussi propice aux vététistes, tout comme les îles de Korčula et de Brač, où des sentiers conduisent au point culminant de l'île, le Vidova Gora (778 m).

Parmi les sites Web utiles aux cyclistes, citons www.mojbicikl.hr, www.pedala.hr et www.istria-bike.com.

Plongée et snorkeling

Ce qui demeure le plus étonnant sur la côte Adriatique, c'est la limpidité de l'eau. On peut pratiquer le snorkeling presque partout, surtout à Crveni Otok (p. 117), près de Rovinj.

L'histoire mouvementée de la région a laissé de nombreux vestiges sous-marins, qu'il s'agisse d'épaves datant de l'Antiquité ou d'un avion abattu pendant la Seconde Guerre mondiale. Ce dernier gît au large de Vis (p. 249), où se trouve aussi un champ d'amphores et des épaves à explorer.

Parmi les autres épaves célèbres, citons le *Taranto,* un navire marchand italien de 1899 coulé par une mine de la Seconde Guerre mondiale au large de Dubrovnik ; un vaisseau romain du IIIe siècle et un torpilleur allemand de la Seconde Guerre mondiale au large de l'île de Mljet ; le *Rosa,* au large de Rab ; le *Peltastis,* cargo grec long de 60 m au large de Krk et le *Baron Gautsch,* un vapeur autrichien coulé par une mine près de Rovinj pendant la Grande Guerre.

Il y a en outre de nombreux récifs, tombants et grottes à explorer où vivent rascasses, congres, bigorneaux, limaces

PRÉPARER SON VOYAGE SPORTS ET ACTIVITÉS

En haut : Parc national de la Krka (p. 192)

À droite : Hervia pèlerine (limace de mer) dans l'Adriatique

Escalade dans le parc national de Paklenica (p. 176)

qui gère 22 marinas, ou les loueurs suivants : Cosmos Yachting (www.cosmosyachting.com), Nautical Centre Nava (p. 211), Sunsail (p. 267), Ultra Sailing (p. 211), White Dust Sailing (p. 103), Yacht Rent (p. 141) et Yacht Charter Croatia (www.croatiacharter.com).

Kayak

On peut louer des kayaks dans de nombreux endroits et des agences spécialisées organisent des sorties courtes ou des expéditions de plusieurs jours d'île en île. Cette activité est fort pratiquée à Dubrovnik, où l'on peut voir des bancs de kayaks en circuit guidé – les sorties au crépuscule sont appréciées. Il y a aussi de bonnes agences à Makarska, à Split, au cap de Rt Kamenjak, à Rovinj et dans les îles de Korčula, Vis et Rab.

À l'intérieur des terres, ne manquez pas l'occasion de pagayer sur le Danube à Vukovar, et sur le lac Jarun à Zagreb.

Planche à voile

Les deux meilleurs sites croates de planche à voile sont Bol (p. 237), sur l'île de Brač, et Viganj (p. 284), près d'Orebić, sur la péninsule de Pelješac. Ils sont exposés au *maestral*, un vent d'ouest puissant et constant qui souffle généralement du matin au début de l'après-midi d'avril à octobre. Les conditions optimales sont plutôt réunies fin mai-début juin et fin juillet-début août.

La ville de Hvar, Makarska, Mali Lošinj, le cap Rt Kamenjak et Poreč sont aussi de bons coins et l'on peut également pratiquer ce sport à l'intérieur des terres sur le lac Jarun, à Zagreb. Sur tous ces sites, on peut louer des planches et prendre des cours.

de mer, poulpes, homards, moules géantes, corail rouge, gorgones rouges et éponges colorées.

Des centres de plongée sont installés sur la côte, en particulier à Poreč, Pula et Rovinj en Istrie, sur les îles de Krk, Cres, Lošinj et Rab dans le golfe de Kvarner, sur les îles de Dugi Otok, Brač, Hvar, Vis et Mljet en Dalmatie, et à Dubrovnik. Vous trouverez plus de renseignements sur le site (en croate uniquement) de la Croatian Diving Association (www.diving-hrs.hr).

Voile et croisières

Passer ses journées à voguer d'îlot perdu en plage inaccessible par la terre, avant de s'amarrer dans un joli coin pour la nuit, peut-on imaginer vacances plus délicieuses ? On peut profiter de croisières d'une journée et de circuits organisés de plusieurs jours. Sail Croatia (www.sail-croatia.com) proposent même des croisières pour les jeunes routards.

Il est aisé de louer un bateau avec ou sans skipper ; voyez auprès de l'Adriatic Croatia International Club (www.aci-marinas.com),

Escalade

Le meilleur secteur d'escalade du pays est le parc national de Paklenica (p. 176), avec des parois de tous niveaux dont 72 voies courtes d'escalade sportive et 250 voies plus longues. Il y a aussi un service de secours. Toujours en Dalmatie, on trouve des parois d'escalade sur la colline du Marjan, en plein centre de Split.

En remontant la côte, il existe quelques sites près de Baška (p. 163), sur l'île de Krk. Le meilleur spot d'escalade d'Istrie est le parc forestier Punta Corrente (p. 113), près de Rovinj, qui regroupe 80 voies dans une ancienne carrière de pierre vénitienne. On peut aussi pratiquer l'escalade libre près de Buzet et de Pazin.

On trouve un autre secteur d'escalade dans le massif de Samoborsko Gorje (p. 73), côté Plešivica, à l'ouest de Zagreb.

Les mois de mars, avril et mai sont la meilleure période pour l'escalade. Le vent souffle plutôt en automne et en hiver.

Renseignez-vous dans les offices du tourisme ou agence locale spécialisée. L'Association croate d'alpinisme (p. 73) fournit quelques infos en anglais.

Rafting

Le meilleur site de rafting croate est la Cetina (p. 224), qui s'engouffre dans une gorge abrupte avant de se jeter dans l'Adriatique à Omiš, jolie petite ville où trouver les prestataires. Sinon, les agences spécialistes à Split et Makarska organisent transferts et expéditions en collaboration avec des organismes de rafting réputés.

Les sorties sont possible d'avril à octobre environ ; le débit est au plus fort en avril et après de fortes pluies. En été, le rafting est plus reposant et plus intéressant pour les débutants.

Ski

À seulement 20 minutes de Zagreb, la Station de ski du Sljeme (p. 76) dispose de remontées desservant 5 pistes sur les pentes du Mont Medvednica. C'est en février que l'enneigement est le meilleur, mais la saison dure parfois 3 à 4 mois grâce aux canons à neige. On peut aussi skier en nocturne.

Observation de la faune

Le parc naturel de Kopački Rit (p. 93) en Slavonie, importante zone marécageuse dans les plaines inondables du Danube et de la Drava, est le principal site croate d'observation des animaux sauvages. Près de 300 espèces d'oiseaux y ont été recensées, dont le pygargue à queue blanche et l'aigle impérial, la cigogne noire, le grèbe huppé, la spatule, l'oie sauvage et le pic. Ils côtoient 44 espèces de poissons et 21 variétés de moustiques (apportez du répulsif). Avec beaucoup de chance, vous verrez un cerf élaphe, un sanglier, un castor, une martre des pins ou un renard. Les meilleures périodes pour observer les animaux sont les migrations de printemps (mars-mai) et d'automne (septembre-novembre).

La faune abonde aussi dans la région du Kvarner. Le puissant vautour fauve niche sur les îles de Cres, Krk et Prvić, tandis qu'à Lošinj sont installés des centres de protection des tortues marines et des dauphins. Le parc national de Risnjak (p. 143) doit son nom au lynx, qui vit dans sa forêt intacte avec les ours bruns, loups, chamois et sangliers. Les chances sont minces d'observer ces vedettes de la forêt, mais vous apercevrez peut-être des cerfs près des stations de nourrissage, le long des pistes, et vous verrez sûrement des spécimens des 500 espèces de papillons.

Dans le parc national des lacs de Plitvice (p. 173) vivent des ours, des loups, des cerfs et des sangliers, mais aussi des lapins, des renards et des blaireaux, mais aussi des faucons, des chouettes, des coucous, des martins-pêcheurs, des canards sauvages, des hérons, des cigognes noires et des balbuzards.

En Dalmatie, le parc national de Paklenica (p. 176) abrite divers oiseaux de proie, tandis que le parc national de la Krka (p. 192) héberge des aigles et des oiseaux migrateurs des marais.

Préparer son voyage

Voyager avec des enfants

Plages aménagées, pistes cyclables et sentiers de randonnée pour tous niveaux, musées interactifs, vieilles villes et forteresses à explorer pour les chevaliers et les princesses en herbe : la Croatie offre mille possibilités de s'amuser et d'apprendre en famille.

Le top des régions pour les enfants

Dubrovnik et la Dalmatie du Sud
Nombreuses plages et expériences uniques. Les petits peuvent gambader dans les vieilles villes de Dubrovnik et Korčula, interdites aux voitures.

Split et la Dalmatie centrale
Le labyrinthique palais de Dioclétien et les belles plages de la riviera de Makarska.

Dalmatie du Nord
Les enfants seront fascinés par le *Salut au soleil* et l'*Orgue marin* de Zadar, qui fonctionnent à l'énergie naturelle. Un superbe Festival des enfants se tient au début de l'été à Šibenik.

Istrie
De Poreč ou Rovinj, cap sur les grottes, les parcs de dinosaures et les plages.

Zagreb
Le funiculaire, les musées, le lac Jarun et le lac Bundek pour se dépenser, et les pentes du Sljeme pour se dérouiller les jambes.

Intérieur de la Croatie
La campagne à Vuglec Breg et Grešna Gorica, le musée interactif sur l'Homme de Néandertal de Krapina et les châteaux médiévaux.

La Croatie avec des enfants

Dans les villes et les villages croates vous trouverez une multitude de places, d'aires de jeux et de rues où la circulation ne présente aucun danger. Un grand nombre de villes côtières possèdent une *riva* (promenade en bord de mer) assez éloignée de l'eau, idéale pour laisser les enfants courir et jouer.

Les plages sont très nombreuses, même si certaines sont simplement des criques rocheuses et pentues. La plupart des plages de sable sont peu profondes et idéales pour les tout-petits. Les plages de galets sont souvent plus pratiques pour nager.

Les stations balnéaires de moindre taille pourront sembler assoupies aux adolescents. Ils seront bien plus heureux dans les destinations plus animées, où ils trouveront cafés, boutiques et fêtes foraines en saison.

Les enfants bénéficient souvent de réductions, aussi bien dans les musées que pour l'hébergement. Le tarif scolaire s'applique généralement à partir de 9 ans. De nombreuses attractions sont gratuites pour les plus jeunes.

Restaurants

Les Croates viennent volontiers au restaurant en famille. Même les établissements les plus chics proposent des plats de pâtes ou de riz, et on obtient facilement de petites portions. Mais vous trouverez rarement des chaises hautes.

Bébés

L'allaitement en public est généralement bien accepté lorsque cela est fait avec discrétion. Les équipements pour les bébés (les espaces pour changer les bébés, par exemple) sont encore assez rares. Lait en poudre, couches et petits pots sont disponibles dans la plupart des supermarchés et des pharmacies.

Santé

Après une promenade dans la nature, en été ou au début de l'automne, vérifiez bien que vos enfants n'ont pas de tiques. Consultez un médecin dans le cas où vous en trouveriez une.

Faites attention aux oursins, abondants sur les plages rocheuses et peu profondes : chaussez vos enfants de sandales en plastique.

À ne pas manquer
Plages

Baška, île de Krk (p. 163) Une plage en croissant de 2 km avec un petit parc aquatique.

Îles de Cres et de Lošinj (p. 149) Nombreux campings adaptés aux familles, au bord des plages.

Crveni Otok, Rovinj (p. 117) Deux îlots reliés par une digue, bordés de plages de galets.

Lopar, île de Rab (p. 170) Les plages de sable y sont idéales pour la baignade des petits.

Parc national de Mljet, Île de Mljet (p. 279) Le plus petit des lacs d'eau salée, chaud, est parfait pour les bébés.

Musées et attractions

➡ **Musée des Techniques Nikola-Tesla, Zagreb** (p. 56) Un planétarium et la reconstitution d'une mine.

➡ **Musée de l'Homme de Néandertal, Krapina** (p. 296) Tout sur nos ancêtres néandertaliens.

➡ **Salut au soleil, Zadar** (p. 185) Le soir venu, les petits adorent s'agiter dans ce fantastique ballet lumineux.

➡ **Maison du Batana, Rovinj** (p. 113) Une exposition multimédia interactive illustrant l'histoire de la pêche à Rovinj.

➡ **Musée Staro Selo, Kumrovec** (p. 77) Un aperçu de la vie dans un village traditionnel.

➡ **Istralandia, Istrie** (www.istralandia.hr). Un grand parc aquatique récent.

Préparer son voyage

Louer un appartement est une solution judicieuse – souvent moins chère qu'une chambre d'hôtel, et offrant plus de souplesse. Renseignez-vous sur l'équipement et l'environnement : air conditionné, cuisine, lave-linge et distance jusqu'aux plages, par exemple.

Certains hôtels proposent des lits pour bébé, mais généralement en nombre limité et parfois avec un supplément. Les enfants de moins de 3 ans bénéficient souvent de la gratuité et les moins de 9 ans de réductions importantes. Les familles sont les bienvenues dans la plupart des établissements. Parmi ceux qui visent spécifiquement une clientèle familiale, les meilleures adresses sont le Club Funimation Borik (p. 186) près de Zadar, et l'Hotel Vespera (p. 156) à Mali Lošinj. Les enfants de moins de 5 ans doivent voyager dans des sièges auto adaptés.

Quand partir

La ville côtière de Šibenik organise un Festival international des enfants (p. 196) très réputé fin juin-début juillet (ateliers musique, danse, films, pièces de théâtre, spectacles de marionnettes et défilés). C'est en juillet et en août qu'on trouve le plus d'activités organisées pour les enfants. Si vous voulez échapper à la foule et bénéficier de tarifs réduits, mieux vaut en revanche opter pour juin ou septembre – le soleil sera au rendez-vous et la mer, à la bonne température pour la baignade.

Pour des informations d'ordre général, consultez le guide *Voyager avec ses enfants*, publié par Lonely Planet.

Les régions en un clin d'œil

Zagreb

**Cafés
Musées et galeries
Gastronomie**

Culture des cafés
Zagreb est un bastion de la légendaire culture européenne des cafés. Le moment idéal pour en vivre le temps fort ? La *špica* : un rituel des samedis matin lors des mois chauds, où les habitants, habillés à la dernière mode, sortent pour boire un café et observer les passants.

Cœurs brisés et art contemporain
Grande attraction culturelle de Zagreb, le très en vogue musée d'Art contemporain a apporté une note artistique au paysage urbain, tandis que l'excentrique Museum of Broken Relationships ("musée des Cœurs brisés") connaît un franc succès depuis son ouverture.

Scène culinaire croate
Côté cuisine, de nombreuses découvertes vous attendent dans la capitale croate, qui a vu sa scène culinaire se diversifier ces dernières années. Plusieurs restaurants concoctent des spécialités innovantes, préparées avec des ingrédients de qualité provenant de tout le pays.

p. 42

Croatie continentale

**Architecture
Faune et flore
Paysages**

Châteaux
Des châteaux émaillent les vallées de cette région bucolique. Le château néogothique de Trakošćan offre une plongée dans l'aristocratie croate, tandis que le château de Veliki Tabor, hérissé de tourelles et de meurtrières, trône au sommet d'une colline. On en trouvera d'autres à Varaždin, Varaždinske Toplice, Vukovar et Ilok.

Ornithologie
Parmi les marécages les plus vastes d'Europe, le parc naturel de Kopački Rit occupe des plaines inondables à la confluence du Danube et de la Drava. Réputé pour la diversité de son avifaune, il mérite une visite lors des migrations, au printemps et à l'automne.

Vie rurale
Les paysages de collines couvertes de vignobles, de denses forêts, de champs et de maisons traditionnelles semblent tout droit sortis d'un conte de fées. On y découvre la vie rurale croate.

p. 72

Istrie

Gastronomie
Architecture
Littoral

Truffes et vins
Les plats des chefs novateurs élaborés à partir de produits locaux sont autant d'incitations à profiter de la dolce vita à l'istrienne. Des truffes blanches aux asperges sauvages, en passant par l'huile d'olive et le vin, la gastronomie rythme un séjour en Istrie.

Édifices historiques
L'architecture istrienne, composite, comprend un célèbre amphithéâtre romain célèbre, une basilique byzantine, ainsi que des maisons de ville de style vénitien ou des bourgades médiévales, le tout joliment regroupé sur une petite péninsule.

Plages
Des étendues de galets bordées de pins où les activités abondent, à deux pas de Pula, Rovinj ou Poreč, aux paysages sauvages du cap de Rt Kamenjak, avec sa série de criques isolées, l'Istrie offre de merveilleuses plages – mais aucune de sable.

p. 99

Golfe de Kvarner

Architecture
Nature
Gastronomie

Villes médiévales
La ville de Krk a un centre médiéval joliment préservé tandis que la ville de Rab, petite mais parfaitement agencée, présente un chapelet d'églises et de clochers historiques. À Cres, Veli Lošinj et Mali Lošinj, les maisons attestent d'une profonde influence vénitienne.

Faune marine
Des projets de protection de la faune ont été mis en place sur les îles de Lošinj et de Cres, reliées entre elles par un pont. La minuscule Veli Lošinj a un centre de recherche sur les dauphins de l'Adriatique. À Mali Lošinj, un centre se consacre au sauvetage des tortues marines.

Bonnes tables
Les villages de Volosko et Kastav, entre Opatija et Rijeka, sont des hauts lieux de la cuisine croate – qu'elle soit traditionnelle ou moderne – et comptent plusieurs *konoba* (tavernes) et restaurants de qualité pleins de charme.

p. 136

Dalmatie du Nord

Nature
Villes
Voile

Lacs et montagnes
Si la plupart des voyageurs gagnent la côte, l'intérieur des terres ne manque pas de charme. Les parcs nationaux de la Krka et de Plitvice abritent de magnifiques lacs et cascades. Celui de Paklenica se distingue par ses montagnes et ses sentiers.

Quartiers anciens
Loin du tourisme de masse, Šibenik et la ville fortifiée de Zadar ont de nombreux attraits. La première abrite la plus belle cathédrale du pays et un beau quartier ancien ; la seconde compte des sites étonnants, ainsi que des bars et des restaurants branchés.

Navigation au soleil
Avec 140 îles, pour la plupart inhabitées, l'archipel des Kornati, qui possède le statut de parc national, est le plus vaste et le plus dense de l'Adriatique : en naviguant entre ses îles, vous verrez la Méditerranée telle qu'elle apparaissait aux anciens.

p. 171

Split et la Dalmatie centrale

Littoral
Architecture
Activités

Plages
De Bačvice, la plage préférée des habitants de Split, à Zlatni Rat, en forme de corne, sur l'île de Brač, et aux adorables criques de sable ou de galets de l'île de Vis, la Dalmatie centrale offre parmi les plus belles plages de Croatie, qu'elles soient fréquentées ou loin des sentiers battus.

Rues historiques
Deux sites classés au patrimoine mondial de l'Unesco se trouvent à quelques kilomètres l'un de l'autre en Dalmatie centrale : le quartier animé du palais de Dioclétien datant de l'époque romaine, à Split, et le pêle-mêle architectural de la vieille ville fortifiée de Trogir, bâtie sur une toute petite île.

Activités de plein air
Voile, VTT, kayak de mer, plongée, randonnée, rafting, escalade, tyrolienne ou planche à voile, les voyageurs sportifs trouveront largement de quoi se distraire dans les paysages variés de la Dalmatie centrale.

p. 199

Dubrovnik et la Dalmatie du Sud

Histoire
Nature
Vin

Villes fortifiées
Ville historique jouissant d'un cadre fabuleux, Dubrovnik séduit immanquablement les visiteurs, qui ne quittent qu'à regret la "Perle de l'Adriatique". Beaucoup plus petite, la ville de Korčula est tout aussi belle.

Îles
Les îles peu peuplées et densément boisées de Mljet et de Korčula sont encensées pour leur beauté et leurs plages abritées. Mais elles ne doivent pas faire oublier les ravissantes îles Élaphites et la petite Lokrum.

Cépages dalmates
La péninsule de Pelješac est la première région vinicole de Croatie. Goûtez le *plavac mali*, un vin rouge riche et parfumé, durant votre visite des vignobles prestigieux de Postup et Dingač. L'île voisine de Korčula est réputée pour ses cépages blancs, le *pošip* et le *grk*, tandis que la *malvasija* (malvoisie) est un cépage blanc endémique de la région de Konavle, au sud de Dubrovnik.

p. 255

Sur la route

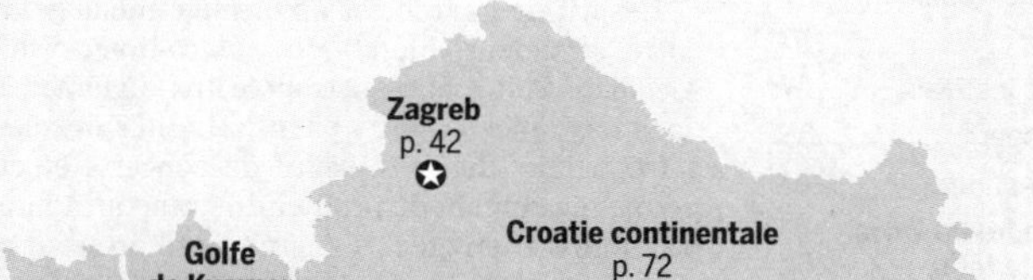

Zagreb p. 42

Croatie continentale p. 72

Golfe de Kvarner p. 136

Istrie p. 99

Dalmatie du Nord p. 171

Split et Dalmatie centrale p. 199

Dubrovnik et Dalmatie du Sud p. 255

Zagreb

01 / 790 000 HABITANTS

Dans ce chapitre ➡
Histoire............. 43
À voir 43
Activités............ 56
Circuits organisés 56
Cours 57
Fêtes et festivals 57
Où se loger 58
Où se restaurer....... 61
Où prendre un verre
et faire la fête 64
Où sortir............ 66
Achats 67

Le top des restaurants
- Vinodol (p. 62)
- Mundoaka Street Food (p. 62)
- Zinfandel's (p. 62)
- Bistro 75 (p. 61)
- Mali Bar (p. 62)

Le top des hébergements
- Studio Kairos (p. 59)
- Esplanade Zagreb Hotel (p. 60)
- Swanky Mint Hostel (p. 59)
- Hotel Jägerhorn (p. 60)

Pourquoi y aller

Capitale politique, économique et culturelle de la Croatie, Zagreb dégage une énergie débordante tout en conservant le charme d'une cité historique. Les visiteurs, en nette augmentation ces dernières années, ne s'y trompent pas.

L'esprit de Zagreb est un étrange mélange architectural, entre grandeur hiératique austro-hongroise et raideur socialiste. Cette petite métropole invite à flâner, à se détendre dans des cafés toujours pleins, à visiter musées et galeries, à fréquenter théâtres, salles de concerts et cinémas. Elle permet également de profiter du grand air toute l'année : au printemps et en été, les Zagrébois se pressent au lac Jarun, au sud-ouest de la ville, pour se baigner, faire du bateau et danser dans les discothèques installées sur les rives ; en hiver, honneur au ski sur le mont Medvednica (à un simple trajet en tram ou en bus de la ville).

Quand partir
Zagreb

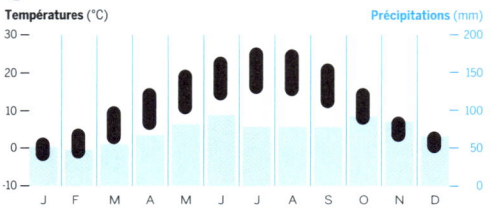

Avr-mai La ville ôte son manteau d'hiver, les terrasses des cafés se remplissent.

Juin Certains des meilleurs festivals de Zagreb animent les rues et la vie culturelle.

Sept-oct Les habitants reviennent de vacances ; la cité vibre encore de l'énergie estivale.

Histoire

L'histoire de Zagreb débute sur deux collines. Une communauté religieuse s'implanta au XIe siècle sur la colline de Kaptol, où se dresse aujourd'hui la cathédrale. Un autre petit bourg prospérait sur la colline de Gradec, mais les deux localités furent dévastées lors de l'invasion mongole de 1242. Afin d'attirer des artisans étrangers dans cette région en ruine, le roi Béla fit construire des remparts autour de Gradec et le transforma en une sorte de "paradis fiscal" sous contrôle royal, gratifié de nombreux privilèges. En revanche, Kaptol ne bénéficia d'aucun traitement de faveur et demeura sous la juridiction de l'Église. Au fil des siècles, une rivalité opposa les deux cités et dégénéra fréquemment en affrontements violents. À plusieurs reprises, les évêques de Kaptol excommunièrent la population de Gradec, qui ripostait en pillant et incendiant Kaptol.

Au milieu du XVe siècle, les Turcs progressèrent jusqu'à la Save, ce qui convainquit l'évêché de fortifier Kaptol. Un siècle plus tard, les Turcs occupaient une bonne part des territoires alentour, mais n'avaient pu s'emparer de ces deux villes. Au début du XVIIe siècle, Gradec et Kaptol avaient perdu leur importance économique et, incapables de se défendre seules, s'unirent sous le nom de Zagreb.

La plupart des villes ayant été détruites lors de l'invasion turque, Zagreb s'imposa facilement comme capitale du minuscule État croate. La vie commerciale stagna pendant les deux siècles de guerre qui suivirent, marqués par des incendies et des épidémies de peste.

Avec le temps, la future place Jelačić (Trg Bana Jelačića) devint le théâtre des foires commerciales lucratives de Zagreb ; des constructions surgirent tout autour. Au XIXe siècle, l'économie se développa grâce au commerce prospère du vêtement et à l'installation d'une ligne ferroviaire reliant Zagreb à Vienne et à Budapest. La vie culturelle s'épanouit également.

Zagreb s'imposa comme le centre du mouvement illyrien. Le seigneur du château de Trakošćan, le comte Janko Drašković, publia en 1832 un manifeste en dialecte štokavien, appel pour un renouveau national qui eut un fort retentissement dans le pays. Le rêve de Drašković se concrétisa à l'issue de la Première Guerre mondiale, lorsque la Croatie et sa capitale intégrèrent le royaume des Serbes, des Croates et des Slovènes.

L'entre-deux-guerres vit l'émergence de quartiers ouvriers entre la voie ferrée et la Save, ainsi que la construction de nouveaux quartiers résidentiels sur le versant sud du mont Medvednica. En avril 1941, les Allemands envahirent la Yougoslavie et s'emparèrent de Zagreb sans combat. Ante Pavelić et les Ustaše (Oustachi) proclamèrent rapidement l'État indépendant de Croatie (Nezavisna Država Hrvatska) avec Zagreb comme capitale. Bien que le gouvernement fasciste de Pavelić soit resté à Zagreb jusqu'en 1944, il ne bénéficia jamais d'un grand soutien dans la ville, plutôt favorable aux partisans de Tito.

Après la guerre, Zagreb céda la première place à Belgrade, capitale de la nouvelle fédération de Yougoslavie. Elle est redevenue capitale à part entière depuis l'accession de la Croatie à l'indépendance, en 1991.

◉ À voir

Dans la ville haute (Gornji Grad), la partie la plus ancienne de Zagreb qui englobe les quartiers de Gradec et Kaptol, s'élèvent des édifices et des églises datant des premiers siècles de la ville. La ville basse, (Donji Grad quant à elle, possède les musées les plus intéressants ainsi que les plus beaux exemples d'architecture des XIXe et XXe siècles.

◉ Ville basse (Donji Grad)

Trg Bana Jelačića PLACE

Principal point de repère et cœur géographique de Zagreb, la place Bana Jelačić est aussi un lieu de rendez-vous populaire. Installé dans l'un des cafés, observez le ballet des passants qui se saluent en descendant des tramways, au milieu des vendeurs de fleurs et de journaux.

La place doit son nom à Josip Jelačić, le *ban* (vice-roi) de Croatie qui, au milieu du XIXe siècle, entraîna ses troupes dans une lutte contre la Hongrie, dans l'espoir d'accroître l'autonomie de son peuple. Une **statue équestre** le représentant trôna au centre de la place de 1866 à 1947, puis Tito la fit retirer car elle symbolisait le nationalisme croate. Le gouvernement de Franjo Tudjman l'a réinstallée en 1991 au même endroit. La plupart des édifices de la place datent du XIXe siècle.

Musée archéologique MUSÉE

(Arheološki Muzej ; ☎ 01-48 73 101 ; www.amz.hr ; Trg Nikole Šubića Zrinskog 19 ; tarif plein/réduit/famille 20/10/30 Kn ; ⊙ 10h-18h mar-mer, ven-sam,

À ne pas manquer

1 Un café ou un cocktail en terrasse dans **Tkalčićeva** (p. 63)

2 Les objets témoins d'amours bel et bien finis au **Museum of Broken Relationships** (p. 52)

3 L'exploration des rues sinueuses de la **ville haute** (p. 50)

4 L'avant-garde croate et internationale au **musée d'Art contemporain** (p. 55)

5 Une balade et un pique-nique dans le **parc Maksimir** (p. 55), vaste enclave boisée

6 Un "voyage" méditatif au cimetière **Mirogoj** (p. 55), entre grands arbres et tombeaux

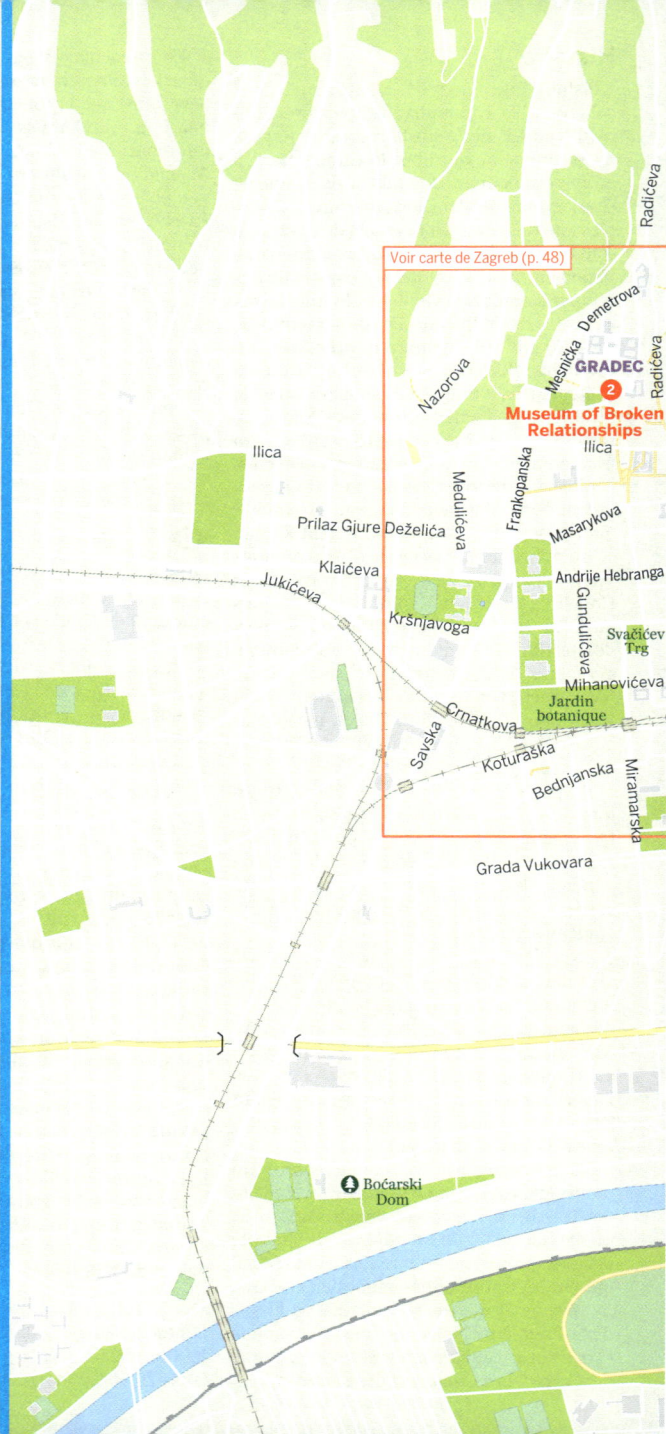

ZAGREB EN DEUX JOURS

Commencez par une balade sur la place Strossmayer (Strossmayerov trg), l'oasis de verdure de Zagreb. Jetez un coup d'œil à la **galerie Strossmayer des maîtres anciens**, puis marchez jusqu'à la **Mirogojć** (Trg Bana Jelačića, p. 43), le cœur de la ville. Dirigez-vous vers la **place Kaptol** pour un coup d'œil à la **cathédrale de l'Assomption de la Vierge Marie** (p. 54), centre de la vie religieuse zagréboise. Pendant que vous êtes dans la ville haute, achetez quelques fruits au **marché de Dolac** (p. 54) ou déjeunez au **Amfora** (p. 63). Faites ensuite la découverte du plus grand sculpteur croate dans l'**atelier Meštrović** (p. 54) et appréciez son héritage artistique au **musée croate d'Art naïf** (p. 52), avant une visite au curieux **Museum of Broken Relationships** (p. 52) dédié aux ruptures amoureuses. Contemplez la ville du haut de la **tour Lotrščak** (p. 52), puis passez la soirée dans les bars de **Tkalčićeva** (p. 64).

Le deuxième jour, consacrez-vous aux musées de la ville basse, en réservant une heure au **musée Mimara** (p. 47) et une autre au **musée d'Art contemporain** (p. 55). Déjeunez au **Vinodol** (p. 62) avant d'aller faire un tour au **jardin botanique** (p. 47). Après un agréable début de soirée sur **Trg Petra Preradovića**, dînez… et profitez de la vie nocturne !

10h-20h jeu, 10h-13h dim). Les pièces les plus anciennes de ce musée remontent à la préhistoire. De la période de l'âge du bronze, ne manquez pas la **Vučedolska golubica** (colombe de Vučedol), une céramique zoomorphe vieille de 4 000 ans découverte en 1938 près de Vukovar. L'oiseau est depuis devenu le symbole de Vukovar et de la paix. Tout aussi fascinantes, les momies égyptiennes sont présentées avec son et lumière d'ambiance. La collection numismatique, l'une des plus importantes d'Europe, réunit quelque 260 000 monnaies, médailles et médaillons.

Au milieu des statues et fragments lapidaires des Ve et IVe siècles av. J.-C., il fait bon profiter du café installé dans la cour en été.

Zrinjevac   PLACE

Officiellement Trg Nikole Šubića Zrinskog mais connue sous le sobriquet affecteux de Zrinjevac, cette place verdoyante du cœur de la ville est vitale pour Zagreb. Elle est presque toute l'année pleine de stands et accueille fêtes et événements, hiver comme été. La plupart ont pour centre le kiosque à musique (datant de 1891).

Zrinjevac fait partie du "fer à cheval vert", (ou "fer à cheval de Lenuzzi"), un ensemble de sept places ornées de parcs.

Galerie d'Art moderne   MUSÉE

(Moderna Galerija ; ☏ 01-60 41 040 ; www.moderna-galerija.hr ; Andrije Hebranga 1 ; tarif plein/réduit 40/30 Kn ; ⊙11h-19h mar-ven, 11h-14h sam-dim). De célèbres artistes croates des deux siècles derniers, tels Bukovac, Mihanović et Račić, ont ici leur place. Vous aurez un bon aperçu de la dynamique scène artistique nationale.

Galerie Strossmayer des Maîtres anciens   MUSÉE

(Strossmayerova Galerija Starih Majstora ; ☏ 01-48 95 117 ; www.facebook.com/strossgalerija/ ; Trg Nikole Šubića Zrinskog 11 ; tarif plein/réduit/famille 30/10/50 Kn ; ⊙10h-19h mar, 10h-16h mer-ven, 10h-13h sam-dim). Le bel édifice néo-Renaissance (XIXe siècle) de l'Académie croate des arts et des sciences conserve l'impressionnante collection d'art léguée à la ville par l'évêque Strossmayer en 1884, enrichies par la suite de plusieurs donations privées. Elle comprend des œuvres de maîtres italiens du XIVe au XIXe siècle – dont la célèbre tempera sur bois de Fra Angelico (1387-1455) *La Stigmatisation de saint François et saint Pierre le Martyr* –, de peintres hollandais et flamands (Bruegel le Jeune…) et d'artistes classiques croates (Medulić, Benković…), ainsi que des œuvres françaises (Poussin, Fragonard, Delacroix, Courbet).

La cour intérieure abrite la **stèle de Baška** (Baščanska Ploča), une pierre plate de de l'île de Krk qui porte le plus ancien exemple d'écriture glagolitique (1102), le plus ancien alphabet slave. Remarquez aussi la **statue de l'évêque Strossmayer** par Ivan Meštrović.

Association des artistes croates   GALERIE D'ART

(Hrvatsko Društvo Likovnih Umjetnika ; ☏01-46 11 818 ; www.hdlu.hr ; Trg Žrtava Fašizma 16 ; tarif plein/réduit 20/10 Kn ; ⊙10h-13h et 16h-20h mer-ven, 10h-14h sam-dim). L'une des créations architecturales d'Ivan Meštrović, à l'est du centre, héberge cette galerie d'art. Par ses transformations successives, l'édifice en lui-même offre un condensé captivant sur l'histoire du pays. Dessiné en 1938 par Meštrović en hommage au roi Petar Karađorđević (Pierre Ier, souverain du royaume des Serbes, des Croates et des Slovènes), ce pavillon d'exposition froissa la susceptibilité des nationalistes croates. Après l'instauration du gouvernement fasciste, il prit le nom de Centre des artistes de Zagreb en mai 1941. Puis, quelques mois plus tard, Ante Pavelić, le dirigeant du pays, ordonna l'évacuation de toutes les œuvres d'art et transforma le pavillon en mosquée afin de s'attirer la sympathie de la population musulmane locale. Malgré la désapprobation des artistes, le bâtiment fut amplement restructuré et flanqué de trois minarets.

Avec l'avènement de la Yougoslavie socialiste, la mosquée fut rapidement fermée et l'édifice retrouva son rôle originel sous le nom de musée de la Libération du peuple – lequel fut doté d'une collection permanente. En 1949, le gouvernement fit raser les minarets ; en 1951, l'architecte V. Richter rendit enfin au bâtiment son apparence d'origine, suivant les plans de Meštrović. Depuis, il demeure un espace d'exposition, géré par une association à but non lucratif d'artistes croates. Rebaptisé Association des artistes croates en 1991 par le nouveau gouvernement, le lieu est toujours appelé "l'ancienne mosquée" par les Zagrébois.

Musée de l'Automobile Ferdinand-Budicki MUSÉE
(www.otk-ferdinandbudicki.hr ; Ulica kneza Ljudevita Posavskog 48 ; tarif plein/réduit 30/20 Kn ; ☉10h-19h). Premier musée automobile de Croatie, on peut y admirer plus de 50 voitures et motos anciennes (dont une Ford Model T de 1922), dans les 1 500 m² d'une ancienne fabrique de bouchons de l'est de Zagreb. Il porte le nom de celui qui introduisit la première automobile en Croatie, en 1901. Incontournable pour les amoureux de l'auto.

Pavillon des Arts EXPOSITIONS
(Umjetnički Paviljon ; ☎01-48 41 070 ; www.umjetnicki-paviljon.hr ; Trg Kralja Tomislava 22 ; tarif plein/réduit 40/25 Kn ; ☉11h-20h mar-jeu, sam-dim, 11h-21h ven). Ce bel édifice Sécession (version autrichienne de l'Art nouveau) de 1897 est le seul endroit de la capitale spécifiquement conçu pour accueillir de grandes expositions. Certaines années, la galerie ferme ses portes de mi-juillet jusqu'à août : vous trouverez plus d'informations sur le site Web.

Jardin botanique PARC
(Botanički Vrt ; ☎01-48 98 060 ; Marulićev trg 9a ; ☉9h-14h30 lun-mar, 9h-19h mer-dim avr-oct). GRATUIT
Pour souffler entre musées et galeries, faites une pause dans ce jardin aménagé en 1890. Il est riche de 10 000 espèces de plantes et compte maints recoins et sentiers paisibles.

Musée Mimara BEAUX-ARTS
(Muzej Mimara ; ☎01-48 28 100 ; www.mimara.hr ; Rooseveltov trg 5 ; tarif plein/réduit 40/30 Kn ; ☉10h-19h mar-ven, 10h-17h sam, 10h-14h dim juil-sept, 10h-17h mar, mer, ven-sam, 10h-19h jeu, 10h-14h dim oct-juin). Cette collection d'art, la plus belle de Zagreb, fut rassemblée par le collectionneur Ante Topić Mimara, qui légua plus de 3 750 pièces inestimables à sa ville natale, bien qu'il ait passé l'essentiel de son existence à Salzbourg. Elle a pris place dans une ancienne école de style néo-Renaissance (1883) et couvre une large variété de périodes et de régions : une section archéologique avec 200 objets ; des antiquités d'Extrême-Orient ; une collection de verreries, de textiles et de meubles illustrant plusieurs siècles et un millier d'objets d'art européen. La collection de peintures comprend des œuvres de Raphaël, Caravage, Bosch, Rembrandt, Vélasquez, Goya, Manet, Renoir et Degas.

Musée ethnographique MUSÉE
(Etnografski Muzej ; ☎01-48 26 220 ; www.emz.hr ; Mažuranićev trg 14 ; tarif plein/réduit 20/15 Kn ; ☉10h-18h mar-ven, 10h-13h sam-dim).

GALERIES D'ART CONTEMPORAIN À ZAGREB

L'énergie créative de Zagreb est produite par nombre d'artistes et conservateurs ambitieux. Voici quelques lieux pour découvrir les nouvelles tendances artistiques : **Galerija Greta** (greta hr ; Ilica 92 ; ☉17h-20h lun-sam) GRATUIT, **Galerija Studentski Centar** (☎01-45 93 602 ; www.facebook.com/galerijasczg ; Savska 25 ; ☉12h-20h lun-ven, 10h-13h sam) GRATUIT, **Galerija Nova** (☎01-48 72 582 ; www.whw.hr/galerija-nova ; Teslina 7 ; ☉12h-20h mar-ven, 11h-14h sam) GRATUIT, **Galerija Miroslav Kraljević** (www.g-mk.hr ; Šubićeva 29 ; ☉12h-19h mar-ven, 11h-13h sam) GRATUIT, et l'Association des artistes croates (p. 46). Attention : la plupart de ces lieux fermant leurs portes en août, mieux vaut se renseigner au préalable.

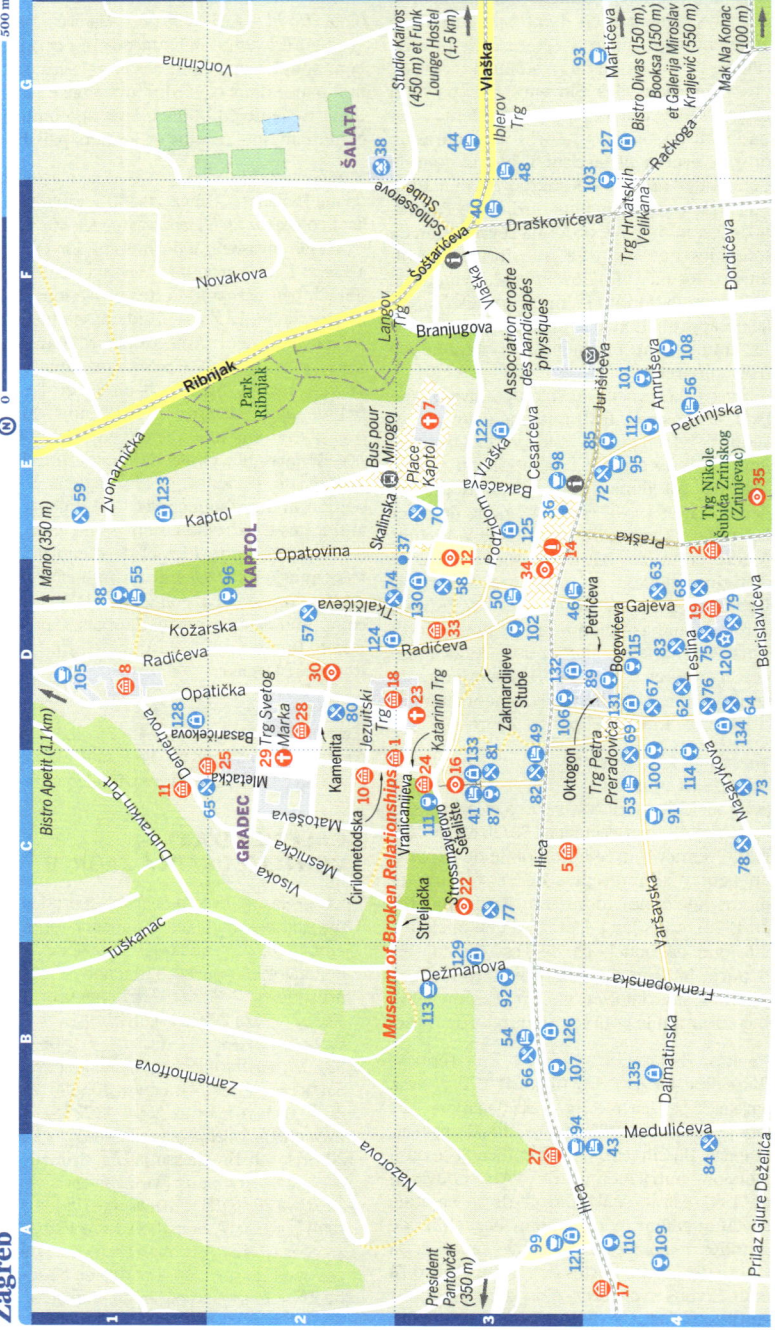

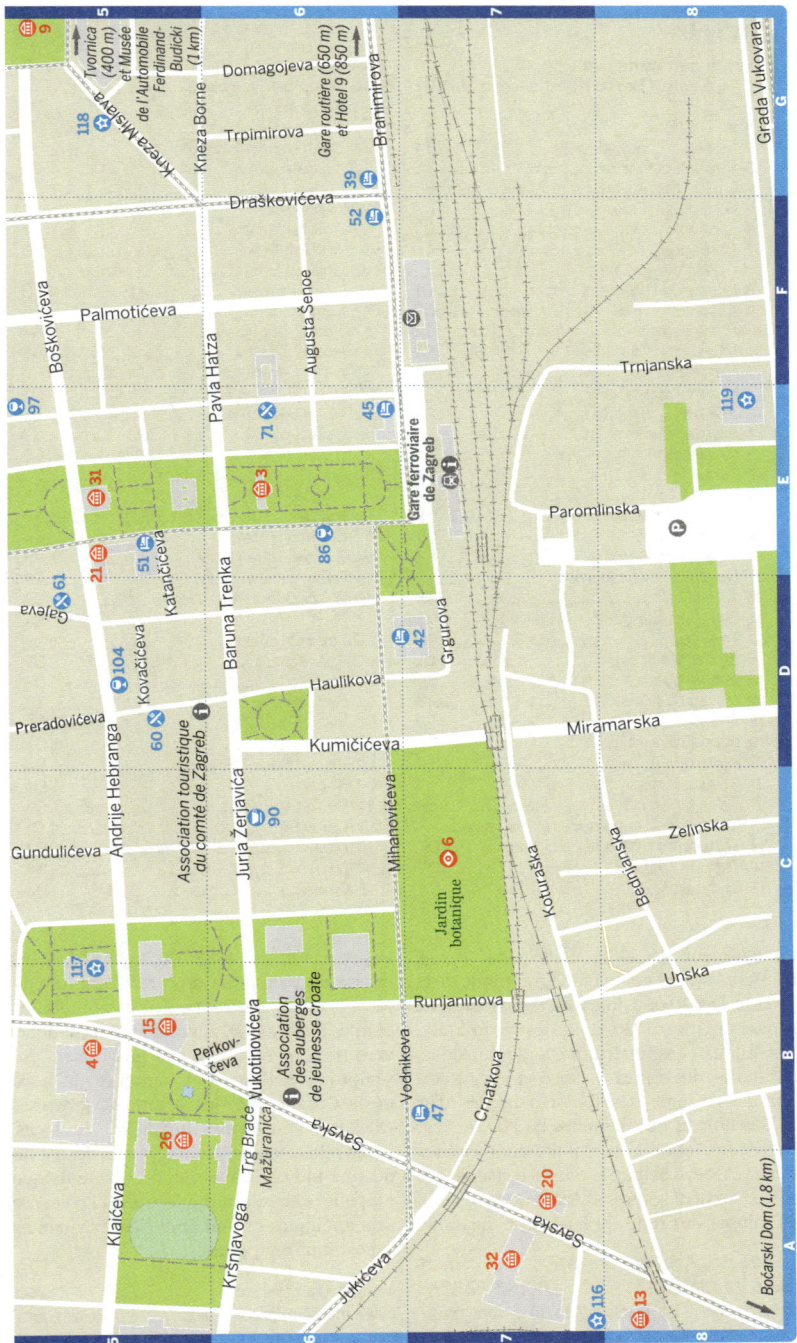

Zagreb

Les incontournables
1. Museum of Broken Relationships.........C2

À voir
2. Musée archéologique E4
3. Pavillon des Arts..............................E6
4. Musée des Arts décoratifs................B5
5. Backo Mini Express..........................C3
6. Jardin botanique...............................C7
7. Cathédrale de l'Assomption de la Vierge Marie........................E3
8. Musée de la Ville de Zagreb D1
9. Association des artistes croates........G5
10. Musée croate d'Art naïf....................C2
11. Museum croate d'Histoire naturelle......C1
12. Marché de Dolac E3
13. Musée-mémorial Dražen Petrović................................A8
14. Statue équestre................................E3
15. Musée ethnographique.....................B5
16. Funiculaire.......................................C3
17. Galerija Greta..................................A4
18. Galerija Klovićevi Dvori....................D2
19. Galerija Nova...................................D4
20. Galerija Studentski Centar................A7
21. Galerie d'Art moderne......................E5
22. Tunel Grič..C3
23. Église jésuite Sainte-Catherine.............D3
24. Tour Lotrščak...................................C3
25. Atelier Meštrović..............................C1
26. Musée Mimara.................................B5
27. Musée de l'Illusion...........................A3
28. Sabor D2
29. Église Saint-Marc............................C2
30. Porte de Pierre D2
31. Galerie Strossmayer des Maîtres anciens.......................E5
32. Musée des Techniques Nikola Tesla A7
33. Tortureum – Musée de la Torture D3
34. Trg Bana Jelačića.............................D3
35. Zrinjevac...E4

Activités
36. Blue Bike Tours................................E3
37. Kuhaona...D3
    Segway City Tour...................(voir 42)
38. Centre sportif et de loisirs Šalata G2

Où se loger
39. Arcotel Allegra................................G6
40. Art Hotel Like..................................F3
41. Chillout Hostel Zagreb Downtown......................................C3
42. Esplanade Zagreb Hotel D6
43. Hobo Bear Hostel A4
44. Hostel 63..G3
45. Hotel Central...................................E6
46. Hotel Dubrovnik...............................D3
47. Hotel Garden...................................B7
48. Hotel Jadran...................................G3
49. Hotel Jägerhorn...............................C3
50. Main Square Apartment D3
51. Palace Hotel....................................E5
52. Palmers Lodge Hostel Zagreb F6
53. Shappy Hostel.................................C4
54. Swanky Mint Hostel.........................B3
55. Taban Hostel...................................D1
56. ZIGZAG Integrated Hotel.................E4

Où se restaurer
57. Agava..D2
58. Amfora D3
59. Baltazar..E1
60. Bistro 75...D5
61. Bistro Fotić D5
62. Bistroteka......................................D4
63. Boban D4
64. Burgeraj D4
65. Didov San.......................................C1
66. Dinara...B3
67. Dinara...D4
68. Dinara...D4

Ce bâtiment de 1903, coiffé d'un dôme, contient le patrimoine ethnographique de la Croatie. Des 70 000 objets qu'il possède, il en expose environ 2 750, dont des céramiques, des bijoux, des instruments de musique, des outils, des armes et des costumes traditionnels, comme des foulards brodés d'or de Slavonie et des dentelles de l'île de Pag. Grâce aux dons des explorateurs croates Mirko et Stevo Seljan, le musée conserve des objets archéologiques d'Amérique du Sud, d'Éthiopie, de Chine, du Japon et d'Australie.

Musée des Arts décoratifs   MUSÉE
(Muzej za Umjetnost i Obrt ; ☏01-48 82 123 ; www.muo.hr ; Trg Maršala Tita 10 ; tarif plein/réduit/famille 40/20/70 Kn ; ⊙10h-19h mar-dim).

Construit entre 1882 et 1892, le MUO dresse un panorama des arts décoratifs du Moyen Âge à nos jours, à travers mobilier, textile, ferronnerie, dinanderie, céramique, verrerie... Y sont exposés aussi bien des sculptures gothiques et baroques du nord de la Croatie que des peintures, gravures, cloches, fourneaux, anneaux, horloges, livres reliés, jouets, photos, objets design ou dessins industriels. Sa grande bibliothèque rappelle son rôle aux côtés de l'École des arts appliqués qui lui était liée. Fréquentes expositions temporaires.

Musée de l'Illusion   MUSÉE
(www.muzeiluzija.com ; Ilica 72 ; tarif plein/réduit/famille 40/25/100 Kn ; ⊙9h-22h ; ⛟). Situé dans

69 Green Point	C4
70 Kaptolska Klet	E3
Karijola	(voir 44)
71 Lari & Penati	E6
Le Bistro	(voir 42)
Mali Bar	(voir 44)
72 Mundoaka Street Food	E4
73 Nishta	C4
74 Otto & Frank	D2
75 Pingvin	D4
76 Ribice i Tri Točkice	D4
77 Stari Fijaker 900	C3
78 Tip Top	C4
79 Torte i To Atrij	D4
80 Trilogija	D2
81 Vallis Aurea	C3
82 Vincek	C3
83 Vinodol	D4
Zinfandel's	(voir 42)
84 Zrno	A4

Où prendre un verre et faire la fête

85 Art Kino Grič	E4
86 Bacchus	E6
87 Basement	C3
88 Booze and Blues	D1
89 Bulldog	D4
90 Cafe u Dvorištu	C6
91 Cogito Coffee Shop	C4
92 Dežman Bar	B3
93 Divas	G4
94 Eliscaffe	A3
95 Express	E4
96 Funk	D2
97 Hotpot	E5
98 Johann Franck	E3
99 Kava Tava	A3
100 Kino Europa	C4
101 Kolaž	E4
102 MK Krolo	D3
103 Mojo	F4
104 Old Pharmacy Pub	D5
105 Palainovka	D1
106 Peper	D3
107 Pivnica Medvedgrad	B3
108 Rush Club	F4
109 Sedmica	A4
110 Sherry's Wines & Bites	A4
111 Stross	C3
112 Time	E4
113 Velvet	B3
114 Vimpi	C4
115 Vinyl	D4
VIP Club	(voir 98)

Où sortir

116 Cibona Tower	A7
117 Théâtre national croate	B5
118 Pogon Jedinstvo	G5
119 Salle Vatroslav Lisinski	E8
120 Zagrebačko Kazalište Mladih	D4

Achats

121 Marché d'antiquités	A3
122 Aromatica	E3
123 Bornstein	E1
124 Boudoir	D2
125 Cahun	E3
126 Parapluies Cerovečki	B3
127 Croatian Design Superstore	G4
I-GLE	(voir 129)
128 Koza	D1
129 Love, Ana	B3
130 Notes of Zagreb	D3
131 Profil Megastore	D4
132 Salon Croata	D3
133 Take Me Home	C3
134 Vilma Natura Croatica	D4
Vintesa	(voir 44)
135 Zvonimir	B4

un immeuble d'appartements, ce nouveau musée offre une fantastique aventure sensorielle aux visiteurs de tous âges. La "pièce inclinée" ou le "miroir de la vérité" figurent parmi plus de 70 vitrines, hologrammes, énigmes et jeux éducatifs qui offrent d'amusants jeux cérébraux.

On trouve à la boutique du musée des puzzles en 3D, des jeux d'énigmes géniaux, des jouets éducatifs qui feront de parfaits souvenirs.

Backo Mini Express TRAIN ÉLECTRIQUE
(01-48 33 226 ; www.backo.hr ; Gundulićeva 4 ; tarif plein/réduit/famille 20/15/55 Kn ; 10h-18h ven-sam). Petits et grands adorent cette maquette de train électrique de fer qui occupe une surface de 75 m². Vous pourrez suivre 102 petits trains circulant sur 1 050 m de voies, à travers des paysages méticuleusement reproduits jusqu'au moindre détail, y compris les minuscules figurines occupées à diverses activités. Le moment le plus saisissant est quand vous voyez passer un train sous vos pieds, grâce au sol transparent.

Ville haute (Gornji Grad)

Tunel Grič PASSAGE
(9h-21h). GRATUIT Le mystérieux tunel Grič long de 350 m qui relie les rues Mesnička et Radićeva, fut creusé en 1943 pour servir d'abri antiaérien. Il a ouvert au public à l'été 2016, mais il y a peu de choses à voir

dans ce tunnel. Vous pouvez y entrer depuis la rue Mesnička ou du nouvel Art Park en contrebas de Stross, et y ressortir dans un petit passage qui donne sur Ilica, tout près du grand magasin NAMA. Il est prévu de transformer le tunnel en "musée interactif des sens".

Tour Lotrščak — SITE HISTORIQUE

(Kula Lotrščak ; Strossmayerovo Šetalište 9 ; tarif plein/réduit 20/10 Kn ; 9h-21h lun-ven, 10h-21h sam-dim). Érigée au milieu du XIIIe siècle afin de protéger la porte sud de la ville, cette tour dévoile, du sommet, une vue panoramique sur Zagreb. À proximité, un **funiculaire** (www.zet.hr ; billet 4 Kn ; 6h30-22h), construit en 1888, relie la ville haute à la ville basse.

Depuis un siècle, un coup de canon retentit tous les jours, à midi, en commémoration d'une folle journée du milieu du XVe siècle, où le tir eut raison des Turcs campés de l'autre côté de la Save. Le coq qui devait être servi ce jour-là au pacha fut emporté par le boulet, qui fit dès lors voler en éclats toute velléité d'attaque. Plus prosaïquement, ce coup de canon quotidien permet aux églises de synchroniser leurs horloges.

♥ Museum of Broken Relationships — MUSÉE

(www.brokenships.com ; Ćirilometodska 2 ; tarif plein/réduit 30/20 Kn ; 9h-22h30 juin-sept, 9h-21h oct-mai). Le musée le plus excentrique de Zagreb expose les reliques de défuntes relations amoureuses. La collection de ce "musée des Cœurs brisés" a fait le tour du monde avant de s'installer définitivement à Zagreb (il existe un autre musée à Los Angeles). Y figurent des dons du monde entier, exposés dans une enfilade de salles blanches aux plafonds voûtés et au sol en résine.

Du disque vinyle souvenir d'une rupture adolescente dans les années 1970, en passant par les figurines en céramique, les menottes en fourrure rose au pistolet paralysant jamais utilisé, les objets exposés définissent toute une palette d'émotions. Dans la boutique du musée, la "gomme à mauvais souvenirs" est un best-seller. Charmant café avec tables sur le trottoir et soirées jazz le jeudi en été et en automne.

Église jésuite Sainte-Catherine — ÉGLISE

(Crkva Svete Katarine ; Katarinin trg bb ; office 18h lun-ven, 11h dim). Construite entre 1620 et 1632 sur le modèle du Gesù de Rome, Sainte-Catherine a connu incendies et tremblements de terre, mais elle a conservé sa splendide façade blanche et une bonne partie de son intérieur baroque : bel autel de 1762, stucs de 1720 et médaillons du XVIIIe siècle dépeignant la vie de sainte Catherine au plafond de la nef.

Galerija Klovićevi Dvori — GALERIE

(01-48 51 926 ; www.gkd.hr ; Jezuitski trg 4 ; tarif avec expo 40 Kn ; 11h-19h mar-dim). Installé dans un ancien monastère jésuite, c'est l'espace d'exposition d'art moderne croate et international le plus prestigieux de la ville. On y a exposé des œuvres de Picasso et de Chagall, ainsi que celles d'artistes croates de premier plan. L'atrium de la galerie accueille des concerts en juillet, dans le cadre du festival des Soirées de Grič. On y trouve aussi un joli café.

Musée croate d'Art naïf — MUSÉE

(Hrvatski Muzej Naivne Umjetnosti ; 01-48 51 911 ; www.hmnu.hr ; Ćirilometodska 3 ; tarif plein/réduit 25/15 Kn ; 10h-18h lun-sam, 10h-13h dim). Ce musée, implanté dans un édifice du XVIIIe siècle, rassemble plus d'un millier d'œuvres, pour l'essentiel des peintures et des dessins. Les chefs de file de la longue tradition naïve croate, tels que Generalić, Mraz, Rabuzin et Smaljić, côtoient des représentants internationaux de cette école.

Église Saint-Marc — ÉGLISE

(Crkva Svetog Marka ; Trg Svetog Marka 5 ; office 7h30 et 18h lun-ven, 7h30 sam, 10h, 11h et 18h dim). Cette église du XIIIe siècle est l'un des bâtiments les plus emblématiques de Zagreb. Son toit de tuiles vernissées (1880) arbore les armoiries médiévales de la Croatie, de la Dalmatie et de la Slavonie sur le côté gauche, et l'emblème de Zagreb sur le côté droit. Le portail gothique et ses 15 personnages du Nouveau Testament placés dans des niches peu profondes datent du XIVe siècle. À l'intérieur, Ivan Meštrović (1883-1962) a laissé plusieurs sculptures. Seul le vestibule est accessible aux visiteurs aux heures d'ouverture, l'église proprement dite n'ouvrant que pour la messe.

De fin avril à octobre, on peut assister à la relève de la garde devant l'église, le samedi et le dimanche à midi.

Sabor — SITE HISTORIQUE

(Trg Svetog Marka 6). Le Sabor (Parlement) croate, érigé en 1910 sur le site de maisons baroques des XVIIe et XVIIIe siècles, occupe le côté est de Trg Svetog Marka – où son style néoclassique semble incongru. Il fut d'une importance historique majeure,

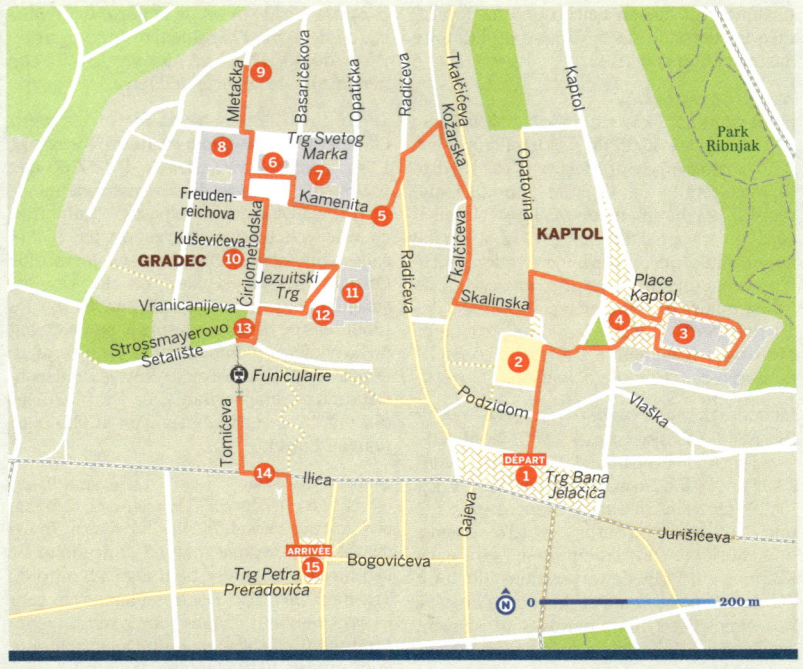

Promenade à pied
Architecture, art et animations de rue

DÉPART TRG BANA JELAČIĆA
ARRIVÉE TRG PETRA PRERADOVIĆA
DISTANCE ET DURÉE 1 KM ; 1 HEURE 30

Cœur animé de la capitale, la vaste ❶ **place Jelačić (Trg Bana Jelačića)** (p. 43), est le point de départ évident de toute promenade dans Zagreb. Grimpez les marches jusqu'au ❷ **marché de Dolac** (p. 54) pour y faire quelques emplettes ou croquer un petit en-cas, avant de gagner la ❸ **cathédrale de l'Assomption de la Vierge Marie** (p. 54), néogothique. Traversez la ❹ **place Kaptol**, bordée d'édifices du XVIIᵉ siècle, et descendez Skalinska jusqu'à Tkalčićeva. Promenez-vous dans la rue et gravissez les marches jusqu'à la ❺ **porte de Pierre** (p. 54), porte est de la cité médiévale de Gradec et son oratoire étonnant. Remontez ensuite Kamenita pour déboucher sur Trg Svetog Marka, où se dressent ❻ **l'église Saint-Marc** (p. 52), édifice iconique de Zagreb, le ❼ **Sabor** (Parlement ; ci-contre) et le ❽ **Banski Dvori** (palais présidentiel).

Baladez-vous dans les rues sinueuses de la ville haute, découvrez Ivan Meštrović, l'artiste croate le plus réputé, dans son ❾ **atelier Meštrović** (p. 54). De retour sur Trg Svetog Marka, descendez Ćirilometodska en faisant halte au ❿ **musée croate d'Art naïf** (p. 52). Après avoir traversé Jezuitski trg, abordez l'art contemporain croate et international à la ⓫ **Galerija Klovićevi Dvori** (p. 52), avant de plonger dans les emphases baroques de l' ⓬ **église jésuite Sainte-Catherine** (ci-cpntre). Ensuite, grimpez au sommet de la ⓭ **tour Lotrščak** (ci-contre) pour profiter du panorama sur la ville, puis descendez par le funiculaire ou par l'escalier verdoyant, qui conduisent tous les deux à ⓮ **Ilica**, l'artère commerçante de Zagreb.

Traversez enfin Ilica et marchez jusqu'à ⓯ **Trg Petra Preradovića**, connue ici sous le nom de Cvjetni trg, où vous pourrez faire une pause à l'une de ses nombreuses terrasses de café.

puisque c'est de son balcon que fut proclamée la sécession de la Croatie de l'Empire austro-hongrois en 1918.

Atelier Meštrović ART
(☎ 01-48 51 123 ; www.mestrovic.hr ; Mletačka 8 ; tarif plein/réduit 30/15 Kn ; ⏰10h-18h mar-ven, 10h-14h sam-dim). Ivan Meštrović est l'artiste le plus réputé de Croatie. Son ancienne maison, un bâtiment du XVIIe siècle où il vécut et travailla de 1922 à 1942, accueille aujourd'hui une superbe collection, forte d'une centaine de sculptures, de dessins, de lithographies et de meubles, provenant des 40 premières années de sa vie artistique. Meštrović, également architecte, a conçu de nombreuses parties de la maison.

Muséum croate d'histoire naturelle MUSÉE
(Hrvatski Prirodoslovni Muzej ; ☎ 01-48 51 700 ; www.hpm.hr ; Demetrova 1 ; tarif plein/réduit 20/15 Kn ; ⏰10h-17h mar-mer et ven, 10h-20h jeu, 10h-19h sam, 10h-13h dim). Ce musée présente une collection d'outils et d'ossements préhistoriques provenant de la grotte de Krapina, ainsi que des expositions illustrant l'évolution de la faune et de la flore croates. Des expositions temporaires sont souvent consacrées à des régions spécifiques.

Musée de la Ville de Zagreb MUSÉE
(Muzej Grada Zagreba ; ☎ 01-48 51 926 ; www.mgz.hr ; Opatička 20 ; tarif plein/réduit/famille 30/20/50 Kn ; ⏰10h-18h mar-ven, 11h-19h sam, 10h-14h dim ; 🍴). Hôte des collections d'histoire locale depuis 1907, l'ancien couvent Sainte-Claire (XVIIe siècle) expose des documents, des œuvres d'art et d'artisanat, dans une présentation interactive qui ravit les enfants. Le parcours chronologique de l'histoire, de l'évolution de la société et de l'économie la ville est très intéressant et vous en apprendrez beaucoup sur la capitale croate. La maquette à l'échelle du vieux Gradec est impressionnante.

Porte de Pierre SITE HISTORIQUE
(Kamenita Vrata). La porte est de la cité médiévale de Gradec, dite porte de Pierre, abrite une petite chapelle. Selon la légende, un incendie aurait entièrement détruit en 1731 la porte d'origine en bois, mais épargné une *Vierge à l'Enfant* peinte par un artiste inconnu du XVIIe siècle – d'où la vénération que lui portent certains Zagrébois, qui viennent régulièrement prier, allumer des bougies et déposer des fleurs à ses pieds. Sans compter tous les ex-voto gravés de vœux ou de remerciements à la Vierge.

Sur la façade ouest de la porte figure une statue de Dora, l'héroïne d'un roman historique du XVIIIe siècle, qui vivait avec son père à côté de la porte de Pierre.

Tortureum – Musée de la Torture MUSÉE
(☎ 01-64 59 803 ; www.tortureum.com ; Radićeva 14, 1er ét. ; tarif plein/réduit/famille 40/25/100 Kn ; ⏰11h-19h). Ici plus de 70 instruments de torture historiques exposés (guillotine, chevalet de torture, vierge de fer,...). Les salles multisensorielles, comme le sordide Cabinet des merveilles ou le Donjon, suscitent des interrogations sur les formes modernes de torture, comme le harcèlement ou la violence conjugale. On y entre aussi depuis le 13, Tkalčićeva. Le musée est déconseillé aux jeunes enfants, et les plus âgés doivent être accompagnés d'un adulte pour pouvoir entrer.

Marché de Dolac ALIMENTATION
(⏰marché extérieur 6h30-15h lun-sam, 6h30-13h dim, marché couvert 7h-14h, 7h-15h sam, 7h-13h dim). Le pittoresque marché de fruits et de légumes de Zagreb se tient juste au nord de Trg Bana Jelačića. Des marchands de tout le pays viennent chaque jour y vendre leurs produits. L'effervescence de Dolac remonte aux années 1930, lorsque la municipalité installa un marché à la "frontière" entre la ville haute et la ville basse.

La partie principale s'étend sur une place surélevée ; au niveau de la rue, des étals couverts vendent de la viande, des produits laitiers et, un peu plus loin vers la place, des fleurs. À l'extrémité nord du marché, les stands se spécialisent dans le miel local, les objets artisanaux et les produits alimentaires à petits prix.

Cathédrale de l'Assomption de la Vierge Marie ÉGLISE
(Katedrala Marijina Uznesenja ; Kaptol 31 ; ⏰10h-17h lun-sam, 13h-17h dim). Les flèches jumelles – souvent encapuchonnées pour travaux – de Saint-Étienne (première dédicace de la cathédrale) coiffent la place Kaptol et tout l'horizon urbain. Si le bâtiment gothique d'origine a connu maints remaniements, la sacristie conserve une série de **fresques** réalisées à partir du XIIIe siècle. Dernier avant-poste de la chrétienté au XVe siècle, la cathédrale est entourée de remparts et de tours, dont l'une demeure visible à l'est. En 1880, un tremblement de terre endommagea gravement l'édifice, qui fut reconstruit dans le style néogothique au début du XXe siècle.

À l'intérieur, ne manquez pas les autels, les statues et la chaire en marbre de style baroque, ainsi que le tombeau du cardinal Alojzije Stepinac dessiné par Ivan Meštrović.

Mirogoj CIMETIÈRE
(Aleja Hermanna Bollea 27 ; 6h-20h avr-oct, 7h-18h nov-mars). À 10 minutes au nord du centre-ville en bus (ou 30 minutes à pied), l'un des plus jolis cimetières d'Europe s'étend au pied du mont Medvednica. Il fut dessiné en 1876 par l'architecte autrichien Herman Bollé, concepteur de nombreux bâtiments à Zagreb. Sous sa majestueuse galerie à arcades néo-Renaissance coiffée d'une série de coupoles, tout respire le calme et la grâce.

Des allées sillonnent le cimetière verdoyant, parsemé de sculptures et de beaux tombeaux. Parmi les monuments les plus remarquables, citons les tombes du poète Petar Preradović et du leader politique Stjepan Radić, ainsi que le buste de Vladimir Becić, que l'on doit à Ivan Meštrović. Prendre le bus n°106 depuis la cathédrale de l'Assomption de la Vierge Marie.

Maksimir

Parc Maksimir PARC, ZOO
(01-23 20 460 ; www.park-maksimir.hr ; Maksimirski perivoj bb ; centre d'information 10h-16h mar-ven, 10h-18h sam-dim). Cette paisible enclave boisée de 18 ha est facilement accessible par les trams 11 et 12 depuis la place Jelačić. Ouvert en 1794, le premier parc public d'Europe du Sud-Est fut conçu comme un jardin anglais avec allées, pelouses et lacs artificiels. Outre le ravissant pavillon Bellevue, construit en 1843 et souvent photographié, vous y découvrirez le pavillon de l'Écho et une maison qui ressemble à un chalet suisse.

Le **zoo de Zagreb** (www.zoo.hr ; tarif plein/7-14 ans/-7 ans 30/20 Kn/gratuit ; 9h-20h, billetterie jusqu'à 18h30) héberge quelques spécimens de la faune mondiale et permet d'assister aux repas des phoques, des otaries, des loutres et des piranhas.

Ville nouvelle (Novi Zagreb)

Musée d'Art contemporain MUSÉE
(Muzej Suvremene Umjetnosti ; 01-60 52 700 ; www.msu.hr ; Avenija Dubrovnik 17 ; tarif plein/réduit 30/15 Kn ; 11h-18h mar-ven et dim, 11h-20h sam). Installé dans un étonnant bâtiment fonctionnaliste dessiné par l'emblématique Igor Franić, cet élégant musée expose des œuvres contemporaines croates et étrangères sur 17 000 m². La collection permanente, appelée "Collection en mouvement", compte 620 œuvres avant-gardistes de 240 artistes, pour moitié croates. Films, pièces de théâtre, concerts et performances artistiques sont proposés toute l'année.

Remarquez l'amusante œuvre interactive *Double Slide* du Belge Carsten Holler, et la troublante installation *Ženska Kuća* de la célèbre artiste croate Sanja Iveković, sur le thème de la violence faite aux femmes.

Entrée libre le premier mercredi du mois. Assistez aux concerts sur le toit-terrasse le samedi, en été.

Ouest du centre

Lauba COLLECTION PRIVÉE
(01-63 02 115 ; www.lauba.hr ; Baruna Filipovića 23a ; tarif plein/réduit 25/10 Kn ; 15h-23h lun-ven et dim, 11h-23h sam). Cette collection d'art privée occupe une ancienne fabrique de textile, dans une zone industrielle à l'ouest de Zagreb. On y trouve un aperçu de l'art croate des années 1950 à nos jours. Les œuvres changent fréquemment, de nombreux événements s'y tiennent, et il y a un sympathique bistrot (p. 64).

Musée des Techniques Nikola-Tesla MUSÉE
(Tehnički Muzej Nikola Tesla ; www.tehnicki-muzej. hr ; Savska 18 ; tarif plein/réduit/-7 ans 20/15 Kn/ gratuit ; 9h-17h mar-ven, 9h-13h sam-dim ;). Amenez vos enfants au musée des Techniques, qui comprend un **planétarium** (15 Kn, déconseillé aux -7 ans), des

---

CARTE DE RÉDUCTION

Que vous passiez un ou trois jours à Zagreb, la Zagreb Card (www.zagrebcard.fivestars.hr) vous fera faire des économies. Valable pour une durée de 24 heures ou de 72 heures (60 ou 90 Kn), elle permet d'emprunter gratuitement tous les transports publics, octroie 50% de réduction sur l'entrée des musées et des galeries, et procure même des réductions dans certains bars et restaurants, pour la location de voitures, etc. Une brochure répertorie tous les établissements participants. La carte est en vente à l'office du tourisme principal et dans de nombreux hôtels, auberges de jeunesse et boutiques.

locomotives à vapeur, des modèles réduits de satellites et de vaisseaux spatiaux, une mine reconstituée et des sections consacrées à l'agriculture, la géologie ou les transports.

Musée Dražen Petrović MUSÉE
(☎ 01-48 43 146 ; www.drazenpetrovic.net ; Trg Dražena Petrovića 3 ; tarif plein/réduit 20/10 Kn ; ⏱10h-17h lun-ven, 10h-14h sam). Le basket est très populaire à Zagreb, cité de l'équipe du Cibona. Allez rendre hommage au plus célèbre de ses joueurs au musée-mémorial Dražen Petrović, voisin du musée des Techniques. Il y a souvent des matchs à la tour Cibona (p. 67), non loin.

 Activités

Lac Jarun SPORTS NAUTIQUES
Destination prisée des Zagrébois, au sud de la capitale, le lac Jarun draine surtout les foules en été. Bien qu'une partie soit réservée aux compétitions nautiques, il est assez grand pour que l'on puisse nager tranquillement dans ses eaux claires. Autres activités : vélo, roller et aires de jeux pour les enfants.

Arrivé au lac, tournez à gauche vers Malo Jezero pour nager, louer un canoë ou un pédalo, ou à droite vers Veliko Jezero pour profiter de la plage de galets ou faire de la planche à voile. Prenez le tramway n°5 ou n°17 jusqu'à Jarun et suivez les panneaux jusqu'au *jezero* (lac).

Parc sportif Mladost SPORTS
(☎ 01-36 58 553 ; Jarunska 5, Jarun ; journée sam-dim adulte/enfant/famille week-end 30/25/100 Kn, journée semaine 25/20/60 Kn ; ⏱12h-19h lun-ven, 10h-19h sam-dim). Sur les rives de la Save, le parc englobe deux piscines olympiques, des pataugeoires, un gymnase, des terrains de volley et basket et des courts de tennis. Prenez le tramway 5 ou 17.

Centre sportif et de loisirs Šalata SPORTS
(☎ 01-46 17 255 ; Schlosserove Stube 2 ; journée adulte/enfant/famille sam-dim 30/20/60 Kn, en semaine 20/15/40 Kn ; ⏱13h30-18h lun-ven, 11h-19h sam-dim ; 👶). Courts de tennis, gymnase, patinoire, deux piscines en plein air (ouvertes de juin à septembre).

👉 Circuits organisés

Secret Zagreb BALADE À THÈME
(www.secret-zagreb.com ; 75 Kn/pers). Ethnographe sérieuse et conteuse inspirée, Iva Silla vous fera découvrir le côté insolite et secret de Zagreb. Suivez son circuit à pied "Fantômes et dragons de Zagreb", très populaire (disponible toute l'année) et visitez les recoins secrets ou les cimetières oubliés

---

LA CAPITALE AVEC DES ENFANTS

Si Zagreb offre de formidables attractions pour les enfants, il peut se révéler difficile de circuler en ville avec des bambins. Entre les rails de tramway, les trottoirs élevés et les voitures, manœuvrer une poussette n'est pas chose facile ; en outre, les bus et les tramways sont habituellement trop bondés pour que l'on puisse y charger ladite poussette. Les moins de 7 ans voyagent gratuitement dans les transports publics. Si vous prenez un taxi, sachez que les ceintures de sécurité fonctionnent rarement. Ekotaxi (p. 70) dispose de rehausseurs et de sièges pour bébé, mais il faut réserver au moins 2 heures avant et spécifier l'âge de votre petit.

Les enfants seront fascinés par la collection d'insectes du Muséum croate d'histoire naturelle (p. 54). Le **musée des Techniques Nikola-Tesla** (p. 55) abrite un planétarium et ses collections comprennent des locomotives à vapeur, des maquettes de satellites et de vaisseaux spatiaux, et la reconstitution d'une mine ; le planétarium n'intéressera peut-être pas les plus jeunes, qui privilégieront le toboggan du musée d'Art contemporain (p. 55) et les expositions interactives du musée de la Ville (p. 54).

Pour que vos bambins puissent s'ébattre en plein air, rendez-vous au **Boćarski Dom** (Prisavlje 2 ; 👶). Le parc dispose d'aires de jeux très bien équipées, de terrains de sport, d'une rampe pour les rollers, et les parents peuvent profiter du sentier qui longe la Sava. Pour y aller, prenez le tram 17 vers l'ouest jusqu'à l'arrêt Prisavlje.

Autre endroit agréable, le **lac Bundek** de Novi Zagreb permet de se baigner l'été. Les enfants se partagent entre deux aires de jeux, celle pour les moins de 7 ans et l'autre pour leurs aînés. Accessible par le tramway 14 au départ de la place Jelačić.

Vous trouverez deux aires de jeux et un zoo au parc Maksimir (p. 55), ainsi que des piscines au parc sportif Mladost (ci-dessus) et au centre sportif et de loisirs Šalata (ci-dessus). Direction le lac Jarun (ci-dessus) pour d'autres loisirs : vélo, roller et baignade.

de la ville. Parmi les circuits saisonniers : "Conte de Noël de Zagreb" et "Dans la Forêt" ; ce dernier est idéal pour explorer le mont Medvednica.

Blue Bike Tours À VÉLO
(☎ 098 18 83 344 ; www.zagrebbybike.com ; Trg Bana Jelačića 15). Pour découvrir Zagreb à vélo, réservez un de ces circuits qui partent deux fois par jour à 10h et 17h de mai à septembre, (à 14h d'octobre à avril). Les circuits durent 2 heures 30 environ, et coûtent 190 Kn. Le circuit combiné des deux (4 heures) coûte 290 Kn. Location de vélos (100 Kn/jour).

Funky Zagreb Tours BALADE À THÈME
(www.funky-zagreb.com). Circuits personnalisés avec des thèmes comme la dégustation de vin (450 Kn, 2 heures 30 à 3 heures) ou la randonnée aux environs de Zagreb, principalement autour de Samobor (à partir de 865 Kn/pers pour une excursion d'un jour).

Zagreb Bites POUR GOURMETS
(☎ 091 52 88 723 ; www.zagrebites.com). Pour visiter les bons endroits de Zagreb en matière de cuisine, de vins et de bières artisanales que vous ne dénicheriez peut-être pas seul, réservez ces circuits fondés par deux bloggeurs culinaires croates de renom. Ils organisent aussi des excursions dans les vignobles des environs de Zagreb et des dîners-spectacles, sur demande.

Segway City Tour VISITE GUIDÉE
(www.zagreb.segwaycitytour.hr). À partir de 250 Kn le tour de ville, bien droit en équilibre sur son Segway (50 minutes).

Zagreb Tours CIRCUITS ORGANISÉS
(☎ 01-48 25 035 ; www.zagreb-tours.com). Excursions au Zagorje ; spécialiste du tourisme culturel, thermal et d'aventure.

Cours de cuisine

Kuhaona CUISINE
(☎ 01-41 04 841 ; www.kuhaona.com ; Opatovina 13). Près du marché de Dolac, ce centre donne des cours de cuisine, dont le plus court permet de préparer des plats zagrébois comme l'*eingemachtes* (poulet minestrone), le steak à la zagréboise (escalope de veau au jambon et au fromage) et les *jabuke u šlafroku* (beignets aux pommes).

Les cours plus longs initient à la Croatie gastronomique, avec des plats dalmates comme le risotto à l'encre de seiche. Comptez 200-600 Kn/personne, selon le nombre de participants, et si la préparation comprend ou non une visite au marché pour acheter des produits.

iCroatiaTravel CUISINE
(☎ 01-23 01 405 ; www.icroatiatravel.com/zagreb-gourmet-experience). Sessions gourmandes de 5 heures, à 900 Kn/personne, comprenant cours de cuisine avec un chef et un déjeuner.

Fêtes et festivals

La liste complète des festivités est dressée sur le site www.infozagreb.hr. Les foires internationales les plus importantes organisées à Zagreb sont celles du printemps (mi-avril) et de l'automne (mi-septembre).

Nuit des musées CULTURE
Le dernier jour de janvier, plus de 40 institutions culturelles de Zagreb, musées, galeries ou collections privées, ouvrent gratuitement leurs portes, jusqu'à 1h du matin.

Zagrebdox CINÉMA
(www.zagrebdox.net ; ⊙ fin fév-début mars). Festival annuel du film documentaire à Zagreb.

Biennale de musique contemporaine MUSIQUE
(www.mbz.hr). Le Muzički Biennale Zagreb est le festival de musique contemporaine le plus important de Croatie. Il a lieu en avril les années impaires. "Contemporaine" ne veut pas dire pop : ce festival prestigieux célèbre la musique classique actuelle.

Festival subversif CULTURE
(www.facebook.com/subversivefestival). Films et conférences durant 2 semaines en mai.

Ljeto na Štrosu CULTURE
(www.ljetonastrosu.com). De fin mai à mi-septembre, ce festival propose gratuitement films, concerts, ateliers d'art et concours de chiens croisés le long de la promenade Strossmayer.

Cest is D'Best CULTURE
(www.cestisdbest.com). Ce festival de rue enchante les Zagrébois pendant quelques jours entre fin mai et début juin, avec 6 scènes dans le centre, quelque 200 artistes internationaux et des concerts, de la danse, du théâtre, de l'art et du sport.

Inmusic Festival MUSIQUE
(www.inmusicfestival.com). Trois jours de fête en juin pour le festival musical le plus réputé de Zagreb. PJ Harvey, New Order et Jamiroquai sont passés sur la grande scène du lac Jarun.

Design District Zagreb — CULTURE
(www.designdistrict.hr). Chaque mois de juin, le quartier autour de la rue Martićeva, baptisé "quartier du design", propose durant quelques jours un programme de magasins éphémères, d'ateliers, de visites de studio, de concerts et de soirées, qui se déroulent dans des appartements privés, des cours d'immeubles ou des boutiques inoccupées.

Festival mondial du film d'animation — CINÉMA
(www.animafest.hr). Ce prestigieux festival, organisé à Zagreb depuis 1972, a lieu au mois de juin. Les années impaires sont consacrées aux films, les années paires aux courts-métrages.

Dvorišta — CULTURE
(www.dvorista.in). Pendant 10 jours, en juillet (mais aussi avant Noël), les cours intérieures de la ville haute historique, ouvrent leurs portes pour une série de concerts et d'animations durant lesquelles on discute autour d'un verre.

Festival folklorique international — CULTURE
(www.msf.hr). Depuis 1966, ce festival rassemble en juillet des danseurs et des chanteurs folkloriques, de Croatie et d'autres pays européens. Des ateliers gratuits font découvrir la culture folklorique croate.

Soirées de Grič — MUSIQUE
En juillet également, un cycle de concerts dans la ville haute. L'atrium de la Galerija Klovićevi Dvori (p. 52), sur Jezuitski trg, et la scène du Gradec accueillent des concerts de musique classique, de jazz, de blues et de musiques du monde.

Festival international de marionnettes — MARIONNETTES
(www.pif.hr). Au mois de septembre, cet important festival de marionnettes, créé en 1968, propose spectacles, ateliers de confection de marionnettes et expositions.

Festival de théâtre du monde — THÉÂTRE
(www.zagrebtheatrefestival.hr). Le meilleur du théâtre contemporain élit domicile à Zagreb pour quelques semaines en septembre et joue parfois les prolongations début octobre.

25 FPS – Festival de cinéma expérimental — CINÉMA
(www.25fps.hr). Présentation d'expressions visuelles alternatives pendant une semaine de projections. Généralement fin septembre/début octobre.

Festival du film de Zagreb — CINÉMA
(www.zagrebfilmfestival.com). À la mi-octobre, ne manquez pas cet événement culturel majeur, qui s'accompagne de projections et de festivités. Les réalisateurs concourent pour le Golden Pram (Grand Prix).

Festival du film des droits de l'Homme — CINÉMA
(www.humanrightsfestival.org). Projections de films soulevant des questions de droits de l'Homme partout dans le monde, pendant une semaine en décembre, au Kino Europa.

Fuliranje — MARCHÉ DE NOËL
(www.facebook.com/fuliranje). Ce marché en plein air, qui se tient de fin novembre à décembre dans divers sites du centre-ville, fait partie du programme de l'Avent, de plus en plus populaire à Zagreb. L'accent est mis sur la cuisine de rue, le vin chaud et l'amusement, malgré les températures négatives.

Où se loger

L'arrivée de compagnies aériennes à bas coût a favorisé le développement du parc hôtelier de la capitale. Les auberges de jeunesse ont poussé comme des champignons ces deux dernières années : lors de notre passage, Zagreb en comptait plus de 45, des bonnes vieilles auberges pour baroudeurs aux repaires plus chics et branchés. La plupart sont implantées dans les villes basse et haute mais on en trouve un peu partout dans Zagreb, y compris dans les quartiers plus excentrés.

Ville basse (Donji Grad)

Chillout Hostel Zagreb Downtown — AUBERGE DE JEUNESSE €
(☎01-48 49 605 ; www.chillout-hostel-zagreb.com ; Tomićeva 5a ; dort 105-140 Kn, s/d 300/400 Kn ; P❄@☎). À deux pas du funiculaire, cette chaleureuse adresse de 170 lits donne sur une tranquille rue piétonne à quelques mètres de la place Jelačić. À-côtés en abondance et ambiance gaie. Petit-déjeuner possible.

Shappy Hostel — AUBERGE DE JEUNESSE €
(☎01-48 30 483 ; www.hostel-shappy.com ; Varšavska 8 ; dort 137-190 Kn, d à partir de 530 Kn ; P❄@☎). Cette auberge de jeunesse de 14 chambres est une oasis paisible nichée au fond d'une cour. De la Romantic Room pour deux à la Happy Room à 6 lits en passant par le dortoir pour 10 personnes, le choix et l'ambiance varient. Il existe aussi un appartement de 2 chambres. Bar avec terrasse.

Hostel 63
AUBERGE DE JEUNESSE €

(☏ 01-55 20 557 ; www.hostel63.eu ; Vlaška 63/7 ; dort/s/d 129/380/418 Kn). Voici une auberge de jeunesse clinquante à l'est de la place principale qui partage l'espace avec la meilleure pizzeria de Zagreb, Karijola (p. 61), un très bon restaurant, Mali Bar (p. 62), et un excellent caviste, Vintesa (p. 67). Dortoirs jusqu'à 4 personnes. Le petit-déjeuner est en sus mais serviettes et savon sont fournis.

Hobo Bear Hostel
AUBERGE DE JEUNESSE €

(☏ 091 90 54 427 ; Medulićeva 4 ; dort/d à partir de 153/436 Kn ; ❄@🛜). Un appartement en duplex tout en murs de brique et parquet accueille 5 dortoirs étincelants de propreté. Casiers gratuits, cuisine offrant thé et café, salon et service d'échange de livres. Les 3 chambres doubles occupent un bâtiment de l'autre côté de la rue. Prenez le tramway 1, 6 ou 11 sur la place Jelačić.

Palmers Lodge Zagreb
AUBERGE DE JEUNESSE €

(☏ 01-88 92 868 ; www.palmerslodge.com.hr ; Kneza Branimira 25 ; dort 120-150 Kn, d à partir de 450 Kn ; P❄@🛜). Pratique si vous arrivez tard, cette auberge est à deux pas de la gare ferroviaire. Les dortoirs n'ont rien d'exceptionnel mais chacun a une salle de bains. Salon commun, cuisine collective et excursions.

♥ Studio Kairos
B&B €€

(☏ 01-46 40 680 ; www.studio-kairos.com ; Vlaška 92 ; ch 340-420 Kn, d 520-620 Kn ; ❄🛜). Ce charmant B&B aux 4 chambres bien équipées occupe un appartement au niveau de la rue. Les chambres déclinent chacune un thème et un délicieux petit-déjeuner est servi dans un espace commun douillet. Le décor est plutôt design, les propriétaires sont sympathiques et au courant de tout ce qui se fait à Zagreb. Location de vélos.

Swanky Mint Hostel
AUBERGE DE JEUNESSE €€

(☏ 01-40 04 248 ; www.swanky-hostel.com/mint ; Ilica 50 ; dort à partir de 150 Kn, s/d 360/520 Kn, app 650-800 Kn ; ❄@🛜≋). C'est une teinturerie du XIXe siècle qui s'est fait une seconde jeunesse en devenant auberge, avec chambres, dortoirs et appartements. Au cœur de la ville se mêlent le chic industriel et tout le confort : Wi-Fi, casiers, serviettes de bain et un appréciable petit verre de *rakija* (eau-de-vie) en guise de bienvenue. Dans le jardin, le bar propose petits-déjeuners et boissons ; il y a même une petite piscine.

Art Hotel Like
HÔTEL €€

(☏ 01-46 16 610 ; www.arthotellike.hr ; Vlaška 44 ; s/d 675/713 Kn ; ❄🛜). Ce trois-étoiles arty est si central qu'on peut voir la cathédrale de Zagreb de toutes les chambres en étage, d'un blanc parfait. L'intérieur mêle harmonieusement la maison de ville austro-hongroise classique et le mobilier moderne de créateur, avec des photos et des installations lumineuses commandées tout exprès à l'artiste croate Hamo Čavrk.

Hotel Jadran
HÔTEL €€

(☏ 01-45 53 777 ; www.hotel-jadran.com.hr ; Vlaška 50 ; s/d 420/560 Kn ; P❄@🛜). Un aimable établissement de 49 chambres joliment aménagées, réparties sur 6 étages et à quelques minutes de la place Jelačić. Tarifs négociables en fonction de la demande.

Hotel Central
HÔTEL €€

(☏ 01-48 41 122 ; www.hotel-central.hr ; Branimirova 3 ; s/d 490/640 Kn ; ❄@🛜). Parfait si vous devez prendre le train, le Central, aménagé dans un bâtiment carré en béton, loue 76 petites chambres confortables. Les plus grandes, au dernier étage, donnent sur une cour verdoyante.

ⓘ VOTRE NID À ZAGREB

En plein essor dans la capitale croate, la location d'appartements à court terme est un bon moyen de vivre la ville comme un Zagrébois. On peut tout à fait réserver à distance auprès d'une agence comme d'un propriétaire. Le choix d'appartements est très vaste. **ZIGZAG Integrated Hotel** (☏ 01-88 95 433 ; www.zigzag.hr ; Petrinjska 9 ; ch/app à partir de 450/720 Kn ; P❄🛜) est une très bonne agence de Zagreb, pour trouver un appartement dans le centre, comme **inZagreb** (☏ 01-65 23 201 ; www.inzagreb.com ; app 455-670 Kn ; ❄🛜). Il existe aussi un magnifique appartement sur la place principale, **Main Square Apartment** (☏ 098 494 212 ; www.accrommodation.com ; Trg Bana Jelačića 3 ; 2/3/4 pers 600/675/750 Kn ; ❄🛜), à quelques pas du marché de Dolac. Pour ceux qui veulent un avant-goût de la campagne croate, **Kućica** (☏ 099 62 92 985 ; www.kuchica.com ; cottage jour de sem/de week-end 450/750 Kn ; P), est une maison traditionnelle dans les collines, à seulement 30 minutes de la ville. Notez que les séjours d'une nuit entraînent parfois un supplément.

Hotel Garden
HÔTEL €€

(☏ 01-48 43 720 ; www.gardenhotel.hr ; Vodnikova 13 ; s/d 471/560 Kn ; ❄ 🛜). Un trois-étoiles contemporain aux lignes pures et de bon confort, proche du jardin botanique (d'où son nom). Une excellente adresse de catégorie moyenne. Emplacement pratique non loin de la gare ferroviaire et de la grand-place.

♥ Esplanade Zagreb Hotel
HÔTEL HISTORIQUE €€€

(☏ 01-45 66 666 ; www.esplanade.hr ; Mihanovićeva 1 ; s/d 1 165/1 700 Kn ; P ❄ @ 🛜). Construit près de la gare ferroviaire en 1925 pour loger les passagers de l'*Orient-Express*, cet hôtel d'architecture classique a accueilli des têtes couronnées, des artistes, des journalistes et des hommes politiques, notamment Arthur Rubinstein, Sting, Hillary Clinton ou encore le prince Albert II de Monaco. Chambres luxueuses, escaliers majestueux et ascenseurs lambrissés signent ce splendide établissement de style Art déco.

Hotel Jägerhorn
HÔTEL €€€

(☏ 01-48 33 877 ; www.hotel-jagerhorn.hr ; Ilica 14 ; s/d/app 890/1 000/1 300 Kn ; P ❄ @ 🛜). Un agréable hôtel appelé la "Corne du Chasseur", et situé au pied de la tour Lotrščak (p. 52), qui compte 18 vastes chambres classiques avec vue (du dernier étage, on voit les arbres de Gradec). Accueil chaleureux et charmant café en terrasse au rez-de-chaussée. C'est le plus ancien hôtel de Zagreb (1827).

Hotel Dubrovnik
HÔTEL €€€

(☏ 01-48 63 555 ; www.hotel-dubrovnik.hr ; Gajeva 1 ; s/d à partir de 645/800 Kn ; P ❄ 🛜). Vous ne sauriez manquer ce véritable point de repère dans Zagreb, un bâtiment tout en verre sur la place principale. Ses 245 chambres de style classique bien équipées lui attirent une clientèle d'hommes d'affaires qui adorent être au cœur de l'action. Si vous obtenez une vue sur Trg Bana Jelačića, vous pourrez observer le ballet incessant des passants. Forfaits et promotions.

Palace Hotel
HÔTEL €€€

(☏ 01-48 99 600 ; www.palace.hr ; Strossmayerov trg 10 ; s/d à partir de 779/890 Kn ; P ❄ @ 🛜). Cette adresse élégante occupe une belle demeure de style Sécession (1891). Ses chambres et suites raffinées sont équipées de tout le confort moderne. En façade, vous bénéficierez d'une vue splendide sur le parc. L'esprit austro-hongrois reste présent au café du rez-de-chaussée, décoré de fresques.

Arcotel Allegra
HÔTEL €€€

(☏ 01-46 96 000 ; www.arcotelhotels.com ; Branimirova 29 ; s/d à partir de 730/840 Kn ; P ❄ @ 🛜). Cet hôtel ne compte pas moins de 150 chambres spacieuses, mais assez quelconques niveau déco. Les dessus-de-lit criards sont ornés de portraits de personnalités (Kafka, Frida Kahlo, Freud…). Superbe vue sur la ville depuis le centre de bien-être et de fitness, au dernier étage.

Hotel 9
HÔTEL €€

(☏ 01-56 25 040 ; www.hotel9.hr ; Avenija Marina Držića 9 ; s/d 680/900 Kn ; ❄ 🛜). À quelques pas de la gare routière principale, l'adresse la plus sélecte de Zagreb. Nouveau venu dans l'hôtellerie zagréboise, cet hôtel aux 20 chambres chics réparties sur 3 étages (un étage "blanc", un étage "argent et le dernier "doré", nuance déclinée dans les chambres de chaque niveau), incarne à la perfection la nouvelle tendance boutique-hôtel. Le petit-déjeuner est servi sur le toit-terrasse, avec tous les à-côtés inclus.

🛏 Ville haute (Gornji Grad)

Taban Hostel
AUBERGE DE JEUNESSE €

(☏ 01-55 33 527 ; www.tabanzagreb.com ; Tkalčićeva 82 ; dort/s/d/app 100/200/400/450 Kn ; P @ 🛜 ❄). Pile dans Tkalčićeva, l'emplacement est excellent pour les fêtards. TV, réfrigérateur et salle de bains privative dans certaines chambres. Un studio avec coin chambre est également disponible. Bar animé au rez-de-chaussée avec concerts.

President Pantovčak
BOUTIQUE-HÔTEL €€€

(☏ 01-48 81 480 ; www.president-zagreb.com ; Pantovčak 52 ; s/d 742/891 Kn ; P ❄ 🛜). Ce boutique-hôtel 4 étoiles, à quelques minutes de l'agitation du centre, est une oasis pour amoureux d'art et de design. Il expose des œuvres choisies de peintres et de sculpteurs croates connus comme Edo Murtić et Dušan Džamonja. Les baies vitrées des chambres ouvrent sur un jardin paysager. Pour un séjour encore plus luxueux, adjoignez-vous les services d'un chef ou d'un majordome.

🛏 Maksimir

Funk Lounge Hostel
AUBERGE DE JEUNESSE €

(☏ 01-55 52 707 ; www.funklounge.hr ; Rendićeva 28 ; dort 135-180 Kn, s et d 450 Kn ; ❄ @ 🛜). À deux pas du parc Maksimir, une nouvelle annexe du Funk Hostel (au sud-ouest du centre). Personnel sympathique, chambres propres et divers extras : petit-déjeuner, verre de *rakija*, produits de toilette et casiers. Restaurant, bar et cuisine à disposition.

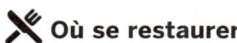 Où se restaurer

Pour apprécier les restaurants de Zagreb, on a coutume de dire qu'il vaut mieux aimer manger croate ou bien italien. Néanmoins l'offre se diversifie avec l'entrée en scène de nouvelles tables d'inspiration internationale. Les principales rues du centre sont bordées d'établissements de restauration rapide, de boulangeries et de snack-bars.

Beaucoup de restaurants ferment deux semaines à un mois en août.

Ville basse (Donji Grad)

Bistro 75 BISTROT €
(01-48 40 045 ; Preradovićeva 34 ; plats 36-42 Kn ; 11h-23h lun-jeu, 11h-1h ven-sam). En-cas savoureux comme les sandwichs à la queue de bœuf ou les falafels, plats du jour, cocktails et une large gamme de bières artisanales locales (Zmajska et Varionica, par exemple) : autant de bonnes raisons d'essayer cet élégant petit bistrot. Peinture murale pleine de couleurs et banquettes à l'intérieur, tables en terrasse dans la rue adjacente.

Zrno VÉGÉTARIEN €
(www.zrnobiobistro.hr ; Medulićeva 20 ; plats 47-65 Kn ; 12h-21h30 lun-sam ;). Ce "bio-bistrot" (comme il se nomme lui-même) se cache dans une cour à 10 minutes à pied de la place principale. Il sert des plats goûteux, avec des produits de sa ferme, du gomoku de riz brun au plat du jour macrobiotique (*makroplata*), et des desserts comme la *crostata* (tarte) aux fruits de saison.

Bistro Divas BISTROT €
(01-45 79 390 ; www.facebook.com/divasbistro ; Martićeva 14f ; plats 45-70 Kn ; 12h-18h lun-sam). Clair, spacieux et branché, ce nouveau venu du quartier qui monte, Martićeva, propose des déjeuners originaux, avec une cuisine aux accents internationaux. Légumes sautés, salade de poulet à la marocaine, et rouleaux vietnamiens, en fonction des produits du marché et de la carte du jour.

Torte i To Atrij CAFÉ €
(Teslina 7 ; gâteaux 3-19 Kn ; 8h-23h lun-sam, 9h-23h dim). Café dans un atrium en retrait de Teslina, avec une section inondée de lumière, un jardin vertical et des tables au dehors. Renommé pour ses très bons gâteaux, notamment le cheese-cake. La maison mère est à l'étage du Kaptol Centar.

Pingvin SANDWICHS €
(Teslina 7 ; sandwichs 15-35 Kn ; 10h-4h lun-sam, 18h-2h dim). Cette institution, ouverte depuis 1987, vend d'excellents sandwichs et salades, à déguster juché sur un tabouret de bar.

Vincek PÂTISSERIE €
(Ilica 18 ; pâtisseries 7-18 Kn ; 8h30-23h lun-sam). Cette *slastičarna* (pâtisserie) est un must et vend les gâteaux les plus crémeux de Zagreb. Elle dispose de plusieurs boutiques en ville, à Zvonimirova 7 et Kvaternik Trg, notamment. Leur nouvelle succursale, Vis a Vis, au coin de Tomićeva, propose des glaces et des gâteaux sans gluten et sans sucre.

Burgeraj HAMBURGERS €
(Preradovićeva 13 ; burgers 35-47 Kn ; 11h-23h lun-jeu, 11h-minuit ven-sam). Idéal pour manger un burger à l'américaine – double et triple –, accompagné d'une bière artisanale, comme la Zmajska locale.

Mak Na Konac PÂTISSERIE €
(Dukljaninova 1 ; gâteaux 16-22 Kn ; 9h-21h lun-sam). La spécialité : un gâteau aux graines de pavot fourré à la confiture de framboise.

Karijola PIZZAS €
(01-55 31 016 ; www.pizzeria-karijola.com ; Vlaška 63 ; pizzas 46-70 Kn ; 11h-minuit lun-sam, 11h-23h dim). Les pizzas à pâte fine sorties du four en argile de cette nouvelle adresse centrale de Zagreb rencontrent un franc succès. Les ingrédients sont frais et de de qualité. Fermé deux semaines en août.

Dinara BOULANGERIE €
(Gajeva 8 ; gâteaux 3,50-20 Kn ; 5h30-22h30). Cette boulangerie, la meilleure de la ville, a un débit impressionnant. Essayez la *bučnica* (gâteau filo à la citrouille). Deux annexes : à **Ilica 71** (pâtisseries 3,50-20 Kn ; 5h30-22h30) et **Preradovićeva 1** (gâteaux 3,50-20 Kn ; 5h30-22h30).

Tip Top PRODUITS DE LA MER €
(Gundulićeva 18 ; plats 40-90 Kn ; 11h-23h lun-sam). Si vous ne réussissez pas à faire sourire son personnel tristounet en vieil uniforme de l'ère socialiste, tant pis ! Mais ne faites pas l'impasse sur l'excellente cuisine dalmate du bien nommé Tip Top. Le menu change tous les jours. Leur goulasch de poulpe, le jeudi, est un succès.

Nishta VÉGÉTARIEN €
(www.nishtarestaurant.com ; Masarykova 11/1 ; plats 57-69 Kn ; 11h-23h lun-sam ;). Succursale de l'établissement homonyme de Dubrovnik,

Nishta sert des mets créatifs dans un cadre pimpant. La carte affiche des *ćevapovrčići* (version végétarienne du plat de saucisses épicées *ćevapčići*) comme des burritos mexicains, mais aussi de nombreux plats végétaliens et sans gluten.

Bistro Fotić   CROATE €
(☎ 01-48 10 476 ; www.bistrofotic.com ; Gajeva 25 ; plats 55-70 Kn ; ⊗ 8h-23h lun-sam). Populaire grâce à ses plats consistants, ce bistrot familial est aussi une galerie photo. L'intérieur cosy est décoré d'appareils photo en tout genre, et vous pouvez faire imprimer vos photos de voyage pendant que vous mangez une pizza, un ragoût ou une bonne soupe. Ne ratez pas leurs desserts maison.

Green Point   VÉGÉTARIEN €
(Varšavska 10 ; plats 25-31 Kn ; ⊗ 9h-22h lun-sam ; 🌱). Pour manger un morceau sur le pouce, cette devanture végétarienne de quelques tables en plein centre-ville vous propose un hamburger (à choisir entre seitan, chanvre et tofu), un plat cuisiné au wok ou une salade.

Vallis Aurea   CROATE €
(☎ 01-48 31 305 ; www.vallis-aurea.com ; Tomićeva 4 ; plats 35-77 Kn ; ⊗ 9h-23h lun-sam). Cette gargote, au pied du funiculaire, sert une succulente cuisine maison et fait le plein au déjeuner grâce à ses *gableci* (déjeuners traditionnels).

♥ Vinodol   CROATE €€
(☎ 01-48 11 427 ; www.vinodol-zg.hr ; Teslina 10 ; plats 48-160 Kn ; ⊗ 10h-minuit). Une cuisine d'Europe centrale soignée et appréciée des habitants et des touristes. Par beau temps, installez-vous dans le patio couvert, relié à Teslina par un passage tapissé de lierre ; sinon, prenez place dans la grande salle voûtée. L'agneau et le veau, cuits avec des pommes de terre sous *peka* (cuit sous un couvercle-cloche en fer couvert de braises), sont succulents, tout comme les *bukovače*, des champignons du cru.

♥ Mundoaka Street Food   INTERNATIONAL €€
(☎ 01-78 88 777 ; Petrinjska 2 ; plats 65-85 Kn ; ⊗ 9h-minuit lun-sam). Bois clair à l'intérieur et tables en extérieur, une petite adresse pour se sustenter de classiques de la cuisine nord-américaine (ailes de poulet, travers de porc) ou faire son choix parmi tout un éventail de plats du monde, des tortillas espagnoles à la chakchouka. Petits-déjeuners, muffins et gâteaux excellents, tous préparés par un des chefs les plus connus de Zagreb. Pensez à réserver.

Mali Bar   TAPAS €€
(☎ 01-55 31 014 ; Vlaška 63 ; plats 45-120 Kn ; ⊗ 12h30-minuit lun-sam). Niché dans une *veža* (ruelle), cet établissement dirigé par la chef-star Ana Ugarković partage la terrasse du Karijola (p. 61). Dans son cadre confortable, décoré dans les tons marron, sont servis des mets inspirés des tapas du monde entier. Pensez à réserver.

Boban   ITALIEN €€
(☎ 01-48 11 549 ; www.boban.hr ; Gajeva 9 ; plats 60-138 Kn ; ⊗ 11h-23h lun-jeu, 11h-minuit ven-sam, 12h-23h dim). Ce restaurant en sous-sol tenu par la star du football croate Zvonimir Boban, est tout italien. La carte comprend une solide gamme de pâtes, de risottos, de gnocchis et de plats de viande.

Lari & Penati   CROATE CRÉATIF €€
(☎ 01-46 55 776 ; www.laripenati.hr ; Petrinjska 42a ; plats 40-90 Kn ; ⊗ 12h-23h lun-sam). Ce petit bistrot sert des plats du jour en fonction des arrivages du marché. La cuisine est fabuleuse, la musique sympathique et les quelques tables dehors sont parfaites par beau temps. Fermé 2 semaines en août.

Bistroteka   BISTROT €€
(☎ 01-48 37 711 ; Teslina 14 ; plats 52-120 Kn ; ⊗ 8h-minuit lun-jeu, 8h-1h ven-sam). Surfant sur la mode des bistrots à Zagreb, ce petit restaurant chic prépare des petits-déjeuners (jusqu'à 11h en semaine, 12h30 le week-end), des sandwichs et des plats du jour comme le confit de canard, les lasagnes maison et le ragoût de thon. Parfois complet le midi.

Ribice i Tri Točkice   POISSON €€
(☎ 01-56 35 479 ; www.ribiceitritockice.hr ; Preradovićeva 7/1 ; plats 40-85 Kn ; ⊗ 9h-23h). Une adresse stylée et amusante servant des classiques dalmates simples mais bons, le poisson frais constituant les plats du jour. Installez-vous à l'étage coloré ou aux tables sur le trottoir de Teslina.

Zinfandel's   INTERNATIONAL €€€
(☎ 01-45 66 644 ; www.zinfandels.hr ; Mihanovićeva 1 ; plats 150-295 Kn ; ⊗ 6h-23h lun-sam, 6h30-23h dim). Le restaurant de l'Esplanade Zagreb Hotel (p. 60), tenu par la chef Ana Grgić, est renommé pour sa cuisine créative.

Le Bistro   FRANÇAIS €€€
(www.lebistro.hr ; Mihanovićeva 1 ; plats 145-185 Kn ; ⊗ 9h-23h). Également dans l'Esplanade Zagreb Hotel (p. 60), ce bistrot décontracté-chic fait les meilleurs *štrukli* (raviolis au fromage blanc) de la ville.

✖ Ville haute (Gornji Grad)

Otto & Frank INTERNATIONAL €
(www.otto-frank.com ; Tkalčićeva 20 ; plats 35-95 Kn ; ⊗8h-minuit lun-jeu, 8h-1h ven-sam, 9h-23h dim). Ce petit bistrot est l'un des lieux les plus plaisants de Tkalča, avec son bel intérieur épuré de deux petites salles, et une terrasse dans la rue adjacente. Il propose des petits-déjeuners toute la journée, des plats du jour et des spécialités comme ce burger d'agneau épicé. Avec de bonnes bières artisanales et un bon choix de vins.

Amfora POISSON €
(☏01-48 16 455 ; www.restoran-amfora.com ; Dolac 2 ; plats 40-70 Kn ; ⊗6h-17h). Les habitants aiment venir se régaler ici de poisson et de légumes frais du marché voisin. Quelques tables en terrasse et une galerie à l'étage, avec vue sur le marché.

Agava INTERNATIONAL €€
(www.restaurant-agava.hr ; Tkalčićeva 39 ; plats 60-180 Kn ; ⊗9h-23h). La terrasse est l'atout principal de cet établissement élégant. Carpaccio d'espadon ou steak aux truffes figurent à la carte. Celle des vins affiche de nombreux crus d'Istrie et de Slavonie.

Trilogija MÉDITERRANÉEN €€
(☏01-48 51 394 ; www.trilogija.com ; Kamenita 5 ; plats 70-140 Kn ; ⊗11h-minuit lun-jeu, 10h-minuit ven-sam, 16h-minuit dim). Proche de la porte de Pierre et de ses restaurants éphémères, une adresse qui semble durer. Le secret tient à la qualité de sa cuisine croato-méditerranéenne, à son personnel aimable et à ses prix abordables.

Didov San DALMATE €€
(☏01-48 51 154 ; www.konoba-didovsan.com ; Mletačka 11 ; plats 40-130 Kn ; ⊗10h-minuit). Une taverne de la ville haute à l'intérieur rustique, tout en boiseries et poutres, avec quelques tables sous la véranda. Cuisine traditionnelle du delta de la Neretva, dans l'arrière-pays dalmate, comme les grenouilles grillées au prosciutto. Réservez.

Kaptolska Klet CROATE €€
(☏01-48 76 502 ; www.kaptolska-klet.eu ; Kaptol 5 ; plats 40-145 Kn ; ⊗11h-minuit). Doté d'une immense terrasse et d'une vaste salle de style bar à bières, cet établissement est renommé pour ses spécialités locales, comme les viandes grillées, l'agneau et le veau sous *peka* et ses saucisses maison. Également un bon pain de légumes.

100% LOCAL

PAUSE-CAFÉ

Les rumeurs d'installation du premier Starbucks de Croatie étaient infondées. En effet, rien ne peut détrôner la *špica*, une tradition zagréboise qui consiste à déguster un café dans le centre-ville entre 11h et 14h le samedi, avant ou après un passage au marché de Dolac (p. 54). Tout le monde se rue alors sur les terrasses de Bogovićeva, de Preradovićeva et de Tkalčićeva, qui deviennent les vitrines de la dernière mode. Une facette séduisante de l'animation de Zagreb.

Baltazar CROATE €€
(☏01-46 66 999 ; baltazar.hr ; Nova Ves 4 ; plats 90-200 Kn ; ⊗12h-minuit lun-sam, 12h-17h dim). Toutes sortes de viandes – canard, agneau, porc, bœuf et dinde – sont grillées et préparées à la mode du Zagorje et de la Slavonie dans ce restaurant haut de gamme, établi de longue date. Bel éventail de plats méditerranéens et de vins locaux. En été, la terrasse est idéale pour dîner au clair de lune.

Stari Fijaker 900 CROATE €€
(☏01-48 33 829 ; www.starifijaker.hr ; Mesnička 6 ; plats 50-190 Kn ; ⊗11h-23h). Jadis haut lieu des dîners en ville, ce resto-bar à bières a su garder ce côté un peu vieillot et guindé des banquettes et tables nappées de blanc. Au fourneau, la tradition est reine : goûtez donc aux saucisses maison et aux *štrukli*, ou à l'un des avantageux plats du jour.

Bistro Apetit GASTRONOMIQUE €€€
(☏01-46 77 335 ; www.bistroapetit.com ; Jurjevska 65a ; plats 145-175 Kn ; ⊗10h-minuit mar-dim). Réputé posséder la plus belle terrasse de la ville (en haut de la rue Jurjevska), ce célèbre restaurant haut de gamme combine avec audace des produits frais de saison. Goûtez le poulpe garni de saucisses ou la soupe de framboise au concombre et au yaourt glacé.

Mano INTERNATIONAL €€€
(☏01-46 77 335 ; www.mano.hr ; Medvedgradska 2 ; plats à partir de 110-240 Kn ; ⊗12h-1h lun-sam). Aménagé dans un magnifique bâtiment en brique proche du Kaptol Centar, un élégant restaurant de grillades. Pierres apparentes, éclairage tamisé, piliers en acier et cuisine vitrée forment le cadre dans lequel on sert des plats assez innovants, comme le sanglier accompagné de polenta au gorgonzola.

Ouest du centre

Lauba Bistro
BISTROT €€
(01-63 02 140 ; www.lauba.hr ; Baruna Filipovića 23a ; plats 50-150 Kn ; 9h-23h lun-ven, 11h-23h sam). Ce bistrot chic, dans le hall d'un espace artistique branché de Zagreb, a pour spécialité de délicieux petits pains (comme un pain au quinoa et à la bière) aux garnitures savoureuses, si vous voulez grignoter. Plus substantiels, de délicieux ragoûts et des plats du jour chaque fois différents.

Où prendre un verre et faire la fête

Dans la ville haute, la chic Tkalčićeva est bordée de bars et de cafés. Entre Trg Petra Preradovića (appelée localement Cvjetni trg) et Bogovićeva, dans la ville basse, une demi-douzaine de bars et de cafés envahissent vite le trottoir, donnant à l'endroit un air de fête en plein air, certains soirs d'été. L'ambiance s'apaise vers minuit, et se calme de la mi-juillet à la fin août.

Ville basse (Donji Grad)

Cogito Coffee Shop
CAFÉ
(www.cogitocoffee.com ; Varšavska 11 ; 8h-21h lun-ven, 9h-19h sam). Ce tout petit café tendance, niché dans un passage dissimulé, sert l'un des meilleurs cafés de la ville, torréfié localement par Cogito Coffee Roasters, du Cafe u Dvorištu (ci-contre). On y trouve du café au lait d'amande (dur à trouver à Zagreb) et de délicieuses glaces Medenko. Horaires réduits en août.

Johann Franck
CAFÉ
(www.johannfranck.hr ; Trg Bana Jelačića 9 ; 8h-2h lun-jeu et dim, 8h-4h ven-sam). Portant le nom d'un pionnier de la torréfaction en Croatie et de la marque de café éponyme, cet ancien café viennois attire maintenant du monde toute la journée. Vous trouverez au rez-de-chaussée différentes spécialités de café.

Kino Europa
BAR
(www.kinoeuropa.hr ; Varšavska 3 ; 8h30-minuit lun-jeu, 8h30-4h ven-sam, 11h-23h dim ;). Le plus ancien cinéma de Zagreb, qui date des années 1920, abrite aujourd'hui un splendide café/bar à vins/*grapperia*. Entièrement vitré et doté d'une terrasse, il sert un café exquis et plus de 30 sortes de grappa. Wi-Fi gratuit. Le cinéma propose des films et parfois des soirées dansantes.

Peper
CLUB
(www.peper-zagreb.com ; Ilica 5 ; 8h-minuit dim-mar, 8h-4h mer-jeu, 8h-6h ven-sam). Un club du centre-ville que fréquente une clientèle nantie entre deux âges, qui se double d'un café en journée. La programmation (du mercredi au samedi seulement) change toutes les semaines, et va du disco et au swing à la soul et la house.

Vinyl
BAR
(www.vinylzagreb.com ; Bogovićeva 3 ; 8h-minuit dim-mar, 8h-2h mer-jeu, 8h-4h ven-sam). Les Zagrébois adorent ce *lounge* ouvert toute la journée, dans une rue passante, divisé en une zone café et une zone club. On s'y amuse jour et nuit, avec des concerts, des lectures et des expositions de livres et de disques, des soirées à thème le lundi soir. Ne manquez pas les DJ qui ne passent que des vinyles, le week-end. Excellente gamme de whisky.

Express
CAFÉ
(Petrinjska 4 ; 7h-21h lun-jeu, 7h-23h ven-sam, 11h-19h dim). Un tout petit café avec des tables en terrasse, qui propose parmi les meilleurs thés et cafés de Zagreb. Fermé le dimanche en août.

Divas
CAFÉ
(Martićeva 17 ; 7h-23h lun-ven, 8h-23h sam, 9h-17h dim). Idéal pour musarder dans une salle au chic rustique ou en terrasse, ce petit café bobo donne sur la très branchée Martićeva. Il ferme plus tôt (à 15h) le dimanche en été.

Eliscaffe
CAFÉ
(Ilica 63 ; 8h-19h lun-sam, 9h-14h dim). Le café primé 100% arabica du lieu est délicieux. Essayez l'onctueux *triestino*. Le nouvel Eliscaffe II, un peu plus bas (au 65 Ilica, dans la cour), plus grand et plus élégant, avec des horaires plus étendus (jusqu'à 22h), propose des en-cas, de délicieux gâteaux et une carte de vins.

Mojo
BAR
(www.facebook.com/MojoBarZg ; Martićeva 5 ; 7h-2h lun-sam, 8h-minuit dim). Un bar enfumé en sous-sol où groupes et DJ se produisent chaque soir. Aux beaux jours, choisissez parmi 70 *rakija* et liqueurs et dégustez-les en terrasse.

Bacchus
BAR
(Trg Kralja Tomislava 16 ; 11h-minuit lun-ven, 12h-minuit sam). Vous aurez de la chance si vous parvenez à dénicher une table dans la cour luxuriante la plus branchée de Zagreb,

cachée dans un passage. Après 22h, l'animation se déplace en sous-sol, avec des lectures de poésie et des soirées rock rétro. Plus calme l'été.

Old Pharmacy Pub PUB
(www.pub.pondi.hr ; Andrije Hebranga 11 ; ☺8h-minuit dim-jeu, 8h-1h ven-sam). Ce pub anglais traditionnel se cache dans une maison de ville austro-hongroise, mais, une fois à l'intérieur, tout y est : miroir derrière le bar, bibelots sur le thème de la pharmacie et photos passées, le tout dans un décor de bois et de cuir. L'arrière-salle, non-fumeurs, meublée de fauteuils confortables, est un coin idéal pour retrouver des amis.

MK Krolo BAR
(Radićeva 7 ; ☺9h-1h lun-sam, 9h-23h dim). Artistes, bobos et professionnels des médias ont ici leur rendez-vous favori.

Sherry's
Wines & Bites BAR À VINS
(☎091 25 07 712 ; www.sherrys.eu ; Ilica 73 ; ☺10h-minuit mar-dim). Petit bar à vins-bistrot sympa, dans une cour en retrait de Britanac, qui propose plus de 100 vins différents, et des plats pour les accompagner. Sa terrasse est un des secrets les mieux gardés de Zagreb, et il y a souvent des concerts.

Booksa CAFÉ
(www.booksa.hr ; Martićeva 14d ; ☺10h-9h mar-dim ; 🛜). Rats de bibliothèque, poètes, écrivains, comédiens et artistes viennent bavarder et boire un café, acheter des livres, surfer sur Internet (Wi-Fi gratuit) ou écouter des lectures dans ce charmant café-librairie. Les lectures sont parfois en anglais. Ferme un mois à partir de mi-juillet. À noter : il faut une carte de membre (10 Kn).

Café U Dvorištu CAFÉ, BAR
(Jurja Žerjavića 7/2 ; ☺9h-minuit lun-sam, 11h-19h dim). Niché dans une cour, un endroit coquet pour apprécier d'excellents thés et cafés bio, issus du commerce équitable. Concerts et expositions occasionnels. Fermé le dimanche fin juillet et en août.

Time BAR
(www.facebook.com/time.zagreb ; Petrinjska 7 ; ☺7h-2h lun-jeu, 9h-3h sam). Cette ancienne quincaillerie est le dernier Q.G. de Zagreb : rendez-vous raffiné des amateurs de café en journée et bourdonnant bar à l'américaine avec concerts de DJ à la nuit tombée prisés par la jeunesse dorée. Le restaurant adjacent propose une cuisine fusion asiatique.

Sedmica BAR
(Kačićeva 7a ; ☺8h-1h lun-jeu, 8h-2h ven-sam, 17h-1h dim). Caché dans une ruelle partant de Kačićeva, ce bar discret et un peu étroit se signale uniquement par un panneau Guinness. Repaire des intellos-bohèmes de Zagreb qui apprécient sa mezzanine et son patio animé, l'été venu.

Bulldog PUB
(www.bulldog-pub-zagreb.com ; Bogovićeva 6 ; ☺8h-2h). Le ballet des passants dans cette rue piétonne animée offre un beau spectacle à qui s'attable en terrasse. Le soir, on s'y retrouve volontiers pour un verre.

Basement BAR À VINS
(www.basement-bar.net ; Tomićeva 5 ; ☺12h-2h lun-ven, 10h-2h sam, 16h-minuit dim). Haut lieu du centre-ville pour goûter aux vins croates, ce bar en sous-sol (avec quelques tables sur le trottoir) est situé tout près du funiculaire. Viande et plateau de fromage accompagneront votre verre.

Pivnica Medvedgrad BRASSERIE
(www.pivnica-medvedgrad.hr ; Ilica 49 ; ☺10h-minuit lun-sam, 12h-minuit dim). Sirotez l'une des 5 bières maison en dégustant à moindre coût des plats savoureux, dans une ambiance animée. On y accède par une galerie commerciale près d'Ilica. Grande cour à l'ombre d'un marronnier.

VIP Club CLUB
(www.vip-club.hr ; Trg Bana Jelačića 9 ; ☺20h-5h mar-sam, fermé l'été). Installé en sous-sol sur la place principale, cet établissement clinquant propose un programme varié, du jazz aux rythmes des Balkans.

Art Kino Grič CAFÉ, BAR
(www.artkinogric.hr ; Jurišićeva 6 ; ☺8h-23h). Cet ancien cinéma converti en bar à 2 étages abrite un petit club au sous-sol (week-end seulement). Ses expositions artistiques et les films proposés dans la confortable salle de projection en ont fait l'une des adresses préférées des habitants.

Ville haute (Gornji Grad)

Stross BAR
(Strossmayerovo Šetalište ; ☺21h30-tard juin-sept). L'été, dans la ville haute, peu de soirs passent sans qu'un bar improvisé n'anime la promenade Strossmayer, avec boissons bon marché et musique live. La foule, la vue sur la ville et la verdure en font un endroit très plaisant en soirée.

Dežman Bar BAR
(www.dezman.hr ; Dežmanova 3 ; ⊗8h-minuit lun-jeu, 8h-1h ven-sam). À l'abri de la circulation dans un petit passage qui mène au bois de Tuškanac, ce café-bistrot transforme la moindre boisson ou le moindre plat simple en délice. La science du chef Christian Cabalier fait d'un simple sandwich ou gâteau une œuvre d'art audacieuse faite de délicieux ingrédients, comme le prosciutto de thon ou le pain sans gluten.

Velvet CAFÉ
(Dežmanova 9 ; ⊗8h-22h lun-ven, 8h-15h sam, 8h-14h dim). Un établissement stylé pour un café et un en-cas savoureux (mais chers) dans l'intérieur minimaliste du fleuriste branché de Zagreb, Saša Šekoranja. Le bar voisin, appelé **Velvet Gallery**, ou "Black Velvet", reste ouvert jusqu'à 23h (sauf le dimanche).

Booze and Blues CLUB
(www.booze-and-blues.com ; Tkalčićeva 84 ; ⊗8h-minuit dim-mar, 8h-2h mer-sam). Dominant la rue Tkalča très animée, ce paradis du jazz, du blues et de la soul sort du lot avec les concerts qu'il programme le week-end. Son décor est dans la tradition des clubs de jazz, avec des objets de l'histoire de la musique, et la Heineken à la pression jaillit d'un saxophone en état de marche.

Kava Tava CAFÉ
(www.kavatava.com ; Britanski trg bb ; ⊗7h-minuit). Difficile de ne pas voir ce délicieux café, dans une cabane de bois noir et rouge, au milieu des stands du marché paysan. Ne manquez pas sa spécialité, le petit-déjeuner (servi toute la journée) : pancakes à l'américaine garnis de tous les accompagnements possibles, ou toasts généreusement garnis.

Funk CAFÉ, BAR
(www.facebook.com/funkklub ; Tkalčićeva 52 ; ⊗11h-2h). Dans la journée, prenez un café en regardant les passants. Le soir, descendez l'escalier en spirale pour découvrir un endroit culte pour les Zagrébois : le caveau voûté où des DJ passent de la house, du jazz, du funk et du *broken beat* à un public enchanté.

Palainovka CAFÉ
(Ilirski trg 1 ; ⊗8h-minuit lun-jeu, 8h-2h ven-sam, 9h-23h dim). De style viennois, le doyen des cafés de Zagreb (1846) sert de délicieux cafés, thés et gâteaux sous ses plafonds ornés de fresques.

Peščenica – Žitnjak

Garden Brewery BRASSERIE
(www.thegarden.hr/the-garden-brewery ; Slavonska avenija 22f ; ⊗12h-20h lun-jeu et dim, 12h-2h ven-sam). Une nouvelle brasserie artisanale de l'est industriel de Zagreb, dans une ancienne usine de brique rouge transformée en lieu animé toute la journée, avec des soirées club le samedi. Bière artisanale faite sur place (essayez la Session Ale aux tonalités florales ou la Kettle Sour, très fruitée), visites de la brasserie et dégustations, ainsi que burgers et sessions "familiales", le dimanche.

Ouest du centre

Das Haus CLUB
(Samoborska cesta 215 ; ⊗horaires variables ven-sam). La clientèle du club le plus underground de Zagreb, dans les faubourgs ouest, est très diverse. C'est le seul club ouvert vraiment tard, après que tous les autres ont fermé. Consultez sa page Facebook pour plus de détails.

☆ Où sortir

Les théâtres et les salles de concerts de Zagreb affichent un programme très varié toute l'année, à découvrir dans le mensuel *Zagreb Events & Performances*, disponible à l'office du tourisme principal. Consultez aussi le mensuel gratuit *Zagreb 4 You*.

Théâtre national croate THÉÂTRE
(☏01-48 88 415 ; www.hnk.hr ; Trg Maršala Tita 15 ; ⊗billetterie 10h-19h lun-ven, 10h-13h sam et 1h avant le début du spectacle). Ce théâtre néobaroque inauguré en 1895 donne opéras et ballets. Remarquez, devant l'édifice, la sculpture d'Ivan Meštrović, *Le Puits de la vie* (1905).

Zagrebačko Kazalište Mladih THÉÂTRE
(☏01-48 72 554 ; www.zekaem.hr ; Teslina 7 ; ⊗billetterie 10h-20h lun-ven, 10h-14h sam, ou 1h avant le spectacle). Le théâtre de la Jeunesse de Zagreb, dit ZKM, est le berceau du théâtre contemporain croate. Accueille plusieurs festivals et nombre de troupes internationales.

Salle Vatroslav Lisinski SALLE DE CONCERTS
(☏01-61 21 166 ; www.lisinski.hr ; Trg Stjepana Radića 4 ; ⊗billetterie 10h-20h lun-ven, 10h-14h et 18h-20h sam-dim). La salle la plus prestigieuse de la ville, où sont donnés des concerts symphoniques, de jazz, de world music, ou encore des pièces de théâtre.

ZAGREB GAY ET LESBIEN

La scène gay et lesbienne de Zagreb s'ouvre progressivement. Pour en savoir plus, consultez les sites www.friendlycroatia.com. Guettez les spectacles de **Le Zbor** (www.lezbor.com), chœur lesbien activiste.

Hotpot (Petrinjska 31 ; 23h-5h ven-sam). Petit bar gay avec alcool bon marché. Un des établissements favoris des Zagrébois.

Kolaž (Amruševa 11 ; 19h-2h juin-sept, 12h-2h lun-ven, 18h-2h sam-dim oct-mai). Bar de style clandestin derrière une porte sans signe distinctif, accueillant une clientèle principalement gay.

Vimpi (Prolaz Sestara Baković 3 ; 8h-1h). Pour les femmes qui aiment les femmes.

Rush Club (Amruševa 10 ; 23h-5h jeu-sam). Jeunes gays et lesbiennes se rencontrent dans ce club sympathique du centre-ville. Soirées à thème (karaoké…).

Pogon Jedinstvo CENTRE D'ARTS
(www.upogoni.org ; Kneza Mislava 11). Pogon, le Centre de la culture indépendante de Zagreb, programme de la danse et du théâtre contemporains, des concerts, des expositions, des festivals, des lectures publiques et des fêtes.

Tvornica MUSIQUE LIVE
(www.tvornicakulture.com ; Šubićeva 2 ; café 7h-23h lun-ven, 16h-23h sam-dim, club 20h-2h dim-jeu, jusqu'à 4h ven-sam). Super salle multimédia, musique live, de la *sevdah* bosniaque au rock punk alternatif. Consultez le site Internet pour connaître la programmation.

Tour Cibona BASKET
(01-48 43 333 ; www.cibona.com ; Savska 30 ; billets 10-150 Kn). Le basket est très populaire à Zagreb. Cette tour est le siège du club de la ville, le Cibona.

Stadion Maksimir FOOTBALL
(01-23 86 111 ; www.gnkdinamo.hr ; Maksimirska 128 ; billets 250-550 Kn). Le Dinamo, l'équipe de football la plus populaire de Zagreb, joue au stade Maksimir, à l'est de la ville. Prenez les tramways 4, 7, 11 ou 12 direction Maksimirska.

 Achats

Les grandes enseignes internationales occupent les bâtiments imposants d'Ilica, la principale artère commerçante. La plupart des magasins ferment le dimanche.

Des boutiques branchées ont surgi partout en ville, magasins de design, chausseurs et maroquiniers, notamment.

 Ville basse (Donji Grad)

Croatian Design Superstore DESIGN
(www.croatiandesignsuperstore.com ; Martićeva 4 ; 9h-21h lun-sam). Tout habillé de rouge, le magasin expose la crème du design croate, des accessoires et des cadeaux au vin ou aux luminaires. Sur place vous trouverez un joli petit café servant une cuisine saine.

Vintesa VINS
(www.vintesa.hr ; Vlaška 63 ; 9h-21h lun-ven, 9h-20h sam). Dans une cour, ce caviste précurseur vend des vins locaux, alignés avec goût sur des étagères de brique et de bois. Le personnel vous contera l'histoire de chaque cépage, de chaque cuvée ou bouteille.

Zvonimir CHAUSSURES
(www.facebook.com/balerinke ; Dalmatinska 12 ; 9h-13h et 17h-20h lun-ven, 9h-15h sam). Nataša Trinajstić représente la troisième génération de cette famille de chausseurs bien connue de Zagreb. Visitez son petit atelier-boutique et choisissez vos escarpins, sandales ou bottes ou demandez à Nataša de vous les faire sur mesure.

Parapluies Cerovečki PARAPLUIES
(www.kisobrani-cerovecki.hr ; Ilica 49 ; 8h30-20h lun-ven, 8h30-14h30 sam). Qualité, design et histoire de la marque protègent ces fabricants de parapluies de la concurrence mondiale. Visitez leur boutique, véritable tunnel spatio-temporel, où sont présentés des parapluies uniques, reconnus et utilisés dans le monde entier. Le Šestine, parapluie rouge à motifs, est devenu un symbole de Zagreb.

Salon Croata CRAVATES
(www.croata.hr ; Ilica 5, Oktogon Passage, Ilica 5 ; 8h-20h lun-ven, 8h-15h sam). Originaire de Croatie, la cravate est le cadeau le plus authentique que l'on puisse rapporter ! Comptez de 400 à 2 000 Kn pour une cravate en soie.

100% LOCAL

JOURS DE MARCHÉ

Les marchés de Zagreb ne sont pas nombreux, mais sont fabuleux. En fin de semaine, le **marché d'antiquités** (Britanski trg ; 7h-14h sam, 7h30-14h30 dim) sur Britanski trg, par exemple, est un des plaisirs du centre-ville.

Pour découvrir un marché aux puces unique, rendez-vous à Hrelić (ci-contre), immense terrain de chasse pour chiner.

Pour trouver de bons produits, ne manquez pas **Mali Plac s Tavana** (Le Petit Marché du grenier ; www.mali-plac.org ; horaires variables), un rassemblement hebdomadaire de petits producteurs qui vendent leurs produits dans différents endroits de la ville, notamment dans un loft branché, (consultez le site Internet pour connaître le programme). On y trouve de tout, des agrumes bio au du miel de sauge à l'huile de chanvre et au houmous, en passant par les cosmétiques naturels.

Profil Megastore   LIVRES
(Bogovićeva 7 ; 8h-21h lun-sam). La librairie la plus attrayante de Zagreb offre une excellente sélection de livres et comprend un joli café dans la galerie.

Vilma Natura Croatica   ALIMENTATION
(www.naturacroatica.com ; Preradovićeva 8 ; 9h-21h lun-ven, 10h-16h sam). Plus de 300 produits croates naturels sont vendus dans cette boutique : *rakija*, vins, chocolats, épices, confitures ou encore pâte à tartiner aux truffes.

Ville haute (Gornji Grad)

Koza   MODE ET ACCESSOIRES
(Basaričekova 18 ; 11h-19h lun-sam). Ce petit atelier-boutique dans une rue calme de la ville haute réalise de superbes sacs de cuir et accessoires (porte-monnaie, ceintures, et même des sandales) à la main. Les sacs, élégants et originaux, sont faits de matériaux produits en Croatie, y compris le cuir, de première qualité.

Take Me Home   SOUVENIRS
(www.takemehome.hr/en/ ; Tomićeva 4 ; 9h30-20h lun-ven, 10h-15h sam). Très vaste choix de sympathiques souvenirs, tous signés de créateurs croates.

Aromatica   COSMÉTIQUES
(www.aromatica.hr ; Vlaška 7 ; 8h-20h lun-ven, 8h-15h sam). Maison mère d'une petite chaîne proposant des produits de beauté 100% naturels, du savon fait main aux huiles parfumées. Jolis paniers-cadeaux.

Bornstein   SPIRITUEUX
(www.bornstein.hr ; Kaptol 19 ; 9h-20h lun-ven, 9h-16h30 sam). Si vous aimez le vin et les alcools de Croatie, vous trouverez ici un choix étonnant d'eaux-de-vie, de vins et de produits gastronomiques. Il y a aussi un bar à vins sur place.

Notes of Zagreb   PARFUMS
(www.notesofzagreb.com ; Skalinska 2 ; 10h-20h lun-ven, 10h-15h sam). Cette petite boutique propose des fragrances inspirées des odeurs de Zagreb, comme celle des marronniers et des platanes en automne. Ici, diffuseurs d'ambiance, bâtons d'encens, vaporisateurs ou bougies parfumées portent des noms insolites : "La Sorcière de Grich", Secret du pont sanglant" ou "Le Puits de la vie".

Love, Ana   DESIGN
(www.loveanadesign.com ; Dežmanova 4 ; 14h-20h lun-ven, 12h-14h sam). La designer Ana Tevšić vend ses produits phares dans son atelier-boutique tout blanc : lampes de bureau, sacs fourre-tout ou serviettes de plage, entre autres.

Boudoir   MODE ET ACCESSOIRES
(www.boudoirzagreb.com ; Radićeva 22 ; 11h-19h lun-ven, 10h-14h sam). Dans la rue pavée Radićeva, arrêtez-vous au n°22 et appuyez sur le bouton "champagne" pour entrer dans une boutique où soie, satin et dentelles sont fabriqués à la main, sur place. Les propriétaires, les sœurs Morana et Martina, créent des vêtements uniques un brin kitsch.

Cahun   CHAPEAUX
(www.cahun.hr ; Podzidom 8 ; 9h-19h lun-ven, 9h-14h sam). Cette boutique familiale vieille de 80 ans évoque le charme du vieux Zagreb. Choisissez parmi les centaines de chapeaux : cloche, feutre, panama, etc. Réductions possible si on paye en espèces.

I-GLE   CRÉATEUR
(www.i-gle.com ; Dežmanova 4 ; 10h-20h lun-ven, 10h-15h sam). Offrez-vous l'une des créations de Nataša Mihaljčišin et Martina Vrdoljak-Ranilović, grands noms de la mode croate depuis les années 1990.

Novi Zagreb (ville nouvelle)

Hrelić MARCHÉ
(◉ 7h-15h mer, sam et dim). C'est le plus grand et le plus coloré des marchés aux puces de Croatie, un immense espace où vous trouverez absolument de tout. Le marchandage est bien entendu de rigueur.

La visite du marché est une expérience mémorable et fait découvrir une facette de Zagreb que vous ne retrouverez pas ailleurs : la présence de nombreux Roms, la musique, l'atmosphère effervescente et le fumet des viandes grillées dans la section restauration. En été, prévoyez un chapeau et de l'écran solaire car il n'y a pas un brin d'ombre. Prenez le bus 295 (15 Kn, 20 minutes, dimanche uniquement) direction Sajam Jakuševac derrière la gare ferroviaire. Sinon, prenez le tramway 6 direction Sopot, descendez près du pont et longez la Save pendant 15 minutes jusqu'à Hrelić ; ou bien prenez le tramway n°14, descendez au dernier arrêt à Zapruđe et marchez un quart d'heure.

Ouest du centre

Grga Čvarak ALIMENTATION
(☎ 01-88 95 036 ; www.facebook.com/Grga-Čvarak-510825808976258/ ; Kutnjački Put 9 ; ◉ 7h30-21h lun-sam, 8h-14h dim). Les gourmets ne regretteront pas les efforts pour trouver cette boutique spécialisée du quartier de Jarun, et y trouveront les meilleurs produits artisanaux, fruits et légumes bio ou douceurs comme le strudel maison, les desserts crus ou les glaces bio.

❶ Renseignements

AGENCES DE VOYAGES

Atlas (☎ 01-48 07 300 ; www.atlas-croatia.com ; Zrinjevac 17 ; ◉ 8h-20h lun-ven, 9h-14h sam). Circuits en Croatie.

Croatia Express (☎ 01-49 22 224 ; www.croatia-express.com ; Trg Kralja Tomislava 17 ; ◉ 8h-18h30 lun-ven, 9h-13h sam). Réservations de billets de train, d'avion et de ferry, de voitures de location et de chambres d'hôtel dans tout le pays. Excursion quotidienne à la plage de juin à septembre.

Zdenac Života (☎ 01-48 16 200 ; Tkaličićeva 5 ; ◉ 9h-17h lun-ven). Outre des visites guidées en ville, cette petite agence organise des excursions d'une journée au départ de la capitale et des séjours découverte de plusieurs jours en Croatie.

OFFICES DU TOURISME

Office du tourisme principal (☎ information 0800 53 53, guichet 01-48 14 051 ; www.infozagreb.hr ; Trg Bana Jelačića 11 ; ◉ 8h30-21h lun-ven, 9h-18h sam-dim juin-sept, 8h30-20h lun-ven, 9h-18h sam, 10h-16h dim oct-mai). Cartes de la ville et brochures gratuites.

Autres bureaux : tour Lotrščak (☎ 01-48 51 510 ; ◉ 9h-21h lun-ven, 10h-21h sam-dim juin-sept, 9h-17h lun-ven, 10h-17h sam-dim oct-mai) ; gare ferroviaire principale (◉ 9h-21h lun-ven, 10h-17h sam-dim) ; gare routière principale (☎ 01-61 15 507 ; ◉ 9h-21h lun-ven, 10h-17h sam-dim) ; aéroport de Zagreb (☎ 01-62 65 091 ; ◉ 9h-21h lun-ven, 10h-17h sam-dim).

Association touristique du comitat de Zagreb (☎ 01-48 73 665 ; www.tzzz.hr ; Preradovićeva 42 ; ◉ 8h-16h lun-ven). Renseignements et brochures sur les curiosités aux alentours de Zagreb – routes des vins, itinéraires cyclables…

POSTE

Poste centrale (☎ 01-72 303 304 ; Branimirova 4 ; ◉ 7h-minuit). Offre un service de poste restante. À côté de la gare ferroviaire.

Bureau de poste (☎ 072-303 304 ; Jurišićeva 13 ; ◉ 7h-20h lun-ven, 7h-14h sam). Possède un centre téléphonique.

SERVICES MÉDICAUX

Une liste des médecins et hôpitaux de la capitale est disponible sur le site www.ambafrance-hr.org/Liste-de-medecins-et-hopitaux.

Clinique d'urgence (☎ 01-63 02 911 ; Heinzelova 87 ; ◉ 24h/24)

KBC Rebro (Klinicki bolnicki Centar Rebro ; ☎ 01-23 88 888 ; Kišpatićeva 12 ; ◉ 24h/24). À l'est de la ville, service d'urgence.

Pharmacie (☎ 01-48 16 198 ; Trg Bana Jelačića 3 ; ◉ 24h/24)

Urgences dentaires (☎ 01-48 97 688 ; Perkovčeva 3 ; ◉ 22h-6h)

❶ Depuis/vers Zagreb

AVION

Aéroport de Zagreb (☎ 01-45 62 170 ; www.zagreb-airport.hr). À 17 km au sud-est de Zagreb, c'est l'un des principaux aéroports du pays ; nombreux vols nationaux et internationaux.

Croatia Airlines (☎ 01-48 19 633 ; www.croatiaairlines.com ; Zrinjevac 17 ; ◉ 8h-18h lun-ven, 9h-15h sam-dim). La compagnie nationale assure les vols internationaux et intérieurs depuis/vers Zagreb.

BUS

La **gare routière** (☎060 313 333 ; www.akz.hr ; Avenija M Držića 4) se situe à 1 km à l'est de la gare ferroviaire. Vous pourrez entreposer vos bagages à la **consigne** (*garderoba* ; ☎01-60 08 649 ; 5 Kn/h ; ⊘24h/24). Les tramways n°2 et n°6 vont de la gare routière à la gare ferroviaire, le second desservant la place Jelačić (Trg Bana Jelačića).

Avant d'acheter votre billet, renseignez-vous sur l'horaire d'arrivée, certains services empruntant des routes secondaires et faisant halte partout en chemin.

Le bus 106 relie Kaptol à Mirogoj.

TRAIN

La **gare ferroviaire** (☎060 333 444 ; www.hzpp.hr ; Trg Kralja Tomislava 12) est située dans la partie sud de la ville. En sortant, vous verrez une série de parcs et de pavillons en face de vous, qui mènent au centre-ville.

Mieux vaut acheter les billets de train à l'avance car le nombre de places est limité. La gare dispose d'une **consigne** (*garderoba*, casiers 15 Kn/24 heures ; ⊘24h/24) pour vos bagages.

🛈 Comment circuler

DEPUIS/VERS L'AÉROPORT

Le bus de Croatia Airlines pour l'aéroport (30 Kn) part de la gare routière toutes les demi-heures ou toutes les heures de 4h30 à 20h (mêmes horaires dans l'autre sens).

En taxi, comptez entre 110 et 200 Kn la course pour le centre-ville.

TAXI

Radio Taxi (☎1777) demande 10 Kn de prise en charge et facture 5 Kn le kilomètre, l'attente étant facturée 40 Kn/heure. **Ekotaxi** (☎1414, 060 77 77 ; www.ekotaxi.hr) pratique le même genre de tarifs.

BUS AU DÉPART DE ZAGREB

À noter : les horaires sont quelque peu réduits en basse saison.

DESTINATIONS NATIONALES	TARIF (KN)	DURÉE (HEURES)	FRÉQUENCE (/JOUR)
Dubrovnik	191-231	9½-11	9-12
Korčula	261	11	1
Krk	111	3-4½	10-13
Makarska	175-230	6½	12-15
Mali Lošinj	149-189	5-6	5
Osijek	131-144	4	10-12
Plitvice	85-93	2-3	15
Poreč	156-232	4-4½	11
Pula	105-196	3½-5½	20
Rab	207-219	4-5	5
Rijeka	49-106	2½-4	20-25
Rovinj	100-195	4-6	20
Šibenik	151-165	4½-7	20-22
Split	115-205	5-8½	32-34
Varaždin	65-87	1-2	19-23
Zadar	90-135	3½-5	31

DESTINATIONS INTERNATIONALES	TARIF (KN)	DURÉE (HEURES)	FRÉQUENCE (/JOUR)
Belgrade (Serbie)	230	6	6
Ljubljana (Slovénie)	40-129	2½-3	20
Milan (Italie)	290-410	9	3
Munich (Allemagne)	149-379	7-8	19
Paris	703	23	1
Sarajevo (Bosnie-Herzégovine)	198	7-8	4-5
Vienne (Autriche)	160-247	5	10

TRAINS AU DÉPART DE ZAGREB

DESTINATIONS NATIONALES	TARIF (KN)	DURÉE (HEURES)	FRÉQUENCE (/JOUR)
Osijek	132-150	4½-5½	4
Rijeka	111-118	4-5	3
Šibenik	176-194	8	13-18
Split	190-208	5-7	3-4
Varaždin	64-71	2-3	6-14
Zadar	184-202	12	12-18

DESTINATIONS INTERNATIONALES	TARIF (KN)	DURÉE (HEURES)	FRÉQUENCE (/JOUR)
Banja Luka (Bosnie-Herzégovine)	78	4½-5	1
Belgrade (Serbie)	184	6½	2
Budapest (Hongrie)	246	6-7	2
Ljubljana (Slovénie)	68	2½	5
Mostar (Bosnie-Herzégovine)	207 (via Sarajevo)	11½	1
Munich (Allemagne)	817	8-9	2
Sarajevo (Bosnie-Herzégovine)	165	8-9½	1
Venise (Italie)	497 (via Villach)	8-9	3
Vienne (Autriche)	549	6-7	1

Vous n'aurez aucun mal à trouver des taxis libres, notamment aux stations indiquées par un panneau bleu ; ce sont des stations Radio Taxi.

Pour des courses rapides en ville, **Taxi Cammeo** (1212, 060 71 00) est généralement le moins cher, la prise en charge de 15 Kn incluant 2 km d'office, les suivants étant facturés 6 Kn/km.

Uber existe aussi à Zagreb.

TRANSPORTS PUBLICS

Un réseau de tramways efficace (www.zet.hr) sillonne la ville. Le centre-ville est néanmoins suffisamment ramassé pour être exploré à pied. Les plans du réseau, affichés à la plupart des arrêts, facilitent les déplacements.

Le trajet coûte 10 Kn (15 Kn la nuit) correspondances comprises dans la limite de 1 heure 30, mais aller-retour exclu. On peut acheter des tickets aux kiosques à journaux ou auprès du chauffeur. La plupart des kiosques à journaux vendent des *dnevna karta* (billets pour la journée, 30 Kn), valables sur tous les transports publics jusqu'au lendemain matin 4h.

Pensez à composter votre ticket dans l'oblitérateur jaune en montant dans le tramway.

VÉLO

Zagreb dispose d'un système de vélos en libre-service : NextBike (www.nextbike.hr), avec quelques kiosques dans le centre-ville. Vous pouvez vous inscrire dans ces kiosques, le faire en ligne ou via leur application.

VOITURE

Il est assez facile de circuler en voiture dans Zagreb. Les rues principales sont larges, mais faites attention aux tramways. Le stationnement dans le centre, rare, coûte 6 Kn/heure.

Plusieurs agences internationales de location de voitures sont présentes à Zagreb, comme **Hertz** (01-72 72 7277 ; www.hertz.hr ; Grada Vukovara 274 ; 7h-18h lun-ven, 8h-18h sam, 8h-12h dim), mais les loueurs locaux pratiquent habituellement des tarifs plus avantageux.

Goldcar (www.goldcar.es/fr). Agence présente à l'aéroport.

Hrvatski Autoklub (HAK ; club automobile croate ; 0800 99 87 ; www.hak.hr). Pour une assistance routière, composez le 1987. Pour connaître l'état de la circulation, appelez au 072 777 777.

Oryx (01-62 60 800 ; www.oryx-rent.hr ; Grada Vukovara 74 ; bureau de réservation 7h-19h lun-ven, 8h-16h sam-dim). Agence locale de location, présente à l'aéroport.

Croatie continentale

Dans ce chapitre ➡

Samobor 73
Mont Medvednica. 76
Klanjec. 78
Krapinske Toplice. 78
Krapina. 79
Varaždinske Toplice . . .81
Varaždin. 81
le Međimurje. 86
Slavonie 87
Đakovo 88
Osijek 88
Parc naturel
de Kopački Rit. 93
Baranja du Nord. 94
Vukovar 96
Ilok 98

Pourquoi y aller

Outre Zagreb, la Croatie continentale offre des plaisirs variés, mélange de jolies petites villes, de terres fertiles et de merveilles naturelles. À l'est de Zagreb, en direction de la Hongrie et de la Serbie, s'étendent les plaines de Pannonie et les régions agricoles de Slavonie. Vous pourrez y découvrir le splendide parc naturel de Kopački Rit, les routes des vins et leurs caves historiques, des itinéraires cyclistes pittoresques, d'accueillants B&B, et la ville fluviale d'Osijek, avec son quartier ancien enchâssé dans une citadelle baroque.

Au nord, la région du Zagorje dévoile ses châteaux médiévaux, ses collines parsemées de vignobles, ses villes bâties autour de sources thermales et la beauté baroque de Varaždin, une des plus jolies petites villes de Croatie. Il ne faut pas manquer le parc naturel de Lonjsko Polje, au sud-est de Zagreb, avec ses villages historiques en bois et de belles occasions d'observer des oiseaux, ni les paysages vallonnés, restaurants de campagne ainsi que les thermes de Međimurje, au nord-est de Varaždin.

Le top des restaurants

➡ Kod Ruže (p. 91)
➡ Josić (p. 96)
➡ Grešna Gorica (p. 80)
➡ Klet Kozjak (p. 79)

Le top des hébergements

➡ Maksimilian (p. 91)
➡ Vuglec Breg (p. 78)
➡ Park Boutique Hotel (p. 84)
➡ Hiže na Bregu (p. 79)

Quand y aller

Osijek

Avr-mai La nature s'éveille après l'hiver et l'intérieur des terres redevient superbe à explorer.

Juil-août La plupart des gens vont sur la côte et bien, qu'il fasse chaud, on est loin des foules.

Sept-oct Profitez des vendanges et dégustez de délicieux produits locaux.

ENVIRONS DE ZAGREB

Autour de Zagreb, les possibilités d'escapades rapides ne manquent pas, des petites villes pittoresques où il fait bon se restaurer aux paisibles randonnées et réserves naturelles.

Samobor

01 / 19 000 HABITANTS

Pour décompresser, les citadins filent à Samobor. C'est là, à 25 km à l'ouest de Zagreb, qu'ils viennent se ressourcer entre doux paysages, solide table paysanne et mille-feuilles aériens. Une rivière arrose le centre de cette petite ville aux maisons basses aux tons pastel et aux églises baroques.

L'activité économique de la ville tourne autour du tourisme et des petites entreprises familiales comprenant restaurants et établissements liés à l'artisanat et à la production de moutarde, de vin et d'alcools. L'héritage littéraire et musical de la ville se reflète dans plusieurs festivals annuels, les plus connus étant le Fašnik (carnaval) en janvier et février, et le Festival musical d'automne de Samobor en septembre-octobre.

🏃 Activités

Samobor est un bon point de départ pour randonner dans le Samoborsko Gorje, un massif montagneux de la chaîne des Žumberak, qui relie les hauts sommets alpins aux grottes karstiques et aux précipices des Alpes dinariques. Son tapis de prairies et son manteau de forêts lui attirent depuis des lustres les randonneurs de tous niveaux, mais c'est avant tout le berceau de l'alpinisme croate depuis 1875. La plupart de ces randonnées sont faciles, avec des itinéraires bien balisés et 9 refuges de montagne qui offrent d'agréables haltes. Nombre d'entre eux sont ouverts le week-end uniquement (sauf en haute saison) ; renseignez-vous auprès de l'**Association croate d'alpinisme** (www.hps.hr ; Kozarčeva 22 ; ⊙8h-16h lun-ven). La région (333 km²) a obtenu en 1999 le statut de parc naturel englobant Žumberak et les monts de Samobor (www.park-zumberak.hr), grâce à sa biodiversité, ses forêts, ses grottes karstiques, ses gorges de rivières et quatre chutes d'eau.

Le massif se divise en trois : l'Oštrc, au centre ; le Japetić, à l'ouest ; le Plešivica, à l'est. Les deux premiers sont accessibles depuis le refuge-restaurant Šoićeva Kuća, situé à 10 km à l'ouest de Samobor et desservi par le bus 144 (direction Lipovac). De là, comptez 30 minutes de montée abrupte jusqu'au fort médiéval de Lipovac, puis 1 heure de marche jusqu'au pic d'Oštrc (752 m) et un autre refuge.

Autre randonnée populaire : l'ascension de 1 heure 30 entre Šoićeva Kuća et le Japetić (879 m), point culminant des monts Samobor et site de parapente (www.parafreek.hr). Vous pourrez aussi suivre un sentier de l'Oštrc au Japetić (2 heures).

Dans le massif du Plešivica, on trouve les ruines d'un fort médiéval et un parc forestier protégé. C'est aussi un lieu d'escalade réputé. On y accède depuis le village de Rude (le bus 143 dessert Rude et Braslovje). De Rude, allez vers l'est jusqu'au refuge de chasse de Srndać, au col de Poljanice (12 km) ; de là, il faut 40 minutes de montée assez raide jusqu'au sommet du Plešivica (779 m).

🛏 Où se loger et se restaurer

La plupart des visiteurs viennent à Samobor pour une excursion à la journée, mais il existe des hébergements si vous souhaitez y passer la nuit, dont un hôtel familial en plein centre-ville et une auberge de jeunesse.

Samobor est réputée pour ses gâteaux à la crème type millefeuille (*kremšnite*), mais on y trouve aussi un des meilleurs glaciers de Croatie, et un fantastique restaurant.

U Prolazu   DESSERTS €
(Trg Kralja Tomislava 5 ; ⊙7h-23h). Les meilleurs *kremšnite* (7-18 Kn) de la ville.

Slatka Tvornica Medenko   GLACES €
(Mirka Kleščića 1 ; ⊙9h-21h). Ne manquez pas ce glacier, l'un des meilleurs du pays. Ses glaces faites sans arômes artificiels, colorants ni conservateurs, ont des parfums uniques : huile de graines de courge, épinards, fromage bleu ou carottes. Il vient d'ouvrir une boutique à Zagreb (à côté du Cafe u Dvorištu ; p. 65).

Gabreku 1929   CROATE €€
(www.gabrek.hr ; Starogradska 46 ; plats 55-150 Kn ; ⊙12h-minuit). Ce restaurant classique, à quelques pas du centre-ville, est tenu par la même famille depuis les années 1920. Il est réputé pour ses 40 sortes de délicieuses et sucrées *palačinke* (crêpes).

ℹ Renseignements

Office du tourisme (01-33 60 044 ; www.tz-samobor.hr ; Trg Kralja Tomislava 5 ; ⊙8h-16h lun-ven, 9h-17h sam-dim). Dans le centre. Brochures, plans de Samobor, cartes

À ne pas manquer

❶ L'architecture baroque superbement préservée de **Varaždin** (p. 81)

❷ Les routes des vins historiques de la **Baranja** (p. 94)

❸ Le **parc naturel de Kopački Rit** (p. 93), l'une des plus grandes zones marécageuses d'Europe

❹ La découverte d'une ancienne civilisation au **musée de la culture de Vučedol** (p. 97) à Vukovar

❺ L'histoire de nos ancêtres néandertaliens au **musée de l'Homme de Néandertal de Krapina** (p. 81)

- 6 La cuisine slavonne des restaurants de **Tvrđa** (p. 89), la citadelle d'Osijek
- 7 Les spécialités croates au **Vuglec Breg** (p. 78), près de Krapinske Toplice
- 8 Les *kremšnite* (gâteaux à la crème) de la ville de **Samobor** (p. 73)
- 9 La vie d'un village traditionnel au **musée Staro Selo de Kumrovec** (p. 77)
- 10 Le **parc naturel de Lonjsko Polje** (p. 86), ses cigognes blanches et ses marais

et informations sur les randonnées dans le Samoborsko Gorje et le Žumberačko Gorje.

❶ Depuis/vers Samobor

Samobor est bien desservie par les transports publics. Prenez un bus Samoborček ou Autoturist Samobor à la gare routière principale de Zagreb (28 Kn, 40 min, ttes les 30 min). La gare routière de Samobor (pas de consigne) est dans Ulica 151 Samoborske Brigade HV 1, à une vingtaine de minutes à pied de la place centrale.

Mont Medvednica

Le mont Medvednica (1 035 m) domine fièrement la capitale, et ses pentes verdoyantes permettent une escapade facile aux habitants de la capitale. Cette montagne, très populaire pour les activités de plein air – ski l'hiver et randonnée le reste de l'année –, offre un paysage superbe et quelques jolis sites. Entre son fort médiéval, son immense grotte et ses refuges de montagne où l'on sert des spécialités locales, le parc naturel de Medvednica a suffisamment d'attraits pour retenir les visiteurs un jour ou deux.

👁 À voir

Medvedgrad FORTERESSE
(☎ 01-45 86 317 ; www.pp-medvednica.hr ; 15 Kn ; ⏰ 11h-19h mar-dim avr-sept, 10h-18h mar-dim oct, 10h-19h sam-dim nov). La forteresse médiévale de Medvedgrad domine la ville sur le flanc sud du mont Medvednica. Bâtie au XIIIᵉ siècle, on peut en voir aujourd'hui, reconstruites, les épaisses murailles, les tours, ainsi qu'une petite chapelle avec des fresques et l'a utel de la Patrie, consacré à ceux qui sont morts pour une Croatie libre. Quand le temps est clair, on a une jolie vue sur Zagreb et ses environs.

En juillet, elle accueille les Soirées musicales de Medvedgrad, des concerts sous les étoiles avec une vue incroyable sur les lumières de la ville. Pour y aller, prenez le bus n°102 à Britanski Trg et descendez à l'église de Šestine ; continuez à pied en suivant le sentier de randonnée n°12 (qui va de Lagvić à Medvedgrad).

Grotte de Veternica GROTTE
(www.pp-medvednica.hr/en/turisticka-ponuda/spilja-veternica/ ; tarif plein/réduit/enfant 40/25/20 Kn ; ⏰ 8h-16h lun-ven, 10h-16h sam-dim avr-oct). Les 380 premiers mètres de la grotte de Veternica, sixième plus grande grotte de Croatie, peuvent se visiter avec un guide (1 heure environ). Elle se trouve dans la partie ouest du mont Medvednica, où on trouve aussi le refuge de Glavica.

Pour rallier la grotte depuis Zagreb, prenez le bus 124 de Črnomerec jusqu'à Gornji Stenjevec (15 minutes environ), puis remontez le cours d'eau Dubravica jusqu'à Veternica pendant une vingtaine de minutes sur le sentier n°3 (il y a encore 15 minutes jusqu'à Glavica).

🏃 Activités

Le parc naturel de Medvednica, au nord de Zagreb, offre de belles randonnées. Il y a plusieurs itinéraires populaires, bien signalés. Comptez 3 heures environ aller-retour pour chacun, et n'oubliez pas qu'il est facile de se perdre dans la forêt, très épaisse. Vous trouverez des cartes à l'Association croate d'alpinisme (p. 73) et au bureau principal du parc naturel de Medvednica. Emportez de l'eau et des vêtements chauds, et soyez rentré avant le coucher du soleil. Au printemps, un problème de tiques, porteuses de maladies, peut se poser : portez pantalons et manches longues, et inspectez-vous bien après la randonnée. Pour en savoir plus, contactez le parc naturel de Medvednica (ci-contre).

Parmi les itinéraires populaires : le sentier Leustekov (n°14), facile, se termine au Sljeme, sommet du mont Medvednica. En chemin, vous pouvez vous arrêter à l'un des plus anciens refuges du Sljeme, **Runolist** (☎ 01-45 57 519 ; plats 35-65 Kn ; ⏰ 8h-20h), qui offre une jolie vue sur la ville et propose cuisine traditionnelle et boissons.

Sinon, on peut randonner en direction des refuges de Puntijarka (ci-contre) et Hunjka. Il y a aussi le sentier de Bikčevićeva (n°18), plus court mais plus raide et plus intense, qui démarre de l'entrée du parc de Bliznec.

Pour visiter la partie est du Medvednica, prenez les bus 205 ou 208 à la gare routière Dubrava de Zagreb, jusqu'aux villages de Bidrovec ou de Vidovec. De là, prenez les sentiers de montagne 24 ou 25/25a jusqu'au refuge de Gorščica ; il faut environ 2 heures.

Station de ski du Sljeme SKI
(☎ 01-45 53 382 ; www.sljeme.hr ; remontée mécanique adulte/enfant semaine 70/40 Kn/j, week-end 100/50 Kn/j). Si on n'associe pas forcément Zagreb et sports d'hiver, vous pouvez skier tout près de la ville sur le Sljeme, principal pic du Medvednica. On y trouve 5 pistes, avec deux remonte-pentes et un triple télésiège. On peut skier de nuit sur la piste rouge et la "Prairie blanche". Les forfaits se prennent au pied de la piste rouge.

Consultez le site Internet pour connaître les conditions d'enneigement. En hiver, Sljeme accueille diverses compétitions, dont la Coupe du monde de ski.

Où se loger et se restaurer

Il est peu probable que vous souhaitiez dormir sur place quand Zagreb est si proche, mais quelques refuges de montagne sont disponibles, si c'est le cas.

Puntijarka CROATE €
(01-45 80 384 ; plats 35-60 Kn ; 9h-21h lun-ven, 7h-21h sam-dim). Ce refuge est très couru le week-end pour sa cuisine traditionnelle croate, faite sur place, dans un décor rustique.

Grafičar CROATE €
(01-45 55 844 ; plats 30-60 Kn ; 9h-21h mar-ven, 8h-21h sam-dim). Du côté ouest du mont Medvednica, ce refuge très apprécié, à 864 m d'altitude, propose un bon hébergement simple, et une cuisine qui tient au corps.

Renseignements

Centre d'informations du parc naturel de Medvednica (01-45 86 317 ; www.pp-medvednica.hr ; Bliznec 70)

Depuis/vers le mont Medvednica

On accède facilement au massif depuis Zagreb. Prenez le tram 14 jusqu'au terminus et changez pour le tram 15, jusqu'au terminus également.

Traversez le tunnel, qui vous mène directement à l'entrée du parc de Dolje.

Vous pouvez aussi prendre le bus 102 depuis Britanski trg, dans Ilica, à l'ouest du centre de Zagreb, jusqu'à l'église de Šestine, puis suivre le facile itinéraire de randonnée.

Si vous êtes en voiture, toutes les entrées du parc naturel disposent de parkings.

ZAGORJE

Malgré sa proximité avec Zagreb, la région bucolique du Zagorje est peu visitée, même en plein été. C'est d'autant plus surprenant que ses vertes collines sont émaillées de ravissants villages, de châteaux médiévaux, de vignobles et de sources thermales. Ces paysages, où l'on découvre une cuisine et une architecture d'inspiration autrichienne, offrent une agréable alternative au Sud méditerranéen. Paisibles, les lieux s'animent un peu le week-end, lorsque les familles zagréboises y viennent en nombre.

Le Zagorje débute au nord du mont Medvednica, près de Zagreb. Il s'étend vers l'ouest jusqu'à la frontière slovène et vers le nord jusqu'à Varaždin, qui dévoile de beaux exemples d'architecture baroque. Que vous choisissiez de découvrir la cuisine des restaurants rustiques, de plonger dans les sources chaudes, ou de visiter les châteaux, une chose est certaine : le Zagorje vous fera sortir des sentiers battus.

VAUT LE DÉTOUR

KUMROVEC

Niché dans la vallée de la Sutla, près de la frontière slovène, le charmant village de Kumrovec a été transformé en un musée ethnographique en plein air. Reconstitution d'une bourgade du XIXe siècle, le **musée Staro Selo** (Kumrovec bb ; tarif plein/réduit 20/10 Kn ; 9h-19h avr-sept, 9h-16h nov-fév, 9h-16h lun-ven, 9h-18h sam-dim mars et oct) compte 40 maisons et granges restaurées en torchis et en bois. Le village est aussi le lieu de naissance de Josip Broz Tito, l'ancien président de la Yougoslavie.

Traversé par un cours d'eau, ce musée en plein air situé dans un cadre idyllique offre un bon aperçu de la vie paysanne et villageoise d'autrefois. Les maisons typiques de la région (*hiže*) sont pleines de meubles, mannequins, jouets, pressoir à vin et outils de boulanger évoquant les coutumes, arts et artisanats traditionnels locaux. Certains week-ends d'avril à septembre, des artisans reproduisent le travail des forgerons, des fabricants de bougies, des potiers et des tisserands de lin d'autrefois.

Un bronze grandeur nature à l'effigie du maréchal Tito se dresse devant son humble maison natale, où sont conservés le mobilier d'origine, des effets personnels, ainsi que des lettres de dirigeants étrangers. Le jour de l'anniversaire de Tito, le 25 mai, des fidèles venus de toute l'ancienne Yougoslavie s'y retrouvent et animent le village.

En semaine, 2 bus font chaque jour le trajet Zagreb-Kumrovec (52 Kn, 1 heure 15) ; mais il n'y en a aucun le week-end.

Marija Bistrica

☎ 049 / 6 600 HABITANTS

Le lieu de pèlerinage le plus important du pays se trouve dans le Zagorje, à Marija Bistrica, village situé à 37 km au nord de Zagreb, sur les pentes du mont Medvednica. L'église Marija Bistrica contient une statue gothique en bois d'une Vierge noire datant du XVe siècle. Derrière l'église, un chemin de croix mène au sommet de la colline du Calvaire. Le 15 août a lieu le pèlerinage de Velika Gospa (Assomption).

Où se loger

Bluesun Hotel Kaj HÔTEL €€
(☎ 049-326 600 ; www.hotelkaj.hr ; Zagrebačka bb ; s/d 510/720 Kn ; P ❄ 🌐 ≋). C'est un des hôtels les plus luxueux du Zagorje, avec des chambres joliment meublées, deux très bons restaurants, plus une section spa très bien équipée. La carte des vins du restaurant Academia recense plus de 200 vins de Croatie et du reste du monde.

❶ Depuis/vers Marija Bistrica

Il y a jusqu'à 20 bus par jour entre Zagreb et Marija Bistrica en semaine (36-44 Kn, 1 heure), moins le week-end.

Klanjec

☎ 049 / 3 200 HABITANTS

La jolie ville de Klanjec est une bonne halte où on peut voir des sculptures superbes : c'est là qu'est né Antun Augustinčić (1900–1979), créateur du monument de la Paix qui fait face au bâtiment de l'ONU à New York. On trouve en ville une galerie Antun Augustinčić, ainsi qu'une église baroque du XVIIe siècle et un monastère franciscain.

👁 À voir

**Église baroque
et monastère franciscain** ÉGLISE
(Mihanovićev Trg 11 ; 10 Kn). Cette église baroque du cœur de la ville fut édifiée en 1630 par deux frères d'une famille noble, les Erdödy. Le monastère franciscain adjacent abrite, cachés dans la crypte, les sarcophages restaurés des Erdödy, œuvres très ouvragées de l'époque baroque. Prenez rendez-vous à l'office du tourisme pour les voir.

Musée Antun Augustinčić MUSÉE
(Trg Antuna Mihanovića 10 ; tarif plein/réduit 20/10 Kn ; 9h-17h avr-sept, 9h-15h mar-dim oct-mars). Ce musée est dédié à l'œuvre d'Antun Augustinčić (1900-1979), célèbre sculpteur croate. Vous pourrez y admirer quantité de bustes en bronze, ainsi qu'une immense reproduction du monument de la Paix. Un petit jardin de sculptures s'étend devant le musée. Le mémorial aux Partisans tombés pour la patrie, également d'Antun Augustinčić, se trouve à proximité.

❶ Renseignements

Office du tourisme (☎ 049-550 235 ; www.klanjec.hr ; Trg A Mihanovića 3 ; 8h-16h lun-ven, 8h-13h sam). Malgré des heures d'ouverture sporadiques, on peut y organiser la visite de l'église et du monastère.

❶ Depuis/vers Klanjec

Les 2 bus quotidiens reliant Zagreb à Kumrovec s'arrêtent à Klanjec en semaine (51 Kn, 1 heure à 1 heure 30). Il n'y a pas de bus le week-end.

Krapinske Toplice

☎ 049 / 5 700 HABITANTS

La ville thermale de Krapinske Toplice, 17 km au sud-ouest de Krapina, se trouve dans la campagne vallonnée du Zagorje. On y vient pour ses quatre sources thermales, riches en magnésium et en calcium, toujours à plus de 39°C. La ville même n'est pas particulièrement jolie, ni son atmosphère animée : les bassins attirent surtout une clientèle âgée qui suit diverses formes de traitements. Mais l'ouverture récente d'un établissement thermal chic, Aquae Vivae, a insufflé une énergie nouvelle à la ville.

🏃 Activités

Aquae Vivae THERMES
(☎ 049-501 999 ; www.aquae-vivae.hr ; Ulica Antuna Mihanovića 1a ; tarif plein/réduit semaine 70/50 Kn, week-end 90/60 Kn ; 9h-21h). Ce nouveau centre thermal est le plus grand et le plus moderne du pays. Couvrant 18 000 m², il comprend une piscine extérieure avec jets d'eau et cascades, plus une vaste terrasse avec vue sur la vallée, et même un bassin de plongée sous-marine.

Où se loger

♥ Vuglec Breg AUBERGE €€
(☎ 049-345 015 ; www.vuglec-breg.hr ; Škarićevo 151, Škarićevo ; s/d 390/540 Kn ; P @ 🌐 🍴). Une délicieuse auberge rurale dans le pittoresque village de Škarićevo, à 4 km de Krapinske Toplice. Ses 5 maisonnettes traditionnelles

HORS DES SENTIERS BATTUS

LE MEILLEUR DU TOURISME RURAL

Les auberges rurales et les fermes qui offrent le gîte et le couvert se sont multipliées ces dernières années dans le Zagorje. Il vaut mieux avoir votre propre moyen de transport pour vous rendre dans les endroits ci-dessous :

Tuheljske Toplice (www.terme-tuhelj.hr ; sources chaudes adulte/enfant 65/35 Kn/j lun-ven, 75/45 Kn sam-dim ; 24h/24). Les thermes de Tuheljske Toplice, à Tuhelj, sur la route de Kumrovec, sont appréciés des citadins. On y trouve plusieurs hébergements, dont l'Hotel Well, un quatre-étoiles, l'Hostel Villa, et un camping en saison.

Bolfan Vinski Vrh (www.bolfanvinskivrh.hr ; Gornjaki 56, Hraščina). Dans le village de Hraščina, près de Zlatar, le Bolfan Vinski Vrh propose des dégustations de crus primés. Cette jolie *klet* (maison typique du Zagorje), en haut d'une colline, offre une des plus belles vues sur le Zagorje et ses vignobles ; c'est aussi un excellent restaurant (ouvert du mercredi au dimanche).

Hiže na Bregu (098 92 90 881 ; www.hizenabregu.com ; Hižakovec 2/1, Donja Stubica ; s/cottage 100/690 Kn ; P). Dans le village de Hižakovec (près de Donja Stubica), ce nouveau venu fait une retraite adorable sur les contreforts nord du mont Medvednica. Cottage typique du Zagorje bardé de bois, il possède 3 jolies chambres – 2 doubles dans la résidence principale et une simple dans un cottage privé – dans un décor charmant qui comprend un verger et un jardin à l'usage des clients.

Majsecov Mlin (049-288 092 ; www.majsecov-mlin.com ; Obrtnička 47, Donja Stubica ; plats 55-80 Kn ; 9h-23h ; P). Il fait aussi bon faire étape au Majsecov Mlin composé de deux maisons traditionnelles, près du village de Donja Stubica. L'un des meilleurs chefs du Zagorje y concocte une cuisine régionale de saison. Essayez le délicieux steak avec des chips aux orties ou le pesto du Zagorje. Sur place, un vieux moulin produit toujours de la farine de maïs en l'été, un modeste marché de petits producteurs s'y tient. Vous pouvez aussi passer la nuit dans l'une de ses 5 chambres (s/d 180/360 Kn).

Klet Kozjak (049-228 800 ; www.klet-kozjak.hr ; Kozjak 18a, Sveti Križ Začretje ; plats 55-110 Kn ; 8h-22h). Le Klet Kozjak à Sveti Križ Začretje, au sud-est de Krapina, mérite également le détour. Dans une maison pleine de charme, dont la terrasse bénéficie d'une vue imprenable sur les collines et les vallées, on déguste une cuisine régionale traditionnelle, comme les pâtes aux orties accompagnées de fromage et d'une sauce aux légumes. Tenu par une famille du coin élevant des chèvres depuis plusieurs générations, l'endroit est réputé pour son excellent fromage et son chevreau au four. Il dispose de quelques chambres si vous souhaitez y dormir (s/d 315/475 Kn).

(avec chambres et suites) sont disséminées dans les collines, entre bois et vignobles. Le restaurant (plats 95-120 Kn) propose de délicieuses spécialités du Zagorje comme le *purica s mlincima* (dinde rôtie et pâtes) ou les *štrukli* (raviolis au fromage), sur une terrasse avec une vue panoramique.

Villa Magdalena HÔTEL €€€
(049-233 333 ; www.villa-magdalena.net ; Mirna Ulica 1 ; s/d 700/1 010 Kn ; P @). Ce petit hôtel, sur la colline au-dessus de l'Hotel Toplice, offre un saut dans le luxe, avec des suites (presque toutes) spacieuses, et un restaurant qui propose (à la carte) une cuisine santé. La plupart des suites disposent de Jacuzzis alimentés à l'eau thermale, de terrasses, et de kitchenettes. Promotions sur le site Internet.

Depuis/vers Krapinske Toplice

La gare routière est au centre-ville, proche de la plupart des équipements et de l'office du tourisme.

Le spa, à 46 km au nord-ouest de Zagreb, est bien relié à la capitale (52 Kn, 1 heure 15, 6 à 10 bus/j), constituant ainsi une bonne excursion d'une journée.

Krapina

049 / 12 900 HABITANTS

Cette bourgade provinciale animée est située au cœur d'une jolie région rurale. On la visite surtout pour son site archéologique néandertalien, l'un des plus grands d'Europe, qui accueille un musée ultramoderne.

À NE PAS MANQUER

LES CHÂTEAUX GRANDIOSES DU ZAGORJE

Les châteaux médiévaux, construits pour protéger le cœur de la Croatie des envahisseurs de l'est et du nord, sont caractéristiques du Zagorje. Varaždin et Varaždinske Toplice ont les leurs, mais les plus impressionnants sont ceux de Veliki Tabor et de Trakošćan, dans leur décor bucolique.

Château de Veliki Tabor (www.veliki-tabor.hr/en ; Košnički Hum 1, Desinić ; tarif plein/réduit 20/10 Kn ; ◷9h-17h mar-ven, 9h-19h sam-dim avr-sept, 9h-16h mar-dim nov-fév, 9h-16h mar-ven, jusqu'à 19h sam-dim oct et mars). À l'approche du château de Veliki Tabor, situé au sommet d'une colline à 57 km au nord-ouest de Zagreb, on découvre un ravissant paysage de vallons, de champs de maïs, de vignes et de forêts. L'aristocratie croate commença à bâtir des châteaux fortifiés dans la région pour se protéger des Turcs à la fin du XVIᵉ siècle. En forme de pentagone, le château de Veliki Tabor, récemment restauré, abrite désormais un musée. Si le château fut érigé au début du XVIᵉ siècle sur le site d'un édifice médiéval antérieur, les 4 tours semi-circulaires ont été ajoutées après.

Occupant une position stratégique au sommet d'une colline, ce château-forteresse jaune d'or possède tout ce dont pouvait rêver un seigneur médiéval : tours, tourelles et meurtrières pour déverser de la poix ou de l'huile bouillante sur l'ennemi. D'après la légende, c'est dans cet édifice que Veronika Desinićka, malheureuse villageoise, fut emmurée pour avoir eu une liaison avec le fils du châtelain.

En juin ou juillet, le château accueille également le **Festival du film de Tabor** (www.taborfilmfestival.com ; ◷juin ou juil). Huit bus relient quotidiennement Zagreb à Desinić (58 Kn, 1 heure 30 à 2 heures) du lundi au samedi ; seuls 4 bus circulent le dimanche. Il faut ensuite parcourir 3 km à pied en direction du nord-ouest pour rejoindre Veliki Tabor.

Pour admirer le château d'un peu plus loin, attablez-vous en plein air au **Grešna Gorica** (☎049-343 001 ; www.gresna-gorica.hr ; Taborgradska Klet 3, Desinić ; plats 40-80 Kn ; ◷9h-21h ; 🅿), un restaurant rustique souvent bondé de familles zagréboises en excursion le week-end. L'ensemble est peut-être un peu artificiel, mais les enfants apprécieront les animaux de la ferme, l'aire de jeux et le grand espace pour s'ébattre. Les adultes, eux, profiteront de la vue sur la campagne et des délicieuses spécialités du Zagorje, comme les *štrukli* (raviolis au fromage blanc) et le *srneći gulaš* (goulasch de gibier Le restaurant se trouve à 2 km à l'est de Veliki Tabor ; un sentier balisé y conduit depuis l'arrière du château (40 minutes à pied).

Château de Trakošćan (☎042-796 281 ; www.trakoscan.hr ; Trakoščan 1 ; tarif plein/réduit 30/15 Kn ; ◷9h-18h avr-oct, 9h-16h nov-mars). À 80 km au nord-ouest de Zagreb, ce château mérite la visite pour son musée et le parc qui l'entoure. Si l'on ne connaît pas la date exacte de sa construction, on sait qu'il en fut fait officiellement mention pour la première fois en 1334. Sa restauration dans le style néogothique, au milieu du XIXᵉ siècle, conserva peu d'éléments romans d'origine. À la même époque, le parc de 87 ha fut transformé en un jardin romantique à l'anglaise, agrémenté d'arbres exotiques et d'un lac artificiel. Habité jusqu'en 1944 par les Drašković, une famille d'aristocrates, le château se visite sur 3 niveaux, où sont exposés le mobilier d'origine de ses occupants, ainsi que des de portraits de famille. Les salles arborent divers styles, néo-Renaissance, gothique et baroque. On trouve aussi une collection d'épées et d'armes à feu, et une cuisine d'époque.

Après la visite, promenez-vous dans les allées du parc pour gagner le ponton en bois sur le lac, où vous pourrez louer un pédalo pour deux (30 Kn/30 minutes).

Aucun bus ne relie Zagreb à Trakošćan. En revanche, les bus qui partent de Varaždin en semaine permettent de faire une excursion d'une journée (excepté le dimanche).

En 1899, une fouille archéologique sur la colline de Hušnjakovo permit d'excaver nombre d'ossements d'hommes et d'animaux révélant ainsi l'occupation d'une grotte par une tribu néandertalienne entre 100 000 et 35 000 ans av. J.-C.

Outre des outils et des armes en pierre du paléolithique, on découvrit 876 os humains – notamment 196 dents.

Hormis cette plongée dans la préhistoire et une courte promenade en ville, Krapina n'a pas grand-chose d'autre à offrir.

À voir

Musée de l'Homme de Néandertal de Krapina
MUSÉE

(www.mkn.mhz.hr ; Šetalište Vilibalda Sluge bb ; tarif plein/réduit 50/25 Kn ; 9h-19h mar-dim avr-juin et sept, 9h-18h mar-ven, 9h-19h sam-dim juil et août, 9h-16h mar-ven mars et oct, 9h-17h sam-dim nov-fév, 9h-18h mar-dim mars-oct). Derrière sa façade vitrée, ce musée propose sur 2 niveaux une exposition très intéressante sur l'histoire et la géologie de la région. Après une vidéo introductive dans l'entrée, le parcours dans les salles permet de revenir aux origines de l'Homme de Néandertal, avec des salles souterraines, des dioramas ultraréalistes d'hommes de Néandertal et des jeux interactifs. Ne manquez pas l'entrée du 2e niveau, qui se fait par un couloir sombre aux lumières psychédéliques.

La partie extérieure du musée, dans les collines où les vestiges ont été découverts, est émaillée de reproductions grandeur nature d'hommes de Néandertal – on les voit maniant des massues ou jetant des pierres.

Monastère franciscain
MONASTÈRE

(Samostanska 3). Ce monastère baroque un peu à l'ouest du centre-ville, qui abritait jadis une école de philosophie et de théologie, mérite un coup d'œil. La sacristie de l'église adjacente est ornée de fresques exécutées par le moine paulinien Ivan Ranger.

Renseignements

Office du tourisme (049-371 330 ; www.tzg-krapina.hr ; Magistratska 28 ; 8h-15h lun-ven, 8h-12h sam)

Depuis/vers Krapina

Des bus quotidiens relient Zagreb à Krapina du lundi au samedi (36-42 Kn, 1 heure) ; le dimanche, il n'y a qu'un bus, en soirée. Il y a jusqu'à 11 trains par jour depuis Zagreb (40 Kn, 1 heure 30), avec une correspondance à Zabok.

La gare ferroviaire est à 300 m au sud, au n°8 dans Frana Galovića ; la gare routière se trouve 600 m plus loin dans la même rue, au n°15.

Varaždinske Toplice

042 / 6 980 HABITANTS

Les sources sulfureuses (58°C) attirent les visiteurs à Varaždinske Toplice depuis que les Romains y bâtirent des thermes au Ier siècle. De douces collines boisées entourent cette jolie ville d'eaux ponctuée d'églises et de bâtiments historiques, comme le château baroque. Juste à côté se trouve le **musée de la Ville** et sa sculpture de Minerve datant du IIIe siècle.

Le site d'**Aqua Iasae** comprend les vestiges des thermes romains construits entre le Ier et le IVe siècle.

Où se restaurer

Zlatne Gorice EUROPE CENTRALE €

(042-666 054 ; www.zlatne-gorice.eu ; Banjščina 104, Varaždin Breg ; plats 60-130 Kn ; 12h-22h mar-jeu, 12h-23h ven-sam, 12h-20h dim). Les voyageurs motorisés pourront déjeuner dans cette superbe demeure restaurée, à 3 km de Toplice, sur l'ancienne route de Varaždin. Au cœur du vignoble, on déguste une cuisine d'Europe centrale (escalopes viennoises, ragoûts, médaillons de veau) dans l'un des 4 salons ou sur une terrasse à la vue bucolique.

Un sentier autour des vignes, un jardin labyrinthe et, à l'étage, 3 chambres doubles confortables (300 Kn) attendent aussi les clients. Réservez le week-end.

Renseignements

Office du tourisme (042-633 133 ; www.toplice-vz.hr ; Trg Slobode 16 ; 8h-16h lun-ven). Derrière la façade néogothique du château baroque, il offre brochures et renseignements sur les sources thermales ; il peut vous aider à trouver un hébergement chez l'habitant.

Depuis/vers Varaždinske Toplice

Il existe environ 20 bus par jour depuis Varaždin en semaine (30 à 45 minutes ; 21 Kn aller) ; moins de bus le week-end.

Varaždin

042 / 47 000 HABITANTS

Varaždin, à 81 km au nord de Zagreb, est une destination méconnue qui ne constitue souvent qu'une simple halte sur la route de la Hongrie. Pourtant, la ville mérite la visite, son centre recelant une architecture baroque restaurée avec fidélité, ainsi que des parcs et des jardins impeccablement entretenus. Son passé de capitale de la Croatie et de ville la plus prospère du pays explique l'extraordinaire raffinement de ses édifices. Dominant cet ensemble baroque, Stari Grad (la forteresse de Varaždin, dite aussi "vieille ville"), avec ses tourelles d'un blanc étincelant, abrite un musée.

La zone piétonne, ponctuée de superbes édifices du XVIIIe siècle, s'articule autour de Trg Kralja Tomislava, place d'où partent les rues les plus anciennes.

Histoire

La cité de Garestine (actuelle Varaždin) a joué un rôle important dans l'histoire de la Croatie. Centre administratif régional en 1181, sous le règne de Béla III, elle fut élevée au rang de municipalité royale libre en 1209 par le roi André II, et reçut son propre sceau ainsi que ses armoiries.

À l'époque de l'invasion turque, Varaždin était la place forte la plus puissante et la résidence favorite des généraux. Avec le recul de la menace ottomane, la ville devint le centre culturel, politique et marchand de la Croatie. Sa proximité avec l'Europe du Nord favorisa l'épanouissement de l'architecture baroque, alors florissante en Europe. Des bâtisseurs et des artisans de premier rang affluèrent à Varaždin et construisirent demeures, églises et édifices publics.

La ville fut désignée capitale de la Croatie en 1767, et le resta jusqu'au terrible incendie qui la ravagea en 1776. Le *ban* (vice-roi) décida alors de transférer son administration à Zagreb. Toujours prospère malgré ce coup du sort, Varaždin fut rapidement reconstruite dans le style baroque, lequel est visible encore aujourd'hui.

L'économie de la ville repose sur le textile, la chaussure, l'ameublement et l'agriculture. Avec son centre-ville rénové, elle s'impose désormais comme une destination courue pour les excursions d'une journée.

👁 À voir

Plusieurs édifices baroques du centre de Varaždin, ont été transformés en musées. Nombre d'hôtels particuliers et d'églises sont en cours de restauration, la ville ayant postulé pour figurer au patrimoine mondial de l'Unesco. La plupart des bâtiments ont des plaques (en anglais, allemand et croate) expliquant leur architecture et leur histoire.

Cimetière de Varaždin   CIMETIÈRE
(Hallerova Aleja 8 ; ⊙7h-21h mai-sept, 7h-20h mars, avr et oct, 7h-17h jan, fév, nov et déc). À dix minutes à pied à l'ouest de la vieille ville, ce chef-d'œuvre paysager, plein de sérénité, a été conçu en 1905 par le paysagiste Herman Haller. Promenez-vous au milieu des pierres tombales et des allées et découvrez un superbe parc de plus de 7 000 arbres.

Musée de la Ville   MUSÉE
(Gradski Muzej ; www.gmv.hr ; Strossmayerovo Šetalište 3 ; tarif plein/réduit 20/15 Kn ; ⊙9h-17h mar-ven, 9h-13h sam-dim). Cette forteresse blanchie à la chaux située dans Stari Grad (vieille ville) est un joyau d'architecture défensive médiévale, entouré d'un parc. La construction du bâtiment débuta au XIVe siècle. Son style gothico-Renaissance date du XVIe siècle, lorsqu'elle devint la principale fortification défensive contre l'assaillant turc. Propriété privée jusqu'en 1925, la forteresse abrite aujourd'hui un musée présentant, dans 30 salles, des meubles, des tableaux, des montres, des poteries, des objets décoratifs, des écussons et des armes accumulés au fil des siècles.

L'architecture est encore plus intéressante que les collections : après avoir franchi le pont-levis, flânez sous les arcades, dans les cours et dans les chapelles.

Place de l'Artisanat traditionnel   PLACE
(Trg Tradicijskih Obrta ; ⊙10h-18h mar-sam avr-oct). On peut y voir des démonstrations effectuées par des potiers, des tisserands, des apiculteurs et des chapeliers.

Galerie des Maîtres anciens et modernes   MUSÉE D'ART
(Galerija Starih i Novih Majstora ; Trg Miljenka Stančića 3 ; tarif plein/réduit 25/15 Kn ; ⊙9h-17h mar-ven, 9h-13h sam-dim). Le musée occupe le palais Sermage, construit au XVIIe siècle et remanié dans le style rococo en 1759. Remarquez les médaillons sculptés de la façade avant de découvrir une galerie de peintures réunissant des œuvres, allant du XVe au XIXe siècle, des écoles croate, italienne, hollandaise, allemande et flamande.

Église et monastère franciscains Saint-Jean-Baptiste   ÉGLISE
(Crkva Svetog Ivana Krstitelja ; Franjevački Trg 8 ; ⊙6h30-12h et 17h30-19h30). Bâtie en 1650 dans le style baroque à l'emplacement d'un bâtiment antérieur, cette église arbore la plus haute tour de la ville (54,5 m) et abrite une ancienne pharmacie ornée de fresques au plafond (XVIIIe siècle). À côté se trouve une **statue de l'évêque Grégoire de Nin** (en croate Grgur Ninski), d'Ivan Meštrović et que l'on retrouve à Split et à Nin. Toucher son gros orteil porterait bonheur.

Hôtel de ville   BÂTIMENT HISTORIQUE
(Gradska Vijećnica ; Trg Kralja Tomislava 1). Cet édifice romano-gothique fait office d'hôtel

Varaždin

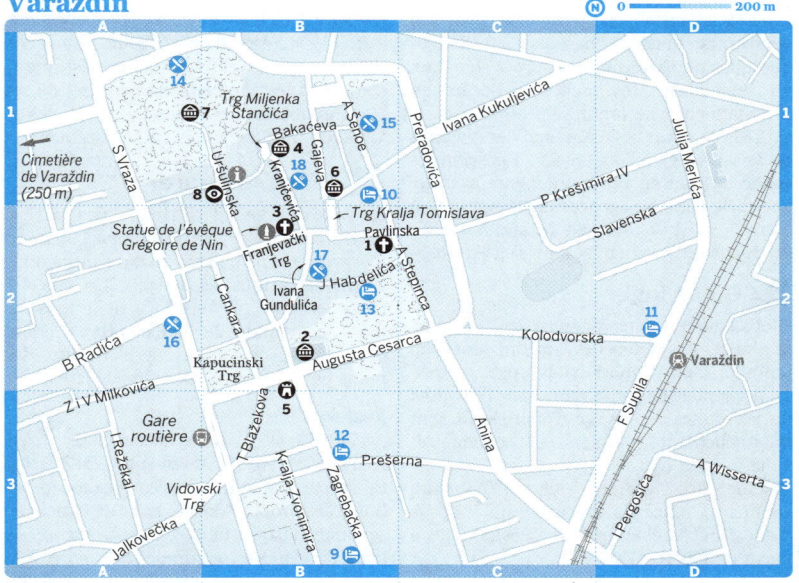

Varaždin

◉ À voir
1 Cathédrale de l'Assomption B2
2 Théâtre national croate B2
3 Église et monastère franciscains Saint-Jean-Baptiste B2
4 Galerie des Maîtres anciens et modernes B1
5 Palais Patačić-Puttar B2
6 Hôtel de ville B1
7 Musée de la Ville A1
8 Place de l'Artisanat traditionnel B1

🛏 Où se loger
9 Garestin B3
10 Hotel Istra B1
11 Hotel Varaždin D2
12 Maltar B3
13 Park Boutique Hotel B2

✖ Où se restaurer
14 Bedem A1
15 Marché B1
16 Palatin A2
17 Restoran Raj B2
18 Verglec B1

de ville depuis le XVIe siècle. Remarquez les armes de la ville au pied de la tour, et le portail sculpté datant de 1792. La relève de la garde a lieu tous les samedis à 11h, de mi-mai à mi-octobre.

Cathédrale de l'Assomption   CATHÉDRALE
(Katedrala Uznesenja Marijina ; Pavlinska 5 ; ⊙7h-12h30 et 15h30-19h30). Cette ancienne église jésuite, au sud-est de Trg Kralja Tomislava, date de 1646. Sa façade se distingue par un portail de style baroque, orné des armoiries des Drašković. Dans la nef centrale, ne manquez le maître-autel et le retable de l'Assomption de la Vierge. Réputée pour son excellente acoustique, la cathédrale accueille des concerts à l'occasion du festival Soirées baroques de Varaždin.

Berges de la Drave   BORD DE FLEUVE
Les berges du fleuve, à 15 minutes à pied au nord-est du centre-ville, sont bordées de sentiers et de cafés en plein air.

✹ Fêtes et festivals

Špancirfest   CULTURE
(www.spancirfest.com). À la fin août, à l'occasion de l'éclectique Špancirfest, musiques du monde, spectacles et théâtre de rue et art contemporain investissent les parcs, les rues et les places de la ville.

Varaždinske Barokne Večeri — MUSIQUE
(www.vbv.hr). La ville est renommée pour son festival de musique baroque, les Soirées baroques de Varaždin, qui dure 2 semaines en septembre. Des orchestres locaux et internationaux se produisent alors dans la cathédrale, dans les églises et les théâtres de la ville. Les billets (75-250 Kn selon les concerts) sont en vente une heure avant le spectacle dans les agences de voyages et au **Bureau des concerts de Varaždin** (042-212 907 ; Auga Cesarca 1, Théâtre national croate).

Où se loger

Globalement moins onéreux qu'à Zagreb, la plupart des hôtels de Varaždin sont bien tenus et d'un rapport qualité/prix correct. Leur clientèle se composant par l'essentiel de personnes en voyage d'affaires, ils sont habituellement complets en semaine et vides le week-end.

Pour une chambre chez l'habitant, contactez l'office du tourisme, qui dispose d'une liste de chambres simples/doubles à partir de 150/400 Kn.

Hotel Varaždin — HÔTEL €€
(042-290 720 ; www.hotelvarazdin.com ; Kolodvorska 19 ; s/d 388/576 Kn ; P ❄ @ ⊙). Les chambres contemporaines de cet hôtel bien aménagé, face à la gare ferroviaire, sont très bien équipées (minibar, entre autres). Restaurant avec bar et terrasse sur place.

Maltar — PENSION €€
(042-311 100 ; www.maltar.hr ; Prešerna 1 ; s/d 255/498 Kn, ste 465-595 Kn ; P ❄ @). D'un bon rapport qualité/prix, cette petite pension familiale proche du centre loue des chambres bien tenues avec TV et 4 suites avec kitchenettes pour 2/3 personnes.

Garestin — PENSION €€
(042-214 314 ; Zagrebačka 34 ; s/d 308/466 Kn ; P ❄). Les habitants plébiscitent le restaurant de cette pension située à deux pas du centre. Les touristes, eux, profitent, à l'étage, de 13 chambres confortables avec minibar.

Park Boutique Hotel — BOUTIQUE-HÔTEL €€€
(042-420 300 ; www.park-boutique-hotel.eu ; Jurja Habdelića 6 ; s/d 610/810 Kn ; P ❄ ⊙). Ce nouveau boutique-hôtel du centre est de loin le plus chic de Varaždin. Avec 19 chambres seulement, et trois styles différents : contemporain (baptisé "Park"), rétro, ou à deux niveaux (les chambres "Galerie"), il offre dans une ambiance intime tous les équipements d'un hôtel 4 étoiles.

Hotel Istra — HÔTEL €€€
(042-659 659 ; www.istra-hotel.hr ; Ivana Kukuljevića 6 ; s/d à partir de 497/630 Kn ; P ❄ @ ⊙). Malgré son bon emplacement, ainsi que le confort et les équipements basiques de ses 11 chambres, le plus ancien quatre-étoiles de Varaždin n'a rien de très enthousiasmant.

Où se restaurer

Si Varaždin ne se distingue pas par sa gastronomie, elle offre néanmoins l'occasion de savourer une cuisine croate continentale convenant à tous les budgets. Un **marché** (Auga Šenoe 12 ; ⊙7h-13h) s'y tient tous les jours, et nombre de boulangeries vendent des *klipići*, ou "doigts de Varaždin", des petits pains oblongs, spécialité de la ville.

Restoran Raj — CROATE €
(042-213 146 ; Ivana Gundulića 11 ; plats 25-55 Kn ; ⊙9h-22h lun-ven et dim, 9h-2h sam). Ce vaste restaurant, avec beaucoup de boiseries, propose de très bons déjeuners en semaine (jusqu'à 13h30), dont beaucoup de plats de viandes (notamment du porc) à la carte. Mais le choix est varié, tout comme les boissons : beaucoup de bières et de *rakija* (grappa) différentes. Quand il fait bon, prenez un siège sur la terrasse à l'arrière, couverte de glycine.

Verglec — CROATE €
(042-211 131 ; www.verglec.com ; Kranjčevića 12 ; plats à partir de 25-50 Kn ; ⊙9h-23h lun-jeu, 9h-minuit ven-sam, 10h-23h dim). Sans prétention, mais la clientèle locale apprécie les *gableci* (déjeuners copieux servis en semaine) économiques de cet établissement du centre, réputé pour son large choix de plats traditionnels et ses déjeuners familiaux du week-end à partir de 50 Kn.

Bedem — CROATE €€
(042-557 545 ; www.bedem-varazdin.com ; Vladimira Nazora 9 ; plats 18-100 Kn ; ⊙10h-22h lun-jeu et dim, 10h-23h ven-sam). Bedem est le restaurant le plus inventif de la ville, fondé par deux chefs qui revisitent la cuisine régionale : feuilleté au foie gras ou poitrine de porc aux graines de courge, par exemple. La terrasse couverte en contrebas, qui donne sur des espaces verts et les remparts de la vieille ville, est agréable ; l'intérieur est douillet mais un peu sombre.

En semaine, les *gableci* (servis jusqu'à 15h) sont d'un très bon rapport qualité/prix : 27 Kn le plat de poisson, de viande ou de légumes.

Palatin CROATE €€
(042-398 300 ; www.palatin.hr ; Braće Radića 1 ; plats 35-140 Kn ; 7h30-23h lun-sam, 7h30-22h dim). Ce restaurant affiche une carte ambitieuse, une cinquantaine de vins et de bons plats du jour le midi, ainsi que des glaces artisanales. Service dans une salle voûtée en sous-sol ou sur la terrasse couverte.

🛈 Renseignements

Horizont Travel (042-395 111 ; www.horizont-travel.hr ; Kralja Zvonimira 1). Située dans l'hôtel Turist ; visites de la ville, et excursions dans le Zagorje et le nord de la Croatie.

Office du tourisme (042-210 987 ; www.tourism-varazdin.hr ; Ivana Padovca 3 ; 8h-18h lun-ven, 10h-17h sam mai-oct, 8h-16h lun-ven, 10h-13h sam nov-avr)

🛈 Depuis/vers Varaždin

Varaždin est un important nœud de transports du nord de la Croatie, avec des bus et des trains rayonnant dans toutes les directions. Des minibus (5-15 Kn), qui desservent la ville et les villages voisins du lundi au samedi relient les gares routière et ferroviaire, distantes d'environ 1 km.

BUS

La **gare routière** (Zrinskih i Frankopana bb) se trouve au sud-ouest du centre-ville. Vous trouverez une consigne à bagages, appelée **garderoba** (7 Kn/bagage ; 4h30-20h30 lun-ven, 6h30-20h30 sam-dim).

Sachez que les bus qui partent de Zagreb en direction du nord s'arrêtent à Varaždin et que le billet coûte le même prix, que vous l'achetiez dans l'une ou l'autre ville. La plupart des bus pour la côte passent par Zagreb. Les services pour le château de Trakošćan et pour Varaždinske Toplice sont très restreints le week-end.

Bus au départ de Varaždin :

DESTINATION	TARIF (KN)	DURÉE (HEURES)	FRÉQUENCE
Berlin (Allemagne)	825	15	2/semaine
Munich (Allemagne)	262	8	2/jour
Château de Trakošćan	36	1¾	9/jour
Varaždinske Toplice	21	30 min	1/heure
Vienne (Autriche)	219	5	1/jour
Zagreb	81	1¾	1/heure

TRAIN

La **gare ferroviaire** (Kolodvorska 17), se trouve à l'est du centre-ville, à l'opposé de la **gare routière**. Vous trouverez une consigne à bagages, appelée **garderoba** (15 Kn/jour ; 6h25-18h25).

Douze trains vont quotidiennement à Zagreb (65 Kn, 2 heures 30), où vous pourrez prendre une correspondance pour la côte. Deux trains vont chaque jour à Budapest, en Hongrie (222 Kn, 6 heures 30), avec une correspondance à Koprivnica.

ART NAÏF CROATE

La Croatie a vu naître un art naïf qui lui est propre. Des peintures colorées et une perception de la vie rurale idéalisée caractérisent ce style.

Le peintre Krsto Hegedušić (1901-1975) fonda l'école de Hlebine, du nom d'un village de la Podravina, 13 km à l'est de la capitale régionale qu'est Koprivnica. De retour de ses études à Paris dans les années 1930, il rassembla un groupe d'artistes, tous autodidactes, et leur donna leur chance. Cette première génération de peintres naïfs croates comprend Ivan Generalić (1914-1992), désormais le plus reconnu internationalement ; Franjo Mraz (1910-1981) ; et Mirko Virius (1889-1943). Tous étaient des artistes amateurs qui peignaient des scènes rurales avec une certaine fraîcheur d'expression.

Un groupe de peintres et de sculpteurs travaille encore aujourd'hui à Hlebine. On peut voir leurs œuvres à la **galerie de Hlebine** (Trg Ivana Generalića 15, Hlebine ; tarif plein/réduit 10/5 Kn ; 10h-16h mar-ven, 10h-2h sam-dim). On trouve aussi à Hlebine la **Galerija Josip Generalić** (048-836 430 ; Gajeva 75, Hlebine ; tarif plein/réduit 10/5 Kn ; 9h30-16h30 lun-ven, sur rendez-vous sam-dim) ; qui porte le nom de Josip (le fils d'Ivan), également peintre réputé. Elle est située dans la maison familiale des Generalić. Appelez au préalable pour savoir si elle est ouverte.

Il y a d'autres endroits où voir de l'art naïf en Croatie : le musée croate d'Art naïf (p. 52) à Zagreb, et la **galerie Koprivnica** (Zrinski trg 9, Koprivnica ; 8h-16h lun-ven, 8h-13h sam-dim) GRATUIT, qui comporte une petite section arts appliqués.

MEĐIMURJE

Les collines ondoyantes du Međimurje s'étendent au nord-est de Varaždin en direction de la frontière avec la Hongrie et la Slovénie. Ce beau cadre de terres fertiles, composé de vignobles, de vergers, de champs de blé et de jardins, ne voit passer que très peu de touristes. Une situation qui évolue cependant, maintenant que les caves viticoles et le village thermal de Sveti Martin commencent à être connus.

Activités

Des dégustations de vins et visites organisées de domaines familiaux aux plaisirs du thermalisme, le Međimurje a de quoi satisfaire les visiteurs actifs comme ceux qui recherchent la détente.

Domaine Lovrec VIGNOBLE
(☎040-830 171 ; www.vino-lovrec.hr ; Sveti Urban 133, Štrigova ; visite et dégustation 80 Kn ; ⊗sur RV). Pour goûter aux meilleurs crus de la région dans un cadre familial et authentique, rendez-vous au Domaine Lovrec, dans le village de Sveti Urban, à 20 km au nord-ouest de Čakovec, la capitale régionale. La visite guidée (possible en français) de cette propriété viticole présente la fabrication du vin et l'histoire de six générations de vignerons. Vous verrez un chai vieux de 300 ans pourvu de pressoirs et de tonneaux anciens, apprécierez la vue sur les 6 ha de vignes, et terminerez par la dégustation d'une dizaine de crus différents, du chardonnay au *graševina*, un cépage local. Pour 20 Kn de plus, vous aurez des en-cas (fromage, salami, pain) et une bouteille de vin à emporter chez vous.

> **VAUT LE DÉTOUR**
>
> ### PARC NATUREL DE LONJSKO POLJE
>
> Candidat au statut de patrimoine mondial de l'Humanité, le **parc naturel de Lonjsko Polje** (☎044-672 080 ; www.pp-lonjsko-polje.hr ; Krapje 18, Čigoč 26 ; tarif plein/réduit 40/35 Kn ; ⊗9h-17h avr-oct) est une zone humide de 506 km² (*polje* signifie "champ") dans la région de la Posavina, entre la Save et le mont Moslavačka Gora. Situé le long de la rivière Lonja, un affluent de la Save qui donne son nom au parc, ce vaste bassin de rétention est connu pour sa biodiversité. Il compte beaucoup d'exemples d'architecture du XIXe siècle, en bois. Les ornithologues amateurs se feront plaisir ici, tout comme les amateurs de sports équestres.
>
> Le parc est réparti sur plusieurs villages. Čigoč est une célèbre étape des cigognes blanches, qui font leur nid au sommet des jolies maisons en bois. Les oiseaux arrivent fin mars, début avril, se regroupent et se nourrissent des insectes de la zone humide jusque fin août, puis entament leur trajet de deux à trois mois vers l'Afrique méridionale. Le centre de renseignements et la billetterie du parc, ainsi qu'un petit musée ethnographique (10 Kn) tenu par la famille Sučić, se trouvent à Čigoč.
>
> Le village historique de **Krapje** est connu pour ses maisons de bois traditionnelles bien conservées et ses zones de pêche et de chasse giboyeuses. Admirez les escaliers extérieurs couverts, les vérandas, les colonnes, et les différents bâtiments de ferme (granges, séchoirs, porcheries et poulaillers). La famille Palaić présente une petite collection ethnographique digne d'intérêt (et propose également deux hébergements). D'avril à octobre, vous trouverez au centre d'information, dans l'une des maisons en bois, un guide qui se fera un plaisir de vous faire découvrir l'héritage culturel de la région. Allez voir les chevaux de *Posavina* (*Posavski konj*), une race locale qui paît dans les forêts de chênes de Lonjsko Polje. Le village de **Mužilovčica**, connu pour ses hirondelles, vaut également la visite. Ne manquez pas de faire un repas à la ferme de la famille Ravlić.
>
> Le parc a 3 entrées, à Krapje, Čigoč et Repušnica. Les centres d'information de Krapje et Repušnica proposent location de vélos (80 Kn/j) et de canoës (60 Kn/3 heures).
>
> Lonjsko Polje est à 50 km au sud-est de Zagreb. Il vaut mieux s'y rendre par ses propres moyens, car les transports en commun sont rares et ne permettent pas de circuler facilement dans le parc. On trouve des logements chez l'habitant dans diverses maisons de bois, dans le parc ; consultez son site Internet. Pour une escapade qui comprendra hébergement et nourriture, nous recommandons Tradicije Čigoč, Etno Selo Stara Lonja et Ekoetno Selo Strug.

Cmrečnjak VIGNOBLE
(☏098-295 206 ; www.cmrecnjak.hr ; Sveti Urban 273, Štrigova ; ⊗8h-16h lun-sam). Un des domaines les plus réputés de la région, où l'on produit du vin depuis 1884. Le domaine propose des visites et des dégustations dans une salle rustique avec une terrasse panoramique. Sur rendez-vous uniquement.

Klet Sveti Martin na Muri PÊCHE
(☏040-868 288 ; www.klet-svetimartin.com ; Dunajska 26). Dans cette ferme au bord d'un lac, à 4 km de Sveti Martin, vous pourrez pêcher (30 Kn/j), randonner ou faire un tour dans un des bateaux de bois. Location de bungalows (100 Kn/personne et par jour).

Où se loger et se restaurer

Le Međimurje dispose d'une série de pensions familiales éparpillées aux environs, mais on trouve le meilleur choix à Sveti Martin Na Muri, avec son complexe thermal.

LifeClass Terme
Sveti Martin COMPLEXE HÔTELIER €€€
(☏040-371 111 ; www.spa-sport.hr ; Grkaveščak bb ; s/d 600/826 Kn ; ⓟ❄🐾🎾). Le village de Sveti Martin Na Muri compte un quatre-étoiles : le LifeClass Terme Sveti Martin où l'on trouve plusieurs piscines thermales intérieures et extérieures, un parc aquatique, des courts de tennis, des sentiers forestiers, des boutiques, des restaurants et un terrain de golf. Il propose également un hébergement dans des appartements adjacents (à partir de 300 Kn), chacun avec salon, cuisine et balcon. Les restaurants sur place offrent une cuisine locale de qualité.

Pour les non-résidents, le tarif d'accès aux piscines à la journée est de 57 Kn au minimum (67 Kn le week-end) ; le prix baisse de 10 Kn après 14h. Parmi les autres infrastructures, citons la salle de remise en forme (30 Kn/heure) et le sauna (105 Kn/3 heures). Différents soins sont proposés, tels que des enveloppements de boue (320 Kn/1 heure) et des massages (310 Kn/40 minutes).

Potrti Kotač CROATE €
(☏040-868 318 ; www.potrti-kotac.com ; Jurovčak 79 ; plats 45-80 Kn ; ⊗9h-minuit lun-ven et dim, 9h-2 sam). Potrti Kotač, à 1 km en amont du LifeClass Terme Sveti Martin, sert une bonne cuisine régionale. On y trouve aussi un appartement à louer (250 Kn).

Mala Hiža CROATE €€
(☏040-341 101 ; www.mala-hiza.hr ; Balogovec 1, Mačkovec ; plats 65-135 Kn ; ⊗10h-22h dim-jeu, 10h-23h ven-sam). Les gourmets de Zagreb viennent jusqu'à Mala Hiža, au village de Mačkovec (4 km au nord de Čakovec), pour savourer sa cuisine de saison inventive, recommandée et primée. Dans cet ancien cottage en bois typique de la région, on trouvera des classiques locaux réinventés, et plus de 150 vins dont 30 au moins sont du Međimurje. Ne manquez pas la *međimurska gibanica,* le dessert local.

❶ Depuis/vers le Međimurje

Mieux vaut être motorisé pour explorer la région ; les transports en commun sont quasi inexistants.

SLAVONIE

Avec son relief plat et ses nombreux cours d'eau, la Slavonie reste peu touristique malgré des merveilles naturelles et une délicieuse cuisine régionale. Les marais de Kopački Rit forment l'une des plus belles réserves ornithologiques d'Europe. Osijek, la plus grande ville de Slavonie, bénéficie d'un cadre fluvial charmant et possède une citadelle, tandis que la région de la Baranja est réputée pour ses vignobles.

La guerre a durement frappé le sud-est de la Slavonie. Aujourd'hui, la cité historique de Vukovar retrouve lentement son rôle de centre régional, tandis qu'Ilok, à la frontière serbe, attire de nouveau les visiteurs grâce à ses bonnes caves et à sa vieille ville médiévale.

Bordée par trois fleuves majeurs – la Save, la Drave et le Danube –, la Slavonie a longtemps entretenu des liens étroits avec la Hongrie, la Serbie et l'Allemagne. C'est dans ce mélange de cultures que réside le principal attrait de la Slavonie, plus proche de l'Europe centrale que de la Croatie côtière.

Histoire

Avant que la guerre serbo-croate de 1991 ne provoque le déplacement de dizaines de milliers d'habitants, la Slavonie comptait l'une des populations les plus hétérogènes d'Europe. Intégrée à la province romaine de Pannonie, la Slavonie fut colonisée par des tribus slaves au VIIe siècle, puis conquise par les Turcs au XVIe siècle. Les catholiques s'enfuirent et furent remplacés par des orthodoxes serbes, qui furent acceptés plus volontiers par l'occupant ottoman.

En 1690, les Serbes, qui avaient soutenu l'Autriche lors de ses combats contre les

Turcs, quittèrent le Kosovo pour s'établir dans la province de Syrmie (Srijem en croate), autour de Vukovar. Les Turcs cédèrent cette contrée à l'Autriche en 1699, puis les Habsbourg en transformèrent une grande partie en *Vojna Krajina* (confins militaires).

La population musulmane émigra, laissant la place à un nouvel afflux de Serbes, bientôt rejoints par des marchands allemands, des paysans hongrois, slovaques et ukrainiens, des catholiques albanais et des juifs. Nombre de terres furent vendues à des aristocrates allemands et hongrois qui bâtirent de grands manoirs baroques ou classiques dans les villes d'Osijek, de Vukovar et d'Ilok.

L'importante communauté serbe incita Slobodan Milošević à tenter d'intégrer la région à une "Grande Serbie" : cette opération débuta par la destruction de Vukovar et le bombardement d'Osijek en 1991. Un cessez-le-feu fut instauré en 1992, mais il fallut attendre janvier 1998 pour que la région soit rendue à la Croatie, dans le cadre des accords de paix de Dayton signés en décembre 1995.

Si la paix est revenue, l'impact de la guerre subsiste. Dans des villes comme Vukovar, les Serbes et les Croates mènent des vies séparées et les efforts faits pour les rapprocher n'ont jusqu'à présent guère été suivis d'effets.

Đakovo

031 / 27 700 HABITANTS

À 35 km au sud d'Osijek, la paisible bourgade de Đakovo se visite facilement dans la journée. On y vient surtout pour trois raisons : son impressionnante cathédrale néoromane, les célèbres chevaux lipizzans du haras Ergela, et un superbe festival de musique folklorique, chaque été.

À voir

Ergela HARAS
(031-822 535 ; www.ergela-djakovo.hr ; Auga Šenoe 45 ; tarif plein/réduit 20/10 Kn ; 7h-17h lun-ven, 9h-13h sam-dim mars-oct, 7h-15h lun-ven nov-fév). Đakovo est connue pour ses chevaux lipizzans, dont la lignée remonte au XVIe siècle. Ils sont élevés dans une ferme à l'extérieur de la ville et entraînés quotidiennement dans ce haras situé non loin de la cathédrale. Une trentaine de chevaux sont formés pour constituer plus tard de prestigieux attelages ou devenir des montures distinguées.

On peut faire des visites guidées d'une trentaine de minutes (tarif plein/réduit 30/20 Kn), et des promenades en attelage ancien pour 150 Kn (15 minutes).

Cathédrale Saint-Pierre de Đakovo ÉGLISE
(031-802 306 ; Strossmayerov Trg 6 ; 6h30-12h et 15h-19h30). Cette cathédrale de brique rouge qui domine le centre-ville avec ses deux clochers de 84 m est la fierté de la ville. Commandée par l'évêque Strossmayer en 1862, cette structure néoromane a trois nefs peintes de scènes bibliques colorées.

Fêtes et festivals

Đakovački Vezovi FESTIVAL
(Festival des broderies de Đakovo). Le premier week-end de juillet, ce festival s'accompagne d'un défilé de chevaux lipizzans et d'un spectacle folklorique avec danses et chants traditionnels.

Depuis/vers Đakovo

Đakovo est bien reliée par bus à Osijek, et fait une excursion d'une journée facile. Il y a 16 bus par jour (34 Kn, 40 minutes).

Osijek

031 / 107 800 HABITANTS

Ville universitaire historique et verdoyante, Osijek mérite incontestablement une visite. Elle possède une splendide promenade le long de la Drave et une imposante citadelle du XVIIIe siècle.

La ville a lourdement souffert des bombardements serbes des années 1990 et quelques bâtiments en conservent les cicatrices. Cependant, la plupart de ses édifices, dont de belles demeures de style Sécession du XIXe siècle, ont été rénovés.

Cette élégante capitale régionale retrouve peu à peu son assurance grâce au retour des exilés, au nombre croissant d'étudiants, à de nouveaux hôtels et restaurants et à l'arrivée de touristes de plus en plus nombreux. Osijek constitue une plaisante base pour explorer la campagne slavonne et le fabuleux parc naturel de Kopački Rit.

Histoire

La situation d'Osijek, sur la Drave (Drava), près de sa confluence avec le Danube (Dunav en croate), lui a conféré une importance stratégique durant plus de deux millénaires. Au Ier siècle, les Romains s'implantèrent dans la région, jusque-là occupée par les Illyriens, et y fondèrent une colonie militaire. Cette première ville devait être détruite par les invasions barbares du VIe siècle. Des colons slaves la rebâtirent et lui donnèrent son nom. Au XIIe siècle, elle était devenue un bourg prospère. En 1526, Les Turcs détruisirent Osijek, la rebâtirent dans le style ottoman et en firent un centre administratif.

Les Autrichiens ayant chassé les Turcs en 1687, les musulmans d'Osijek s'enfuirent vers la Bosnie et la ville fut repeuplée de Serbes, de Croates, d'Allemands et de Hongrois. Circonspects quant à d'éventuelles attaques turques, les Autrichiens construisirent au début du XVIIIe siècle la forteresse de Tvrđa, toujours debout aujourd'hui.

Jusqu'aux années 1990, Osijek était un centre industriel important de l'ancienne Yougoslavie. Quand la guerre éclata en 1991, l'armée fédérale yougoslave et les milices serbes occupèrent la région de la Baranja, au nord d'Osijek. Les premiers obus furent tirés en juillet 1991 depuis les positions serbes, sur l'autre rive de la Drave. Lorsque Vukovar tomba en novembre 1991, les forces fédérales et serbes se concentrèrent sur Osijek et leur artillerie mitrailla la ville tandis que des milliers d'habitants la fuyaient. Ces bombardements dévastateurs se poursuivirent jusqu'en mai 1992, mais la ville tint bon.

👁 À voir

Tvrđa (citadelle) — SITE HISTORIQUE
Construite par les Habsbourg pour défendre la ville contre les Turcs, cette citadelle du XVIIIe siècle a relativement peu souffert durant la guerre serbo-croate. Ensemble baroque de rues pavées, de vastes places et de demeures majestueuses, elle possède une remarquable homogénéité architecturale, qui lui donne une allure de musée à ciel ouvert.

➡ Musée Gloria Maris
(www.gloria-maris.hr ; Svodovi bb ; tarif plein/réduit 20/10 Kn ; ⊙10h-16h mar, mer et ven, 10h-20h jeu, 10h-13h sam-dim). Installé sous les voûtes de la citadelle, ce musée est consacré aux coquillages et aux créatures marines et d'eau douce. Sa collection est l'œuvre de Vladimir Filipović, qui a rassemblé en 48 ans près d'un million de coquillages provenant du monde entier. L'entrée se trouve sur la rue à droite de l'église.

➡ Musée de la Slavonie
(Muzej Slavonije Osijek ; www.mso.hr ; Trg Svetog Trojstva 2 et 6 ; tarif plein/réduit 20/10 Kn ; ⊙10h-18h mar-sam). Dans deux bâtiments de Trg Svetog Trojstva, ce musée expose un ensemble extrêmement bien présenté de découvertes historiques. Le bâtiment rénové de la garde municipale – au n°2 – avec son parquet en chêne et une coupole en verre au-dessus d'un atrium, présente des objets anciens, des pierres romaines aux casques celtes, assortis d'explications en anglais.

De l'autre côté de la place se trouve une immense collection de trésors et d'objets en lien avec l'histoire de la Slavonie, des outils de l'âge du bronze aux vestiges de la Mursa romaine, en passant par de magnifiques textiles, bijoux et meubles. Les expositions changent régulièrement.

Musée des Beaux-Arts — MUSÉE
(Muzej Likovnih Umjetnosti ; www.mlu.hr ; Europska Avenija 9 ; tarif plein/réduit 15/5 Kn ; ⊙10h-18h mar, mer et ven, 10h-20h jeu, 10h-13h sam-dim). Aménagée dans une élégante demeure néoclassique, ce musée présente une collection de peintures et de sculptures d'artistes slavons, du XVIIIe siècle à nos jours.

Église Saint-Pierre-et-Saint-Paul — ÉGLISE
(🕿 031-310 020 ; Pavla Pejačevića 1 ; ⊙13h-19h lun, 7h-19h mar-dim). GRATUIT Cette église, de style néogothique, domine Trg Ante Starčevića de sa flèche haute de 90 m – une hauteur que seule dépasse la cathédrale de Zagreb en Croatie. Construite en brique rouge dans les années 1890, elle possède 40 beaux vitraux de style viennois et des peintures murales aux couleurs vives, réalisées par le peintre croate Mirko Rački.

Moulin à eau — MOULIN
(Entrée sur don ; ⊙9h-13h et 16h-20h mer-dim). La nouvelle attraction d'Osijek est une réplique de moulin à eau, un bâtiment de bois sur la berge de la Drave. Ce projet financé par l'UE fait partie de la Route des Moulins qui traverse aussi la Hongrie, et offre une belle pause sur le chemin qui longe la rivière.

Le moulin a une petite annexe où on explique comment le grain est moulu. Au milieu du XIXe siècle, Osijek comptait 60 moulins ; le dernier a fermé en 1944.

Zoo d'Osijek — ZOO
(www.zoo-osijek.hr ; Sjevernodravska Obala 1 ; tarif plein/réduit 20/10 Kn ; ⊙9h-20h). Prenez l'emblématique *kompa* (un ferry en bois, gratuit, propulsé par le courant, qui circule

Osijek

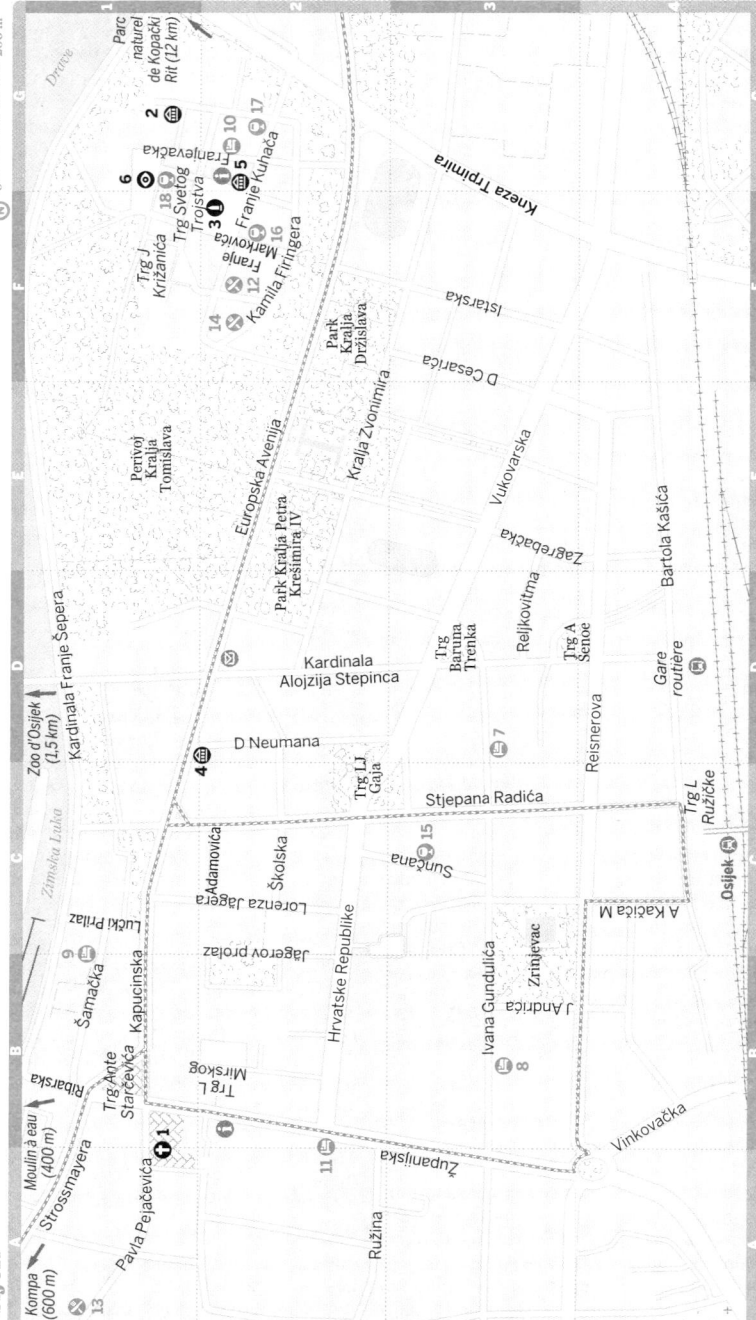

Osijek

👁 À voir
1 Église Saint-Pierre-et-Saint-Paul A1
2 Musée Gloria Maris G1
3 Monument
   de la Sainte-Trinité F2
4 Musée des Beaux-Arts D2
5 Musée de la Slavonie G2
6 Tvrđa (citadelle) G1

🛏 Où se loger
7 Hostel Street Osijek D3
8 Hotel Drava B3
9 Hotel Osijek C1
10 Maksimilian G2
11 Waldinger B2

🍴 Où se restaurer
12 Kod Ruže F2
13 Rustika A1
14 Slavonska Kuća F2

🍷 Où prendre un verre et faire la fête
15 Gajba C3
16 Merlon F2
17 Old Bridge Pub G2
18 Outside G1

de 9h à 19h d'avril à octobre), de Gornji Grad au zoo d'Osijek, sur l'autre rive de la Drave. Le plus grand zoo du pays s'étend sur 11 ha verdoyants au bord du fleuve et abrite 80 espèces animales et un vivarium.

🛏 Où se loger

♥ Maksimilian PENSION €
(☎031-497 567 ; www.maksimilian.hr ; Franjevačka 12 ; s 230-320 Kn, d 330-420 Kn ; ❄@🛜). Au cœur de la vieille ville, cette superbe pension est tenue par une équipe accueillante, qui parle anglais. Dans un bâtiment d'époque (1860), 14 chambres, pour la plupart climatisées, disposent de la TV satellite, de hauts plafonds et de bons équipements.

Hostel Street Osijek AUBERGE DE JEUNESSE €
(☎031-327 743 ; www.hostel-street-osijek.com ; Ivana Gundulića 5 ; dort/ch 130/312 Kn ; ❄🛜). Cette toute nouvelle auberge de jeunesse au cœur de la ville, chic et charmante et avec espace commun, compte 7 chambres nettes, claires et élégantes, toutes triples. Certaines ont des lucarnes. Les gares routière et ferroviaire sont accessibles à pied.

Hotel Drava HÔTEL €€
(☎031-250 500 ; www.hotel-drava.com ; Ivana Gundulića 25a ; s/d 390/582 Kn ; P❄🛜). Hôtel attrayant de 11 chambres colorées, joliment aménagées avec un côté kitsch. À proximité des gares ferroviaire et routière. Réductions pour les paiements en espèces.

Hotel Osijek HÔTEL €€€
(☎031-230 333 ; www.hotelosijek.hr ; Šamačka 4 ; s/d 840/955 Kn ; P❄@🛜). L'hôtel le plus chic de la ville, occupe un grand bâtiment en béton au bord du fleuve. Ses 147 chambres et appartements modernes ont pour la plupart une vue imprenable. Espace bien-être (14e ét.) avec hammam, sauna et Jacuzzi.

Waldinger HÔTEL €€€
(☎031-250 450 ; www.waldinger.hr ; Županijska 8 ; pension s/d 290/440 Kn, hôtel s/d 650/950 Kn ; P❄@🛜). Les chambres du bâtiment principal ont beaucoup de charme. La pension, sur l'arrière, est plus modeste, avec des chambres fonctionnelles. Réductions en été ; les prix baissent de 25% le week-end.

🍴 Où se restaurer

Osijek est l'endroit idéal pour découvrir la cuisine slavonne, roborative et épicée, et fortement influencée par la Hongrie voisine, où le paprika relève presque tous les plats. On trouve plusieurs bons restaurants dans le quartier de la forteresse Tvrđa : ils proposent d'excellentes spécialités comme le *fiš paprikaš*, un ragoût de poisson de rivière au paprika, servi avec des nouilles.

Slavonska Kuća SLAVON €
(☎031-369 955 ; www.slavonska-kuca.com ; Kamila Firingera 26 ; plats 45-70 Kn ; ⓘ 10h-23h lun-sam, 11h-17h dim). Cet excellent restaurant de cuisine slavonne fait la part belle aux *pečena riba* (poissons au four). Les prix sont raisonnables et les assiettes bien remplies. Vous pourrez accompagner votre repas de *graševina*, un vin blanc fruité.

Kompa SLAVON €
(☎031-375 755 ; www.restorankompa.hr ; Splavarska 1 ; plats 40-70 Kn ; ⓘ 10h-23h). On vient se régaler de plats à petits prix dans cet établissement en face du zoo qui ne paie pourtant pas de mine avec ses tables au bord du fleuve.

♥ Kod Ruže SLAVON €€
(☎031-206 066 ; Kuhačeva 25a ; plats 35-100 Kn ; ⓘ 10h-23h). En dépit de la décoration rustique un peu chargée (des trophées animaliers couvrent les murs), voici un lieu parfait pour déguster un repas slavon,

surtout le week-end quand un groupe joue de la musique traditionnelle. Goûtez au *čobanac* (ragoût de viande traditionnel) ou laissez-vous tenter par l'une des salades, comme l'*alas salata* au poisson de rivière.

Rustika   PIZZA €€
(031-369 400 ; www.rustika.hr ; Pejačevića 32 ; plats 35-100 Kn ; 9h-23h). Cet établissement prisé, à deux pas de la cathédrale, sert principalement des pizzas et des viandes grillées. On peut s'installer en terrasse à l'arrière.

Où prendre un verre et faire la fête

Merlon   BAR
(Franje Markovića 3 ; 8h-minuit lun-mer, 8h-2h jeu-sam, 9h-23h dim). Un nouveau bar, avec de bons plats (burgers, grillades ou ailes de poulet, 28-34 Kn) et une sélection de bières dont la Staropramen.

Outside   CLUB
(Trg Vatroslava Lisinskog bb ; 22h-5h jeu-sam). Ce nouveau club chic de Tvrđa a une belle terrasse, et organise des soirées à thème.

Gajba   BAR À BIÈRE
(Sunčana 3 ; 12h-23h lun-sam). Un bar où goûter les bières locales artisanales comme la Black Hat, faite à Osijek.

Old Bridge Pub   PUB
(031-211 611 ; Franje Kuhača 4 ; 7h-1h lun-mer, 10h-4h jeu et ven, 10h-4h30 sam, 17h-1h dim). Ce pub très british, réparti sur 3 niveaux, comprend une petite terrasse. Musique live le week-end en soirée.

Renseignements

Centre d'information touristique (031-210 120 ; www.tzosijek.hr ; Trg Svetog Trojstva 5 ; 10h-16h lun-ven, 9h-13h sam). Dans le même bâtiment que le musée de Slavonie.

Hôpital (031-511 511 ; Josipa Huttlera 4)

Office du tourisme (203 755 ; www.tzosijek.hr ; Županijska 2 ; 8h-20h lun-ven, 8h-12h sam mi-juin à mi-sept ; 8h-16h lun-ven, 8h-12h sam mi-sept–mi-juin)

Panturist (031-214 388 ; www.panturist.hr ; Kapucinska 19 ; 8h-20h lun-ven, jusqu'à 13h sam). La plus importante agence de voyages de Slavonie. Bus vers la côte et vers des destinations internationales.

Poste (Kardinala Alojzija Stepinca 17 ; 7h-20h lun-sam). Également appels téléphoniques et avances sur les cartes MasterCard.

Depuis/vers Osijek

AVION
L'**aéroport d'Osijek** (060 339 339 ; www.osijek-airport.hr) est à 20 km d'Osijek sur la route de Vukovar. Il n'accueille que quelques vols de la compagnie Croatia Airlines, pour Dubrovnik et Zagreb.

BUS
Les compagnies internationales de bus se trouvent à la **gare routière** (060 353 353 ; Bartola Kašića 70), située rue Bartola Kašića.

TRAIN
La gare d'Osijek se trouve sur Trg Lavoslava Ružičke, juste au sud du centre. Trains pour Rijeka (232 Kn, 8 heures 30, 1/jour) et Zagreb (132-150 Kn, 4 heures à 4 heures 30, 4/jour en semaine, 3 le week-end).

BUS AU DÉPART D'OSIJEK

DESTINATIONS NATIONALES	TARIF (KN)	DURÉE (HEURES)	FRÉQUENCE
Đakovo	34	40 min	16/jour
Dubrovnik	340	14	1/jour
Ilok	61	1½	1/jour (aucun le week-end)
Rijeka	265	7	1/jour
Slavonski Brod	62	1¾	10/jour
Split	290	11	1/jour
Vukovar	34	45 min	8/jour
Zagreb	119	4	15/jour

DESTINATIONS INTERNATIONALES	TARIF (KN)	DURÉE (HEURES)	FRÉQUENCE
Belgrade (Serbie)	128	3½	4/jour
Vienne (Autriche)	224	10	1/jour (aucun dim)
Zurich (Suisse)	490	19	3/semaine

ℹ Comment circuler

Une navette gratuite relie l'aéroport au centre-ville. Dans l'autre sens, elle part de la gare routière, 2 heures 30 avant les vols prévus, et coûte 30 Kn. Les taxis de la compagnie Sunce partent du même endroit, pour 50 Kn la course.

La ville offre un excellent service de taxis à des prix très raisonnables. **Cammeo** (☏1212 ; www.taxi-cammeo.hr) possède des voitures modernes avec compteur ; une course en ville revient généralement à 20 Kn.

Osijek a deux lignes de tramway. La ligne n°1 dessert Tvrđa, tandis que la ligne n°2 relie les gares ferroviaire et routière à Trg Ante Starčevića, la grand-place de la ville haute (mais son parcours circulaire vous emmène d'abord à la limite de la ville). Le trajet coûte 10 Kn, à régler au chauffeur.

Des bus relient Osijek à Bilje, située non loin. À la gare routière, prenez le bus Panturist à destination de Beli Manastir et demandez à descendre à Bilje (20 minutes, 16 Kn).

Parc naturel de Kopački Rit

À 12 km au nord-est d'Osijek, le **parc naturel de Kopački Rit** (Park Prirode Kopački Rit ; www.pp-kopacki-rit.hr ; tarif plein/- de 2 ans 10 Kn/gratuit ; ◉9h-17h avr-oct, 8h-16h nov-mars) est l'une des plus grandes zones marécageuses d'Europe. On y trouve plus de 290 espèces d'oiseaux ainsi qu'une flore aquatique comprenant des nénuphars, iris, lentilles d'eau et ivraie, tout comme des forêts de chênes et de peupliers. Cet ensemble d'étangs et de marais comprend aussi deux grand lacs : Sakadaško et Kopačevo. C'est une vaste plaine inondable au confluent de la Drave (Drava) et du Danube. Ces deux cours d'eau forment avec la Mura une réserve de biosphère classée par l'Unesco.

◉ À voir

Les eaux du parc accueillent 44 espèces de poissons, dont des carpes, des brèmes, des brochets, des poissons-chats et des perches. On recense plus de 21 variétés de moustiques (couvrez-vous de répulsif !), mais aussi des cerfs, des sangliers, des castors, des martres et des renards. Cependant, les oiseaux conservent la vedette : rares cigognes noires, pygargues à queue blanche, grèbes huppés, hérons pourprés, spatules blanches et oies sauvages. Vous pourrez mieux les observer lors des migrations de printemps et d'automne.

Le parc, qui fut abondamment miné pendant la guerre, est resté fermé pendant plusieurs années. Désormais, la plus grande partie du parc a été déminée et est sécurisée. Cependant, faites preuve de prudence et ne vous aventurez pas en dehors des sentiers balisés. Le **centre d'accueil des visiteurs** (☏031-445 445 ; www.pp-kopacki-rit.hr ; ◉9h-17h avr-oct, 8h-16h nov-mars), à l'entrée principale, sur la route Bilje-Kopačevo, comprend un charmant centre d'interprétation neuf qui abrite dans des pavillons à toit de chaume des expositions interactives et un café. Des sentiers éducatifs et de nouvelles promenades en bois vous attendent à proximité. On y trouve aussi différentes visites guidées, dont un **circuit de la réserve zoologique** (tarif plein/réduit 80/60 Kn) en bateau qui permet de voir un château, un **circuit nature** (100 Kn/h ; 4 pers maximum) dans un petit bateau ainsi qu'un **circuit en canoë** (80 Kn/h). Point d'embarquement à 1 km du centre d'accueil. Réservez tôt, surtout au printemps et à l'automne.

À l'extrémité nord du parc, à 12 km du centre d'accueil, se tiennent un château austro-hongrois et une station de recherche biologique, **Dvorac Tikveš**. Le château est un ancien pavillon de chasse qui fut utilisé par Tito avant d'être occupé par les Serbes dans les années 1990. Il reste des mines dans la forêt alentour, aussi ne vous y aventurez pas seul.

🏃 Activités

La pratique du **vélo** est très populaire dans la région. Une piste cyclable relie Bilje et Osijek. La Via Pacis Pannoniae ("route de la Paix pannonienne") relie en 80 km Osijek à la ville serbe de Sombor, en longeant le Danube et en traversant le parc naturel. Vous trouverez plus d'informations et une carte sur www.zeleni-osijek.hr, le site d'une association locale pour la protection de l'environnement. Également prisée, la route du Danube longe sur 138 km la frontière orientale de la Croatie avec la Hongrie et la Serbie.

Le centre d'accueil des visiteurs du parc naturel de Kopački Rit loue aussi des vélos : 20 Kn l'heure ou 100 Kn la journée.

Zlatna Greda SPORTS D'AVENTURE
(☏031-565 161 ; www.zlatna-greda.org ; parc aventure 50 Kn/2h, tyrolienne 30 Kn ; ◉sur rdv). Zlatna greda organise de belles excursions à Kopački Rit et possède son propre écocentre, tout nouveau, dans un village

abandonné désormais classé au Patrimoine culturel, en lisière du parc, à 28 km au nord d'Osijek. C'est de là que partent les randonnées à pied ou à cheval, les circuits d'observation des oiseaux et les sorties en canoë. Le tout nouveau parc d'aventures a aussi une tyrolienne.

🛌 Où se loger et se restaurer

Bilje, à 5 km au nord d'Osijek, lui sert de ville-dortoir, et compte quelques possibilités d'hébergement. Elle peut être une base alternative pour explorer Kopački Rit. Deux B&B, **Mazur** (☎031-750 294 ; www.mazur.hr ; Kneza Branimira 2, Bilje ; s/d 175/310 Kn ; P ✱ 📶), géré en famille, et **Crvendać** (☎091-55 15 711 ; www.crvendac.com ; Biljske satnije ZNG RH 5, Bilje ; ch 155 Kn/pers) y sont de très bonnes solutions. **Zlatna Greda** (☎031-565 181 ; www.zlatna-greda.org ; dort 100 Kn/pers, ch 120-180 Kn ; P) est aussi une bonne alternative, en lisière du parc, avec un hébergement de type auberge de jeunesse.

Le parc naturel de Kopački Rit et ses environs immédiats comptent plusieurs excellents restaurants de campagne servant des spécialités régionales, poissons de rivière et ragoûts de gibier, entre autres.

Krcma Darócz   SLAVON €
(☎031-753 113 ; Šandora Petefija 39, Vardarac ; plats 35-80 Kn ; ⊙9h-23h lun-jeu, 9h-1h ven-sam, 9h-22h dim). Au village de Vardarac, cet excellent restaurant vaut bien les 10 minutes de trajet depuis Kopački Rit. Dans un décor rustique – meubles anciens et lustres en roue de charrette – il propose des spécialités comme le *perkelt* (fricassée) de coq, le gibier aux gnocchis, les boulettes de poisson, la friture de carpe, et accueille des concerts les soirs de week-end.

Didin Konak   SLAVON €
(☎031-752 100 ; www.didinkonak.hr ; Petefi Šandora 93, Kopačevo ; plats 40-80 Kn ; ⊙8h-22h). Ce fantastique restaurant régional, dans le village paisible de **Kopačevo**, en lisière de Kopački Rit, propose une cuisine délicieuse dans une ambiance rustique authentique. Ne manquez pas les brochettes de poisson-chat et de perche. Certains plats, comme le ragoût de gibier ou la viande cuite à la *peka* (cuisson sous cloche) doivent se commander à l'avance.

Kormoran   SLAVON €
(☎031-753 099 ; Podunavlje bb ; plats 40-95 Kn ; ⊙11h-22h lun-sam, 10h-22h dim). Avec tous ses plats locaux, ce restaurant tenu par Vina Belje est un choix sûr. À la lisière du parc naturel de Kopački Rit.

ℹ️ Depuis/vers Kopački Rit

Aucun transport public ne dessert le parc, mais vous pouvez prendre un bus d'Osijek à Bilje, puis parcourir à pied les 3 km restants, ou louer un vélo à Osijek chez **Šport za Sve** (☎031-208 135 ; Istarska 1 ; 40 Kn/jour ; ⊙9h-13h lun-ven).

Baranja du Nord

Petit triangle dans la pointe nord-est de la Croatie, au confluent de la Drave et du Danube, la Baranja du Nord est une terre de collines douces, de jolis villages et de *surduci*, comme on appelle ces routes des vins traditionnelles. Plusieurs villages de la région comme Karanac, Suza, Zmajevac et Kneževi Vinogradi notamment, comptent d'excellents domaines viticoles et restaurants.

👁 À voir et à faire

Situé à 8 km à l'est de Beli Manastir, l'ethno-village et communauté agricole de Karanac offre un aperçu de la vie rurale slavonne tout en étant aménagé pour recevoir les visiteurs. Jalonné de cerisiers et de jardins soignés, il compte trois églises (réformiste, catholique et orthodoxe) et des bâtiments pannoniens bien conservés.

Batina   MONUMENT
À la convergence des frontières croate, serbe et hongroise, Batina est un imposant mémorial datant de l'ère communiste est l'œuvre du célèbre sculpteur croate Antun Augustinčić ; il commémore une victoire majeure des forces soviétiques sur les nazis durant la Seconde Guerre mondiale. Une colossale statue de femme domine l'ensemble, d'où la vue sur le Danube est spectaculaire. Un bar à vins près du monument sert une bonne sélection de vins locaux.

Tri Mudraca   ACTIVITÉS DE PEIN AIR
(☎091 21 01 212 ; www.trimudraca.com ; Ive Lole Ribara 27, Karanac). La famille qui tient Tri Mudraca, à Karanac, propose des circuits à la demande (à partir de 100 Kn) qui peuvent inclure quad, géocaching (course au trésor avec GPS), tir à l'arc et expéditions jusqu'à une mine de basalte abandonnée. Cette famille est aussi à l'origine du Šećeransko Jezero, un lac près de Beli Manastir ouvert le week-end où on peut faire du canoë (15 Kn).

DÉGUSTATION DE VIN EN SLAVONIE

Les vignes sont cultivées en Slavonie depuis des millénaires, et après une période de stagnation, la région connaît une renaissance de la production. Si les vins blancs à base de cépages locaux, dont le *graševina*, sont à juste titre réputés, la région produit aussi des vins rouges corsés, essentiellement issus de cépages *frankovka* (*Blaufränkisch*), merlot et cabernet sauvignon.

Kutjevo (034-255 075 ; www.kutjevo.com ; Kralja Tomislava 1, Kutjevo ; visite guidée et dégustation 30 Kn ; sur rdv), situé dans la ville éponyme, possède une cave à vin médiévale datant de 1232, ancienne propriété d'une abbaye cistercienne. La visite guidée inclut la dégustation des vins de la propriété.

Deux des meilleures exploitations viticoles de Slavonie se trouvent à proximité : il s'agit de Krauthaker (034-315 000 ; www.krauthaker.hr ; Ivana Jambrovića 6, Kutjevo ; dégustation 40 Kn ; sur rdv), dont le *graševina* et les vins doux sont régulièrement primés, et d'Enjingi (034-267 200 ; www.enjingi.hr ; Hrnjevac 87, Vetovo ; dégustation et visite 50 Kn), l'un des plus gros producteurs à la fibre écologique de Croatie, fort d'une expérience remontant à 1890. Ne manquez pas son Venje blanc de qualité. Pour connaître toute l'offre des vins de Kutjevo et faire des dégustations, rendez-vous au Vina Čamak – Kolijevka Graševine (034-255 689 ; Republike Hrvatske 56, Kutjevo ; sur rdv), un caviste installé dans le centre-ville.

Dans la Baranja, la viticulture est repartie sur les coteaux autour de Kneževi Vinogradi. Des producteurs dynamiques ont repris ces vignobles séculaires, principalement dans les villages de Zmajevac et de Suza. Privilégiant les techniques traditionnelles, Gerštmajer (091 35 15 586 ; www.vina-gerstmajer.weebly.com ; Petefi Šandora 31, Zmajevac ; sur rdv) propose la visite de ses 11 ha de vignobles et de sa cave, avec dégustation. En bas de la colline, le plus grand producteur régional, Josić (098 252 657 ; www.josic.hr ; Planina 194, Zmajevac), possède aussi un bon restaurant. Non loin de là, Kolar (031-733 006 ; Maršala Tita 94, Suza ; dégustation 3 vins 24 Kn ; sur rdv) réunit un restaurant, une boutique et un espace de dégustation dans sa cave centenaire, sur la route principale de Suza. Incontournable, Vina Belje (091 17 90 118 ; www.vinabelje.hr ; Šandora Petefija 2, Kneževi Vinogradi ; visite et dégustation 15 Kn, visite et dégustation de 3-4 vins 45-90 Kn ; 10h-17h), avec ses caves anciennes, et un superbe point de vue au milieu des vignes.

La Slavonie compte aussi des domaines historiques à Ilok – Iločki Podrumi (p.98) –, et des vignobles à Dalj et Erdut au nord de Vukovar, dont le meilleur est Vina Antunović (031-590 350 ; www.vina-antunovic.hr ; Braće Radić 17 ; sur rdv), avec une jolie salle de dégustation où vous pourrez savourer leurs cépages de vin blanc.

Où se loger

Kolar B&B €
(031-733 006 ; www.camping.suzabaranje.com ; Maršala Tita 94b, Suza ; s/d 195/350 Kn, camping adulte/enfant/empl 38/19/38 Kn ; P ✱ ✦). Outre sa bonne cave à vins, Kolar offre 3 chambres avec salle de bains, et une jolie terrasse commune. Le petit-déjeuner est fait à partir de produits locaux. En face se trouve un camping fréquenté par les cyclistes qui empruntent la route de Pannonie.

Ivica i Marica À LA FERME €
(091 13 73 793 ; www.ivica-marica.com ; Ivo Lola Ribara 8a, Karanac ; s/d 350/450 Kn ; P ✦ ✧). Très bonne option, en lisière du village de Karanac, cette ferme en activité haut de gamme, tenue par un couple sympathique, propose de belles chambres et suites avec des boiseries en pin. On y trouve aussi des vélos à louer (100 Kn/jour), des équipements pour les enfants, et on peut y faire des balades en charrette à cheval (350 Kn/heure).

Où se restaurer

Tri Mudraca SLAVON €
(091 21 01 212 ; www.trimudraca.com ; Ive Lole Ribara 27, Karanac ; plats 40-90 Kn ; 10h-23h jeu-dim). Ce bel endroit, une ferme slavonne traditionnelle (*salaš*), sert une cuisine élaborée (si vous commandez au préalable), telle que le canard laqué au miel ou le collier de porc avec une sauce au vin aux légumes racines. Sinon, venez et dégustez ce que le chef aura préparé ce jour-là. Asseyez-vous dans le jardin, derrière, pour profiter de la vue sur les champs et les vignes.

Kovač Čarda — SLAVON €

(Maršala Tita 215, Suza ; plats 40-60 Kn ; ⊙10h-23h). Dans le petit village de Suza, Kovač Čarda est un restaurant-étape sans chichis tenu par des Hongrois, connu pour faire le meilleur *fiš paprikaš* de la Baranja. Il est épicé : demandez le paprika à part.

♥ Josić — SLAVON €€

(☎031-734 410 ; www.josic.hr ; Planina 194, Zmajevac ; plats 29-90 Kn ; ⊙13h-22h mar-jeu et dim, 13h-minuit ven-sam). Josić, dans le village de Zmajevac, est sur une *surduk* (route des vins) historique qui mène à une colline escarpée. C'est un restaurant haut de gamme, dont les tables sont installées dans des caves voûtées ; il fait honneur à la viande, comme le *perkelt* (fricassée) de canard. N'oubliez pas de visiter sa cave pour une dégustation de *graševina* de la région. Veillez à réserver pour les mois de septembre et d'octobre.

Piroš Čizma — SLAVON €€

(☎031-733 806 ; Maršala Tita 101, Suza ; plats 35-80 Kn ; ⊙7h-22h lun-jeu et dim, 13h-minuit ven-sam). Situé au bord de la route à l'entrée de Suza, ce restaurant propose des assiettes slavonnes relevées d'une note créative – notamment le poisson-chat mariné sur un lit d'endives avec émulsion au citron, miel et moutarde, ou le steak à la sauce aux raisins et réduction de vin. L'établissement loue aussi 25 chambres (s/d 250/360 Kn) bien équipées, réparties dans deux bâtiments ; le petit-déjeuner comprend des fromages frais, des confitures et de la charcuterie – dont du *kulen*.

Baranjska Kuća — SLAVON €€

(☎031-720 180 ; www.baranjska-kuca.com ; Kolodvorska 99, Karanac ; plats 35-90 Kn ; ⊙11h-22h lun-jeu, 11h-1h ven-sam, 11h-17h dim). On sert ici des plats traditionnels, tels les ragoûts de viande et de poisson. Concerts de musique tzigane les soirs de week-end.

❶ Depuis/vers la Baranja du Nord

Les bus vers et dans la Baranja du Nord sont peu nombreux ; mieux vaut être motorisé.

Vukovar

☎032 / 27 700 HABITANTS

Fondée au Xe siècle, Vukovar était avant la guerre une jolie ville au bord du Danube, dotée d'élégantes demeures baroques, de galeries d'art et de musées. Tout changea avec le siège de 1991, qui anéantit son économie, sa culture, ses infrastructures, son harmonie sociale et son âme.

Depuis le retour de Vukovar dans le giron croate en 1998, sa reconstruction avance à grands pas. Dans le centre-ville, de nouveaux bâtiments ont vu le jour ; pour autant, il subsiste de nombreuses façades criblées de balles ou effondrées. Sur la route d'Ilok, l'ancien château d'eau a été laissé en l'état comme symbole de la résistance de la ville.

Les Serbes et les Croates vivent dans deux mondes parallèles et hostiles. Les enfants fréquentent des écoles séparées et leurs parents, des cafés soit serbes, soit croates. Des organisations internationales tentent de

---

LE SIÈGE DE VUKOVAR

Avant la guerre, Vukovar comptait une population multiethnique d'environ 44 000 habitants, dont 44% de Croates et 37% de Serbes. Lorsque la Croatie se sépara de la Yougoslavie au printemps 1991, les tensions s'accrurent entre les deux groupes. En août 1991, l'armée fédérale yougoslave déclencha un assaut d'infanterie et d'artillerie pour tenter de prendre la ville. Fin août, 35 000 habitants avaient fui. Ceux qui restaient étaient terrés dans des abris, survivant grâce à des conserves et à des rations d'eau. Durant plusieurs mois, la ville assiégée résista, défendue par de maigres troupes.

Après des semaines de combats de rues et de nombreux morts, Vukovar capitula le 18 novembre. Le 20 novembre, des soldats serbo-yougoslaves pénétrèrent dans l'hôpital et délogèrent les 400 patients, employés et proches qui s'y trouvaient ; la plupart (194 identifiés) furent massacrés près du village d'Ovčara ; leurs corps furent jetés dans une fosse commune. En 2007, le tribunal pénal de La Haye condamna deux officiers de l'armée yougoslave, Mile Mrkšić et Veselin Šljivančanin, respectivement à 20 et à 10 ans de prison pour leur implication dans ce massacre.

On estime que 2 000 personnes, dont 1 100 civils, périrent durant le siège de Vukovar. À ce chiffre s'ajoutent 4 000 blessés et plusieurs milliers de disparus, probablement enterrés dans des fosses communes ; 22 000 personnes furent contraintes à l'exil.

rétablir une cohabitation pacifique, mais le pardon est difficile pour ceux qui ont perdu des membres de leur famille et leurs biens.

👁 À voir

Musée de la culture de Vučedol MUSÉE
(032-373 930 ; www.vucedol.hr ; Vučedol 252 ; tarif plein/réduit 30/20 Kn ; 10h-18h mar-dim). Ce nouveau musée, 4 km en aval de Vukovar, est implanté sur l'un des sites archéologiques les plus important d'Europe. Les 19 salles d'exposition sur 2 niveaux donnent un aperçu de la riche culture de Vučedol, que l'on surnomme la Troie européenne.

Un train touristique relie le musée au centre-ville, à proximité de l'Hotel Dunav, à 15h les vendredis, samedis et dimanches, avec un retour à 16h30 (10 Kn).

Ce superbe site en bord de fleuve fut habité par des fermiers à partir de 6000 av. J.-C., et la culture de Vučedol atteignit son apogée entre 3000 et 2500 av. J.-C. Le musée expose des poteries, des répliques des fours où on fondait le cuivre, des crânes et des os trouvés sur place, des canoës de bois et des aiguilles en arête de poisson. Une belle animation retrace son peuplement durant son âge d'or, lorsque cette culture compta jusqu'à 2 000 âmes. Les présentations sont expliquées par des tableaux bilingues. La visite guidée en anglais (75 Kn) est intéressante. Demandez à ce qu'on vous conduise au Megaron, à 5 minutes à pied. Le bâtiment, semblable à un bunker avec des fenêtres, abrite des squelettes dans une fosse de sable, et la tombe d'un cerf qui servait à des rituels chamaniques. De son toit-terrasse, on a une belle vue sur le fleuve et les environs.

Château Eltz MUSÉE
(Županijska 2 ; tarif plein/réduit 25/15 Kn, mer 14h-16h gratuit ; 10h-18h mar-ven-dim). Endommagé pendant la guerre, le château Eltz, (XVIIIe siècle), a rouvert ses portes en 2014. La collection réunit de nombreux éléments multimédias interactifs. Circuit guidé en anglais (100 Kn). Ne manquez pas la section consacrée au siège de Vukovar, au 3e niveau.

Lieu de mémoire : l'hôpital de Vukovar de 1991 MUSÉE
(091 45 21 222 ; Županijska 37 ; tarif plein/réduit 15/7 Kn ; 8h-15h lun-ven, ou sur RV). Ce musée multimédia retrace les événements tragiques qui se sont déroulés à l'hôpital durant le siège de 1991. Le circuit passe par des couloirs protégés par des sacs de sable où sont projetées des vidéos de scènes de guerre, par des trous d'obus et par l'abri antiaérien dans lequel étaient confinés les nouveau-nés. Dans des petites cabines, vous pourrez écouter des interviews et des témoignages de victimes et de survivants.

Ada PLAGE
Les week-ends d'été, les habitants affluent sur les plages de cette île du Danube. Des bateaux (gratuits) partent du restaurant Vrška (www.restoran-vrske.hr ; Parobrodarska 3 ; 8h-22h lun-ven, 8h-23h sam-dim).

Mémorial d'Ovčara MÉMORIAL
(5 Kn ; 10h-17h). À 6 km de la ville en direction d'Ilok, un embranchement mène au mémorial d'Ovčara (à 4 km), le hangar où les centaines de personnes enlevées à l'hôpital de Vukovar furent battues et torturées après la chute de la ville en 1991. Leurs portraits sont projetés dans une pièce faiblement éclairée, avec une unique bougie allumée au milieu. À 1,5 km, le champ où les victimes furent exécutées est signalé par une pierre tombale en marbre noir couverte de bougies et de fleurs.

👉 Circuits organisés

Vukovar Waterbus Bajadera BATEAUX
(098-344 741 ; www.danubiumtours.hr/redplovidbe ; tarif plein/réduit/famille 45/40/90 Kn). Ce bateau au toit de verre embarque sur le Danube tous les soirs à 18h pour une excursion panoramique de 45 minutes.

🎉 Fêtes et festivals

Festival du film de Vukovar FILMS
(www.vukovarfilmfestival.com). Organisé à la fin août, ce festival annuel présente des films, des documentaires et des courts-métrages issus principalement des pays du Danube.

🛏 Où se loger et se restaurer

Hostel 101 Dalmatinac AUBERGE DE JEUNESSE €
(032-616 109 ; www.101dalmatinac.com ; Europske Unije 11 ; dort à partir de 135 Kn, d 400 Kn ; ❄️📶🐾). À quelques pas du fleuve, cette auberge de jeunesse compte 9 dortoirs (jusqu'à 7 personnes) et une chambre double, dans deux bâtiments différents. La décoration des chambres a pour thème les 101 Dalmatiens. Le petit-déjeuner (25 Kn) est servi au Dunavska Golubica. Appelez au préalable si vous arrivez après 22h.

Hotel Lav HÔTEL €€€
(032-445 100 ; www.hotel-lav.hr ; JJ Strossmayera 18 ; s/d 490/780 Kn ; P❄️📶). Cet hôtel

quatre-étoiles loue de grandes chambres, la plupart avec vue sur le fleuve. Bar, café, restaurant, petite salle de sport et terrasse.

Dunavska Golubica SLAVON €€
(Dunavska Šetnica 1 ; plats 50-100 Kn ; ⊙7h-23h). Restaurant au bord du fleuve, réputé pour ses spécialités (délicieux *fiš paprikaš* sans arêtes) et ses concerts du week-end en été.

❶ Renseignements

Office du tourisme (☎032-442 889 ; www.turizamvukovar.hr ; JJ Strossmayera 15 ; ⊙7h-15h lun-ven, 8h-13h sam).

❶ Depuis/vers Vukovar

Des bus relient Vukovar à Osijek (35 Kn, 1 heure, 10/jour), Ilok (35 Kn, 1 heure, 12/jour) et Zagreb (166 Kn, 5 heures, 5/jour). Des bus rejoignent Belgrade (99 Kn, 2 heures 30, 4/jour), en Serbie.

Ilok

☎032 / 7 000 HABITANTS

Ville la plus orientale de Croatie, à 37 km de Vukovar, Ilok est juchée sur une colline dominant le Danube et, au-delà, la région serbe de Voïvodine. Tout comme Vukovar, elle fait partie de la Syrmie (Srijem, en croate). Entourée des collines de la Fruška Gora, renommées pour leurs vignobles depuis l'époque romaine, cette cité médiévale bien conservée possède un château qui abrite l'un des meilleurs musées de Slavonie.

Occupée par les Serbes au début des années 1990, Ilok a réintégré la Croatie en 1998. La production viticole a repris depuis et vous pourrez visiter pas moins de 20 domaines. Le centre fortifié de la ville est en cours de rénovation, à la suite de récentes fouilles archéologiques.

⊙ À voir et à faire

Les vestiges des anciens remparts entourent la verdoyante **cité médiévale**, qui possède deux rares témoins de sa période ottomane : un **hammam** du XVIe siècle et un **türbe**, mausolée d'un noble turc.

Musée municipal MUSÉE
(Muzej Grada Iloka ; www.mgi.hr ; Šetalište Oca Mladena Barbarića 5 ; tarif plein/réduit 20/10 Kn ; ⊙9h-15h mar-jeu, 9h-18h ven, 11h-18h sam). Principal point d'intérêt d'Ilok, l'excellent Musée municipal se trouve dans le château Odescalchi, dominant le Danube. Le château, bâti sur les fondations d'un édifice du XVe siècle, fut remanié par la famille italienne des Odescalchi dans le style baroque classique qu'on lui connaît aujourd'hui.

Les collections sont très bien présentées. On remarquera notamment des sabres et des mousquets illustrant la période turque, des meubles et œuvres d'art du XIXe siècle, et une pierre tombale et des tapisseries provenant d'une ancienne synagogue.

Iločki Podrumi VIN
(☎032-590 088 ; www.ilocki-podrumi.hr ; Šetalište OM Barbarića 4 ; visite 30 Kn ; ⊙7h-23h). Jouxtant le château, les celliers d'Ilok méritent une visite. Ne manquez pas de goûter le *traminac,* un vin blanc sec renommé. Une visite de 30 minutes permet de découvrir les caves. Les visites guidées en anglais doivent être réservées à l'avance.

🛏 Où se loger

Stari Podrum HÔTEL €
(☎032-590 088 ; www.ilocki-podrumi.hr ; s/d 250/430 Kn ; P❄@🛜). Les 18 chambres, luxueusement décorées de ce bâtiment quelconque situé à l'arrière du château ont toutes vue sur le Danube. Les anciennes caves du château, transformées en salles de banquet, offrent un cadre splendide pour un repas copieux à base de saucisses de porc d'Ilok ou de ragoût d'agneau avec raviolis (plats 30-90 Kn), à marier à d'excellents vins.

Old Town Hostel AUBERGE DE JEUNESSE €
(☎098 92 22 512 ; www.cinema.com.hr/old-town-hostel ; Julija Benešića 42 ; dort/s/d 100/250/400 Kn ; P❄@🛜). Cette auberge de jeunesse en contrebas de la vieille ville loue 4 dortoirs colorés à l'étage. Le bar fait office de discothèque les soirs de week-end.

Hotel Dunav HÔTEL €€
(☎032-596 500 ; www.hoteldunavilok.com ; Julija Benešića 62 ; s/d 300/500 Kn ; P❄@🛜). Cet hôtel sur la rive du Danube loue 16 chambres agréables, avec vue sur le jardin et, pour certaines, un balcon ouvrant sur le fleuve. Charmant café en terrasse sur la berge.

❶ Renseignements

Office du tourisme (☎032-590 020 ; www.turizamilok.hr ; Sv Ivana Kapistrana 5 ; ⊙8h-16hlun-ven). Appelez avant de vous déplacer car les horaires sont irréguliers.

❶ Depuis/vers Ilok

Le bus arrive dans le centre-ville, à quelques pas de la cité médiévale. Des bus relient Ilok et Osijek (60 Kn, 1 heure 45, 4/jour) via Vukovar.

Istrie

052

Dans ce chapitre ➡
Pula................101
Îles Brijuni.........109
Vodnjan............110
Bale................111
Rovinj..............111
Poreč..............118
Umag..............123
Momjan............124
Grožnjan...........124
Motovun...........125
Buzet..............128
Roč................130
Pazin..............131
Svetvinčenat.......133
Labin et Rabac.....134

Pourquoi y aller

Trait d'union entre la Croatie continentale et l'Adriatique, l'Istrie (Istra en croate) est une péninsule de 3 600 km² en forme de cœur située au sud de Trieste. Les vallons et les plaines fertiles de l'arrière-pays attirent les touristes "bobos" dans des villages perchés, des hôtels ruraux et des fermes-auberges, tandis que le littoral est une destination très prisée par les amateurs de soleil. La côte pâtit de vastes complexes hôteliers et de plages rocailleuses, mais la propreté de l'eau et les nombreuses destinations encore secrètes compensent ces désagréments.

Si le littoral istrien est assailli d'estivants d'Europe centrale en haute saison, l'arrière-pays offre calme et isolement, même à la mi-août. Ajoutez à cela une gastronomie de premier plan, faisant appel aux produits de la mer frais, à d'excellentes truffes blanches, aux asperges sauvages, aux huiles d'olive sublimes et aux grands crus, et vous aurez un vrai petit paradis !

Le top des restaurants

➡ Male Madlene (p. 115)
➡ Marina (p. 122)
➡ Toklarija (p. 129)
➡ Barba Danilo (p. 116)

Le top des hébergements

➡ Villa Meneghetti (p. 111)
➡ Hotel Mauro (p. 120)
➡ Hotel Kaštel (p. 127)
➡ Vela Vrata (p. 129)
➡ Pula Art Hostel (p. 103)

Quand partir

Pula

Avr Au printemps, la cueillette des asperges sauvages bat son plein.

Juil-août Des festivals de musique et d'art enflamment les villes de l'Istrie.

Sept La saison de la truffe blanche démarre avec la fête de Subotina, à Buzet.

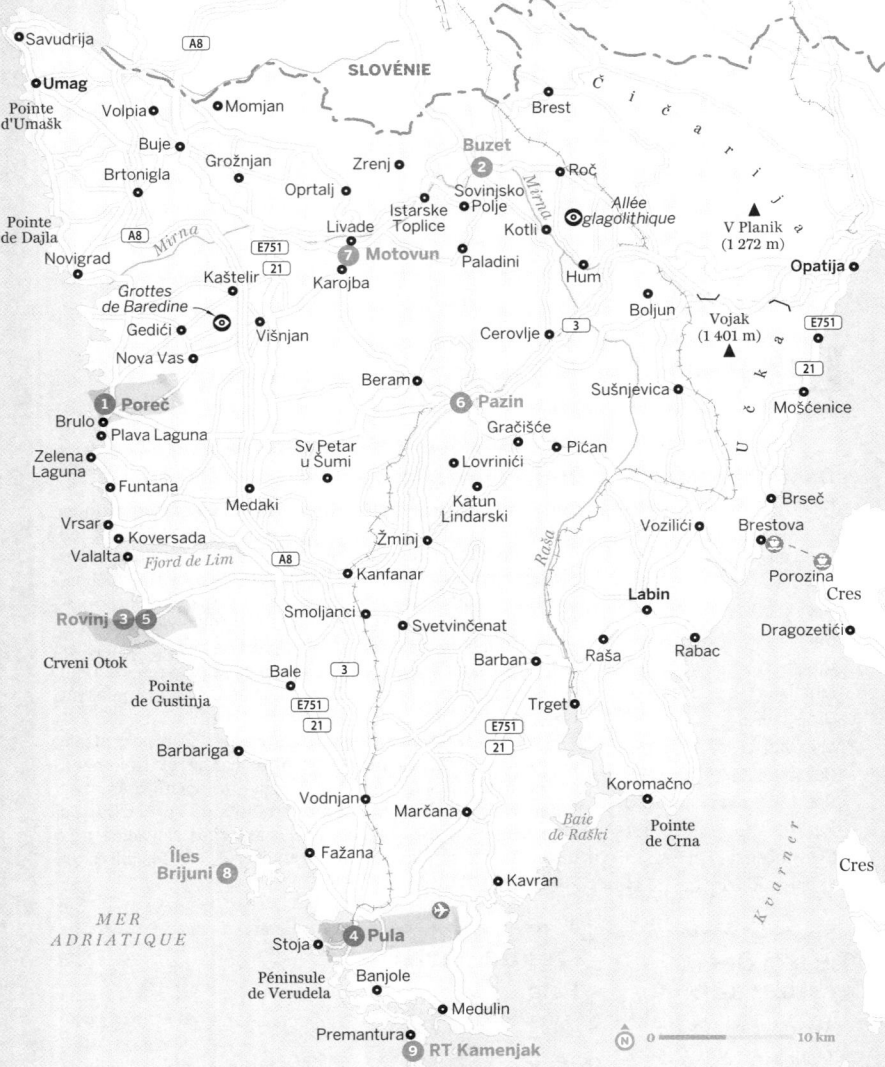

À ne pas manquer

1. Les mosaïques de la **basilique euphrasienne** (p. 118) de Poreč

2. La **récolte des truffes** (p. 129) dans les forêts autour de Buzet

3. La photo parfaite dans la vieille ville de **Rovinj** (p. 111)

4. Une promenade dans l'**amphithéâtre romain** (p. 102) de Pula

5. L'histoire de la pêche à Rovinj, à la **maison du Batana** (p. 113)

6. Le légendaire **gouffre de Pazin** (p. 132)

7. Le festival d'été du cinéma de **Motovun** (p. 127)

8. Les fastes du communisme aux **îles Brijuni** (p. 109), lieu de villégiature de Tito

9. La nature sauvage du cap de **Rt Kamenjak** (p. 108), près de Pula

Histoire

La tribu illyrienne des Histriens s'installa dans la région vers la fin du IIe millénaire av. J.-C., fondant des villages fortifiés au sommet des collines de la côte et de l'intérieur. Les Romains, qui envahirent l'Istrie au IIIe siècle av. J.-C., construisirent des routes et de nouvelles places fortes stratégiques.

L'Empire byzantin contrôla la région de 539 à 751. Le plus beau vestige de cette période est la basilique euphrasienne de Poreč. Par la suite, des Slaves, des Francs et des souverains allemands dirigèrent l'Istrie, jusqu'à ce que la république de Venise, puissance alors grandissante, s'arroge le contrôle de la côte istrienne au début du XIIIe siècle.

La chute de Venise, en 1797, fit basculer l'Istrie sous domination autrichienne. Vinrent ensuite les Français (1809-1813), suivis par les Autrichiens. Du XIXe au début du XXe siècle, l'Empire austro-hongrois se désintéressa de la région. Quand l'empire se désintégra à l'issue de la Première Guerre mondiale, l'Italie s'assura le contrôle de l'Istrie en occupant Pula dès novembre 1918. Par le traité de Rapallo de 1922, elle obtint du royaume des Serbes, des Croates et des Slovènes la rétrocession de l'Istrie, de la ville de Zadar et de plusieurs îles, en remerciement de l'aide qu'elle avait apportée aux puissances alliées pendant le conflit.

S'ensuivit un déplacement de population avec l'arrivée de 30 000 à 40 000 Italiens et le départ de nombreux Croates fuyant le fascisme. Afin de consolider leur empire, les nouveaux maîtres de la région interdirent la pratique et l'apprentissage du croate.

L'Italie conserva l'Istrie jusqu'au terme de la Seconde Guerre mondiale. La région fut alors intégrée à la Yougoslavie, ce qui provoqua un nouvel exode d'Italiens et de Croates fuyant le régime communiste de Tito. Le sort de Trieste et de la pointe nord-ouest de la péninsule resta une pomme de discorde entre l'Italie et la Yougoslavie jusqu'en 1954, date à laquelle la zone fut finalement attribuée à l'Italie. Dans le cadre de la réorganisation de la Yougoslavie orchestrée par Tito, le nord de la péninsule fut rattaché à la Slovénie, dont il dépend toujours.

CÔTE OUEST DE L'ISTRIE

La côte ouest de l'Istrie est sa vitrine touristique. Pula, la principale ville côtière, se situe à la pointe de la péninsule, d'où l'on peut aisément visiter en une journée les îles Brijuni, ancien lieu de villégiature de Tito. Si Rovinj en est le joyau, Poreč, avec ses nombreuses possibilités d'hébergement et de loisirs, demeure, quant à elle, la destination la plus facile d'accès et la moins onéreuse. L'influence de l'Italie est omniprésente : l'italien tient d'ailleurs lieu de deuxième langue et toutes les villes ont aussi leur nom dans la langue de Dante.

Pula

57 460 HABITANTS

Grâce aux nombreux vestiges romains qui subliment son aspect par ailleurs ordinaire, Pula (la Polensium romaine) se distingue des autres grandes villes croates. Situé en plein centre-ville dont il est le point d'orgue, l'amphithéâtre, remarquablement préservé, domine le paysage urbain et accueille des concerts et des festivals en été.

Malgré sa forte activité commerciale, Pula a le charme d'une petite ville côtière. Un court trajet en bus mène aux plages des stations de la péninsule de Verudela, au sud. Quoique enlaidi par des complexes résidentiels et hôteliers, le littoral est émaillé de pinèdes, de cafés en bord de mer et de tables réputées. Plus au sud, la péninsule de Premantura englobe un superbe parc naturel protégé, le cap de Rt Kamenjak.

Histoire

En 1853, Pula devint le principal centre naval de l'Empire austro-hongrois. La construction d'un port moderne et l'inauguration, en 1886, d'un vaste chantier naval ouvrirent une ère d'expansion qui en fit une métropole militaire et industrielle.

La ville connut un nouveau déclin sous l'occupation italienne, de 1918 à 1943, date à laquelle les Allemands succédèrent aux Italiens. À l'issue de la Seconde Guerre mondiale, Pula fut placée sous l'administration des forces anglo-américaines, avant d'être rattachée à la Yougoslavie en 1947. Le tissu industriel de la cité n'a pas excessivement pâti du conflit récent, ce qui a permis à Pula de conserver un rang important dans la construction navale, le textile, la métallurgie et la verrerie.

◉ À voir

La partie la plus ancienne de la ville suit le plan de la cité romaine. Les rues contournent la citadelle, au centre, tandis que les quartiers plus récents s'agencent en damier. La plupart des commerces, agences de voyages et services sont regroupés dans la vieille ville et ses alentours, et dans Giardini, Carrarina, Istarska et Riva, qui longe le port flambant neuf. Les plages se concentrent à 4 km au sud, sur la péninsule de Verudela.

♥ Amphithéâtre romain   ÉDIFICE HISTORIQUE
(Arena ; Flavijevska bb ; tarif plein/réduit 50/25 Kn ; ⊙8h-minuit juil-août, 8h-21h mai-juin et sept, 8h-19h oct-avr). Érigé au Ier siècle, cet amphithéâtre, vaste ellipse qui domine le port au nord-est de la vieille ville, est le monument le plus emblématique et le plus imposant de Pula. Entièrement construit dans la pierre calcaire locale, cet édifice, qu'on appelait l'*arena*, accueillait des combats de gladiateurs et pouvait contenir plus de 20 000 spectateurs assis.

Lorsque vous déboucherez de la billetterie au rez-de-chaussée de l'amphithéâtre, remarquez, au faîte des murs, une gouttière qui recueillait les eaux pluviales. On aperçoit aussi encore les blocs qui fixaient le velum, la toile destinée à protéger le public du soleil. Grimpez sur les pierres, asseyez-vous et imaginez les scènes qui s'y jouaient il y a quelque 2000 ans, ou louez un costume romain et faites vous photographier.

Dans les salles proches de la billetterie, un petit musée au sol de gravier comporte des vitrines sur l'industrie de l'huile d'olive et la vie à l'époque romaine en Istrie.

Allez voir "Spectacvla Antiqva" (30/70 Kn adulte/enfant), un spectacle qui a lieu une fois par semaine le soir en été et recrée des combats de gladiateurs, avec des ateliers pour s'habiller ou se coiffer comme à l'époque romaine, et où l'on peut manger et boire comme dans l'Antiquité.

Musée d'Art contemporain d'Istrie   MUSÉE
(Ivana 1 ; 10 Kn ; ⊙11h-21h mar-dim juil-août, 10h-19h mar-dim reste de l'année). Ce musée, qui occupe l'ancienne imprimerie près du port, expose des œuvres d'artistes istriens de la seconde moitié du XXe siècle à aujourd'hui.

Cathédrale   CATHÉDRALE
(Katedrala ; Trg Sv Tome 2 ; ⊙10h-18h juil-août, horaires réduits reste de l'année). Le grand autel de la cathédrale du Ve siècle de Pula est un sarcophage romain contenant des reliques de saints du IIIe siècle. Le sol comporte des fragments de mosaïques des Ve et VIe siècles. Des pierres de l'amphithéâtre furent utilisées pour construire le clocher au XVIIe siècle.

Musée d'Histoire maritime d'Istrie   MUSÉE
(Gradinski Uspon 6 ; tarif plein/réduit 20/10 Kn ; ⊙8h-21h avr-sept, 9h-17h oct-mars). Ce musée occupe une forteresse vénitienne du XVIIe siècle surplombant le cœur de la vieille ville. Ses collections, principalement consacrées à l'histoire maritime de Pula, présentent un intérêt limité, contrairement à la vue depuis les remparts, qui vaut le détour.

Temple d'Auguste   ÉDIFICE HISTORIQUE
(Forum ; tarif plein/réduit 10/5 Kn ; ⊙9h-21h lun-ven, 9h-15h sam-dim). Il s'agit du seul vestige visible du Forum romain, qui demeura la place centrale de Pula, de l'Antiquité au Moyen Âge. Des temples et des bâtiments publics s'y dressaient jadis ; aujourd'hui, il ne reste que ce temple, érigé entre l'an 2 av. J.-C. et l'an 14. Après le départ des Romains, le temple d'Auguste fut reconverti en église, puis en grenier à céréales. Reconstruit après avoir été touché par une bombe en 1944, on y trouve désormais un petit *musée* de la sculpture romaine, avec quelques expositions temporaires.

Mosaïque romaine   SITE HISTORIQUE
(Sergijevaca). GRATUIT Ne manquez pas ce pavement de mosaïques bien conservé datant du IIIe siècle. Le panneau central, entouré de motifs géométriques remarquablement bien préservés, dépeint la punition de Dircé qui, dans la mythologie grecque, avait jeté la belle Antiope en prison. Il est difficile à dénicher : suivez les panneaux marron depuis le parking, dans Flaciusova.

Les géants lumineux   ART PUBLIC
(Port de Pula ; ⊙crépuscule-22h). Ne manquez pas la dernière curiosité de Pula, un spectacle lumineux fascinant, sur le chantier naval Uljanik, l'un des plus vieux au monde toujours en activité, créé au XIXe siècle. Dean Skira, éclairagiste de renom, a illuminé les grues emblématiques du chantier naval de plus de 16 000 combinaisons de couleurs différentes. Le spectacle débute à l'heure pile quatre fois par soir et dure quinze minutes.

Arc de triomphe de Sergius   ARC DE TRIOMPHE
(Sergijevaca). Le long de Carrarina, des remparts romains marquent la limite est de la vieille ville. Longez-les vers le sud, puis traversez Giardini pour gagner ce majestueux arc de triomphe érigé en 27 av. J.-C., en hommage à trois membres de la famille Sergius qui s'étaient distingués à Pula.

Zerostrasse SITE HISTORIQUE
(052-211 566 ; Gradinski uspon 6 ; tarif plein/réduit 15/5Kn ; 10h-22h mi-juin à mi-sept). Ce réseau de tunnels souterrains fut construit avant et pendant la Première Guerre mondiale pour servir d'abri et de réserve de munitions. On peut en parcourir certaines sections, qui mènent toutes au centre, où une exposition de photos retrace les débuts de l'aviation à Pula. Il y a trois entrées : près du forum (dans une minuscule rue sans nom près de Kandlerova), près du musée d'Archéologie et près de la station de taxis dans Giardini.

Activités et circuits organisés

Entre Pula et Medulin, une piste cyclable suit sur 41 km le chemin qu'empruntaient jadis les gladiateurs. L'office du tourisme (p. 107) vous renseignera sur l'itinéraire et fournira une carte.

Si vous aimez le vélo, consultez Istria Bike (www.istria-bike.com). Géré par l'office du tourisme, ce site Internet détaille les itinéraires, les séjours et les agences proposant des circuits à vélo.

Orca Diving Center PLONGÉE
(099 83 10 867 ; www.orcadiving.hr ; Verudela bb, Hotel Histria). Ce centre sur la péninsule de Verudela organise des plongées en bateau et sur épave.

White Dust Sailing BATEAU
(091 60 17 268 ; www.whitedust-sailing.com). Pour naviguer en sortant de l'ordinaire, louez un bateau chez White Dust Sailing, qui propose de belles sorties quotidiennes, ainsi que des croisières thématiques d'une semaine (aventure, famille, gastronomie) qui suivent des itinéraires originaux vers des plages peu fréquentées. En haute saison, croisières à partir de 500 €.

Martinabela BATEAU
(098 99 75 875 ; www.martinabela.hr ; circuit 280 Kn). Le bateau de cette petite agence se rend deux fois par jour, l'été, aux îles Brijuni.

Fêtes et festivals

Festival du film de Pula CINÉMA
(www.pulafilmfestival.hr). Créé il y a plus de 60 ans, le Pula Film Festival, qui se tient en juillet, est l'événement phare de la ville. Projections de films, majoritairement croates, dans divers lieux, et notamment dans l'amphithéâtre romain (p. 102).

> **100% LOCAL**
> ### PULA, CÔTÉ PLAGE
> Plusieurs plages de rochers décrivent un demi-cercle autour de Pula. Les plus fréquentées avoisinent le complexe hôtelier de la **péninsule de Verudela**. Certains habitants préfèrent la petite **plage de Hawaï**, aux eaux turquoise, près de l'Hotel Park.

Seasplash Festival MUSIQUE
(www.seasplash.net). Pendant la dernière semaine de juillet, ce festival vibrant, avec des concerts live éclectiques, du reggae et du ska jusqu'au dancehall et au hip-hop, anime le fort Punta Christo, à Štinjan, à la sortie nord-ouest de Pula.

Outlook Festival MUSIQUE
(www.outlookfestival.com ; sept). Le plus grand festival en Europe de bass music et de sound system a lieu début septembre au fort Punta Christo, à Štinjan.

Où se loger

Pula Art Hostel AUBERGE DE JEUNESSE €
(098 874 078 ; www.pulaarthostel.com ; Marulićeva 41 ; dort/d 120/330 Kn ;). Auberge de jeunesse intime, tenue par une famille sympathique qui aime les carrelages originaux, comme ceux du toit-terrasse, des pièces communes et de la majorité des salles de bains et des dortoirs. Équipements propres, bien entretenus et atmosphère d'auberge à l'ancienne. Seul inconvénient : son emplacement, au sud du centre.

Camping Stoja CAMPING €
(052-387 144 ; www.arenacamps.com ; Stoja 37 ; 63/126 Kn par pers/empl ; avr-oct). Le camping le plus proche de Pula, à 3 km au sud-ouest du centre, propose un vaste espace sur un promontoire ombragé, un restaurant, un centre de plongée et offre des possibilités de baignade depuis les rochers. Prenez le bus 1, direction Stoja.

Auberge de jeunesse AUBERGE DE JEUNESSE €
(052-391 133 ; www.hfhs.hr ; Valsaline 4 ; dort 135 Kn, caravane 155 Kn, empl 80/15 Kn par pers/tente ;). Auberge surplombant une plage sur la baie de Valsaline, à 3 km au sud du centre de Pula. Dortoirs, caravanes divisées en 2 minuscules chambres de 4 lits et emplacements de tentes. Prenez le bus 2A ou 3A jusqu'à l'arrêt "Veruda 2", revenez

Pula

vers la ville jusqu'à la première rue, prenez à gauche et cherchez l'enseigne.

Hotel Scaletta HÔTEL €€
(☏ 052-541 025 ; www.hotel-scaletta.com ; Flavijevska 26 ; s/d 498/718 Kn ; P ❄ ☎). Ambiance agréablement familiale dans cet hôtel douillet aux chambres joliment décorées et équipées (de minibars, notamment). Tout près de la ville, accessible à pied de l'amphithéâtre et du front de mer. Le prix inclut le buffet du petit-déjeuner.

Pula

⊙ Les incontournables
1 Amphithéâtre romain D3

⊙ À voir
2 Cathédrale B4
3 Musée d'Histoire maritime
 d'Istrie B4
4 Géants lumineux A6
5 Musée d'Art contemporain
 d'Istrie B3
6 Mosaïque romaine A5
7 Temple d'Auguste A4
8 Arc de triomphe
 de Sergius C5
9 Zerostrasse C5

⊙ Où se loger
10 Hotel Amfiteatar C3
11 Hotel Galija C5
12 Hotel Scaletta D2

⊙ Où se restaurer
13 Fresh B6

⊙ Où prendre un verre et faire la fête
14 Club Uljanik B6
15 Cvajner A4
16 James Joyce C5
17 Pietas Julia C2
18 Scala D3
19 Scandal Express C6

Hotel Galija HÔTEL €€€
(☏ 052-383 802 ; www.hotelgalija.hr ; Epulonova 3 ; s/d 608/836 Kn ; 🅿️ ❄ 📶). Hôtel bien tenu en deux parties, situé non loin du marché central. Les chambres standards sont au-dessus du restaurant, les plus modernes dans le bâtiment de la réception.

Hotel Amfiteatar HÔTEL €€€
(☏ 052-375 600 ; www.hotelamfiteatar.com ; Amfiteatarska 6 ; ch à partir de 833 Kn ; 🅿️ ❄ 📶). L'hôtel le plus huppé de la ville, près de l'amphithéâtre, loue des chambres contemporaines aux tailles et panoramas variés, pourvues de minibars et de TV à écran plat. Le restaurant est l'un des meilleurs de Pula.

Park Plaza Histria Pula HÔTEL €€€
(☏ 052-590 000 ; www.arenaturist.hr ; Verudella 17 ; s/d 950/1 400 Kn ; 🅿️ ❄ @ 📶 ☰). Vaste quatre-étoiles aux chambres bien tenues avec balcon. L'accès facile à la plage compense le manque de caractère de ce géant de béton sur la péninsule de Verudela. Piscines et spa. Réservez en ligne pour de meilleurs prix.

🍴 Où se restaurer

On trouve surtout des pièges à touristes dans le centre de Pula. Les meilleures tables ont implantées à l'extérieur de la ville. Pour manger un morceau rapidement sans vous ruiner, cherchez du côté du marché central.

Fish-Food More POISSON €
(Rizzijeva 47 ; plats 50-100 Kn ; ⊙ 8h-23h lun-sam juin-juil et sept, et aussi le dim en août). Restaurant de poisson dans un quartier résidentiel, à 15 minutes à pied en amont du marché central. Les sardines marinées sont extraordinaires. Pour y aller, empruntez Radićeva vers le sud jusqu'à Rizzijeva.

Fresh SANDWICHS €
(Anticova 5 ; en-cas 16-20 Kn ; ⊙ 9h-16h30 lun-ven). Parfaite pour quelque chose de roboratif et de rapide, cette petite sandwicherie-saladerie vend de très bons toasts jambon-fromage, des plats vegétariens/végétaliens goûteux (comme la quiche aux épinards et à la chicorée) et de savoureuses tartes croates traditionnelles comme la *zlevanka*, ainsi que des wraps, pâtes et tortillas.

♥ Konoba Batelina POISSON €€
(☏ 052-573 767 ; Čimulje 25, Banjole ; plats 75-155 Kn ; ⊙ 17h-23h lun-sam). La délicieuse cuisine proposée dans cette taverne tenue en famille vaut largement la balade de 3 km jusqu'à ce village à l'est de Pula. Le propriétaire, chef et pêcheur David Skoko mitonne des plats marins parmi les meilleurs et les plus créatifs d'Istrie. Réservez.

Medeja CROATE €€
(Šijanska cesta 24 ; plats 45-120 Kn ; ⊙ 12h-23h). À 3 km au nord-est du centre, près de la sortie de l'autoroute, ce restaurant semble peu engageant, mais, une fois installé, vous goûterez des plats croates chargés de crème, de pâtes, de truffe et de bacon, comme aurait pu les faire grand-mère, mais les desserts maison dépassent de loin ses aptitudes.

Farabuto MÉDITERRANÉEN €€
(www.farabuto.hr ; Sisplac 15 ; plats 70-140 Kn ; ⊙ 11h-minuit juin-sept, fermé dim oct-mai). Le restaurant de ce quartier résidentiel banal à environ 1,5 km au sud-ouest du centre mérite le détour pour sa décoration chic, mais surtout pour sa cuisine méditerranéenne créative. Il propose des plats du jour et sa carte des vins est bien fournie. Essayez la cuvée du patron du domaine Piquentum.

Vodnjanka
ISTRIEN €€

(Vitezića 4 ; plats 40-100 Kn ; ⊙12h-22h lun-sam). Les habitants ne jurent que par la cuisine de Vodnjanka. Bon marché, (paiement en espèces), sa carte limitée (ce qui est bon signe) est centrée sur une cuisine istrienne simple. Assez écarté de la ville : pour y aller, suivez Radićeva vers le sud jusqu'à Vitezića.

Milan
MÉDITERRANÉEN €€

(www.milanpula.com ; Stoja 4 ; plats 80-180 Kn ; ⊙12h-23h). Ambiance sélecte, plats de saison, 4 sommeliers et un expert en huile d'olive pour une expérience culinaire inoubliable. Le menu de poisson à 5 plats vaut le détour.

Gina
ISTRIEN €€

(Stoja 23 ; plats 50-130 Kn ; ⊙12h-23h). Restaurant discret près du camping Stoja (p. 103), que fréquente une clientèle locale attirée par ses spécialités istriennes, sa décoration douillette et sa jolie vue sur la mer. Essayez la soupe de poisson crémeuse à la *malvazija* (vin) et le *semifreddo* (dessert glacé) à la lavande avec son coulis chaud de figues et pignons.

🍷 Où prendre un verre et faire la fête

Bien que l'animation nocturne batte surtout son plein en dehors du centre-ville, par beau temps, les cafés du quartier du forum et des rues piétonnes (Kandlerova, Flanatička et Sergijevaca) sont animés. La jeunesse se retrouve sur le Lungomare, le bord de mer, pour siroter une bière au son des baffles des voitures. Des bars de plage vous attendent à Verudela et à Medulin.

♥ Cvajner
CAFÉ

(Forum 2 ; ⊙7h30-2h lun-ven, 8h-2h sam, 8h30-2h dim). Dans une ancienne banque, au forum (l'énorme coffre sert de réserve), c'est le café le plus branché de Pula, avec ses meubles de la période Tito et ses œuvres d'artistes locaux. Quand il fait chaud, la plupart des clients délaissent les plaisirs de l'intérieur pour les sièges en plein air, sur le devant.

♥ Cabahia
BAR

(Širolina 4 ; ⊙8h-minuit lun-sam, 10h-minuit dim). À Veruda, à 2 km au sud du centre, ce charmant repaire bohème à la lumière tamisée et au parfum d'Amérique du Sud dévoile un intérieur tout en poutres apparentes et vieux objets éclectiques. Agréable jardin en terrasse à l'arrière. L'endroit accueille des concerts et fait salle comble le week-end.

Club Uljanik
CLUB

(www.clubuljanik.hr ; Dobrilina 2 ; ⊙8h-5h jeu-sam). Depuis les années 1960, cette discothèque mythique attire une clientèle jeune qui apprécie les soirées à thème du week-end.

Pietas Julia
BAR

(Riva 20 ; ⊙8h-minuit lun-jeu et dim, 8h-4h sam ; 📶). Ce bar tendance du port, près du club d'aviron, s'anime vraiment tard dans la soirée, le week-end, car il reste ouvert jusqu'à 4h. La journée, il propose des petits-déjeuners et des en-cas.

Scandal Express
BAR

(Ciscuttijeva 15 ; ⊙7h-minuit lun-ven, 7h-14h et 18h-minuit sam-dim ; 📶). Mêlez-vous à la clientèle éclectique de ce café-bar à l'ambiance sympathique, tapissé d'affiches. Essayez la *pašareta,* un soda istrien.

Scala
CAFÉ

(Ozad Arene ; ⊙8h-21h lun-ven, 9h-21h sam). Arrêtez-vous dans ce modeste café-bar : les tables à l'extérieur ont une vue imprenable sur l'amphithéâtre. Cette vue et les prix raisonnables en font un bon endroit pour une pause durant votre visite.

James Joyce
BAR

(Trg Portarata 1 ; ⊙7h-22h lun-sam). Une statue de James Joyce vous salue à l'entrée de ce bar coloré, au rez-de-chaussée d'un immeuble où Joyce enseigna l'anglais. L'intérieur est plutôt inattendu, tout en cuivre, lampes Tiffany, vitraux Art-nouveau et bibelots de marine. Mais, si vous n'êtes pas adepte du tabagisme passif, ne vous attardez pas trop.

Zeppelin
BAR DE PLAGE

(Baie de Saccorgiana ; ⊙10h-2h lun-jeu et dim, 10h-4h ven-sam). Bar de plage animé sur la baie de Saccorgiana, à Verudela, organisant aussi des soirées dont les thèmes vont de la vodka au reggae, en passant par le karaoké et le martini dry.

Bass
BAR

(Širolina 3 ; ⊙8h-minuit lun-sam, 10h-minuit dim). Bar plein de caractère dans Veruda qui propose de nombreux cocktails à une clientèle décontractée.

☆ Où sortir

Dans tout Pula, des affiches annoncent les concerts à venir. Ne manquez pas ceux qui sont donnés dans le spectaculaire amphithéâtre ; contactez l'office du tourisme pour plus de détails.

LE NATURISME EN ISTRIE, UNE VIEILLE HISTOIRE

La tradition du naturisme en Croatie est apparue au début du XXe siècle sur l'île de Rab. Sous l'influence du mouvement allemand de la "culture du corps libre" (*freikörperkultur*), le naturisme devint rapidement une mode chez les Autrichiens. Ce fut d'ailleurs un Autrichien, Richard Ehrmann, qui ouvrit le premier camp naturiste sur la plage du Paradis, près de Lopar, sur Rab. Toutefois, les vrais pionniers dans l'Adriatique furent le roi britannique Édouard VIII (qui finira par abdiquer) et sa future épouse Wallis Simpson, qui lancèrent la mode en se baignant nus sur la côte de Rab en 1936.

On trouve sur la côte istrienne les établissements naturistes parmi les plus vastes et les mieux aménagés de Croatie. Le sigle FKK, que vous verrez sur ces terrains, est l'abréviation de *freikörperkultur*.

Le **Camp Kanegra** (052-700 700 ; www.istracamping.com ; Umag ; 48/107 Kn par pers/tente), au nord d'Umag, est un site modeste, avec une plage de galets. En longeant la côte vers le sud, on arrive au **centre naturiste Ulika** (052-410 102 ; www.plavalaguna.hr ; Červar ; 60/130 Kn par pers/tente), à la lisière de Poreč. Outre ses 559 emplacements de camping, il est possible d'y louer des caravanes et des mobil-homes. Si vous préférez séjourner en appartement, la **résidence naturiste Solaris** (www.valamar.hr ; Tar ; ch à partir de 587 Kn ; ✱ ✆) constitue un bon choix. À seulement 12 km au nord de Poreč, sur la péninsule boisée de Lanterna, ce complexe comprend également un terrain de camping. Au sud de Poreč, non loin du village de pêcheurs de Funtana, le **camping naturiste Istra** (www.valamar.hr ; Grgeti 35, Funtana ; 60/130 Kn par pers/tente), plus vaste, peut accueillir jusqu'à 3 000 personnes. Figure de proue des stations naturistes, **Koversada** (www.campingrovinjvrsar.com ; Koversada 1, Vrsar ; 55/130 Kn par pers/tente) est situé plus au sud, après Vrsar. En 1961, l'îlot de Koversada se convertit intégralement au nudisme et le mouvement ne tarda pas à gagner la côte voisine. Aujourd'hui, les campings, appartements et villas de cet immense site peuvent accueillir jusqu'à 8 000 personnes. Pour plus d'intimité, continuez vers le sud pour rejoindre le **camping naturiste Valalta** (052-804 800 ; www.valalta.hr ; Lim 7 ; 85/208 Kn par pers/empl), de l'autre côté du fjord de Lim, au nord de Rovinj, où le nombre d'appartements, de bungalows, de caravanes, de mobil-homes et d'emplacements de camping est moins important. Pour être plus proche de Pula, il faut encore suivre la côte jusqu'à Medulin et le **Camp Kažela** (www.arenacamps.com ; Kapovica 350, Medulin ; 61/131 Kn par pers/tente), qui propose des mobil-homes et des emplacements de camping donnant sur la mer.

Rojc   CENTRE CULTUREL
(www.rojcnet.pula.org ; Gajeva 3). Pour une incursion dans la culture underground, consultez la programmation du Rojc, une caserne transformée en centre culturel, où se déroulent des concerts, des expositions et d'autres manifestations. Du Parc Montezaro, dirigez-vous vers le sud, en contrebas du centre de Pula, et suivez Gajeva jusqu'à Rojc.

❶ Renseignements

Active Travel Istra (052-215 497 ; www.activa-istra.com ; Scalierova 1). Spécialisée dans les excursions en Istrie, les expéditions plus aventureuses et les places de concert.

Arenaturist (052-529 400 ; www.arenaturist.hr ; Riviera Guest House, Splitska 1a). Réservation de chambres dans son réseau d'hôtels, guides et excursions.

Hôpital (052-376 500 ; Zagrebačka 30 ; ⏰24h/24)

IstrAction (095 70 07 822 ; www.istraction.com ; Kolodvorska 5). Circuits d'une demi-journée au cap Kamenjak et autour des fortifications de Pula, ainsi que des excursions d'une journée sur le thème du Moyen Âge.

Maremonti Istra (052-384 000 ; www.maremonti-istra.hr ; Zadarska 5). Réservation d'hébergements et location de voitures et de scooters (150-300 Kn/jour). Vélos à louer (à partir de 90 Kn/jour) et visite guidée de Pula à vélo (300 Kn).

Office du tourisme (052-219 197 ; www.pulainfo.hr ; Forum 3 ; ⏰9h-21h). Cartes, brochures et renseignements sur les manifestations à Pula et en Istrie. Deux brochures sont très utiles : *Domus Bonus*, recense les meilleures chambres chez l'habitant en Istrie, et *Istra Gourmet*, les restaurants.

Si vous avez l'intention de tout visiter, il est intéressant d'acheter une Pula Card pour 120 Kn (70 Kn pour les enfants de plus de 7 ans), qui vous donne accès à de nombreux sites.

CUISINE D'ISTRIE

La cuisine istrienne est une des bonnes raisons de visiter cette région de Croatie. Truffes locales, produits de la mer, pâtes, gibier et vins tiennent la vedette sur les cartes, et la qualité est au rendez-vous presque partout. Une forte influence italienne se ressent aussi sur la cuisine locale, et certains affirment que les pizzas y sont meilleures que presque partout en Italie.

Sur place, **Eat Istria** (095 85 51 962 ; www.eatistria.com ; Kapovica 322, Medulin) propose des cours de cuisine et des circuits de dégustations de vins dans toute la péninsule.

Poste principale (Danteov trg 4 ; 7h-20h lun-ven, 7h-14h sam). Dans un superbe bâtiment fonctionnaliste des années 1930 – son escalier intérieur en spirale, rouge, est un chef-d'œuvre.

Depuis/vers Pula

AVION

Aéroport de Pula (060 308 308 ; www.airport-pula.com). À 6 km au nord-est de la ville. Quatre vols quotidiens desservent Zagreb. En été, liaisons low cost et charters (comme Ryanair et Germanwings) avec de grandes villes européennes. **Croatia Airlines** (072 500 505 ; www.croatiaairlines.hr) possède un bureau à l'aéroport.

BATEAU

Le port de Pula est juste à l'ouest de l'amphithéâtre, et à 500 m seulement au sud-ouest de la gare routière. Vous trouverez chez **Jadroagent** (052-210 431 ; www.jadroagent.hr ; Riva 14 ; 7h-15h lun-ven) les horaires et les billets des bateaux de la compagnie Jadrolinija, qui relient l'Istrie aux îles et au sud de la Croatie.

BUS

La **gare routière** (Šijanska 4) de Pula est à 500 m au nord-est du centre-ville. Liaisons notamment vers :

Dubrovnik 383 Kn, 15 heures, 1/jour.
Labin 48 Kn, 1 heure, 8/jour.
Poreč 60 Kn, 1 heure 30, 7/jour.
Rijeka 90 Kn, 2 heures 30, 18/jour.
Rovinj 33 Kn, 40 minutes, au moins 1/heure.
Zadar 176 Kn, 7 heures, 1/jour.
Zagreb 140 Kn, 5 heures 30, 7/jour.
Brioni Pula (052-544 537 ; www.brioni.hr) est une compagnie de Pula qui dessert l'Istrie, Split, Zagreb, Padoue et Trieste.

TRAIN

À moins de 1 km au nord de la ville, près de la mer, la gare ferroviaire est située dans Kolodvorska. Correspondances depuis Pula :
Buzet 57 Kn, 2 heures, 8/jour
Pazin 36 Kn, 1 heure, 8/jour
Zagreb 154 Kn, 9 heures, 8/jour

Cap de Rt Kamenjak

Le cap de Rt Kamenjak, sur la **péninsule de Premantura**, à 10 km au sud de Pula, offre un superbe cadre tranquille. Extrémité méridionale de l'Istrie, ce cap désert se caractérise par un paysage de collines, de fleurs sauvages (dont une trentaine de variétés d'orchidées), de maquis, d'arbres fruitiers et de plantes médicinales. Son maillage de sentiers et de routes de gravier facilite l'accès au ruban de 30 km de plages et de criques immaculées. Par ailleurs, on y jouit d'une vue imprenable sur l'île de Cres et la cime du Velebit. Veillez à ne laisser aucune trace de votre passage – récupérez tous vos déchets en partant à la fin de la journée. Gare aux forts courants marins au sud du cap !

À voir et à faire

Plage de Kolombarica PLAGE
À la pointe sud de la péninsule, la plage de Kolombarica attire les jeunes aventureux, qui viennent plonger du haut des falaises et nager dans les grottes peu profondes à la limite du rivage. Juste au-dessus, un bar très agréable se niche dans la garrigue, à environ 3,5 km de l'entrée du parc. L'endroit est idéal pour passer l'après-midi à l'ombre d'alcôves luxuriantes, entouré de bois flotté et d'objets trouvés. Les en-cas sont délicieux.

Gornji Kamenjak LIEU
La zone la plus sauvage et la moins fréquentée du cap, Gornji Kamenjak, s'étend entre le village de Volme et Premantura.

Windsurf Bar SPORTS NAUTIQUES, CYCLOTOURISME
(091 51 23 646 ; www.windsurfing.hr ; planches à voile/cours à partir de 80/200 Kn/h). En plus de la planche à voile, ce centre situé à Premantura propose des excursions à vélo (250 Kn) ou en kayak (300 Kn), et loue des vélos (30/100 Kn l'heure/la journée).

Où se loger

Tous les visiteurs doivent quitter le cap avant 22h, et le camping y est interdit. Pula, non loin, compte de nombreux hébergements.

ⓘ Renseignements

Office du tourisme (📞 052-575 287 ; www.kamenjak.hr ; Selo 120, Premantura)

ⓘ Depuis/vers le cap de Rt Kamenjak

Le plus simple consiste à accéder au cap de Rt Kamenjak en voiture. Dans ce cas, roulez doucement afin de ne pas soulever trop de poussière – cela nuit à l'environnement. On vous demandera 40 Kn pour venir ici en voiture – vous pouvez payer à l'entrée à partir de 7h. Solution plus écologique, vous pourrez prendre le bus municipal 28 de Pula à Premantura (20 Kn), puis louer un vélo pour vous déplacer dans le parc.

Îles Brijuni

L'archipel des Brijuni (Brioni en italien) comprend deux grandes îles tapissées de pins et douze îlots éparpillés au large de la côte, au nord-ouest de Pula, de l'autre côté du chenal de Fažana, large de 3 km. Seule l'île principale, Veli Brijun, se visite, habituellement en groupe. Classé parc national en 1983, l'archipel des Brijuni est recouvert de prairies, de forêts de chênes et de bosquets de lauriers-roses, ainsi que de plantes rares tel le concombre sauvage. Sa visite fait une belle excursion d'une journée depuis Pula ou Rovinj.

⊙ À voir

À votre arrivée à Veli Brijun, à un quart d'heure en bateau de Fažana, vous accosterez devant l'Hotel Neptun-Istra, où logeaient jadis les hôtes illustres de Tito. Un guide vous emmènera faire un circuit de 4 heures sur l'île, à bord d'un **train touristique** miniature, qui commence par une visite du **Safari Park**, de 9 ha où vivent des animaux offerts à Tito par des personnalités célèbres. Parmi les autres arrêts figurent les ruines d'une **villa romaine** du Ier siècle av. J.-C., un **musée d'archéologie** aménagé dans une citadelle du XVIe siècle, et l'**église Saint-Germain**, transformée en galerie où sont exposées des reproductions de fresques médiévales provenant d'églises istriennes.

L'**exposition Tito aux Brijuni**, installée dans un bâtiment derrière l'Hotel Karmen, présente sans doute plus d'intérêt. Aux animaux empaillés du rez-de-chaussée succèdent à l'étage des photos de Tito en compagnie de vedettes de cinéma comme Joséphine Baker, Sophia Loren, Elizabeth Taylor et Richard Burton, et de chefs d'État dont Gandhi et Fidel Castro. À l'extérieur, se trouve la Cadillac de 1953 que Tito utilisait pour faire découvrir l'île à ses hôtes de marque.

🛏 Où se loger

Il n'y a pas de chambres d'hôtes à Veli Brijun, mais 3 villas luxueuses (à partir de 7 500 Kn/jour pour la plus petite, qui accueille 4 pers) sont à louer via l'office du parc national. Le transfert en bateau est compris dans les tarifs de certains hôtels.

Hotel Neptun-Istra   HÔTEL HISTORIQUE €€€
(📞 052-525 807 ; www.np-brijuni.hr ; s/d 840/1 430 Kn ; 📞). Le summum en matière de chic communiste. Malgré le confort et les rénovations, les chambres ont conservé leur aspect avant tout fonctionnel. Toutes ont un balcon, et parfois vue sur la forêt.

Hotel Karmen   HÔTEL HISTORIQUE €€€
(📞 052-525 807 ; www.np-brijuni.hr ; s/d 600/1 000 Kn ; 📞). Designers et architectes

---

TITO ET LES ÎLES BRIJUNI

Si des traces d'habitation remontent jusqu'à l'ère romaine, l'archipel doit sa célébrité au maréchal Tito, qui en avait fait son jardin d'Éden privé. À partir de 1947 et jusqu'en 1980, peu avant sa mort, il passa six mois par an aux Brijuni. Pour créer un cadre luxuriant, il fit importer des plantes subtropicales et créer un parc pour accueillir les animaux exotiques dont lui faisaient cadeau les grands de ce monde, comme le mouton de Somalie en provenance d'Éthiopie et le *cobe defassa* (antilope) offert par un dirigeant zambien.

Dans ses résidences d'été, Tito reçut, dans un luxe inouï, 90 chefs d'État et une kyrielle de vedettes de cinéma. Bijela Vila, sur l'île de Veli Brijun, était sa "Maison-Blanche" : il y signait les décrets et les déclarations, mais c'était aussi là qu'il recevait. Si les îles accueillent toujours des visites officielles, elles sont aussi devenues l'un des hauts lieux du circuit international de la navigation de plaisance et une destination de choix pour les têtes couronnées et les nouveaux milliardaires, qui prisent son atmosphère glamour désuète.

de Zagreb affluent vers cet établissement de 54 chambres sur le port, attirés par son look communiste, tout droit sorti des années 1950.

☆ Où sortir

Théâtre Ulysses THÉÂTRE
(☎052-525 829 ; www.ulysses.hr). En été, les amateurs de théâtre se rendent à la petite forteresse de Mali Brijun pour assister aux représentations du théâtre Ulysses. Vous pouvez acheter des billets en ligne ou au **bureau du parc national** (☎052-525 888 ; www.np-brijuni.hr ; Brionska 10, Fažana), à Fažana.

🛈 Depuis/vers les îles Brijuni

Du port de Pula, plusieurs bateaux effectuent la traversée. Plutôt que de réserver une excursion auprès d'une agence de voyages de Pula, Rovinj ou Poreč, prenez le bus 21 de Pula à Fažana (15 Kn, 8 km) et inscrivez-vous à un circuit du bureau du parc national, situé près de l'embarcadère. En juillet et août, les visites coûtent 210 Kn par personne (enfants 105 Kn). Mieux vaut réserver, surtout en été, et demander un guide parlant anglais ou français.

Renseignez-vous sur le port de Pula au sujet des croisières. Notez que la plupart des excursions "panoramiques" de 2 heures entre Pula et Brijuni (150 Kn) ne s'arrêtent pas dans les îles ; assurez-vous que la vôtre s'arrête bien.

🛈 Comment circuler

Les seuls moyens de locomotion sur l'île sont le vélo (35 Kn/heure ou 110 Kn/jour) et la voiturette électrique (300 Kn/h).

Vodnjan

6 100 HABITANTS

Vodnjan (*Dignano* en italien) se situe à 10 km au nord de Pula. L'église de cette paisible bourgade abrite les corps momifiés de saints dans un étonnant état de conservation. On leur attribue des pouvoirs surnaturels. Le reste de la ville présente peu d'intérêt. La place centrale, Narodni trg, est encadrée par plusieurs palais néogothiques à divers stades de délabrement et de restauration. Vodnjan compte aussi la plus grande population rom d'Istrie.

👁 À voir

Église Saint-Blaise ÉGLISE
(Crkva Sv Blaža ; Župni trg 1 ; collection d'art sacré et momies 75 Kn, momies 55 Kn, collection d'art sacré 55 Kn, église 15 Kn ; ⏰9h30-19h lun-sam, 12h-17h dim). À quelques pas de Narodni trg, cette belle église néobaroque fut érigée au début du XIXe siècle, époque à laquelle le style vénitien donnait le ton sur la côte istrienne. Avec son campanile de 63 m, aussi haut que celui de la basilique Saint-Marc de Venise, c'est la plus grande église paroissiale d'Istrie. Ses superbes autels justifient à eux seuls une visite. Les momies occupent un emplacement protégé par des rideaux derrière le maître-autel.

Dans la semi-obscurité, les corps préservés de sainte Nikolosa Bursa, de saint Jean Olini de Venise et de saint Léon Bembo évoquent des poupées de bois dans leurs cercueils de verre. Pendant la visite, un enregistrement en anglais dévoile l'histoire de leur vie. Considérée comme la dépouille momifiée la mieux préservée d'Europe, celle de sainte Nikolosa Bursa est créditée d'une cinquantaine de guérisons miraculeuses.

Si les momies ont aiguisé votre curiosité en matière de reliques, dirigez vos pas vers la **Collection d'art sacré** (Zbirka Sakralne Umjetnosti) dans la sacristie. Celle-ci comporte des centaines de reliques provenant de 150 saints, parmi lesquelles figure un coffret renfermant la langue de sainte Marie d'Égypte.

🍴 Où se restaurer et prendre un verre

Vodnjanka ISTRIEN €
(Istarska bb ; plats 60-120 Kn ; ⏰11h-minuit lun-sam, à partir de 17h dim, fermé en hiver). Excellent restaurant régional possédant plusieurs salles rustiques, beaucoup de caractère et un service personnalisé. Parmi les spécialités figurent les *fuži* (pâtes aux œufs maison à la forme torsadée) surmontées de truffes et divers types de *fritaja* (omelette). La terrasse jouit d'une jolie vue sur les toits de la vieille ville et sur la flèche de l'église.

Lighthouse Music Club CLUB
(www.facebook.com/Lighthouse.Club ; Krnjaloža 1 ; ⏰minuit-6h ven-sam, minuit-2h dim). Sur la route Bale-Vodnjan, cette discothèque est l'un des premiers lieux de fête d'Istrie, accueillant de célèbres DJ et des concerts de jazz.

🛈 Renseignements

L'Office du tourisme (☎052-511 700 ; www.istra.hr/vodnjan ; Narodni trg 10 ; ⏰8h-20h lun-ven, 9h-13h et 18h-20h sam, 9h-13h dim) est situé sur la place principale.

ℹ Depuis/vers Vodnjan

Vodnjan est bien reliée par bus à Pula (20 Kn, 10 min, 13/jour lun-sam) et Rovinj (29 Kn, 30 min, 14/jour) ; le dimanche, seuls 4 bus/jour desservent ces deux villes.

Bale

1 130 HABITANTS

Dans le sud-ouest de l'Istrie, entre Rovinj et Vodnjan, la ville médiévale de Bale est l'un des secrets les mieux gardés de la région. À 7 km de la mer, la ville se compose d'un entrelacs d'étroites rues pavées et de maisons anciennes autour du château gothique-Renaissance de la famille Bembo, récemment restauré. Surmontée par les 36 m du beffroi de l'église baroque Saint-Julien, Bale compte plusieurs églises anciennes et un hôtel de ville comportant une loggia du XIVe siècle. Tout proches, les 9 km de rivage sont certainement les plus paradisiaques d'Istrie, avec des plages délicieuses aux eaux peu profondes.

✹ Fêtes et festivals

Last Minute Open Jazz Festival MUSIQUE
(www.kameneprice.com ; ⊙ début août). Ce Last Minute Open Jazz Festival, modeste mais de qualité, se déroule au cœur de l'été à Kamene Priče et accueille surtout des artistes croates, plus quelques invités du monde entier.

🛏 Où se loger et se restaurer

La Grisa Hotel BOUTIQUE-HÔTEL €€
(☎ 052-824 501 ; www.la-grisa.com ; La Grisa 23 ; s/d 571/954 Kn ; P ❄ 🛜). Cet hôtel design loue 22 chambres et suites exquises dans 8 bâtiments reliés entre eux en lisière de la vieille ville de Bale. Il compte aussi un ambitieux restaurant – essayez les plats au *boškarin* (bœuf istrien) – et un petit spa avec sauna (160 Kn/heure), Jacuzzi et massages (à partir de 290 Kn).

Villa Meneghetti HÔTEL €€€
(☎ 091 24 31 600 ; www.meneghetti.info ; Stancija Meneghetti 1 ; ch à partir de 1 500 Kn ; P ❄ 🛜 ≋). Si une folie vous tente, réservez une des 4 chambres de la très sélecte Villa Meneghetti, dans la campagne retirée des environs de Bale, connue pour son huile d'olive, ses vins et la cuisine réputée servie dans son restaurant sur place. Quoique chères, les chambres sont joliment agencées, avec de grosses poutres, de vraies cheminées et du linge qui sent bon le frais.

Kamene Priče MÉDITERRANÉEN €€
(Stone Tales ; ☎ 052-824 235 ; www.kameneprice.com ; Castel 57 ; plats 110-140 Kn). Le Kamene Priče est une oasis branchée au milieu des vieilles pierres. Profitez du décor original et des deux terrasses sur l'arrière, avant d'attaquer les plats classiques d'ici, préparés avec des produits locaux et de saison. Avec un peu de chance, vous tomberez sur une lecture de poésie ou un spectacle comique...

ℹ Depuis/vers Bale

Il vous faut une voiture pour aller à Bale.

Rovinj

14 300 HABITANTS

Rovinj (*Rovigno* en italien) est la destination phare de la côte istrienne. Certes, les touristes l'envahissent en été et ses habitants profitent de la manne en surclassant les hôtels et les restaurants en établissements "quatre étoiles", mais Rovinj n'en reste pas moins l'un des derniers ports de pêche méditerranéens authentiques. Des collines boisées et de petits hôtels entourent la vieille ville, sillonnée de ruelles pavées escarpées et de petites places. Les 14 îles verdoyantes au large de Rovinj se prêtent à une agréable escapade d'un après-midi. Les plus visitées de ce petit archipel sont Sveta Katarina et Crveni Otok (l'île Rouge), connue aussi sous le nom de Sveti Andrija.

La vieille ville se blottit tout entière sur une péninsule de forme ovoïde. Le parc forestier de Punta Corrente et le cap boisé de Zlatni Rat (le cap d'Or), parsemé d'hôtels et planté de pins et de chênes, se trouvent à environ 1,5 km au sud de la vieille ville.

Histoire

Rovinj, une île à l'époque, fut colonisée par les Slaves au VIIe siècle ; elle connut alors un développement important dans les domaines de la pêche et de l'activité maritime. En 1199, Rovinj conclut un pacte avec Dubrovnik afin de protéger son commerce maritime. Au XIIIe siècle, la menace pirate l'obligea à solliciter la protection de Venise.

Du XVIe au XVIIIe siècle, la population s'accrut de façon spectaculaire en raison de l'afflux d'immigrants fuyant les invasions turques en Bosnie et en Croatie continentale. La ville commença à s'étendre au-delà de ses murs d'enceinte vénitiens : en 1763, l'îlot fut relié au continent et devint une péninsule.

Rovinj

Rovinj

◉ Les incontournables
1 Église Sainte-Euphémie A2

◉ À voir
2 Arc de Balbi B2
3 Maison du Batana B3
4 Grisia A2
5 Musée du Patrimoine B2

✪ Activités
6 Adistra D3

🛏 Où se loger
7 Casa Garzotto B2
8 Villa Valdibora B2

✕ Où se restaurer
9 Kantinon C3

10 Da Sergio B2
11 Grota B2
12 Puntulina A2
13 Maestral D4
14 Male Madlene A2
15 Monte A2
16 Ulika B2
17 Marché aux légumes B2

🍷 Où prendre un verre et faire la fête
18 Havana C4
19 Limbo A2
20 Monte Carlo A3
21 Piassa Granda B2
22 Valentino A2

🛍 Achats
23 Galerija Brek B2
24 Zdenac 13 .... B2

La décision prise par l'Autriche en 1719 de faire de Trieste et de Rijeka des ports francs porta un rude coup à l'industrie maritime locale. Au milieu du XIXe siècle, période de déclin de la marine à voile, ses chantiers navals se virent finalement supplantés par ceux de Pula. Comme le reste de l'Istrie, Rovinj passa de la tutelle autrichienne aux mains de la France avant de revenir à l'Autriche, puis à l'Italie et enfin à la Yougoslavie d'après-guerre. Une importante communauté italienne, au dialecte particulier, y vit toujours.

👁 À voir

💙 Église Sainte-Euphémie ÉGLISE
(Sveta Eufemija ; Petra Stankovića ; ⊙10h-18h juin-sept, 10h-16h mai, 10h-14h avr). GRATUIT Fierté de Rovinj, cette colossale église surplombe la vieille ville du haut de sa colline, au centre de la péninsule. Construit en 1736, le plus grand édifice baroque d'Istrie illustre l'âge d'or de Rovinj, au XVIIIe siècle, lorsque la ville était la plus peuplée de la région.

À l'intérieur, le **tombeau de sainte Euphémie**, en marbre, est situé derrière l'autel de droite. Convertie au christianisme, la sainte patronne de Rovinj fut martyrisée sous le règne de l'empereur Dioclétien avant d'être jetée aux lions, en 304. Selon la légende, son corps disparut par une sombre nuit de tempête pour réapparaître au large de Rovinj sur un vaisseau fantôme. Les habitants ne purent déplacer le lourd sarcophage, parvenu jusqu'à la côte, qu'à l'arrivée d'un jeune garçon, suivi de deux veaux, qui le hissa au sommet de la colline, où il gît encore sur le site de l'église actuelle. Les fidèles s'y rassemblent le 16 septembre, jour de la commémoration du martyre de la sainte.

Imitant le clocher de la basilique Saint-Marc de Venise, le campanile haut de 60 m, surmonté d'une statue en cuivre de la sainte, fait également office de girouette. On peut gravir le clocher (à gauche de l'autel) moyennant 15 Kn.

Grisia RUE
Cette rue pavée, bordée de galeries où les artistes locaux vendent leurs œuvres, mène de l'arrière de l'arc de Balbi à l'église Sainte-Euphémie, sur les hauteurs. Les venelles autour de Grisia possèdent un charme singulier, où les fenêtres, les balcons, les portails et les places offrent un délicieux mélange de styles gothique, Renaissance, baroque et néoclassique. Prêtez attention aux étonnantes cheminées extérieures (*fumaioli*), apparues lors de l'explosion démographique, lorsque des familles entières s'entassaient dans une seule pièce autour de l'âtre.

Maison du Batana MUSÉE
(www.batana.org ; Pina Budicina 2 ; tarif plein/réduit 10/5 Kn ; ⊙10h-14h et 19h-23h). Sur le port, ce musée est consacré au *batana*, un bateau à fond plat, symbole de la tradition maritime et de pêche de Rovinj. L'exposition multimédia présentée dans cette maison de ville du XVIIe siècle est servie par des écrans interactifs, d'excellentes légendes et un fond sonore de *bitinada,* des chants traditionnels de pêcheurs. Au rez-de-chaussée, allez voir le *spacio,* le cellier où l'on entreposait, goûtait et vendait des vins dans une grande convivialité (ouvert en soirée le mardi et le jeudi).

Arc de Balbi MONUMENT
Cet arc fut érigé en 1679 sur le site de l'ancienne porte de la ville. Le sommet est orné d'une tête de Turc sur le côté extérieur et d'une tête de Vénitien sur le côté intérieur.

Musée du Patrimoine MUSÉE
(www.muzej-rovinj.com ; Trg Maršala Tita 11 ; tarif plein/réduit 15/10 Kn ; ⊙10h-14h et 18h-22h mar-dim juin-sept, fermé dim oct-mai). Musée aménagé dans un palais baroque, exposant art contemporain et anciens maîtres de Rovinj et d'ailleurs, des trouvailles archéologiques et une section maritime.

Parc forestier Punta Corrente PARC
(Zlatni Rt). Ce parc, qu'on appelle ici Zlatni Rt, se trouve à environ 1,5 km au sud : longez le front de mer à pied ou à vélo et dépassez l'Hotel Park. Tapissé de chênes, de résineux et de dix variétés de cyprès, il fut créé en 1890 par le baron Hütterott, un amiral autrichien propriétaire d'une villa à Crveni Otok. Vous pourrez nager au pied des rochers ou simplement contempler les îles au large.

🏃 Activités

Nombre de vacanciers louent un bateau pour s'adonner aux plaisirs de la **natation** et du **snorkeling**. On peut facilement organiser une promenade en bateau jusqu'à Crveni Otok ou Sveta Katarina auprès des agences du front de mer.

Les plongeurs explorent surtout l'**épave du "Baron Gautsch"**, un paquebot à vapeur autrichien, coulé en 1914, qui gît par 40 m de fond. L'ancienne carrière de pierre vénitienne du parc forestier de Punta Corrente (Zlatni Rt) offre 80 **voies d'escalade**, dont beaucoup conviennent aux débutants. Les amateurs d'oiseaux pourront se rendre à vélo à la **réserve ornithologique de Palud Marsh**, à 8 km au sud-ouest de Rovinj.

Faire du **vélo** dans Rovinj et le parc Punta Corrente est une agréable manière de passer l'après-midi.

Adistra
KAYAK

(☏ 095 83 83 797 ; www.adistra.hr ; Carera 69) Sorties en kayak, dont des balades de 9 km dans l'archipel de Rovinj, et une de 14 km au fjord de Lim ; elles coûtent 280 Kn, pique-nique et matériel de snorkeling compris. On peut aussi pagayer au coucher du soleil (190 Kn) avec vin, fromage et olives offerts.

Rovinj Sub
PLONGÉE

(☏ 052-821 202 ; www.rovinj-sub.hr ; Braće Brajkovića bb). Club sérieux qui organise des plongées vers les épaves des fonds voisins. Les prix vont de 112 Kn pour une plongée depuis la plage, à 400 Kn environ pour les épaves les plus difficiles à atteindre. Ils comprennent la location du matériel.

Petra
PLONGÉE

(☏ 052-812 880 ; www.divingpetra.hr). Un petit club qui propose des plongées depuis un bateau vers certaines épaves.

👉 Circuits organisés

La plupart des agences de voyages de Rovinj proposent des excursions d'une journée à Venise (environ 520 Kn), à Plitvice (500-600 Kn) et aux îles Brijuni (environ 400 Kn). On peut aussi participer à des sorties de pêche avec pique-nique (250 Kn), à des croisières touristiques "panoramiques" (120 Kn) et à des sorties en bateau au fjord de Lim (180 Kn). Les tarifs sont légèrement moins élevés en passant par l'un des prestataires indépendants sur le front de mer.

Delfin
CIRCUITS

(☏ 091 51 42 169 ; www.excursiondelfin.com). Un tour-opérateur fiable, sur le front de mer, qui propose des excursions en bateau vers le fjord de Lim, Poreč et l'archipel de Rovinj.

🎉 Fêtes et festivals

Rovinj Jazz Festival
MUSIQUE

(⊙juil). Le festival de jazz annuel de Rovinj attire des grands noms croates et internationaux. Les concerts ont lieu dans l'ancienne fabrique de tabac.

Festival d'été de la musique et des traditions
MUSIQUE

(Ljetni Ugođaj uz Glazbu i Tradiciju ; ⊙juil-août). Concerts folk et classiques, ainsi que d'autres manifestations, ont lieu dans divers endroits de Rovinj.

Grisia Art Show
CULTURE

Le deuxième dimanche d'août, l'étroite Grisia accueille une exposition artistique, la manifestation la plus réputée de Rovinj. Tout un chacun, des enfants aux peintres professionnels, peut y exposer ses œuvres dans les églises, les ateliers et la rue.

🛏 Où se loger

Rovinj attirant une foule d'estivants, il est vivement recommandé de réserver. Les prix ont bien grimpé depuis que la Croatie a rejoint l'UE et beaucoup trouvent désormais la ville trop chère.

Si vous séjournez moins de 3 nuits, on peut vous facturer un supplément allant jusqu'à 50%, 100% même si vous ne restez qu'une nuit. Hors saison, vous devriez pouvoir négocier la suppression du supplément. Il est possible de réserver par l'entremise d'une des agences de voyages.

Roundabout Hostel
AUBERGE DE JEUNESSE €

(☏ 052-817 387 ; www.roundabouthostel.com ; Trg na Križu 6 ; dort à partir de 135 Kn ; P✱@🛜). Cet établissement, la seule vraie solution pour les petits budgets à Rovinj, a des chambres élégantes, équipées de couchettes avec liseuses individuelles et de casiers. La réception est ouverte 24h/24, mais il n'y a pas de cuisine, même s'il y a un café sur place. Situé au rond-point de l'entrée dans Rovinj et donc, seul inconvénient, à distance de la vieille ville (1,3 km).

Polari Camping
CAMPING €

(☏ 052-801 501 ; www.campingrovinjvrsar.com ; Polari bb ; empl par pers/tente 85/165 Kn ; ⊙avr-sept ; 🛜✱🏊). Ce camping bénéficie d'un superbe emplacement en bord de plage, 3 km au sud-est de la ville. Parmi les équipements : piscines, restaurants et aires jeux. Attire les touristes allemands et tchèques les mois d'été.

Porton Biondi
CAMPING €

(☏ 052-813 557 ; www.portonbiondirovinj.hr ; Aleja Porton Biondi 1 ; empl 57/50 Kn pers/tente ; ⊙avr-oct ; 🏊). Camping près de la plage, d'une capacité de 1 200 personnes, à 700 m au nord de la vieille ville. Doté d'un restaurant, d'un snack-bar et, étonnamment, d'un service de massage.

Villa Baron Gautsch
PENSION €€

(☏ 052-840 538 ; www.baron-gautsch.com ; IM Ronjgova 7 ; s/d 293/586 Kn ; ✱🛜). *Pansion* tenue par des Allemands dans la rue arborée partant de l'Hotel Park, dotée de 17 chambres immaculées, parfois avec une terrasse et une vue sur la mer et la vieille ville. Petit-déjeuner servi sur la petite terrasse à l'arrière. Espèces (kunas) uniquement.

Hotel Lone HÔTEL DESIGN €€€
(052-800 250 ; www.lonehotel.com ; Luje Adamovića 31 ; s/d 1 900/2 400 Kn ; P※@🛜). Premier hôtel design de Croatie et création des architectes stars croates de 3LHD, le Lone surplombe la baie de Lone, à côté du Monte Mulini, tel un navire amarré dans la forêt. Les chambres inondées de lumière possèdent des terrasses privées, toutes avec vue sur la mer Adriatique, et des équipements cinq-étoiles. L'hôtel compte notamment 2 restaurants, un vaste spa et un club de plage.

Villa Valdibora HÔTEL €€€
(052-845 040 ; www.valdibora.com ; Silvano Chiurco 8 ; s/d 1 970/2 645 Kn, app à partir de 2 350 Kn ; ※🛜). Les 11 chambres, suites et appartements de cet édifice de la vieille ville sont dotés de sols carrelés et d'équipements haut de gamme, comme les douches hydromassantes. Salle de fitness, massage et vélos à la disposition des clients.

Casa Garzotto PENSION €€€
(052-811 884 ; www.casa-garzotto.com ; Via Garzotto 8 ; s/d 1 050/1 350 Kn ; P※🛜). Chambres et appartements dans une maison ancienne, au décor plein de jolis détails tels que les cheminées, les poutres et les objets anciens. Équipements très modernes, en revanche. Des vélos sont mis à disposition gracieusement. Le complexe compte 3 autres bâtiments, non loin, dont un avec des chambres plus simples.

Monte Mulini HÔTEL €€€
(052-636 000 ; www.montemulinihotel.com ; A Smareglia bb ; d à partir de 3 500 Kn ; P※🛜≋). Hôtel huppé et hors de prix, au design audacieux et lumineux, qui descend vers la paisible baie de Lone, à 10 minutes à pied de la vieille ville par le Lungomare. Les luxueuses chambres avec balcon donnent sur la mer. Le spa est somptueux, tout comme le restaurant réputé, le Wine Vault. L'hôtel a trois piscines extérieures.

Hotel Park HÔTEL €€€
(052-800 250 ; www.maistra.com ; IM Ronjgova 11 ; d à partir de 1 350 Kn ; P※🛜≋🍴). À côté du quai des ferries à destination de Crveni Otok, cet établissement attire beaucoup de touristes avec ses 2 piscines extérieures, sa salle de remise en forme et son sauna. La plupart des chambres disposent de balcons avec une belle vue, mais certaines ont encore des salles de bains et des TV un peu vieillottes.

🍴 Où se restaurer

Les pique-niqueurs peuvent faire leurs emplettes au supermarché situé près de la gare routière ou dans l'un des magasins Konzum de la ville. Pour un en-cas rapide, achetez un *burek* (tourte à la viande ou au fromage) dans l'un des kiosques près du marché aux légumes.

La plupart des restaurants sur le port proposent des spécialités de poisson ou de viande à des prix à peu près équivalents. Pour une expérience plus gastronomique, il faudra renoncer à la vue sur la mer. Sachez que de nombreux restaurants ferment l'après-midi.

🍴 Vieille ville

♥ Male Madlene TAPAS €
(052-815 905 ; Sv Križa 28 ; en-cas 35-100 Kn ; ⏰11h-14h et 19h-23h mai-sept). Un endroit adorable et prisé, occupant le salon de la propriétaire qui surplombe la mer, où celle-ci sert des tapas originales faites avec des produits du marché selon de vieilles recettes italiennes : courgettes farcies au thon, poivrons farcis au chèvre et mini-cakes salés. Une assiette de 12 pièces pour deux coûte 100 Kn. Excellents vins istriens au verre. Beaucoup y voient un candidat à une étoile au Michelin. Réservez, surtout le soir.

Da Sergio PIZZA €€
(Grisia 11 ; pizzas 40-115 Kn ; ⏰11h-23h). Cette pizzeria à l'ancienne sur deux niveaux, très fréquentée, propose les meilleures pizzas à pâte fine de Rovinj et mérite qu'on fasse un peu la queue. Son vin de la maison est correct.

Monte MÉDITERRANÉEN €€€
(052-830 203 ; www.monte.hr ; Montalbano 75 ; plats 150-260 Kn ; ⏰18h30-23h lun-ven, 12h-14h et 18h30-23h sam-dim). Le meilleur restaurant de Rovinj, au pied de l'église Sainte-Euphémie, vaut bien l'addition finale un peu lourde. Dégustez ses plats présentés avec expertise sur son élégante terrasse fermée. Si vous ne voulez pas dépenser trop, prenez des pâtes ou un risotto (à partir de 150 Kn). Essayez la glace au fenouil. Réservez bien à l'avance en haute saison.

Ulika
MÉDITERRANÉEN €€€

(Porečka 6 ; plats 90-200 Kn ; ◎12h30-15h et 18h-minuit). Dans une ruelle, cette petite taverne dédaigne les classiques de l'Adriatique (pizza, calamars, *čevapčići* – un plat de saucisse épicée) au profit d'une cuisine méditerranéenne bien exécutée, mais assez chère. La carte n'affiche que des plats de saison.

Puntulina
MÉDITERRANÉEN €€€

(☏052-813 186 ; Sv Križa 38 ; plats 80-180 Kn ; ◎12h-22h). Cuisine méditerranéenne inventive, à déguster sur l'une des trois terrasses. Les pâtes sont plus abordables (à partir de 70 Kn). Le soir, prenez un coussin et sirotez un cocktail sur les rochers en contrebas de l'établissement : très romantique au crépuscule. Réservation recommandée.

🍴 Aux alentours

Grota
CROATE €

(Valdibora bb ; en-cas 40-80 Kn ; ◎7h-19h). Juste à côté du marché, ce petit endroit entouré de tonneaux sert en journée des en-cas comme des fromages locaux et du prosciutto, accompagnés de vins soigneusement sélectionnés (le gérant est lui-même vigneron). Les gourmets s'y précipitent pour manger un morceau après la plage.

Marché aux légumes
MARCHÉ €

(Trg Maršala Tita ; ◎7h-18h). Restaurez-vous à peu de frais avec un *burek* (tourte à la viande ou au fromage) acheté à l'un des kiosques à proximité du marché aux légumes.

Konoba Bruna
ISTRIEN €€

(☏098 95 67 836 ; Monsena 7a ; plats 50-130 Kn ; ◎17h-23h mai-sept). À cinq minutes de la ville en taxi, cet *agroturizam* (séjour à la ferme) familial, ouvert seulement l'été, propose des plats de saison faits à partir de ses propres légumes, de poisson et de viande cuits sous *peka* (une cloche de cuisson) à partir de 110 Kn. Les tables sont joliment dressées dans une oliveraie. Réservez.

Kantinon
POISSON €€

(Alda Rismonda bb ; plats 70-165 Kn ; ◎12h-23h). Situé à droite du port, ce restaurant de choix est dirigé par une équipe de stars – l'un des meilleurs chefs croates et un sommelier tout aussi réputé. La nourriture est 100% croate, ses ingrédients sont aussi locaux et frais que possible, et beaucoup de produits de la mer sont préparés selon de vieilles recettes de pêcheurs. Le ragoût de la mer à la polenta est un délice.

Maestral
MÉDITERRANÉEN €€

(Vladimira Nazora bb ; plats 50-155 Kn ; ◎11h-minuit). Installez-vous au bord de l'eau et contemplez la vieille ville en dégustant des plats simples, savoureux et parfaitement tarifés. Le *ribarska pogača* (genre de pizza aux légumes et poisson salé) est délicieux. Dans une vieille maison de pierre, à l'écart de l'agitation touristique : un bel endroit pour voir le soleil se coucher sur l'Adriatique.

♥ Barba Danilo
MÉDITERRANÉEN €€€

(☏052-830 002 ; www.barbadanilo.com ; Polari 5 ; plats 90-280 Kn ; ◎18h-23h30). Ce camping à 3 km du centre est le dernier endroit où l'on s'attendrait à trouver l'un des meilleurs restaurants de Rovinj. Les plats du chef Goran Glavan sont une version moderne de la cuisine méditerranéenne traditionnelle où les produits tout justes sortis de la mer tiennent la vedette. Avec seulement 45 places, il faut impérativement réserver plusieurs jours à l'avance en été.

🍷 Où prendre un verre et faire la fête

Piassa Granda
BAR À VIN

(Veli trg 1 ; ◎10h-1h). Cette petite cave chic aux murs rouges et aux poutres apparentes, parmi les meilleurs bars à vin d'Istrie, propose 150 crus, principalement istriens, 20 sortes de *rakija* (eau-de-vie) et une variété de délicieux accompagnements.

Limbo
CAFÉ, BAR

(Casale 22b ; ◎10h-minuit). Un café-bar cosy aux petites tables éclairées aux chandelles, agrémenté de coussins, sur les marches menant au sommet de la vieille ville. En-cas savoureux et bon *prosecco*.

Havana
COCKTAILS

(Aldo Negri bb ; ◎10h-2h). Les cocktails tropicaux, les cigares cubains, les parasols en paille et l'ombre des grands pins font de ce bar à cocktails en plein air une adresse prisée.

Monte Carlo
COCKTAILS

(Sv Križa 21 ; ◎10h-1h). Au bord de l'eau, ce modeste café-bar offre une vue imprenable sur l'Adriatique et Sveta Katarina, au large.

Valentino
COCKTAILS

(www.valentino-rovinj.com ; Sv Križa 28 ; ◎18h-minuit). Les très onéreux cocktails de ce lieu huppé se dégustent sur des coussins éparpillés sur le bord de mer, face à de magnifiques couchers de soleil.

🛍 Achats

Zdenac 13   CÉRAMIQUES
(Zdenac 13). Superbes objets en céramique au rez-de-chaussée d'une belle maison ancienne.

Galerija Brek   ARTS
(Fontica 2 ; ⊙10h-minuit tlj). On y trouve de belles photos de Rovinj et d'Istrie, plus quelques œuvres d'artistes locaux.

ⓘ Renseignements

Centre médical (☏052-840 702 ; Istarska bb ; ⊙24h/24)

Globtour (☏052-814 130 ; www.globtour-turizam.hr ; Alda Rismonda 2). L'agence est à contacter pour les hébergements chez l'habitant et les excursions.

Office du tourisme (☏052-811 566 ; www.tzgrovinj.hr ; Pina Budicina 12 ; ⊙8h-22h juin-sept, 8h-20h avr-mai et oct-nov). Tout près de Trg Maršala Tita.

Planet (☏052-840 494 ; www.planetrovinj.com ; Sv Križa 1). Ce tour-opérateur local propose des hébergements chez l'habitant abordables. Le personnel se fera un plaisir de vous imprimer les cartes d'embarquement des compagnies aériennes à bas coût.

Poste (Matteo Benussi 4 ; ⊙7h-20h lun-sam)

ⓘ Depuis/vers Rovinj

La gare routière (Mattea Benussi) se trouve au sud-est de la vieille ville. Bus au départ de Rovinj :

Dubrovnik 402 Kn, 16 heures, 1/jour (de nuit)
Labin 82 Kn, 1 heure 30-2 heures, 2/jour
Poreč 36-47 Kn, 35 minutes-1 heure, 8/jour
Pula 33 Kn, 40 minutes, 1/heure minimum
Rijeka 94 Kn, 2 heures 20, 5/jour
Split 285 Kn, 11 heures, 1/jour (de nuit)
Zagreb 109-150 Kn, 3 heures 15-5 heures 30, 9/jour

Crveni Otok et Sveta Katarina

L'une des excursions à la journée les plus prisées au départ de Rovinj conduit à la délicieuse Crveni Otok (île Rouge), à 2 km au large. Longue de 1,9 km seulement, cette île se compose de deux îlots, **Sveti Andrija** et **Maškin**, reliés par une digue. Au XIXᵉ siècle, Sveti Andrija fut racheté par le baron Hütterott, qui en fit un parc à la végétation luxuriante. Le complexe de l'Hotel Istra domine aujourd'hui Sveti Andrija, apprécié des familles pour ses petites plages de gravier et son aire de jeux. Maškin, plus paisible et plus boisé, compte quantité de criques isolées. Apportez un masque et un tuba pour pratiquer le snorkeling autour des rochers.

Sveta Katarina, à proximité de Rovinj, face au port, est une petite île qu'un comte polonais a boisée en 1905, qui abrite maintenant l'Hotel Katarina.

🛏 Où se loger

Hotel Istra   COMPLEXE HÔTELIER €€€
(☏052-800 250 ; www.maistra.com ; Crveni Otok 1 ; d à partir de 1 500 Kn ; ❄️🛜🏊♿). Ce complexe hôtelier haut de gamme qui domine l'îlot de Sveti Andrija, permet à ses clients de ne pas avoir à en sortir. Ses 326 chambres et 32 suites de luxe sont des havres de confort ; il compte plusieurs bars et restaurants, deux plages à proximité et des activités et des équipements à foison. Une navette régulière pour Rovinj vous permet de rejoindre le continent quand vous le voulez.

Hotel Katarina   HÔTEL €€€
(☏052-800 250 ; www.maistra.com ; Otok Sv Katarina ; d à partir de 1 445 Kn ; ❄️🛜🏊♿). Sur l'île de Sveta Katarina, ce bel hôtel est un excellent refuge, loin des foules de touristes de Rovinj, toute proche. Les chambres sont agréablement décorées, même si certains éléments sont datés. Deux restaurants, un bar et toute sortes d'équipements et d'activités sont à votre disposition.

ⓘ Depuis/vers Crveni Otok et Sveta Katarina

L'été, des bateaux partent toutes les heures de Rovinj entre 5h30 et minuit pour Sveta Katarina (aller-retour 25 Kn, 10 min) et Crveni Otok (aller-retour 40 Kn, 20 min). L'embarquement a lieu en face de l'Hotel Adriatic ou à l'embarcadère des ferries Delfin, près de l'Hotel Park.

Fjord de Lim

Le fjord de Lim (Limski Kanal) est le site le plus spectaculaire d'Istrie. D'environ 10 km de longueur sur 600 m de largeur et bordé de parois abruptes pouvant atteindre 100 m de hauteur, il date de l'effondrement de la côte istrienne lors de la dernière glaciation, qui permit à la mer de s'engouffrer dans la vallée de Draga (Limska Draga). Sur la rive sud verdoyante, le prêtre et ermite saint Romuald aurait vécu et officié dans une grotte à flanc de colline au XIᵉ siècle. La pêche, l'ostréiculture, la mytiliculture et les excursions en bateau constituent les seules activités du secteur.

Des petits bateaux effectuent une promenade d'une heure (75 Kn/pers, négociable). Nombreux en juillet-août, ils le sont moins en juin et septembre.

🍴 Où se restaurer

Viking POISSON €€

(Limski Kanal 1 ; plats 60-90 Kn ; ⊙11h-23h). Ce restaurant au bord de l'eau propose des coquillages extra frais, tout juste pêchés. Dégustez huîtres (15 Kn pièce), saint-jacques (25 Kn pièce) moules ou poisson (qu'on paye au kilo), sur une terrasse qui domine le fjord.

ℹ️ Depuis/vers le fjord de Lim

Pour rejoindre le fjord, vous pourrez participer à une excursion au départ de Rovinj, de Pula ou de Poreč, ou suivre les panneaux indiquant Limski Kanal, après le village de Sveti Lovreč.

Poreč

16 700 HABITANTS

L'ancienne ville romaine de Poreč (Parenzo en italien, la Parentium romaine) et sa région forment une contrée distincte, vouée au tourisme estival. Poreč est le centre d'une longue série de complexes hôteliers qui s'étendent tout le long de la côte ouest de l'Istrie et attirent les vacanciers par dizaines de milliers, de juin à septembre.

Si ce n'est pas le lieu idéal pour une escapade tranquille (excepté hors saison), on y trouve une basilique classée, un mélange d'édifices gothiques, romans et baroques, et une infrastructure touristique bien développée. De là, on accède facilement à l'arrière-pays istrien encore préservé. Depuis quelques années, c'est devenu le pôle festif de l'Istrie, qui attire des jeunes fêtards de toute l'Europe et au-delà.

Histoire

La côte de Poreč s'étend sur 37 km en comprenant les îles ; la vieille ville est entièrement bâtie sur une péninsule de 400 m de longueur sur 200 m de largeur. Les Romains, qui conquirent la région au IIe siècle av. J.-C., firent de Poreč un important centre administratif, d'où ils contrôlaient toute la zone s'étendant du fjord de Lim aux rives de la Mirna. Conçu par des urbanistes romains, le plan de la ville se divise en parcelles rectangulaires délimitées par le Decumanus dans le sens de la longueur et par le Cardo dans celui de la largeur.

Après l'effondrement de l'empire romain d'Occident, Poreč se retrouva sous tutelle byzantine du VIe au VIIIe siècle. De cette période subsiste la basilique euphrasienne. En 1267, la ville dut se soumettre à Venise.

À la suite du déclin de Venise, la ville fut tour à tour sous contrôle autrichien et français, jusqu'à l'occupation italienne qui dura de 1918 à 1943. Après la capitulation de l'Italie, elle fut occupée par les Allemands et subit des bombardements alliés en 1944, avant d'intégrer l'ex-Yougoslavie après la guerre, puis la Croatie.

👁 À voir

Boutiques et agences se comptent par centaines dans la vieille ville, serrée sur la péninsule. Le Decumanus de l'époque romaine, aux pierres patinées, reste l'artère principale. Il parcourt la péninsule en son milieu. Vous trouverez des hôtels, des agences de voyages et des bateaux d'excursion sur le quai Maršala Tita, qui s'étend du port de plaisance à la pointe de la péninsule.

Tours vénitiennes RUINES

Des remparts de Poreč ne subsistent que trois tours construites au XVe siècle par les Vénitiens : la **tour pentagonale** (Decumanus) de style gothique, au début du Decumanus ; la **tour ronde**, dans Narodni trg ; et la **tour nord**, dans la baie de Peškera.

♥ **Basilique euphrasienne** BASILIQUE

(Eufrazijeva bb ; tarif plein/réduit 40/20 Kn ; ⊙9h-16h lun-sam nov-mars, 9h-18h avr-juin, sept-oct, 9h-21h juil-août). Principal centre d'intérêt de Poreč, c'est l'un des plus beaux témoignages encore intacts de l'art byzantin en Europe. Érigée à l'emplacement d'un oratoire du IVe siècle, la basilique est classée au patrimoine mondial de l'Unesco. Elle comprend une église, un atrium et un baptistère. La foule vient admirer les **mosaïques** de l'abside, chefs-d'œuvre du VIe siècle représentant des scènes bibliques, des archanges et des martyrs istriens.

Ne manquez pas, sur la gauche, la scène où l'évêque Euphrase, à l'origine de la basilique, tient dans sa main une maquette de l'édifice. Le campanile, auquel on accède par le baptistère octogonal, offre une vue plongeante sur le centre historique. Le palais épiscopal adjacent mérite aussi la visite. Il renferme des sculptures anciennes, des tableaux religieux, ainsi que des mosaïques du IVe siècle provenant de l'oratoire d'origine.

Poreč

Poreč

⊙ Les incontournables
1 Basilique euphrasienne..................B1

⊙ À voir
2 Tour nord...C1
3 Tour pentagonale............................C1
4 Tour ronde......................................C2
5 Sveti Nikola.....................................A2
6 Temple de Neptune........................A1
7 Trg Marafor.....................................A1

🛏 Où se loger
8 Hotel Mauro....................................B2
9 Hotel Palazzo..................................A1
10 Valamar Riviera Hotel....................B2

✕ Où se restaurer
11 Buffet Horizont...............................C1
12 Dva Ferala.....................................B2
13 Gourmet..B1
14 Konoba Aba..................................B1
15 Konoba Ćakula..............................C2
16 Konoba Ulixes...............................C1
17 Nono...D2

🍷 Où prendre un verre et faire la fête
18 Epoca..A1
19 Saint & Sinner...............................C2
   Torre Rotonda..........................(voir 4)
20 Vinoteka Bacchus.........................C1

🛍 Achats
21 Koza..B1

Trg Marafor PLACE

Le forum romain se trouvait jadis sur le site actuel de Trg Marafor. Le dallage d'origine a été conservé le long des maisons encadrant la partie nord de cette place rectangulaire. À l'ouest, dans un petit parc, se dressent les vestiges du **temple de Neptune** (Ier siècle) GRATUIT, dédié au dieu de la Mer.

Sveti Nikola ÎLE

L'île de Sveti Nikola est située à moins de 500 m au sud de la péninsule. De mai à octobre, des petits bateaux de passagers (tarif plein/réduit 25/15 Kn) effectuent la traversée toutes les demi-heures environ au départ du quai Maršala Tita. Sur place, des plages de galets ou de béton, des récifs rocheux, des forêts de pins et une vue superbe sur la ville vous attendent.

Grottes de Baredine GROTTES

(www.baredine.com ; Nova Vas ; tarif plein/réduit/5-15 ans 70/60/45 Kn ; 10h-18h juil-août, 10h-17h mai-juin et sept, 10h-16h oct et avr). Facilement accessible depuis Poreč, la grotte de Baredine est un ensemble de salles souterraines remplies de stalagmites et de stalactites ; différentes agences y organisent des excursions.

 Activités

On peut pratiquer une multitude d'activités aux abords de Poreč, à Plava Laguna ou à Zelena Laguna. Les complexes sportifs et de loisirs (il y en a une vingtaine) travaillent en majorité avec des hôtels et proposent tennis, basket-ball, volley-ball, planche à voile, aviron, saut à l'élastique, paintball, golf, ski nautique, parachute ascensionnel, bateau, karting et canoë. Si la météo s'avère capricieuse, optez pour un centre de remise en forme ou un massage dans l'un des spas. La brochure annuelle *Poreč Info and Events*, disponible à l'office du tourisme (p. 122), recense tous les lieux de loisirs de la région.

Le **vélo** et la **randonnée** sont parfaits pour découvrir cette région à l'arrière-pays vallonné, pourvue de sentiers balisés. L'office du tourisme fournit une carte gratuite des routes et des sentiers partant de Poreč, ainsi que des itinéraires recommandés. Les loueurs de vélos ne manquent pas en ville.

Diving Centre Poreč PLONGÉE

(052-433 606 ; www.divingcenter-porec.com ; Brulo 4). Comptez un minimum de 150 Kn (majoration pour les grottes et épaves) pour une sortie plongée en bateau, et de 400 Kn avec la location du matériel.

Cossetto VINS

(052-455 204 ; www.cossetto.net ; Roškići 10, Kaštelir). Ce domaine à 9 km au nord-est de Poreč produit parmi les meilleurs vins blancs et rouges d'Istrie. Ses cépages de *malvazija* notamment sont de qualité. Appelez au préalable pour une séance dégustation.

Fêtes et festivals

L'Été de Poreč MUSIQUE

(juil-août). Les concerts gratuits sur Trg Slobode font partie de l'Été de Poreč.

Concerts de musique classique MUSIQUE

(www.culture-vision.com ; juil et août). En été, plusieurs fois par semaine, la basilique euphrasienne (p. 118) accueille des concerts de musique classique réunissant des musiciens et des ensembles renommés. Les billets sont en vente sur place une heure à l'avance.

Concerts de jazz MUSIQUE

(mi-juil à août). Des concerts de jazz ont lieu de mi-juillet à fin août, une fois par semaine dans la cour du Musée régional, à côté du Lapidarium.

Poreč Annale CULTURE

Une des plus anciennes expositions d'art croate contemporain se déroule dans le Parlement d'Istrie, début août.

Où se loger

Les hôtels ne manquent pas à Poreč, mais ils sont souvent complets. Il est donc essentiel de réserver si vous venez en juillet-août. La vieille ville compte une poignée d'hôtels ; la plupart des campings, des hôtels, des complexes d'appartements et des resorts s'étendent toutefois sur la côte au nord et au sud de Poreč. Certains établissements demandent un supplément de 20% si vous séjournez moins de 3 nuits.

Camping Zelena Laguna CAMPING €

(052-410 147 ; www.lagunaporec.com ; Zelena Laguna ; adulte/empl 67/124 Kn ; mi-avr à sept ;). Ce camping à 5 km du centre historique, qui possède de bons équipements sportifs, accueille jusqu'à 2 700 personnes. Accès à de nombreuses plages, notamment une plage naturiste. Malgré sa capacité, il est conseillé de réserver entre mi-juillet et fin août.

♥ Hotel Mauro BOUTIQUE-HÔTEL €€€

(052-219 500 ; www.hotelmauro.com ; Obala Maršala Tita 15 ; s/d 865/1 300 Kn ;). Un emplacement central, des chambres décorées avec goût, avec une légère touche rétro, de belles salles de bains en marbre et des balcons qui donnent sur l'Adriatique : c'est l'endroit le plus élégant où dormir à Poreč. Le Mauro a aussi un restaurant (assez cher) pour les gourmets et un bar. Le personnel vous aidera à organiser vos transferts ou vos activités sportives.

Hotel Palazzo
HÔTEL €€€

(052-858 800 ; www.hotel-palazzo.hr ; Obala Maršala Tita 24 ; ch 1 600 Kn ; P ❄ @ 🛜 ☒). Dans un immeuble du bord de mer datant de 1910, ce bel hôtel compte 70 jolies chambres en bois sombre, 4 suites, ainsi qu'un spa et plusieurs restaurants et bars. Le style mêle design moderne et élégance classique. Les chambres 120 à 126 ont vue sur la mer et le phare – elles sont aussi plus chères.

Valamar Riviera Hotel
HÔTEL €€€

(052-465 000 ; www.valamar.com ; Maršala Tita 15 ; d 1 300 Kn ; P ❄ 🛜 🍴). Un quatre-étoiles juste sur le port, dont quelques chambres ont des balcons qui donnent sur l'eau. Restaurant haut de gamme sur place, ainsi que deux bars, de nombreux équipements et d'une plage privée sur Sveti Nikola, que vous pouvez rejoindre par une navette gratuite (départ toutes les 30 minutes).

Hotel Flores
HÔTEL €€€

(052-408 800 ; www.hostin.hr ; Rade Končara 4 ; ch 1 300 Kn ; P ❄ @ 🛜 ☒). Hôtel sans prétention situé dans un parc verdoyant, à quelques pas de la gare routière, proposant 39 chambres bien équipées, avec balcon. Piscine couverte, salle de sport, hammam et sauna, et plage de galets à moins de 100 m.

✴ Où se restaurer

Buffet Horizont
RESTAURATION RAPIDE €

(Eufrazijeva 8 ; plats 40-70 Kn ; ⊙11h-minuit). Grignotez de délicieux en-cas de la mer bon marché (sardines, crevettes et calamars) dans cette maison jaune aux bancs de bois à l'extérieur.

Dva Ferala
ISTRIEN €

(Obala Maršala Tita 13 ; plats 65-120 Kn ; ⊙12h-minuit). Savourez des spécialités istriennes bien préparées comme l'*istarski tris* (copieux trio de pâtes maison) pour deux, sur la terrasse de cette agréable *konoba* (taverne).

♥ Konoba Daniela
ISTRIEN €€

(052-460 519 ; www.konobadaniela.com ; Veleniki 15a ; plats 70-135 Kn ; ⊙12h-23h). Dans le joli petit village de Veleniki, à 4,5 km au nord-est de la ville, une taverne tenue en famille dans une maison des années 1880, avec décoration rustique et grande terrasse. L'adresse est renommée pour son steak tartare et ses classiques istriens de saison. On y loue aussi des chambres pour 400 Kn environ.

> ### ⓘ CHEZ L'HABITANT
>
> Les agences de voyages peuvent vous aider à trouver un hébergement chez l'habitant. Comptez 200-300 Kn pour une chambre double avec salle de bains privative en pleine saison, plus 30% si vous restez moins de 3 nuits. Les chambres sont limitées dans la vieille ville, où l'on ne peut pas se garer. Repérez le certificat de qualité *Domus Bonus* délivré aux hébergements privés.

Konoba Aba
MÉDITERRANÉEN €€

(Matka Vlačića 2 ; plats 75-185 Kn ; ⊙12h-minuit). Les meilleurs produits de la mer de Poreč se trouvent dans la petite ruelle qui part du 2, Matka Vlačića, dans ce petit restaurant spécialisé en produits de la pêche locale, risottos et plats aux truffes. Cuisine délicieuse et personnel aimable, mais les portions de certains plats sont chiches.

Nono
PIZZAS €€

(Zagrebačka 4 ; pizzas 35-100 Kn ; ⊙12h-minuit). Ici les pizzas sont énormes et une suffit pour deux. Certaines sont aux éclats de truffe.

Konoba Ćakula
ISTRIEN €€

(www.konobacakula.com ; Vladimira Nazora 7 ; plats 70-150 Kn ; ⊙10h-23h). Cette taverne à l'ambiance tendance propose d'intéressantes entrées froides et des plats roboratifs. Essayez les pâtes aux truffes en entrée, puis l'assiette de poisson pour deux, par exemple, toujours préparée avec des produits frais. C'est aussi un bon endroit pour des tapas à accompagner d'un verre de vin.

Konoba Ulixes
MÉDITERRANÉEN €€

(Decumanus 2 ; plats 85-165 Kn ; ⊙12h-16h et 18h-minuit). Dans le dédale des rues de Poreč, cette jolie taverne propose de très bons poissons et crustacés dans un décor chaleureux. La cuisine est en général impeccable, mais certains se sont plaints du service. Vous y trouverez un bon choix de vins istriens pour penser à autre chose.

Gourmet
ITALIEN €€

(Eufrazijeva 26 ; plats 70-150 Kn ; ⊙11h-1h). De revigorantes préparations italiennes se présentant sous toutes les formes possibles – *penne*, *tagliatelle*, *fusilli*, gnocchi, etc. Les pizzas, viandes et poissons sont cuits au feu de bois. Les soirs d'été, l'atmosphère est géniale avec les tables qui débordent sur la place.

VAUT LE DÉTOUR

SAVEURS IODÉES À NOVIGRAD

À mi-chemin entre Poreč et Umag, la petite ville balnéaire de Novigrad compte une marina animée et deux excellents restaurants de produits de la mer.

Marina (Antona 38 ; plats à partir de 80 Kn ; ◎9h-23h lun-sam, à partir de 10h dim). Cet hôtel-restaurant de Novigrad est dirigé par l'un des meilleurs chefs croates, Marina Gaši, qui décline ses variantes des classiques croates dans un espace contemporain juste à côté de la marina. Le menu-dégustation à 6 plats (370 Kn) vaut la dépense.

Damir & Ornella (☎052-758 134 ; www.damir-ornella.com ; Zidine 5 ; plats à partir de 70 Kn ; ◎12h30-15h30 et 19h30-23h30). Cette taverne de 28 places, fameuse pour ses spécialités de poisson cru ultra-frais, est un des meilleurs restaurants d'Istrie. Réservez tôt en été.

Où prendre un verre et faire la fête

Byblos — CLUB
(www.byblos.hr ; Zelena Laguna 1 ; ◎23h-6h). Le week-end, des DJ connus viennent jouer de l'électro dans cette immense discothèque en plein air, l'un des lieux les plus branchés de Croatie, à 2,5 km au sud de la ville.

Villa Club — CLUB DE PLAGE
(www.villa-club.net ; Rade Končara 4a ; ◎9h-6h). Bar et club situé sur la plage qui attire un flot de fêtards pour un boogie aussi bien que des airs mixés par des DJ, toutes les nuits l'été.

Vinoteka Bacchus — BAR À VIN
(Eufrazijeva 10 ; ◎10h-1h lun-sam, 10h-minuit dim). Ce charmant caviste a disposé des tables à l'extérieur où l'on déguste des vins locaux, à partir de 9 Kn le verre. Goûtez la *malvazija* et le *refošk*.

Epoca — BAR
(Maršala Tita 24 ; ◎8h-2h). Installez-vous au bord de l'eau et contemplez le coucher du soleil en sirotant un cocktail.

Saint & Sinner — BAR
(www.saint-sinner.net ; Maršala Tita 12 ; ◎20h-4h). Dans ce bar de plage, la belle jeunesse sirote des boissons caféinées le jour ou alcoolisées la nuit. Avec des établissements jumeaux à Umag et Rovinj.

Torre Rotonda — BAR
(www.torrerotonda.com ; Narodni trg 3a ; ◎10h-2h). Grimpez l'escalier raide de l'historique tour ronde et vous trouverez ce surprenant café circulaire en plein air d'où on peut observer l'animation des quais. Parfait pour un peu de fraîcheur un soir d'été.

Achats

Koza — ARTISANAT
(Eufrazijeva 28 ; ◎10h-22h). Ne manquez pas les superbes objets en cuir conçus et fabriqués à la main par un frère et une sœur dans cette minuscule échoppe qui vend sacs, tongs, serviettes et portefeuilles.

❶ Renseignements

Centre médical de Poreč (☎052-451 611 ; Maura Gioseffija 2)

Fiore Tours (☎052-431 397 ; www.fiore.hr ; Mate Vlašića 6). Gère des logements chez l'habitant et des circuits d'aventures dans toute l'ex-Yougoslavie.

Office du tourisme (☎052-451 293 ; www.myporec.com ; Zagrebačka 9 ; ◎8h-21h lun et jeu-dim, 8h-18h mar-mer). Très utile, avec l'un des meilleurs sites Internet de tourisme local du pays.

Poste centrale (Trg Slobode 14 ; ◎8h-21h lun-sam). Possède un centre téléphonique.

Sunny Way (☎052-452 021 ; www.sunnyway.hr ; Alda Negrija 1). Spécialisée dans les billets de bateau et les excursions vers l'Italie et en Croatie.

❶ Depuis/vers Poreč

BATEAU

De mai à septembre, un catamaran rapide de **Venezia Lines** (www.venezialines.com ; aller 480 Kn, aller-retour 1 060 Kn, 2 heures) dessert Venise tous les jours. Départ du quai des ferries et des douanes.

BUS

La **gare routière** (K Huguesa 2) est implantée juste à la lisière de la vieille ville, derrière Rade Končara. Il y a une consigne.

Entre Poreč et Rovinj, les bus longent le fjord de Lim. Pour profiter du panorama, prenez place du côté droit si vous allez vers le sud et du côté gauche en sens inverse.

Liaisons depuis Poreč :
Pula 60 Kn, 1 heure-1 heure 30, 7/jour
Rijeka 70-90 Kn, 1 heure 30, 11/jour
Rovinj 36-47 Kn, 35 minutes-1 heure, 8/jour
Zagreb 134-183 Kn, 3 heures 45-4 heures 30, 8/jour

Umag

13 500 HABITANTS

Umag (Umago en italien), tout près de la frontière slovène, point le plus occidental de la Croatie, est une perle rare. Il est très agréable de flâner dans sa vieille ville, qui s'avance dans l'Adriatique. Vous y dégusterez des plats de poisson et de fruits de mer tout frais pêchés, et profiterez de quelques plages de galets isolées cachées dans des petites criques rocheuses au nord et au sud de la ville. Loin d'être un des sites les plus en vue de la péninsule istrienne, son atmosphère tranquille est idéale pour achever un circuit sur la côte croate, avant d'aller en Slovénie par exemple, 6 km à peine au nord-est.

Umag existe depuis l'époque romaine et a peu ou prou suivi le destin de l'Istrie, passant aux mains de plusieurs puissances européennes (Gênes, Venise, Autriche) avant de devenir yougoslave en 1954. Avant 1914, la majorité de la population de la ville était composée d'Italiens, mais ils ne sont guère plus de 18% aujourd'hui.

À voir et à faire

Musée municipal d'Umag MUSÉE
(Muzej grada Umaga ; 052-720 386 ; www.mgu-mcu.hr ; Trg Sv Martina 1 ; 15 Kn ; 10h-13h et 18h-21h mar-sam, 10h-13h dim juin-sept, horaires réduits reste de l'année). Presque à l'extrémité de la péninsule de la vieille ville, ce petit musée bien fait, expose des découvertes archéologiques provenant de la région, allant de l'époque romaine au XVIIe siècle. On y voit aussi de vieilles photographies de la ville jadis et une collection de sculptures.

Degrassi VINS
(052-759 250 ; www.degrassi.hr ; Bašanija – Podrumarska 3, Savudrija). Le domaine Degrassi, à 6 km au nord d'Umag, n'a réellement commencé à produire des vins de qualité que dans les années 1990. Appelez au préalable pour une dégustation.

Où se loger

Umag propose de nombreux hébergements, et la plupart sont de grands complexes hôteliers installés sur la côte, au nord et au sud. On trouvera plus facilement un lit sans avoir réservé que dans d'autres régions d'Istrie, même au cœur de l'été. La seule exception est la période de l'Open de tennis de Croatie, durant 10 jours à partir de mi-juillet : la ville et ses environs affichent alors complet.

Villa La Rossa B&B €€
(052-720 626 ; Istarska cesta 19 ; ch à partir de 500 Kn ; P ❄ ⓦ). Cette villa italienne, du côté nord de la vieille ville, proche d'une plage et du centre-ville, est l'antithèse des immenses complexes hôteliers qui bordent la côte. Elle possède des chambres confortables avec de grands balcons. Le buffet du petit-déjeuner, inclus, pourrait être meilleur.

Villa Badi HÔTEL €€€
(052-756 402 ; www.badi.hr ; Umaška ulica 1, Lovrečica ; ch 1 120 Kn ; P ⓦ ≋). Cet hôtel familial, dans le village de pêcheurs de Lovrečica, à 5 km au sud d'Umag, offre des chambres modernes impeccables, une piscine d'eau de mer, un petit espace bien-être et un buffet au petit-déjeuner. L'hôtel est à 200m de la mer, et à la même distance du centre du village.

Où se restaurer

Umag a de bons restaurants et cafés, souvent spécialisés dans les produits de la mer, mais les meilleurs sont à quelques minutes de voiture dans l'intérieur des terres.

Konoba Da Lorenzo MÉDITERRANÉEN €€
(095 90 74 762 ; www.konoba-dalorenzo.com ; Šetalište Vladimira Gortana 72 ; plats 45-150 Kn ; 12h-23h tlj). Derrière la marina, face à la péninsule de la vieille ville, c'est probablement le meilleur choix si l'on veut dîner en ville. Les plats, à base de produits locaux, sont des créations parfaitement exécutées. Le sashimi de poissons de l'Adriatique et la glace aux truffes sont de vrais délices.

Konoba Rustica MÉDITERRANÉEN €€
(052-732 053 ; www.konoba-rustica.com ; Sv Marija na Krasu 41 ; plats 35-120 Kn ; 12h-23h tlj). À 4 km de la ville en direction de la frontière slovène, cette taverne chaudement recommandée sert les meilleures pizzas à pâte fine, pâtes ou steaks de la région.

Renseignements

Office du tourisme (052-741 363 ; www.coloursofistria.com ; Trgovačka 6 ; 8h-20h tlj mai-sept, horaires réduits reste de l'année)

Depuis/vers Umag

Des bus relient Umag aux villes suivantes :
Poreč 42 Kn, 50 minutes, 8/jour
Pula 86 Kn, 2 heures 40, 4/jour
Rijeka 98 Kn, 2 heures 30, 6/jour
Rovinj 74 Kn, 1 heure 45, 4/jour
Zagreb 225 Kn, 5 heures, 4/jour

ISTRIE CENTRALE ET ORIENTALE

Dès que l'on s'écarte de la côte, la foule s'amenuise et les complexes hôteliers disparaissent pour laisser place à une campagne préservée, parsemée de villes médiévales perchées, de pinèdes, de vallées fertiles et de coteaux. Le rythme de la vie ralentit nettement lui aussi, se calquant davantage sur les impératifs des vendanges, de la récolte des truffes ou des asperges et de l'entretien des oliveraies que sur ceux des touristes. Les fermes ouvrent leurs portes aux vacanciers en quête d'authenticité, les tavernes rustiques reculées cuisinent des mets labellisés Slow Food et les meilleurs viticulteurs croates proposent des dégustations dans leurs caves. Des villages sur les hauteurs, qui semblaient naguère voués à la ruine, attirent des artistes et des artisans, mais aussi des étrangers fortunés. Si l'influence italienne est sensible dans cette région que l'on compare souvent à la Toscane, l'arrière-pays possède sa propre personnalité – un monde unique, magnétique, superbe, où la mer n'est jamais bien loin !

Momjan

283 HABITANTS

Le village souvent ignoré de Momjan, dans le nord-ouest de l'Istrie, au sud de la frontière slovène, est niché sur une colline offrant une vue incroyable sur l'intérieur de l'Istrie et la mer. Vous pourrez y voir une église du XVe siècle et les ruines d'un château du XIIIe siècle.

Où se loger et se restaurer

B&B Tinka B&B €
(☎098 17 58 279 ; www.bb-tinka.com ; Dolinja Vas 23 ; s/d 380/600 Kn ; ❄🛜). Cet hébergement moderne dans une villa du centre du village, d'un bon rapport qualité/prix, loue des chambres nettes, au décor inventif, tenues par un personnel sympathique. Pratique, il y a un restaurant sur place. Certaines chambres ont une belle vue.

Konoba Rino ISTRIEN €
(Dolinja Vas 23 ; plats 60-130 Kn ; ⓒ12h-22h mer-lun). Cette taverne rustique du B&B Tinka sert des spécialités locales telles que les pâtes au *boškarin* et au *pulic* (jeune âne) ou les gnocchis aux truffes, sous d'épaisses poutres et des voûtes de pierre.

L'ISTRIE À VÉLO

Les cyclotouristes sont invités à prendre le **Parenzana Bike Trail** (☎052-351 603 ; www.parenzana.net), longeant une ancienne ligne de chemin de fer à voie étroite qui fonctionna entre 1902 et 1935, reliant Trieste à Poreč. Aujourd'hui, elle traverse trois pays : l'Italie, la Slovénie et la Croatie (sa partie croate fait 78 km), et est un moyen de plus en plus populaire de visiter l'Istrie, notamment au printemps et à l'automne.

Stari Podrum ISTRIEN €€
(www.staripodrum.info ; Most 52 ; plats 75-200 Kn ; ⓒ12h-22h jeu-mar). Stari Podrum, à 5 minutes de voiture de Momjan, propose des classiques istriens avec une touche inventive, pour un peu plus cher que la moyenne. Essayez leur filet de bœuf, réputé. Truffes partout au menu quand c'est la saison.

Konoba Morgan ISTRIEN €€
(www.konobamorgan.eu ; Bracanija 1 ; plats 70-150 Kn ; ⓒ12h-22h mer-lun). Pour une belle expérience gastronomique, allez au Konoba Morgan, 2 km au nord-est de Brtonigla, sur la route de Buje. Sa jolie terrasse en haut d'une colline offre une vue panoramique sur la campagne, et vous dînerez en hiver dans une salle de pierre chauffée au feu de bois. Le menu du jour comporte souvent du gibier et des produits de saison comme la truffe ou les asperges.

ⓘ Depuis/vers Momjan

Pour aller à Momjan, il faut son propre moyen de transport, car les liaisons en bus sont presque inexistantes.

Grožnjan

740 HABITANTS

Jusqu'au milieu des années 1960, la petite localité de Grožnjan, à 27 km au nord-est de Poreč, sombrait dans l'oubli. Mentionnée pour la première fois en 1102, cette bourgade haut perchée constituait au XIVe siècle un maillon défensif stratégique pour les Vénitiens, qui la ceignirent de remparts et de portes, et y construisirent une loggia, un grenier à céréales et plusieurs belles églises. La chute de Venise, au XVIIIe siècle, réduisit l'importance et la population de la cité.

En 1965, le sculpteur Aleksandar Rukavina s'éprit de son charme médiéval. Il fut suivi par un petit groupe d'artistes et tous installèrent leurs ateliers dans des bâtiments abandonnés. Cette renaissance attira l'attention des Jeunesses musicales internationales, un programme de formation de jeunes musiciens. Depuis 1969, Grožnjan accueille chaque été une école pour musiciens, dont le succès ne se dément pas et qui organise des récitals et des concerts presque chaque jour en été dans le château et sur les places verdoyantes.

À voir

Église Saints-Vitus-Modeste-et-Crescentius ÉGLISE
(Trg Ruggera Paladina). Le campanile de grès ocre de l'église Saints-Vitus-Modeste-et-Crescentius domine la ville. L'église, qui date du XIVe siècle, fut rénovée dans un style baroque en 1770. Allez voir l'autel à l'intérieur, offert par le pape Pie VII en 1800 et censé posséder des pouvoirs particuliers.

Galerie Fonticus GALERIE D'ART
(Gradska Galerija Fonticus ; Trg Lođe 3 ; ⊙10h-13h et 17h-20h mar-dim). Il existe plus de 30 galeries et ateliers répartis dans la ville ; la galerie Fonticus met en avant des œuvres récentes d'artistes essentiellement croates. Pas de véritable collection permanente, mais elle expose quelques objets héraldiques parmi lesquels heaumes, insignes et écussons.

Fêtes et festivals

Le **Centre culturel international des Jeunesses musicales de Croatie** (www.hgm.hr) organise des concerts en été. Nul besoin de réserver votre place pour ces manifestations gratuites, qui ont lieu d'ordinaire dans l'église, sur la grand-place, dans la loggia ou dans le château.

Où se restaurer

Konoba Pintur ISTRIEN €
(Mate Gorjana 9 ; plats 45-120 Kn ; ⊙8h-23h). Sur la grand-place, cet établissement familial dispose de tables à l'extérieur et sert une cuisine décente, abordable, et de la bière bon marché. Il loue aussi des chambres à l'étage.

Bastia ISTRIEN €€
(1 Svibnja 1 ; plats 70-160 Kn ; ⊙8h-minuit). Un peu inégal, le plus ancien restaurant de la ville se trouve sur la grand-place arborée. Une décoration gaie et lumineuse, et une carte fournie qui privilégie les truffes.

Où prendre un verre et faire la fête

Kaya Energy Bar & Design CAFÉ, BAR
(Vincenta iz Kastva 2 ; ⊙9h-23h). Cet établissement familial situé à l'entrée de la ville a plusieurs facettes – à la fois café, bar, boutique et galerie – avec un élégant intérieur en pierre, des tables sur la place et une jolie terrasse latérale qui offre une vue fantastique sur la vallée. On y sert des jus de fruits frais, des smoothies, des petits-déjeuners, des en-cas toute la journée, et un bon vin local : la *malvazija* (malvoisie).

Cafe Vero CAFÉ, BAR
(Trg Cornera 3 ; ⊙8h-22h). La vue sur la vallée est le principal attrait de ce café-bar au bout du village, agrémenté d'une terrasse.

 Achats

Zigante Tartufi ALIMENTATION
(www.zigantetartufi.com ; Umberta Gorjana 5 ; ⊙9h-22h). Le meilleur endroit de Grožnjan pour acheter des truffes d'Istrie.

Renseignements

Office du tourisme (☏052-776 131 ; www.tz-groznjan.hr ; Umberta Gorjana 3 ; ⊙10h-13h et 17h-20h mar-dim)

Motovun
500 HABITANTS

Motovun est une merveilleuse localité perchée à 277 m d'altitude au-dessus de la vallée de la Mirna, à 25 km au nord-est de Poreč. Les Vénitiens la fortifièrent au XIVe siècle, l'entourant de deux épaisses murailles.

Motovun possède plusieurs galeries et boutiques, hors les murs et entre les portes de la ville, dont un caviste proposant des dégustations et un traiteur de l'enseigne Zigante. Intra-muros, des édifices romans et gothiques de caractère accueillent quelques ateliers d'artistes. Des maisons plus récentes ont surgi sur les coteaux menant au village, où se tient chaque été le populaire Festival du film – celui-là même qui a fait de Motovun le plus touristique des villages perchés d'Istrie.

À voir

Remparts REMPARTS
La balade incontournable sur le chemin de ronde des remparts extérieurs offre une vue exceptionnelle sur les vignobles, les champs

et les chênaies. Faites une pause dans le café qui se cache sur les remparts, près du bureau de poste.

Église Saint-Étienne ÉGLISE
(Svetog Stjepana ; Trg Andrea Antico). Cette église Renaissance, conçue probablement d'après des dessins du célèbre architecte vénitien Andrea Palladio (1508-1580), est le point d'orgue de la ville. Le campanile du XVIe siècle est adossé au mur d'enceinte de la vieille ville.

 **Activités**

Parapente PARAPENTE
(☎098 92 28 081 ; www.istraparagliding.com ; 600 Kn/pers). Sautez du sommet de la colline de Motovun lors d'un vol en tandem (avec instructeur) pour une vue magnifique sur les collines d'Istrie. Réservez.

Train de Parenzana TRAIN TOURISTIQUE
(www.parenzana.hr ; adulte/2-12 ans 160 Kn/80 Kn). Ce circuit récemment remis en service, qui emprunte l'ancienne ligne de chemin de fer

---

LOGER DANS LA CAMPAGNE ISTRIENNE

L'agrotourisme est une forme d'hébergement de plus en plus répandue dans l'arrière-pays istrien. Certaines de ces adresses sont des fermes en activité spécialisées dans la culture vinicole et maraîchère ou dans l'aviculture, d'autres des maisons de campagne louant des appartements champêtres, d'autres encore des villas modernes avec piscine. Tous ces hébergements se distinguent par la cuisine saine qu'ils proposent et les possibilités de randonner à pied ou à vélo alentour.

L'Office du tourisme d'Istrie (☎052-452 797 ; www.istra.hr) a édité une brochure illustrée sur le tourisme rural. Il faut généralement être motorisé, car nombre de ces adresses se trouvent en pleine campagne. Un supplément s'applique souvent pour les séjours de moins de 3 nuits.

Agroturizam San Mauro (☎052-779 033 ; www.sinkovic.hr ; San Mauro 157, Momjan ; 214 Kn/pers petit-déj inclus ; 🛜). Près de la ville haut perchée de Momjan, l'Agroturizam San Mauro propose des dégustations de ses excellents vins (40 Kn), des spécialités à base de truffe, ainsi que des confitures, du miel et des jus de fruits maison, que l'on goûte au petit-déjeuner. Certains appartements ont terrasse et vue sur la mer, et tous sont équipés d'une kitchenette. Petit supplément pour les séjours d'une seule nuit et paiement en espèces uniquement.

Agroturizam Ograde (☎052-693 035 ; www.agroturizam-ograde.hr ; Katun Lindarski 60, Katun Lindarski ; 280 Kn/pers petit-déj inclus ; P 🛜 ≋ 🍴). Dans le verdoyant Agroturizam Ograde, situé dans le village de Katun Lindarski, à 10 km au sud de Pazin, flânez au milieu des chevaux, des moutons, des poules, des cochons et des oies. La cuisine, servie dans une obscure et fraîche konoba (taverne), est préparée à partir des produits du jardin, de la viande maison et du vin de la cave. Hébergement dans deux maisons séparées, dont une avec piscine.

Pruga (☎091 78 17 263 ; www.apartments-pruga.com ; Lovrinići 14, Lovrinići ; app 750 Kn juil-août, 610 Kn juin et sept ; 🛜). Dans le village de Lovrinići, à 9,5 km de Pazin, le Pruga est idéal pour une escapade au calme. Choisissez l'un de ces deux appartements dans une maison istrienne en pierre calcaire, chacun possédant une élégance rustique, une décoration originale et une cuisine tout équipée. Le petit-déjeuner – fromages du cru, confitures et gâteaux maison – est servi à l'extérieur sous les arbres fruitiers, face à la forêt.

La Parenzana (☎052-777 460 ; www.parenzana.com.hr ; Volpia 3, Buje ; s/d 290/580 Kn ; P @ 🛜). Cette auberge rurale à 3 km de Buje, dans le village de Volpia, compte 16 chambres à la décoration rustique tout en poutres et en pierre apparente. Sa konoba (fermée le mardi) est plébiscitée pour ses plats istriens, comme le čripnja (viande rôtie ou poisson, mijoté en cocotte avec des pommes de terre dans une cheminée à foyer ouvert).

San Rocco (☎052-725 000 ; www.san-rocco.hr ; Srednja Ulica 2, Brtonigla ; ch à partir de 1 460 Kn ; P ❄ @ 🛜 ≋). Tenue en famille dans le village de Brtonigla, près de Buje, cette auberge chic occupant une maison de campagne superbement conçue dispose de 14 chambres raffinées. Toutes différentes, elles sont dotées de tout le confort moderne et embellies par des détails originaux. Piscine extérieure, restaurant réputé et petit spa.

à voie étroite de Parenzana, emmène les visiteurs de Motovun jusqu'à la splendide ville de Vižinada, perchée sur une colline dominant la vallée de la Mirna. Le train s'arrête dans le village de Ratokule, où vous pourrez goûter des mets istriens faits maison dans une ferme. Il y a 5 départs/jour, le trajet dure 1 heure 40, et le retour est gratuit. On peut aussi faire le voyage de Vižinada à Motovun.

Geržinić VINS
(052-446 285 ; www.gerzinic.com ; Vižinada). Ce domaine du village de Vižinada, 16 km à l'ouest de Motovun, appartenant à la même famille depuis un siècle, a été primé. Ses 10 ha plantés de *malvazija* produisent de superbes vins blancs.

✨ Fêtes et festivals

Festival du film de Motovun CINÉMA
(www.motovunfilmfestival.com ; ⊘juil). Le Festival du film de Motovun programme des films indépendants et d'avant-garde. Depuis son lancement en 1999, ce festival attire un public nombreux, qui vient assister aux projections, aux concerts et aux festivités.

🛏 Où se loger

Motovun Camping CAMPING €
(052-681 557 ; www.motovun-camping.com ; empl 2 pers 200 Kn/nuit, nuits suivantes 120 Kn). Petit camping de 12 emplacements, en contrebas de la ville, géré par l'Hotel Kaštel. Les campeurs bénéficient gracieusement de la piscine de l'hôtel et d'une réduction de 10% à son restaurant.

Villa Borgo B&B €€
(052-681 708 ; www.villaborgo.com ; Borgo 4 ; s/d avec petit déj 413/550 Kn ; 🛜). Ce très bel endroit en haut de la vieille ville compte 10 chambres de style et d'aménagement différents – certaines avec salle de bains commune, ou avec une vue panoramique, tandis que d'autres donnent sur la rue. La décoration est épurée et minimaliste, il y a une jolie terrasse commune avec vue panoramique sur la vallée, une boutique-galerie et un appartement au rez-de-chaussée qui peut accueillir 4 personnes.

Hotel Kaštel HÔTEL €€€
(052-681 607 ; www.hotel-kastel-motovun.hr ; Trg Andrea Antico 7 ; s/d 500/860 Kn ; P@🛜♨). Le seul véritable hôtel de Motovun est installé dans un *palazzo* restauré du XVIIe siècle, il offre 33 chambres simples et un bon restaurant où l'on trouvera truffes et vins d'Istrie. Il

> **ⓘ SE GARER À MOTOVUN**
>
> Trois parkings sont aménagés en ville. Du premier, au pied du village, un chemin escarpé de 2 km mène aux portes de la ville. Le deuxième se trouve à 300 m en contrebas de la vieille ville, et le dernier est réservé aux résidents et aux clients des hôtels. D'avril à octobre, le stationnement dans les deux premiers parkings coûte 20 Kn par jour, sauf pour la clientèle des hôtels.

loue des vélos (110 Kn/jour) mais on y vient aussi pour son espace bien-être avec spa.

🍴 Où se restaurer

Pod Napun ISTRIEN €€
(www.antique-motovun.com.hr ; Gradizol 33 ; plats 70-120 Kn ; ⊘12h-22h). Très bon choix, à l'entrée de la vieille ville en montant, ce restaurant intime et sympathique dispose d'une terrasse avec une vue panoramique sur la vallée. Ses plats traditionnels de la région sont bien préparés. Les propriétaires louent des chambres et des maisons en ville.

Konoba Dolina ISTRIEN €€
(www.konobadolina.hr ; Gradinje 59/1 ; plats 50-100 Kn ; ⊘12h-21h mer-lun). Si vous êtes motorisé, cette adresse prisée des habitants mérite le détour pour son ambiance simple et ses plats istriens authentiques, souvent agrémentés de truffes. À accompagner de la bière locale, la Favorit.

En venant de Motovun, prenez à droite vers Buzet et continuez jusqu'à l'embranchement à gauche pour Gradinje ; il reste ensuite 2,5 km à parcourir.

Pod Voltom ISTRIEN €€
(Trg Josefa Ressela 6 ; plats 70-130 Kn ; ⊘12h-22h tlj). Dans un espace voûté, dans l'enceinte de la ville, dégustez une cuisine istrienne familiale et des plats de truffes plus chers (au dessert, testez la délicieuse pannacotta aux truffes). De juin à septembre, choisissez la loggia pour sa vue sur la vallée.

Mondo ISTRIEN €€
(Barbacan 1 ; plats 75-150 Kn ; ⊘12h-15h30 et 18h-22h). Juste avant la porte de la ville, cette petite taverne avec une terrasse sur le côté sert une cuisine istrienne inventive et luxueusement présentée, avec beaucoup de plats aux truffes. Accompagnez votre repas de vins du domaine Tomaz.

♥ Restaurant Zigante   GASTRONOMIQUE €€€
(☎052-664 302 ; www.zigantetartufi.com ; Livade 7, Livade ; plats 185-350 Kn ; ⊙12h-22h). Les gourmets viennent de loin pour ce restaurant qui appartient à la plus importante compagnie truffière d'Istrie, situé à quelques kilomètres de Motovun, dans le village de Livade. Au programme : dîner élégant cinq étoiles et truffes en vedette sur la carte, heureusement courte, qui évolue à chaque saison.

ⓘ Renseignements

Montona Tours (☎052-681 970 ; www.montonatours.com) est une bonne source de renseignements ; on vous aidera à trouver un hébergement en Istrie centrale, en séjour à la ferme ou chez l'habitant. Loue aussi des vélos (110 Kn/j).

Office du tourisme (☎052-681 726 ; www.tz-motovun.hr ; Trg Andrea Antico 1 ; ⊙10h-18h). Sur la place principale, au pied de l'Hotel Kaštel.

ⓘ Depuis/vers Motovun

Il n'est pas aisé de visiter Motovun sans voiture. Des bus desservent Pazin (35 Kn, 40 min, 3/jour) et Poreč (35 Kn, 45 min, 1/jour), mais uniquement en semaine et en période scolaire.

Buzet

6 100 HABITANTS

La tranquille Buzet, à 39 km au nord-est de Poreč, au bord de la Mirna, n'est peut-être pas la ville la plus fascinante de la région, mais elle n'en offre pas moins un aperçu de la grâce intemporelle de l'Istrie historique. Fondée par les Romains, elle ne se développa réellement qu'à l'époque vénitienne, où furent construites ses murailles, ses portes et églises. Avec des édifices en pierre grise plus ou moins décrépits et restaurés, et des rues pavées délaissées par les habitants (qui ont pour la plupart déménagé depuis longtemps dans la ville moderne, au pied de la colline), la vieille ville possède une atmosphère paisible et beaucoup de caractère.

Flânez dans le dédale de ruelles et de places, dont les sites sont signalés par des plaques en anglais. Buzet est également au centre de la région où pousse la truffe blanche (*tuber magnatum*). Dégustez ce champignon rare dans les restaurants de la vieille ville ou participez à des activités qui s'y rapportent, comme le festival de Subotina.

◉ À voir

Les commerces se regroupent pour l'essentiel dans le nouveau quartier de Fontana, au pied de la vieille ville. Si vous êtes motorisé, il faudra vous garer près du cimetière sur la colline avant de monter à pied (5 minutes) jusqu'au centre historique.

Musée régional   MUSÉE
(Zavičajni Muzej Buzet ; Ulica Rašporskih Kapetana 5 ; tarif plein/réduit 15/10 Kn ; ⊙9h-15h lun-ven). Dans le grandiose palais Bigatto du XVIIe siècle, le principal site de Buzet expose une intéressante collection d'objets romains et préhistoriques, plus quelques autres comme des outils agraires et des costumes folkloriques. Une salle est également consacrée à des expositions temporaires d'artistes locaux.

Puits baroque   SITE REMARQUABLE
Sur une place, à quelques mètres au nord du musée régional, ce charmant puits restauré en 1789 arbore un relief de lion vénitien.

🏃 Activités

Prenez à l'office du tourisme un guide des routes du vin, de l'huile d'olive et de la truffe qui sillonnent la région, et des diverses activités proposées, comme la randonnée (7 sentiers), le cyclotourisme (14 itinéraires autour de la ville), l'escalade libre, la montgolfière et le parapente.

Istriana Travel (☎091 54 12 099 ; www.istrianatravel.hr ; Vrh 28) organise des excursions pour récolter des truffes, des ateliers, des circuits vin et huile d'olive, des balades à vélo, des sorties spéléologie, parapente et plus encore.

✦ Fêtes et festivals

Fête de Subotina   GASTRONOMIE
La plus grande célébration de la truffe à Buzet se déroule le deuxième samedi de septembre et marque l'ouverture de la saison de la truffe blanche (qui dure jusqu'à fin décembre). La préparation d'une omelette géante aux truffes avec plus de 2 000 œufs et 10 kg de champignons, dans une poêle pesant une tonne, constitue le clou de l'événement.

🛏 Où se loger et se restaurer

Plusieurs fermes alentour louent des chambres et des appartements (à partir de 100-150 Kn/pers). L'office du tourisme vous fournira leurs coordonnées.

EXPÉRIENCES IDYLLIQUES

Moins de 20 km séparent les deux villes, mais la superbe campagne entre Motovun et Buzet offre beaucoup de possibilités de se faire plaisir : délicieuse cuisine, vins fins et une vénérable station thermale, entre autres.

Istarske Toplice (052-603 000 ; www.istarske-toplice.hr ; Sv Stjepana 60, Livade). Fondée à l'époque romaine, Istarske Toplice est l'une des stations thermales les plus anciennes de Croatie. Au pied d'une falaise de 85 m, entouré de verdure, le complexe est formé d'un hôtel monolithique en béton et d'un centre de bien-être. Dans le vaste bassin, dont émane une forte odeur de soufre, la température atteint 34°C.

S'il ne vaut pas la peine d'y passer la nuit (à moins d'adorer les spas) allez-y quelques heures. Le choix des soins est vaste et varié, du massage à la pierre chaude aux soins du corps spécifiques au vin, miel et lavande (330 Kn chacun). Ou profitez simplement de la piscine thermale (40 Kn/3 heures) ou du sauna (170 Kn/3 heures). Les eaux thermales soulageraient les rhumatismes, les maladies de peau et les problèmes respiratoires.

La station thermale n'est pas desservie par les transports publics, mais, étant située à 10 km au nord de Motovun et à 11 km au sud de Buzet, sur la route principale reliant ces deux localités, elle est aisément accessible par la route.

Domaine d'Ipša (052-664 010 ; www.ipsa-maslinovaulja.hr). À 4 km au sud-est d'Oprtalj, au milieu des collines, s'étend le magnifique domaine d'Ipša, dont les huiles d'olive primées méritent le détour ; appelez avant.

Chasse aux truffes (052-667 304 ; www.karlictartufi.hr ; Paladini 14, Paladini ; circuit 260-965 Kn/pers). Si vous voulez partir à la chasse aux truffes, la sympathique famille Karlić, qui vit à Paladini, à 12 km de Buzet, propose un circuit en anglais qui comprend des dégustations de fromages et de truffes, beaucoup d'histoires sur ce champignon et une chasse à la truffe dans la forêt, qui dure jusqu'à 2 heures.

Agroturizam Tončić (052-644 146 ; www.agroturizam-toncic.com ; Čabarnica 42, Zrenj ; plats à partir de 50 Kn ; sam-dim). Pour des repas consistants tel un délicieux agneau aux pommes de terre cuit au *peka* (cloche de cuisson), rendez-vous au renommé Agroturizam Tončić, à l'extrémité du village de Zrenj, où vous goûterez une cuisine savoureuse dans la salle rustique ou sur la terrasse avec une vue superbe sur les monts Čićarija. Goûtez la *rakija* (eau-de-vie) au cumin, et faites une visite aux animaux de la ferme. Réservez, car l'endroit est très couru et accueille parfois des groupes importants.

Agroturizam Nežić (052-644 285 ; Zrenj 11, Zrenj ; plats à partir de 50 Kn ; dim seulement). Ne cherchez pas plus loin que l'Agroturizam Nežić si vous voulez un repas léger d'*antipasti* aux truffes accompagnés de pain maison, tels que le fromage mariné à l'huile d'olive et aux truffes, ou le *prosciutto* d'Istrie et les *fritaja* (œufs brouillés) aux truffes. Les propriétaires, Paolo et Nadia, servent ces en-cas faits avec soin le week-end, dans leur taverne traditionnelle en pierre. Réservez impérativement.

Toklarija (091 92 66 769 ; Sovinjsko Polje 11, Sovinjsko Polje ; menu 6 plats, vin compris 400-500 Kn ; 13h-22h mer-lun). On vient à Sovinjsko Polje pour faire un des meilleurs dîners d'Istrie. Dans ce moulin à huile d'olive vieux de 600 ans, joliment transformé, Nevio Sirotić, le propriétaire propose une cuisine Slow Food istrienne délicieuse. Un repas peut durer jusqu'à 4 heures, avec une succession de plats délicats.

À Buzet, il faut goûter aux truffes, même si cela rajoute quelques dizaines de kunas au prix de votre repas. Les restaurants y sont peu nombreux, mais ils sont excellents.

Vela Vrata BOUTIQUE-HÔTEL €€
(052-494 750 ; www.velavrata.net ; Šetalište Vladimira Gortana 7 ; s/d 593/810 Kn ;). Charmant hôtel en lisière de la vieille ville, avec vue panoramique sur les collines. Vingt jolies chambres bien équipées, dans 5 bâtiments reliés entre eux. La n°11 jouit d'une vue magnifique depuis son balcon. L'hôtel dispose d'un **restaurant** (plats à partir de 50 Kn ; 13h-23h) qui sert de délicieuses pâtes maison, de bonnes viandes et de fantastiques crêpes à la *skuta* (ricotta) et au miel – le tout avec vue sur la campagne. Il y a aussi un café et un petit spa sur place.

LA TRUFFE D'ISTRIE : UN RITUEL LUCRATIF

Le commerce de la truffe s'apparente moins à une entreprise qu'à un rituel fort lucratif. Tout part de ce champignon noble poussant sous terre, auquel les amateurs attribuent un arôme incomparable et des pouvoirs presque magiques. Tout le monde connaît la réputation de la truffe noire du Périgord et de la truffe blanche du Piémont, mais ce n'est que depuis une dizaine d'années que l'on commence à parler de la truffe de l'Istrie.

On dénombre 70 variétés de truffes dans le monde, dont 34 en Europe. Si l'Italie, la France et l'Espagne restent les principaux producteurs, les forêts istriennes ne sont pas en reste, avec trois variétés de truffes noires, ainsi que la truffe blanche, plus grosse – vendue 35 000 Kn le kilo, c'est l'une des plus recherchées du monde. Le plus grand exportateur croate, Zigante Tartufi (p. 125), concentre 90% du marché de l'export. En 1999, le patron, Giancarlo Zigante, trouva, grâce à sa chienne Diana, la plus grosse truffe d'Istrie : 1,31 kg !

L'industrie truffière locale est née en 1932, sous l'occupation italienne. Un soldat italien originaire d'Albe, capitale de la truffe, aurait, dit-on, remarqué des similitudes entre la flore de sa région natale et celle de l'Istrie. Son service militaire achevé, il revint avec des chiens truffiers, qui découvrirent bel et bien le précieux champignon.

La truffe n'étant signalée par aucun indice au sol, elle ne se distingue pas à l'œil nu, si bien que le chien (ou, à l'époque, le cochon) demeure l'outil premier du chasseur de truffes. Les chiens truffiers d'Istrie reçoivent un entraînement de haut niveau. Leur dressage commence alors qu'ils ont à peine deux mois, et seuls 20% d'entre eux deviendront des chasseurs accomplis.

La truffe se ramasse d'octobre à janvier. Pendant cette période, au moins 3 000 "chasseurs", accompagnés de 9 000 à 12 000 chiens, sillonnent les forêts humides autour de Motovun. La ville de Buzet constitue l'épicentre de la région truffière.

Stara Oštarija ISTRIEN €€
(052-694 003 ; Petra Flega 5 ; plats 90-350 Kn ; 12h-22h tlj). Des truffes, des truffes et encore des truffes ! On en trouve même dans le dessert local, la pannacotta au miel de truffe. Pour une petite folie, dégustez un menu truffes de 6 plats (800 Kn pour 2 pers) en contemplant la vallée.

 Achats

Zigante Tartufi TRUFFES
(www.zigantetartufi.com ; Trg Fontana ; 9h-20h). Des truffes – avec des olives ou des champignons. Les boutiques Zigante sont très présentes en Istrie.

Renseignements

Office du tourisme (052-662 343 ; www.tz-buzet.hr ; Šetalište Vladimira Gortana 9 ; 8h-15h lun-ven, 9h-14h sam). Installé dans un espace huppé près de Vela Vrata. Informations sur les hébergements ; plans et brochures sur la région.

Depuis/vers Buzet

La **gare routière** (Riječka bb) de Buzet dessert notamment :
Poreč 50 Kn, 1 heure, 3/jour
Pula 65 Kn, 1 heure 30, 1/jour
Rijeka 60 Kn, 1 heure, 5/jour

Roč

153 HABITANTS

Le village de Roč sommeille derrière ses remparts du XVe siècle, à 8 km au sud-est de Buzet. En flânant, partez à la découverte de l'**église Saint-Antoine**, de style roman, de la **maison Renaissance** du XVe siècle qui se dresse sur une place à côté de l'église, et du **lapidarium romain**, à l'intérieur de la porte de la ville. L'office du tourisme garde les clés de toutes les églises de la ville (vous devrez les demander pour les visiter). Il fournit également des renseignements sur l'atelier de fresques proposé à Roč.

 Fêtes et festivals

Festival de l'Accordéon de Roč MUSIQUE
Le bourg ne s'éveille que pendant ce festival qui réunit chaque année, le deuxième dimanche de mai, des accordéonistes de Croatie, d'Italie et de Slovénie.

Où se restaurer

Ročka Konoba ISTRIEN €€
(plats 40-100 Kn ; 12h-22h mar-dim). L'une des maisons de pierre du village abrite ce

bon restaurant régional, avec des tables en terrasse et une cheminée à l'intérieur. C'est un endroit idéal pour découvrir des spécialités d'Istrie comme les *fuži*, des saucisses artisanales, et la *maneštra* (minestrone).

Achats

Biskoteka ALCOOLS
(Roč 14 ; 9h30-18h30 tlj). Dans cette boutique, vous pourrez essayer près de 30 sortes de *rakija*, dont 7 de *biska* (grappa au gui).

Renseignements

Office du tourisme (092 16 94 598 ; Roč bb ; 9h-17h)

Depuis/vers Roč

Il vous faut une voiture pour aller à Roč, très mal desservie par les transports en commun.

Hum

30 HABITANTS

Hum, qu'on atteint par la route depuis Roč, est un lieu joliment préservé, qui se vante d'être la plus petite bourgade du monde, avec une population de 30 résidents permanents. La légende dit qu'il ne restait que quelques pierres aux géants qui avaient construit l'Istrie, et qu'ils s'en servirent pour bâtir Hum. Ne manquez pas non plus le vieux village abandonné de Kotli, à 2,5 km de la route principale qui relie Roč et Hum. Cet ensemble rural protégé, situé sur la rivière Mirna, recèle des cours, des escaliers extérieurs, des passages voûtés et des cheminées pittoresques très bien préservés.

À voir

Comptez une demi-heure pour visiter Hum et admirer ses églises et ses bâtiments, qui bénéficient tous d'explications multilingues.

Allée glagolitique SITE REMARQUABLE
(Aleja Glagoljaša). En venant de Roč, vous passerez par l'Allée glagolitique, un ensemble de 11 sculptures disposées le long de la route pour célébrer l'importance de la région en tant que point central de l'alphabet glagolitique.

Chapelle de Saint-Jérôme ÉGLISE
(Crkvica Svetog Jerolima). Ne manquez pas les fresques du XIIe siècle de cette chapelle romane qui dépeignent la vie de Jésus en couleurs remarquablement vives.

Fêtes et festivals

Le dernier dimanche d'octobre, quelque 4 000 visiteurs envahissent Hum à l'occasion du Dan Rakije (Journée de l'eau-de-vie). Dans une ambiance joyeuse, vous pourrez déguster en compagnie des producteurs plus d'une centaine d'eaux-de-vie produites dans la région.

Où se restaurer

Humska Konoba ISTRIEN €€
(052-660 005 ; www.hum.hr ; Hum 2 ; plats 45-190 Kn ; 11h-22h). La taverne de la ville prépare de délicieuses spécialités istriennes, et sa charmante terrasse offre une vue panoramique sur la région. Commencez par un verre de *biska* (élaborée selon une ancienne recette celtique), puis dégustez une *maneštra s kukuruzom* (soupe haricots-maïs), suivie de *fuži* (pâtes torsadées) aux truffes et finissez par des *kroštuli* (beignets au sucre).

Achats

Aura SOUVENIRS
(10h-19h). En été, cet adorable village reçoit un flot de vacanciers venus musarder dans ses venelles et visiter l'Aura, où sont présentés d'anciens outils, mais qui tient surtout de la boutique de souvenirs, avec ses vins, eaux-de-vie et truffes.

Depuis/vers Hum

Il vous faut votre propre voiture : il n'y a pas de transports en commun ici.

Pazin

4 400 HABITANTS

Célèbre pour son gouffre, qui inspira Jules Verne, et pour son château médiéval, Pazin, petit bourg en plein cœur de l'Istrie, mérite, bien sûr, une visite pour ces deux sites, mais aussi pour son charme provincial et ses rues épargnées par le tourisme international. Le centre est en grande partie piétonnier, tandis que la campagne vallonnée entoure des faubourgs sans grand intérêt.

Cœur géographique de l'Istrie, Pazin en est également le siège administratif. Toutes les destinations de la péninsule sont facilement accessibles par la route ou le rail. En raison de la rareté des hôtels et des restaurants, mieux vaut venir pour la journée, d'autant plus que la majorité des villes istriennes se trouvent à moins d'une heure. La campagne autour de Pazin permet cependant de s'adonner à moult activités, comme la randonnée, l'escalade, la tyrolienne, le vélo et la visite d'apiculteurs.

👁 À voir et à faire

L'office du tourisme de Pazin propose une carte des sentiers de randonnée et des élevages apicoles (délicieux miel d'acacia), ainsi qu'une brochure recensant les caves vinicoles autour de Pazin.

Gouffre de Pazin　　　　　　　　GROTTES
(Tarif plein/réduit 30/15 Kn ; ⏱10h-19h juin-août). Le site le plus réputé de Pazin est sans conteste ce gouffre profond d'environ 100 m, dans lequel disparaît la rivière Pazinčica pour constituer trois lacs souterrains. Ses profondeurs ténébreuses ont inspiré Jules Verne et nombre d'écrivains croates. En 45 minutes, on peut parcourir les 1 300 m du **sentier balisé** dans le canyon, qui comprend une ascension facile.

On y arrive par l'Hotel Lovac ou par la passerelle enjambant l'abîme, à 100 m du château. On peut entrer dans la grotte avec un spéléologue professionnel (150 Kn) en organisant la visite à l'avance à l'office du tourisme, et même la traverser en tyrolienne. Si vous préférez les hauteurs, profitez du point de vue à proximité immédiate du château.

Château　　　　　　　　　　　CHÂTEAU
(Trg Istarskog Razvoda 1). Surplombant le gouffre, le château de Pazin est le bâtiment médiéval le plus imposant et le mieux conservé de toute l'Istrie. Les registres mentionnent dès 983 cette forteresse à l'architecture romane, gothique et Renaissance. Il renferme deux **musées** : le Musée municipal et le Musée ethnographique. Le billet vous donne accès aux deux.

Musée ethnographique　　　　　MUSÉE
(www.emi.hr ; Trg Istarskog Razvoda 1275 ; 25 Kn ; ⏱10h-18h mar-dim). Dans l'impressionnant château de Pazin, ce musée ethnographique qui couvre toute l'Istrie expose près de 4 000 objets qui donnent une idée de la vie dans les villages d'Istrie à travers les âges. Parmi ceux-ci, mobilier, costumes nationaux, outils agricoles et poteries. Avec aussi des sections consacrées aux fêtes slaves et aux migrations.

Musée municipal　　　　　　　MUSÉE
(www.muzej-pazin.hr ; Trg Istarskog Razvoda 1 ; 25 Kn ; ⏱10h-18h mar-dim). Le musée municipal, dans le château de Pazin, donne à voir une série de cloches d'églises médiévales d'Istrie, une exposition sur les révoltes d'esclaves, et des instruments de torture dans le donjon.

🎭 Fêtes et festivals

Les journées Jules Verne　　　　CULTURE
(⏱début juin). Ce festival, qui se tient la dernière semaine de juin, est l'occasion pour Pazin d'honorer l'écrivain qui l'a, presque par inadvertance, rendue célèbre. Des courses, des reconstitutions de scènes du roman et des parcours sur les pas de son héros, Mathias Sandorf, sont organisés.

VOYAGE AU CENTRE DE L'ISTRIE

Le célèbre auteur du *Tour du monde en quatre-vingts jours*, du *Voyage au centre de la Terre* et de *Vingt Mille Lieues sous les mers* trouva l'inspiration au centre de l'Istrie : c'est en effet dans le château et le gouffre de Pazin que Jules Verne (1828-1905), précurseur de la science-fiction, situe l'action de *Mathias Sandorf* (1885), l'un des 27 opus de la série des *Voyages extraordinaires*.

Dans le roman, le comte Mathias Sandorf et deux de ses acolytes sont arrêtés par la police autrichienne pour activités révolutionnaires et emprisonnés dans la forteresse de Pazin. Sandorf s'évade en descendant par la tige métallique d'un paratonnerre, lequel est frappé par la foudre, précipitant notre héros dans la tumultueuse rivière Pazinčica. Il est alors emporté vers les profondeurs du gouffre, mais s'agrippe à un tronc d'arbre et… six heures plus tard, les flots le déposent tranquillement à l'entrée du fjord de Lim. Il marche alors jusqu'à Rovinj et la dernière fois qu'on le voit, il saute d'une falaise au milieu d'une pluie de balles.

S'il ne se rendit jamais sur place, ce sont des photos et des récits de voyageurs qui inspirèrent à Jules Verne son épopée. Aujourd'hui, Pazin ne manque pas une occasion de perpétuer le souvenir de l'écrivain. La ville compte une rue Jules-Verne et des journées lui sont consacrées.

🛏 Où se loger et se restaurer

Hotel Lovac HÔTEL €€
(☏ 052-624 324 ; www.hotel-lovac.com.hr ; Šime Kurelića 4 ; s/d 268/560 Kn ; P ✱ 🛜). L'architecture fin des années 1960 du seul hôtel de Pazin ne manquerait pas de séduire si les chambres étaient mieux agencées. Demandez une chambre rénovée avec vue sur le gouffre. À l'ouest de la ville.

Lovac ISTRIEN €€
(☏ 098 421 317 ; Šime Kurelića 4 ; plats 70-135 Kn ; ⊙ 7h-23h tlj). Le restaurant de l'Hotel Lovac propose une cuisine locale correcte : pâtes, gibier et plats de truffes. Dînez de préférence en terrasse, avec vue sur le gouffre.

Konoba Vela Vrata ISTRIEN €€
(Beram 41 ; plats 60-150 Kn ; ⊙ 12h-23h30 mar-dim). À 5 km au nord-ouest de Pazin, dans le village de **Beram**, cette taverne de campagne sert parmi les meilleurs *pršut* (prosciutto), pâtes maison, gnocchis et plats de truffes d'Istrie. En hiver, son intérieur est douillet ; en été, installez-vous sur la terrasse : la vue sur la campagne d'Istrie centrale est superbe.

❶ Renseignements

Office du tourisme (☏ 052-622 460 ; www.central-istria.com ; Franine i Jurine 14 ; ⊙ 10h-17h lun-ven, 10h-13h sam)

❶ Depuis/vers Pazin

BUS

De la **gare routière** (Miroslava Bulešića 2) principale, des bus desservent notamment :
Motovun 30 Kn, 30 minutes, 2/jour
Poreč 42 Kn, 35 minutes, 6/jour
Pula 50 Kn, 50 minutes, 3/jour
Rijeka 45 Kn, 1 heure, 6/jour
Rovinj 47 Kn, 1 heure, 8/jour
Zagreb 123 Kn, 3-4 heures, 8/jour

TRAIN

La **gare ferroviaire** (Stareh Kostanji 1) est à l'est du centre. Elle relie Pazin à :
Buzet 25 Kn, 50 minutes, 7/jour
Pula 36 Kn, 1 heure, 6/jour
Zagreb 136 Kn, 5 heures-8 heures 30, 7/jour

Gračišće

1 400 HABITANTS

Gračišće, l'un des secrets les mieux gardés d'Istrie, est une bourgade médiévale assoupie, entourée de collines, à 7 km au sud-est de Pazin. Elle conserve plusieurs bâtiments anciens, dont le **palais de Salomon** (XVe siècle), au style gothique vénitien, l'**église Sainte-Euphémie**, à l'architecture romane, et l'**église Sainte-Marie**, qui date de 1425.

Même si certains travaux ont déjà été réalisés, la plupart des édifices attendent une restauration. Une demi-heure suffit pour visiter ce village à l'ambiance vraiment charmante. Au départ de Gračišće, un **sentier de randonnée** de 11,5 km correctement balisé attend les plus sportifs.

🍴 Où se restaurer

Konoba Marino ISTRIEN €
(☏ 052-687 081 ; www.konoba-marino-gracisce.hr ; Gračišće 75 ; 40-150 Kn ; ⊙ 14h-23h jeu-mar). Konoba Marino est une taverne confortable qui sert des spécialités istriennes, dont des portions copieuses de *fuži* au gibier et d'*ombolo* (côte de porc désossée) au chou.

❶ Depuis/vers Gračišće

Les bus circulant entre Pazin et Rijeka ou Zagreb s'arrêtent à Gračišće, mais le meilleur moyen d'y aller reste encore d'être motorisé.

Svetvinčenat

200 HABITANTS

À peu près à mi-chemin entre Pazin et Pula en Istrie du Sud, Svetvinčenat (aussi appelé Savičenta), est un joli village qui mérite bien une demi-journée de visite. Fondé par des bénédictins, il a pour centre une place Renaissance. Entouré de cyprès, avec des bâtiments harmonieux et une atmosphère décontractée, c'est un endroit délicieux où se balader sans but en chemin vers une autre destination.

👁 À voir

Château Morosini-Grimani CHÂTEAU
(Gradski trg). Ce palais du XIIIe siècle très bien préservé occupe le côté nord de la place principale. Une rénovation vénitienne au XVIe siècle y a ajouté des tours qui ont servi de résidence et de prison. Il accueille maintenant festivals et événements divers, mais vous pouvez en visiter l'enceinte librement.

Le château abrite un **parc médiéval** (adulte/-15 ans, 20 Kn/gratuit ; ⊙ 11h-14h et 18-21h, lun-ven, 11h-15h dim juil-août) ouvert au public en saison.

Église de l'Annonciation ÉGLISE
(Gradski trg). Du côté est de la place principale, cette église paroissiale a une façade Renaissance trilobée taillée dans la pierre locale et cinq autels de marbre de style vénitien.

✨ Fêtes et festivals

**Festival de danse
et de théâtre non verbal** DANSE
(www.svetvincenatfestival.com ; ⊙ fin juil). C'est à la fin juillet qu'il faut visiter Svetvinčenat, lors de ce festival, pour assister à des représentations de danse, de théâtre de rue, de mime, etc. Cette manifestation internationale accueille des artistes européens et croates.

🛏 Où se loger et se restaurer

La seule possibilité d'hébergement en ville est le logement chez l'habitant. Demandez à l'office du tourisme ou consultez les sites de réservation les plus connus.

Stancija 1904 AUBERGE RURALE €€€
(📞 098 738 974 ; www.stancija.com ; Smoljanci 2-3 ;d à partir de 940 Kn ; 🅿). Dans le village de Smoljanci, à 3 km de Svetvinčenat sur la route de Bale, cette maison traditionnelle istrienne en pierre a été joliment reconvertie par une famille croate et suisse. Entourée de jardins d'herbes aromatiques, à l'ombre de vieux arbres, l'auberge propose des petits-déjeuners recherchés. Son propriétaire est consul honoraire de Suisse en Istrie.

Konoba Puli Pineta ISTRIEN €
(📞 098 99 11 795 ; Karlov Vrt 1, Žminj ; plats à partir de 60 Kn ; ⊙ 17h-22h). Cette taverne située à Žminj, 7 km au nord de Svetvinčenat, est incontournable. Elle est connue dans toute l'Istrie pour ses délicieuses pâtes maison et ses grillades. Son emplacement n'est peut-être pas le plus joli de la région, mais la cuisine est de premier ordre.

Konoba Klarići ISTRIEN €€
(Klarići 83 ; plats 60-135 Kn ; ⊙ 11h-23h mar-dim). Cette jolie taverne de pierre, du côté sud du village, propose de délicieuses pâtes istriennes artisanales, et d'excellents vins de la maison. En hiver, le feu qui crépite la rend très accueillante.

ℹ Renseignements

Office du tourisme (📞 052-560 349 ; www.tz-svetvincenat.hr ; Svetvinčenat 20 ; ⊙ 8h-19h lun-ven, 11h-18h sam-dim). Situé en face de la place principale, il dispense des renseignements sur les hébergements chez l'habitant en ville et alentour (à partir de 150 Kn/pers) et fournit des brochures, ainsi que la carte d'un itinéraire cyclable de 35 km partant de Svetvinčenat, jalonné de panneaux informatifs en anglais sur l'histoire, la flore et la faune locales.

ℹ Depuis/vers Svetvinčenat

Svetvinčenat est très mal desservie par les transports en commun : il vous faudra votre propre voiture pour y aller.

Labin et Rabac

Au sommet d'une colline dominant la côte, Labin est sans conteste le joyau de l'Istrie orientale, ainsi que son cœur historique et administratif. Superbe, la vieille ville offre un patchwork fascinant de rues escarpées, de venelles pavées et de maisons aux teintes pastel, ornées de dentelles de pierre.

Elle est entourée par la ville moderne, en contrebas. Guère soignée, celle-ci a vu le jour avec le développement de l'industrie du charbon. Capitale minière de l'Istrie jusqu'aux années 1970, la colline de Labin fut exploitée de façon si intensive qu'elle menaçait de s'effondrer. Les forages ont cessé en 1999, les galeries ont été comblées et la ville s'est donné une vocation touristique.

👁 À voir

Une balade dans les rues médiévales de Labin est le temps fort de toute visite. Labin se divise en deux parties : la ville haute, qui concentre la plupart des sites dignes d'intérêt, et la ville moderne, Podlabin, au pied de la colline, où se trouve l'essentiel des commerces et des services.

Loggia MONUMENT HISTORIQUE
(Titov Trg). Datant de 1550, cet édifice était le centre névralgique de Labin au XVIe siècle. C'est ici que l'on annonçait jadis les nouvelles et les décisions de justice, que se tenaient les foires et que les criminels étaient menés au pilori.

Galerie municipale MUSÉE
(Gradska Galerija ; 1 Maja 6 ; tarif plein/réduit 15/10 Kn ; ⊙10h-13h et 17h-22h lun-sam). Ce musée occupe un édifice baroque du XVIIIe siècle, le palais Battiala-Lazzarini. Le rez-de-chaussée présente une collection archéologique, tandis que le 1er étage est consacré aux instruments de musique, que viennent compléter des animations interactives. Le dernier étage accueille quant à lui une galerie d'art

contemporain. L'ancienne mine de charbon qui se trouvait sous le musée a été reconstituée de façon très réaliste.

Forteresse FORTERESSE
Point culminant de Labin, la forteresse se dresse à son extrémité occidentale. On y accède à pied par Ulica 1 Maja ou en faisant un détour par Šetalište San Marco, le long des remparts. Du haut de cet édifice, le regard embrasse la côte, la chaîne de l'Učka et l'île de Cres.

Fêtes et festivals

République des arts de Labin ARTS
(Labin Art Republika ; www.labin-art-republika.com ; ⊙juin-sept). En été, la République des arts de Labin investit la ville, où vivent et travaillent plus de 30 artistes. Théâtre de rue, concerts, spectacles, numéros de clowns et ateliers ouverts à tous animent alors les rues. Des visites guidées gratuites (en plusieurs langues) partent tous les mardis à 9h30 de l'office du tourisme, dans la vieille ville.

Où se loger

S'il n'y a pas d'hôtels à Labin, ils sont en revanche nombreux à Rabac. Les grands complexes hôteliers, qui constituent l'essentiel de l'hébergement, sont assortis d'une poignée d'établissements de taille plus modeste. Il existe aussi beaucoup de possibilités de logement chez l'habitant dans les environs : contactez pour cela l'office du tourisme.

Stari Hrast Hostel AUBERGE DE JEUNESSE €
(098 17 55 763 ; Obala Maršala Tita 33, Rabac ; dort 17 € ; 🛜). Cette auberge de jeunesse spartiate en plein centre de Rabac offre 12 dortoirs basiques, avec des couchettes et une table ou deux. Les équipements sont neufs et l'emplacement est pratique.

Villa Annette HÔTEL €€€
(052-884 222 ; www.villa-annette.com ; Raška 24 ; s/d 1 120/1 400 Kn ; P ❄ 🛜 ≋). Ce refuge élégant tenu en famille, en haut d'une colline, offre 12 suites et une superbe piscine extérieure avec une vue spectaculaire sur la baie. La demi-pension coûte 30 € de plus et les repas se prennent au restaurant de l'hôtel.

Hotel Amfora HÔTEL €€€
(052-872 202 ; www.hotel-amfora.com ; Rabac bb ; s/d 670/1 200 Kn ; P ❄ 🛜 ≋). Au cœur de Rabac, ce vaste complexe hôtelier, un peu daté mais étonnamment intime, a deux piscines et un centre de fitness. Toutes les chambres ont leur salle de bains et le prix comprend la demi-pension.

> **VAUT LE DÉTOUR**
>
> **LE POISSON DE TRGET**
>
> Dans le village de pêcheurs de Trget, lové autour d'une petite baie, **Martin Pescador** (Trget 11a ; plats à partir de 50 Kn ; ⊙12h-23h) est un restaurant de produits de la mer aussi délicieux qu'authentique, avec un bar en forme de bateau à l'intérieur et une jolie terrasse juste sur le front de mer. Il sert des poissons tout frais pêchés et une soupe de poisson fantastique.

Où se restaurer

Labin est renommé pour ses *krafi,* des pâtes semblables aux raviolis, servies sucrées ou salées. Rabac compte de nombreux restaurants de poisson ordinaires, dont la plupart visent des touristes peu exigeants.

Velo Kafe CAFÉ €€
(Titov trg 12 ; 45-130 Kn ; ⊙11h-23h tlj). Ce lieu populaire polyvalent, couvert de plantes grimpantes, qui domine Titov trg, sert de tout : des steaks, pâtes locales et plats aux truffes au café, gâteaux et glaces. Nombreuses tables à l'extérieur, et un vrai feu de bois quand il fait froid, l'hiver.

Restaurant Kvarner ISTRIEN €€
(Šetalište San Marco bb ; plats 70-230 Kn ; ⊙10h-minuit juin-sept). À quelques pas de Titov trg, ce restaurant dispose d'une terrasse qui donne sur la mer, et sa carte propose une authentique cuisine istrienne qui lui vaut une clientèle locale fidèle. Les *fuži* maison sont la spécialité du lieu, mais tout ce que vous commanderez ici sera chargé de saveurs locales. On y loue aussi des chambres.

❶ Renseignements

Office du tourisme (052-852 399 ; www.rabac-labin.com ; Titov trg 2/1 ; ⊙8h-21h lun-ven, 10h-14h et 18h-21h sam-dim). À l'entrée de la vieille ville, cet office utile peut vous orienter si vous cherchez des chambres chez l'habitant.

❶ Depuis/vers Labin

Labin est bien reliée par bus à Pula (48 Kn, 1 heure, 8/jour). En été, 13 bus par jour rejoignent Rabac (12 Kn) via la vieille ville.

Golfe de Kvarner

Dans ce chapitre ➜
Rijeka 138
Opatija 144
parc naturel d'Učka . . 148
Îles de Cres
et de Lošinj 149
Ville de Cres 150
Osor 153
Mali Lošinj 154
Île de Krk 159
Ville de Krk 160
Baška 163
Senj 165
Île de Rab 165
Ville de Rab 166

Le top des restaurants
➜ Bistro Bukarica (p. 160)
➜ Kukuriku (p. 145)
➜ Konoba Valle Losca (p. 147)
➜ Bora Bar (p. 158)
➜ Mlinar (p. 142)

Le top des hébergements
➜ Mare Mare Suites (p. 156)
➜ Hotel Miramar (p. 146)
➜ Carnevale (p. 141)
➜ Hostel Dharma (p. 141)
➜ Hotel Manora (p. 154)

Pourquoi y aller
Le golfe de Kvarner, abrité par de hautes montagnes, attire de longue date les visiteurs par la douceur de son climat et ses eaux bleu cobalt. La région séduit aussi ceux qui ne s'en tiennent pas seulement à l'appel des plages. Sous l'Empire austro-hongrois naquirent ici des stations balnéaires parées de somptueuses villas, léguant ainsi à des lieux comme Rijeka ou Opatija une imposante architecture habsbourgeoise. De ces deux villes voisines, les chemins de randonnée dans les forêts protégées du parc naturel d'Učka et du parc national de Risnjak sont facilement accessibles.

Explorez les vieilles villes pittoresques de Cres, Lošinj, Krk et Rab ou prenez un bateau jusqu'aux criques isolées de ces grandes îles. La mer transparente est idéale pour nager et plonger. La faune y est elle aussi présente : Cres abrite une importante population de vautours fauves, et Lošinj, un centre marin spécialisé dans la préservation des dauphins et tortues de l'Adriatique.

Quand partir
Rijeka

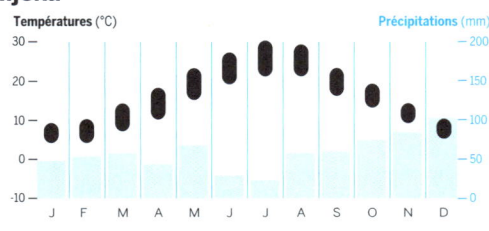

Jan-mars Rijeka a de faux airs de Rio durant les deux semaines du carnaval.

Mai-juin Des dauphins évoluent régulièrement au large de Lošinj.

Juil-août Représentations en plein air et foires médiévales à foison.

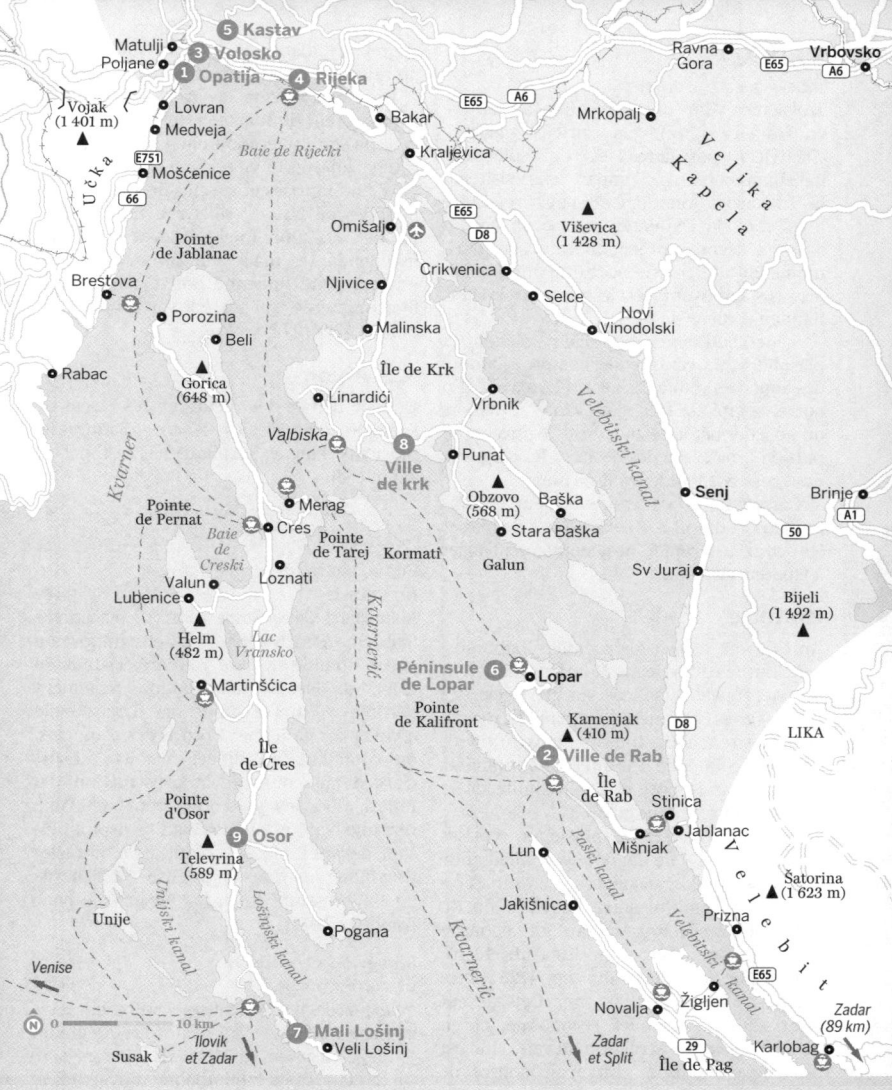

À ne pas manquer

1. Une flânerie le long de la promenade d'**Opatija** (p. 144)
2. Une balade dans les rues pavées de la vieille ville de **Rab** (p. 166)
3. Un repas de spécialités croates à **Volosko** (p. 146)
4. La vue depuis le **château de Trsat** (p. 139), à Rijeka
5. Un repas inoubliable au **Kukuriku** (p. 145) à Kastav, dans les collines
6. Les plages en pente douce et merveilleusement isolées de la **péninsule de Lopar** (p. 170).
7. L'animation du front de mer de **Mali Lošinj** (p. 154)
8. Les rues de la **ville de Krk** (p. 160), pour se perdre dans son histoire
9. Les recoins secrets de la toute petite ville fortifiée d'**Osor** (p. 153)

RIJEKA

♪ 051 / 129 000 HABITANTS

Troisième ville du pays, Rijeka (*Fiume* en italien) dévoile un curieux mélange d'activités portuaires et de splendeur habsbourgeoise. La plupart des visiteurs la traversent rapidement pour rejoindre les îles ou la Dalmatie, mais ceux qui s'y arrêtent découvrent son charme, son patrimoine culturel, sa vie nocturne animée, ses festivals captivants et le carnaval le plus haut en couleur du pays.

Si des bâtiments disgracieux gâchent la périphérie, le centre-ville compte quantité de superbes édifices austro-hongrois. En outre, la cité est très verdoyante en dehors du quartier bétonné, qui abrite le plus grand port de Croatie, où des navires, des cargos et des grues bordent le front de mer.

Carrefour de transports majeur et plus grand port du pays, Rijeka n'a pas de plage ; les voyageurs préfèrent généralement loger à Opatija, non loin.

Histoire

Après avoir vaincu les premiers habitants, les Liburnes d'Illyrie, les Romains fondèrent un port appelé Tarsaticae. Au VIIe siècle, des tribus slaves, qui migrèrent dans la région, construisirent à leur tour un nouveau village dans l'enceinte de l'antique cité romaine, séduites par le port et la proximité de la Rječina, source d'eau potable.

La ville changea à plusieurs reprises de seigneurs – de la noblesse allemande aux ducs Frankopan de Krk –, avant d'être intégrée à l'Empire autrichien à la fin du XVe siècle. Rijeka représentant un débouché maritime important pour les Autrichiens, une route fut construite en 1725 entre Vienne et la côte du Kvarner. Cet axe eut pour effet de stimuler l'économie, et en particulier la construction navale, qui est demeurée depuis la principale source de revenus de la ville.

En 1750, Rijeka fut dévastée par un tremblement de terre. Trente ans plus tard, les remparts de la vieille ville furent démolis pour y construire un centre de commerce. Principale artère piétonne de Rijeka, la grande avenue qu'est le Korzo fut construite à l'emplacement des anciens remparts.

À l'avènement de la double monarchie austro-hongroise en 1867, Rijeka fut octroyée au gouvernement hongrois. D'imposants bâtiments municipaux furent alors édifiés et une nouvelle voie ferrée relia la ville à Zagreb, à Budapest et à Vienne, amenant les premiers touristes dans le golfe de Kvarner.

De 1918, lorsque les troupes italiennes s'emparèrent de Rijeka et de l'Istrie, à 1945, date de son intégration dans la Yougoslavie d'après-guerre, la ville changea de mains à plusieurs reprises et connut de sporadiques périodes de liberté (sous son nom italien, Fiume). En 1991, Rijeka intégra la Croatie indépendante, mais elle conserve encore une minorité italienne non négligeable et bien organisée, qui possède son propre journal, *La Voce del Popolo*.

◉ À voir

Dans le dédale des ruelles et des places de l'ancien cœur de Rijeka, des plaques en plusieurs langues expliquent l'histoire de chaque site.

◉ Centre-ville

Église capucine Notre-Dame-de-Lourdes ÉGLISE

(Kapucinska Crkva Gospe Lurdske ; Kapucinske Stube 5 ; ☉8h-12h et 16h-20h). Cette imposante église domine la gare routière. Datant de 1929, sa façade néogothique richement décorée se dresse au-dessus d'un double escalier à l'italienne. L'ordre des Capucins, qui commandita l'édifice, se trouva à court d'argent au cours de la construction ; il utilisa alors les prétendus pouvoirs d'une certaine "sainte Johanca", qui transpirait du sang devant les foules crédules. Ce "miracle" fit affluer les dons et l'église fut achevée en 1929 ("sainte Johanca" fut arrêtée pour fraude en 1913).

Musée d'Art moderne et contemporain MUSÉE

(Muzej Moderne i Suvremene Umjetnosti ; www. mmsu.hr ; Dolac 1 ; tarif plein/réduit 20/10 Kn ; ☉11h-20h mar-ven, 11h-14h et 18h-21h sam-dim). Au 2e étage de la bibliothèque universitaire, ce musée présente d'excellentes expositions.

Tour de la ville TOUR

(Gradski Toranj ; Korzo). La tour de la ville, de couleur jaune, était à l'origine une porte entre le front de mer et le centre de la vieille ville. Après le violent séisme qui frappa la ville en 1750 – la tour fut l'un des rares monuments à rester debout –, les Habsbourg lui ajoutèrent des ornements baroques, dont le portail orné d'armoiries et le portrait de deux empereurs autrichiens. L'horloge, qui fonctionne toujours, fut installée en 1873.

Porte romaine   PORTE

(Rimski Luk ; Stara Vrata). Cette arche marquait jadis l'entrée du Praetorium, un complexe militaire dont on peut voir les vestiges romains sur un site de fouilles tout près.

Cathédrale Saint-Guy   CATHÉDRALE

(Katedrala Sv Vida ; Trg Grivica 11 ; ◉6h-17h lun-ven, 6h-12h sam, 9h-13h dim). GRATUIT Au nord de la porte romaine, cette insolite cathédrale circulaire fut bâtie par l'ordre des Jésuites en 1638, sur le site d'une église plus ancienne dédiée au saint patron de Rijeka. Si elle vous semble familière, c'est probablement parce qu'elle figure au verso des billets de 100 Kn. Des piliers en marbre massifs soutiennent le dôme central, qui abrite des autels baroques et un crucifix gothique du XIIIe siècle.

Musée de la Ville de Rijeka   MUSÉE

(Muzej Grada Rijeke ; www.muzej-rijeka.hr ; Muzejski trg 1/1 ; tarif plein/réduit 15/10 Kn ; ◉10h-20h lun-sam, 10h-15h dim). Logé dans un bâtiment cubique des années 1970, ce musée accueille des expositions sur des thèmes allant de l'art à certains aspects de l'histoire locale.

Musée maritime et historique   MUSÉE

(Pomorski i Povijesni Muzej ; www.ppmhp.hr ; Muzejski trg 1 ; tarif plein/réduit 15/10 Kn ; ◉9h-16h lun, 9h-20h mar-sam, 16h-20h dim). Avec ses escaliers majestueux, ses lustres scintillants et ses salles somptueusement restaurées, l'ancien palais du gouverneur austro-hongrois est une vitrine splendide de l'architecture hongroise. Amphores romaines, maquettes de bateaux, cartes marines, instruments de navigation et portraits de capitaines constituent la collection maritime.

Muséum d'histoire naturelle   MUSÉE

(Prirodoslovni Muzej ; www.prirodoslovni.com ; Lorenzov Prolaz 1 ; tarif plein/réduit 10/5 Kn ; ◉9h-19h lun-sam, 9h-15h dim). Occupant une somptueuse villa du XIXe siècle, ce musée est consacré à la géologie, à la botanique et à la vie marine de l'Adriatique. On peut y voir un petit aquarium, des expositions sur les requins, des animaux empaillés et quantité d'insectes. Faites un tour dans le jardin botanique adjacent, qui compte plus de 2 000 espèces de plantes endémiques.

◉ Collines environnantes

♥ Château de Trsat   CHÂTEAU

(Trsatska Gradina ; Petra Zrinskoga bb ; www.trsatskagradina.com ; tarif plein/réduit 15/5 Kn ; ◉9h-20h juin-oct, 9h-17h nov-mai). Sur une colline qui domine la ville, cette forteresse du XIIIe siècle à moitié en ruine offre une vue splendide depuis ses bastions et ses remparts : de là, le regard embrasse la vallée de la Rjecina jusqu'aux quais, l'Adriatique et l'île de Krk au lointain. L'édifice fut érigé par les ducs Frankopan de Krk ; sa dernière transformation date de 1824, lorsque le comte autrichien d'origine irlandaise Laval Nugent, acheta le château et le fit restaurer.

Gardé par des basilics, le mausolée familial des Nugent, semblable à un temple grec, compte une galerie ; un ancien donjon abrite de temps à autre des expositions en sous-sol. En été, la forteresse accueille des concerts et des représentations théâtrales. Le café-bar en plein air (ouvert jusqu'à minuit en été) est idéal pour profiter de la vue.

Église Notre-Dame de Trsat   ÉGLISE

(Crkva Gospe Trsatske ; www.trsat-svetiste.com ; Frankopanski trg ; ◉8h-17h). Selon la légende, les anges qui transportaient la maison de la Vierge Marie depuis Nazareth s'y seraient reposés à la fin du XIIIe siècle, avant de continuer jusqu'à Loreto, en Italie. Quelques pèlerins commencèrent à visiter la chapelle édifiée sur le site, puis leur nombre grossit lorsque le pape Urbain V fit don d'une icône de la Vierge en 1367, qui orne le maître-autel, derrière une somptueuse grille en fer forgé. L'église attire toujours des milliers de pèlerins chaque année. Remarquez les ex-voto dans le cloître baroque. Vous devrez prendre rendez-vous pour voir la collection d'art sacré du Trésor, où est diffusé un film de 15 minutes sur l'église.

Pour suivre les pas des pèlerins, grimpez, en partant de Titov Trg, l'**escalier Petar Kružić**, qui fut construit en 1531 pour faciliter l'accès à l'église. Les chapelles qui le jalonnent permettaient jadis aux fidèles de se reposer. Autre possibilité : un court trajet par le bus de la ville n°2 vers Trsat.

Centre d'astronomie   OBSERVATOIRE

(Astronomski Centar ; ☏051-455 700 ; www.rijekasport.hr ; Sv Križ 33 ; tarif plein/réduit 20/10 Kn ; ◉8h-22h mar-sam). Perché sur une colline à l'est de la ville, le premier Centre d'astronomie du pays est un superbe ensemble moderne qui inclut un observatoire, un planétarium et un centre d'études. Sur le site Web, vous trouverez des précisions sur les présentations en soirée, dont certaines se font en anglais, en italien, en français, en allemand, en russe et en espagnol. Prenez le bus 7A dans le centre-ville.

Rijeka

GOLFE DE KVARNER RIJEKA

200 m

Opatija (14 km)

Église Notre-Dame de Trsat (450 m) et Château de Trsat (500 m)

Youth Hostel Rijeka (700 m), Hotel Jadran (1,2 km), Centre d'astronomie (3 km) et Hostel Dharma (3 km)

Bulevar Oslobođenja

Strossmayerova
Franje Brentinija
Milana Smokvine
Cindrića
Križanićeva
Andrije Kačića Miošića
Rječina

Park Vladimira Nazora
Lorenzov Prolaz
Sjedište Vladimira Nazora
Park Nikole Hosta
Laginjina
Muzejski Trg
Pomerio
Ivana Dežmana
Frana Supila
Frana Kurelca
Ivana Slavinkula
Dolac
Krušna
Jadranski Trg
Splitska
Riva
Ciottina
Zadarska
Trpimirova
Trg Žabica
Gare routière intercités

Školjić
Kalvarija
Ivana Grohovca
Žrtava Fašizma
Gornja Vrata
Jadroagent
Trg Rijecke Revolucije
Marina
Korzo
Trg Ivana Koblera
Petra Zorančića
Stara Vrata
Trg Grivica
Đure Šporera
Užarska
Sokolkula
Adamićeva
I Henčkea
Zanonova

Titov Trg
Agatićeva
Pavla Rittera Vitezovića
Fiumara
Canal Mrtvi
Jelačićev Trg
Gare routière (bus locaux)
Ante Starčevića
Scarpina
Matije Gupca
Veslarska
Ivana Zajca
Kazališni Park
Vatroslava Lisinskog
Trninina
Verdijeva
Demetrova
Zagrebačka
Menzelova
Riva Boduli
Jadrolinija
UTO
Kapetan Luka

Port de Rijeka

5
6
7 2
4
9
8
1
3
11
15
20
18
10
21
22
13
19
25
14
24
17
12
23
16

Rijeka

◉ À voir
1. Tour de la ville D3
2. Musée maritime et historique D1
3. Musée d'Art moderne
   et contemporain................................C2
4. Muséum d'histoire naturelle................D1
5. Église capucine Notre-Dame-
   de-Lourdes..B2
6. Escalier Petar Kružić F2
7. Musée de la Ville de Rijeka.................D1
8. Porte romaine.......................................D2
9. Cathédrale Saint-Guy D2

◉ Où se loger
10. Carnevale C2
11. Grand Hotel Bonavia...........................C2

◉ Où se restaurer
12. Marché municipal................................D3
13. Konoba Nebuloza..................................F2
14. Maslina Na Zelenom Trgu D2
15. Mlinar C1
16. Na Kantunu D4
17. Ristorante Spagho D3
18. Zlatna Školjka C2

◉ Où prendre un verre et faire la fête
19. CukariKafe D2
20. Filodrammatica
    Bookshop Cafe....................................C2
21. Nina 2 ....B2
22. Tunel F1

◉ Où sortir
23. Théâtre national croate
    Ivan Zajc E4

◉ Achats
24. Mala Galerija D2
25. Šta Da? E2

🏃 Activités

Yacht Rent PLAISANCE
(☎098 726 065 ; www.yacht-rent.com). Ce prestataire peut vous trouver un yacht, un bateau à moteur ou un catamaran, avec ou sans skipper et/ou équipage (il vous faudra un permis plaisance en cours de validité pour l'option bateau seul). Comptez à partir de 1 300 €/semaine.

Paragliding Kvarner PARAPENTE
(☎095 85 49 995 ; www.paragliding-kvarner.com). Basée à Crikvenica, 30 km plus au sud sur la côte, cette équipe propose des vols en tandem, avec un décollage à 770 m au-dessus du golfe de Kvarner. Au choix : un vol panoramique de 20 minutes (80 €) ou 40 minutes dans les courants ascendants (130 €).

✯ Fêtes et festivals

Carnaval de Rijeka CARNAVAL
(Riječki Karneval ; www.rijecki-karneval.hr ; ⊙mi-jan à début mars). Le carnaval le plus important du pays, qui se déroule durant deux semaines de la mi-janvier au mercredi des Cendres. Au programme : reconstitutions historiques, concerts, bals masqués, expositions et défilé. Remarquez les *zvončari*, des hommes masqués vêtus de peaux de bête, qui dansent et font sonner de lourdes cloches pour chasser les mauvais esprits.

Nuits d'été de Rijeka THÉÂTRE
(Riječke Ljetne Noći ; ⊙juin-juil). Spectacles et concerts au Théâtre national croate Ivan Zajc (p. 143) et sur des scènes extérieures montées sur le Korzo et les plages.

🛏 Où se loger

Contrairement à ce qui se passe sur le reste de la côte croate, les prix des hôtels restent stables toute l'année, sauf durant le carnaval : ils augmentent alors et il faut réserver bien à l'avance. Vous trouverez quelques chambres chez l'habitant, répertoriées sur le site du l'office de tourisme. À proximité, Opatija compte bien plus d'hébergements, mais ils sont généralement plus chers.

♥ Hostel Dharma AUBERGE DE JEUNESSE €
(☎051-562 108 ; www.dharmahostels.com ; Spinčićeva 2 ; dort/s/lits jum 135/270/370 Kn ; P❄🛜). L'astucieuse reconversion de ce qui fut jadis une fonderie de fer, à la lisière est de la ville, a donné cette auberge de jeunesse chaudement recommandée, avec studio de yoga et restaurant végétarien attenants. Démarrez la journée par un copieux petit-déjeuner végétarien, avant de vous détendre dans le vaste jardin.

♥ Carnevale AUBERGE DE JEUNESSE €
(☎051-410 555 ; www.hostelcarnevale.com ; Jadranski trg 1 ; dort/ch 200/413 Kn ; ❄🛜). Peinture métallisée aux murs, tissu ondulant au plafond, linge de lit aux imprimés animaliers et tableaux partout : cette auberge très centrale, au brin kitsch, devrait vous mettre d'humeur festive ! Le linge de toilette est fourni (et changé régulièrement) et il y a de grands casiers pour les valises. Seul bémol : il n'y a pas de cuisine.

Hostel Česká Beseda AUBERGE DE JEUNESSE €
(☎098 709 676 ; www.ceskabesedarijeka.hr ; Ćićarijska 20 ; dort 120 Kn ; P❄🛜). À environ 4,5 km au nord-ouest du centre-ville,

l'auberge de jeunesse du centre culturel tchèque est une adresse économique mais très éloignée du front de mer et des sites à voir. Chambres et équipements sont d'une propreté irréprochable et le personnel est très serviable. Avec de la chance, vous profiterez peut-être de manifestations culturelles tchèques comme des danses traditionnelles ou un spectacle de marionnettes.

Grand Hotel Bonavia   HÔTEL €€
(☎ 051-357 100 ; www.bonavia.hr ; Dolac 4 ; ch à partir de 700 Kn ; P ❈ @ ⓢ). Cet étonnant cube à la façade vitrée en centre-ville propose des chambres bien aménagées, confortables et contemporaines. Il y a également un restaurant, un spa et une petite salle de sport.

Hotel Jadran   HÔTEL €€€
(☎ 051-216 600 ; www.jadran-hoteli.hr ; Šetalište XIII Divizije 46 ; s/d à partir de 600/730 Kn ; P ❈ @ ⓢ). À 2 km à l'est du centre, ce quatre-étoiles impeccable est accroché à une falaise en surplomb de l'Adriatique : réservez une chambre donnant sur la mer. Plage bordée de béton en contrebas.

Où se restaurer

Le choix est restreint le dimanche, la plupart des restaurants étant fermés. De nombreux cafés du Korzo servent des repas légers. Les gastronomes ont intérêt à rejoindre Volosko, toute proche, où plusieurs restaurants de qualité occupent la même artère.

Mlinar   BOULANGERIE €
(Frana Supila ; à partir de 8 Kn ; ⓢ 5h30-20h lun-ven, 6h30-15h sam). Cette excellente boulangerie vend de délicieuses baguettes garnies, du pain complet, des croissants et du *burek* (pâte feuilletée fourrée à la viande, aux épinards ou au fromage). Il existe plusieurs enseignes à Rijeka et ailleurs en Croatie.

Maslina Na Zelenom Trgu   ITALIEN €
(www.pizzeria-maslina.hr ; Koblerov trg bb ; plats 26-80 Kn ; ⓢ 11h-minuit lun-sam). Vous trouvez les meilleures pizzas de la ville dans ce petit restaurant italien prisé de la communauté italienne, gage d'une certaine qualité.

Marché municipal   MARCHÉ €
(Tržnica ; Ivana Zajca 3 ; ⓢ 7h-14h lun-sam, 7h-12h dim). Excellent pour s'approvisionner en fruits et légumes de saison.

Konoba Nebuloza   CROATE €€
(☎ 051-374 501 ; www.konobanebuloza.com ; Titov trg 2b ; plats 45-110 Kn ; ⓢ 11h-minuit lun-ven, à partir de 12h sam). Avec une cuisine croate à mi-chemin entre modernité et tradition, ce petit restaurant haut de gamme en bord de rivière sert quantité de recettes à base de produits de la mer, ainsi que des plats de bœuf et de dinde de premier choix. Parmi les spécialités : l'espadon cuit sous vide et le rumsteak avec prosciutto et fromage.

Na Kantunu   POISSON €€
(Demetrova 2 ; plats 50-100 Kn ; ⓢ 8h-minuit). Poisson et fruits de mer frais sont les produits phares dans ce restaurant situé près du port, dans un endroit quelque peu négligé. Bonne adresse pour goûter aux traditionnels ragoûts de poisson ou de poulpe, suivis de croustillantes pâtisseries aux fruits.

Ristorante Spagho   ITALIEN €€
(☎ 051-311 122 ; www.ristorantespagho.fullbusiness.com ; Ivana Zajca 24 ; plats 35-160 Kn ; ⓢ 12h30-21h30 lun-ven, jusqu'à 23h sam, 21h dim ; ❈ ⓢ). Restaurant contemporain et stylé, avec briques apparentes, œuvres d'art et sièges tendance. La cuisine, savoureuse, est servie généreusement : pâtes, pizzas, salades, viandes et plats à la truffe !

Zlatna Školjka   POISSON, ITALIEN €€
(☎ 051-213 782 ; www.zlatna-skoljka.hr ; Kružna 12 ; plats 50-150 Kn ; ⓢ 11h-23h lun-sam). Dans ce restaurant au cadre insolite (colonnes inspirées de Gaudí, murs incrustés de pierres), vous dégusterez des produits de la mer, des pâtes et des risottos inventifs, accompagnés de vins croates. Goûtez aux plats du jour, comme le *pečena hobotnica* (poulpe rôti).

 Où prendre un verre et sortir

CukariKafe   CAFÉ, BAR
(Trg Jurja Klovica 2 ; ⓢ 7h-minuit lun-jeu, 7h-2h ven-sam, 10h-22h dim). Niché dans une minuscule ruelle dans la partie ancienne de la ville, ce café-bar est le plus sympathique de Rijeka. Installez-vous à l'une des grandes tables blanches en bois de la terrasse couverte, ou à l'intérieur pour admirer les excentriques bibelots de style Art nouveau. Dégustez un café et des pâtisseries bercé par une musique cool.

Život   DISCOTHÈQUE
(Ružićeva 2 ; ⓢ 22h-5h ven-sam). Cette discothèque, pour les plus de 25 ans, ouverte seulement le week-end diffuse notamment des tubes des années 1980 et 1990. La décoration cadre mêle avec éclectisme antiquités et gadgets branchés.

VAUT LE DÉTOUR

LE PARC NATIONAL DE RISNJAK

Relativement reculé et rarement visité, bien qu'il ne soit qu'à 32 km au nord-est de Rijeka, le **parc national de Risnjak** (Nacionalni Park Risnjak ; www.risnjak.hr ; tarif plein/réduit 45/25 Kn) occupe une superficie de 63 km^2 et son point culminant, le Veliki Risnjak, s'élève à 1 528 m. Une brise vivifiante en fait un refuge parfait quand la chaleur et la foule de la côte deviennent insupportables. Les villages étant peu nombreux dans le parc, hébergements et restaurants sont limités. Les visiteurs qui s'aventurent ici font souvent l'excursion d'une journée depuis Rijeka.

Le point de départ du **sentier de Leska**, une randonnée facile et ombragée de 4,2 km, se trouve au bureau d'information du parc. Des panneaux explicatifs (traduction en anglais) sur l'histoire, la topographie, la géologie, la flore et la faune du parc jalonnent cet itinéraire. Prévoyez environ 2 heures pour le parcourir entièrement. Vous passerez par des cours d'eau limpides, des forêts de sapins vertigineux, d'étranges formations rocheuses, un poste où l'on nourrit les cerfs et un refuge avec une table de pique-nique.

Pour l'hébergement, l'**Hotel Risnjak** (051-508 160 ; www.hotel-risnjak.hr ; Lujzinska 36 ; s/d 350/596 Kn ;) est un bâtiment jaune de trois étages à son charme, comptant 21 chambres, un restaurant (réputé pour son gibier), un café-bar et une salle de sport. L'hôtel organise aussi des activités pour les groupes de dix ou plus (parapente, rafting, canoë-kayak, paintball, tir à l'arc, ski, visites des gorges).

Le **bureau d'information du parc** (051-836 133 ; np-risnjak.hr/en/ ; Bijela Vodica 48 ; s/d 300/480 Kn ; 9h-17h ;) se situe à l'ouest du village de Crni Lug. Il est jouxté par un restaurant, et cinq chambres d'hôtes simples et propres (également disponibles en demi-pension ou pension complète) sont aménagées à l'étage.

Il n'y a pas de transports en commun vers le parc, mais des trains desservent Delnice depuis Rijeka (43 Kn, 1 heure 10, 6/jour) de même que des bus depuis Opatija (60 Kn, 1 heure 10, 2/jour), Pula (139 Kn, 3 heures 30, 2/jour), Rijeka (48 Kn, 45 minutes, toutes les heures environ) et Zagreb (99 Kn, 2 heures, 9/jour). Si vous vous y rendez en voiture, quittez l'autoroute principale Zagreb-Rijeka à la sortie Delnice et suivez les panneaux.

Tunel — BAR, DISCOTHÈQUE
(Školjić 12 ; 9h-minuit mar-mer, 9h-2h jeu, 9h-3h ven, 19h-3h sam ;). Nichée sous la voie ferrée dans un véritable tunnel, cette adresse se métamorphose au fil des heures : café le jour, salle de concerts et de spectacles comiques en soirée, puis discothèque la nuit.

Nina 2 — BAR, CLUB
(Adamićev Gat ; 8h-4h lun-jeu, 8h-5h ven, 10h-5h sam ;). Ce bateau amarré dans le port sert des boissons dans la journée. Les soirées y sont animées, avec DJ et musiciens.

Filodrammatica Bookshop Cafe — BAR
(Korzo 28 ; 7h-23h). Café-bar aux canapés confortables, assorti d'une librairie VBZ (le plus grand éditeur de Croatie) à l'arrière et proposant de grands crus de café. L'établissement sert également sandwichs et en-cas.

Théâtre national croate Ivan Zajc — THÉÂTRE
(Hrvatsko Narodnog Kažalište Ivana pl Zajca ; 051-337 114 ; www.hnk-zajc.hr ; Verdijeva 5a). En 1885, le spectacle inaugural de ce théâtre fut éclairé par les premières ampoules de la ville. Aujourd'hui, l'institution programme des pièces de théâtre en croate et en italien, des opéras et des ballets. On doit certaines des fresques du plafond à Gustav Klimt.

Achats

Šta Da? — CADEAUX ET SOUVENIRS
(Užarska 14 ; 9h-20h lun-ven, 9h-13h sam). Propre à Rijeka, l'expression idiomatique "*šta da*" (mot à mot "quoi oui ?") signifie grosso modo "sans blague !". Ce magasin est bourré de T-shirts, de bijoux et de montres, dont beaucoup arborent les images de son logo et des bus orange locaux caractéristiques.

VBZ — LIVRES
(www.vbz.hr ; Korzo 32 ; 7h30-20h30 lun-ven, 7h30-17h sam). Grande librairie sur le Korzo, vendant des cartes, des guides et bien d'autres ouvrages, en croate pour la plupart.

Mala Galerija — ART ET ARTISANAT
(www.mala-galerija.hr ; Užarska 25 ; 8h-20h lun-ven, 9h-14h sam). Cette petite boutique d'art vend le bijou en céramique typique de Rijeka, le *morčići*, qui représente un Maure enturbanné.

❶ Renseignements

Centre clinique hospitalier de Rijeka (Klinički Bolnički Centar Rijeka ; ☎051-658 111 ; www.kbc-rijeka.hr ; Krešimirova 42)

Office du tourisme (☎051-335 882 ; www.visitrijeka.hr ; Korzo 14 ; ◉8h-20h lun-sam, 8h-14h dim)

Poste principale (Korzo 13 ; ◉7h-20h lun-ven, 7h-14h sam). Abrite un centre téléphonique et un bureau de change.

❶ Depuis/vers Rijeka

AVION

L'**aéroport de Rijeka** (Zračna Luka Rijeka ; ☎051-841 222 ; www.rijeka-airport.hr ; Hamec 1, Omišalj), à 30 km de la ville sur l'île de Krk, fonctionne uniquement pour des vols saisonniers d'avril à octobre. Des vols internationaux partent pour Londres, Oslo et Varsovie. Assurées par **Trade Air** (☎091 62 65 111 ; www.trade-air.com), les seules liaisons aériennes intérieures sont celles vers Dubrovnik, Split et Osijek.

BATEAU

Jadroagent (☎051-212 466 ; www.jadroagent.hr ; Trg Ivana Koblera 2 ; ⊕) fournit des informations sur les bateaux en Croatie.

Jadrolinija (☎051-211 444 ; www.jadrolinija.hr ; Riječki Lukobran bb). Tous les jours, un catamaran relie Rijeka à la ville de Rab (80 Kn, 1 heure 45) et à Novalja sur Pag (80 Kn, 2 heures 45).

UTO Kapetan Luka (☎021-645 476 ; www.krilo.hr) propose des ferries pour passagers uniquement depuis/vers Cres (45 Kn, 1 heure 15) et Mali Lošinj (60 Kn, 3-4 heures 30). Certains s'arrêtent également à Martinšćica (50 Kn, 2 heures), Unije (55 Kn, 2 heures 30), Susak (60 Kn, 3 heures) et Ilovik (60 Kn, 3 heures 30).

BUS

La **gare routière intercités** (☎051-660 300 ; Trg Žabica 1) se trouve dans le centre-ville. Les bus pour Opatija partent de la gare des bus locaux sur Jelačićeva trg.

Cres 105 Kn, 2 heures 20, 4/jour
Dubrovnik 331-411 Kn, 12 heures 30, 2/jour
Krk 64 Kn, 1 heure 20, 1/heure
Pula 90 Kn, 2 heures 30, 18/jour
Rovinj 94 Kn, 2 heures 20, 5/jour
Split 174-209 Kn, 8 heures, 7/jour
Zadar 109-130 Kn, 4 heures, 9/jour
Zagreb 69-120 Kn, 2 heures 30, 1/heure minimum

Autotrans (☎051-660 660 ; www.autotrans.hr). Basé à Rijeka. Liaisons vers Istria, Zagreb, Varaždin et Kvarner.

TRAIN

La **gare ferroviaire** (Željeznički Kolodvor ; www.hzpp.hr ; Trg Kralja Tomislava 1) se trouve à 10 minutes à pied à l'est du centre-ville. Parmi les liaisons directes :

Ljubljana 129 Kn, 3 heures, 2/jour
Osijek 232 Kn, 9 heures, tlj
Pazin 40 Kn, 40 minutes, 4/jour
Zagreb 119 Kn, 3 heures 45, 3/jour

❶ Comment circuler

DEPUIS/VERS L'AÉROPORT

À chaque arrivée, un bus assure la navette avec la gare routière interurbaine (30 min). Il part pour l'aéroport 2 heures 20 avant le décollage. Vous pourrez acheter votre billet (50 Kn) dans le bus.

En taxi, comptez jusqu'à 350 Kn pour vous rendre de l'aéroport au centre-ville.

TAXI

Les taxis pratiquent des prix très raisonnables à Rijeka. Les taxis **Cammeo** (☎051-313 313 ; www.taxi-cammeo.hr), recommandés, sont bon marché et équipés de taximètres ; une course dans le centre coûte 20 Kn.

TRANSPORTS PUBLICS

Rijeka a un vaste réseau de bus municipaux orange gérés par **Autotrolej** (☎051-311 400 ; www.autotrolej.hr), basée à la **gare routière** (Jelačićev trg). Vous pourrez acheter un billet valable pour 2 trajets (15,50 Kn) dans n'importe quel *tisak* (kiosque à journaux) ; un billet pour un seul trajet coûte 10 Kn dans le bus.

Cette même compagnie gère également un bus touristique coloré à impériale et à toit ouvert avec montée et descente libres (adulte/enfant 50/35 Kn), qui circule 24h/24 entre le centre de Rijeka, Trsat et Opatija. Le billet est aussi valable pour emprunter tous les bus de la ville.

OPATIJA

☎051 / 6 660 HABITANTS

Opatija (Abbazia en italien), à 13 km à l'ouest de Rijeka, offre le plus beau littoral du pays. Du Lungomare, une promenade en bord de mer qui s'étend sur 12 km le long du golfe de Kvarner, on découvre les collines boisées qui descendent vers la mer cristalline. À l'ouest d'Opatija, le Vojak, point culminant de la péninsule d'Istrie avec ses 1 401 m, embellit encore le panorama. On comprend facilement qu'Opatija ait été *la* station balnéaire à la mode de l'Empire austro-hongrois jusqu'à la Première Guerre mondiale. Si la période yougoslave a fait perdre un peu de son éclat à la ville, elle s'est redynamisée depuis : ses hôtels-spas grandioses, sa situation spectaculaire et son climat agréable toute l'année attirent de nouveau une population majoritairement âgée. D'excellents restaurants ont surgi pour répondre à ses besoins, et le joli quartier de Volosko en concentre de particulièrement bons.

Opatija s'étire le long de la côte entre des collines boisées et la scintillante Adriatique, et une promenade relie l'ensemble de son front de mer. Si les plages n'ont rien d'exceptionnel, les petites criques abritées sont en revanche parfaites pour la baignade.

Histoire

La petite ville s'est développée autour de l'église Saint-Jacob, édifiée sur les fondations d'une abbaye bénédictine (*opatija* signifie "abbaye"). Humble village de pêcheurs, Opatija connut de profonds changements lorsque le riche et puissant homme d'affaires Iginio Scarpa arriva de Rijeka dans les années 1840. Il fit construire la villa Angiolina (du nom de sa femme) et l'entoura de plantes exotiques subtropicales. La villa accueillait les aristocrates européens (dont l'impératrice autrichienne Marie-Anne, épouse de Ferdinand Ier), faisant d'Opatija une destination mondaine.

Le développement de la ville fut aussi conforté par l'achèvement d'une liaison ferroviaire avec la ligne directe pour Vienne en 1873. Les visiteurs fortunés affluèrent après la construction du premier hôtel, le Quarnero (aujourd'hui l'Hotel Kvarner), et Opatija devint la destination obligée des rois de Roumanie et de Suède, des tsars de Russie et des célébrités de l'époque.

Aujourd'hui, Opatija, parfois surnommée "la Nice de l'Adriatique", demeure une station balnéaire chic (voire conservatrice), très prisée des seniors allemands et autrichiens. La vie nocturne n'y a rien d'extravagant, ce qui plaît aux habitués.

◉ À voir

Musée croate du Tourisme MUSÉE
(Hrvatski Muzej Turizma ; www.hrmt.hr ; Park Angiolina 1 ; tarif plein/réduit 15/7 Kn ; ⊙10h-20h avr-juin, 10h-22h juil-sept, horaires réduits reste de l'année). Réparti dans trois bâtiments historiques, cet excellent musée présente une collection permanente de photos, cartes postales, brochures et affiches d'époque retraçant l'histoire du tourisme, et l'on peut toujours y voir une exposition sur le thème du voyage, bien présentée. Mais les bâtiments en eux-mêmes sont des plus intéressants. La ravissante **villa Angiolina**, a retrouvé, après rénovation, sa splendeur néoclassique d'antan. L'intérieur est une merveille de fresques en trompe-l'œil, de chapiteaux corinthiens et de sols aux mosaïques géométriques. L'extérieur et l'intérieur obéissent aux rigoureux préceptes classiques d'harmonie et de proportions, ce qui donne un ensemble très esthétique. Ne manquez pas de flâner dans le jardin verdoyant, planté de ginkgos, de séquoias, de chênes verts et de camélias japonais – le symbole d'Opatija. Le petit théâtre en plein air accueille des récitals en costume. La **Maison suisse** (1875), voisine, était une dépendance de la villa principale et servait en partie de cellier. Plus à l'ouest, après l'église Saint-Jacques, le **pavillon artistique Juraj Šporer** (1900) était à l'origine une pâtisserie.

VAUT LE DÉTOUR

ESCAPADE GOURMANDE À KASTAV

Perchée sur une colline, la ville fortifiée de Kastav, avec ses nombreuses églises en pierre et ses places, ne manque pas de caractère. Cependant, la première raison de parcourir les 10 km qui la séparent de Rijeka (ou les 7 km depuis Opatija) est de faire honneur à l'hôtel-restaurant **Kukuriku** (☏051-691 519 ; www.kukuriku.hr ; Trg Lokvina 3 ; repas de 6 plats 400-580 Kn ; ⊙7h-minuit ; P❄☏), tenu par Nenad Kukurin, pionnier local du Slow Food. En l'absence de carte, laissez toute initiative au personnel. Dites-leur si vous préférez des plats de viande, de poisson ou végétariens, si vous avez une aversion particulière ou des exigences alimentaires (ou des contraintes de budget). Attendez-vous ensuite à une cuisine locale, délicieuse et joliment présentée, plat après plat.

Cerise sur le gâteau : l'établissement propose 15 chambres très chics, ce qui peut être pratique si vous envisagez de prendre les accompagnements conseillés sur l'excellente carte des vins. Et, si vous vous demandez pourquoi le décor comprend tant d'objets rappelant le coq, sachez que *kukuriku* est l'équivalent croate de cocorico.

Lungomare
PROMENADE

Jalonné de majestueuses villas et de vastes jardins, ce magnifique sentier (connu sous le nom de "promenade François-Joseph Ier") exauce les rêves des curieux et fait les délices des promeneurs. Il serpente sur 12 km le long du littoral, de Volosko à Lovran, en passant par les villages d'Ičići et d'Ika. En chemin, vous pourrez jeter un coup d'œil aux riches demeures et admirer les palais en bord de mer.

La promenade traverse des massifs de plantes exotiques, des bosquets de bambous, une marina et de petites criques rocheuses où vous pourrez vous baigner – elles sont plus séduisantes que la plage en béton d'Opatija.

Volosko
VILLAGE

L'ancien village de Volosko, à la lisière nord d'Opatija, l'un des plus beaux endroits sur cette côte, a conservé une atmosphère authentique. Le village est très pittoresque, avec ses pêcheurs ravaudant leurs filets dans le port, son dédale d'étroites ruelles et ses maisons de pierre aux balcons fleuris s'étageant sur la côte. Une balade de 2 km (30 minutes) sur la promenade de Lungomare, bordée de lauriers, palmiers, figuiers, chênes et villas magnifiques est le meilleur moyen d'y accéder depuis le centre d'Opatija.

🎉 Fêtes et festivals

Festival d'Opatija
CULTURE

(051-271 377 ; www.festivalopatija.hr ; juin-sept). Durant les mois les plus chauds, le théâtre en plein air d'Opatija, près du front de mer, accueille concerts (classique, jazz et spectacles pop internationaux, entre autres), théâtre, danse classique et cinéma.

🛏 Où se loger

Vous trouverez à Opatija quelques bons hôtels petits budgets et de catégorie moyenne. Tous les hébergements affichent complet en été et à Noël : réservez tôt pour ces périodes. Les chambres chez l'habitant ne manquent pas, mais sont plus chères que dans d'autres régions.

Autocamp Medveja
CAMPING €

(051-710 444 ; www.remisens.com ; Medveja bb ; empl 3 pers 400 Kn, mobil-home 1 050 Kn ; Pâques à mi-oct ; P ❄ @). Les hôtels abordables n'étant pas légion à Opatija, les nouveaux mobil-homes et les chambres toute simples avec salle de bains de ce paisible camping ne sont pas à négliger. À 10 km au sud d'Opatija, dans une vallée arborée occupant une faille montagneuse, qui mène à une jolie crique de galets.

Borka
B&B €€

(051-712 118 ; Maršala Tita 192 ; s/d 420/525 Kn ; 🛜). Ce B&B aménagé dans une villa rose – pratiquement le seul vrai hébergement pas trop cher à Opatija – dispose de chambres rudimentaires avec salle de bains au carrelage marron et d'un jardin rempli de fleurs.

♥ Hotel Miramar
HÔTEL €€€

(051-280 000 ; www.hotel-miramar.info ; Ive Kaline 11 ; ch à partir de 1 900 Kn ; P ❄ @ 🛜 ♨). Principalement orienté vers une clientèle germanophone, cet hôtel presque kitsch à force de glamour n'en est pas moins formidable. Les chambres, très spacieuses, se partagent cinq bâtiments pastel répartis dans un parc charmant et il y a une petite plage rocheuse, des piscines couverte et découverte, un centre de bien-être et quantité de lustres.

À VÉLO DANS LE KVARNER

La région du Kvarner offre diverses possibilités pour les amateurs de cyclotourisme, des promenades paisibles aux montées ardues sur les routes pentues des îles. Plusieurs itinéraires sillonnent les alentours d'Opatija ; les deux plus faciles partent du mont Kastav (360 m), tandis qu'un parcours difficile de 4 heures 30 relie Lovran et le parc naturel d'Učka. À Lošinj, un circuit de 2 heures 30, de difficulté moyenne, décrit une boucle à partir de Mali Lošinj. Sur Krk, un agréable trajet de 2 heures part de la ville de Krk et passe par les prairies, les champs et les hameaux de l'arrière-pays peu visité. De la ville de Rab, un itinéraire cyclable explore les forêts préservées de la péninsule de Kalifront. Sur Cres, une piste de 50 km conduit à la marina de la ville de Cres au joyau côtier de Valun, en passant par le village médiéval de Lubenice, perché sur une colline.

Pour des détails sur ces parcours, procurez-vous, dans n'importe quel office du tourisme, la brochure *Kvarner by Bicycle* ("Le Kvarner à vélo"), qui décrit 19 itinéraires. Les sites Internet www.kvarner.hr et www.pedala.hr indiquent des circuits détaillés.

Villa Ariston
HÔTEL €€€

(☎ 051-271 379 ; www.villa-ariston.hr ; Ulica Maršala Tita 179 ; s/d/ste 480/850/1 300 Kn ; P ❄ 🛜). Superbement situé à côté d'une crique rocheuse, cet hôtel historique a reçu de nombreuses célébrités (dont Coco Chanel et les Kennedy). L'intérieur demeure somptueux, avec un immense escalier, des lustres et le charme d'antan.

Hotel Mozart
HÔTEL €€€

(☎ 051-718 260 ; www.hotel-mozart.hr ; Obala Maršala Tita 138 ; s/d à partir de 1 100/1 330 Kn ; P ❄ 🛜 ♿ 🏊). Dans cet hôtel vintage central, les chambres joliment décorées et classiques sont en parfait accord avec les couloirs, la salle à manger et la façade rosée de style Sécession. L'établissement a son propre centre de soins et une salle de fitness ; d'aucuns se plaignent du petit-déjeuner.

Villa Kapetanović
HÔTEL €€€

(☎ 051-741 355 ; www.villa-kapetanovic.hr ; Nova cesta 12a ; ch à partir de 863 Kn ; P ❄ 🛜 🏊). Perché sur la colline au-dessus de Volosko, cet immeuble moderne dispose de 27 chambres élégantes, d'une vue extraordinaire sur la mer, d'un restaurant de poisson et d'un espace piscine à l'extérieur particulièrement séduisant. La navette gratuite vous épargnera la marche depuis Opatija.

Hotel Ambasador
HÔTEL €€€

(☎ 051-710 444 ; www.remisens.com ; Feliksa Perišića 1 ; s/d 795/1 245 Kn ; P ❄ 🛜 🏊). Dans une tour de 10 étages, cet ancienne relique de l'époque yougoslave est devenu une adresse chic regroupant 200 chambres spacieuses offrant confort et vue distrayante. Le complexe comprend un centre de spa, une piscine, une petite terrasse sur la plage, ainsi que plusieurs bars et restaurants.

Design Hotel Astoria
HÔTEL €€€

(☎ 051-706 350 ; www.hotel-astoria.hr ; Ulica Maršala Tita 174 ; s/d à partir de 803/870 Kn ; P ❄ 🛜). Las du style Habsbourg ? Ces 50 chambres chics et discrètes vous séduiront par leurs couleurs subtiles et leurs balcons avec une vue magnifique sur la côte du Kvarner. Le personnel est très professionnel.

🍴 Où se restaurer

Maršala Tita est bordée de restaurants standards proposant pizzas et grillades, mais rien d'extraordinaire. Rendez-vous à Volosko pour des repas fins et des spécialités régionales.

🍴 Centre d'Opatija

Pizzeria Roko
PIZZA €€

(Maršala Tita 114 ; plats 35-90 Kn ; ⊙11h-minuit). Outre de grandes pizzas copieusement garnies, ce restaurant abordable – une rareté à Opatija – propose des risottos, des salades, des produits de la mer et des pâtisseries. Les plats sont présentés de façon originale, les portions sont copieuses et le service est parfait. La cuisine ouverte permet d'assister à la préparation des plats.

Istranka
ISTRIEN €€

(☎ 051-271 835 ; www.istranka.net ; Bože Milanovića 2 ; plats 35-130 Kn). Petit restaurant familial spécialisé en cuisine istrienne comme la *maneštra* (minestrone) et les truffes. Terrasse ombragée et musique traditionnelle certains soirs.

Kaneta
ISTRIEN €€

(☎ 051-291 643 ; Nova cesta 80 ; plats 50-100 Kn ; ⊙10h-23h lun-sam, 12h-19h dim). La spécialité de ce restaurant familial sans prétention : les saveurs intenses et les portions généreuses. Jarret de veau rôti, poulpe rôti, ragoût de gibier, dinde, pâtes et risotto maison y sont un régal. Bonne carte des vins.

Bevanda
EUROPÉEN MODERNE €€€

(☎ 051-493 888 ; www.bevanda.hr ; Zert 8 ; plats 130-320 Kn). Une allée de marbre mène à ce restaurant possédant une immense terrasse face à la mer. La carte affiche du poisson frais pêché et des plats de viande, mais aussi quantité de mets exquis (homard, etc.).

🍴 Volosko

Konoba Ribarnica Volosko
POISSON €

(☎ 051-701 483 ; Andrije Štangera 5 ; plats 45-90 Kn ; ⊙9h-21h lun-sam, 11h-17h dim). Venez ici déguster le poisson frais le moins cher de Volosko. La créature choisie vous sera servie, délicieusement préparée, dans une petite salle à manger au rez-de-chaussée. Dans la rue principale qui monte du port.

♥ Konoba Valle Losca
CROATE €€

(☎ 095 58 03 757 ; Andrije Štangera 2 ; plats 60-100 Kn ; ⊙11h30-14h et 17h-minuit). Le mot *konoba* se réfère habituellement à un petit restaurant familial. Ici, grâce à des techniques française et italienne alliées à des ingrédients locaux de choix, le niveau est tout autre. Mais n'y venez pas si vous êtes pressé : il faut du temps pour savourer ces plats rustiques.

Skalinada
CROATE €€

(☏ 051-701 109 ; www.skalinada.org ; Put Uz Dol 17 ; en-cas et plats à partir de 25-130 Kn ; ⊙13h-minuit dim, lun, mer et jeu, 15h-2h ven-sam). Ce restaurant-bar intime à l'éclairage tamisé, propose une carte créative de cuisine croate à base d'ingrédients de saison. Nombreux vins locaux servis au verre.

Tramerka
CROATE €€

(☏ 051-701 707 ; Andrije Mohorovičića 15 ; plats 50-120 Kn ; ⊙13h-minuit lun-sam). À défaut de vue sur la mer, cette merveilleuse taverne offre un cadre exceptionnel : l'intérieur frais d'une ancienne maison de ville. Le personnel vous aidera à choisir parmi les produits de la mer et les viandes locales.

Où prendre un verre et faire la fête

Hemingway
COCKTAILS

(www.hemingway.hr/opatija ; Zert 2). Un bar chic, parfait pour un cocktail, avec ses sièges confortables et la vue sur l'horizon de Rijeka, dans le lointain. Premier d'une chaîne nationale, il se double d'un restaurant.

Caffe Bar Surf
BAR

(Supilova Obala bb ; ⊙8h-minuit). À Volosko, ce bar très accueillant a une terrasse ombragée face à la mer.

Renseignements

Da Riva (☏ 051-272 990 ; www.da-riva.hr ; Nova cesta 10). Chambres chez l'habitant et excursions dans tout le pays.

Kvarner Touristik (☏ 051-703 723 ; www.kvarner-touristik.com ; Maršala Tita 162). Réservation d'hébergements à Opatija et dans le nord de la Croatie. Propose aussi toute une gamme d'activités et matériel à louer.

Office du tourisme (☏ 051-271 310 ; www.opatija-tourism.hr ; Maršala Tita 128 ; ⊙8h-20h lun-sam, 11h-19h dim)

Poste (Eugena Kumičića 4 ; ⊙7h-20h lun-ven, 7h-14h sam mi-sept à mi-juin, jusqu'à 20h mi-juin à mi-sept). Derrière le marché.

Depuis/vers Opatija

Le bus 32 circule à peu près toutes les demi-heures entre Rijeka et Opatija (16 Kn, 30 minutes) et jusqu'à Lovran ; certains poursuivent plus vers le sud le long de la côte.

Autres destinations notamment desservies :
Pula 90 Kn, 2 heures, 6/jour
Rovinj 124 Kn, 3 heures, 2/jour
Zadar 135 Kn, 5 heures, tlj
Zagreb 100 Kn, 3 heures 15, 4/jour

PARC NATUREL D'UČKA

L'un des secrets les mieux gardés de la Croatie, ce parc de 160 km² très peu fréquenté, se situe à 30 minutes de la Riviera d'Opatija. Constitué du massif montagneux d'Učka et du plateau adjacent de Ćićarija, il est officiellement partagé entre le Kvarner et l'Istrie. Le Vojak (1 401 m), son point culminant, offre par temps clair une vue splendide sur les Alpes italiennes et la baie de Trieste.

Une forêt de hêtres couvre la majeure partie du parc, qui comprend aussi des châtaigniers, des chênes et des charmes. Des moutons paissent dans les prairies alpines, des aigles royaux tournoient dans les airs et des ours bruns rôdent parmi les campanules endémiques. Le principal accès au parc est le col de Poklon.

À voir

Vela Draga
CANYON

La gorge spectaculaire de Vela Draga, du côté est du parc, offre une vue saisissante ; le fond de la vallée est parsemé de colonnes calcaires ou "cheminées de fée". Des rapaces, dont des faucons crécerelles et des faucons pèlerins, planent dans les courants ascendants, et l'on peut apercevoir des grands ducs et des tichodromes échelettes. Depuis la route nationale, un sentier descend en 15 minutes jusqu'à un point de vue sur la gorge.

Mala Učka
VILLAGE

Ce village à demi abandonné à 995 m d'altitude accueille des bergers de mai à octobre. Vous pourrez acheter un bon fromage de brebis dans la maison aux fenêtres vertes à côté du ruisseau, au bout du village – demandez du *sir* (fromage).

Où se loger et se restaurer

Dans le parc (www.pp-ucka.hr) on trouve sept pensions et des refuges ouverts seulement le week-end.

Dopolavoro
CROATE €€

(☏ 051-299 641 ; www.dopolavoro.hr ; Učka 9 ; repas 55-135 Kn ; ⊙12h-23h). On sert ici un excellent gibier (steak de cerf aux myrtilles, sanglier aux champignons), mais aussi des pâtes et de délicieux plateaux de desserts.

Renseignements

Le personnel du **bureau du parc** (☏ 051-293 753 ; www.pp-ucka.hr ; Liganj 42, Lovran ; ⊙8h-16h30 lun-ven) vous aidera à organiser un circuit. Il existe aussi deux points d'information

> **PROIES ET PRÉDATEURS**
>
> Semi-sauvage et endémique à l'île de Cres, le mouton de la Tramuntana est parfaitement adapté aux pâturages karstiques créés par les Illyriens il y a plus d'un millénaire. Mais aujourd'hui, l'élevage des moutons en liberté est sur le déclin. Des 100 000 moutons que comptait Cres dans les années 1990, il n'en reste environ que 15 000. L'introduction des sangliers par le puissant lobby des chasseurs croates est l'une des principales raisons de cet effondrement. Leur nombre a fortement augmenté et ces animaux se sont même répandus jusqu'aux abords des campings de Mali Lošinj.
>
> La baisse de la population ovine a de nombreuses répercussions sur l'environnement. Les vautours fauves ne disposent plus d'assez de carcasses de moutons pour survivre et doivent être nourris par des bénévoles. Les pâturages ayant diminué, les genévriers et les buissons d'épineux ont remplacé les herbes et les fleurs sauvages, amenuisant la biodiversité végétale. Les *gromače*, les murets en pierre construits par les éleveurs dans toute l'île, qui servaient de coupe-vent et empêchaient l'érosion des sols, ne sont plus entretenus et beaucoup tombent en ruine.

saisonniers : l'un à **Poklon** (☐ 051-299 643 ; ⊙ 9h-18h mi-juin à mi-sept) et l'autre à **Vojak** (☐ 091 89 59 669 ; ⊙ 9h-18h mi-juin à mi-sept).

ⓘ Depuis/vers le parc naturel d'Učka

Deux bus quotidiens relient Opatija à Poklon (9h30 et 14h05, retour 10h30 et 15h45). Lovran, à la lisière orientale du parc, est desservie par les bus au départ de Rijeka (32 Kn, 30 min, 9/jour). Il y a un parking au centre d'information du col de Poklon.

ÎLES DE CRES ET DE LOŠINJ

Séparées uniquement par un canal de 11 m de large et reliées par un pont, ces deux îles de l'archipel du Kvarner, faiblement peuplées et très pittoresques, sont souvent considérées comme une seule entité. De fait, si leur topographie diffère, elles partagent la même histoire.

Les amoureux de la nature y seront au paradis. Les deux îles sont quadrillées de chemins de randonnée et de sentiers cyclables, et les eaux qui les entourent abritent la seule population résidente de dauphins connue dans l'Adriatique. La mer au large de la côte est en grande partie protégée par la réserve de dauphins de Lošinj, première du genre en Méditerranée.

Plus sauvage et plus verte, Cres (Cherso en italien) comprend des campings isolés, des plages cristallines et une poignée de villages médiévaux, et donne véritablement l'impression d'être hors des sentiers battus. Longue de 31 km, Lošinj (Lussino en italien) est plus touristique, davantage peuplée et dotée d'une végétation plus luxuriante.

Histoire

Des fouilles ont révélé qu'une culture préhistorique se développa sur les deux îles entre l'âge de la pierre et l'âge du bronze. Les anciens Grecs les appelèrent les Apsyrtides ; conquises par les Romains, les îles passèrent ensuite sous tutelle byzantine, avant d'être colonisées par des tribus slaves aux VIe et VIIe siècles.

Par la suite, elles tombèrent aux mains des Vénitiens, puis des rois croato-hongrois, avant que les Vénitiens ne les récupèrent. À la chute de Venise, en 1797, Veli Lošinj et Mali Lošinj étaient devenues d'importants centres maritimes, tandis que Cres se consacrait à la production de vin et d'olives.

Le XIXe siècle vit l'essor de la construction navale à Lošinj, mais avec l'apparition des navires à vapeur, cette activité céda la place au tourisme de santé. À la même époque, le phylloxéra ravagea les vignobles de Cres. Ce furent donc deux îles pauvres que l'Italie annexa en 1920 dans le cadre du traité de Rapallo. Elles furent finalement rendues à la Yougoslavie en 1945, puis à la Croatie en 1991.

Aujourd'hui, hormis un petit chantier naval à Nerezine, au nord de Lošinj, des oliveraies, l'élevage d'ovins et la pêche à Cres, le tourisme est la principale source de revenus pour ces îles. Jusque récemment, l'élevage des moutons était l'une des activités principales de Cres (l'agneau local est réputé pour son goût), mais l'introduction de sangliers a modifié l'environnement de l'île, et cette activité est en voie de disparition.

❶ Depuis/vers les îles de Cres et de Lošinj

BATEAU

Le principal port de départ pour les îles est Mali Lošinj, relié à Rijeka, Pula, Zadar, Venise et Koper en été.

Jadrolinija (☏ 051-231 765 ; www.jadrolinija.hr ; Riva Lošinjskih Kapetana 22, Mali Lošinj) gère les principaux car-ferries qui naviguent entre Brestova (sur le continent, à 29 km au sud d'Opatija) et Porozina sur l'île de Cres (adulte/enfant/voiture 18/9/115 Kn, 20 min, 7-13/jour), ainsi qu'entre Valbiska sur l'île de Krk et Merag sur l'île de Cres (adulte/enfant/voiture 18/9/115 Kn, 25 min, 9-13/jour).

Chaque semaine (tlj en juillet-août), un car-ferry fait la liaison Mali Lošinj-Zadar (adulte/enfant/voiture 59/30/271 Kn, 7 heures), en accostant en chemin sur certaines îles plus petites.

Un ferry pour passagers fait un trajet en boucle depuis Mali Lošinj vers les îles d'Unije (1 heure 30) et de Susak (1 heure) deux fois par jour.

UTO Kapetan Luka (☏ 021-645 476 ; www.krilo.hr) propose des ferries pour passagers uniquement reliant tous les jours de l'année Rijeka à la ville de Cres (45 Kn, 1 heure 15) et à Mali Lošinj (60 Kn, 3-4 heures 30). Certains s'arrêtent aussi à Martinšćica (50 Kn, 2 heures) ; d'autres encore font également halte sur les îles d'Unije, de Susak et d'Ilovik.

BUS

Dans les îles, la plupart des bus partent de Veli Lošinj et font halte à Mali Lošinj et à Cres. Parmi les destinations au large : Malinska sur l'île de Krk (126 Kn, 2 heures 30, 4/jour), Opatija (142 Kn, 3 heures 45, 2/jour), Rijeka (149 Kn, 4 heures, 4/jour) et Zagreb (183 Kn, 6 heures, 4/jour).

Beli

☏ 051 / 35 HABITANTS

Accrochée à une colline de 130 m au-dessus d'une ravissante plage de galets, Beli est l'une des plus anciennes localités de Cres. Elle possède une histoire vieille de 4 000 ans, des ruelles sinueuses et des maisons de pierre envahies par la végétation. Vous pourrez faire le tour de ce hameau en quelques minutes, en faisant halte au point de vue pour admirer, par-delà l'Adriatique, les montagnes du continent.

Bien que très faiblement peuplée, Beli est la principale localité dans la région de la Tramuntana, qui s'étend à l'extrémité nord de l'île. Forêts anciennes, villages abandonnés, chapelles solitaires et légendes de gentils lutins : le temps s'y est arrêté, et ces lieux majoritairement recouverts de denses forêts de chênes, de charmes et de châtaigniers sont un territoire privilégié pour les vautours fauves, protégés.

✈ Activités

Diving Beli PLONGÉE
(☏ 051-840 519 ; www.diving-beli.com ; plongée plage/bateau 110/190 Kn). Basé sur la plage en contrebas de Beli, ce petit club offre des excursions de plongée en bateau ou sur la plage. Non-plongeurs bienvenus.

🛏 Où se loger et se restaurer

Autokamp Brajdi CAMPING €
(☏ 051-840 532 ; www.perica666.wix.com/autokamp-brajdi ; Beli bb ; adulte/enfant 75/40 Kn ; ⊙ mai-sept ; P). Dans une oliveraie tout près de la plage, voilà un bel endroit où planter sa tente, mais les équipements sont plutôt rudimentaires. Snack-bar à proximité en été.

Pansion Tramontana CHAMBRES D'HÔTES €€
(☏ 051-840 519 ; www.beli-tramontana.com ; s/d 342/600 Kn ; ⊙ mars-déc ; P ❄ @ 🔊). Sur la route de Beli, cette adresse dispose de 12 chambres confortables à l'étage et d'un agréable restaurant (plats 55-120 Kn) en bas, où de gros morceaux de viande grillent au barbecue. Poisson, pâtes, risotto et délicieuses salades bio également. Divers sports d'aventure sont proposés, dont l'alpinisme.

Konoba Beli CROATE €€
(www.beli-cres.com ; Beli 6 ; plats 45-120 Kn ; ⊙ 10h-22h). La salle à manger en pierre décorée d'outils agricoles d'antan, offre un cadre rustique où il fait bon savourer du poisson grillé et des plats carnés aux saveurs locales. Quand le thermomètre monte, installez-vous sur la grande terrasse.

❶ Depuis/vers Beli

Mieux vaut être motorisé pour se rendre à Beli.

Ville de Cres

☏ 051 / 2 960 HABITANTS

Des maisons aux tons pastel et des demeures vénitiennes bordent le port médiéval de la ville de Cres, situé dans une superbe baie protégée, entourée de collines couvertes de pinèdes et de maquis de l'Adriatique. En vous promenant sur le bord de mer et dans les rues pittoresques de la vieille ville, vous verrez les vestiges de la domination italienne, telles les armoiries de puissantes familles vénitiennes et les loggias Renaissance.

Cette forte influence italienne remonte au XVe siècle, quand les Vénitiens vinrent à Cres pour fuir l'épidémie de peste qui sévissait à Osor. Des bâtiments publics et des palais de patriciens furent édifiés sur le port, et, au XVIe siècle, des remparts furent ajoutés.

À voir

Trg Frane Petrića   PLACE
Tout à côté du port, la place principale de la ville était le lieu des annonces publiques et des festivités sous la domination vénitienne. Elle accueille désormais un marché de primeurs le matin. Repérez la belle **porte** du XVIe siècle, surmontée d'une horloge à cadran bleu et du blason.

Église Sainte-Marie-des-Neiges   ÉGLISE
(Sv Marije Snježne ; Trg Frane Petrića ; messe uniquement). À l'intérieur de la porte principale du port, cette église se remarque par le portail Renaissance de sa façade, comportant une Vierge à l'Enfant en bas-relief. Un vestibule vitré permet de regarder à l'intérieur, mais l'église ouvre uniquement aux heures de la messe. Admirez la pietà en bois sculpté du XVe siècle sur l'autel de gauche.

Musée municipal   MUSÉE
(Creski Muzej ; Ribarska 7 ; 10 Kn ; 9h-13h et 19h-23h mar-dim mi-juin à mi-sept, 9h-12h mar-sam avr à mi-juin et mi-sept à mi-oct). Installé légèrement en retrait du port dans le palais Arsan, de style Renaissance, ce musée vaut la visite pour son architecture vénitienne du XVIe siècle et ses expositions consacrées à divers aspects de la vie locale.

Activités

Une jolie promenade longe le côté ouest de la baie, propice à la baignade ; des plages agréables ponctuent les abords de l'Hotel Kimen. À l'office du tourisme demandez une carte des chemins de randonnée et des sentiers cyclables des environs de Cres.

Diving Cres   PLONGÉE
(051-571 706 ; www.divingcres.de ; Melin 1/20 ; plongée bateau équipement inclus 49 €). Basée à Kamp Kovačine, cette équipe propose des cours PADI et SSI, ainsi que des plongées.

Où se loger

Les agences de voyages proposent des chambres chez l'habitant, très abordables. Dans la ville de Cres, comptez à partir de 250 Kn par personne pour une simple et 300 Kn pour une double.

> **VAUT LE DÉTOUR**
>
> **FESTIN VILLAGEOIS**
>
> Au **Konoba Bukaleta** (051-571 606 ; Loznati 99 ; plats 40-100 Kn ; 12h-23h avr-sept), restaurant de village tenu par la même famille depuis plus de 30 ans, l'agneau de Cres est la vedette. Goûtez-le pané, grillé ou rôti au tournebroche, ou bien dégustez des pâtes maison. Le Bukaleta est à Loznati, à 5 km au sud de la ville de Cres, et il est indiqué à partir de la route nationale. L'établissement loue aussi des chambres.

Kamp Kovačine   CAMPING €
(051-573 150 ; www.camp-kovacine.com ; Melin 1/20 ; adulte/empl 104/100 Kn, s/d 405/743 Kn, mobil-homes 690 Kn ; Pâques à mi-oct ; P@). Joliment situé au bout d'une petite presqu'île à environ 1 km au sud-ouest de la ville, ce grand camping possède d'excellents sanitaires, des plateformes de baignade en bord de plage, un restaurant, et propose une foule d'activités. Un quart du terrain est réservé aux naturistes, dont une partie de la plage. Des chambres privées sont disponibles au Tamaris, une petite pension au bord de l'eau.

Villa Neho   B&B €€
(051-571 868 ; www.villaneho.com ; Zazid 5 ; ch 675 Kn ;). Cette pension à deux pas du port loue des chambres un peu petites mais cosy et proprettes. Si elle manque de couleur locale, les prestations sont un cran au-dessus des B&B moyens en Croatie, le petit-déjeuner est copieux et la demi-pension coûte 110 Kn/jour. Espèces uniquement.

Hotel Kimen   HÔTEL €€€
(051-573 305 ; www.hotel-kimen.com ; Melin 1/16 ; s/d à partir de 650/945 Kn ; P). Bien située près d'une plage, agrémentée d'un parc ombragé de pins, cette barre de 128 chambres datant de l'ère yougoslave, entièrement rénovée il y a une dizaine d'années, dispose de chambres pimpantes avec balcons. Celles du "Dependance", bâtiment annexe à proximité, sont moins chères, mais l'hôtel principal est bien plus agréable.

Où se restaurer

Gostionica Belona   CROATE €€
(Šetalište 23, Travnja 24 ; plats 55-150 Kn ; 11h-23h). Cette taverne croate sert poissons et crustacés, ainsi que des plats à base

d'agneau, des viandes grillées et des salades. Il y a une bonne carte de vins croates et ce n'est qu'à courte distance du port.

Riva POISSON €€
(☎051-571 107 ; Riva Creskih Kapetana 13 ; plats 60-110 Kn ; ⊙11h-minuit). Établi de longue date, le Riva, qui donne sur la promenade sur le port, est l'adresse favorite des habitants pour son poisson et ses fruits de mer.

❶ Renseignements

Cresanka (☎051-750 600 ; www.cresanka.hr ; Varozina 25). Agence de voyages locale où réserver chambres chez l'habitant, appartements, places de camping et hôtels.
Office du tourisme (☎051-571 535 ; www.tzg-cres.hr ; Cons 11 ; ⊙8h-12h et 15h30-20h lun-sam, 9h-13h dim juin-août, 8h-14h lun-ven sept-mai). Liste des hébergements avec photos.
Poste (Cons 3 ; ⊙7h30-21h lun-sam juin-sept, 7h-20h lun-ven, 7h-14h sam sept-mai)
Tourist Agency Croatia (☎051-573 053 ; www.cres-travel.com ; Cons 10 ; ⊙8h-13h et 16-19h lun-sam, 10h-13h dim). Hébergement chez l'habitant, accès Internet et location de bateaux, vélos, voitures et scooters.

❶ Depuis/vers Cres

Des bus relient Cres aux localités suivantes :
Mali Lošinj 60 Kn, 1 heure 15, 6/jour
Osor 42 Kn, 45 minutes, 6/jour
Rijeka 105 Kn, 2 heures 20, 4/jour
Valun 30 Kn, 22 minutes, tlj
Veli Lošinj 65 Kn, 1 heure 30, 6/jour

❶ Comment circuler

Gonzo Bikes (☎051-573 107 ; Turion 8 ; 25/100 Kn heure/jour ; ⊙mars-déc) loue vélos et matériel de camping de qualité depuis sa base de Cres, ainsi que des vélos à l'Hotel Kimen (p. 151) et dans plusieurs campings.

Valun

☎051 / 65 HABITANTS
En bord de mer, à 14 km au sud-ouest de la ville de Cres, le joli hameau de Valun se blottit au pied de falaises entre des plages de galets. Ce qui fait son charme ? Sa tranquillité, et ses restaurants rarement bondés.

Une fois garé dans le parking surplombant le village, la descente se fait par des marches raides. À droite du port, un sentier mène à une plage et à un camping. À environ 700 m dans l'autre sens, une belle plage de galets est bordée de pins.

CAMPING EN BORD DE PLAGE

Proche de Martinšćica, un village de pêcheurs, le **camping Slatina** (☎051-661 124 ; www.camps-cres-losinj.com ; adulte/empl à partir de 67/63 Kn, mobil-homes à partir de 850 Kn ; ⊙mai-sept), sur la côte ouest de Cres, donne accès à deux plages de galets. Sur place ; restaurants, pizzeria, cafés, épicerie, école de plongée et location de bateaux et de vélos. Séjour d'une semaine minimum en juillet et août.

❂ À voir

Église paroissiale Sainte-Marie ÉGLISE
(Crkva Sv Marije ; ⊙variables). L'église paroissiale renferme la principale curiosité du village : la stèle de Valun, du XIe siècle. Cette pierre tombale, qui porte des inscriptions "bilingues" en croate (écrit en caractères glagolitiques) et en latin, reflète la composition ethnique de l'île, jadis habitée par des descendants de Romains et des nouveaux venus de langue croate.

🛏 Où se loger et se restaurer

Camping Zdovice CAMPING €
(☎051-571 161 ; par adulte/enfant 110/50 Kn ; ⊙mai-sept ; 🐾). Ce petit camping occupe d'anciens champs en terrasses et borde une plage propice à la baignade. Il dispose d'un terrain de volley-ball et d'un bloc sanitaire propre. L'agence de voyages Cresanka, dans la ville de Cres, se charge des réservations.

Konoba Toš-Juna POISSON €€
(Plats 45-100 Kn ; ⊙10h-23h). L'endroit idéal pour savourer poissons et fruits de mer en terrasse. À l'intérieur d'un ancien pressoir à olives, à côté du port et de l'église.

❶ Depuis/vers Valun

Valun n'est pas bien desservie par les transports en commun. Des bus relient la ville de Cres (30 Kn, 20 min) les lundis, mercredis et vendredis en été ; leur fréquence est moindre en hiver.

Lubenice

☎051 / 24 HABITANTS
Perché sur un promontoire rocheux à 378 m au-dessus de la côte ouest de l'île, ce hameau médiéval est l'un des endroits les plus pittoresques de l'île de Cres. Semi-abandonné, ce dédale de vieilles maisons et d'églises

en pierre semble surgir directement du sol rocheux. Lubenice surplombe l'une des plus belles plages du Kvarner, une crique isolée accessible par un sentier abrupt à travers bois. La descente de 45 minutes est plaisante, mais le retour épuisant ; pour éviter cette épreuve, vous pouvez prendre un bateau-taxi depuis Valun ou Cres.

Fêtes et festivals

Soirées musicales de Lubenice MUSIQUE
(Lubeničke Glazbene Večeri ; juil-août). Des concerts de musique classique en plein air ont lieu tous les vendredis soir en juillet-août.

Où se restaurer

Konoba Hibernicia CROATE €
(Lubenice 17 ; plats 45-100 Kn ; 12h-22h). Murs en pierre et terrasse fréquentées par les chats du village : cette modeste table se distingue par ses plats d'agneau et son jambon local.

Depuis/vers Lubenice

Si vous en avez le temps, la marche est le meilleur moyen de se rendre à Lubenice, à une heure à pied de Valun. Sinon, si vous êtes en voiture, sachez que la route est étroite et sinueuse.

En été, 2 bus relient Lubenice et la ville de Cres (34 Kn, 30 min), tous les jours, sauf le dimanche.

Osor

051 / 60 HABITANTS

Cette petite bourgade est un des endroits les plus paisibles qui soient, malgré un passé grandiose et tumultueux. Osor se tient sur un étroit chenal qui sépare Cres de Lošinj, et qui fut probablement creusé par les Romains ; il permettait jadis de contrôler une importante route maritime.

Au VIe siècle, un évêché fut même établi à Osor, qui exerça son autorité sur les deux îles durant tout le Moyen Âge. Osor demeura un important centre commercial, religieux et politique jusqu'au XVe siècle. Puis les épidémies de peste et de paludisme, conjuguées à l'ouverture de nouvelles routes maritimes, dévastèrent l'économie de la cité, qui entama un lent déclin.

Aujourd'hui, Osor renaît sous la forme d'un village-musée, avec des églises, des sculptures en plein air et des ruelles qui serpentent dans le centre datant du XVe siècle. Cherchez la statue *Daleki Akordi* (Accords lointains) d'Ivan Meštrović, l'une des nombreuses sculptures modernes illustrant le thème de la musique à Osor.

À voir

En entrant par la porte qui donne sur le chenal, vous longerez les anciens remparts et les vestiges d'un château avant d'arriver dans le centre du hameau.

Église de l'Assomption ÉGLISE
(Crkva Uznešenja ; 10h-12h et 19h-21h juin-sept). Achevé en 1498, le somptueux portail Renaissance de cette grande église fait face à la grand-place. À l'intérieur, l'autel baroque contient les reliques de saint Gaudentius, patron d'Osor.

Collection archéologique d'Osor MUSÉE
(Arheološka Zbirka Osor ; www.muzej.losinj.hr ; Gradska vijećnica ; tarif plein/réduit 35/25 Kn ; 10h-13h et 19h-22h mar-dim mi-juin à mi-sept, 9h-14h mar-sam Pâques à mi-juin et mi-sept à oct). Dans l'hôtel de ville (XVe siècle) sur la grand-place, cette annexe du musée de Lošinj contient une collection de fragments de pierre, de reliefs, de céramiques et de sculptures datant des périodes romaine, chrétienne primitive et médiévale.

Fêtes et festivals

Soirée musicales d'Osor MUSIQUE
(Osorske Glazbene Večeri ; www.osorfestival.eu ; mi-juil à mi-août). Ce festival accueille des artistes croates de premier plan pour des concerts de musique classique dans la cathédrale et sur la place principale.

Où se loger et se restaurer

L'office du tourisme de Mali Lošinj (p. 157) fournit la liste des hébergements privés – chambres et appartements – à Osor.

Camping Bijar CAMPING €
(051-237 147 ; www.camps-cres-losinj.com ; adulte/empl 67/79 kn ; mai-sept ; P 🛜 🏊). Sur une ravissante crique de galets à 500 m d'Osor, ce charmant camping au milieu des pins promet de fabuleuses baignades et propose tennis de table, volley et basket. Il y a un restaurant et le Wi-Fi à la réception.

Konoba Bonifačić CROATE €€
(Osor 64 ; plats 50-110 Kn ; 12h-23h). Risottos, viande et poisson grillés ou porc à la sauge : des plats maison à déguster dans un joli jardin. Goûtez la grappa à la fleur de sureau.

Depuis/vers Osor

Selon la période de l'année et le jour de la semaine, 2 à 8 bus/jour passent par Osor en allant vers la ville de Cres (42 Kn, 45 min),

Nerezine (19 Kn, 5 min), Mali Lošinj (35 Kn, 30 min) et Veli Lošinj (38 Kn, 45 min). Pour franchir en voiture le pont sur le Kavuada (chenal) entre Lošinj et Osor, il faut parfois attendre sur la rive : ce pont se lève deux fois par jour (à 9h et à 17h) pour laisser passer les bateaux.

Nerezine

☏ 051 / 400 HABITANTS

Première ville de Lošinj une fois passé le pont, la petite Nerezine a un joli port bordé de maisons pastel et de quelques cafés. Avec ses 400 âmes, c'est la troisième agglomération la plus peuplée de l'île. Tous les bus empruntant la nationale s'y arrêtent et, si vous voyagez en voiture, c'est une halte reposante entre Rijeka, Cres et les destinations méridionales. Il n'y a pas grand-chose à y faire, hormis prendre un café, déjeuner ou regarder le trafic sur l'Adriatique.

Où se loger et se restaurer

Hotel Manora HÔTEL €€€
(☏051-237 460 ; www.manora-losinj.hr ; Magdalenska 26b ; s/d 615/1 290 Kn ; P ❋ 🛜 ≋ ♿). Caché en périphérie de Nerezine, cet hôtel est idéal pour les familles. Il y a une belle piscine, un sauna, une aire de jeu extérieure et une salle de jeu en cas de pluie. Les chambres arborent un beau parquet et d'élégants luminaires.

Konoba Bonaparte CROATE €€
(Trg Studenac 1 ; plats 40-140 Kn ; ⊙11h-23h). Située sur la place principale, cette taverne douillette est la meilleure adresse de Nerezine. Si le poisson et les fruits de mer tout droit sortis du filet ne vous tentent pas, les steaks et les escalopes panées sont excellents. Réservation le soir en juillet-août.

Depuis/vers Nerezine

Des bus relient Nerezine aux localités suivantes :
Cres 44 Kn, 1 heure, 7/jour
Mali Lošinj 32 Kn, 30 minutes, 8/jour
Rijeka 149 Kn, 3 heures-3 heures 30, 4/jour
Veli Lošinj 35 Kn, 40 minutes, 8/jour

Mali Lošinj

☏ 051 / 8 116 HABITANTS

Entourée de jolies maisons de ville méditerranéennes légèrement patinées et de vertes collines, Mali Lošinj est de toute beauté. La ville s'étale de part et d'autre de la portion la plus étroite de l'île, sur le point culminant d'un port naturel protégé de longue date. Elle arbore un chapelet de maisons de capitaines datant du XIXe siècle, qui bordent le front de mer. L'affluence estivale n'enlève rien au charme de ce quartier historique.

Tous les complexes hôteliers sont en lisière de la ville, près des plages de galets de **Sunčana Uvala** ("Baie ensoleillée") et de **Čikat**. Ce secteur verdoyant commença à prospérer à la fin du XIXe siècle, quand l'élite fortunée de Vienne et de Budapest découvrit le "bon air" de Mali Lošinj et fit construire des villas et de luxueux hôtels autour de Čikat. Certaines de ces belles demeures subsistent, mais la plupart des hôtels sont des édifices modernes au milieu des pinèdes.

En 1996, une magnifique statue de bronze, qui daterait du IIe ou Ier siècle av. J.-C., fut découverte sur le fond marin non loin de Lošinj. Elle apparaît sous la forme d'un thème cher à la Grèce antique : l'Apoxyomène ("Le Racloir", *Apoksiomen* en croate), qui représente un athlète nu qui ôte la boue, l'huile et la sueur de son corps avec un outil connu sous le nom de strigile. Cette statue en bronze, extraordinaire copie d'un original en marbre attribué à Lysippe – sculpteur grec ; vers 395-305 – a été restaurée en 1999 et a fait le tour des plus grands musées de la planète (elle a été exposée au Louvre en 2012) avant de retourner à Mali Lošinj où elle a pris place au **musée de l'Apoxyomène** (Muzej Apoksiomena ; ☏051-734 260 ; www.muzejapoksiomena.hr ; Riva Lošinjskih Kapetana 13 ; tarif plein/réduit 75/40 kn de Pâques à oct, 50/25 kn reste de l'année ; ⊙10h-18h mar-dim).

👁 À voir

Palais Fritzy MUSÉE
(Palača Fritzy ; www.muzej.losinj.hr ; Vladimira Gortana 35 ; tarif plein/réduit 35/25 Kn ; ⊙10h-13h et 16h-22h mar-dim juil-août, horaires réduits reste de l'année). Cette majestueuse demeure, la plus grande des trois composantes du musée de Lošinj (les autres sont à Osor p. 153 et à Veli Lošinj p. 157), loge trois collections distinctes : un éventail assez intéressant de tableaux datant majoritairement des XVIIe et XVIIIe siècles, une série de photos plus du début du XXe siècle, et une exposition d'art du XXe siècle. L'objet le plus fascinant est la "dame de Čikat" (VIIe siècle av. J.-C.), une statue en argile haute de 10 cm, probablement étrusque. Dans la section moderne, guettez les œuvres des sculpteurs croates les plus importants du XXe siècle : Ivan Meštrović, Frano Kršinić et Antun Augustinčić.

Église de la Nativité
ÉGLISE

(Župna Crkva Male Gospe ; Sv Marije bb). L'église paroissiale, construite entre 1696 et 1775, s'élève au-dessus de la ville. Elle renferme quelques œuvres d'art remarquables, dont une Nativité d'un peintre vénitien du XVIIIe siècle, et des reliques de saint Romulus. Elle ouvre aux heures de messe.

Jardin des parfums merveilleux
JARDINS

(Miomirisni Otočki Vrt ; www.miomirisni-vrt.hr ; Bukovica 6 ; 8h30-12h30 et 18h-21h juil-août, 8h-15h mars-juin et sept-déc). GRATUIT Ce paradis des senteurs, à la lisière sud de la ville, possède plus de 250 variétés de plantes locales et plus de 100 espèces exotiques, toutes entourées de *gromače* (murets de pierre traditionnels). Une boutique vend des parfums naturels, des sels et des liqueurs.

Centre de secours des tortues marines
TORTUES

(Oporavilište za Morske Kornjače ; www.blue-world.org ; Sunčana Uvala bb ; 10h-14h lun-ven juin-sept). GRATUIT Petit mais extrêmement intéressant, ce centre s'emploie à soigner les tortues marines blessées, dont la plupart se sont retrouvées emmêlées dans des lambeaux de plastique ou des filets de pêche. On n'y trouve pas grand-chose d'exposé, mais les membres de l'équipe présents vous montreront leur travail. Il se peut même que vous voyiez certaines de leurs patientes. Situé entre les hôtels Adriatic et Vespera, en montant de la promenade.

Activités

Le **cyclotourisme** et la **randonnée** ont un succès croissant sur Lošinj. L'office du tourisme (p. 157) fournit une excellente brochure intitulée *Promenades and Footpaths* (Chemins et Sentiers), qui réunit les cartes de 250 km d'itinéraires sur les cinq îles de l'archipel – Lošinj, Cres, Ilovik, Susak et Unije –, avec des indications de durée précises pour chaque parcours. Grimpez au sommet du Televrina (589 m), le point culminant, pour profiter d'une vue superbe, et découvrez les criques isolées au sud de Mali Lošinj ou les baies secrètes de Susak.

Diver Sport Center
PLONGÉE

(051-233 900 ; www.diver.hr). Lošinj offre de bons sites de plongée, avec une excellente visibilité et une faune marine abondante. Vous pourrez explorer une épave de 1917, une grotte peu profonde accessible aux débutants, et le magnifique récif Margarita, au large de l'île de Susak. Situé au bord de l'eau à Čikat, ce centre propose un cours "Découverte" et un brevet SSI "Open Water".

VAUT LE DÉTOUR

ÎLES AU LARGE DE LOŠINJ

Les îles de Susak, Ilovik et Unije, interdites aux voitures, sont le but des excursions à la journée les plus prisées au départ de Mali Lošinj. La minuscule **Susak** (151 habitants, 3,8 km²) possède de superbes plages. Les habitants parlent leur propre dialecte, pratiquement incompréhensible pour les autres Croates. Les jours de célébrations et de noces, on peut voir les femmes vêtues de jupes traditionnelles multicolores (évoquant des tutus) et de jambières rouges. En découvrant les vieilles maisons de l'île, songez que chaque pierre a été apportée de Mali Lošinj et transportée à dos d'homme ! Ces dernières décennies, l'île a vu sa population décroître (il y avait plus de 1 600 habitants en 1948) ; de nombreux îliens sont partis à Hoboken, dans le New Jersey (États-Unis).

À l'inverse de la plate Susak, **Ilovik** (85 habitants, 5,8 km²) est une île montagneuse réputée pour sa profusion de fleurs. Couverte de lauriers-roses, de rosiers et d'eucalyptus, elle est appréciée des plaisanciers et offre des criques abritées, propices à la baignade.

La plus grande des îles, **Unije** (88 habitants, 18 km²), a un paysage vallonné, parsemé d'arbustes méditerranéens, de plages de galets et de nombreuses criques. Elle ne compte qu'une localité, un charmant village de pêcheurs aux maisons en pierre avec pignon.

Les agences de voyages de Mali Lošinj proposent des excursions vers les îles, mais on pouvez aussi vous renseigner auprès des skippers des bateaux amarrés sur le port.

Autre possibilité : le ferry de passagers de Jadrolinija, qui effectue deux trajets en boucle quoditiens de Mali Lošinj à Unije (1 heure 30) et Susak (1 heure). La plupart des ferries d'UTO Kapetan Luka qui partent chaque jour vers Rijeka, la ville de Cres, Martinšćica ou Mali Lošinj desservent également les îles, faisant halte à Unije et à Susak cinq jours par semaine, et à Ilovik deux jours par semaine.

Sunbird — PLANCHE À VOILE, VOILE
(☎ 095 83 77 142 ; www.sunbird.de). Čikat est parfaite pour la planche à voile, avec son étroite plage de galets et son exposition au vent. Basé sur la plage près de l'Hotel Bellevue, ce prestataire allemand propose des cours de planche à voile (à partir de 970 Kn) et de catamaran à voile (à partir de 675 Kn). Location également de planches à voile (à partir de 60 Kn/heure), de kayaks (35/150 Kn heure/jour) et de vélos (20/95 Kn).

Où se loger

Camping Village Poljana — CAMPING €
(☎ 051-231 726 ; www.campingpoljana.com ; Rujnica 9a ; empl 160 Kn, mobil-homes à partir de 550 Kn ; P✳🗲). Entouré de vénérables arbres, ce complexe au nord de Mali Lošinj propose des emplacements pourvus d'électricité, de bons mobil-homes climatisés, un restaurant et un supermarché. Petite plage de galets et zone de rochers pour les naturistes.

Alaburić — B&B €€
(☎ 051-231 343 ; Stjepana Radića 17 ; ch à partir de 430 Kn ; P🗲✳). Pension accueillante tenue par une famille, louant des chambres et des appartements simples et bien aménagés, tous avec salles de bains ; deux ont vue sur la mer. Dans une rue périphérique, juste en contrebas du Jardin des parfums merveilleux (p. 155). Petit-déjeuner : 50 Kn.

Mare Mare Suites — HÔTEL €€€
(☎ 051-232 010 ; www.mare-mare.com ; Riva Lošinjskih Kapetana 36 ; s/d/app 900/950/1 350 Kn ; P✳@🗲). Jouissant d'une situation de choix vers l'extrémité nord du port, cette maison de ville historique loue des chambres impeccables et un appartement avec terrasse privative. Piscine thermale sur le toit. Kayaks et vélos mis à disposition gratuitement.

Hotel Aurora — COMPLEXE HÔTELIER €€€
(☎ 051-667 200 ; www.losinj-hotels.com ; Sunčana Uvala bb ; s/d à partir de 950/1 260 Kn ; P✳@🗲≈🐾). Cet ancien mastodonte appartenant à l'État est aujourd'hui l'exemple du complexe hôtelier moderne. Les chambres sont décorées dans des tons lumineux et chacune dispose de son propre balcon. Si la plage et ses eaux bleues ne vous tentent pas, il y a des piscines couverte et découverte et un spa proposant des soins.

Hotel Vespera — COMPLEXE HÔTELIER €€€
(☎ 051-667 300 ; www.losinj-hotels.com ; Sunčana Uvala bb ; s/d à partir de 1 000/1 300 Kn ; P✳🗲≈🐾). Idéal pour des vacances en famille, cet énorme hôtel offre de bons équipements – courts de tennis, grande piscine, petites piscines pour enfants, plage à la porte de l'hôtel. Redécorées récemment, les chambres aux couleurs vives sont ornés de luminaires contemporains.

Où se restaurer et prendre un verre

Konoba Dišpet — CROATE €€
(☎ 091 56 91 955 ; Sv Martin 10 ; plats 45-160 Kn ; ⊙ 11h-14h et 18h-minuit tlj). Ce restaurant est spécialisé dans les viandes et poissons au barbecue, les ragoûts et les pâtes traditionnelles croates. Si vous avez vraiment faim, choisissez le plateau de fruits de mer, qui offre un bel éventail des produits locaux.

Baracuda — POISSON €€
(☎ 051-233 309 ; Priko 31 ; plats 60-140 Kn ; ⊙ 12h-minuit). Le Baracuda est un établissement douillet et élégant réputé pour la fraîcheur de son poisson, l'habileté de ses chefs et le charme espiègle du personnel. Il y a une grande terrasse et, généralement, un ou deux plats du jour inscrits au tableau. La plupart des poissons sont tarifés au kilo.

Porto — POISSON €€
(Sv Martin 33 ; plats 45-120 Kn ; ⊙ 8h-23h). Juché sur la colline à l'est de la ville, ce buffet de produits de la mer tenu en famille profite d'un joli cadre sur la baie près d'une église. Le filet de poisson aux oursins est sa spécialité, mais tous les mets sont préparés et présentés d'une main d'expert.

VAUT LE DÉTOUR

UNE CRIQUE RIEN QU'À SOI

Au sud de Mali Lošinj, l'île forme une superbe péninsule quasi inhabitée, bordée de baies ravissantes et idéale pour la randonnée (carte à l'office du tourisme). Une route solitaire serpente le long de la crête de cette péninsule vallonnée et boisée, avant de déboucher à Mrtvaška, au bout de l'île. On peut faire le tour de la péninsule à pied en une journée, et se baigner dans des anses désertes. Si vous souhaitez passer la journée sur une plage, roulez 5 km jusqu'à l'embranchement vers **Krivica**, garez-vous et descendez (30 minutes) jusqu'à cette baie idyllique et abritée, frangée de pins et baignée d'une eau couleur émeraude.

Konoba Cigale
CROATE €€

(☏ 051-238 583 ; Sabina Hausknecht bb ; plats 70-140 Kn ; ◷ 9h-22h). Dotée d'une vaste terrasse surplombant la mer à Čikat, cette adresse accommode bien l'assortiment habituel de viande grillée, produits de la mer, pâtes et salades. Ses pâtes maison aux truffes sont excellentes, et, si vous êtes en groupe et que vous téléphonez, votre agneau sera préparé sous *peka* (cuisson sous cloche).

Priko
BAR

(Priko 2 ; ◷ 11h-23h lun-jeu, plus tard ven-sam ; 🕾). Lors des soirées d'été, la terrasse de ce bar sur la promenade du port est l'endroit branché de la ville. Concerts la plupart des soirs.

🛈 Renseignements

Cappelli (☏ 051-231 582 ; www.cappelli-tourist.hr ; Lošinjskih Brodograditelja 57). Cette agence de voyages réserve des hébergements chez l'habitant sur les îles de Cres et de Lošinj, et propose des croisières et des excursions.

Manora (☏ 051-520 100 ; www.manora-losinj.hr ; Priko 29). Associée à l'Hotel Manora de Nerezine, cette sympathique agence loue scooters et VTT.

Office du tourisme (☏ 051-231 884 ; www.visitlosinj.hr ; Priko 42 ; ◷ 8h-20h lun-sam, 9h-13h dim juin-sept, 8h-15h lun-ven oct-mai). Innombrables brochures et cartes ; liste exhaustive des hébergements.

Poste (Vladimira Gortana 4 ; ◷ 7h30-21h lun-sam juin-août, 7h-20h lun-ven, 7h-14h sam sept-mai)

San Mar (☏ 051-238 293 ; Priko 24). Agence de voyages louant hébergement chez l'habitant, VTT (70 Kn/jour), vélomoteurs (250 Kn) et bateaux (à partir de 1 000 Kn, permis exigé). Change aussi les devises étrangères.

🛈 Depuis/vers Mali Lošinj

Des bus de l'île circulent depuis/vers Veli Lošinj (12 Kn, 12 min, 1/heure minimum), Nerezine (32 Kn, 30 min, 2 à 9/jour), Osor (32 Kn, 20 à 30 min, 8/jour) et la ville de Cres (60 Kn, 1 heure 15, 7/jour).

Les ferries de passagers de UTO Kapetan Luka assurent des liaisons quotidiennes depuis/vers la ville de Cres (45 Kn, 3 heures) et Rijeka (60 Kn, 4 heures).

🛈 Comment circuler

De la fin avril à la mi-octobre, un bus (10 Kn) fait la navette toutes les heures jusqu'à 23h entre le centre-ville et le secteur des hôtels de Sunčana Uvala et de Čikat.

Sachez qu'il faut payer pour entrer en voiture dans le centre de Mali Lošinj (20 Kn/2 heures).

Veli Lošinj
☏ 051 / 900 HABITANTS

En dépit de son nom (en croate, *veli* signifie grand et *mali* petit), Veli Lošinj est bien plus petite, plus paisible et moins bondée que Mali Lošinj, située à 4 km au nord-ouest. Cette bourgade ravissante se compose de maisons, de cafés, d'hôtels et de boutiques aux tons pastel, blottis autour d'un port. Des dauphins franchissent parfois l'étroite embouchure en avril-mai. Ne manquez pas Rovenska, autre baie, à 10 minutes à pied par un sentier côtier en direction du sud-est.

Comme sa voisine, Veli Lošinj possède son lot de villas bâties par de riches capitaines et entourées de jardins plantés d'espèces exotiques. Vous les découvrirez en grimpant les rues escarpées au-dessus du port.

👁 À voir

Église Saint-Antoine l'Ermite
ÉGLISE

(Obala Maršala Tita). Bâtie dans un style baroque en 1774 et fondée par les marins locaux, cette église tout de rose revêtue est richement ornée d'autels en marbre, d'une belle collection de peintures italiennes (dont celles du plafond), d'un orgue et de reliques de saint Grégoire. Elle n'ouvre normalement que pour la messe du dimanche, mais vous pourrez jeter un coup d'œil à son intérieur à travers le portail métallique.

Musée de la Tour
MUSÉE

(Kula-Lošinjski Muzej ; tarif plein/réduit 10/5 Kn ; ◷ 10h-13h et 16h-22h mar-dim juil-août, 10h-13h mar-sam Pâques-juin et sept). Construite par les Vénitiens en 1455 pour défendre la ville contre les pirates, cette tour imposante se dresse dans le dédale de rues derrière le port. Elle abrite aujourd'hui une annexe du musée de Lošinj (voir p. 154) dédiée à l'histoire maritime de l'île. Vous découvrirez des fragments de poteries romaines, des sabres et de vieilles cartes postales, avant de grimper sur les créneaux pour admirer la vue sur la vieille ville.

Centre pédagogique maritime de Lošinj
NATURE

(☏ 051-604 666 ; www.blue-world.org ; Kaštel 24 ; tarif plein/réduit 15/10 Kn ; ◷ 10h-21h juil-août, 10h-16h lun-ven, 10h-14h sam mai, juin et sept, 10h-14h lun-ven oct-mars). ⦿ Venant compléter le travail pratique de protection effectué par Blue World, ce site instructif a pour but de sensibiliser les habitants et les visiteurs à l'environnement marin et aux menaces

BLUE WORLD

Le **Blue World Institute of Marine Research & Conservation** (Institut de recherche et de protection marines Blue World ; www.blue-world.org) fut créé à Veli Lošinj en 1999 pour protéger l'environnement marin de l'Adriatique. Parallèlement à son travail de recherche et de protection sur le terrain, dont la gestion du Centre de secours des tortues marines, à Mali Lošinj (p. 154), cette organisation non-gouvernementale promeut la conscience écologique notamment via l'organisation du Dolphin Day, qui se tient chaque année à Veli Lošinj le 1er juillet. Expositions de photos, foire écologique, chasses au trésor, peintures d'enfants exposés par centaines : cette "journée du Dauphin" est un véritable événement.

Dans le cadre du programme Adriatic Dolphin Project, Blue World étudie les dauphins souffleurs qui fréquentent le secteur de Lošinj-Cres. Chaque animal est baptisé et répertorié. Les dauphins étaient chassés dans la région dans les années 1960 et 1970, les pêcheurs étant alors payés par le gouvernement local pour chaque queue rapportée. Malgré la protection instituée en 1995, la population de dauphins souffleurs a fortement décliné entre 1995 et 2003. Blue World a donc créé la réserve de dauphins de Lošinj. Le nombre d'individus – environ 180 – semble stable, mais l'espèce est toujours menacée d'extinction. En août 2009, une colonie de 60 dauphins a été aperçue près de l'île de Trstenik, un record ! On peut occasionnellement voir d'autres espèces, dont le dauphin bleu et blanc. Le gigantesque requin pèlerin a également été aperçu.

L'augmentation du trafic maritime, qui engendre beaucoup de nuisances sonores, constitue la plus grande menace pour les dauphins de Lošinj. En juillet-août, ils ne s'approchent jamais du littoral et évitent leurs principaux territoires au sud et à l'est de Cres, où le colin abonde. La surpêche réduit les sources d'alimentation disponibles.

Vous pourrez agir en adoptant un dauphin (à partir de 200 Kn) pour soutenir l'Adriatic Dolphin Project, ou en travaillant comme bénévole. De mai à septembre, il est possible de s'inscrire à un programme de 10 jours, qui débute à 800 €/personne (réductions possibles pour les étudiants), logement et nourriture compris.

---

qui pèsent sur lui. On peut voir dans ce centre une vidéo instructive, la vertèbre d'un rorqual commun de 11 m (un bébé) et une chambre acoustique où entendre les dauphins communiquer par clics.

🛏 Où se loger

Auberge de jeunesse
Veli Lošinj AUBERGE DE JEUNESSE €
(☎051-236 234 ; www.hfhs.hr ; Kaciol 4 ; dort 129 Kn ; ⊙mai-oct ; 🛜). Cette auberge de jeunesse membre de YHA, l'une des meilleures de Croatie, occupe une ancienne maison de ville. Vastes dortoirs (avec casiers), chambres privées et terrasse en façade, parfaite pour y boire une bière le soir venu (12 Kn).

Pansion Saturn B&B €€
(☎051-236 102 ; www.val-losinj.hr ; Obala Maršala Tita bb ; ch 550 Kn ; ❄🛜). Les 8 chambres du Saturn sont spacieuses et les salles de bains, modernes. Les chambres se trouvent au-dessus d'un bar avec terrasse très fréquentée. Emportez vos bouchons d'oreille pour dormir. Un supplément (100 Kn) s'applique aux nuitées sèches en juillet-août, mais le petit-déjeuner est inclus.

Villa Mozart B&B €€
(☎051-236 262 ; Kaciol 3 ; ch 650 Kn ; ❄🛜). Les 18 chambres de cette pension sont peut-être un peu petites, mais elles disposent d'une TV, de petites salles de bains et, pour certaines, d'une vue sur le port. Supplément de 120 Kn pour nuitée sèche en juillet-août.

🍴 Où se restaurer

Bora Bar ITALIEN €€
(☎051-867 544 ; www.borabar.net ; Rovenska Bay 3 ; plats 60-160 Kn ; ⊙12h-22h mars-oct). Paradis des truffes, le meilleur restaurant de Veli Lošinj, ayant pour chef un Toscan présente une passion pour ces mystérieux champignons. Régalez-vous de délicieuses pâtes maison avec de généreux copeaux de truffe, pour terminer par une *pannacotta* au miel de truffe. Les vins d'Istrie sont à tester.

Ribarska Koliba CROATE €€
(Obala Maršala Tita 1 ; plats 45-130 Kn ; ⊙9h-minuit avr-oct). Juste après l'église, à l'entrée du port, dans cet édifice en pierre avec terrasse, on sert de bons plats carnés (goûtez l'agneau ou le cochon de lait à la broche) et des produits de la mer frais. Des plats de saison

complètent la carte. Excellent endroit pour admirer le coucher du soleil, un verre de blanc croate à la main.

❶ Renseignements

Palma Tourist Agency (☎051-236 179 ; www.losinj.com ; Vladimira Nazora 22). Change de devises, accès Internet et location d'hébergements chez l'habitant.

Poste (Obala Maršala Tita 33 ; ⊗8h-17h lun, 8h-15h mar-ven sept-juin, 7h30-21h lun-sam juil-août)

Turist (☎051-236 256 ; www.island-losinj.com ; Obala Maršala Tita 17). Excursions à Susak et Ilovik (650 Kn), hébergements chez l'habitant, location de vélos et scooters ; change les devises.

Val Tourist Agency (☎051-236 604 ; www.val-losinj.hr ; Vladimira Nazora 29). Hébergements chez l'habitant, excursions, accès Internet, et location de vélos et de scooters.

❶ Depuis/vers Veli Lošinj

Si l'on vient en voiture, il faut se garer au-dessus de la baie et descendre par les petites rues en été.
Des bus relient Veli Lošinj aux localités suivantes :
Ville de Cres 65 Kn, 1 heure 30, 7/jour
Mali Lošinj 12 Kn, 12 minutes, 13/jour
Nerezine 35 Kn, 40 minutes, 8/jour
Osor 38 Kn, 45 minutes, 8/jour
Rijeka 149 Kn, 4 heures, 4/jour

ÎLE DE KRK

Reliée au continent par un pont à péage, Krk, (se prononce approximativement "Keurk" ; Veglia en italien) est la plus grande île de Croatie et l'une des plus fréquentées du pays en été, lorsque des centaines de milliers de vacanciers d'Europe centrale affluent dans ses résidences, ses campings et ses hôtels. Le paysage varie, des forêts à l'ouest, aux crêtes écrasées de soleil à l'est. Rocailleuse et abrupte, sa côte nord compte peu de localités en raison de la bora (un vent froid du nord-est) qui souffle sur la côte en hiver. Le climat est plus doux au sud-ouest et peut être caniculaire au sud-est. Krk est facile à visiter grâce à des transports efficaces et à des infrastructures adaptées. L'aéroport de Rijeka se trouve sur la pointe septentrionale de l'île.

Histoire

Les Illyriens, les premiers habitants connus de Krk, furent suivis par les Romains, qui s'installèrent sur la côte septentrionale. Plus tard, Krk fut rattachée à l'Empire byzantin avant de passer aux mains des Vénitiens et des rois croato-hongrois.

Au XIe siècle, Krk joua un rôle important dans la préservation de l'alphabet glagolitique, les caractères slaves d'origine introduits par les saints Cyrille et Méthode au IXe siècle. Lorsque l'Église de Rome intima à l'Église croate de rentrer dans le rang et d'employer les caractères latins, le clergé de Krk se révolta brièvement. Rome finit toutefois par exempter les diocèses de Croatie, qui purent continuer à utiliser leur langue vernaculaire (fait rare dans la tradition catholique jusqu'aux réformes des années 1960), et l'alphabet glagolitique eut cours ici jusqu'au XIXe siècle.

En 1358, Venise céda la tutelle de l'île aux comtes de Krk, plus tard appelés Frankopan ; ceux-ci devinrent l'une des familles les plus riches et les plus puissantes de Croatie. Bien que vassaux de Venise, ils gouvernèrent avec une certaine indépendance jusqu'en 1480, lorsque le dernier représentant de la lignée plaça l'île sous la protection de la République Sérénissime.

Si le tourisme constitue la principale activité de l'île, elle compte aussi quelques exploitations agricoles, des pêcheurs et deux petits chantiers navals, à Punat et à Krk.

❶ Depuis/vers l'île de Krk

Au départ de Rijeka, des bus passent le pont à destination de Malinska (50 Kn, 1 heure, 1/heure minimum), la ville de Krk (64 Kn, 1 heure 20, 1/heure), Punat (71 Kn, 1 heure 45, 11/jour) et Baška (84 Kn, 2 heures 15, 7/jour).

En été, des bus quittent Zagreb pour Malinska (105 Kn, 3 heures, 12/jour), la ville de Krk (105 Kn, 3 heures, 8/jour), Punat (115 Kn, 3 heures 30, 6/jour) et Baška (115 Kn, 4 heures, 6/jour).

Le port principal des ferries se trouve à Valbiska, d'où partent des liaisons vers les îles de Cres et de Rab.

Au départ de Malinska, des bus desservent les villes de Cres (77 Kn, 1 heure 15, 2 à 3/jour) et de Mali Lošinj (126 Kn, 2 heures 30, 3/jour).

Malinska

☎051 / 965 HABITANTS

Jadis premier port pour l'exportation de bois sur l'île, Malinska se résume aujourd'hui à une suite d'appartements secondaires colorés, regroupés autour d'une petite marina. À l'abri des vents et avec 260 jours d'ensoleillement en moyenne, elle devint une villégiature prisée de l'aristocratie viennoise au crépuscule de l'Empire austro-hongrois.

Désormais, les jardins et demeures impeccablement entretenus attirent une importante population de retraités. La zone environnante de Dubašnica est émaillée de petits villages figés dans le temps.

Un peu éloignée des principaux sites de l'île, Malinska se trouve sur l'itinéraire des bus Cres-Rijeka et proche de l'aéroport.

Où se loger et se restaurer

Villa Haya APPARTEMENTS €€
(051-604 021 ; www.villahaya.com ; Linardići 28/4 ; app 410-890 Kn ; P※@令≋). Situé dans un village entre Malinska et le port des ferries, cet immeuble de 9 appartements peut faire un point de chute d'un bon rapport qualité/prix si l'on est motorisé. L'établissement possède sa propre piscine carrelée de bleu, et l'on atteint des plages éloignées en 40 minutes de marche.

Pinia HÔTEL €€€
(051-866 333 ; www.hotel-pinia.hr ; Porat bb ; d 1600 Kn ; P※@令≋⊛). Cet hôtel aux lignes courbes surplombe une terrasse avec restaurant et des pelouses descendant jusqu'à la plage, à 4 km à l'ouest du port. Chambres très confortables, auxquelles s'ajoutent une piscine couverte et un centre de spa.

♥ **Bistro Bukarica** EUROPÉEN MODERNE €€
(051-859 022 ; www.bistrobukarica.com ; Nikole Tesle 61 ; plats 70-180 Kn ; ◎11h-23h). Blotti en haut de la colline dans une improbable rue résidentielle, ce restaurant créatif vaut vraiment le détour. Les saveurs asiatiques se fraient un chemin sur la carte à dominance européenne, mettant en valeur les meilleurs produits croates. Les desserts sont sensationnels.

❶ Renseignements

Office du tourisme (051-859 207 ; www.tz-malinska.hr ; Obala 46 ; ◎8h-21h lun-sam, 9h-13h et 17h-20h dim, horaires réduits en hiver)
Poste (Obala 48 ; ◎7h30-21h lun-sam juin-août, 7h-20h lun-ven, 7h-14h sam sept-mai)

❶ Depuis/vers Malinska

Malinska est un important carrefour pour les bus sur l'île. Quelques villes desservies :
Ville de Cres 77 Kn, 1 heure 15, 2 à 3/jour
Ville de Krk 30 Kn, 24 minutes, ttes les heures en été
Mali Lošinj 126 Kn, 2 heures 30, 3/jour
Rijeka 50 Kn, 1 heure, 6 à 15/jour
Zagreb 105 Kn, 2 heures 30-4 heures, 12/jour

Ville de Krk

051 / 6 200 HABITANTS

Sur le rivage sud de l'île, la ville de Krk est concentrée autour d'un centre historique fortifié. La partie nouvelle de la ville s'étale sur les collines et le long des baies avoisinantes, englobant un port, des plages, des campings et des hôtels. La promenade du front de mer peut être bondée en été, quand les touristes et les vacanciers croates déferlent dans les étroites rues pavées de la vieille ville.

Sans la foule, ce dédale de ruelles fait tout le charme de Krk. De l'antique cité romaine, il subsiste des pans des remparts et des portes. La vieille ville abrite aussi une imposante cathédrale romane et l'on peut encore voir la forteresse des Frankopan du XIIe siècle qui la protégeait.

Quelques heures suffisent à voir ces curiosités, mais la ville de Krk est une bonne base pour visiter le reste de l'île.

❂ À voir et à faire

Cathédrale de l'Assomption CATHÉDRALE
(Katedrala Uznesenja ; Trg Sv Kvirina ; ◎à partir de 7h30 lun-sam, à partir de 7h dim). GRATUIT La construction de l'actuelle cathédrale, sur le site de thermes romains et sur celui d'une basilique paléochrétienne des Ve et VIe siècles, débuta au XIIe siècle pour s'achever au XVIIIe siècle, avec l'édification du **campanile** coiffé d'un dôme en bulbe et de la statue d'un ange. À l'intérieur de cette basilique romane à trois nefs, remarquez la rare sculpture du début du christianisme, représentant deux oiseaux dévorant un poisson, sur la première colonne près de l'abside (chez les premiers chrétiens, le poisson symbolisait le Christ et l'on représentait souvent les fidèles sous la forme d'oiseaux). Dans la nef gauche, une chapelle gothique du XVe siècle porte les armoiries des Frankopan, qui venaient y prier.

Juste à côté, la **chapelle Saint-Quirinus**, autre église romane en pierre blanche, est consacrée au saint patron de l'île. Parmi les objets d'art et les vêtements sacerdotaux de la collection d'art sacré, vous pourrez admirer un retable en argent de 1477 représentant la Vierge ainsi que des peintures italiennes des XVIe et XVIIe siècles.

Kaštel FORTERESSE
(Trg Kamplin ; 15 Kn ; ◎9h-22h juin-août, 9h-14h reste de l'année). Face à la mer, cette forteresse décrépite protégeait jadis la vieille ville des

attaques de pirates. On peut y déambuler gratuitement et admirer les pierres avec des inscriptions en latin et en liburnien qui y sont exposées. On y voit une tour du XIIe siècle jadis utilisée comme salle d'audience par les Frankopan : la vue depuis le sommet vous récompensera de vos efforts. Le château est, en été, le cadre de concerts.

Fun Diving Krk PLONGÉE
(051-222 563 ; www.fun-diving.com ; Braće Juras 3 ; circuit de 1 journée avec 2 plongées 400 Kn ; Pâques-oct). Club allemand proposant des cours et des plongées sur l'ensemble de l'île. Parmi les meilleurs sites figurent le *Peltastis*, l'épave d'un cargo grec de 60 m, les récifs de Punta Silo et de Kamenjak, peuplés par une riche faune marine, dont des escargots de mer et des poulpes.

Fêtes et festivals

Foire de Krk FOLKLORE
(8-10 août). Inspirée des fêtes vénitiennes, elle se déroule pendant 3 jours – concerts, costumes médiévaux et environ 200 stands de cuisine traditionnelle et d'artisanat.

Où se loger

Camping Bor CAMPING €
(051-221 581 ; www.camp-bor.hr ; Crikvenička 10 ; adulte/tente 67/36 Kn ;). Sur une colline tapissée d'oliviers, ce camping a des blocs sanitaires bien entretenus, deux minuscules piscines et une pataugeoire, une aire de jeux et un restaurant. À 10 minutes à pied à l'ouest du front de mer.

Hotel Marina HÔTEL €€€
(051-221 128 ; www.hotelmarina.hr ; Obala Hrvatske Mornarice 8 ; s/d à partir de 800/1 340 Kn ;). Le seul hôtel de la vieille ville occupe un emplacement privilégié au bord de l'eau. Du balcon des 10 chambres de luxe, on aperçoit le port et les bateaux de plaisance ; demandez une chambre avec terrasse pour une meilleure vue. Toutes sont décorées dans un style contemporain assez élégant. Bon restaurant sur place.

Où se restaurer

Konoba Nono CROATE €€
(051-222 221 ; www.nono-krk.com ; Krčkih Iseljenika 8 ; plats 35-150 Kn ; 11h-tard). Juste à la sortie de la vieille ville, une adresse réputée pour sa cuisine typique de Krk, servie en généreuses portions. Elle produit sa propre huile d'olive, comme l'atteste le grand pressoir traditionnel qu'entourent les tables. On y fabrique aussi le jambon cru entrant dans composition de certains des plats. Une succursale plus petite, le Mali Nono, est installée dans la vieille ville.

Galija CROATE, PIZZERIA €€
(051-221 250 ; Frankopanska 38 ; plats 40-190 Kn ; 11h-23h ;). Bien en retrait du front de mer, sur les hauteurs de la vieille ville, ce pittoresque bâtiment de pierre peut paraître lugubre vu de la rue, mais la salle à manger conviviale ouvre sur un ravissant jardin intérieur. Le Galija fait moitié *konoba* (taverne) traditionnelle, moitié pizzeria. On y sert aussi des plateaux de poisson pour deux.

Où prendre un verre et faire la fête

Volsonis BAR, CLUB
(www.facebook.com/Volsonis ; Vela Placa 8 ; 7h-minuit dim-jeu, 7h-1h ven-sam). Ce bar aux allures de cave dispose d'une terrasse, d'un billard, d'un jardin et même d'une collection de vestiges archéologiques découverts lors de sa rénovation. Groupes et DJ se produisent en soirée les week-ends, mais l'on peut simplement s'y détendre en terrasse devant un café ou un cocktail.

Caffettaria XVIII st. BAR
(Vela Placa 1 ; 7h-2h mai-sept, 7h-minuit oct-avr ;). Installé sur la place principale, dans l'ancienne entrée de l'hôtel de ville, ce bar permet d'observer les passants et de boire un bon café à l'ombre.

VAUT LE DÉTOUR

UNE PLAGE PAISIBLE

Les meilleures plages de Krk sont pour beaucoup très construites et bondées en été. Pour plus de tranquillité, empruntez la route qui part du sud de Punat et conduit à **Stara Baška** (et non pas à Baška, au sud-est). Ce superbe parcours traverse des collines arides et des paysages rocailleux. Stara Baška est une station touristique sans grand charme, dotée de résidences secondaires et de campings, mais, si vous vous arrêtez 500 m avant le premier camping, vous découvrirez de somptueuses criques de sable et de galets propices à la baignade. Garez-vous sur la route et descendez l'un des chemins rocailleux (5 minutes) pour rejoindre le littoral.

ⓘ Renseignements

Aurea (☏051-221 777 ; www.aurea-krk.hr ; Vršanska 26l ; ⊙8h-14h et 15h-20h). Excursions sur l'île et chambres chez l'habitant.

Hôpital (☏051-221 224 ; Vinogradska bb)

Office du tourisme (☏051-220 226 ; www.tz-krk.hr ; JJ Strossmayera 9 ; ⊙8h-21h tlj juin, 8h-22h juil-août, horaires réduits reste de l'année)

Poste (Bodulska bb ; ⊙7h30-21h lun-sam juin-août, 7h-20h lun-ven, 7h-14h sam sept-mai)

ⓘ Depuis/vers la ville de Krk

La gare routière se trouve près de la mer, à seulement 350 m à l'ouest de la vieille ville. Quelques villes desservies :

Baška 35 Kn, 40 minutes, 12/jour en été
Malinska 30 Kn, 24 minutes, ttes les heures en été
Punat 26 Kn, 13 minutes, au moins 1 ttes les heures en été
Rijeka 64 Kn, 1 heure 30, 12/jour
Zagreb 105 Kn, 3 heures, 1 à 8/jour

Punat

☏051 / 1 800 HABITANTS

À 6 km au sud-est de Krk, cette petite ville a une charmante promenade bordée de glaciers, une marina très appréciée des plaisanciers et des plages correctes à ses extrémités. Sa principale curiosité ? L'îlot de Košljun, où s'élève un monastère, à 10 minutes seulement de traversée en bateau.

⊙ À voir et à faire

Monastère franciscain de Košljun MONASTÈRE
(Franjevački Samostan Košljun ; 20 Kn ; ⊙9h30-17h lun-sam, 10h30-12h30 dim). Sur la petite île de Košljun s'élève un monastère franciscain du XVIe siècle, édifié sur le site d'une ancienne abbaye bénédictine du XIIe siècle. Les bateaux-taxis attendent sur la promenade du port de Punat, prêts à faire la navette vers l'île (25 Kn aller-retour). En été, vous trouverez quantité de personnes intéressées pour partager la traversée. Tenue correcte exigée.

L'église du monastère renferme un grand *Jugement dernier,* peint en 1653. Un petit musée présente d'autres tableaux religieux, une collection ethnographique et un rare exemplaire de l'*Atlas* de Ptolémée, imprimé à Venise à la fin du XVIe siècle. Prenez le temps de flâner sur cette île boisée, qui compte quelque 400 espèces de plantes.

Centre de wakeboard Cable Krk WAKEBOARD
(☏091 26 27 303 ; www.wakeboarder.hr ; 100/230 Kn h/j ; ⊙10h-crépuscule mai-sept). Les accros d'adrénaline auront leur dose avec ce téléski nautique de 650 m de long pour wakeboard et ski nautique, qui se déplace à une vitesse de 32 km/h. Le centre comprend un restaurant, un bar et un magasin de planches. Juste à côté de la route principale, à la pointe de la baie (avant l'embranchement pour Punat).

ⓘ Depuis/vers Punat

Quelques liaisons en bus depuis/vers Punat :
Baška 34 Kn, 30 minutes, 12/j en été
Krk Town 26 Kn, 13 minutes, au moins 1 ttes les heures en été
Malinska 35 Kn, 35 minutes, au moins 1 ttes les heures en été
Rijeka 71 Kn, 1 heure 30, 4 à 9/j
Zagreb 115 Kn, 3 heures 30, 1 à 6/jour

Vrbnik

☏051 / 950 HABITANTS

Perché sur une falaise de 48 m surplombant la mer, Vrbnik est un joli village médiéval aux passages voûtés et aux rues pentues. Si des groupes de touristes y passent de temps à autre, le bourg demeure paisible la majeure partie de l'année. Jadis centre de l'écriture glagolitique, c'est à Vrbnik qu'étaient conservés de nombreux manuscrits rédigés dans cet alphabet. Cette écriture fut préservée par les prêtres, longtemps nombreux dans le village, car la prêtrise permettait aux jeunes gens d'échapper aux galères vénitiennes.

Vrbnik est idéal pour admirer le panorama et goûter le *žlahtina*, un vin blanc de la région. Après avoir arpenté les rues pavées, descendez vous baigner à la plage.

🏃 Activités

Toljanić-Gospoja VIN
(☏051-857 201 ; Frankopanska 1). Cette entreprise vinicole est le meilleur endroit de la ville pour goûter le blanc sec *žlahtina*.

🍴 Où se restaurer

Restaurant Nada CROATE €€
(☏051-857 065 ; www.nada-vrbnik.hr ; Glavača 22 ; plats 60-180 Kn ; ⊙11h-minuit avr-oct). Une belle adresse où goûter à des classiques locaux comme l'agneau de Krk ou les *šurlice* (nouilles) couronnées de goulasch à la viande. On y trouve deux charmantes

terrasses (l'une ombragée et l'autre surplombant la mer), mais aussi une cave où grignoter des en-cas gourmands parmi les barriques de vin. L'établissement loue aussi d'élégantes maisons en pierre.

❶ Renseignements

Mare Tours (☏ 051-604 400 ; www.mare-vrbnik.com ; Pojana 4 ; ⏱ 8h-20h lun-sam, 9h-16h dim). Renseignements touristiques et location de chambres chez l'habitant.

❶ Depuis/vers Vrbnik

Des bus relient Vrbnik à la ville de Krk (30 Kn, 35 minutes, 3/j en été) et à Malinska (35 Kn, 40 minutes, 1/j tte l'année)

Baška

☏ 051 / 1 674 HABITANTS

Traversant une vallée fertile flanquée de montagnes érodées, la route jusqu'à l'extrémité sud de l'île de Krk est spectaculaire. Elle s'achève à Baška, où une jolie plage en forme de croissant s'étend au pied de collines arides. Avec les sommets du continent juste en face, vous serez littéralement enveloppé par d'imposants reliefs qui donnent à la mer des airs de lac alpin.

La plage de galets devient un enfer en été : il ne reste alors pas un espace pour dérouler sa serviette.

Des immeubles résidentiels modernes sans charme et des restaurants quelconques entourent un joli centre composé de maisons vénitiennes du XVIᵉ siècle. Baška offre par ailleurs d'innombrables services, de beaux chemins de randonnée dans les montagnes alentour et des plages plus isolées à l'est de la ville, accessibles à pied ou en bateau-taxi.

◉ À voir et à faire

Plusieurs **chemins de randonnée** débutent aux alentours du camping Zablaće (ci-contre), dont un parcours de 8 km à travers des collines calcaires dénudées et gorgées de sel, qui mène à Stara Baška. En chemin, vous verrez les enclos en pierre formant une corolle, traditionnellement utilisés pour le rassemblement et la tonte des moutons. Le secteur compte également deux sites de **varappe**.

Église Sainte-Lucie   PATRIMOINE
(Crkva Sv Lucija ; 25 Kn ; ⏱ 9h-21h tlj juin-août, 10h-17h sept-mai). Plus qu'une simple église de village, ce petit édifice fut le lieu d'une des découvertes culturelles majeures de Croatie : la stèle de Baška (XIᵉ siècle), trouvée dans le sol de l'église en 1851. En caractères glagolitiques, elle présente la toute première référence à un roi croate en langue croate. Avant la visite de l'église proprement dite, les visiteurs sont invités à regarder une vidéo relatant la fascinante histoire de la découverte de la stèle et de sa traduction.

Édifiée sur les fondations d'une villa du IVᵉ siècle, cette église trapue des débuts de l'art roman présente un porche comportant une colonne romaine et une tombe. Si le musée d'Archéologie de Zagreb recèle l'original de la célèbre stèle, une copie a été installée à son emplacement d'origine, où devait jadis se situer le jubé. Lors de la Sainte-Lucie (le 13 décembre), le soleil frappe l'inscription faisant référence à la sainte. Repérez la statue de sainte Lucie, représentée avec un ange portant ses yeux crevés sur un plateau, en référence à son horrible martyre.

À 2 km de la ville, et donc facilement accessible à pied, l'église se trouve dans le village de Jurandvor, et elle est bien indiquée à partir du chemin vers Baška.

🛏 Où se loger

Naturist Kamp Bunculuka   CAMP NATURISTE €
(☏ 051-656 223 ; www.hotelibaska.hr ; adulte/empl à partir de 84/195 Kn, mobil-home à partir de 1 600 Kn ; ⏱ avr-oct ; 🅿@🛜). Camp naturiste de 400 places ombragé à 15 minutes à pied à l'est du port, de l'autre côté de la colline, sur une jolie plage. Bons équipements pour les enfants. Restaurant, marché de fruits et légumes, boulangerie et cybercafé. Minimum 5 nuitées en été.

Camping Zablaće   CAMPING €
(☏ 051-656 223 ; www.hotelibaska.hr ; camping adulte/empl à partir de 60/113 Kn, mobile-home 950 Kn ; ⏱ avr-mi oct; 🅿❄🛜). Ce camping réputé et bien équipé borde une plage de galets et de douches, d'une laverie et de mobile-homes tape-à-l'œil avec barbecues.

Atrium Residence Baška   HÔTEL €€€
(☏ 051-656 111 ; www.hotelibaska.hr ; Emila Geistlicha 39 ; ch/app à partir de 1 600/2 300 Kn ; 🅿❄🛜). Cet hôtel en bord de plage loue des chambres avec vue sur la montagne et un appartement de 2 chambres avec sauna et Jacuzzi sur une terrasse surplombant la mer. Les clients profitent de la piscine de l'hôtel Corinthia-Baška et de services haut de gamme.

Hotel Tamaris HÔTEL €€€
(051-864 200 ; www.baska-tamaris.com ; Emila Geistlicha bb ; ch à partir de 850 Kn ; Pâques-sept ; P ✲ @ 🛜). Au bord de la plage dans l'ouest de la ville, ce petit hôtel bien tenu occupe une ancienne caserne. Il loue des chambres et appartements, corrects, quoiqu'un peu petits. Dîner 90 Kn et petit-déjeuner 60 Kn.

Où se restaurer

Bistro Forza MÉDITERRANÉEN €€
(Zvonimirova 98 ; plats 40-130 Kn ; 7h-minuit ; 🛜). Doté d'une salle à manger à la déco insolite, c'est une bonne adresse pour les pizzas, les viandes grillées, les pâtes ou les salades.

Cicibela CROATE €€€
(051-856 013 ; www.cicibela.hr ; Emila Geistlicha 22a ; plats 55-220 Kn ; 9h-minuit mars-oct). Au beau milieu de la promenade longeant la plage, c'est la meilleure table de Baška : cadre élégant, longue carte de poissons et de viandes, à deux pas du rivage de la Jadran (Adriatique). Si vous commandez du poisson au kilo, demandez le prix à l'avance pour éviter les surprises gênantes en fin de repas.

ℹ️ Renseignements

Office du tourisme (051-856 817 ; www.tz-baska.hr ; Zvonimirova 114 ; 8h-21h lun-sam juin-août, 8h-14h lun-ven sept-mai). Au bout de la rue partant de la gare routière, entre la plage et le port. Carte des sentiers de randonnée.

PDM Guliver (051-864 007 ; www.pdm-guliver.hr ; Zvonimirova 98). Basée dans l'Hotel Forza, cette agence de voyages loue des chambres et appartements de particuliers.

Primaturist (051-856 132 ; www.primaturist.hr ; Zvonimirova 98). Location de chambres chez l'habitant et d'appartements.

ℹ️ Depuis/vers Baška

Bus depuis/vers Baška :
Krk Town 35 Kn, 40 minutes, 12/jour en été
Malinska 42 Kn, 1 heure, 10/jour en été

LE VAUTOUR FAUVE, UNE ESPÈCE MENACÉE

Avec 3 m d'envergure, 1 m environ de longueur du bec à la queue, et un poids compris entre 7 et 9 kg, le vautour fauve eurasien est l'un des plus grands oiseaux charognards. Sa vitesse de vol, en moyenne de 40 à 75 km/h, atteint des pointes à 160 km/h. Son bec puissant et son long cou lui permettent de fouiller dans les entrailles de ses proies. Pour dénicher les précieuses carcasses, les vautours fauves travaillent en équipe, dessinant une formation en peigne qui peut s'étendre sur 1 km. Quand l'un des rapaces repère une dépouille, il décrit des cercles pour en indiquer l'emplacement. Les bergers apprécient les vautours car ils empêchent la propagation d'éventuelles épidémies au sein du troupeau.

La Croatie compte 280 vautours fauves. Plus de la moitié vivent sur les falaises côtières de Cres, les autres en petites colonies sur les îles de Krk et de Prvić. Les préférences alimentaires des vautours expliquent qu'ils suivent les troupeaux d'ovins, même s'ils mangent aussi d'autres mammifères, parfois au péril de leur vie : les derniers vautours du parc national de Paklenica sont morts après l'ingestion de renards empoisonnés.

Le vautour fauve est aujourd'hui protégé en tant qu'espèce menacée en Croatie. Tuer un oiseau ou le déranger quand il niche est passible d'une amende de 5 000 €. Il est rare qu'ils soient tués de manière intentionnelle, mais les touristes à bord de bateaux qui obligent les jeunes vautours à s'envoler les mettent en péril : ne pouvant pas voler plus de 500 m en l'absence de vent, les rapaces tombent d'épuisement dans la mer et se noient.

Leur mode de reproduction empêche la croissance de la population de vautours fauves : un couple de vautours ne donne naissance qu'à un oisillon par an et celui-ci ne devient adulte qu'à l'âge de 5 ans. Durant sa croissance, le jeune vautour voyage sur de longues distances : un vautour bagué dans le parc national de Paklenica a été retrouvé au Tchad, à 4 000 km de là. Une fois adulte, le rapace revient à Cres (parfois sur le rocher où il est né) pour trouver un partenaire, qu'il gardera toute sa vie.

En captivité, ces vautours peuvent vivre jusqu'à plus de 55 ans, contre 20-30 ans dans la nature. Les chasseurs italiens, le poison et les lignes électriques constituent autant de menaces pour les jeunes vautours de Cres, mais le problème majeur est le déclin massif de l'élevage ovin, qui réduit chaque jour leurs ressources alimentaires.

Pour en savoir plus sur ces oiseaux de proie de Croatie, contactez le **Centre de protection des vautours fauves** (Grifon Centar za Zaštitu Ptica Grabljivica ; 091 357 123 ; www.supovi.hr ; Obala dr F Tuđmana 2) GRATUIT, sur le continent, à 14 km au sud de Senj.

Punat 34 Kn, 30 minutes, 12/jour en été
Rijeka 84 Kn, 2 heures, 4 à 7/jour
Zagreb 115 Kn, 4 heures, 1 à 6/jour

SENJ

053 / 7 200 HABITANTS

Cité historique fortifiée, Senj (7 190 habitants) est la plus grande ville de la côte entre Rijeka et Zadar. Au XVIe siècle, les Uscoques, des Croates chassés lors des invasions ottomanes, s'y établirent. Ils devinrent une redoutable force armée, épuisant les navires turcs comme vénitiens avec leur propre flotte de pirates, peinte en rouge et noir (les couleurs du sang et de la mort). Leur château constitue le principal motif de halte à Senj. Si voyagez en bus le long de la côte dalmate, vous ferez obligatoirement une pause à Senj, étape prisée pour prendre un café ou un *burek*.

À voir

Château de Nehaj   CHÂTEAU
(Tvrđava Nehaj ; www.muzej-senj.hr ; adulte/enfant 20/10 Kn ; 10h-21h juil-août, 10h-18h mai-juin et sept-oct). L'histoire des Uscoques est présentée dans le cadre spectaculaire du château de Nehaj, un robuste cube de pierre qui se dresse au-dessus de la ville sur une colline de 62 m d'altitude au sud. Il fut achevé en 1558 avec des fonds fournis par l'Empereur d'Autriche. La bâtisse actuelle fut en grande partie reconstruite en 1970. Montez jusqu'aux garde-corps pour profiter d'une belle vue sur le littoral jusqu'à l'île de Krk.

Musée municipal   MUSÉE
(Milana Ogrizovića 5 ; tarif plein/réduit 20/10 Kn ; 7h-15h et 18h-20h lun-ven, 10h-12h et 18h-20h sam, 10h-12h dim juil-août, 7h-15h lun-ven reste de l'année). Installé dans un palais gothique et Renaissance (XVe siècle) construit par les Vukasović, première famille médiévale de Senj, ce musée local présente l'histoire locale depuis 2 000 ans. Les parties les plus intéressantes sont celle consacrée à l'ancienne imprimerie qui éditait des textes religieux en glagolitique et l'exposition ethnologique présentent des costumes traditionnels colorés.

Renseignements

Office du tourisme (053-881 068 ; www.tz-senj.hr ; Stara 2 ; 8h-21h tlj juin à mi-sept, horaires restreints et sauf dim reste de l'année)

Depuis/vers Senj

Senj constitue une halte sur la route Rijeka-Split, souvent sous la forme d'une longue pause café. Villes desservies depuis Senj :
Rijeka 73 Kn, 1 heure 20 , 13/j
Split 176 Kn, 6 heures 30, 7/j
Zadar 94 Kn, 2 heures 45-3 heures 30, 7/j
Zagreb 123 Kn, 2 heures 25 minutes, 5/j

ÎLE DE RAB

Rab (Arbe en italien), au cœur de l'archipel de Kvarner, est l'une des îles les plus séduisantes du nord de l'Adriatique. La côte sud-ouest, plus densément peuplée, offre des paysages verdoyants, parsemés de pinèdes et de plages, là où la côte nord-est, battue par les vents, avec ses hautes falaises et son aspect aride, compte peu de localités. De hautes montagnes protègent l'arrière-pays des vents froids du nord-est, favorisant la culture de l'olivier, de la vigne et des légumes. Les meilleures plages de sable ourlent la péninsule de Lopar.

Fleuron culturel et historique de l'île, la ville de Rab possède quatre clochers élancés qui dominent les vieilles rues pavées. Même au cœur de la saison estivale, vous éprouverez un sentiment de découverte en flânant dans son vieux quartier et en rejoignant des plages presque désertes en bateau.

Histoire

Initialement fondée par les Liburnes vers 360 av. J.-C., Rab fut déclarée ville en l'an 10 av. J.-C. par l'empereur Auguste, qui y fit bâtir les premières murailles. La cité fit sa première apparition dans les livres d'histoire en l'an 70, lorsque Pline l'Ancien l'appela Arba (qui signifie "sombre", "obscur" ou "vert"). Elle sera connue plus tard sous le nom de Felix Arba ("Arba la joyeuse").

Après les Romains, Rab passa successivement aux mains des Byzantins et des Croates, avant d'être vendue à Venise en même temps que la Dalmatie, en 1409. L'agriculture, la pêche, la viticulture et la production de sel étaient alors les piliers de son économie, mais l'essentiel des revenus profitait en réalité à la Sérénissime. Au XVe siècle, deux épidémies de peste décimèrent la population et ravagèrent son économie. La chute de Venise en 1797 fut suivie par une brève période de domination autrichienne qui précéda l'arrivée des Français en 1805. Après l'abdication de Napoléon en 1814, Rab revint dans le giron des Autrichiens, qui favorisèrent l'élite italianisée. Il fallut attendre 1897 pour que le croate devienne la langue "officielle". Le secteur du tourisme prit son essor au tournant du XXe siècle.

Après la chute de l'Empire austro-hongrois en 1918, Rab fut intégrée au royaume de Yougoslavie. Occupée par les troupes italiennes puis allemandes au début des années 1940, elle fut libérée en 1945. Sous Tito, un camp de prisonniers tristement célèbre fut installé sur Goli Otok (île Nue), au large de la péninsule de Lopar, où fascistes, staliniens et autres opposants politiques étaient enfermés.

Aujourd'hui, le tourisme est la principale ressource de Rab. Même durant la guerre des années 1990, l'île a réussi à conserver sa clientèle allemande et autrichienne.

Depuis/vers l'île de Rab

BATEAU

Jadrolinija (051-666 111 ; www.jadrolinija.hr). Tous les jours, un catamaran fait halte dans la ville de Rab sur le trajet entre Rijeka (80 Kn, 1 heure 45) et Novalja sur l'île de Pag (45 Kn, 45 min). La compagnie a également un car-ferry qui fait la liaison entre Valbiska sur l'île de Krk (adulte/enfant/voiture 37/19/225 Kn, 2 heures 30) et Lopar 2 fois par jour d'octobre à mai et 4 fois par jour en haute saison.

Rapska Plovidba (051-724 122 ; www.rapska-plovidba.hr). Un car-ferry fait la navette entre Mišnjak, sur la pointe sud-est de l'île, et Stinica (adulte/enfant/voiture 17/7/98 Kn, 15 min) sur le continent. Même en hiver, une dizaine de bateaux partent quotidiennement, et ce chiffre double presque en haute saison. Un bateau de passagers fait la traversée entre la ville de Rab et Lun sur l'île de Pag, 3 fois/semaine (tlj juin-août).

BUS

Des bus desservent la ville de Rab depuis Rijeka (119 Kn, 3 heures, 2/jour) et Senj (74 Kn, 1 heure 30, 5/jour) ; si vous venez de Zadar, il vous faudra changer à Senj. En haute saison, 4 bus directs partent tous les jours de Zagreb pour Rab (216 Kn, 4 heures) ; réservez sur cette ligne fréquentée.

Comment circuler

Tous les jours, 11 bus (9 le dimanche) circulent entre la ville de Rab et Lopar (20 Kn, 15 min) ; certains assurent la correspondance avec le ferry Valbiska-Lopar.

Des bateaux-taxis vous conduiront sur n'importe quelle plage de l'île.

Ville de Rab

051 / 8 070 HABITANTS

La ville fortifiée de Rab fait partie des sites les plus spectaculaires du nord de l'Adriatique. Blottie sur une étroite péninsule, elle se reconnaît à ses quatre clochers, qui se dressent tels des points d'exclamation au-dessus des maisons en pierre à toit rouge. Un dédale de rues mène à la ville haute, jalonnée d'églises anciennes et de splendides points de vue. Le spectacle est fabuleux : l'eau azur du port scintille au pied des montagnes, qui protègent la baie de la froide bora (*bura*). Après avoir exploré la ville, partez en excursion ou prenez un bateau-taxi pour découvrir les criques alentour.

À 5 minutes de marche au nord de la vieille ville, une galerie marchande défraîchie avoisine la gare routière. Des zones bâties s'étendent le long de la côte, dont Banjol et Barbat au sud, et Palit et Kampor au nord.

À voir

Flâner dans les ruelles de la vieille ville et arpenter le port, la ville haute et les parcs est un pur plaisir. Les principales curiosités de Rab sont ses églises et tours historiques, concentrées dans l'étroite ruelle Ulica Gornja ("rue Haute"), parallèle aux rues Srednja ("rue Centrale") et Donja ("rue Basse"). La plupart des églises n'ouvrent habituellement que pour les messes, mais vous pourrez jeter un coup d'œil à l'intérieur, à travers les grilles, quand elles sont fermées.

Parc Komrčar   PARC

(Banjol/Obala Petra Krešimira). Verdoyant et délicieusement frais par les journées d'été, ce parc de 8,3 ha jouxte la vieille ville et s'étire le long de la côte jusqu'à la marina, à Palit. À l'origine, l'endroit était utilisé comme pâturage pour le bétail, mais une forêt y fut plantée au XIXe siècle, suscitant la consternation des citadins. Il y a une aire de jeu pour les enfants côté port.

Point de vue   POINT DE VUE

Pour une superbe vue sur les toits, dont les quatre clochers, dirigez-vous vers le point le plus au nord-est de la vieille ville et repérez une petite cour renfermant des fragments de monuments anciens. De là, des escaliers en pierre montent jusqu'aux remparts et à une tour d'observation – surveillez les enfants car les marches sont hautes et les balustrades en mauvais état.

Église Saint-Jean-l'Évangéliste VESTIGES

(Crkva Sv Ivana Evanđelista ; Gornja bb). Des éléments de cette basilique aux ruines pittoresques remonteraient au Ve siècle. Aujourd'hui, seules quelques colonnes sont encore debout parmi les décombres, ainsi que le clocher restauré (XIIe siècle).

Église de la Sainte-Croix ÉDIFICE RELIGIEUX

(Crkva Sv Križa ; Gornja bb). Cette église du XIIIe siècle tire son nom actuel d'une croix sur laquelle, en 1556, la représentation du Christ aurait pleuré en raison du comportement immoral des habitants de Rab. Malheureusement, la croix miraculeuse fut perdue au début du XXe siècle. Aujourd'hui, l'église accueille des concerts estivaux lors des Soirées musicales de Rab (p. 169).

Église Sainte-Justine ÉDIFICE RELIGIEUX

(Crkva Sv Justine ; Gornja bb). Quasiment à l'abandon, cette église possède un clocher datant de 1672. Elle se situe à côté de la jolie **Trg Slobode**, agrémentée d'un chêne vert et offrant une vue sur la mer. En contrebas se trouve une plage facilement accessible en galets et béton pour se tremper les pieds entre deux visites.

Monastère Saint-André ÉDIFICE RELIGIEUX

(Samostan Sv Andrije ; Ivana Rabljanina bb). Ce monastère bénédictin fondé en 1018 a le plus ancien clocher de Rab (1181) et une cloche de 1396 toujours en service. Regardez à travers les balustrades de la triple nef : certains ouvrages en plâtre ont été mis à nu pour révéler les maçonneries d'origine. Non loin, les moines tiennent une boutique vendant de l'huile et du miel.

Campanile Sainte-Marie TOUR

(Toranj Sv Marije ; Ivana Rabljanina bb ; 15 Kn ; ⊙9h30-13h et 19h-21h mai-sept). Ce clocher du XIIe siècle est le plus haut de Rab, et l'un des plus beaux de toute la côte croate. Cet édifice de 26 m de hauteur, surmonté d'une pyramide octogonale entourée d'une balustrade romane, renferme une croix ornée de cinq petits globes et des reliquaires de plusieurs saints. Une fois gravi l'escalier en bois très raide, la vue sur les toits de la vieille ville et la mer est sublime.

Église de l'Assomption ÉGLISE

(Crkva Uznesenjca ; Ivana Rabljanina bb ; ⊙10h30-13h et 18h-21h). Si elle n'est plus une cathédrale depuis la dissolution du diocèse en 1828, les habitants appellent encore leur plus somptueuse église la *katedrala*. Sur sa saisissante façade alternent des rangées de pierre rose et de couleur crème, et une pietà de style gothique surmonte la porte. À l'intérieur, les stalles du chœur et des colonnes érodées, du XVe siècle, figurent parmi les éléments phares. Elle comporte des mosaïques attestant sa fonction de sanctuaire chrétien depuis le IVe ou le Ve siècle.

Église Saint-Antoine-l'Abbé ÉDIFICE RELIGIEUX

(Crkva Svetog Antuna Opata ; Ivana Rabljanina bb). À l'extrémité est de la vieille ville, cette église qui jouxte un couvent franciscain encore en activité présente moult incrustations de marbre et un autel orné de la sculpture d'un saint Antoine trônant. C'est ici que repose saint Marin de Rab ; sa statue orne le beau parc paysager situé en contrebas, qui offre une halte reposante entre deux visites.

🚶 Activités

L'île est sillonnée de 100 km de **chemins de randonnée** balisés et de 80 km de **pistes cyclables**, dont plusieurs sont accessibles depuis la ville de Rab. Procurez-vous l'excellente carte *Biking and Trekking* ("Cyclisme et trekking") à l'office du tourisme (p. 170) ou passez au centre des visiteurs du Géoparc (p. 170) pour vous renseigner sur les nouvelles "géoroutes". Plusieurs agences de voyages louent des vélos.

Au départ de la ville de Rab, un chemin de randonnée mène jusqu'au sommet de la montagne de Sveti Ilija, au nord-est. La marche ne dure qu'environ 20 minutes et la vue est superbe.

> **VAUT LE DÉTOUR**
>
> ### UNE DESTINATION CÉLESTE
>
> **Monastère de Sainte-Euphémie**
> (Samostan Sv Eufemije ; Kampor ; adulte/enfant 20/10 Kn ; ⊙10h-12h et 16h-18h lun-sam). Après une marche de 2,5 km le long de la promenade en bord de mer vers le nord depuis la vieille ville de Rab, vous atteindrez ce monastère franciscain du XIIIe siècle. Les moines y ont installé un petit musée comportant de vieux manuscrits et des peintures religieuses. Notez le joli cloître et, à l'intérieur de l'église baroque Saint-Bernardin, au plafond couvert de peintures éthérées, ainsi que le crucifix en bois de style baroque tardif, dans la chapelle latérale. Remarquez le polyptyque du XVe siècle réalisé par les frères Vivarini.

Ville de Rab

Monastère de Sainte-Euphémie (2 km)
Tamaris (500 m)

× 13
Annexe de l'office du tourisme
Gare routière
Palit

Šetalište Mark Antuna Dominisa
Šetalište Kapetana Ivana Dominisa

● 3

Gradska Luka

Šetalište fra Odorika Badurine
Parc Komrčar
Jurja Barakovića
Trg Svetog Kristofora
Obala Kralja Petra Krešimira IV
Marina
Camping Padova III (1,7 km) et Mišnjak (11 km)

● 9
Bobotine
A Ugalje
Matije Pončuna
Centre des visiteurs du Géoparc

● 6
● 2
Kneza Trpimira
Gornja Srednja Donja
× 12
● 14
Kneza Domagoja

● 7
Stjepana Radića
Trg Municipium Arba
Trg Slobode
Put Kaldanca
Bateaux-taxis

● 4
Ivana Rabljanina
● 8
Kaldanac
● 1
● 11

Obala Svete Eufemije

● 5
Embarcadère des ferries

GOLFE DE KVARNER VILLE DE RAB

Ville de Rab

◉ À voir
1. Église de l'Assomption C6
2. Église de la Sainte-Croix B5
3. Parc Komrčar A3
4. Monastère Saint-André C6
5. Église Saint-Antoine-l'Abbé D7
6. Église Saint-Jean-l'Évangéliste B5
7. Église Sainte-Justine C5
8. Campanile Sainte-Marie C6
9. Point de vue B4

◉ Où se loger
10. Grand Hotel Imperial B2
11. Hotel Arbiana D6

◉ Où se restaurer
12. Konoba Rab C5
13. Ristorante Ana B1

◉ Où sortir
14. Dock 69 .... C5

Une longue plage de galets encercle la ville de Rab – attention aux oursins !

Mirko Diving Centre PLONGÉE
(☎ 051-721 154 ; www.mirkodivingcenter.com ; Barbat 710). Ce centre de plongée basé à Barbat, propose des cours, des plongées de loisir et des sorties sur des sites connus comme l'épave du Rosa ou un champ d'amphores protégé au large du cap de Sorinj.

☞ Circuits organisés

De nombreuses agences de voyages organisent des tours de l'île en bateau d'une journée, avec des haltes pour la baignade et la visite d'îles voisines telles que Sveti Grgur et Goli Otok ; les prix sont compris entre 200 et 250 Kn, déjeuner inclus. Vous pouvez aussi discuter directement avec les skippers sur le front de mer bordé de bateaux d'excursion. Il est également possible d'effectuer des circuits aux îles de Lošinj et de Krk.

✹ Fêtes et festivals

Soirées musicales de Rab MUSIQUE
(Rapske Glazbene Večeri ; ⊙ mi-juin à mi-sept). Concerts de musique classique organisés le jeudi soir dans des lieux comme l'église de la Sainte-Croix (p. 167).

Foire de Rab FÊTE
(Rapska Fjera ; ⊙ juil). La ville de Rab replonge dans le Moyen Âge : danses médiévales, défilés costumés et concours de tir à l'arbalète.

Festival d'été MUSIQUE
Début août, stars croates de la pop et DJ étrangers se produisent dans la vieille ville.

🛏 Où se loger

Camping Padova III CAMPING €
(☎ 051-724 355 ; www.rab-camping.com ; Banjol 496 ; adulte/empl 60/131 Kn, mobil-home à partir de 600 Kn ; ⊙ avr-oct). À environ 2 km à l'est de la ville, ce camping se trouve en plein sur une plage de sable. Parmi les équipements, en cours de rénovation : restaurant, café, supérette et aire de jeu pour les enfants.

Tamaris HÔTEL €€
(☎ 051-724 925 ; www.tamaris-rab.com ; Palit 285 ; s/d 564/806 Kn ; P ❄ 🛜). À 10 minutes à pied au nord de la ville, un petit hôtel bien tenu, dans un quartier calme près de la mer. Des chambres simples et plaisantes, avec, pour la plupart, balcon et vue sur la mer.

Hotel Arbiana HÔTEL €€€
(☎ 051-725 563 ; www.arbianahotel.com ; Obala Kralja Petra Krešimira IV 12 ; s/d 750/1 500 Kn ; P ❄ 🛜). Un hôtel qui date de 1924, le plus chic de Rab. Les 27 confortables chambres ont toutes une TV et la plupart ont un balcon. Le restaurant vaut aussi le détour.

Grand Hotel Imperial HÔTEL €€€
(☎ 051-667 788 ; www.imperial.hr ; Šetalište Markantuna Dominisa 9 ; s/d à partir de 555/1 110 Kn ; P ❄ 🛜 ≋). Cet hôtel délicieusement rétro n'est pas aussi grandiose que son nom le suggère, mais il est situé parmi les arbres du parc Komrčar. Il comprend notamment des courts de tennis, une salle de sport, un spa et une très belle piscine extérieure. Les chambres sont décorées de couleurs chaudes.

🍴 Où se restaurer

Konoba Rab CROATE €€
(Kneza Branimira 3 ; plats 75-130 Kn ; ⊙ 10h-14h-5-23h lun-sam, 17h-23h dim). Ce restaurant, sur plusieurs niveaux, excelle dans la vraie cuisine rurale. Commandez des spécialités de viandes grillées et de poisson ou de l'agneau cuit sous *peka* (commandez). Le poisson est vendu au kilo.

Ristorante Ana MÉDITERRANÉEN €€
(☎ 051-724 376 ; Palit 80 ; plats 70-160 Kn ; ⊙ 11h-15h et 17h-minuit). Dans le secteur le plus récent de la ville, à l'angle en venant de la gare routière, ce restaurant a une terrasse

intérieure surplombant un jardin. Il sert pâtes, pizzas et viande et poisson grillés. Les spaghettis aux langoustines sont très bons.

☆ Où sortir

Santos Beach Club DISCOTHÈQUE
(www.sanantonio-club.com ; Pudarica Beach ; ◎10h-crépuscule fin juin-début sept). Cette discothèque de plage ouverte l'été est à 10 km de la ville de Rab, dans un coin isolé près des car-ferries pour Mišnjak (des ferries circulent la nuit). DJ et musiciens attirent une foule effervescente. Bar de plage dans la journée.

Dock 69 BAR, CLUB
(Obala Kralja Petra Krešimira IV ; ◎8h-15h et 19h-minuit dim-jeu, jusqu'à 3h ven-sam). Ce bar branché a une terrasse face au port et une salle-discothèque où officient des DJ le week-end.

ⓘ Renseignements

Centre des visiteurs du Géoparc (Bobotine bb ; ◎10h-17h lun-mar et jeu-sam, 15h-20h dim). Renseigne sur les "géoroutes" qui explorent la géologie de l'île. Écrans d'information.
Katurbo (☎051-724 495 ; www.katurbo.hr ; Šetalište Markantuna Dominisa 5). Logement chez l'habitant, change de devises, location de vélos, excursions en bateau et circuits vers des sites comme le parc national des lacs de Plitvice.
Numero Uno (☎098-329 897 ; www.numero-uno.hr ; Banjol 30). Réserve des chambres chez l'habitant, loue des vélos et propose des trekkings et circuits en kayak ou à vélo.
Office du tourisme (☎051-724 064 ; www.rab-visit.com ; Trg Municipium Arba 8 ; ◎8h-21h lun-sam, 8h-13h dim Pâques-oct, 8h-15h lun-ven nov-Pâques). **Annexe** (◎8h-15h juin-sept) au coin de la rue en venant de la gare routière.
Poste (Mali Palit 67 ; ◎7h30-21h lun-sam juin-août, 7h-20h lun-ven, 7h-14h sam sept-mai)

Lopar

☎051 / 1 260 HABITANTS

À la pointe nord de l'île, la ville balnéaire de Lopar conserve une périphérie semi-rurale, avec des parcelles de jardin. Même début juin, l'endroit est calme, mais, pendant les vacances scolaires, les familles d'Europe centrale y affluent, la mer très peu profonde étant l'idéal pour les enfants. Cela est particulièrement vrai sur les 1 500 m de la **plage du Paradis**, dans la baie de Crnika, en plein centre-ville, où l'on peut presque rallier à gué une petite île du large. Lopar compte 22 plages de sable ourlées de pinèdes ombragées qui parsèment la péninsule, dont la **plage de Livačina**. Si vous souhaitez ôter votre maillot, la **plage de Sahara**, dans une splendide baie, est naturiste. Repérez les panneaux indicateurs près de la route principale avant d'atteindre la plage du Paradis : de là, elle se situe à 1,8 km (30 minutes) de marche ; sinon, vous pouvez emprunter en voiture la rue étroite et marcher 15 minutes depuis la zone de stationnement.

◉ À voir

♥ Plage du Paradis PLAGE
(Rajska Plaža). Longeant le côté sud de Lopar, cette plage de sable fin est l'une des plus belles de Croatie. Les multiples installations qui la bordent en font un lieu idéal avec des enfants. La plage descend dans les eaux chaudes de l'Adriatique et une petite île offre un joli but aux nageurs et aux kayakistes.

🛏 Où se loger et se restaurer

Hotel Epario HÔTEL €€
(☎051-777 500 ; www.epario.net ; Lopar 456a ; ch 450 Kn ; P❄︎🛜). Pratiquement l'unique hôtel de Lopar, cet établissement occupe un bâtiment moderne face aux champs, le long de la route principale conduisant à la plage du Paradis. Bureau, balcon et agréable salle de bains dans toutes les chambres. La plage n'est pas loin à pied.

Gostionica Laguna MÉDITERRANÉEN €€
(☎051-775 177 ; www.laguna-lopar.com ; Lopar 547 ; plats 40-180 Kn ; ◎12h-22h ; P❄︎🛜). La terrasse de cette taverne est de loin le meilleur endroit où se restaurer sur cette pointe de l'île. Parmi les spécialités maison : agneau rôti au tournebroche ou cuit sous *peka*, mais aussi pâtes, pizzas, viande et poisson grillés. À l'intérieur, une salle de jeu pour les petits.

🍸 Où prendre un verre et faire la fête

Bamboocho BAR
(Rajska Plaža ; ◎12h-tard). Parmi les pins bordant l'extrémité est de la plage du Paradis, ce bar est idéal pour un verre le soir.

ⓘ Renseignements

Office du tourisme (☎051-775 508 ; www.lopar.com ; Lopar 248, à côté de Konzum ; ◎8h-22h lun-sam, 8h-14h dim juil-août, 8h-11h lun-ven sept-juin)
Sahara Tours (☎051-775 633 ; www.sahara-lopar.com ; Lopar bb, en face des courts de tennis). Répertoire des dizaines de chambres, maisons et appartements privés.

Dalmatie du Nord

Dans ce chapitre ➡
Lika 173
Lacs de Plitvice
et leurs environs 173
Parc national
de Paklenica 176
Île de Pag 178
Zadar 182
Dugi Otok 188
Région
de Šibenik-Knin 190
Îles Kornati 190
Tisno et île de Murter 191
Parc national
de la Krka 192
Šibenik 194

Le top des restaurants
- Pelegrini (p. 197)
- Mediteran (p. 198)
- Kaštel (p. 186)
- Pet Bunara (p. 187)
- Konoba Figurica (p. 181)

Le top des hébergements
- Art Hotel Kalelarga (p. 186)
- Boškinac (p. 181)
- House Župan (p. 175)
- Drunken Monkey (p. 186)
- Indigo (p. 197)

Pourquoi y aller

Offrant un ensemble de villes historiques, d'eaux cristallines, de montagnes déchiquetées et d'îles baignées de soleil, un merveilleux climat et une savoureuse cuisine méditerranéenne, la Dalmatie du Nord est le paradis des vacanciers. Les villes et les îles du Sud lui volent néanmoins la vedette : si la région n'est pas méconnue, elle ne draine pas pour autant les foules. Les plaisanciers navigueront parmi les îles désertes vierges de toute civilisation, rêvant à la Méditerranée d'autrefois, tandis que les randonneurs arpenteront des sentiers solitaires encore fréquentés par les ours et les loups, et exploreront trois des plus beaux parcs nationaux de Croatie, dans l'arrière-pays.

La ville de Zadar, par contraste, est riche en musées, en ruines romaines, en restaurants et bars branchés. Les fêtards de tous horizons lui préfèrent toutefois la plage de Zrće et Tisno, qui constituent l'été le cœur de la vie nocturne croate.

Quand partir
Zadar

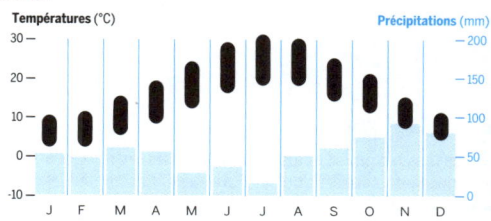

Avr-juin Pour profiter d'un temps plus clément et de prix avantageux.

Juil-août La fête bat son plein à Zrće et à Tisno.

Sept-oct Les couleurs automnales des parcs nationaux des lacs de Plitvice et de la Krka.

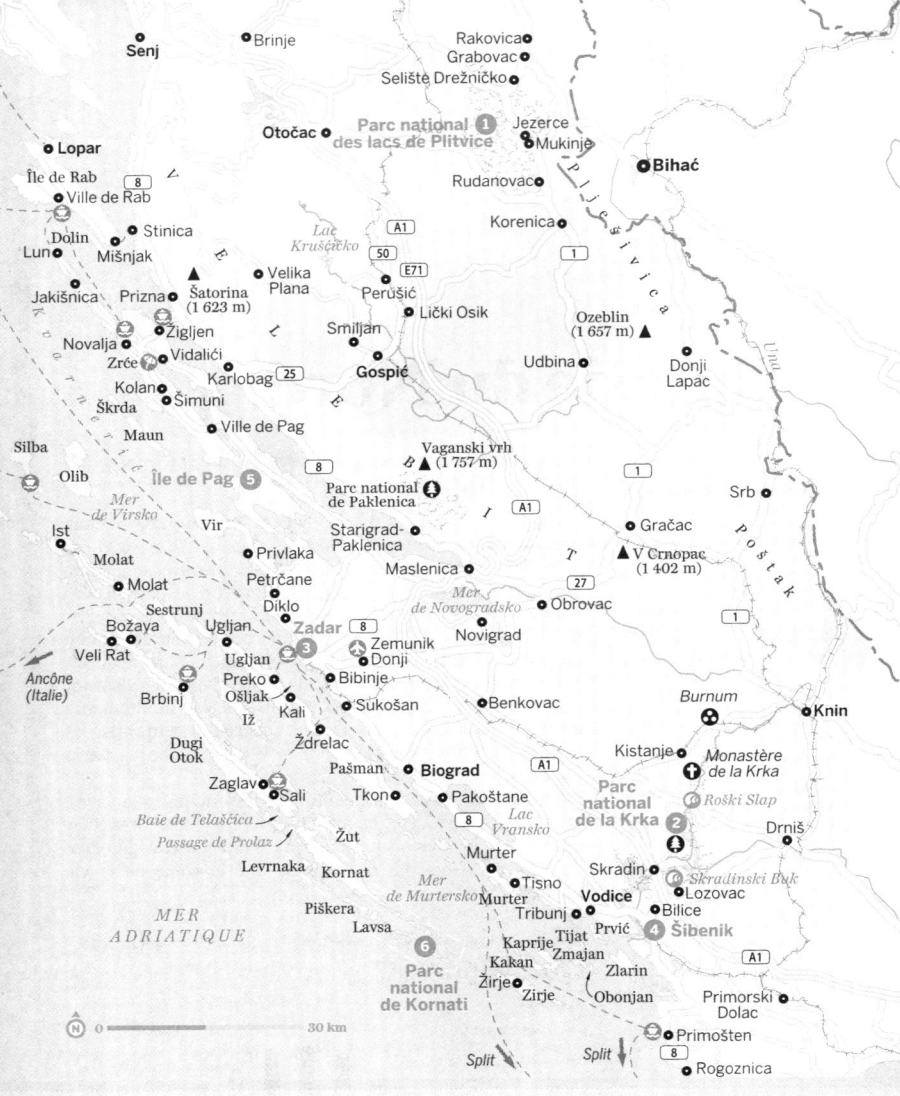

À ne pas manquer

① Les lacs turquoise et les cascades spectaculaires du **parc national des lacs de Plitvice** (ci-contre).

② Une promenade au bord de torrents limpides, une baignade au pied d'une cascade et la visite des monastères du **parc national de la Krka** (p. 192).

③ Les ruines romaines, les musées passionnants, les restaurants locaux et les bars branchés de la vieille ville de **Zadar** (p. 182).

④ La remarquable architecture de la cathédrale Saint-Jacques de **Šibenik** (p. 194), au détour de ses rues médiévales.

⑤ L'**île de Pag** (p. 178) : ses paysages brûlés, ses vins raffinés, sa cuisine rustique, son fromage et ses fêtes estivales.

⑥ Une excursion au large des îles désertes du **parc national des Kornati** (p. 190), à la recherche de la Méditerranée antique.

LIKA

Occupant un vaste territoire compris entre les montagnes côtières et la frontière bosniaque, la Lika est une région peu peuplée aux merveilleux paysages bigarrés de champs verdoyants, de forêt dense et de plateaux escarpés. Par endroits, la nature karstique du sol a façonné des grottes, des canyons, des lacs et des cascades. Le plus spectaculaire exemple de ce patrimoine naturel est le parc national des lacs de Plitvice, l'un des sites incontournables de la Croatie.

Histoire

Ancrée dans le cœur de la Croatie depuis le début du VIIe siècle, la Lika fut envahie par les Ottomans au XVIe siècle, puis incorporée à la *vojna krajina* (confins militaires). Les réfugiés valaques et serbes, affluant de Bosnie sous la pression de l'envahisseur ottoman, s'installèrent dans la région avec la bénédiction des Habsbourg, à la condition qu'ils s'engagent à combattre. Lors du recensement de 1910, la population comptait presque autant d'orthodoxes que de catholiques, et on dénombrait une majorité de Serbes dans de nombreux districts de l'Est.

Pendant la Seconde Guerre mondiale, la population serbe de la Lika fut largement victime du régime oustachi. En 1991, après la Déclaration d'indépendance de la Croatie, les Serbes de Krajina se déclarèrent République autonome, et c'est en Lika qu'eurent lieu les premiers affrontements. Les Croates de Lika furent contraints d'abandonner leurs foyers et de fuir. Lorsque les forces croates reconquirent la zone, en 1995, la plupart des Serbes prirent la fuite – laissant derrière eux maisons et villages abandonnés, que l'on peut encore voir aujourd'hui. Certains sont revenus, et la composition de la région est aujourd'hui à 86% croate et à 12% serbe.

Lacs de Plitvice et leurs environs

053

Cette étendue grandiose de collines boisées et de lacs turquoise, inscrite au Patrimoine mondial en 1979, est sans conteste le plus beau site naturel de Croatie. Le nom du parc est légèrement trompeur, car ce ne sont pas tant les lacs qui sont à voir que les centaines de cascades qui les relient, comme si le pays avait rassemblé toutes ses chutes d'eau en un seul lieu.

L'extraordinaire beauté naturelle du parc mérite bien une journée d'exploration, même si un circuit d'une demi-journée entre Zadar et Zagreb peut suffire pour l'apprécier. Mieux vaut être un bon marcheur pour profiter du parc au maximum.

Histoire

Une société fut fondée dès 1893 pour assurer la protection de l'environnement lacustre, et le premier hôtel fut érigé en 1896. Les limites du parc national proprement dit furent fixées en 1951, et les lacs demeurèrent un site touristique majeur jusqu'à la guerre serbo-croate – laquelle débuta à Plitvice le 31 mars 1991, quand des rebelles serbes prirent le contrôle du parc. L'officier de police croate Josip Jović, première victime du conflit sanglant, mourut dans le parc. Les Serbes conservèrent la zone pendant toute la durée de la guerre, transformant les hôtels en casernes. L'armée croate a repris possession du parc en août 1995, et les installations ont été par la suite entièrement remises à neuf.

À voir

Parc national des lacs de Plitvice
PARC NATIONAL

(053-751 015 ; www.np-plitvicka-jezera.hr ; adulte/enfant juil-août 180/80 Kn, avr-juin, sept-oct 110/55 Kn, nov-mars 55/35 Kn ; 7h-20h). Les 16 lacs cristallins de ce parc national densément boisé sont reliés les uns aux autres par une série de chutes d'eau. Les eaux sédimentaires creusent la pierre en y déposant du travertin (roche sédimentaire calcaire), d'où l'évolution continuelle du paysage. Des nuages de papillons volettent autour des passerelles en bois et des sentiers qui serpentent sur 18 km au bord de chutes tumultueuses, passant parfois par-dessus.

Il faut plus de 6 heures pour explorer à pied les lacs, mais l'itinéraire peut être raccourci de 2 heures grâce aux bateaux et bus gratuits (départs toutes les 30 min d'avril à octobre). Depuis l'entrée n°2, prenez le bus jusqu'aux lacs supérieurs et redescendez à pied jusqu'au **lac Kozjak**, le plus grand du parc (long d'environ 4 km). De là, un bateau rejoint les lacs inférieurs. Le circuit mène jusqu'à **Veliki Slap** (Grande Cascade), la plus haute cascade de Croatie (78 m). Le sentier monte ensuite abruptement (offrant une vue très photogénique) jusqu'à un arrêt de bus ; ce dernier vous ramènera à l'entrée n°2.

Si le temps vous est compté, optez pour les lacs supérieurs que l'on peut visiter en 2 heures (contre 3 heures pour la section inférieure). Pour éviter la montée, commencez par l'itinéraire en bus et finissez par le circuit en bateau. La baignade est interdite dans l'ensemble des lacs.

Grottes de Barać GROTTES
(Baraćeve špilje ; 047-782 007 ; www.baraceve-spilje.hr ; Nova Kršlja bb ; adulte/enfant mars-mai 50/25 Kn, juin-sept 60/30 Kn ; 10h-17h ven-dim mars, 10h-18h tlj avr-juin et sept, 9h-19h tlj juil-août, 10h-17h tlj oct). Les phénomènes karstiques à l'origine des lacs de Plitvice ont aussi façonné ces vastes cavernes cachées derrière des champs verdoyants (mais bien indiquées depuis la route principale), à 15 km au nord-est du parc national. La visite guidée d'environ 45 minutes (2 personnes minimum) mène à travers plusieurs salles aux noms évocateurs – "l'Antre du dragon", "la Salle des âmes perdues". Vêtements chauds et chaussures adaptées sont de mise.

Où se loger

Les quatre hôtels gérés par le parc national, bien que dénués de charme, sont particulièrement bien situés aux confins du parc (voir le site Internet du parc pour plus de détails). On trouve également d'excellentes pensions, accessibles à pied, dans les villages alentour.

Pour un séjour pittoresque, optez pour une chambre chez l'habitant dans le village de Korana, qui jouit d'un cadre idyllique au bord du torrent ; on y accède par une route étroite, au nord du pont de Korana.

Mukinje et Jezerce

Plitvice Backpackers AUBERGE DE JEUNESSE €
(053-774 777 ; www.plitvicebackpackers.com ; Jezerce 62 ; d/lits jum 143/315 Kn ;). Située à Jezerce, village le plus proche des lacs (à seulement 3 km de l'entrée n°2), cette auberge de jeunesse occupe une grande maison sur la route principale. Chambres propres, casiers spacieux et cuisine commune équipée. Les propriétaires sont aux petits soins pour leurs hôtes, allant même jusqu'à faire la navette avec le parc et le supermarché local.

Plitvice Mirić Inn PENSION €€
(098 93 06 508 ; www.plitvice-croatia.com ; Jezerce 18/1 ; s/d 500/710 Kn ; avr-oct ; P✻). Tenue par une charmante famille, cette pension située, à seulement 1,5 km de l'entrée n°2 du parc, loue 13 chambres bien

---

BEAUTÉS NATURELLES DES LACS DE PLITVICE

L'ensemble formé par les lacs de Plitvice se divise en lacs supérieurs et inférieurs. Les premiers s'étendent dans une vallée dolomitique entourée de forêts touffues et sont reliés par des cascades. Les seconds sont plus petits et moins profonds. L'eau provient pour l'essentiel de la Bijela Rijeka (rivière Blanche) et de la Crna Rijeka (rivière Noire), qui se rejoignent au sud du lac Prošćansko, mais aussi de sources souterraines. L'eau disparaît à certains endroits, absorbée par la roche calcaire poreuse, pour réapparaître plus loin et se jeter en bout de course dans la rivière Korana, près des chutes Sastavci.

Les lacs supérieurs sont séparés par plusieurs barrières de dolomie tapissées de mousses et d'algues, qui retiennent le carbonate de calcium de l'eau lorsqu'elle s'engouffre à travers le karst. Les couches de plantes encroûtées par le dépôt calcaire s'empilent, finissant par former des barrières de travertin qui donnent naissance aux chutes d'eau. Les lacs inférieurs, qui suivent un processus similaire, ont été formés à partir de cavités creusées par les plans d'eau supérieurs. Le travertin se reforme constamment, d'où l'évolution continuelle du paysage. Cette interaction unique entre l'eau, la roche et la flore se perpétue de façon plus ou moins immuable depuis la dernière glaciation.

Les lacs arborent des teintes toujours changeantes, qui varient en fonction de la quantité de minéraux et de micro-organismes contenus dans l'eau, de la pluie et de l'angle du soleil. Certains jours, ils paraissent vert vif ou gris acier.

La luxuriante végétation se compose notamment de forêts de hêtres, de sapins, d'épicéas et de pins blancs, parsemées de bosquets d'alisiers, de charmes et de frênes, dont les feuillages s'enflamment à l'automne.

Dans le parc, outre les ours et les loups, vivent des chevreuils, des sangliers, des lapins, des renards et des blaireaux. On peut aussi y voir des faucons, des chouettes, des coucous, des martins-pêcheurs, des canards sauvages et des hérons, et parfois des cigognes noires et des balbuzards.

soignées réparties dans plusieurs bâtiments adjacents. Les chambres sont un peu plus spacieuses dans l'annexe plus récente, mais toutes sont très confortables. Goûtez les pâtisseries maison si vous en avez l'occasion.

Plitvice Etno-House PENSION €€
(053-774 760 ; www.plitviceetnohouse.com ; Jezerce 21 ; d 750 Kn ; P🛜❄). Ces deux grandes maisons en bois et en pierre ornées de jardinières forment un ensemble charmant. Les 8 chambres confortables et pleines de caractère sont garnies de mobilier en pin. La piscine extérieure comporte une pataugeoire.

Villa Lika PENSION €€€
(053-774 302 ; www.villa-lika.com ; Mukinje 63 ; ch 1 000 Kn ; ⊘avr-oct ; P✱🛜❄). Juste à côté de l'arrêt des bus de Mukinje, ces deux grandes maisons ont en tout 15 chambres d'un blanc éclatant, réveillées par des textiles aux couleurs vives. Elles donnent toutes sur une piscine avec un superbe paysage en toile de fond, et le restaurant propose une cuisine internationale et croate (portions chiches).

Selište Drežničko

Kamp Korana CAMPING €
(053-751 888 ; www.np-plitvicka-jezera.hr ; Rakovica ; adulte/enfant 67/47 Kn, tente 15 Kn, voiture 22 Kn, bungalow s/d 148/252 Kn ; ⊘avr-oct ; P). S'étendant sur plus de 35 ha au bord de la rivière Korana, cet immense camping géré par le parc national est à environ 6 km au nord de l'entrée n°1, sur la route de Zagreb. Restaurant, épicerie et café-bar sur place.

Hotel Degenija HÔTEL €€€
(047-782 143 ; www.hotel-degenija.com ; Selište Drežničko 57a ; s/d à partir de 675/960 Kn ; P✱🛜). Cet hôtel de 20 chambres d'un standing international, se dresse en bordure de route à 4 km au nord de l'entrée n°1 du parc. Il comprend aussi un joli café occupant un pavillon en bois attenant, où sont servies grillades et pizzas.

Grabovac et Rakovica

♥ House Župan PENSION €€
(047-784 057 ; www.sobe-zupan.com ; Rakovica 35 ; s/d 224/329 Kn ; P✱🛜). Cet excellent établissement a des prix raisonnables. Il y a une cuisine réservée aux hôtes et de nombreux autres équipements de loisirs pour se détendre. La pension se trouve en retrait de la grand-route, dans la petite ville de Rakovica, à 11 km au nord du parc.

> **ⓘ MEILLEURES SAISONS**
>
> Si le parc est magnifique tout au long de l'année, c'est au printemps et à l'automne que la visite est la plus agréable. Les cascades atteignent leur plus fort débit au printemps et au début de l'été, tandis qu'à l'automne, les feuillages se parent de couleurs chatoyantes. L'hiver est aussi spectaculaire, mais la neige limite parfois l'accès et le système de transports gratuits du parc ne fonctionne pas. Mieux vaut en revanche éviter la haute saison, en juillet et août : les chutes d'eau sont alors réduites à de minces filets, se garer devient un casse-tête, l'affluence crée de véritables embouteillages sur les sentiers, et les files d'attente pour les bus et les bateaux qui sillonnent le parc sont interminables. Si vous prévoyez toutefois la visite du parc en été, essayez d'arriver tôt.

House Tina PENSION €€
(047-784 197 ; www.housetina.com ; Grabovac 175 ; d/bungalow 523/838 Kn ; P✱🛜🍴). À la fois élégante et moderne, cette vaste pension familiale propose des hébergements de premier ordre, adaptés aux familles. On peut opter pour une chambre dans le bâtiment principal ou pour l'un des deux bungalows rustiques en bois, dans la cour. La pension se trouve à 9 km de l'entrée n°1 du parc, mais les propriétaires peuvent organiser le transport pour une somme modique.

✕ Où se restaurer

Les restaurants sont rares à l'intérieur du parc. On trouve des établissements près des entrées et des arrêts de bus et de bateau.

Vila Velebita CROATE €€
(053-755 040 ; www.vila-velebita.com ; Rudanovac 12a ; plats 50-90 Kn ; ⊘7h-23h). La viande grillée est l'une des spécialités de la maison, notamment l'agneau à la broche et le cochon de lait. Si vous êtes motorisé, les plats méritent le détour (à 14 km au sud de l'entrée n°2, en suivant la grand-route).

Restaurant Degenija EUROPÉEN €€
(047-782 060 ; www.hotel-degenija.com ; Selište Drežničko 57a ; plats 45-125 Kn ; ⊘7h-23h ; 🛜). Au menu de ce restaurant haut de gamme figurent quelques classiques (pâtes, pizza, poisson), même si la viande est à l'honneur.

On peut notamment déguster de la dinde aux pâtes farcies et, l'été, du veau et des pommes de terre cuites à feu doux sous une *peka* (cloche de cuisson).

ⓘ Renseignements

Un parking (7/70 Kn par heure/jour) se trouve au niveau des deux entrées principales du parc, ainsi qu'un centre d'information.

ⓘ Depuis/vers les lacs de Plitvice

Les bus desservent les deux entrées du parc. Un petit guichet est situé près de l'entrée n°2. Les destinations desservies sont notamment :
Šibenik 110 Kn, 4 heures, 3/jour
Split 166 Kn, 4 heures 30, 6/jour
Zadar 90 Kn, 2 heures 30, 7/jour
Zagreb 85 Kn, 2 heures, plusieurs/jour

Parc national de Paklenica

🎵 023

Les sommets déchiquetés du massif du Velebit s'étendent sur 145 km, formant une barrière naturelle spectaculaire entre la Croatie intérieure et le littoral. Le **parc national de Paklenica** (www.paklenica.hr ; tarif plein/réduit juin-sept 50/30 Kn, oct-mai 40/20 Kn ; ⊙guichets à l'entrée 6h-20h30 juin-sept, 7h-15h oct-mai), d'une superficie de 95 km², couvre une partie seulement de cette chaîne calcaire. Les paysages de montagne du parc figurent parmi les plus spectaculaires du pays. Ils constituent un cadre idéal pour le visiteur préférant délaisser la plage pour randonner dans les gorges, gravir des parois rocheuses ou tout simplement se promener au fil des nombreux cours d'eau incisant le territoire.

Deux gorges d'une profondeur de 400 m, Velika Paklenica (Grande Paklenica) et Mala Paklenica (Petite Paklenica), entaillent le massif. Malgré la haute perméabilité du karst sec du Velebit, la végétation est luxuriante par endroits, grâce à plusieurs sources en altitude, qui fournissent de l'eau en permanence. La faune, est rare mais, on aperçoit parfois des aigles royaux, des aigles ravisseurs, des faucons pèlerins, des lynx, des ours et des chamois – ces derniers s'aventurent aux abords des entrées du parc.

⊙ À voir et à faire

La plupart des randonnées ne prennent qu'une journée de marche, depuis l'une des deux entrées principales du parc (auxquelles on accède depuis Starigrad-Paklenica, sur la côte), ou depuis les refuges de montagne. Étant donné la nature du terrain, la plupart sont assez ardues, mais d'autres itinéraires plus courts sont adaptés aux débutants. Renseignez-vous au bureau du parc sur les randonnées adaptées à votre niveau.

La présence de mines antipersonnel, témoignage de la guerre des années 1990, est à craindre dans certaines zones d'altitude. Suivez uniquement les itinéraires balisés et vérifiez auprès du bureau du parc avant de vous aventurer hors des sentiers battus.

Paklenica compte une étonnante variété de sites d'escalade, adaptés aux novices comme aux casse-cou. Le calcaire, résistant et parfois strié d'arêtes aiguës, offre des parcours classés en fonction de leur difficulté, parmi lesquels 72 voies sportives courtes et 250 plus longues.

Manita Peć   GROTTE
(Tarif plein/réduit 20/10 Kn ; ⊙10h-13h juil-sept, horaires restreints avr-juin et oct). La seule grotte du parc ouverte au public est Manita Peć, dont la salle principale (longue de 40 m et haute de 32 m) est tapissée de stalagmites et de stalactites. L'accès se fait uniquement dans le cadre d'une visite guidée de 30 minutes. La grotte est située à environ 1 heure 30 à pied du parking de l'entrée n°1. Le sentier monte droit vers la gorge de Velika Paklenica, avant de s'y engager. Juste après la cascade rocheuse et le ruisseau sur la droite, vous arriverez au plateau verdoyant semi-circulaire d'Anića Luka. Un kilomètre plus loin, un sentier abrupt monte à la grotte.

Anića Kuk   ESCALADE
L'escalade est une activité très prisée à Paklenica. Les parcours destinés aux débutants se trouvent à l'entrée du parc ; ils peuvent atteindre 40 m de hauteur. Les grimpeurs confirmés rejoindront pour leur part Anića Kuk, qui compte une centaine de voies, certaines allant jusqu'à 350 m de hauteur. La plupart des parcours sont équipés. Les sites les plus réputés sont ceux du Mosoraški (350 m), du Velebitaški (350 m) et du Klin (300 m).

Le printemps est la meilleure saison pour pratiquer l'escalade, l'été étant parfois très chaud et l'hiver, trop venteux. À noter : l'existence d'une équipe de sauvetage. Consultez le guide d'escalade *Paklenica*, de Boris Čulić, très complet ; il est disponible au bureau du parc.

HORS DES SENTIERS BATTUS

TRÉSORS CACHÉS DE LA LIKA

Si Gospić, le chef-lieu du comté de Lika-Senj, semble un peu assoupi, quelques sites des environs méritent toutefois le détour, mais il faut disposer d'un véhicule.

Centre de mémoire Nikola Tesla (053-746 530 ; www.mcnikolatesla.hr ; Smiljan ; tarif plein/réduit 50/20 Kn ; 8h-20h mar-dim avr-oct, 9h-15h mar-dim nov-mars). L'un des plus grands esprits des temps modernes est originaire du village de Smiljan, paisible et isolé, à 5 km à l'ouest de Gospić. Ici naquit en effet Nikola Tesla (1856-1943), grâce à qui l'électricité arriva dans nos foyers, également inventeur de la technologie sans fil. Ce passionnant musée retrace sa vie, et expose des répliques de ses inventions les plus célèbres (en état de marche). Tesla était le fils d'un prêtre serbe orthodoxe. La maison familiale fut malheureusement incendiée dans les années 1990 pendant la guerre, tout comme la grange et l'église qui se trouvaient là. La reconstitution que l'on peut voir a été financée par le gouvernement croate.

Parc des grottes de Grabovača (Pećinski Park Grabovača ; 053-679 233 ; www.pp-grabovaca.hr ; Perušić ; tarif plein/réduit 45/35 Kn ; 9h-20h juin-août, 9h-17h avr-mai et sept-oct). La petite ville de Perušić, à 12 km au nord de Gospić, abrite une charmante église dotée d'un clocher à bulbe, et une tour turque qui se fondrait parfaitement parmi les pièces d'un échiquier. Les grottes extraordinaires situées au sud-ouest de la ville constituent toutefois sa principale curiosité. La plus grande grotte, Samograd, est divisée en quatre belles salles, dont l'une assez vaste pour accueillir un concert le lundi de Pâques. Les visites guidées partent à l'heure pile, et plongent vers les profondeurs via 480 marches construites à la main (et pas vraiment adaptées aux jeunes enfants). Vêtements chauds et bonnes chaussures indispensables.

Refuge de Kuterevo (www.kuterevo-medvjedi.org ; horaires variables). C'est dans le village de Kuterevo, dans le nord du massif du Velebit, que se trouve ce refuge pour jeunes ours. Fondé en 2002 par la Velebit Association Kuterevo (Velebitska Udruga Kuterevo ; VUK), il collabore avec les villageois pour protéger les ours orphelins menacés par la circulation routière, la chasse et le braconnage. Du printemps à la fin de l'automne, il est possible de découvrir les oursons au refuge, qui attire environ 10 000 visiteurs par an. Le site Internet est en croate, mais les courriels recevront une réponse en anglais.

Linden Tree Retreat & Ranch (053-685 616 ; www.lindenretreat.com ; Velika Plana 3 ; s/d 410/820 Kn). Reclus dans les hauteurs du massif du Velebit, à 27 km au nord-ouest de Gospić, ce ranch propose des hébergements atypiques, en tipi ou dans des chalets en bois. Des balades à cheval sont organisées (646 Kn/2 heures, 1 026 Kn/journée), ainsi que des promenades en charrette, des excursions guidées dans les grottes voisines, ou encore des sorties de VTT et d'escalade.

Où se loger

Dans l'enceinte du parc, randonneurs et grimpeurs trouveront quelques hébergements rustiques. La plupart d'entre eux optent néanmoins pour un peu plus de confort et prennent leurs quartiers à Starigrad-Paklenica, le village qui borde la route côtière, près de l'entrée du parc. L'endroit n'est ni particulièrement *stari* (ancien), ni une véritable *grad* (ville), mais il se trouve au bord de la mer, ce qui permet de se rafraîchir après une journée d'efforts.

Parc national

Les baroudeurs se contenteront des trois hébergements rudimentaires gratuits : Ivine Vodice, Struge et Vlaški Grad. Il n'y a pas l'électricité et il faut apporter son propre sac de couchage, mais les trois refuges disposent d'une source d'eau fiable, excepté en plein été (renseignez-vous au bureau du parc à Planinarski Dom Paklenica avant le départ).

Planinarski Dom Paklenica REFUGE € (023-301 636 ; www.pdpaklenica.hr ; dort 90 Kn ; sam-dim toute l'année, tlj mi-juin à mi-sept). Ce refuge avec électricité et eau courante, équipé même d'un WC, dispose de 50 lits massés dans 4 dortoirs (apportez votre sac de couchage). Cuisine et salle à manger à disposition. À 2 heures de marche au-dessus des gorges de Velika Paklenica. Réservation recommandée les week-ends d'été.

Starigrad-Paklenica

Camp "National Park" CAMPING €
(☏ 023-369 155 ; www.paklenica.hr ; Starigrad-Paklenica ; adulte/empl 40/35 Kn ; ⏲ mi-mars à mi-nov). Installé au bord d'une petite plage caillouteuse de l'Adriatique, à côté des bureaux du parc national de Paklenica, ce camping spartiate pouvant accueillir 100 personnes est très apprécié des grimpeurs venus explorer les canyons du parc. Excellent pour la baignade. Pas de réservations.

Pansion Kiko PENSION €€€
(☏ 023-369 784 ; www.pansion-kiko.com ; Ante Starčevića bb, Seline ; s/d 1 120/1 350 Kn ; P ❄ 📶). Juste en dehors de Starigrad, dans le village côtier de Seline, cette pension superbe offre 12 chambres avec balcon, un restaurant convenable et l'accès à une plage privée. Une excellente base pour explorer le parc national de Paklenica.

✕ Où se restaurer

Taverna-Konoba Marasović CROATE €€
(Marasovići bb ; plats 60-140 Kn ; ⏲ 13h-22h mai-oct). 🍴 À 1 km de l'entrée n°1, dans les terres, ce restaurant occupe une adorable vieille maison villageoise avec terrasse. On y sert une cuisine à base de produits locaux, et les plats peuvent être cuits sous une *peka* (sur demande). La taverne est la propriété du parc national et propose généralement d'intéressantes expositions à l'étage.

Buffet Dinko CROATE €€
(☏ 091 51 29 445 ; www.dinko-paklenica.com ; Paklenička 1 ; plats 50-110 Kn ; ⏲ 7h-23h). À l'intersection de l'autoroute côtière et de la route menant à l'entrée n°1, ce restaurant populaire de Starigrad a une terrasse ombragée et une carte conséquente de viandes et de poisson grillés. Les portions sont énormes. Également quelques chambres à louer.

ℹ Renseignements

Association croate d'alpinisme (Hrvatski planinarski savez ; ☏ 01-48 23 624 ; www.hps.hr). Informations et bonne carte du parc.
Bureau du parc national de Paklenica (☏ 023-369 155 ; www.paklenica.hr ; Dr Franje Tuđmana 14a ; ⏲ 7h-15h lun-ven). Vend brochures et cartes. La brochure *Paklenica National Park* décrit des itinéraires de randonnée. Les permis d'escalade coûtent entre 60 et 80 Kn selon la saison ; il est conseillé aux grimpeurs de se renseigner auprès des guides du bureau du parc.

Office du tourisme de Starigrad (☏ 023-369 245 ; www.rivijera-paklenica.hr ; Trg Tome Marasovića 1 ; ⏲ 8h-21h30 juil-août, 8h-20h juin et sept, 8h-14h lun-ven oct-mai). Dans le centre-ville, en face de la petite marina.

ℹ Depuis/vers le parc national de Paklenica

La plupart des bus empruntant l'autoroute côtière desservent Starigrad-Paklenica. Départs notamment pour Rijeka (à partir de 110 Kn, 3 heures 30, 5/jour), Zadar (26 Kn, 50 min, 5/jour), Split (102 Kn, 4 heures, 5/jour), Dubrovnik (à partir de 200 Kn, 9 heures, 3/jour) et Zagreb (136 Kn, 3 heures 45, tlj).

Il n'y a généralement pas de taxis à Starigrad. Certains hôtels font la navette jusqu'à l'entrée du parc (pour leurs clients).

ÎLE DE PAG

Pag évoque d'emblée les films italiens des années 1950. Son paysage rocheux aux tons sépia, austère et nu, et ses vastes étendues pelées, auraient fait un décor parfait pour un film d'Antonioni. Les eaux de l'Adriatique y prennent des reflets bleu acier et, par temps orageux, il n'est pas de lieu plus spectaculaire en Croatie. Les roches karstiques de Pag forment un paysage lunaire défini par deux chaînes montagneuses, des broussailles éparses et une dizaine de hameaux.

Pag, désormais reliée au continent par un pont, reste réputée pour sa culture et ses traditions insulaires. Les habitants ont planté de vignes le sol ingrat, dont ils tirent un vin excellent. Les robustes brebis, qui se nourrissent de plantes aromatiques et d'herbe salée, donnent une viande et un lait au goût particulier, à partir duquel on fabrique le *paški sir* (fromage de Pag). La fine dentelle confectionnée sur Pag, elle aussi renommée, orne de nombreux intérieurs croates.

Grâce à la plage de Zrće, devenue la Mecque des clubbeurs en été, Pag n'est plus cantonnée à son image d'île traditionnelle.

Histoire

L'île était habitée par les Illyriens avant de tomber sous la domination romaine au Ier siècle av. J.-C. Les Slaves s'installèrent dans les environs de Novalja au VIIe siècle. Au XIe siècle, la production de sel prit de l'ampleur, ce qui entraîna des conflits commerciaux avec Zadar et Rab. En 1409, Pag fut vendue à Venise en même temps que Zadar et le reste de la Dalmatie. Les querelles qui suivirent eurent pour conséquence l'invasion de l'île par une succession d'envahisseurs vénitiens, autrichiens, français, puis autrichiens à nouveau, avant de subir l'occupation italo-germanique pendant la Seconde Guerre mondiale.

Depuis/vers Pag

BATEAU

Un catamaran Jadrolinija (www.jadrolinija.hr) relie chaque jour Novalja à Rab (45 Kn, 55 min) et à Rijeka (80 Kn, 2 heures 45).

Des ferries Jadrolinija (adulte/enfant 17/8,5 Kn, voiture 96 Kn, 15 min) circulent entre Žigljen, sur la côte nord-est de Pag, et Prizna sur le continent, toutes les 90 minutes environ (toutes les heures juillet-août). Si vous arrivez du nord, vous gagnerez au moins 1 heure 30 en optant pour le bateau plutôt que d'emprunter le pont.

BUS

Des bus desservent Zadar toute l'année (52 Kn, 2 heures, 3-5/jour), et en été, Šibenik (124 Kn, 3 heures 30, 2/jour), Split (174 Kn, 5 heures, 2/jour), Rijeka (152 Kn, 4 heures, 2/jour) et Zagreb (205 Kn, 4 heures 30 à 6 heures, 3/jour).

Comment circuler

Trois à 11 bus font chaque jour le trajet de 30 minutes entre la ville de Pag et Novalja (à partir de 30 Kn).

Ville de Pag

023 / 3 120 HABITANTS

Campée sur une étroite bande de terre entre des collines brûlées par le soleil, une baie azur à l'est et des marais salants étincelants à l'ouest, la ville historique de Pag jouit d'un cadre spectaculaire. Elle se résume à un quadrillage intime de rues étroites bordées de sobres maisons en pierre, avec des plages de galets à proximité.

Pag fut fondée au début du XVᵉ siècle pour absorber la population croissante de Stari Grad (la vieille ville), que générait l'exploitation florissante du sel (que l'on trouve encore dans tous les supermarchés). Les Vénitiens en confièrent la création à Juraj Dalmatinac (Georges le Dalmate), le plus grand architecte d'alors, qui en posa la première pierre en 1443. Sur la place centrale s'élèvent une cathédrale, un palais ducal et un palais épiscopal resté inachevé. Des remparts, entamés en 1499 par Dalmatinac, ne subsiste que l'angle nord, et l'on peut voir aussi les vestiges d'un château.

À voir

Musée de la Dentelle de Pag MUSÉE
(Galerija paške čipke ; Trg Kralja Krešimira IV ; 10 Kn ; 9h-12h et 19h-22h juil-août, 9h-12h juin-sept, Contacter l'office du tourisme pour les horaires oct-mai). Dans le palais ducal (Kneževa Palača) superbement restauré, également conçu par Juraj Dalmatinac, ce musée présente des pièces remarquables. L'histoire de la dentelle à Pag et son importance pour la communauté sont habilement illustrées à l'aide de photos et de panneaux explicatifs.

Collégiale de l'Assomption de Marie ÉGLISE
(Zborna Crkva Marijinog Uznesenja ; Trg Kralja Krešimira IV ; 9h-12h et 17h-19h mai-sept, messe oct-avr uniquement). Cette église arbore un style gothique dépouillé qui s'harmonise parfaitement avec la sobriété des bâtiments de la place principale qui l'entourent. Sur le tympan figure la Vierge, entourée de femmes de Pag en costumes médiévaux et coiffes. À noter également : deux rangées inachevées de statues de saints. Terminé au XVIᵉ siècle, l'intérieur fut doté au XVIIIᵉ siècle d'un plafond en stuc au décor baroque.

Fêtes et festivals

Carnaval de Pag CULTURE
(dernier week-end juil). C'est l'occasion de découvrir le *kolo*, une danse slave qui s'exécute en cercle, ainsi que les costumes traditionnels. La place principale se remplit de danseurs et de musiciens, et une troupe de théâtre joue *Paška Robinja* (La Jeune Esclave de Pag), une pièce du folklore local.

Où se loger et se restaurer

On trouve quelques hôtels disséminés autour de la baie, au nord de la vieille ville, ainsi que des chambres chez l'habitant. Renseignez-vous dans une agence de voyages ou repérez les panneaux "*sobe*" (chambres disponibles).

CAMPER À LA PLAGE

Dans une magnifique crique de galets, à environ 12 km de la ville de Pag sur la route de Novalja, le **camping Šimuni** (023-697 441 ; www.camping-simuni.hr ; Šimuni bb ; adulte/enfant/empl 87/61/205 Kn, bungalows 4 pers à partir de 874 Kn ; P ❄ ✆) est un vaste complexe qui propose de nombreuses activités. Il est desservi par tous les bus locaux.

Konoba Barcarola   POISSON €
(Golija 41 ; plats 55-70 Kn ; 11h-minuit). Restaurant sans prétention situé près d'une plage de galets, à quelques minutes à pied au nord de la vieille ville. Le poisson est vendu au poids ; les amateurs de viande seront également comblés. Adresse ouverte toute l'année, même en hiver.

Bistro Na Tale   CROATE €€
(Radićeva 2 ; plats 40-180 Kn ; 9h-23h mar-dim). Ce restaurant populaire a une terrasse donnant sur les marais salants. On y déguste de l'agneau de Pag, mais aussi du poisson frais du jour au vin et aux herbes.

Achats

Il serait dommage de quitter Pag sans acheter de la dentelle, relativement bon marché. Un napperon rond ou en forme d'étoile de 10 cm de diamètre nécessite 24 heures de travail. En descendant Kralja Tomislava ou Kralja Dmitra Zvonimira, vous pourrez acheter de la dentelle auprès des artisans, qui pratiquent presque tous des prix fixes.

Siroteka   FROMAGES
(Vela 12 ; 10h-17h mar-sam, 9h-14h dim). Près de l'office du tourisme, cette minuscule boutique propose un choix de fromages locaux dont l'odeur vous assaille dès l'entrée.

Renseignements

Mediteran Pag (023-611 238 ; www.mediteranpag.com ; Zrinsko-frankopanska 8 ; horaires variables). Chambres chez l'habitant et excursions.

Meridian 15 (023-612 162 ; www.meridijan15.hr ; Ante Starčevića 1 ; horaires variables). Excursions dans les îles et expéditions dans les parcs nationaux comme celui de Paklenica. Grand choix d'appartements à louer.

Office du tourisme (023-611 286 ; www.tzgpag.hr ; Vela bb ; 8h-22h juil-août, 8h-20h lun-ven, 8h-13h sam-dim juin et sept, 8h-15h lun-ven oct-mai)

Poste (Golija bb ; 7h30-21h lun-ven, 8h-12h sam mi-juin à mi-sept, 8h-17h lun-ven, 8h-12h sam reste de l'année)

Novalja et ses environs
053 / 3 670 HABITANTS

Dans un pays de stations balnéaires paisibles, Novalja est à contre-courant. Ses bars et ses discothèques sont les plus tapageurs de Croatie et attirent de ce fait une population nettement plus jeune. Un vrai paradis, sauf si vous avez largement dépassé la trentaine (dans ce cas, ce sera peut-être un enfer). La scène culturelle se limite aux clubs de la plage voisine de Zrće – il n'y a aucun site historique à visiter. Cela dit, la promenade animée est plutôt séduisante et les plages des environs sont jolies. En hiver, la station redevient un endroit perdu, froid, léthargique et pratiquement désert.

Fêtes et festivals

Hideout   MUSIQUE
(www.hideoutfestival.com ; fin juin-début juil). Zrće se hisse sur la scène dance lors de ce festival qui s'empare des bars et des clubs. Préparez-vous à croiser des DJ connus.

Fresh Island   MUSIQUE
(www.fresh-island.org ; mi-juil). Fresh Island envahit trois nuits durant les plus fameuses discothèques de Zrće, le Papaya et l'Aquarius. Rick Ross, Method Man et Redman ont figuré parmi les têtes d'affiche.

Sonus   MUSIQUE
(www.sonus-festival.com ; mi-août). Zrće vibre alors pendant cinq jours et cinq nuits sur de la dance music. Le festival a accueilli ces dernières années des pointures comme John Digweed et Laurent Garnier.

Où se loger

Les meilleurs hôtels sont pour la plupart un peu à l'écart du centre-ville. En outre, on trouve difficilement à se loger durant la saison estivale ; la réservation est impérative.

Big Yellow Hostel   AUBERGE DE JEUNESSE €
(053-663 539 ; www.bigyellowhostel.com ; Lokunje 1 ; dort/ch à partir de 210/500 Kn ; P @). La plus sympathique des nouvelles auberges de jeunesse destinées à accueillir les jeunes fêtards. Dans une ambiance décontractée, elle propose un petit-déjeuner gratuit et des dortoirs basiques de 4-8 lits, dont certains avec balcon offrant une vue splendide sur la mer. Située près de l'arrêt des bus allant à la plage de Zrće, l'adresse est sans prétention mais bien pratique.

Barbati   HÔTEL €€
(091 12 11 233 ; www.barbati.hr ; Vidalići 39 ; ch/app à partir de 750/1 870 Kn ; P @). Situé à 6 km de Novalja, en face de Zrće (dont l'effervescence parvient depuis l'autre côté de la baie), ce petit hôtel chic dispose de chambres joliment aménagées, d'une petite piscine couverte et d'un charmant bar-restaurant au bord de l'eau.

> **VAUT LE DÉTOUR**
>
> ### GASTRONOMIE À KOLAN
>
> Le village de Kolan se trouve sur l'arête centrale brûlée par le soleil de l'île de Pag, sur la route principale entre la ville de Pag et Novalja. C'est l'endroit idéal pour acheter du fromage de Pag. Juste en dessous de la route basse traversant Kolan, le restaurant **Konoba Figurica** (Figurica 11, Kolan ; plats 50-160 Kn ; ⊙12h-22h juin-oct) est installé sur une terrasse couverte entourée d'oliviers. Partagez une assiette de fromage de Pag, puis goûtez un poulpe grillé ou de l'agneau de Pag cuit sous cloche (*peka*).

♥ Boškinac   HÔTEL €€€

(☏053-663 500 ; www.boskinac.com ; Škopaljska 120 ; ch 1 800 Kn ; P❄☎≋). De loin l'établissement le plus raffiné de Pag. Ce fabuleux petit hôtel doté d'une cave à vin s'inscrit dans un cadre rural paradisiaque, au cœur d'un vignoble. Il loue 8 chambres spacieuses et 3 suites. Même si vous n'y séjournez pas, venez y déguster le vin (la cave est ouverte de 12h à 1h) et dîner dans le restaurant réputé (plats 70-160 Kn). L'assemblage cabernet-merlot est excellent et c'est le seul endroit au monde à cultiver du Gegić, un cépage endémique de l'île de Pag (qui donne un vin blanc). À environ 3 km au nord de Novalja ; suivez les panneaux pour Stara Novalja.

Luna   HÔTEL €€€

(☏053-654 700 ; www.lunaislandhotel.com ; Jakišnica bb ; ch à partir de 930 Kn ; P❄☎≋). À l'extrémité nord de l'île, à 14 km de Novalja, ce grand hôtel moderne est un bon choix pour qui rêve de vacances avec piscine. Les chambres sont spacieuses, et l'établissement dispose de plusieurs bassins et d'un spa. Il faut être motorisé pour s'y rendre.

✖ Où se restaurer

Les restaurants de Novalja font le bonheur des baroudeurs et des clubbeurs, notamment le bar à burgers ou le restaurant mexicain. Pour une expérience culinaire plus mémorable, il faudra se rendre (en voiture) à Kolan ou à l'excellent restaurant de l'hôtel Boškinac.

Starac i More   POISSON €€

(☏053-662 423 ; Braće Radić bb ; plats 40-115 Kn ; ⊙12h-23h30). Pour un peu d'authenticité à cent lieues de la scène de clubbing de Novalja, rendez-vous dans cette taverne pittoresque dont le nom signifie "le vieil homme et la mer", tapissée d'articles de pêche – sans oublier un ou deux poissons géants. On y sert les meilleurs produits de la mer de la station, et les serveurs sauront vous conseiller sur le vin qui accompagnera le mieux votre repas.

🍷 Où prendre un verre et faire la fête

À environ 3 km au sud-est de Novalja, la **plage de Zrće** se revendique l'Ibiza croate. Ici, les discothèques et les bars sont installés directement sur la plage, mais en termes d'ampleur, Ibiza a encore quelques longueurs d'avance. Les trois discothèques principales sont séparées les unes des autres par une poignée de bars, tous ouverts de la fin juin à la mi-septembre. Le prix d'entrée varie énormément en fonction de la soirée – généralement gratuit en début de saison, et jusqu'à 35 € lorsque les clubs accueillent des DJ célèbres, à la mi-août.

La plage de Zrće en elle-même est pittoresque. Formant un croissant de galets long de 1 km, elle domine une zone aride à l'est de Pag, avec les montagnes du continent émergeant à l'horizon, d'où un beau point de vue – louez un parasol pour avoir de l'ombre. Hors saison, vous aurez la plage désertée à vous tout seul.

♥ Papaya   CLUB

(www.papaya.com.hr ; ⊙10h-6h). Le Papaya est le club vedette de Zrće. Agrémenté de palmiers, de cascades et d'une piste de danse surmontée d'un toit en forme de coquillage, il accueille sur ses terrasses jusqu'à 5 000 personnes les soirs de folie.

Kalypso   CLUB

(www.kalypso-zrce.com ; ⊙10h-6h). Le club le plus attrayant, installé dans une crique à l'extrémité nord de la plage, compte une myriade de bars aux airs de cabanes, entourés de palmiers. En journée, on s'y détend sur les divans, au bord d'une petite piscine. Le soir, les lieux sont investis par des DJ qui mixent de la house pour un public pimpant.

Aquarius   CLUB

(www.aquarius.hr ; ⊙ horaires variables). Trouvant année après année sa place dans le palmarès des meilleurs clubs du monde, cet immense espace, pourvu d'élégantes alcôves et d'une partie vitrée, offre une vue magnifique.

Renseignements

Aurora (053-663 493 ; www.aurora-novalja.com ; Slatinska 9 ; 9h-20h). Appartements et chambres à louer ; excursions.

Office du tourisme (053-661 404 ; www.tz-novalja.hr ; Trg Briščić 1 ; 8h-20h juin-sept, 8h-15h lun-ven oct-mai).

Sunturist (053-661 211 ; www.sunturist.hr ; Silvija Strahimira Kranjčevićeva bb ; horaires variables). Réservation de chambres chez l'habitant et de voyages.

Comment circuler

En été, des bus font la navette entre Novalja et la plage de Zrće (10 Kn). Comptez 4,1 km depuis le centre de Novalja si vous décidez d'y aller à pied ou à vélo.

ZADAR

 023 / 75 100 HABITANTS

Regroupant sur une petite péninsule un centre historique émaillé d'églises médiévales et de vestiges romains, des cafés cosmopolites et d'excellents musées, Zadar est une ville fascinante. Pourtant, malgré le spectacle unique que réservent ses deux étonnantes curiosités, l'*Orgue marin* et le *Salut au soleil*, elle n'est pas envahie par les touristes.

Loin des clichés de carte postale, Zadar a du caractère à revendre, grâce à son patrimoine ancien, son élégante architecture Habsbourg et ses paysages côtiers, qui cohabitent avec quelques immeubles disgracieux. Zadar n'est pas Dubrovnik, ni une ville-musée, mais plutôt une cité vivante et dynamique, agréable à vivre et à visiter.

La ville est également un important nœud de communications, offrant d'excellentes liaisons en ferry vers les îles des environs.

Histoire

La tribu illyrienne des Liburnes fut la première à s'installer à Zadar dès le IXe siècle av. J.-C. Au Ier siècle av. J.-C., elle était une colonie romaine de second plan. Puis des populations slaves s'y implantèrent aux VIe et VIIe siècles, avant qu'elle ne se retrouve plus tard sous la férule des rois croato-hongrois.

L'affirmation de la mainmise vénitienne à compter du milieu du XIIe siècle fit l'objet de vigoureuses contestations, et les 200 ans qui suivirent furent marqués par une succession de soulèvements. Venise finit par acquérir la ville en 1409, avec le reste de la Dalmatie.

Les fréquentes guerres turco-vénitiennes débouchèrent sur l'édification au XVIe siècle des célèbres remparts de Zadar, en partie bâtis sur les anciennes fortifications romaines. À la chute de Venise en 1797, la ville passa sous domination autrichienne. Les Autrichiens administrèrent alors la ville avec l'aide de l'aristocratie italianisée déjà régnante. Cette influence transalpine perdura jusqu'au XXe siècle. Zadar (Zara en italien) fut annexée par l'Italie à la fin de la Première Guerre mondiale, et la ville lui fut officiellement cédée en vertu du traité de Rapallo, signé en 1920.

À la capitulation de l'Italie, en 1943, les Alliés répliquèrent à l'occupation allemande par des bombardements massifs qui détruisirent près de 60% du centre historique. La ville fut rebâtie en respectant le plan urbanistique d'origine.

L'histoire se répéta en novembre 1991, quand l'armée yougoslave soumit Zadar à une pluie de roquettes pendant trois mois. Aujourd'hui, les traces de la guerre ont été en grande partie effacées, et la ville a repris sa place parmi les plus dynamiques de Croatie.

À voir

Porte de la Terre ferme   PORTE
(Kopnena vrata ; Ante Kuzmanića bb). Cette porte ouvragée de style Renaissance, datant de 1543, est la plus élaborée de la ville. Ornée d'une statue de saint Chrysogone (saint patron de Zadar) à cheval et d'un lion ailé vénitien, elle jouit également du plus joli cadre, face à une petite marina abritée. Les voitures l'empruntent encore.

Place des Cinq-Puits   PLACE
(Trg Pet Bunara). Construite en 1574 sur le site d'anciennes douves, cette place doit son nom aux cinq puits qui alimentèrent Zadar en eau jusqu'en 1838. Juste à côté, aménagé dans le bastion, le ravissant **Jardin de la Reine Jelena Madijevka**, sillonné d'allées ombragées, dispose d'un café et offre une magnifique vue depuis les remparts.

Église Saint-Siméon   ÉGLISE
(Crkva Sv Šime ; Poljana Šime Budinića bb ; 8h30-12h et 17h-19h lun-ven, 8h30-12h sam mai-oct). Cette belle église baroque du XVIIe siècle renferme un trésor. Occupant la place d'honneur au-dessus du maître autel, le sarcophage de saint Siméon (1377), chef-d'œuvre d'orfèvrerie médiévale, est recouvert à l'intérieur comme à l'extérieur de fins reliefs en argent plaqué or.

Le bas-relief central, qui figure la présentation de Jésus à Siméon au Temple, reproduit une fresque de Giotto située dans la Cappella dell'Arena, à Padoue, en Italie. D'autres scènes illustrent la vie des saints et la visite de Louis Ier à Zadar. Saint Siméon figure gisant sur le couvercle.

Musée du Verre antique — MUSÉE

(Muzej antičkog stakla ; www.mas-zadar.hr ; Poljana Zemaljskog Odbora 1 ; tarif plein/réduit 30/10 Kn ; 9h-21h lun-sam mai-sept, 9h-16h oct-avr). Qu'un matériau aussi délicat ait survécu aux guerres et aux tremblements de terre qui ont ravagé la région au cours du dernier millénaire a de quoi surprendre. Cet impressionnant musée n'en renferme pas moins des milliers d'objets en verre : gobelets, pots, fioles, bijoux et amulettes, ainsi que plusieurs grandes urnes trouvées lors de fouilles dans la nécropole romaine, dans lesquelles étaient conservées les cendres des défunts. L'aménagement est magnifique, et les luminaires géants et l'ambiance musicale éthérée ajoutent au charme de l'expérience.

Des démonstrations de soufflage de verre, de fabrication de perles et de production de bouteilles miniatures ont lieu tous les jours, généralement entre 10h et 14h.

Place du Peuple — PLACE

(Narodni trg). Centre traditionnel de la vie publique, cette jolie petite place, fourmillant de cafés-bars, est constamment en effervescence. À l'ouest se dresse la **Garde municipale**, érigée en 1562 dans le style Renaissance tardif ; la tour de l'horloge fut ajoutée sous l'administration autrichienne, en 1798. Les annonces publiques et les jugements étaient jadis proclamés depuis la **loggia** (1565), en face, aujourd'hui devenue un lieu d'exposition artistique.

Musée archéologique — MUSÉE

(Arheološki Muzej ; www.amzd.hr ; Trg Opatice Čike 1 ; tarif plein/réduit 30/15 Kn ; 9h-21h juin et sept, 9h-22h juil-août, 9h-15h avr, mai et oct, 9h-14h lun-ven, 9h-13h sam nov-mars). Ce passionnant musée rassemble nombre d'objets préhistoriques, antiques et médiévaux, trouvés principalement à Zadar et dans ses environs. La statue en marbre d'Auguste de 2,5 m de haut, datant du Ier siècle, et la maquette de l'ancien forum sont admirables.

Musée d'Art sacré — MUSÉE

(Trg Opatice Čike bb ; tarif plein/réduit 30/10 Kn ; 10h-13h et 17h-19h lun-sam, 10h-13h dim). Ce remarquable musée, dans le monastère bénédictin, abrite une belle collection de reliquaires, de sculptures, de broderies et de tableaux, notamment les œuvres des maîtres vénitiens Paolo Veneziano et Vittore Carpaccio.

Forum romain — RUINES

(Zeleni trg). L'une des principales curiosités de Zadar, ce sont ses vestiges romains qui surgissent au hasard des rues. L'ancien forum, construit entre le Ier siècle av. J.-C. et le IIIe siècle, en est le meilleur exemple : depuis l'époque romaine, il est resté le cœur de la vie civique et religieuse, comme en témoigne l'église Saint-Donat, sur le côté.

Parmi les ruines de temples et de colonnades se dresse une colonne romaine intacte, qui servait de pilori au Moyen Âge ; les malfaiteurs y étaient enchaînés et voués à l'opprobre. Non loin se trouvent d'autres vestiges romains, comme les autels sculptés à l'effigie de Jupiter, d'Amon et de Méduse, sur lesquels on distingue des trous creusés dans la pierre, utilisés pour les sacrifices. Un temple du Ier siècle av. J.-C., dédié à Jupiter, Junon et Minerve, s'élevait vraisemblablement à cet endroit.

Église Saint-Donat — ÉGLISE

(Crkva Sv Donata ; Šimuna Kožičića Benje bb ; 20 Kn ; 9h-21h mai-sept, 9h-16h oct-avr). Cette curieuse église circulaire de style byzantin doit son nom à l'évêque qui la fit construire au début du IXe siècle. C'est l'un des rares édifices datant des débuts du royaume de Croatie ayant survécu à l'invasion mongole du XIIIe siècle, d'où son importance culturelle. L'intérieur simple et dépouillé comprend deux colonnes romaines intactes provenant du forum, tout comme les dalles, mises au jour quand on enleva le sol d'origine.

Aucune messe n'est plus célébrée dans l'église depuis 200 ans. En revanche, elle accueille régulièrement des concerts.

Cathédrale Sainte-Anastasie — CATHÉDRALE

(Katedrala Sv Stošije ; Trg Sv Stošije ; 18h30-19h lun-ven, 8h-9h sam, 8h-9h et 18h-19h dim). Érigée aux XIIe et XIIIe siècles, la cathédrale de Zadar possède une façade richement décorée, qui dissimule trois nefs impressionnantes et des absides latérales ornées de fresques anciennes. Très endommagée par les bombardements de la Seconde Guerre mondiale, la cathédrale a été restaurée depuis. Sur l'autel de l'abside de gauche, un sarcophage de marbre renferme les reliques de sainte Anastasie ; le presbytère abrite des

Zadar

Zadar

◉ Les incontournables
1. Orgue marin A1
2. Salut au soleil A1

◉ À voir
3. Musée archéologique C2
4. Clocher B2
5. Place des Cinq-Puits D4
6. Monastère franciscain A2
7. Porte de la Terre ferme D4
8. Musée du Verre antique D3
9. Musée d'Art sacré C2
10. Place du Peuple C3
11. Forum romain B2
12. Cathédrale Sainte-Anastasie B2
13. Église Saint-Donat B2
14. Église Saint-Siméon D3

🛏 Où se loger
15. Art Hotel Kalelarga C3

16. Hotel Bastion B1

🍴 Où se restaurer
17. Foša D4
    Gourmet Kalelarga .... (voir 15)
    Kaštel .... (voir 16)
18. Kornat B1
19. Marché D2
20. Pet Bunara D4

🍷 Où prendre un verre et faire la fête
21. Galerija Đina C3
22. Garden B1
23. Kult Caffe C3
24. La Bodega C3
25. Ledana D4
26. Zodiac C4

⭐ Où sortir
27. Arsenal B1

stalles superbement sculptées. La vitre dans le hall permet de jeter un coup d'œil à l'intérieur en dehors des horaires d'ouverture.

Grimpez dans le **clocher** (Široka ; 15 Kn ; ⊙9h-22h lun-sam) pour profiter de la vue sur la vieille ville.

Monastère franciscain   MONASTÈRE

(Franjevački Samostan ; www.svetifrane.org ; Trg Sv Frane 1 ; adulte/enfant 10/5 Kn ; ⊙9h-18h). Outre la visite de ce monastère historique, le prix d'entrée comprend l'accès au charmant cloître Renaissance, à l'église gothique (la plus ancienne de Dalmatie, consacrée en 1280), à la sacristie (où fut signé en 1358 le traité par lequel Venise cédait ses droits sur la Dalmatie au roi de Pologne et de Hongrie, Louis Ier le Grand), et à une petite collection. Celle-ci présente un grand crucifix en bois peint du XIIe siècle, un polyptyque du XVe siècle provenant de l'île d'Ugljan et un tableau du XVIe siècle représentant le Christ mort, de Jacopo Bassano.

♥ Orgue marin   ART CONTEMPORAIN

(Morske orgulje ; Istarska Obala). L'étonnant *Orgue marin* de Zadar, conçu par l'architecte local Nikola Bašić, est unique au monde. Ce système de tuyaux et de soufflets installé dans des marches en pierre ajourées qui s'enfoncent dans la mer émet des soupirs mélancoliques au gré des appels d'air créés par le ressac. L'effet est aussi saisissant qu'hypnotique. Les tons mélodieux sont plus forts lorsque des bateaux passent, et on peut se baigner en bas des marches de la promenade en se laissant bercer par cette musique. C'est un lieu superbe où venir admirer le coucher du soleil, aux accents envoûtants de l'attraction la plus populaire de la ville.

♥ Salut au soleil   ART CONTEMPORAIN

(Pozdrav Suncu ; Istarska Obala). Autre création originale de Nikola Bašić, ce disque de 22 m de diamètre, enchâssé dans l'esplanade et garni de 300 plaques de verre multicouche, emmagasine l'énergie solaire pendant la journée. Du coucher au lever du soleil, il produit alors un magnifique jeu de lumières, censé simuler le système solaire, et qui évolue au rythme des vagues sur la mélodie émise par l'*Orgue marin* voisin. Il recueille aussi suffisamment d'énergie pour alimenter tout le système d'éclairage du port.

Touristes et habitants affluent chaque soir, surtout au coucher du soleil lorsque la vue imprenable sur la mer et le ballet de lumières au sol assurent le spectacle.

🏃 Activités

Une **aire de baignade** équipée de plongeoirs, un parc et un café bordent la promenade côtière, au sud de la vieille ville : depuis la porte de la Terre ferme, suivez la route en courbe vers la droite et continuez le long de Kralja Dmitra Zvonimira. La promenade conduit à une plage devant l'Hotel Kolovare, puis sinue le long de la côte sur environ 1 km.

👉 Circuits organisés

Des agences de voyages locales proposent des **croisières** vers la baie de Telašćica et les magnifiques îles Kornati, avec, généralement, déjeuner et baignade (mer ou lac salé). Renseignez-vous directement à Liburnska Obala (où sont amarrés les bateaux) ou contactez Aquarius Travel Agency (p. 187). Les circuits à destination des parcs nationaux de Paklenica, de la Krka et des lacs de Plitvice sont tout aussi populaires. Ils permettent en effet aux visiteurs d'accéder aux parcs sans se soucier de l'organisation du transport.

🎉 Fêtes et festivals

Fête de la Pleine Lune   CULTURE

(Noć Punog Miseca ; ⊙juil). Pendant cette fête (le soir de la pleine lune de juillet), les quais de Zadar sont illuminés avec des torches et des bougies, des étals vendent des spécialités locales et les bateaux sur le quai se transforment en marché au poisson flottant.

Soirées musicales de Saint-Donat   MUSIQUE

(Glazbene večeri u Sv Donatu ; www.donat-festival. com ; ⊙fin juil-début août). D'éminents artistes du monde entier donnent des concerts de musique classique à l'église Saint-Donat.

Zadar Rêve   THÉÂTRE

(Zadar Snova ; www.zadarsnova.hr ; ⊙début août). Ce festival international de théâtre contemporain se tient début août, pendant une bonne semaine.

🛏 Où se loger

L'offre d'hébergements est assez limitée dans l'enceinte même de la ville, mais pas dans les environs.

La plupart des visiteurs séjournent dans la "zone touristique" de Borik, à 4 km au nord de la vieille ville (soit 40 minutes de marche). En contrepartie, on peut y profiter de la baignade, d'une jolie promenade et des espaces verts.

De nombreux appartements et chambres privés sont à louer à Zadar même et dans les faubourgs alentour, particulièrement à Bibinje, bien situé pour l'aéroport.

Drunken Monkey — AUBERGE DE JEUNESSE €
(☎023-314 406 ; www.drunkenmonkeyhostel.com ; Jure Kastriotica Skenderbega 21 ; dort/ch à partir de 165/424 Kn ; ✻@🛜🏊). Nichée dans un quartier périphérique, cette petite auberge dispose de chambres colorées, d'une petite piscine et d'un barbecue réservé aux hôtes. Le personnel peut organiser des excursions aux lacs de Plitvice et au parc national de Krka. Si l'auberge affiche complet, adressez-vous à son établissement frère, le Lazy Monkey, pour une qualité et des prix similaires.

Windward Hostel — AUBERGE DE JEUNESSE €
(☎091 62 19 197 ; www.windwardhostelzadar.com ; Put Gazica 12 ; dort/d 112/450 Kn ; ✻🛜). Installée à seulement 1,5 km de la vieille ville, cette auberge de 20 lits sur le thème de la plaisance est gérée par un passionné de voile. Les chambres, impeccables, sont équipées de casiers spacieux et de lampes de lecture. Un supermarché et une boulangerie se trouvent non loin. Le personnel peut organiser des croisières et des cours de voile.

Apartmani Petra — APPARTEMENTS €€
(☎023-331 113 ; www.apartman-petra.com/fr ; Roberta Frangeša Mihanovića 63 ; app 420-595 Kn ; P✻🛜). Perché sur une colline parmi les maisons de vacances, cet immeuble bien tenu est un vrai bijou. Proches de la plage (mais à une bonne trotte de la vieille ville), les appartements sont propres, tranquilles et sûrs.

Art Hotel Kalelarga — HÔTEL €€€
(☎023-233 000 ; www.arthotel-kalelarga.com ; Majke Margarite 3 ; s/d 1 340/1 640 Kn ; ✻🛜). Construit et conçu selon les règles de conservation du patrimoine en raison de son emplacement, cet écrin discret et luxueux renferme 10 chambres. La pierre apparente et les tons sable confèrent style et caractère aux spacieuses chambres. Le petit-déjeuner gourmand est servi dans le restaurant design de l'hôtel.

Club Funimation Borik — COMPLEXE HÔTELIER €€€
(☎023-555 600 ; www.borik.falkensteiner.com ; Majstora Radovana 7 ; ch tout compris 2 000 Kn ; P✻@🛜🏊👨). Les familles seront choyées dans cet immense hôtel du front de mer aux 258 chambres proposant des tarifs tout inclus et de superbes piscines. Les enfants pourront s'amuser au "Falky Land" pendant que les parents profitent du superbe spa et de la salle de sport. Chambres spacieuses et suites luxueuses.

Hotel Niko — HÔTEL €€€
(☎023-337 888 ; www.hotel-niko.hr ; Obala Kneza Domagoja 9 ; s/d 780/1 090 Kn ; P✻🛜). Les chambres de cet élégant petit hôtel familial sont agrémentées de mobilier de qualité. Toutes ont un balcon, avec pour certaines une jolie vue sur l'Adriatique et la vieille ville. L'hôtel est à environ 4,5 km au nord de la vieille ville, près de la Marina Borik.

Hotel Bastion — HÔTEL €€€
(☎023-494 950 ; www.hotel-bastion.hr ; Bedemi Zadarskih Pobuna 13 ; s/d/ste à partir de 1 560/1 900/2 490 Kn ; P✻🛜). Bâti sur les ruines d'une forteresse vénitienne, cet hôtel respire le raffinement. Les 23 chambres et les 5 suites allient avec brio charme classique du début du XXe siècle et sensibilité contemporaine. Le restaurant huppé et le spa au sous-sol complètent le tableau.

Hotel Adriana — HÔTEL €€€
(☎023-555 600 ; www.adriana.falkensteiner.com ; Majstora Radovana 7 ; ch à partir de 1 800 Kn ; ⊙mi-mai à oct ; P✻@🛜🏊). Orienté vers une clientèle d'adultes (contrairement à l'enseigne partenaire voisine), cet hôtel huppé de 48 chambres s'organise autour d'une superbe villa du XIXe siècle, dont le charmant terrain ombragé descend jusqu'à une plage labellisée Pavillon bleu. Aménagées dans une annexe datant des années 1960, les chambres sont joliment meublées. Demi-pension incluse.

Où se restaurer

Marché — MARCHÉ €
(Zlatarska ; ⊙7h-13h). L'un des meilleurs marchés de Croatie. On y trouve des produits locaux de saison à petits prix : pastèques et oranges juteuses, jambon fumé et fromage de Pag.

Kaštel — MÉDITERRANÉEN €€
(☎023-494 950 ; www.hotel-bastion.hr ; Bedemi Zadarskih Pobuna 13 ; plats 80-170 Kn ; ⊙7h-23h). Le restaurant raffiné de l'Hotel Bastion revisite les classiques croates (ragoût de poulpe, calamars farcis, fromage de Pag). La France et l'Italie sont bien représentées, en particulier sur la succulente carte des desserts. On peut s'installer à une table dans la salle ou sur les remparts surplombant le port pour un dîner inoubliable.

♥ Pet Bunara
DALMATE €€

(☎ 023-224 010 ; www.petbunara.com ; Stratico 1 ; plats 60-165 Kn ; ⊙ 11h-23h). Avec ses murs en pierre et sa jolie terrasse bordée d'oliviers, le Pet Bunara offre un cadre idéal pour découvrir les soupes et ragoûts dalmates, déguster les pâtes maison ou goûter les favoris du cru, comme le poulpe et la dinde. Gardez un peu de place pour un gâteau aux figues ou une tarte aux cerises, spécialités de Zadar.

Kornat
MÉDITERRANÉEN €€

(☎ 023-254 501 ; www.restaurant-kornat.hr ; Liburnska Obala 6 ; plats 48-140 Kn ; ⊙ 12h-minuit lun-sam). Cette adresse élégante, située face au port, est l'une des meilleures tables de Zadar. La salle en bois poli et la petite terrasse servent de cadre à une cuisine alliant produits frais croates, onctueuses sauces à la française, et quelques touches italiennes.

Gourmet Kalelarga
CAFÉ €€

(Široka 23 ; petit-déj 25-60 Kn, plats 60-140 Kn ; ⊙ 7h-22h). À côté de l'Art Hotel Kalelarga (p. 186), ce petit café chic sert des petits-déjeuners complets imbattables et d'irrésistibles pâtisseries. Plus tard dans la journée, l'établissement propose des plats dalmates plus consistants. Très bon service.

Foša
POISSON €€€

(☎ 023-314 421 ; www.fosa.hr ; Kralja Dmitra Zvonimira 2 ; plats 95-225 Kn ; ⊙ 12h-1h). Avec sa superbe terrasse s'avançant dans le port et sa salle mêlant harmonieusement vieilles pierres et style contemporain, le Foša est un établissement très chic. La cuisine du chef Damir Tomljanović met le poisson à l'honneur, servi grillé ou cuit en croûte de sel.

🍸 Où prendre un verre et sortir

Les bars de Zadar sont fréquentés par une foule d'étudiants. Le quartier de Varoš, au sud-ouest de la vieille ville, ne manque pas de petits café-bars intéressants et populaires.

♥ La Bodega
BAR À VIN

(www.labodega.hr ; Široka 3 ; ⊙ 7h-1h dim-jeu, 7h-1h30 ven-sam). Ce bar est l'un des plus tendance de Zadar. Ouvert sur la rue, il affiche un style semi-industriel que vient égayer un bar tapissé de carreaux de style portugais, surmonté d'un long chapelet de jambons et de gousses d'ail. Bonne sélection de vins croates servis au verre et extraordinaires bouteilles, à déguster avec des fromages variés et du jambon cru.

Ledana
BAR, CLUB

(www.ledana.hr ; Perivoj kraljice Jelene Madijevke ; ⊙ 8h-4h juin-sept). Le charmant jardin de Ledana et sa musique en font un endroit tout trouvé pour une soirée rétro-kitsch. Les soirs de fête, le club accueille des DJ connus, des danseurs et des concerts. S'il fait un peu frais dehors, installez-vous dans la *ledana* (glacière circulaire) du XIXe siècle.

Galerija Đina
BAR

(Varoška 2 ; ⊙ 7h-minuit). Ce bar animé déborde dans une ruelle étroite au cœur de Varoš. Très bruyant le week-end.

Kult Caffe
BAR

(Stomorića 4 ; ⊙ 7h30-minuit dim-jeu, 7h30-1h30 ven-sam). Asseyez-vous à l'ombre d'un parasol sur la vaste terrasse, l'un des hauts lieux de rendez-vous de la vieille ville. Idéal pour un café décontracté dans l'après-midi ou une soirée animée.

Garden
BAR

(www.watchthegardengrow.eu ; Bedemi Zadarskih Pobuna bb ; ⊙ 10h-1h fin mai-oct). Perché au sommet des remparts, ce bar-club-jardin hyperbranché évoque un peu Ibiza, avec sa belle vue sur le port, ses divans, ses recoins, ses tissus vaporeux et sa musique électronique. L'équipe gère aussi le Garden Tisno.

Zodiac
BAR

(Simana Ljubavca 2 ; ⊙ 8h-1h30 lun-sam, 18h-1h30 dim). QG des artistes et des écrivains de Zadar, le Zodiac baigne dans une excellente ambiance musicale – indie, rock, ska, reggae, etc. Un bémol : même les places côté rue disparaissent dans un nuage de fumée.

Arsenal
SALLE DE CONCERTS

(www.arsenalzadar.com ; Trg Tri Bunara 1). Cet ancien entrepôt naval renferme plusieurs bars et un restaurant. Il accueille des concerts et des expositions. Consultez le site Internet pour connaître le programme.

ℹ Renseignements

Aquarius Travel Agency (☎ 023-212 919 ; www.aquariuszadar.com ; Nova Vrata bb ; ⊙ horaires variables). Réservation d'hébergements et excursions au parc national des lacs de Plitvice et dans les îles Kornati (300 Kn, nourriture et boissons incluses).

Hôpital général de Zadar (Opća Bolnica Zadar ; ☎ 023-505 505 ; www.bolnica-zadar.hr ; Bože Peričića 5)

Office du tourisme (☎ 023-316 166 ; www.zadar.travel/fr/ ; Mihe Klaića 5 ; ⊙ 8h-23h mai-juil et sept, 8h-minuit août, 8h-20h lun-ven,

9h-14h sam-dim oct-avr ; 📞). Bonne carte en couleur et audioguides (35 Kn) pour une visite libre de la ville. Wi-Fi gratuit.

Poste (Šimuna Kožičića Benje 1 ; ⊘7h30-21h lun-ven, 7h30-20h sam juin-sept, 7h-20h lun-ven, 7h-13h sam oct-mai)

❶ Depuis/vers Zadar

AVION
L'**aéroport de Zadar** (📞023-205 800 ; www.zadar-airport.hr) est situé à 12 km à l'est du centre-ville. Croatia Airlines assure la liaison Zadar-Zagreb. Vols internationaux à destination de Bruxelles, Paris, Varsovie et bien d'autres villes, souvent avec des compagnies low cost.

BATEAU
G&V Line (www.gv-zadar.hr) propose 3 ferries de passagers quotidiens pour Dugi Otok, via Sali (50 min) et Zaglav (1 heure).

Les ferries **Jadrolinija** (📞023-254 800 ; www.jadrolinija.hr ; Liburnska Obala 7) accostent près de la vieille ville. Les grands ferries internationaux mouillent à Istarska Obala et les plus petits, à Liburnska Obala (où se trouve la billetterie). Six bacs par semaines depuis/vers le port italien d'Ancona, de juin à septembre, et jusqu'à 14 en juillet-août (à partir de 480/1 060 Kn par passager/voiture).

Les ferries locaux desservent notamment Mali Lošinj (adulte/enfant/voiture 59/30/271 kn, 6 heures 45, tlj en juil-août), Brbinj sur l'île de Dugi Otok (30/15/176 Kn, 1 heure 15, 2-3/jour) et Preko sur Ugljan (18/9/103 Kn, 25 min, 11-17/jour). Des catamarans réservés au transport des passagers partent aussi pour Božava, sur Dugi Otok (40 Kn, 1 heure 15, 3/jour).

BUS
La **gare routière** (📞060 305 305 ; www.liburnija-zadar.hr ; Ante Starčevića 1) se trouve à 1 km au sud-est de la vieille ville.

Elle dessert notamment les villes croates suivantes :

Dubrovnik 173 Kn, 8 heures, 6/jour
Pula 176 Kn, 7 heures, 2/jour
Rijeka 130 Kn, 4 heures, 12/jour
Split 80 Kn, 3 heures, 1/heure
Zagreb 110 KN, 3 heures 30, 1/heure

❶ Comment circuler

DEPUIS/VERS L'AÉROPORT
Des bus attendent les passagers des vols Croatia Airlines devant le terminal principal. Dans l'autre sens, ils partent de la vieille vilIle (Liburnska Obala) et de la gare routière 1 heure avant le vol (25 Kn).

La course en taxi coûte environ 140 Kn pour la vieille ville et 170 Kn pour Borik.

TRANSPORTS PUBLICS
Liburnija (www.liburnija-zadar.hr) gère 10 lignes, qui passent par la gare routière. Le billet coûte 10 Kn à bord, ou 16 Kn pour deux dans un kiosque à journaux (*tisak*). Les bus 5 et 8 (généralement marqués "Puntamika") circulent régulièrement depuis/vers Borik.

DUGI OTOK

📞 023 / 1 700 HABITANTS

La plus grande île des environs de Zadar et ses paysages relativement préservés semblent échapper à la sphère temporelle. Dugi Otok, "l'île longue", s'étire du nord-ouest au sud-est ; elle mesure 43 km de longueur sur 4 km de largeur. Au sud-est, sa côte se compose de collines abruptes et de falaises, tandis que des vignobles, des vergers et des pâturages à moutons en recouvrent la moitié nord. Entre les deux se dressent des collines karstiques, dont Vela Straža (338 m) constitue le point culminant.

Histoire

Des ruines révèlent l'existence d'implantations illyriennes, romaines et paléochrétiennes, quoique les premières traces écrites relatives à l'île ne remontent qu'au milieu du Xe siècle. L'île devint ensuite la propriété des monastères de Zadar. La population augmenta au moment des invasions turques du XVIe siècle, qui poussèrent les habitants de la côte à trouver refuge sur Dugi Otok. Le destin de Dugi Otok demeura étroitement lié à celui de Zadar, passant successivement aux mains des Vénitiens, des Autrichiens et des Français. Toutefois, elle resta dans le giron de la Croatie lorsque la Dalmatie du Nord fut cédée à Benito Mussolini. Les anciens se souviennent des difficultés qu'ils enduraient à l'époque où le centre médical et administratif le plus proche se trouvait à Šibenik, qu'ils rejoignaient par une longue et périlleuse navigation le long de la côte.

Le manque d'eau a toujours constitué un obstacle au développement économique de l'île. Les eaux de pluie sont collectées et l'eau potable doit être acheminée de Zadar par la mer. Comme sur de nombreuses autres îles dalmates, la population a déserté massivement les lieux au cours des dernières décennies, laissant seulement les âmes les plus endurcies affronter seules la sécheresse estivale et, l'hiver, le souffle glacial de la bora.

❶ Depuis/vers Dugi Otok

Les ferries de passagers **G&V Line** (www.gv-zadar.com) assurent 3 traversées/jour depuis Zadar, via Sali (25 Kn, 50 min) et Zaglav (25 Kn, 1 heure).

Jadrolinija (www.jadrolinija.hr) propose des traversées quotidiennes en catamaran au départ de Zadar, à destination de Božava (40 Kn, 1 heure 15) et de Brbinj (40 Kn, 1 heure 45). En été, un car-ferry dessert Brbinj (adulte/enfant/voiture 30/15/176 Kn) 3 fois/jour.

❶ Comment circuler

Les seuls bus de Dugi Otok font la navette entre Božava et Brbinj au nord (avant et après l'arrivée des bateaux). On peut louer des scooters à Sali et à Božava. Un véhicule privé – moto ou voiture de location – est indispensable pour explorer l'île.

Veli Rat

60 HABITANTS

Veli Rat est un joli village dont la marina donne sur une baie bien protégée, près de la pointe nord-ouest de l'île. Hormis un bar-boutique isolé, il n'y a pas grand-chose. Toutefois, 3 km plus loin, à la pointe de l'île, se dresse l'étonnant **phare de Punta Bjanca**, construit en 1849. Haut de 42 m, c'est le plus grand de l'Adriatique. Une petite chapelle consacrée à saint Nicolas, patron des marins, se dresse non loin, plein ouest.

🛏 Où se loger

Camp Kargita CAMPING €
(☎ 098 532 333 ; www.camp-kargita.hr ; adulte/enfant/empl 68/40/140 Kn ; ☺ avr-oct). À deux pas du phare Punta Bjanca, ce petit camping situé à proximité d'une plage de rochers semble coupé du monde. Il est relativement récent et les équipements sont en bon état.

Božava

120 HABITANTS

Ce tranquille village de pêcheurs, parsemé d'arbres fleuris et de jolis sentiers ombragés qui courent le long de la côte, s'est transformé en station balnéaire en l'espace de deux générations. Le tourisme domine aujourd'hui l'économie locale, et le village compte quatre hôtels, ainsi que deux restaurants sur le port. Durant la saison estivale, un "train" miniature (10 Kn) relie les hôtels à la **baie de Sakarun**, l'une des plus jolies plages de l'île. Il s'agit essentiellement d'une plage de galets peu ombragée avec une étroite bande de sable ; l'eau n'est vraiment pas profonde, ce qui conviendra aux familles avec enfants en bas âge. Si vous venez de Božava en voiture, tournez à droite sur la principale route de l'île et guettez l'embranchement à gauche après 3 km.

🛏 Où se loger

Hotel Maxim HÔTEL €€€
(☎ 023-291 291 ; www.hoteli-bozava.hr ; s/d à partir de 740/1 480 Kn ; 🅿❄@☒). Ce quatre-étoiles est l'hôtel le plus chic de Božava. Les chambres et appartements élégants ont des balcons donnant sur la mer. Autres atouts : petite terrasse avec une piscine, et accès aux courts de tennis éclairés et au petit spa.

❶ Renseignements

Office du tourisme (☎ 023-377 607 ; www.dugiotok.hr ; Božava bb ; ☺9h-13h et 17h-20h lun-ven, 9h-14h sam juin-sept). Situé juste au-dessus du petit port, il peut trouver des vélos, des scooters et des voitures à louer, ainsi que des chambres chez l'habitant.

Sali

740 HABITANTS

Plus grand bourg et port de l'île de Dugi Otok, Sali fait presque figure de ville comparée aux autres hameaux disséminés sur Dugi Otok. La localité, qui doit son nom aux anciennes salines, offre un cadre vivant et joyeusement désordonné. L'été, son petit port de pêche actif se remplit de bateaux de passagers et de yachts qui mouillent dans ses eaux, en partance ou en provenance de la baie de Telašćica et des îles Kornati.

🏃 Activités

Kornati Diver PLONGÉE
(☎ 098 16 93 107 ; www.kornati-diver.com ; 200/930/1 700 Kn pour 1/5/10 plongées). Basé dans le village de Zaglav, 3 km au nord de Sali, ce prestataire organise l'exploration de grottes, de parois rocheuses, et d'une épave au large de la côte ouest de Dugi Otok.

Tome CROISIÈRES
(☎ 023-377 489 ; www.tome.hr). Croisières d'une journée dans la baie de Telašćica et les îles Kornati (2 200 Kn, 6 pers maximum), comprenant nourriture et droit d'entrée. On peut aussi louer un bateau avec skipper et organiser son propre itinéraire (1 500 Kn). Également des sorties de pêche (à partir de 2 200 Kn).

Fêtes et festivals

Fête de Saljske Užance — CULTURE
(Saljske Užance ; ☉début août). Le week-end qui précède l'Assomption (15 août), cette fête attire des visiteurs de toute la région. Les courses d'ânes et la procession de bateaux autour du port à la lueur des bougies sont le clou des festivités. Vêtus de costumes traditionnels, les habitants jouent d'instruments faits avec des cornes de bovins.

Où se restaurer et prendre un verre

Spageritimo — CROATE €€
(☎023-377 227 ; Sali bb ; plats 45-120 Kn ; ☉11h-22h). Meilleur restaurant de Sali, cette taverne du port met à l'honneur les produits ultra-frais de la pêche (certains trouvent les portions trop chiches). Les propriétaires font leur propre huile d'olive.

Maritimo — BAR
(Obala Petra Lorinija bb ; ☉11h-1h). Véritable cœur de Sali, ce bar avec terrasse est toujours très animé. Le long comptoir en bois et les photos d'antan aux murs lui donnent beaucoup de cachet.

Renseignements

Adamo Travel (☎023-377 208 ; www.adamo.hr ; Obala Kralja Tomislava bb ; ☉8h-18h lun-sam). Dans le bâtiment de l'office du tourisme, cette agence loue une large gamme de chambres chez l'habitant et d'appartements privés, et vend des billets pour les excursions en voiture et en bateau dans la baie de Telašćica.
Office du tourisme (☎023-377 094 ; www.dugiotok.hr ; Obala Kralja Tomislava bb ; ☉8h-20h lun-sam, 11h-13h dim juil-août, 8h-15h lun-ven sept-juin). Sur le port.
Poste (Obala Petra Lorinija bb ; ☉8h-12h et 18h-21h lun-ven, 8h-12h sam juin-sept, 8h-17h lun, 8h-14h mar-ven oct-mai)

Comment circuler

Louvre (☎098 650 026 ; Obala Kralja Tomislava bb). Location de scooters et de VTT.

Baie de Telašćica

L'extrémité sud-est de Dugi Otok est divisée en deux par la **baie de Telašćica** (Park prirode Telašćica ; www.telascica.hr ; 25 Kn), profondément échancrée, que ponctuent cinq petites îles et cinq minuscules îlots. Avec ses superbes eaux couleur azur, c'est l'un des ports naturels les plus vastes et les plus beaux de l'Adriatique ; il est par conséquent très prisé des plaisanciers.

Les îles Kornati s'étendent presque jusqu'à la lisière de la baie, les deux groupes insulaires présentant une topographie identique de calcaire blanc semé de broussailles. À la pointe de la façade ouest de Dugi Otok, le vent et les vagues ont sculpté des falaises abruptes hautes de 166 m. Cette partie de l'île est sans infrastructures.

À voir

Lac Mir — LAC
Le lac Mir (lac salé) se détache au milieu des pinèdes. Il est alimenté par des canaux souterrains rejoignant la mer, et son eau est beaucoup plus chaude que cette dernière. Limpide, il n'en recèle pas moins au fond une boue que l'on dit thérapeutique.

Depuis/vers la baie de Telašćica

Il n'y a que deux moyens de se rendre à la baie de Telašćica : en bateau ou à pied depuis Sali, soit une randonnée de 3 km. On peut opter pour une excursion avec Adamo Travel, basé à Sali.

RÉGION DE ŠIBENIK-KNIN

Située entre les grandes villes de Zadar et de Split, qui captent l'attention des visiteurs, cette région est injustement méconnue. Elle renferme pourtant quelques trésors, comme le remarquable centre médiéval de Šibenik, ainsi que deux parcs nationaux – les paysages préservés des îles Kornati et les merveilleux marais de la Krka, dans l'arrière-pays.

Îles Kornati

☎022 / 20 HABITANTS

Cet archipel, semé de 140 îles, îlots et récifs pour la plupart déserts, s'étend sur 300 km². Il est le plus étendu de l'Adriatique. Ces îles typiques des reliefs karstiques présentent un paysage fait de crevasses, de grottes et de falaises abruptes. L'herbe est rare sur ces îles arides, pratiquement dépourvues de sources. Les chênes verts et autres persistants qui y poussaient ont depuis longtemps brûlé lors du défrichage des terres. Mais, loin de porter atteinte à la beauté des lieux, la déforestation a mis en valeur les étonnantes formations rocheuses, dont la blancheur resplendit de façon féerique sur le bleu de la mer.

Les Kornati se divisent du nord-ouest au sud-est en quatre groupes d'îles distincts : les deux premiers, assez proches de la terre ferme, portent le nom de Gornji Kornat. **Žut** en est l'île la plus grande et la plus découpée.

On dénombre en tout 300 bâtiments dans l'archipel des Kornati, dont la majorité sur la côte sud-ouest de Kornat.

👁 À voir

Parc national des Kornati PARC NATIONAL
(www.np-kornati.hr). Les deux groupes d'îles face au large, aux côtes encore plus découpées, englobent le **parc national des Kornati**. L'île de **Kornat**, de loin la plus vaste, mesure 25 km de longueur sur 2,5 km de largeur. L'archipel est protégé, tout comme les eaux qui l'entourent. La réglementation stricte de la pêche permet de renouveler la faune piscicole. **Piškera**, qui était habitée au Moyen Âge, servait autrefois de lieu de pêche et de stockage du poisson.

🛏 Où se loger et se restaurer

Pour séjourner sur l'une des îles Kornati, contactez Adamo Travel (ci-contre), à Sali, ou KornatTurist (p. 192), à Murter. Les deux agences proposent des hébergements indépendants. Les maisonnettes débutent autour de 4 500 Kn/semaine, un prix comprenant le transfert en bateau, le gaz destiné à la cuisine et à l'éclairage, et l'entrée du parc national.

Les îles comptent un nombre surprenant de restaurants accueillant les plaisanciers et les excursionnistes ; beaucoup se trouvent au sein du parc national, sur l'île principale de Kornat et sur Piškera.

ⓘ Renseignements

Le droit d'entrée pour le parc est tarifé selon la taille du bateau ; en réservant, une petite embarcation revient à 180 Kn/jour. Les permis plongée coûtent 100 Kn/personne et par jour.

Le Bureau du parc national des Kornati (p. 192), situé sur Murter, fournit tous les renseignements nécessaires.

ⓘ Depuis/vers les îles Kornati

Aucun ferry n'effectue la traversée vers les Kornati. À moins de disposer de votre propre bateau, vous pourrez opter pour une des excursions organisées à la journée au départ de Murter, de Zadar, de Sali, de Šibenik, de Split ou d'autres villes de la côte, ou encore réserver et organiser votre hébergement chez l'habitant auprès des agences de Sali ou de Murter.

L'île de Piškera, dans la partie sud du détroit entre Piškera et Lavsa, abrite le plus grand port de plaisance ; il en existe un autre à Žut. Certaines petites criques dans l'archipel accueillent les embarcations de plaisance.

Tisno et île de Murter

🎵 022/5 140 HABITANTS

La charmante petite ville de Tisno est située de part et d'autre du pont qui relie l'île de Murter au continent. Elle s'est récemment fait connaître en accueillant une série de festivals de musique de haut vol ; le reste du temps, elle dégage un charme plutôt nonchalant.

La plus grande localité de l'île est le village de Murter. Assez ordinaire, il constitue toutefois une excellente base pour explorer les îles Kornati. La côte sud-ouest escarpée de l'île est entaillée de petites criques, notamment celle de Slanica, idéale pour la baignade.

🎉 Fêtes et festivals

En juillet et en août, Tisno met à l'honneur des artistes de la scène électro, groupes et DJ, parmi les plus réputés du monde. Les styles sont variés et la musique, éclectique. Pour l'occasion, le Garden bar de Zadar joue les maîtres de cérémonie.

Tisno n'a pas fait les choses à moitié pour accueillir le festival. Installés à seulement 1 km du centre-ville et dotés d'une plage de sable privée, se trouvent 80 appartements et un camping luxueux équipé de tentes de 30 m² avec ventilateur, lumière, vrais lits, moustiquaires, et un dressing séparé et une véranda. Les fêtards peuvent ainsi loger sur place et faire autant de bruit qu'ils veulent sans déranger le voisinage. Ils ont à disposition des zones de détente et trois ambiances musicales différentes, dont le club en plein air Barbarella, à quelques minutes en bus ou en bateau-taxi. Sans oublier les fêtes en bateau de l'Argonaughty, à la réputation sulfureuse. Bref, on ne s'ennuie pas.

Electric Elephant MUSIQUE
(www.electricelephant.co.uk ; 🕑 début juil.). Cinq jours et cinq nuits de folie DJ. Boo Williams et Psychemagik ont été parmi les DJ invités.

SUNćeBeat MUSIQUE
(www.suncebeat.com ; 🕑 fin juil.). "Soleil et musique" pendant 8 jours, avec une programmation de DJ connus comme Black Coffee, Louie Vega et Derrick Carter.

Soundwave　MUSIQUE
(www.soundwavecroatia.com ; ◴début août). Cinq soirées dédiés à l'alternative dance, au dub et aux musiques du monde.

Stop Making Sense　MUSIQUE
(www.stopmakingsense.eu). Quatre jours pour danser grâce à une équipe de DJ, début août.

🛏 Où se loger

Hotel Tisno　HÔTEL €€€
(✆022-438 182 ; www.hoteltisno.com ; Zapadna Gomilica 8, Tisno ; ch 900-1 400 kn ; ✴🛜). Sur le front de mer de Tisno, cette demeure de la fin du XIXe siècle fait forte impression. Les chambres aux rideaux rouges et au mobilier en bois poli sont tout à fait dans le ton.

Hotel Murter　HÔTEL €€€
(✆022-434 500 ; www.hotelmurter.com ; Nerezine bb, Murter ; lits jum 1 275 Kn ; P✴🛜🏊). Cet hôtel à 5 minutes à pied de la plage de Slanica loue des chambres bien aménagées. Petite piscine et vue superbe sur le secteur.

ⓘ Renseignements
Bureau du parc national des Kornati (✆022-435 740 ; www.kornati.hr ; Butina 2, Murter ; ◴8h30-17h lun-ven). Fournit tous les renseignements nécessaires.

Coronata (✆022-435 447 ; www.coronata.hr ; Rudina 17, Murter ; ◴9h-18h lun-ven, 9h-13h sam). Location d'appartements privés et organisation d'excursions d'une journée aux îles Kornati, au départ de Murter.

KornatTurist (✆022-435 855 ; www.murteractive.holiday ; Hrvatskih Vladara 2, Murter ; ◴horaires variables). Location d'hébergements privés et organisation d'activités aquatiques.

Office du tourisme (✆022-434 995 ; www.tzo-murter.hr ; Rudina bb, Murter ; ◴8h-22h juin-août, 8h-15h sept-mai)

ⓘ Comment s'y rendre et circuler
Les bus empruntant la grand-route côtière s'arrêtent à 6 km du centre de Tisno.

Parc national de la Krka
✆022

La Krka s'écoule sur 73 km, de l'ouest des Alpes dinariques jusqu'à l'Adriatique, où elle se jette près de Šibenik. Son cours et ses splendides chutes d'eau ont façonné le paysage du **parc national de la Krka** (✆022-201 777 ; www.npkrka.hr ; adulte/enfant 150/90 Kn juil-août, 110/80 Kn avr-juin et sept-oct, 30/20 Kn nov-mars). Les chutes de la Krka résultent d'un phénomène karstique : pendant des millénaires, l'eau de la rivière a creusé un profond canyon (jusqu'à 200 m) dans les collines calcaires, charriant du carbonate de calcium dans son lit. Les mousses et les algues ont retenu ce calcium, alors que l'encroûtement des couches végétales successives produisait les barrières de travertin qui ont formé les cascades spectaculaires. Les constructions humaines sont également l'un des grands attraits de la région, dont le caractère isolé attira les moines qui édifièrent ici leurs monastères.

Le parc a cinq entrées principales : Skradin, Lozovac, Roški Slap, le monastère de la Krka et Burnum. Toutes sont accessibles en voiture.

👁 À voir

Skradin　VILLAGE
Skradin est un joli village au bord de la rivière, dont la rue principale est bordée de maisons tantôt colorées, tantôt en pierre nue. Une forteresse en ruine domine l'ensemble. Outre son charme certain, le village de Skradin constitue un bon point de départ pour visiter le parc national de la Krka du fait que le droit d'entrée au parc comprend la traversée du canyon en bateau, jusqu'à Skradinski Buk. Toutefois, la file d'attente pour le bateau peut être longue en été.

Skradinski Buk　CASCADE
Le joyau de la Krka apparaît au bout d'un circuit d'une heure empruntant des passerelles reliant entre eux les îlots disséminés sur la rivière. Il s'achève devant la plus grande cascade du parc, Skradinski Buk. Longue de 800 m, elle dévale presque 46 m avant de se jeter avec fracas dans le lac inférieur, apprécié des baigneurs. Quelques anciens moulins situés à proximité ont été transformés en ateliers d'artisanat, boutiques et restaurants. En été, l'endroit est bondé. De l'entrée à Lozovac, des bus (tarif compris dans le droit d'entrée) transfèrent les visiteurs du grand parking (également gratuit) à Skradinski Buk, en empruntant une route sinueuse. Ni les bateaux ni les bus gratuits ne circulent entre novembre et février, mais pendant cette période, il est possible de se rendre aux cascades en voiture.

Monastère franciscain Notre-Dame-de-la-Miséricorde　MONASTÈRE
(Franjevački samostan Majke od Milosti ; ✆022-775 730 ; www.visovac.hr). En amont de Skradinski

HORS DES SENTIERS BATTUS

KNIN

Située à un emplacement historiquement stratégique, à la frontière entre la Dalmatie et la Bosnie, Knin était au Moyen Âge un important centre marchand, avant de devenir la capitale du royaume de Croatie au XIe siècle. Cependant, le drapeau croate flottant au-dessus de la forteresse fait plutôt allusion aux événements récents qu'à l'histoire médiévale. La population était constituée de 86% de Serbes lorsqu'en 1991, Knin s'autoproclama capitale de la république serbe de Krajina. La plupart des Serbes s'enfuirent avant que la Croatie ne récupère la ville en 1995. Elle accueillit par la suite des réfugiés croates venus de Bosnie. Cependant, l'économie de Knin s'est effondrée avec le départ des Serbes, et l'atmosphère actuelle est encore quelque peu morose.

La **Forteresse de Knin** (Kninski Tvrđava ; 10 Kn ; 7h-19h mi-mars à nov) domine la ville, du haut de la colline de Spas. Commencée au IXe siècle, elle atteignit son apogée au XIe siècle, en tant que résidence royale. La vue est extraordinaire sur la vallée, qui s'étend même jusqu'aux montagnes de Bosnie-Herzégovine, révèle l'importance stratégique qu'elle a pu avoir. Lorsque la monarchie croate s'effondra, Knin fut prise d'assaut par divers envahisseurs, jusqu'à ce que les Ottomans s'en emparent en 1522. Plus tard, ce fut au tour de Venise, de l'Autriche et de la France, puis à nouveau de l'Autriche, d'occuper la ville. L'édifice actuel date principalement des XVIIe et XVIIIe siècles.

On peut se rendre à Knin en train depuis Split (82 Kn, 1 heure 30, 3/jour) et Šibenik (50 Kn, 1 heure 45, 4/jour). Il y a des bus au départ de Split (67 Kn, 2 heures 30, 5/jour).

Buk, la rivière s'élargit pour former le lac de Viskovac, bordé de roseaux et de joncs où nichent les oiseaux aquatiques. En son centre se trouve un merveilleux îlot bordé d'arbres – l'endroit parfait pour un monastère. Fondé au XIVe siècle par des moines ermites augustins, il fut agrandi en 1445 par des franciscains bosniaques ayant fui l'envahisseur ottoman. L'église fut largement remodelée au XVIIe siècle, et le clocher ajouté en 1728. Les excursions en bateau depuis Skradinski Buk comprennent une escale de 30 minutes sur l'île.

Roški Slap — CASCADE

(Tarif plein/réduit 60/40 Kn, inclus dans le droit d'entrée au parc ; 9h-20h juil-août, horaires réduits reste de l'année). Ces chutes longues de 650 m qui débutent en pente douce, puis se ramifient avant de se jeter d'une hauteur de 23 m, sont d'une beauté spectaculaire. Sur la rive est, on peut visiter les moulins à eau, jadis utilisés pour moudre le blé. Des bateaux s'y rendent depuis Skradinski Buk (adulte/enfant 130/90 Kn, 3 heures 30).

Monastère de la Krka — MONASTÈRE

(Manastir Krka ; 10h-18h). Cet édifice est non seulement le plus important monastère serbe orthodoxe de Croatie, mais tout simplement l'un des sanctuaires majeurs pour les fidèles de cette confession. Mêlant singulièrement architecture byzantine et style méditerranéen, il surplombe paisiblement la rivière et le petit lac. De mi-juin à mi-octobre, un guide du parc national pourra vous faire visiter les lieux. En dehors de cette période, vous pourrez visiter librement l'église et vous promener le long du lac.

Dédié à l'archange saint Michel, le monastère fut fondé en 1345 par Jelena Šubić, épouse d'un noble croate de la région, et demi-sœur de l'empereur Dušan de Serbie. Les racines chrétiennes du lieu sont néanmoins beaucoup plus profondes. Un réseau de grottes naturelles, juste à côté, abrite des catacombes où figurent des inscriptions chrétiennes primitives, remontant probablement au Ier siècle. Selon la légende, cette église secrète aurait accueilli saint Titus et même saint Paul. La visite guidée ne permet d'accéder qu'à une petite partie de la grotte, où l'on peut observer les fameuses inscriptions et les ossements humains ; ce réseau souterrain s'étend sur au moins 100 m, et peut-être même sur 2 km.

Pendant la guerre des années 1990, la riche collection du monastère – renfermant notamment des manuscrits précieux et des objets religieux – fut transférée à Belgrade par sécurité. Un nouveau musée censé accueillir la collection a récemment été construit. Le monastère avait lui-même été placé sous la protection de l'ONU durant la guerre. Dans l'enceinte se trouve également le plus ancien séminaire serbe orthodoxe. Il a rouvert ses portes en 2001 et accueille aujourd'hui 50 étudiants en théologie.

Sur demande, des bateaux se rendent au monastère de la Krka depuis Roški Slap (2 heures 30, d'avril à octobre seulement).

❶ Renseignements

Des bureaux d'information se trouvent à chaque entrée du parc.

Bureau du parc national de la Krka (☏022-771 688 ; www.npkrka.hr ; Skradin ; ⏰8h-20h). Près du port de Skradin. Organisation d'excursions.

Office du tourisme de Skradin (☏022-771 329 ; www.skradin.hr ; Trg Male Gospe 3 ; ⏰9h-17h lun-ven).Dans l'hôtel de ville ; de Pâques à octobre, un kiosque est installé à côté du bureau du parc.

❶ Depuis/vers le parc national de la Krka

Nombre d'agences organisent des excursions aux chutes de la Krka depuis Šibenik, Zadar et d'autres villes côtières, mais on peut voir ces sites en s'y rendant par ses propres moyens. En été, 7 bus quotidiens (3 le dimanche) d'Autotransport Šibenik (www.atpsi.hr) relient Šibenik à Lozovac et à Skradin (25 Kn, 25 min). En hiver, les seuls bus circulent aux horaires scolaires.

Šibenik

☏022 / 46 300 HABITANTS

Si la périphérie sans charme de Šibenik ne semble rien présager de bon, son magnifique quartier médiéval, dont les bâtiments de pierre immaculés se reflètent dans les eaux tranquilles de la baie, mérite vraiment le détour. Il fait bon se perdre dans son lacis de ruelles et de venelles pentues. Šibenik est également un important point d'accès au parc national de la Krka et aux îles Kornati.

Histoire

Contrairement à de nombreuses villes du littoral dalmate, Šibenik ne fut pas fondée par les Illyriens, les Grecs ou les Romains, mais par le roi croate Petar Krešimir IV, au XIe siècle. Conquise par Venise en 1116, elle appartint successivement à la Hongrie, à Byzance et à la Bosnie, avant de redevenir vénitienne en 1412. Les Ottomans attaquèrent régulièrement la ville aux XVIe et XVIIe siècles, ce dont pâtirent le commerce et l'agriculture.

Les Vénitiens furent supplantés par les Autrichiens en 1797, qui régnèrent jusqu'en 1918. S'appuyant sur les découvertes de son compatriote Nikola Tesla, Ante Šupak – ingénieur, inventeur (puis maire) de Šibenik – fit construire en 1895 l'une des premières centrales hydroélectriques, sur la rivière Krka. Šibenik fut ainsi la troisième ville du monde à s'équiper de réverbères alimentés grâce au courant alternatif (CA).

Occupée par l'armée fédérale yougoslave en 1991, Šibenik subit des tirs d'obus jusqu'à sa libération en 1995, lors de l'opération "Tempête" menée par l'armée croate. On ne voit plus guère aujourd'hui de dégâts matériels, mais l'industrie de l'aluminium a été détruite, ce qui a entraîné un taux de chômage de plus de 50%. Šibenik s'est refait une santé, et le tourisme joue désormais un rôle vital dans l'économie locale.

👁 À voir

Nombre de petites églises de Šibenik n'ouvrent que vers l'heure de la messe.

Cathédrale Saint-Jacques CATHÉDRALE
(Katedrala Svetog Jakova ; Trg Republike Hrvatske ; adulte/enfant 15 Kn/gratuit ; ⏰9h30-18h30). Ce site classé au patrimoine mondial mérite vraiment le détour. Chef-d'œuvre de son principal architecte et sculpteur Juraj Dalmatinac (Georges le Dalmate), la cathédrale est sans conteste le joyau architectural de la côte dalmate. Entièrement bâtie avec des pierres provenant des îles de Brač, Korčula, Rab et Krk, il s'agirait de la plus grande église du monde dépourvue de supports en bois ou en brique. Sa forme est également unique en cela que le plan intérieur épouse exactement la structure extérieure.

Entamée en 1431 par une succession de maîtres vénitiens, la construction de l'édifice fut confiée dix ans plus tard à Dalmatinac, natif de Zadar ; ce dernier en agrandit le plan et adopta un style de transition entre le gothique et la Renaissance. Après la mort de Dalmatinac, Nikola Firentinac (Nicolas le Florentin) acheva l'insolite toiture en dôme et travailla sur la façade dans le plus pur style Renaissance. Les travaux furent finalement achevés en 1536.

Son élément le plus surprenant est la **frise** sculptée qui court le long des murs extérieurs des absides : elle comporte 71 portraits d'anonymes du XVe siècle, dont les visages placides, ennuyés, fiers ou craintifs, réalisés de manière caricaturale, expriment des émotions réalistes. La cathédrale ayant coûté très cher, on dit que plus le citoyen était avare, plus sa caricature était exagérée.

Ne manquez pas la **porte des Lions**, au nord, conçue par Dalmatinac et Bonino

Šibenik

Šibenik

◉ À voir
1 Aquarium Terrarium
  Šibenik B3
2 Jardin méditerranéen
  du monastère médiéval B2
3 Musée de la ville de Šibenik B3
4 Église franciscaine D5
5 Cathédrale Saint-Jacques B3
6 Forteresse Saint-Michel B1

🛏 Où se loger
7 Hostel Mare C2
8 Indigo C4
9 Pansion Šibenik B3

✖ Où se restaurer
10 Nostalgija D4
11 Pelegrini B2
12 SHE Bistro C4

da Milano : deux lions sculptés soutiennent des colonnes où Adam et Ève tentent en vain de cacher leur nudité.

En entrant, procurez-vous l'excellente brochure (disponible en plusieurs langues), qui vous guidera à travers les nombreuses

> ### VAUT LE DÉTOUR
>
> ## SAUVER LES RAPACES
>
> Dédié à la protection des oiseaux de proie en Croatie, le **centre Sokolarski** (☎091 50 67 610 ; www.sokolarskicentar.com ; Škugori bb ; tarif plein/réduit 45/35 Kn ; ⊙9h-19h avr-nov) soigne et sauve environ 150 rapaces chaque année. Les visiteurs assistent à une présentation à la fois pédagogique et divertissante, animée par le directeur du centre, Emilo Mendušić, qui fait intervenir un hibou et des buses apprivoisés pour montrer l'agilité et l'intelligence de ces oiseaux. Les rapaces recueillis dans le centre ne sont pas présentés lors des séances. Ils n'y séjournent que pour reprendre des forces ; une fois guéris, ils sont relâchés dans la nature. La plupart des rapaces du centre ont été victimes d'un accident sur les routes. Les oiseaux sont aussi menacés par la chasse et les pesticides.
>
> Le centre Sokolarski, à 7 km de Šibenik, n'est pas desservi par les transports en commun. Il est un peu difficile à trouver : pour vous y rendre, empruntez la route du parc national de la Krka, prenez à l'est à Bilice et suivez les panneaux.

œuvres d'art et curiosités architecturales. Le **baptistère de Dalmatinac**, au fond, avec son plafond finement sculpté et sa vasque soutenue par trois angelots, est admirable.

Ne manquez pas la tombe de l'évêque Šižigorić (également de Dalmatinac), mécène de la cathédrale, le retable de Filippo Zaniberti représentant saint Fabien et saint Sébastien, ainsi que le macabre crucifix gothique de Juraj Petrović, datant du XVe siècle.

Musée de la Ville de Šibenik MUSÉE
(Muzej grada Šibenika ; www.muzej-sibenik.hr ; Gradska Vrata 3 ; tarif plein/réduit 30/10 Kn ; ⊙10h-21h mar-sam). Logé dans le palais du Prince, qui date du XVIIe siècle, ce musée bien conçu retrace essentiellement l'histoire de la ville et de ses environs, à travers une collection permanente d'objets datant de la préhistoire à la fin de la période vénitienne. La visite permet de découvrir quatre périodes clairement délimitées. Les explications sont traduites en anglais, et le parcours égayé de quelques vidéos.

Aquarium Terrarium Šibenik AQUARIUM
(www.aquariumsibenik.com ; Kralja Tomislava 15a ; tarif plein/réduit 37/27 Kn ; ⊙10h-21h juin-sept). Ce petit aquarium saura amuser les enfants si le temps est à la pluie, avec ses poissons locaux et tropicaux.

**Jardin méditerranéen
du monastère médiéval** JARDIN
(Srednjevjekovni samostanski Mediteranski vrt ; www.spg.hr ; Strme Stube 1 ; visite guidée de groupe adulte/enfant 15/10 Kn ; ⊙9h-23h mai-oct, horaires réduits nov-avr). Conçu et réalisé par l'artiste paysager Dragutin Kiš, ce jardin médiéval restauré est rempli de plantes aromatiques et médicinales joliment disposées entre les allées en forme de croix. Agréable café, idéal pour déguster une coupe glacée, ou un café et un gâteau, avant de continuer l'ascension vers la forteresse.

Forteresse Saint-Michel FORTERESSE
(Tvrđava Sv Mihovila ; tarif plein/réduit 35/20 KN ; ⊙8h-22h). Hissez-vous jusqu'à cet imposant fort médiéval pour jouir de la magnifique vue sur Šibenik, la rivière Krk et les îles de l'Adriatique depuis les remparts (particulièrement spectaculaire au coucher du soleil). La partie datant du XIIIe siècle a été consolidée grâce à une structure en béton poli, et transformée en scène d'été.

Église franciscaine ÉGLISE
(Crkva Sv Frane ; Trg Nikole Tommasea 1 ; ⊙7h30-19h30). La gigantesque église du monastère franciscain date de la fin du XIVe siècle. Elle renferme de belles fresques et peintures baroques vénitiennes. Son plafond en bois peint datant de 1674 en est le trait le plus remarquable. C'est la principale église dédiée à St Nikola Tavilić, missionnaire franciscain, qui fut le premier Croate à être canonisé, à la suite de son martyre à Jérusalem en 1391. Dans le patio adjacent, une exposition relate l'histoire de l'édifice.

✦ Fêtes et festivals

Festival international des enfants JEUNESSE
(www.mdf-sibenik.com ; ⊙mi-juin à début juil). À partir du 3e samedi de juin, Šibenik accueille cette fameuse manifestation, d'une durée de 3 semaines. Au programme : ateliers d'artisanat, musique, danse, films, pièces de théâtre, spectacles de marionnettes et défilés.

Terraneo — MUSIQUE
(juin-août). Série de concerts indépendants de stars internationales de la pop, organisés à la forteresse Saint-Michel.

Où se loger

Les hébergements sont rares à Šibenik. Il est préférable d'élire domicile sur la côte – à Tribunj, Vodice, Primošten ou Rogoznica – et de se rendre à Šibenik pour la journée. Les agences de voyages proposent des chambres chez l'habitant.

Indigo — AUBERGE DE JEUNESSE €
(022-200 159 ; www.hostel-indigo.com ; Jurja Barakovića 3 ; dort 129 Kn ;). Plébiscitée par les visiteurs y séjournant une nuit ou plus, cette petite auberge conviviale de quatre étages possède 4 dortoirs de 4 places (un par étage), garnis de lits superposés. Tout en haut, la terrasse donne sur les toits et sur la mer, au fond. Il n'y a pas de cuisine.

Hostel Mare — AUBERGE DE JEUNESSE €
(022-215 269 ; www.hostel-mare.com ; Kralja Zvonimira 40 ; dort 139-159 Kn, ch 450 Kn ;). Poussez la lourde porte depuis la route très fréquentée et traversez la cour pavée où se cache cette auberge à la décoration moderne. Il y a une chambre double avec salle de bains privative. Le petit-déjeuner est en plus. Local fermé pour vélos et motos.

Pansion Šibenik — PENSION €€
(098 98 01 862 ; Andrije Kačića Miošića 5 ; ch 450 Kn ;). Cette pension traditionnelle se trouve en plein centre-ville, à quelques pas de la cathédrale et de tout ce que Šibenik peut offrir. Elle occupe une vieille maison en pierre qui a conservé de nombreux éléments d'origine. Les 5 petites chambres sont simplement meublées, voire spartiates.

Où se restaurer

Pelegrini — MÉDITERRANÉEN €€
(022-213 701 ; www.pelegrini.hr ; Jurja Dalmatinca 1 ; plats 70-185 Kn ; 12h-minuit). Ce restaurant a relevé le niveau culinaire de Šibenik en s'inspirant de saveurs du monde entier, tout en gardant un faible pour les recettes méditerranéennes. Les vins dalmates sont à l'honneur. Réservation indispensable.

Nostalgija — EUROPÉEN €
(www.nostalgija-sibenik.com ; Biskupa Fosca 11 ; plats 60-80 Kn ; 8h-14h et 18h-22h ;). Juste à côté du monastère franciscain, cet établissement doté d'une agréable terrasse sert petits-déjeuners, déjeuners légers (soupe, sandwichs) et cuisine croate simple et (poisson local, viande grillée, pâtes).

SHE Bistro — BISTROT €€
(www.shebenik.com ; Zlarinski Prolaz 2 ; plats 73-115 Kn ; 9h-minuit ;). Ce nouveau bistrot propose une cuisine végétarienne et végétalienne à base de produits locaux. Le magnifique intérieur de cet édifice des années 1920 est décoré dans un style industriel. La cuisine ouverte concocte petits-déjeuners et en-cas, ainsi que des plats plus consistants au dîner (hamburgers de lentilles rouges, *linguine* de courgettes).

Renseignements

Hôpital général de Šibenik (Opća bolnica Šibenik ; 022-641 641 ; www.bolnica-sibenik.hr ; Stjepana Radića 83)

NIK (022-338 550 ; www.nik.hr ; Ante Šupuka 5 ; 8h-20h). Excursions aux îles Kornati et au parc national de la Krka, des chambres chez l'habitant et des billets de bus et d'avion pour des liaisons internationales.

Office du tourisme (022-214 441 ; www.sibenik-tourism.hr ; Palih Omladinaca 3 ; 8h-21h mai-oct, 8h-16h lun-ven nov-avr)

Poste (Vladimira Nazora 1 ; 7h-14h lun-ven)

Depuis/vers Šibenik

BUS

La **gare routière** (060 368 368 ; Draga 14) de Šibenik assure de nombreuses dessertes régulières et est accessible à pied depuis la vieille ville. Elle dessert les villes suivantes :

Dubrovnik 139 Kn, 6 heures 30, au moins 3/jour
Rijeka 166 Kn, 6 heures 30, au moins 6/jour
Split 45 Kn, 1 heure 30, 12/jour
Zadar 40 Kn, 1 heure 30, au moins 1/heure
Zagreb à partir de 130 Kn, 5-7 heures, au moins 1/heure

TRAIN

La **gare ferroviaire** (022-333 696 ; Fr Jerolima Milete bb) de Šibenik dessert uniquement Knin (50 Kn, 1 heure 45, 4/jour).

Primošten

022 / 3 000 HABITANTS

La jolie bourgade de Primošten occupe ce qui n'était autrefois qu'un îlot au large de la côte, à 28 km au sud de Šibenik. Elle fut fortifiée au XVIe siècle, en raison de la menace turque. Une fois les Turcs partis, le pont-levis qui reliait l'îlot au continent fut remplacé par une chaussée.

> **VAUT LE DÉTOUR**
>
> **UNE ÎLE OÙ SE CULTIVER**
>
> À environ 10 km au large de Šibenik, la minuscule **île d'Obonjan** (www.obonjan-island.com ; fin juil-début sept), a été transformée en complexe de vacances d'où les voitures sont bannies. Les visiteurs logent dans de grandes tentes façon safari, certaines avec vue sur l'Adriatique, et profitent de 4 restaurants et 3 bars, mais avant tout d'un programme culturel pendant un mois avec animations DJ, films, ateliers, événements artistiques et activités sportives. Des excursions en bateau dans la région sont aussi proposés.
>
> Trois bateaux s'y rendent quotidiennement depuis Šibenik en période d'ouverture (aller 105 Kn).

Paisible l'hiver, le village s'anime en été. Les visiteurs gravissent la colline jusqu'à l'église Saint-Georges pour contempler le coucher du soleil.

Où se loger et se restaurer

Hotel Zora HÔTEL €€€
(022-581 111 ; www.hotelzora-adriatiq.com ; Raduča 11 ; ch à partir de 1 250 Kn ; mars-nov ; P※令≋). L'un des rares hôtels se trouvant à Primošten même, ce complexe de plus de 300 chambres presque noyé dans les arbres se dresse sur un petit promontoire à quelques minutes à pied de la ville. Il possède un accès direct à une merveilleuse plage de galets. Les chambres sont un peu démodées, mais presque toutes ont un balcon, et l'établissement est bien entretenu.

♥ Mediteran MÉDITERRANÉEN €€€
(022-571 780 ; www.mediteran-primosten.hr ; Put Briga 13 ; plats 70-240 Kn ; 13h-minuit). Le Mediteranean est installé dans un ravissant bâtiment ancien en pierre, quoique l'été, la cour et la terrasse du 1er étage lui volent la vedette. Le chef Pero Savanović revisite les plats traditionnels dalmates et fait honneur aux délicieux produits frais locaux. Si votre séjour coïncide avec la saison des truffes d'Istrie, vous vous régalerez.

Renseignements

Office du tourisme (022-571 111 ; www.tz-primosten.hr ; Trg biskupa Josipa Arnerića 2 ; 8h-21h juil-août, horaires réduits reste de l'année)

Depuis/vers Primošten

Il y a au moins un bus par heure pour Primošten au départ de Šibenik (23 Kn, 30 min), continuant généralement jusqu'à Split (36 Kn, 1 heure).

Rogoznica

022 / 2 400 HABITANTS

Situé sur une péninsule à 38 km au sud de Šibenik par la route, le port bien abrité de Rogoznica est apprécié des plaisanciers et des touristes en quête d'une retraite paisible. Avec ses plages de galets, ses rues historiques tranquilles et plusieurs restaurants de choix, cette bourgade décontractée est un agréable point de chute pour explorer les environs de Šibenik. Elle possède aussi l'un des meilleurs microclimats de la Croatie, et son ensoleillement annuel est supérieur à celui de la plupart des autres localités côtières.

Où se loger et se restaurer

Hotel Life HÔTEL €€€
(022-558 128 ; www.hotel-life.hr ; Rtić 12e ; s/d 1 040/1 500 Kn ; P※令≋). Installé dans la baie de Zečevo près d'une paisible plage de galets, entre Rogoznica et Primošten, ce petit hôtel familial propose des chambres de style minimaliste-chic à la pointe de la déco, déclinant le gris et le blanc. Il y a un restaurant sur place, et la ravissante petite piscine intérieure est idéale pour paresser.

Konoba Mario CROATE €€
(022-558 508 ; www.mario-konoba.hr ; Hrvatske Mornarice 1 ; plats 55-160 Kn ; 11h-22h30). Logée dans une maison de ville typique en pierre calcaire assortie d'une superbe terrasse sur la mer, cette taverne établie de longue date sert un grand choix de poissons et fruits de mer de l'Adriatique, ainsi que quelques viandes. Le risotto noir, le poulpe grillé, les palourdes nappées de sauce au vin blanc et les seiches à la sauce aux lentilles vous mettront l'eau à la bouche. Les serveurs connaissent bien le menu.

Renseignements

Office du tourisme (022-559 253 ; www.loverogoznica.eu ; Obala kneza Domagoja 56). Représente aussi les villages environnants, et a l'un des meilleurs sites Internet de Dalmatie.

Depuis/vers Rogoznica

Des bus relient Rogoznica à Šibenik (30 Kn, 45 min, au moins 1/heure) et à Split (31 Kn, 1 heure, au moins 1/heure).

Split et la Dalmatie centrale

♪ 021

Dans ce chapitre ➡
Split	202
Kaštela	219
Trogir	220
Brela	226
Makarska	226
Île de Brač	233
Supetar	235
Bol	237
Île de Hvar	240
Île de Vis	249

Le top des restaurants

➡ Konoba & Bar Lola (p. 252)

➡ Konoba Trs (p. 223)

➡ Konoba Matejuška (p. 214)

➡ Zinfandel (p. 214)

➡ Konoba Kalalarga (p. 232)

Le top des hébergements

➡ Antique Split Luxury Rooms (p. 212)

➡ Villa Skansi (p. 244)

➡ Apartments Magdalena (p. 212)

➡ Villa Split (p. 212)

➡ Hostel Emanuel (p. 213)

Pourquoi y aller

Le centre de la Dalmatie est une région très attractive, avec ses jolies îles, ses ports tranquilles, ses montagnes imposantes, ses châteaux par dizaines et sa scène culinaire en plein essor, sans oublier le palais de Dioclétien à Split et la ville médiévale de Trogir, tous deux inscrits au Patrimoine mondial. Le tout ayant pour toile de fond les Alpes dinariques.

Des ruines romaines, une capitale dynamique aux accents méditerranéens et l'île la plus glamour de l'Adriatique, l'île de Hvar – avec ses restaurants raffinés et son ambiance festive –, attirent irrésistiblement les visiteurs. Si vous recherchez plutôt la tranquillité, les îles proches ou lointaines offrent de séduisantes plages sablonneuses et des criques isolées.

Cerise sur le gâteau : la Dalmatie jouit de températures plus élevées que l'Istrie ou le golfe du Kvarner : on peut piquer une tête dans les eaux cristallines de l'Adriatique de mi-mai à fin septembre.

Quand partir
Split

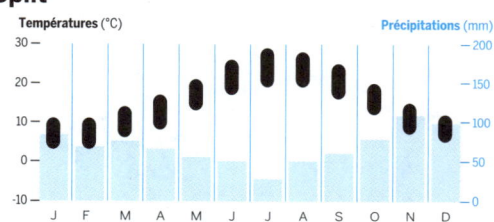

Mai Du soleil, moins de monde et une mer assez chaude pour se baigner.

Juil-août Une météo au top, des festivités à foison.

Sept Une mer chaude et des tarifs moins élevés qu'en plein été.

À ne pas manquer

1 Le **palais de Dioclétien** (p. 202), cœur antique de Split, un quartier animé de jour comme de nuit

2 La cuisine et les plages de **Vis** (p. 249), l'une des îles les plus isolées de Croatie

3 La plage la plus photogénique de Croatie, **Zlatni Rat** (p. 237), à Bol

4 Les journées à la plage et l'atmosphère festive de la **ville de Hvar** (p. 240)

5 L'ascension des sommets du **parc naturel de Biokovo** (p. 233), et la vue sur l'Italie de l'autre côté de l'Adriatique.

6 L'architecture antique bien préservée de la minuscule **Trogir** (p. 220), perle de la Dalmatie centrale, inscrite au Patrimoine mondial.

7 Les hameaux historiques de l'intérieur des terres de **Brač** (p. 233) et les localités paisibles de la côte.

SPLIT

178 000 HABITANTS

Deuxième ville de Croatie, Split (Spalato en italien) est un lieu idéal pour se frotter à la vraie vie dalmate. Épargnée par le tourisme de masse, mais toujours animée, cette agglomération offre un juste équilibre entre tradition et modernité. Cœur de la ville, le palais de Dioclétien, un colossal site historique classé au patrimoine mondial de l'Unesco, accueille entre ses vénérables murs nombre de bars, restaurants et boutiques. Son cadre unique et sa nature exubérante font toute la séduction de Split.

Split jouit d'une situation géographique exceptionnelle. Son spectaculaire massif côtier offre aux flots turquoise de l'Adriatique une toile de fond idéale et fait oublier les nombreux immeubles d'habitation délabrés qui peuplent la banlieue – un aspect bien réel qui empêche Split de ressembler à une ville de rêve comme Dubrovnik.

Histoire

Split accéda à la notoriété dès le IIIe siècle. L'empereur romain Dioclétien (245-313) s'y fit en effet édifier à partir de 295 un palais où il vécut, de son abdication en 305 à sa mort. Après lui, ce grandiose palais de pierre servit de nombreuses fois de retraite aux derniers maîtres de l'Empire. Lorsque la colonie voisine de Salone (Salona, l'actuelle Solin) fut détruite au VIIe siècle par les Avars et les Slaves, nombre de colons romains trouvèrent refuge à Split, barricadés derrière l'enceinte du palais, où leurs descendants vivent encore aujourd'hui.

La région passa ensuite sous la domination de l'Empire byzantin puis des souverains croates. Du XIIe au XIVe siècle, Split bénéficia d'une autonomie qui favorisa son essor. La partie ouest de la vieille ville, autour de Narodni trg, date de cette époque : c'est là que se concentrait la vie politique de la cité, tandis que le secteur du palais intra-muros abritait les institutions religieuses.

La conquête vénitienne de 1420 marqua le début d'un long déclin. Au cours du XVIIe siècle, de solides remparts furent édifiés afin de parer à la menace turque. Les Autrichiens succédèrent à Venise de 1797 à 1918 avec une brève interruption pendant les guerres napoléoniennes.

À voir

Toujours en effervescence, la promenade du front de mer – son nom officiel est *Obala hrvatskog narodnog preporoda* ("front de mer de la renaissance nationale croate") mais on l'appelle plus généralement Riva – est le meilleur point de repère du centre-ville. À l'est du port s'étendent les plages fréquentées des baies de Bačvice, Firule, Zenta et Trstenik. Au pied de la colline boisée du Marjan, qui domine l'extrémité ouest de Split, s'étendent aussi de nombreuses plages.

♥ Palais de Dioclétien   SITE HISTORIQUE

(Carte p. 208). Face au port, le palais de Dioclétien est l'un des plus imposants vestiges romains encore debout, mais aussi le lieu où tout visiteur à Split passe le plus clair de son temps. Loin d'être un austère ensemble palatial, ou même un musée, il s'agit du cœur bien vivant de Split, un labyrinthe de ruelles bondées semé de bars, boutiques et restaurants. À la fois forteresse militaire, résidence impériale et ville fortifiée, l'ensemble couvre 215 m d'est en ouest sur 181 m de largeur, soit une superficie de plus de 38 000 m^2.

Bien que l'édifice d'origine ait été continuellement agrandi au cours des siècles, ces modifications n'ont fait qu'accentuer la majesté du site. La construction du palais, au IVe siècle, en pierre blanche étincelante de Brač, dura dix ans : Dioclétien fit venir à grands frais du marbre d'Italie et de Grèce, ainsi que des colonnes et des sphinx d'Égypte.

La muraille quadrangulaire est percée de quatre portes, chacune ayant pour nom un métal : à l'extrémité nord la **porte d'Or** (Zlatna Vrata ; Dioklecijanova bb) ; au sud, la **porte de Bronze** (Brončana Vrata ; Obala hrvatskog narodnog preporoda bb) ; à l'est la **porte d'Argent** (Srebrna Vrata) ; à l'ouest, la **porte de Fer** (Željezna Vrata). Allant de la porte est à la porte ouest, une voie rectiligne, le traditionnel *decumanus* romain (actuelle Krešimirova), séparait la résidence de l'empereur, avec ses salles officielles et ses temples, au sud, de la partie nord réservée aux soldats et aux serviteurs.

Le complexe palatial compte 220 bâtiments abritant quelque 3 000 habitants. Ses rues étroites dissimulent des venelles et des cours, tantôt désertes et d'aspect irréel, tantôt résonnant de la musique échappée d'un bar proche. Les femmes y suspendent leur linge au-dessus des passants, les enfants jouent au football entre les vieux murs et les grands-mères observent les passants depuis leur fenêtre.

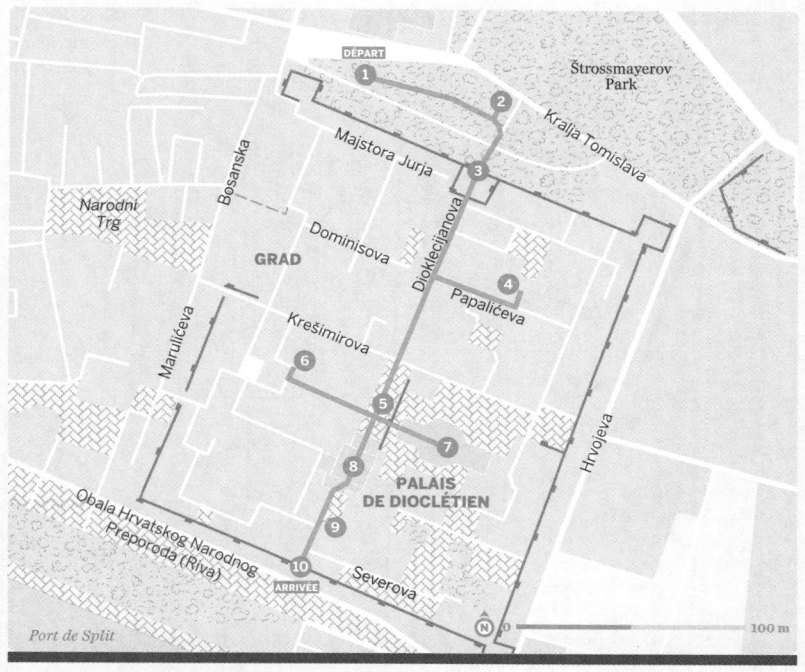

Promenade à pied
Palais de Dioclétien

DÉPART ÉGLISE SAINT-BENOÎT
ARRIVÉE SALLES SOUTERRAINES
DISTANCE ET DURÉE 500 M ; 2 HEURES

Partez de la tour d'angle nord-ouest du palais, où s'étendent les vestiges de l'église préromane Saint-Benoît et la ❶ **chapelle d'Arnir** (XVᵉ siècle), dont les portes vitrées laissent apercevoir l'autel et le sarcophage sculptés par Juraj Dalmatinac, grand maître de la Renaissance.

Dirigez-vous vers l'imposante statue de ❷ **Grégoire de Nin** (p. 207) et frottez son orteil porte-bonheur. Cette statue se trouve à l'extérieur de la ❸ **porte d'Or** (p. 202), dont on devine encore nettement le riche décor. Entrez dans le palais et suivez Dioklecijanova, la principale rue nord-sud. Tournez à gauche dans Papalićeva pour admirer le palais Papalić, qui abrite le ❹ **musée de la Ville** (p. 207).

Regagnez Dioklecijanova et allez jusqu'au ❺ **péristyle**, qui servait de cour d'honneur aux appartements impériaux. Le côté le plus long est bordé de six colonnes, reliées par des arches et décorées d'une frise. Le côté sud est fermé par le prothyron, majestueux porche ouvrant sur le vestibule de la résidence impériale.

Prenez à droite dans l'étroite rue Kraj Sv Ivana, qui débouche sur la partie du palais jadis dévolue au culte. Des colonnes et autres vestiges signalent l'emplacement de deux temples aujourd'hui disparus. Au bout de la rue se dresse le ❻ **temple de Jupiter** (p. 207), dont la cella possède un plafond à caissons.

De retour au péristyle, pour découvrir juste en face la ❼ **cathédrale Saint-Domnius** (p. 206). Immédiatement à l'ouest de la cathédrale, des marches mènent au ❽ **vestibule** (p. 206) bien conservé. Pour accéder aux appartements privés de Dioclétien, il fallait traverser un espace circulaire en sous-sol, dont l'écho avertissait l'empereur de l'arrivée de tout intrus.

Sous le vestibule se trouve l'entrée des ❾ **salles souterraines** (p. 205) du palais, aujourd'hui garnies de stands commerçants. Sortez par la ❿ **porte de Bronze** (p. 202), tout au bout, et laissez-vos yeux s'accoutumer à la luminosité de la Riva.

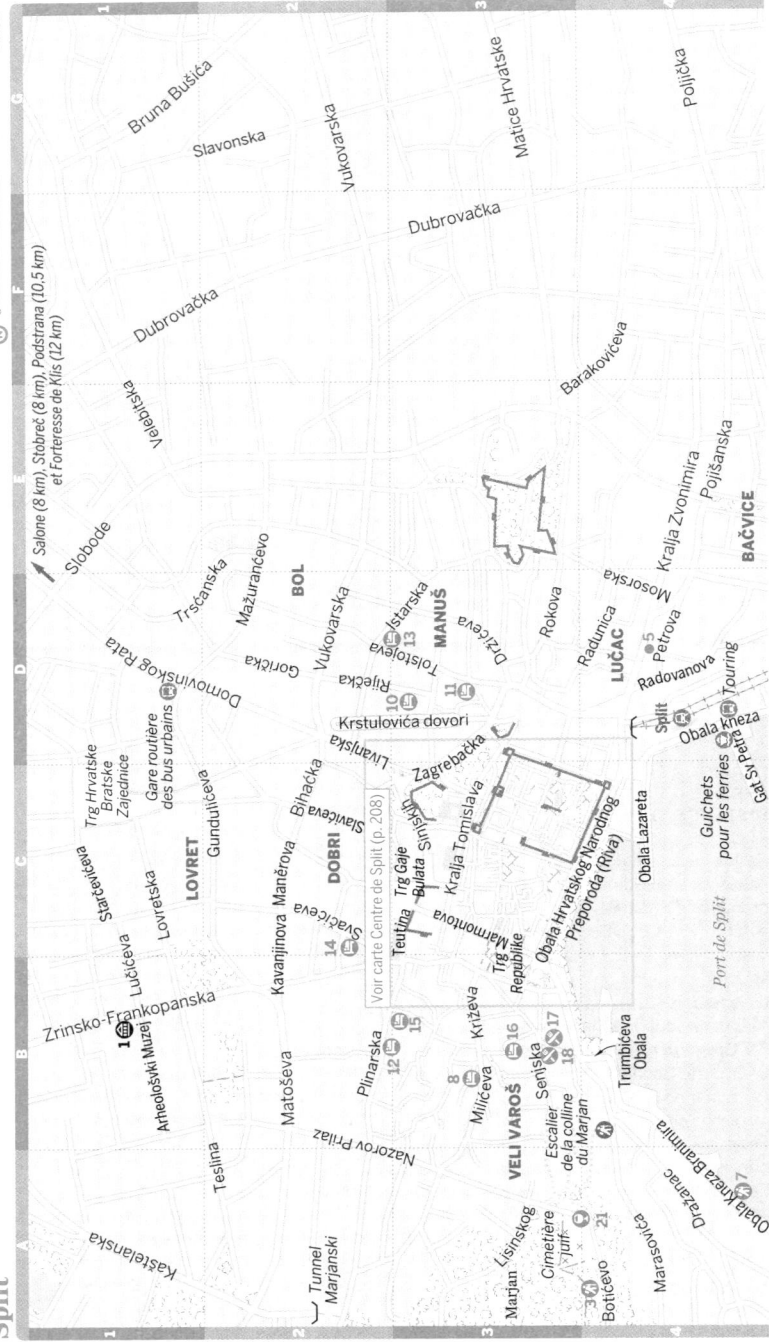

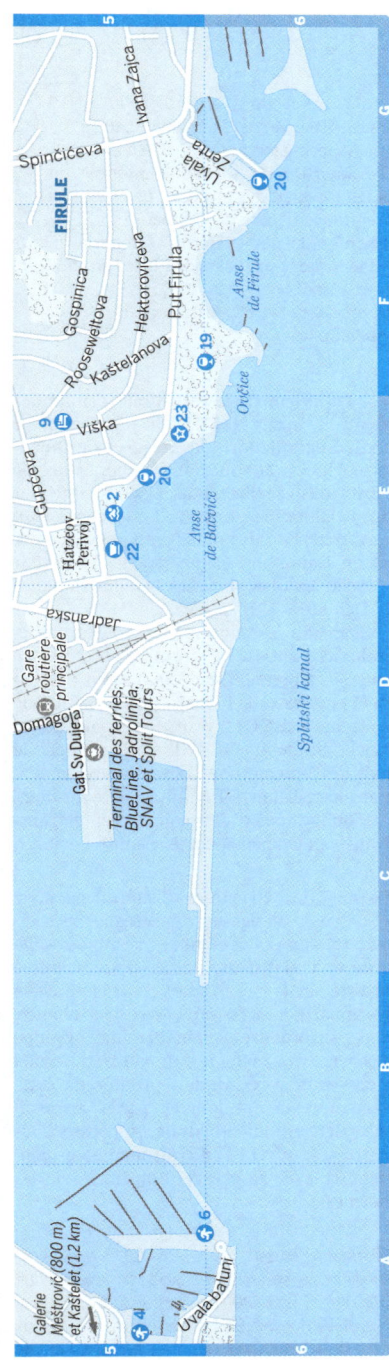

Split

◉ À voir
1 Musée archéologique B1

➕ Activités
2 Bačvice E5
3 Marjan Forest Park A4
4 Nautical Centre Nava A5
5 Red Adventures..................................D4
6 Ultra Sailing...A5
7 Zapadna Obala A4

🛏 Où se loger
8 Apartments Magdalena......................B3
9 Beach Hostel Split...............................E5
10 CroParadise Blue & Pink Hostels D3
11 CroParadise Green Hostel..D3
12 Divota Apartment Hotel B2
13 Hostel Emanuel...................................D3
14 Tchaikovsky Hostel............................C2
15 Vila Baguc B3
16 Villa Varoš B3

🍴 Où se restaurer
17 Konoba Marjan B3
18 Konoba Matejuška B3

🍷 Où prendre un verre et faire la fête
19 Euphoria...F6
20 Tropic Club..E5
21 Vidilica A3
22 Žbirac...E5

🎭 Où sortir
23 Kino Bačvice E5

➡ **Salles souterraines du palais**

(Supstrukcije Dioklecijanove Palače ; www.mgst.net ; Obala hrvatskog narodnog preporoda bb ; tarif plein/réduit 40/20 Kn ; ⊙8h30-21h mai-sept, 8h30-21h lun-sam, 9h-17h dim oct, 9h-17h lun-sam, 9h-14h dim nov-avr). La porte de Bronze du palais de Dioclétien ouvrait jadis directement sur la mer, permettant de décharger les marchandises directement dans les caves du palais où elles étaient stockées. Cette ancienne porte des marchands est aujourd'hui le principal accès au palais depuis la Riva. Le centre des soubassements est devenu une grande allée bordée de stands de souvenirs ; l'entrée aux salles situées de part et d'autre est payante.

Quoique pratiquement vides hormis un sarcophage ou un fragment de colonne çà et là, il se dégage des salles et couloirs souterrains une impression d'éternité qui vaut largement le prix du ticket.

VAUT LE DÉTOUR

LA FORTERESSE DE KLIS

Contrôlant la vallée d'accès à Split, l'imposante **forteresse de Klis** (Tvrđava Klis ; 021-240 292 ; www.tvrdavaklis.com ; Klis bb ; tarif plein/réduit 40/15 Kn ; 9h-19h mar-dim) se dresse sur un éperon rocheux culminant à 385 m. Sa forme longue et étroite (304 m sur 53 m) vient des multiples modifications effectuées au cours des siècles. À l'intérieur, on peut visiter les fortifications et le petit musée, qui présentent des armes et des costumes ainsi que des informations détaillées sur l'histoire mouvementée du château.

Fondée par les Illyriens au IIe siècle av. J.-C., elle fut prise par les Romains pour devenir au Moyen Âge un bastion du duc croate Trpimir. Elle tomba aux mains des Turcs en 1537 ; brièvement reprise en 1596, les Vénitiens s'en emparèrent finalement en 1648.

Située à 12 km au nord-est du centre-ville, Klis est desservie par le bus urbain n°22 (13 Kn) depuis Trg Gaje Bulata ou la gare routière de Split.

➔ Peristil

Cette cour intérieure entourée d'une colonnade (péristyle) occupe le centre du palais de Dioclétien. En été, on est pratiquement sûr d'y voir deux jeunes croates déguisés en légionnaires. Remarquez le sphinx de granit noir assis entre les colonnes près de la cathédrale ; datant du XVe siècle av. J.-C., c'est l'un des sphinx importés d'Égypte lors de la construction du palais.

➔ ♥ Cathédrale Saint-Domnius

(Katedrala Sv Duje ; carte p. 208 ; Peristil ; cathédrale/beffroi 35/20 Kn ; 8h-19h lun-sam, 12h30-18h30 dim). GRATUIT L'ancien mausolée de Dioclétien – il y fut inhumé en l'an 311 – a presque entièrement conservé sa construction octogonale d'origine, qu'entourent 24 colonnes. La coupole intérieure est soutenue par deux niveaux de colonnes corinthiennes. La frise qui court sous la coupole porte deux médaillons représentant l'empereur Dioclétien et son épouse. Au Ve siècle le mausolée devint une église. Le ticket d'entrée à la cathédrale permet aussi de visiter la crypte, le trésor et le baptistère (temple de Jupiter).

Ajouté bien plus tard, le haut clocher roman édifié entre les XIIe et XVIe siècles fut reconstruit en 1908 après son effondrement ; remarquez les deux lions à la base. Un ticket séparé permet de monter jusqu'au sommet pour admirer la vue sur les toits de la vieille ville.

Les visiteurs accèdent à la cathédrale via la sacristie, qui est située dans une annexe ; pour la trouver, il vous faut longer le flanc droit de l'édifice. C'est aussi là que se trouve le trésor de la cathédrale, richement doté de reliquaires, icônes, chasubles, manuscrits enluminés et documents en caractères glagolitiques.

À l'intérieur de la cathédrale, remarquez l'autel à droite (1427), dû au sculpteur Bonino da Milano, et les fresques de Dujam Vušković sur la voûte. À gauche, l'autel de Saint-Anastase (Sveti Staš, 1448), sculpté par Juraj Dalmatinac, s'orne d'une *Flagellation du Christ*, l'un des plus beaux reliefs sculptés en Dalmatie à cette époque. Le chœur possède les plus anciennes stalles romanes de Dalmatie (XIIIe siècle).

Éléments les plus anciens de la cathédrale, les vantaux du portail d'entrée placé sous le campanile se décomposent chacun en 14 panneaux de bois sculptés de scènes de la vie du Christ. Ce travail réalisé par Andrija Buvina au début du XIIIe siècle rappelle le goût de l'époque pour la miniature, encore marquée par une forte influence byzantine.

N'oubliez pas d'aller voir la crypte, transformée en chapelle dédiée à sainte Lucie.

➔ Vestibule

(Peristil) GRATUIT À l'extrémité sud du péristyle (ci-dessus), au-dessus de l'escalier desservant le sous-sol, s'étend le vestibule, salle vaste et majestueuse coiffée d'une coupole ouverte sur le ciel : c'était l'entrée officielle des appartements royaux. Avec de la chance, vous surprendrez peut-être un groupe vocal de *klapa* (chant dalmate traditionnel à plusieurs voix), venant profiter de cette acoustique exceptionnelle. Après le vestibule, derrière la cathédrale, se dressent les vestiges de divers édifices romains, notamment la salle à manger impériale et des thermes.

➔ Musée ethnographique

(Etnografski Muzej ; 021-344 161 ; www.etnografski-muzej-split.hr ; Severova 1 ; tarif plein/réduit 15/10 Kn ; 9h30-20h lun-sam, 9h30-13h dim juin-sept, 9h-16h lun-ven, 9h-13h sam oct-mai). Sis dans un palais médiéval qui mérite la visite, ne serait-ce que pour sa terrasse Renaissance (à laquelle on accède par un escalier roman au sud du vestibule), ce musée expose une collection de costumes, bijoux, instruments de musique, jouets et outils traditionnels. Le rez-de-chaussée accueille des expositions temporaires.

➡ **Temple de Jupiter**

(Jupiterov Hram ; 10 Kn ; 8h-19h lun-sam, 12h30-18h30 dim). Devenu baptistère de la cathédrale, ce bâtiment romain parfaitement intact était jadis un temple dédié au roi des dieux. S'il a conservé sa voûte en berceau avec son plafond à caissons et la frise décorant les murs, une impressionnante statue en bronze de Meštrović représentant saint Jean-Baptiste remplace désormais celle de Jupiter. Le sphinx acéphale de granit noir qui monte la garde à l'entrée fut apporté d'Égypte lors de la construction du temple (IIIe et IVe siècles). Il ne reste qu'une seule colonne de l'ancien porche.

➡ **Musée de la Ville**

(Muzej Grada Splita ; 021-344 161 ; www.mgst.net ; Papalićeva 1 ; tarif plein/réduit 20/10 Kn ; 8h30-21h). Œuvre de Juraj Dalmatinac (Georges le Dalmate) datant du XVe siècle, le **palais Papalić** est un superbe exemple d'architecture gothique tardive dont le porche, très ouvragé, témoigne de l'importance des nobles qui occupaient la vieille ville au Moyen Âge. L'intérieur a été entièrement rénové pour accueillir le musée, qui présente d'intéressantes expositions sur le palais de Dioclétien et sur l'urbanisation de la ville.

Les cartels sont rédigés en croate, mais des panneaux muraux en plusieurs langues donnent des précisions historiques sur les expositions de sculpture médiévale, d'armes du XVIIe siècle, de mobilier d'art, de monnaies, de documents écrits et de dessins.

Statue de Grégoire de Nin STATUE

(Grgur Ninski ; carte p. 208 ; Kralja Tomislava bb). Sculptée par Ivan Meštrović, l'imposante statue de Grégoire de Nin, l'évêque du Xe siècle qui lutta pour imposer le vieux croate comme langue liturgique, compte parmi les images les plus emblématiques de Split. Censé porter chance et garantir le retour à Split à qui le frotte, son gros orteil gauche brille à force d'avoir été touché ! Bien entendu, impossible de résister à ce porte-bonheur !

Galerie des Beaux-Arts MUSÉE D'ART

(Galerija Umjetnina Split ; carte p. 208 ; 021-350 110 ; www.galum.hr ; Kralja Tomislava 15 ; tarif plein/réduit 40/20 Kn ; 10h-18h mar-ven, 10h-14h sam-dim). Installée dans ce qui fut le premier hôpital de la ville, cette collection de quelque 400 œuvres d'art couvre presque sept siècles. L'étage accueille les collections permanentes de peintures et de sculptures, des maîtres anciens aux artistes croates modernes tels que Vlaho Bukovac et Ignjat Job. Au rez-de-chaussée prennent place des expositions temporaires régulièrement renouvelées. La terrasse de l'agréable café domine le palais.

Musée archéologique MUSÉE

(Arheološki Muzej ; carte p. 204 ; 021-329 340 ; www.armus.hr ; Zrinsko-Frankopanska 25 ; tarif plein/réduit 30/15 Kn ; 9h-14h et 16h-20h lun-sam). Cet excellent musée à courte distance à pied au nord du centre-ville contient une profusion de sculptures et mosaïques antiques. La plupart proviennent des anciennes villes romaines de Split et de Salone (Solin), sa voisine, mais il y a aussi des céramiques grecques de l'île de Vis, des bijoux et monnaies, et une salle remplie d'objets allant du paléolithique à l'âge du fer.

100% LOCAL

JEU DE PAUME

Pour vous amuser, joignez-vous aux Croates pratiquant sur la plage ce jeu de paume typiquement dalmate appelé *picigin*. Les règles en sont simples : immergé jusqu'aux genoux ou jusqu'à la taille, passez une balle (de la taille d'une balle de squash) aux autres joueurs en la frappant avec la paume de la main à grande vitesse. Le but est d'empêcher la balle de tomber et de toucher l'eau. Il est impératif de bondir et de se retrouver dans l'eau le plus souvent possible. Il est également conseillé d'éclabousser toutes les personnes alentour et de faire étalage de sa vigueur sportive.

Pour en savoir plus, consultez le site www.picigin.org ou visionnez sur YouTube les quelques vidéos montrant les techniques de jeu (elles varient selon que l'on est à Split, à Krk ou dans d'autres localités de la côte). Tentez votre chance lors du match spécial Saint-Sylvestre si vous vous sentez prêt.

Centre de Split

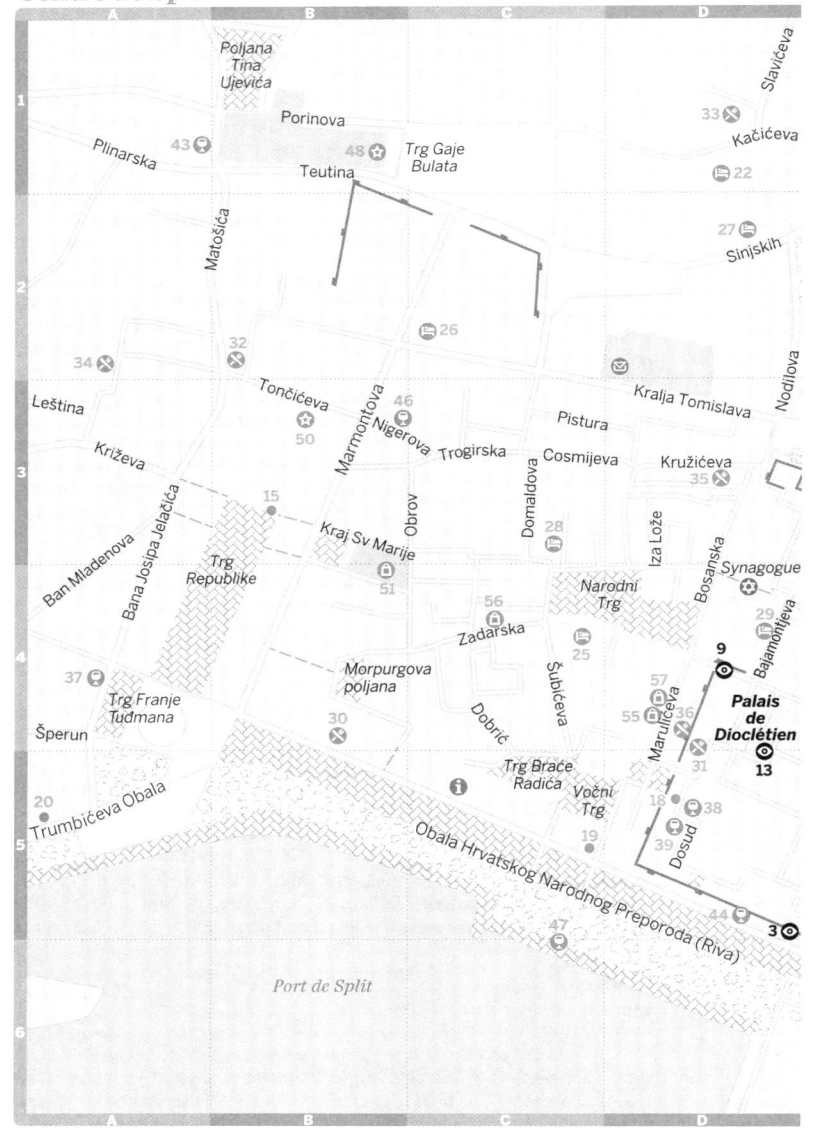

Galerie Meštrović SCULPTURE MODERNE
(Galerija Meštrović ; ☎ 021-340 800 ; www.mestrovic.hr ; Šetalište Ivana Meštrovića 46 ; tarif plein/réduit 40/20 Kn ; ◷ 9h-19h mar-dim mai-sept, 9h-16h mar-dim oct-avr). Ce musée éblouissant présente de façon plutôt exhaustive l'œuvre d'Ivan Meštrović, grand sculpteur moderne croate, dans la résidence qu'il se fit construire et habita dans les années 1930, mais où il ne put passer ses vieux jours, forcé d'émigrer aux États-Unis peu après la Seconde Guerre mondiale. Le ticket donne

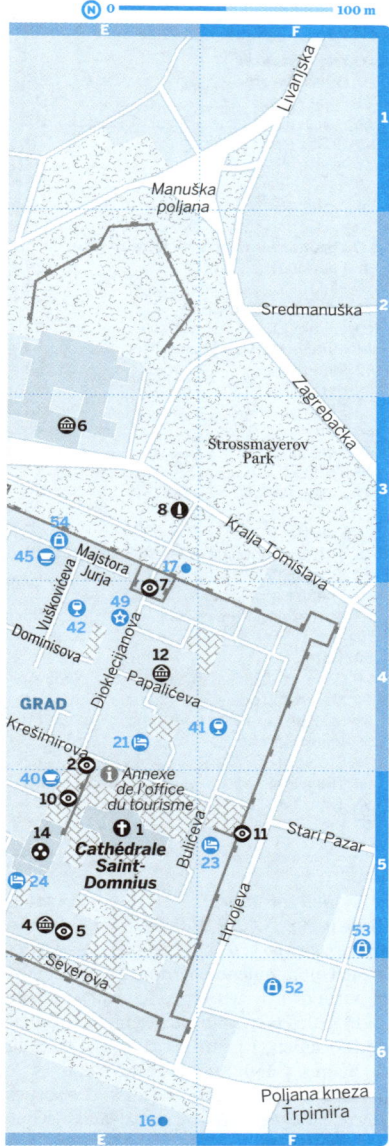

Meštrović acheta cette demeure fortifiée du XVIe siècle proche de la Galerie Meštrović et la restaura pour abriter, dans la chapelle, son extraordinaire *Vie du Christ,* cycle de reliefs en bois. Au centre du castel, une grande sculpture en pierre intitulée *Auteur de l'Apocalypse* règne sur une jolie cour rectangulaire.

🏃 Activités

Parc forestier du Marjan   MARCHE
(Park šuma Marjan ; carte p. 204). Considérée comme le poumon de la ville, cette réserve naturelle juchée sur une colline renferme des sentiers traversant des forêts de pins odorants et rejoignant des points de vue, des chapelles médiévales et des habitations troglodytiques occupées jadis par des ermites chrétiens. Pour passer l'après-midi loin de l'agitation urbaine, faites une longue promenade et descendez vous rafraîchir sur la plage de Kašjuni avant de reprendre le bus. Les amateurs d'escalade fréquentent les falaises proches de l'extrémité de la péninsule.

Zapadna Obala   MARCHE
(Carte p. 204). Flambant neuve, cette "promenade de la côte ouest" relie la Riva à des anses situées en contrebas du parc forestier du Marjan. Ce très beau sentier passe près de la Marina ACI, à la pointe sud-ouest du port de Split, près de l'espace aquatique de Jadran, des baies de Zvončac et de Ježinac, et rejoint le Kaštelet.

Depuis le Kaštelet, on peut remonter vers la route principale (Šetalište Ivana Meštrovića) et continuer vers l'ouest (20 minutes) pour rejoindre la plage de Kašjuni, ou bien rentrer en bus.

Bačvice   BAIGNADE
(Carte p. 204). L'activité balnéaire fait régner sur Split un air d'insouciance en été. La plage sablonneuse de Bačvice est la plus prisée de la ville. En journée, les Croates viennent s'y baigner, bronzer, prendre un café et jouer au *picigin* (p. 207) ; la jeunesse revient en soirée profiter des bars et discothèques. Il y a des douches et des cabines aux deux extrémités de la plage.

accès au Kaštelet, forteresse voisine abritant d'autres œuvres de Meštrović.

Kaštelet   MUSÉE
(✆021-358 185 ; www.mestrovic.hr ; Šetalište Ivana Meštrovića 39 ; ticket d'entrée à la Galerie Meštrović ; ⓧ9h-19h mar-dim mai-sept). En 1939, Ivan

👉 Circuits organisés

Red Adventures   AVENTURE
(Carte p. 204 ; ✆091 79 03 747 ; www.red-adventures.com ; Kralja Zvonimira 8). Spécialisée dans les excursions sportives, ce prestataire propose des sorties kayak de mer (à partir de

Centre de Split

◉ Les incontournables
1 Cathédrale Saint-Domnius E5
2 Palais de Dioclétien E4

◉ À voir
3 Porte de Bronze D5
4 Salles souterraines
   du palais de Dioclétien E5
5 Musée ethnographique E5
6 Galerie des Beaux-Arts E3
7 Porte d'Or E4
8 Statue de Grégoire de Nin E3
9 Porte de Fer D4
10 Peristil E5
11 Porte d'Argent F5
12 Musée de la ville E4
13 Temple de Jupiter D5
14 Vestibule E5

◉ Activités
15 Portal B3
16 Split Rent Agency E6
17 Split Walking Tours E3
18 Šugaman Tours D5
19 Summer Blues C5
20 Toto Travel A5

◉ Où se loger
21 Antique Split Luxury Rooms E4
22 Azur Palace D1
23 Hotel Peristil F5
24 Hotel Vestibul Palace E5
25 Palača Judita C4
26 Silver Central Hostel C2
27 Sleep Split D2
28 Split Hostel Booze
   Snooze C3
29 Villa Split D4

◉ Où se restaurer
30 Brasserie on 7 .... B4
31 Figa D4
32 Galija B2
33 Gušt D1
34 Makrovega A2
35 Villa Spiza D3
36 Zinfandel D4

◉ Où prendre un verre et faire la fête
37 Fabrique A4
38 Fluid D5
39 Academia Club Ghetto D5
40 Luxor E5
41 Marcvs Marvlvs Spalatensis F4
42 Mosquito D5
43 Paradox A1
   Porta .... (voir 46)
44 St Riva D5
45 Teak E3
46 To Je To B3
47 Ziggy Star C6

◉ Où sortir
48 Théâtre national croate de Split B1
49 Kinoteka Zlatna Vrata E4
50 Théâtre municipal
   de marionnettes de Split B3

◉ Achats
   Caves de Dioclétien .... (voir 4)
51 Marché au poisson B4
52 Marché aux fruits et légumes F6
53 Vieux marché F5
54 Studio Naranča B3
55 Think Pink D4
56 Think Pink C4
57 Uje D4

38 €), escalade (à partir de 50 €), randonnée (à partir de 30 €) et vélo (à partir de 45 €) à Split et dans les environs. Location de vélos, kayaks, voitures et yachts ; également transferts et hébergements chez l'habitant.

Portal CIRCUITS
(Carte p. 208 ; ☏ 021-360 061 ; www.split-excursions.com ; Trg Republike 1 ; ⊙ 8h-20h). Organise excursions et croisières. Propose aussi des sorties rafting (320 Kn), canyoning (350 Kn), quad (350 Kn) et plongée (300 Kn). Les bateaux rejoignent Hvar et les îles Pakleni (600 Kn), certains poussant jusqu'à la grotte Bleue (800 Kn). Les excursions en bus couvrent notamment Šibenik et Krka (420 Kn), Dubrovnik (500 Kn), Mostar et Međugorje (500 Kn) et le parc national des lacs de Plitvice (600 Kn).

Split Walking Tours CIRCUITS
(Carte p. 208 ; ☏ 099 82 15 383 ; www.splitwalkingtour.com ; porte d'Or ; ⊙ avr-oct). Des visites à pied notamment en français partent de la porte d'Or à heure fixe (consultez le site Web). Elles couvrent par exemple le palais de Dioclétien (1 heure 15 ; 100 Kn) ou Split (2 heures ; 160 Kn), avec le palais et le quartier médiéval. Propose aussi des sorties kayak, plongée, à vélo ou en bateau ainsi que des excursions.

Connecto Tours CIRCUITS
(☏ 021-312 594 ; www.connectotours.com). Connecto Tours organise des visites privées et des excursions régulières d'une journée à Bol, sur l'île de Brač (49 €, pique-nique inclus), au parc national de la Krka et à Šibenik (58 €), à Dubrovnik (67 €), aux

îles Kornati (69 €), à Mostar et Međugorje (69 €), au parc national des lacs de Plitvice (79 €) ainsi qu'à Trogir et à Zadar (79 €). Il propose également des sorties pour faire du rafting sur la Cetina (45 €), des dégustations de vin sur la péninsule de Pelješac et des balades en quad sur l'île de Čiovo (comptez 69 €).

Šugaman Tours — CROISIÈRE
(Carte p. 208 ; ☏021-344 085 ; www.sugaman-tours.com ; Dosud 4 ; ⊙8h-22h). Excursions d'une journée en hors-bord à Hvar et aux îles Pakleni (90 €), voire jusqu'à Vis (116-160 €). L'agence propose aussi des journées de voile dans la baie (90 €) et des excursions en minibus au parc national de la Krka (58 €), à Dubrovnik (72 €) et au parc national des lacs de Plitvice (86 €).

Summer Blues — VOILE
(Carte p. 208 ; ☏021-332 500 ; www.summer-blues.com ; Obala hrvatskog narodnog preporoda 12 ; demi-journée/journée à partir de 58/65 €). Excursions en mer à Hvar, Brač et Šolta à bord d'un luxueux catamaran ; musique dansante, cocktails et déjeuner inclus.

Toto Travel — CIRCUIT
(Carte p. 208 ; ☏021-887 055 ; www.totosplit.com ; Trumbićeva obala 2 ; ⊙7h30-23h mi-juin à mi-sept, 8h-17h mi-sept à mi-juin). Excursions aux cascades de la Krka (440 Kn) au parc national des lacs de Plitvice (640 Kn), sorties à la voile en journée ou au coucher du soleil (456 Kn), croisières à l'île de Hvar (610 Kn) ou à l'île de Vis et à la grotte Bleue (836 Kn, déjeuner inclus).

Ultra Sailing — VOILE
(Carte p. 204 ; ☏021-398 578 ; www.ultra-sailing.hr ; ACI Marina Split, Uvala Baluni 6a). Une des meilleures agences croates de location de bateaux avec skipper. Leur école de voile est prisée. Autres agences à Dubrovnik, Kaštela et Trogir.

Nautical Centre Nava — BATEAU
(Carte p. 204 ; ☏021-407 700 ; www.navaboats.com ; Uvala baluni 1). Cette agence croate de location de bateaux avec skipper possède une importante flotte de catamarans, yachts et vedettes de luxe.

🎉 Fêtes et festivals

Pour des informations, contactez l'office du tourisme. De juin à septembre, diverses animations publiques sont organisées le soir dans la vieille ville et le long de la Riva.

Carnaval — CARNAVAL
(⊙fév). Ces deux jours traditionnels en février sont une bonne occasion de s'amuser. Au programme : costumes et danses de rue.

Sudamja — RELIGIEUX, CULTUREL
(⊙début mai). La fête de saint Domnius (Sv Duje), patron de Split, commence début mai pour durer 2 semaines. Il y a des concerts, des lectures de poésie, des expositions et une course de bateaux à rame. Le 7 mai, jour de la fête proprement dite, a lieu une procession religieuse, une messe est donnée sur la Riva et l'on tire un feu d'artifice.

Championnat du monde de picigin — SPORT
(Prvenstvo Svita u Piciginu ; ⊙début juin). Les gens du cru exhibent leur adresse au *picigin* (beach-ball dalmate) lors de cet amusant événement organisé sur la plage de Bačvice.

Festival du film méditerranéen de Split — CINÉMA
(Festival Mediteranskog Filma Split ; fmfs.hr ; ⊙juin). Festival d'une semaine, rendez-vous des cinématographies de la Méditerranée, assorti d'expositions et de fêtes.

Splitski Litnji Koluri — MUSIQUE
(Couleurs d'été à Split ; ⊙mi-juin à mi-sept). Musique live tous les soirs sur la Riva, concerts sous le palais de Dioclétien, week-end rock, week-end techno et Journées de Dioclétien – soit trois jours de tuniques, de toges, de légionnaires en jupette et de gladiateurs presque nus. De quoi se montrer sous son meilleur jour !

Splitski Festival — MUSIQUE
(www.splitskifestival.hr ; ⊙fin juin ou début juil). Quatre jours de musique pop couronnés d'un concours de chanson.

Ultra Europe — MUSIQUE
(ultraeurope.com ; ticket 1/2/3 jours 99/149/199 € ; ⊙juil). Un des plus grands festivals mondiaux de musique électronique. En juillet, il s'empare trois jours durant du stade Poljud avant de gagner les îles pour le reste de la Destination Ultra Croatia Music Week. Des spectateurs du monde entier affluent pour faire la bringue sur la musique de DJ célèbres.

Festival d'été de Split — ARTS
(Splitsko Ljeto ; www.splitsko-ljeto.hr ; ⊙juil-août). Du 15 juillet au 15 août, ce festival met en avant opéras, pièces de théâtre, ballets et concerts en plein air.

Festival du film de Split CINÉMA
(www.splitfilmfestival.hr ; ⊙ mi-sept). Nouvelles productions étrangères et nombreux films d'art et d'essai durant 9 jours.

🛏 Où se loger

Les prix des hébergements à Split sont plutôt plus élevés que la moyenne – mais moins élevés qu'à Dubrovnik ou à Hvar. Split dispose néanmoins d'un bon choix d'auberges de jeunesse et d'appartements à louer de catégorie moyenne.

🛏 Centre de Split

Split Hostel
Booze & Snooze AUBERGE DE JEUNESSE €
(Carte p. 208 ; ☏ 021-342 787 ; www.splithostel.com ; Narodni trg 8 ; dort 210-230 Kn ; ❋ 🛜). Cette auberge pour fêtards au cœur de la ville dispose de 4 dortoirs tout simples pourvus chacun d'une salle de bains et de casiers. Il y a une terrasse mais pas de cuisine.

Silver Central Hostel AUBERGE DE JEUNESSE €
(Carte p. 208 ; ☏ 021-490 805 ; www.silvercentralhostel.com ; Kralja Tomislava 1 ; dort 190 Kn ; ❋ 🛜). Dans un appartement à l'étage, cette auberge de jeunesse peinte en jaune regroupe 4 dortoirs autour d'un salon central. À défaut de véritable cuisine, il y a un micro-ondes, un grille-pain et une bouilloire dans le salon.

💙 **Antique Split**
Luxury Rooms HÔTEL €€€
(Carte p. 208 ; ☏ 021-785 208 ; www.antique-split.com ; Poljana Grgura Ninskog 1 ; ch 2 690-3 845 Kn ; ❋ 🛜). Cet établissement de charme est un vrai palais qui compte 8 chambres chics avec murs en pierre et salles de bains superbes. Certaines offrent une vue incroyable sur la cathédrale.

💙 **Villa Split** B&B €€€
(Carte p. 208 ; ☏ 091 40 34 403 ; www.villasplit-luxury.com ; Bajamontijeva 5 ; ch à partir de 207 € ; P ❋ 🛜). Aménagé dans le rempart romain du palais de Dioclétien, ce merveilleux B&B de charme n'a que 3 chambres. La meilleure est celle des combles, légèrement plus grande. Si vous préférez le médiéval à l'antique, 6 chambres plus grandes vous attendent dans un bâtiment du Xe siècle sur la place principale.

Palača Judita HÔTEL €€€
(Carte p. 208 ; ☏ 021-420 220 ; www.juditapalace.com ; Narodni trg 4 ; ch 350-390 € ; ❋ 🛜). Dans un palais historique sur la place principale de Split, ce boutique-hôtel a beaucoup de cachet grâce à des murs de pierre et son mobilier de style ancien. Certaines chambres donnent sur la vieille ville et l'une est dotée d'un balcon.

Hotel Peristil HÔTEL €€€
(Carte p. 208 ; ☏ 021-329 070 ; www.hotelperistil.com ; Poljana Kraljice Jelene 5 ; s/d 135/162 € ; ❋ 🛜). Ce ravissant hôtel est au cœur du palais de Dioclétien. Le service est chaleureux et les 12 chambres sont somptueuses ; toutes ont du parquet, des touches anciennes et une belle vue, mais des salles de bains un peu petites. Les chambres n^{os}204 et 304, agrémentées de petites alcôves avec fragments de l'ancien mur apparent, donnent sur le péristyle (p. 206).

Hotel Vestibul Palace HÔTEL €€€
(Carte p. 208 ; ☏ 021-329 329 ; www.vestibul-palace.com ; Iza Vestibula 4a ; s/d/ste à partir de 2 815/3 565/4 950 Kn ; P ❋ 🛜). Hôtel le plus chic du palais, ce refuge de charme occupe l'emplacement même des anciens appartements de l'empereur. Il dispose de 7 chambres et suites élégantes, toutes avec murs antiques apparents et gamme complète d'équipements haut de gamme.

🛏 Veli Varoš

💙 **Apartments Magdalena** APPARTEMENT €€
(Carte p. 204 ; ☏ 098 423 087 ; www.magdalena-apartments.com ; Milićeva 18 ; 450-580 Kn ; ❋ 🛜). Vous ne voudrez peut-être plus quitter l'appartement du dernier étage quand vous aurez contemplé la vieille ville depuis la lucarne ! Les 3 appartements sont joliment décorés et l'hospitalité des propriétaires (qui logent ailleurs) est exceptionnelle : chocolats à l'arrivée, bière dans le frigo, brosse à dent de secours dans le placard et même un téléphone portable avec du crédit.

Villa Varoš PENSION €€
(Carte p. 204 ; ☏ 021-483 469 ; www.villavaros.hr ; Miljenka Smoje 1 ; ch/app à partir de 80/121 € ; ❋ 🛜). Propriété d'un Croate new-yorkais, la Villa Varoš dispose de chambres simples et propres avec mobilier en bois, salle de bains et TV, dans un secteur calme mais central.

Vila Baguc B&B €€€
(Carte p. 204 ; ☏ 021-770 456 ; www.baguc.com ; Plinarska 29/2 ; ch à partir de 140 € ; ❋ 🛜). À Veli Varoš, cette demeure familiale vieille de 150 ans, restaurée et pleine de caractère,

dispose de quatre chambres réparties sur quatre niveaux et dotées d'équipements modernes mariés à des touches originales comme les murs en pierre apparente.

Cette villa est en retrait de rue, à seulement 5 minutes de marche du centre-ville.

Divota Apartment Hotel HÔTEL €€€
(Carte p. 204 ; 021-782 700 ; www.divota.hr ; Plinarska 75 ; s/d à partir de 109/159 € ; ❄@🛜). Propriété d'un Helvético-Croate au tempérament artistique, le Divota ("splendeur" en croate) constitue un refuge luxueux à l'écart de l'animation du palais tout proche. Les six chambres contemporaines et les neuf appartements sont répartis dans le quartier de Veli Varoš dans huit maisons en pierre restaurées. Le nec plus ultra est la villa dans laquelle vous trouverez 3 chambres ainsi qu'un Jacuzzi dans un jardin privatif. Dans toutes les chambres vous pourrez profiter d'équipements haut de gamme et de touches originales.

Dobri

Tchaikovsky Hostel AUBERGE DE JEUNESSE €
(Carte p. 204 ; 021-317 124 ; www.tchaikovskyhostel.com ; Čajkovskoga 4 ; dort 180-200 Kn ; ❄@🛜). Cette auberge de jeunesse, qui compte quatre dortoirs, est installée dans un immeuble d'habitation du quartier de Špinut. Elle est tenue par un Croate né en Allemagne. Les dortoirs, propres et nets, sont meublés de couchettes avec étagères intégrées. Pour le petit-déjeuner, les céréales, le café expresso ainsi que le thé sont gratuits.

Sleep Split PENSION €€€
(Carte p. 208 ; 091 32 38 302 ; www.sleepsplit.com ; Sinjska 5 ; s/d/ste 120/175/200 € ; ❄🛜). Décoré en noir, blanc et gris avec des touches textiles colorées, cet élégant ensemble de 5 chambres occupe le 3e niveau d'un immeuble d'habitation en lisière de la vieille ville. Son succès est tel qu'il est question d'une extension à l'étage inférieur. Pensez à réserver bien à l'avance en saison.

Azur Palace HÔTEL €€€
(Carte p. 208 ; 021-785 185 ; www.azurpalace.com ; Kačićeva 2 ; ch 179-229 € ; P❄🛜). Après avoir quitté une rue insalubre pour pénétrer dans une ancienne distillerie, le luxe de ce petit hôtel surprend. Il a seulement de 18 chambres toutes élégamment décorées, avec pierre apparente, poutres anciennes et salles de bains spacieuses.

Manuš

Hostel Emanuel AUBERGE DE JEUNESSE €
(Carte p. 204 ; 021-786 533 ; hostelemanuel@gmail.com ; Tolstojeva 20 ; dort 29 € ; ❄@🛜). Tenu par un couple sympathique, cette petite auberge de jeunesse branchée dans un immeuble d'habitation de banlieue dispose d'un intérieur contemporain et coloré et d'une ambiance détendue. Dans les 2 dortoirs (un pour 5 personnes, l'autre pour 10), chaque couchette est équipée d'un grand casier, de rideaux, d'une lampe de lecture et d'une prise de courant.

CroParadise Green Hostel AUBERGE DE JEUNESSE €€
(Carte p. 204 ; 091 44 44 194 ; www.croparadise.com ; Čulića Dvori 29 ; dort/s 200/240 Kn, d avec/sans sdb 480/440 Kn ; ❄@🛜). Cette auberge de jeunesse prisée dispose de dortoirs aux couleurs vives et de petits appartements, répartis dans trois immeubles d'habitation du quartier central de Manuš. Tous les dortoirs ont accès à des casiers et à une petite cuisine. Blanchisserie et location de vélos et de scooters.

CroParadise Blue & Pink Hostels AUBERGE DE JEUNESSE €€
(Carte p. 204 ; 091 44 44 755 ; www.croparadise.com ; Riječka 3 ; dort 200 Kn, d avec/sans sdb 480/440 Kn ; ❄@🛜). Petits frères du Green Hostel, le Blue Hostel et le Pink Hostel sont installés face à face dans deux immeubles. La réception des deux auberges est assurée par le Blue mais nous avons une légère préférence pour le Pink, qui donne l'impression d'être un peu plus spacieux.

Bačvice

Beach Hostel Split AUBERGE DE JEUNESSE €
(Carte p. 204 ; 098 94 50 998 ; www.facebook.com/splitbeachhostel ; Viška 9 ; dort/jum 200/400 Kn ; ⊙avr-oct ; @🛜). À deux pas de la plage de Bačvice, cette auberge de jeunesse douillette est tenue par une sympathique norvégienne. Café et thé gratuit, murs décorés de cartoons et terrasse avec guitare à disposition.

✕ Où se restaurer

Split est une ville suffisamment grande pour offrir une scène culinaire qui ne se limite pas aux habituelles *konobas* (tavernes) et pizzerias expéditives, nombreuses en Dalmatie. Quelques établissements haut de gamme ont adopté les tendances européennes modernes et il y a même un vrai restaurant végétarien. Plusieurs dizaines de restaurants sont regroupés près de la Riva, le palais de Dioclétien et le secteur à l'ouest de celui-ci.

 Centre de Split

Galija   PIZZAS €
(Carte p. 208 ; 021-347 932 ; Tončićeva 12 ; plats 45-100 Kn ; 9h-minuit lun-sam, 12h-minuit dim). Pizzeria incontournable depuis plusieurs décennies, où les habitants dégustent un repas simple et savoureux sur des bancs en bois. On y sert aussi des pâtes et des grillades à la mode dalmate.

♥ Zinfandel   EUROPÉEN €€
(Carte p. 208 ; 021-355 135 ; www.zinfandelfoodandwinebar.com ; Marulićeva 2 ; plats 90-145 Kn ; 8h-1h). On dirait plutôt un bar à vins haut de gamme, mais la cuisine est également excellente. La carte propose des risottos délicieux, des pâtes maison, de la *pašticada* (ragoût traditionnel dalmate) de joue de veau, des burgers, des steaks et du poisson, ainsi qu'un vaste choix de vins croates au verre. Bonne carte des bières également.

Brasserie on 7   EUROPÉEN €€
(Carte p. 208 ; 021-278 233 ; www.brasserieon7.com ; Obala hrvatskog narodnog preporoda 7 ; plats petit-déj 52-88 Kn, déj 87-140 Kn, dîner 130-160 Kn ; 7h30-23h30 juin-sept, 8h-16h oct-mai). Meilleure table de la Riva, la terrasse en front de mer de cette brasserie est idéale pour observer les passants. Commencez la journée avec un petit-déjeuner cuisiné, terminez-la avec un cocktail et remplissez l'intervalle entre les deux avec un déjeuner léger, un dîner plus substantiel ou du vin et un plateau de fromages. Le service est excellent.

Figa   MÉDITERRANÉEN €
(Carte p. 208 ; 021-274 491 ; Buvinina 1 ; plats 80-135 Kn ; 8h-1h, fermé dim oct-avr). Voici un petit restaurant-bar fort sympathique, avec des tables dressées dehors, sur les marches. Bons petits-déjeuners, plats de poisson et vaste choix de salades. Musique live certains soirs et service tardif, parfois lent, mais toujours souriant.

Villa Spiza   DALMATE €€
(Carte p. 208 ; Kružićeva 3 ; plats 60-120 Kn ; 9h-minuit lun-sam). Apprécié des Croates et juste à la sortie du palais, ce restaurant discret sert des plats dalmates de qualité – calamars, risotto, poivrons farcis – renouvelés chaque jour, à prix raisonnable. Le service est lent mais la cuisine est faite maison et soignée.

Veli Varoš

Makrovega   VÉGÉTARIEN €
(Carte p. 208 ; 021-394 440 ; www.makrovega.hr ; Leština 2 ; plats 50-75 Kn ; 9h-21h30 lun-ven, 9h-17h sam). Caché au bout d'une rue derrière un jardin, cet établissement propose des aliments macrobiotiques, végétariens et crus. Beaucoup de seitan, de tofu, de tempeh, et d'excellentes pâtisseries.

♥ Konoba Matejuška   DALMATE €€
(Carte p. 204 ; 021-355 152 ; www.konoba-matejuska.hr ; Tomića Stine 3 ; plats 85-160 Kn ; 12h-23h). Cette taverne rustique et douillette située dans une ruelle à quelques minutes du front de mer s'est fait une spécialité des produits de la mer bien préparés, comme le démontre son plateau de poissons (pour 2) cuits à la perfection. Il n'y a que quatre petites tables dehors et deux plus grandes à l'intérieur – réservez.

Konoba Marjan   DALMATE €€
(Carte p. 204 ; 098 93 46 848 ; www.facebook.com/konobamarjan ; Senjska 1 ; plats 78-139 Kn ; 12h-23h ;). Cette sympathique petite taverne de Veli Varoš concoctant une cuisine dalmate de qualité propose des plats du jour comme le *brujet* (ragoût de poisson) de couteaux, du goulash et des pâtes aux crevettes. Elle propose à ses clients une très bonne carte des vins, dont certains viennent de caves locales, et quelques sièges à l'extérieur dans la rue qui monte à la colline de Marjan.

MÉLODIEUSE KLAPA

Il est rare de visiter la Dalmatie sans avoir entendu au moins une fois la *klapa*, ce chœur de chant traditionnel a cappella, inscrit au patrimoine culturel immatériel de l'humanité depuis 2012. Les chanteurs se mettent en cercle pour entonner ces chants célébrant l'amour, la patrie, la vie ou encore la mer sous forme de polyphonies. À Split, le meilleur endroit pour écouter un groupe de *klapa* est le vestibule (p. 206), le foyer circulaire du palais de Dioclétien, sur le côté sud du péristyle.

✕ Dobri

Gušt PIZZA €

(Carte p. 208 ; ☎ 021-486 333 ; www.pizzeria-gust.hr ; Slavićeva 1 ; pizzas 34-53 Kn ; ⏲ 9h-23h lun-sam, 18h-23h dim, fermé dim juin-sept). Les inconditionnels de la pizza à Split ne jurent que par cette adresse, économique et très couleur locale.

🍷 Où prendre un verre et faire la fête

Pour qui aime sortir et faire la fête, Split a tous les atouts, et notamment une vie nocturne très animée, surtout au printemps et en été. Les murs du palais résonnent souvent de musique le vendredi et le samedi soir, et l'on peut passer la nuit entière à découvrir de nouvelles adresses dans le dédale des rues. Les bars du palais se taisent à 1h (il y a des habitations dans le palais) mais, sur les plages de l'est, des bars et des discothèques en plein air restent ouverts jusqu'à l'aube.

Ziggy Star TOURNÉE DES BARS

(Carte p. 208 ; ☎ 099 54 97 385 ; www.pubcrawls-plit.net ; tournée 150 Kn ; ⏲ à partir de 22h). Ziggy Star vous propose une tournée guidée des bars jusqu'au bout de la nuit. L'itinéraire se termine dans une discothèque de Bačvice suivi d'un petit-déjeuner.

🍷 Centre de Split

Academia Club Ghetto BAR

(Carte p. 208 ; www.facebook.com/clubghetto ; Dosud 10 ; ⏲ 9h-1h lun-sam, 17h-1h dim). Ce bar, le plus bohème et gay-friendly de Split, a un lounge avec piano et un petit salon aux murs décorés de poèmes. Bonne musique et atmosphère sympa.

Marcvs Marvlvs Spalatensis BAR À VINS

(Carte p. 208 ; www.facebook.com/marvlvs ; Papalićeva 4 ; ⏲ 17h-minuit ; 📶). Voici un petit "bar-bibliothèque" plutôt jazzy où jouer aux échecs, manger du fromage, ou fumer un bon cigare. Il y a souvent de la musique live.

To Je To BAR

(Carte p. 208 ; www.tojetosplit.com ; Nigerova 2 ; ⏲ 8h30-1h ; 📶). Si vous avez envie de rock et de hip-hop, de bière artisanale croate et de cuisine mexicaine, ce petit bar branché est pour vous. Ambiance latino-américaine festive. Musique live presque tous les soirs ainsi qu'un karaoké délirant le vendredi.

St Riva BAR

(Carte p. 208 ; Obala hrvatskog narodnog preporoda 19 ; ⏲ 7h-1h ; 📶). Installez-vous sur l'étroite terrasse aménagée dans le mur du palais pour regarder les passants sur la Riva. Tard dans la soirée, on danse dans le petit espace discothèque.

Fabrique BAR

(Carte p. 208 ; ☎ 098 17 51 271 ; www.fgroup.hr ; Trg Frane Tuđmana 3 ; ⏲ 8h-1h). Dans ce grand bar de style industriel les célébrités de Split reçoivent leur cour autour de bières et de grillades.

Luxor CAFÉ

(Carte p. 208 ; www.lvxor.hr ; Peristil ; ⏲ 8h-1h ; 📶). Une bonne adresse pour prendre un café et une pâtisserie en plein cœur officiel du palais de Dioclétien. Musique live tous les soirs.

Mosquito BAR

(Carte p. 208 ; Majstora Jurja 4 ; ⏲ 7h-1h). Asseyez-vous sur la grande terrasse pour prendre un cocktail ou un café, écouter de la musique.

Fluid BAR

(Carte p. 208 ; ☎ 095 67 00 002 ; www.facebook.com/fluid.split ; Dosud 1 ; ⏲ 9h-minuit lun-sam, 17h-minuit dim). Ce petit bar chic avec des coussins dans la rue est idéal pour prendre un cocktail.

Porta CAFÉ, BAR

(Carte p. 208 ; Majstora Jurja 4 ; ⏲ 8h-minuit). Sur la même place se trouvent d'autres bars, et l'ensemble forme un seul et même lieu quand la foule devient dense en soirée.

Teak CAFÉ, BAR

(Carte p. 208 ; Majstora Jurja 11 ; ⏲ 8h-minuit lun-sam). Située sur une place animée, la terrasse du Teak est très appréciée en journée pour une discussion autour d'un café. Elle est très prisée en soirée aussi !

🍷 Veli Varoš

Paradox BAR À VINS

(Carte p. 208 ; Poljana Tina Ujevića 2 ; ⏲ 9h-1h lun-sam, 16h-1h dim). Cet élégant bar à vins et à fromage dispose de tables à l'extérieur et d'une belle sélection de vins croates (plus de 120, dont 40 vendus au verre) assortie de fromages du pays.

Vidilica BAR

(Carte p. 204 ; Nazorov Prilaz 1 ; ⏲ 8h-minuit). Vous ne regretterez pas d'avoir gravi les escaliers du vieux quartier de Veli Varoš pour prendre un verre au coucher du soleil dans ce café haut perché offrant une vue superbe sur la ville et le port.

Bačvice

Žbirac CAFÉ
(Carte p. 204 ; Šetalište Petra Preradovića 1b ; ⊙7h-minuit). Ce café du front de mer est un lieu de rendez-vous culte pour les habitants. Belle vue sur les baigneurs et les joueurs de *picigin*, et concerts occasionnels.

Tropic Club CLUB
(Carte p. 204 ; ☎099 20 39 222 ; www.facebook.com/tropic.club.split ; Bačvice bb ; ⊙22h-5h). Cette discothèque est située au 1ᵉʳ étage sur le front de mer, avec façade semi-circulaire en verre. Musique house, pop ou croate, selon les soirs.

Euphoria CLUB
(Carte p. 204 ; Put Firula 6 ; ⊙8h-2h lun-jeu, 8h-4h ven-dim). Au milieu des pins juste au-dessus de la plage d'Ovčice, l'endroit attire une clientèle jeune et aisée avec sa grande terrasse sur l'Adriatique et son intérieur cosy. DJ aux manettes chaque nuit d'été.

☆ Où sortir

Théâtre national croate de Split THÉÂTRE
(Hravstko narodno Kazalište ; carte p. 208 ; ☎021-306 908 ; www.hnk-split.hr ; Trg Gaje Bulata 1). Ce théâtre de 1891, restauré en 1979, possède un décor qui justifie à lui seul d'assister à un spectacle (opéra, danse ou concert). La programmation couvre toute l'année civile. Billets au guichet ou en ligne.

Théâtre municipal de marionnettes de Split THÉÂTRE
(Gradsko Kazalište Lutaka Split ; carte p. 208 ; ☎021-395 958 ; www.gkl-split.hr ; Tončićeva 1). Les spectacles sont surtout en croate, mais vos enfants parlent couramment la langue des marionnettes, non ?

Kinoteka Zlatna Vrata CINÉMA
(Carte p. 208 ; www.zlatnavrata.hr ; Dioklecijanova 7). Classiques, films d'art et d'essai et rétrospectives dans un cinéma affilié à l'université. Projections plus rares en juillet et août.

Kino Bačvice CINÉMA
(Carte p. 204 ; Put Firula 2). Le complexe de loisirs nocturnes de Bačvice est le cadre idéal pour ce cinéma en plein air qui fonctionne toutes les nuits de juillet à septembre.

 Achats

Studio Naranča ART, DESIGN
(Carte p. 208 ; ☎021-344 118 ; www.studionaranca.com ; Majstora Jurja 5 ; ⊙9h-minuit lun-sam, 10h-14h dim). Cette petite boutique présentant le travail de l'artiste croate Pavo Majić vend des originaux et des T-shirts, sacs et cartes postales décorés de ses œuvres.

Caves de Dioclétien MARCHÉ
(Carte p. 208 ; Obala hrvatskog narodnog preporoda bb ; ⊙9h-21h). Le principal passage traversant le sous-sol du palais de Dioclétien est bordé de stands de bijoux, objets en pierre de Brač, écharpes, T-shirts, savons et gravures artisanaux. La qualité est plutôt satisfaisante pour des boutiques de souvenirs.

Uje ALIMENTATION
(Carte p. 208 ; ☎021-342 719 ; www.uje.hr ; Marulićeva 1 ; ⊙8h-20h30 lun-ven, 8h-14h sam). Malgré un espace restreint, on y trouve un large choix d'huiles d'olives croates de grande qualité, mais aussi d'autres produits locaux : confitures, sauces tomate, *rakija* (grappa), vin, savon et objets en bois.

Think Pink MODE ET ACCESSOIRES
(Carte p. 208 ; Zadarska 4 ; ⊙8h30-22h). Vêtements et bijoux bohèmes fabriquées par des créateurs typiquement croates. Seconde **boutique** (carte p. 208 ; Marulićeva 1 ; ⊙8h30-22h) dans la rue voisine.

Marché au poisson MARCHÉ
(Ribarnica ; carte p. 208 ; Obrov 5 ; ⊙6h30-14h). Ce marché au poisson est un vrai spectacle. Les gens du coin y viennent tous les jours marchander le moindre poisson avec leurs vendeurs attitrés.

Vieux marché MARCHÉ
(Carte p. 208 ; Stari Pazar). Le principal marché en plein air de Split s'étale dans les rues immédiatement à l'est du palais de Dioclétien. Contrairement au marché aux fruits et légumes, non loin de là, celui-ci vend principalement des denrées non périssables : vêtements, serviettes de plage, masques de plongée, etc.

Marché aux fruits et légumes MARCHÉ
(Carte p. 208 ; Hrvojeva bb ; ⊙6h30-14h). Ce marché en plein air est idéal pour faire le plein de fruits, légumes et fleurs coupées. S'il bat son plein le matin, quelques commerçants restent ouverts les après-midi d'été pour vendre des cerises et des fraises aux touristes.

ⓘ Renseignements

Annexe de l'office du tourisme (carte p. 208 ; ☏ 021-345 606 ; www.visitsplit.com ; Peristil bb ; ◷8h-21h lun-sam, 8h-19h dim juin-sept, 9h-16h lun-ven, 9h-13h sam oct-mai)

Daluma Travel (☏ 021-338 424 ; daluma-travel.hr ; Obala kneza Domagoja 1). Réservation d'excursions et de sorties en bateau, location de voitures et de logements chez l'habitant.

Hôpital universitaire de Split (Klinički Bolnički Centar (KBC) Split ; ☏ 021-556 111 ; www.kbsplit.hr ; Spinčićeva 1)

Office du tourisme (carte p. 208 ; ☏ 021-360 066 ; www.visitsplit.com ; Obala hrvatskog narodnog preporoda 9 ; ◷8h-21h lun-sam, 8h-19h dim juin-sept, 8h-20h lun-sam, 8h-17h dim avr-mai et oct, 9h-16h lun-ven, 9h-13h sam npv-mars). Diffusion de la Split Card (70 Kn, gratuite pour un séjour en ville supérieur à 3 nuits entre octobre et mai) donnant droit à des entrées gratuites ou à tarif réduit pour divers sites, ainsi qu'à des tarifs réduits sur la location de voitures, les restaurants, les boutiques et les théâtres.

Poste principale (carte p. 208 ; Kralja Tomislava 9 ; ◷7h-21h lun-ven, 7h30-14h30 sam)

Turistički Biro (☏ 021-347 100 ; www.turistbiro-split.hr ; Obala hrvatskog narodnog preporoda 12). Les excursions et l'hébergement chez l'habitant sont les points forts de cette agence de voyages.

ⓘ Depuis/vers Split

La gare routière, la gare ferroviaire et les terminaux des ferries se situent tous du côté est du port, non loin à pied de la vieille ville.

AVION

Aéroport

L'**aéroport de Split** (Zračna Luka Split ; ☏ 021-203 507 ; www.split-airport.hr ; Cesta dr Franje Tuđmana 1270, Kaštel Štafilić, Kaštela) est à Kaštela, à 24 km au nord-ouest du centre de Split. En été, des dizaines de compagnies de toute l'Europe l'utilisent (notamment Transavia, British Airways ou easyJet)..

Croatia Airlines (☏ 072 500 505 ; www.croatiaairlines.com). La compagnie nationale assure toute l'année des vols pour Zagreb, Rome, Munich et Francfort. L'été s'y ajoutent des vols domestiques pour Dubrovnik et Osijek et des vols internationaux pour Paris, Lyon, Zurich et Londres (Gatwick et Heathrow) notamment.

LIAISONS DE JADROLINIJA AU DÉPART DE SPLIT

Attention, les horaires indiqués ici sont valables de juin à septembre. En dehors de cette période, les liaisons sont moins fréquentes.

Car-Ferries

DESTINATION	TARIF PAR PERS/VOITURE	DURÉE (HEURES)	FRÉQUENCE
Ancône (Italie)	À partir de 300/450 Kn	11	3-4/semaine
Drvenik Mali	30/160 Kn	2¼	hebdomadaire
Drvenik Veli	30/160 Kn	2	hebdomadaire
Rogač (Šolta)	33/160 Kn	1	5-6/jour
Stari Grad (Hvar)	47/318 Kn	2	6-7/jour
Supetar (Brač)	33/160 Kn	¾	12-14/jour
Ubli (Lastovo)	68/530 Kn	4½	1/jour
Vela Luka (Korčula)	60/530 Kn	2¾	2/jour
Vis	54/370 Kn	2¼	2-3/jour

Catamarans

DESTINATION	TARIF PAR PERS/VOITURE	DURÉE (HEURES)	FRÉQUENCE
Bol (Brač)	55 kn	1¼	2/jour
Hvar (Hvar)	55 kn	1	2-4/jour
Jelsa (Hvar)	55 kn	1¾	1/jour
Korčula (Korčula)	80 kn	3	1-2/jour
Milna (Brač)	40 kn	¾	hebdomadaire
Ubli (Lastovo)	75 kn	3¼	1/jour
Vela Luka (Korčula)	65 kn	2¼	1/jour

Terminal des hydravions
European Coastal Airlines (☎021-444 813 ; www.ec-air.eu). De mai à octobre, des hydravions amerrissent près des ferries internationaux dans le port de Split. Ils desservent notamment Ancône (Italie), Pula, Rijeka, Rab, Mali Lošinj, Novalja (Pag), Jelsa (Hvar), Lumbarda (Korčula), Vela Luka (Korčula), Lastovo et Dubrovnik.

BATEAU
Le port des ferries de Split est si fréquenté qu'il est parfois difficile d'y circuler : mieux vaut arriver de bonne heure. La plupart des traversées domestiques partent de Gat Sv Petra, première des trois jetées principales, où se tiennent des guichets (carte p. 204) pour Jadrolinija et Kapetan Luka. Les immenses ferries internationaux partent de Gat Sv Duje, la deuxième jetée, où se trouve un grand terminal (carte p. 204) avec des billetteries pour toutes les grandes lignes.

Pour la plupart des trajets domestiques, on ne peut pas réserver ses tickets : ils ne sont disponibles à la vente que le jour du départ. En juillet et août, il est souvent nécessaire d'arriver plusieurs heures avant le départ du ferry et de faire la queue pour l'embarquement avec votre voiture. Hors saison, il y a peu de difficultés et peu d'attente pour obtenir un passage. Voici quelques-unes des liaisons :

BlueLine (carte p. 204 ; ☎021-223 299 ; www.blueline-ferries.com ; ⊙avr-oct). Car-ferries de nuit pour Ancône, parfois avec étape à Hvar ; les tickets sont en vente chez **Split Tours** (carte p. 204 ; ☎021-352 553 ; www.splittours.hr ; Gat Sv Duje bb ; ⊙fermé sam-dim après-midi).

Bura Line (☎095 83 74 320 ; www.buraline.com ; Obala kralja Zvonimira bb ; ticket pour Split 24 Kn). Aller-retour à Trogir à bord d'un petit bateau ; 4 à 6/jour de juin à septembre.

Jadrolinija (carte p. 204 ; ☎021-338 333 ; www.jadrolinija.hr ; Gat Sv Duje bb). Assure la plupart des traversées en ferry entre Split et les îles (p. 217) ainsi que des traversées nocturnes vers Ancône (Italie).

Kapetan Luka (Krilo ; ☎021-645 476 ; www.krilo.hr). Un catamaran rapide rejoint tous les jours Vis (55 Kn, 1 heure 30) ; il s'arrête parfois à Milna, à l'île de Brač et à la ville de Hvar. De juin à septembre, il y a aussi un bateau quotidien pour Milna (40 Kn, 30 min), la ville de Hvar (70 Kn, 65 min), la ville de Korčula (120 Kn, 1 heure 45), Pomena, sur l'île de Mljet (130 Kn, 3 heures), et Dubrovnik (190 Kn, 4 heures 15) ; il n'y en a plus que 4/semaine en mai et 3/semaine en octobre.

LNP (Linijska Nacionalna Plovidba ; ☎021-352 527 ; www.lnp.hr). Un à 2 catamarans/jour pour Rogač, sur l'île de Šolta (35 Kn, 35 min).

SNAV (carte p. 204 ; www.snav.it). Ferries nocturnes depuis/vers Ancône (660 Kn, 5 heures) d'avril à octobre ; certains font halte à Stari Grad, sur l'île de Hvar.

BUS
La plupart des bus interurbains et internationaux arrivent et partent de la **gare routière principale** (Autobusni Kolodvor Split ; carte p. 204 ; ☎060 327 777 ; www.ak-split.hr ; Obala kneza Domagoja bb), près du port. En été, mieux vaut acheter à l'avance les places réservées. Si vous devez laisser des bagages en consigne, il y a une **garderoba** (Obala kneza Domagoja 12 ; 1re heure 5 Kn, puis 1,50 Kn/h ; ⊙6h-22h) à proximité.

Parmi les destinations croates desservies, Zagreb (130 Kn, 5 heures, au moins 1/heure), Pula (300 Kn, 10 heures, 3/jour), Rijeka (300 Kn, 8 heures, 8/jour), Zadar (100 Kn, 3 heures 30, au moins 1/heure) et Dubrovnik (130 Kn, 4 heures 30, 21/jour). Les bus reliant Split à Dubrovnik passant brièvement en territoire bosniaque, gardez votre passeport à portée de main pour le passage des frontières.

Les destinations internationales desservies comptent Mostar (130 Kn, 7/jour), Sarajevo (220 Kn, 4/jour), Ljubljana (236 Kn, 2/jour), Vienne (336 Kn, au moins 1/jour) et Belgrade (439 Kn, au moins 1/jour).

Touring (carte p. 204 ; ☎021-338 503 ; www.touring.hr ; Obala kneza Domagoja 10 ; ⊙8h-20h lun-ven, 9h-15h sam-dim), près de la gare routière, représente Deutsche Touring et vend des tickets de bus pour des villes allemandes.

TRAIN
La **gare ferroviaire** de Split (☎021-338 525 ; www.hzpp.hr ; Obala kneza Domagoja 9 ; ⊙6h-22h) accueille des trains en provenance de Zagreb (112 Kn, 6 heures, 5/jour) et Knin (91 Kn, 1 heure 30, 5/jour). Il y a aussi deux train directs hebdomadaires pour Budapest (492 Kn) de juin à septembre.

La gare ferroviaire dispose de casiers (15 Kn/jour) adaptés aux valises, mais on ne peut pas laisser de bagages la nuit. Vous trouverez une autre **garderoba** (consigne ; ☎098 446 780 ; Obala kneza Domagoja 6 ; 15 Kn/jour ; ⊙6h-22h juil-août, 7h30-21h sept-juin) non loin dans la même rue.

VOITURE
Plusieurs enseignes de location de voitures ont des bureaux à l'aéroport, notamment **Dollar Thrifty** (☎021-399 000 ; www.thrifty.com.hr ; Trumbićeva obala 17), qui a également un bureau en ville. On peut aussi louer des voitures, scooters et motos auprès de Daluma Travel (p. 217) et de **Split Rent Agency** (carte p. 208 ; ☎091 59 17 111 ; www.split-rent.com ; Obala Lazareta 3).

❶ Comment circuler

DEPUIS/VERS L'AÉROPORT

Bus navette (☏ 021-203 119 ; www.plesoprijevoz.hr ; trajet 35 Kn). Il y en a au moins 14/jour entre l'aéroport à la gare routière principale (quai n°1 ; 30 min) de Split.

Bus urbains n°37 et n°38 Le bus Split-Trogir s'arrête près de l'aéroport toutes les 20 minutes. Le trajet depuis la gare routière (carte p. 204) de Domovinskog Rata dure 50 minutes ; ce bus est plus lent que le bus navette mais moins cher (17 Kn depuis Split, 13 Kn depuis Trogir).

Navette Žele (Prijevoz Putnika Žele ; ☏ 098 286 220 ; www.split-airport.com.hr ; 35 Kn). Ces bus relient Obala Lazareta à l'aéroport 10 fois par jours d'avril à octobre et 4 fois par jour hors saison.

Taxi Rejoindre le centre de Split en taxi coûte de 200 Kn à 250 Kn.

TRANSPORTS PUBLICS

Promet Split (☏ 021-407 999 ; www.promet-split.hr) gère un important réseau de bus irrigant Split même (11 Kn/trajet) et allant jusqu'à Klis (13 Kn), Solin (13 Kn), Kaštela (17 Kn), Trogir (21 Kn) et Omiš (21 Kn). On peut acheter les tickets à bord mais, dans les kiosques, un ticket pour deux trajets (un aller-retour) dans la zone centrale ne coûte que 17 Kn. Ces bus passent environ toutes les 15 minutes de 5h30 à 23h30.

ENVIRONS DE SPLIT

Kaštela

38 700 HABITANTS

Pour se sentir en sécurité, rien de tel que de s'installer entre la montagne et la mer. C'est du moins ce que pensait la noblesse dalmate confrontée à la menace de l'invasion ottomane aux XVe et XVIe siècles. L'une après l'autre, les riches familles de Split vinrent construire des demeures fortifiées sur ces 20 km de côte séparant Trogir de Split, pour arriver au total de 17 châteaux et tours, dont certains flanqués de villages fortifiés. Les Turcs ne vinrent jamais et beaucoup de ces manoirs sont encore debout.

Kaštela est aujourd'hui une municipalité à part entière réunissant de petites villes portuaires qui portent chacune la nom d'un château, le tout formant la deuxième localité du comitat de Split-Dalmatie. De Split à Trogir se succèdent ainsi Kaštel Sućurac, Kaštel Gomilica, Kaštel Kambelovac, Kaštel Lukšić, Kaštel Stari, Kaštel Novi et Kaštel Štafilić.

◉ À voir

La route principale pénètre dans Kaštela par les faubourgs industriels, d'où une première impression peu favorable, mais un tout autre Kaštela surgit lorsqu'on tourne en direction de la mer : une succession de villages historiques accrochés à des baies rocheuses. Le nom de ces villages ne correspondant pas toujours à celui du château qu'ils abritent, une certaine confusion s'ensuit. Certains ont plusieurs châteaux, d'autres aucun.

Kaštel Gomilica, construit au XVIe siècle pour une communauté de bénédictines, est entouré de plages sablonneuses aux eaux peu profondes. **Kaštel Kambelovac**, le suivant, possède une tour défensive cylindrique édifiée en 1517 par les nobles et les propriétaires terriens locaux.

Si vous ne visitez qu'une partie de Kaštela, choisissez **Kaštel Lukšić**, où se dresse le **Kaštel Vitturi**, le plus grand et le mieux conservé des châteaux de Kaštela – et le seul ouvert au public. Ce village renferme aussi une grande église baroque et le Kaštel Rušinac, un manoir avec jardin entouré de murs solides qui ne ressemble guère à un château.

Kaštel Stari ("le vieux château") fut le premier construit sur cette côte, en 1476, tandis que son voisin **Kaštel Novi** ("le château neuf") fut érigé en 1512 mais il ne reste qu'une tour massive pour toute fortification.

Tout de suite après le virage suivant, **Kaštel Štafilić** a deux tours indépendantes du XVIe siècle, le Kaštel Štafileo, trapu, et une grande église baroque.

Muzej Grada Kaštela   MUSÉE, CHÂTEAU
(☏ 021-260 245 ; www.muzej-grada-kastela.hr ; Brce 1, Kaštel Lukšić ; tarif plein/réduit 15/5 Kn ; ⊙9h-20h lun-sam, 9h-13h dim juin-sept, 9h-16h lun, mer et ven, 9h-19h mar et jeu, 9h-13h sam oct-mai). Construit à la fin du XVe et au début du XVIe siècle, Kaštel Vitturi abrita la famille Vitturi jusqu'en 1943, date à laquelle le château devint une école. Il accueille aujourd'hui l'office du tourisme ainsi qu'un petit musée. À l'étage, une salle est consacrée à l'archéologie (elle contient des monnaies, des bijoux et des céramiques romains) et une autre à l'art de vivre de la noblesse locale (exposition de mobilier, d'armes et de vêtements).

❶ Renseignements

Office du tourisme (☏ 021-227 933 ; www.kastela-info.hr ; Kaštel Vitturi, Brce 1, Kaštel Lukšić ; ⊙8h-15h lun-ven, 8h-12h sam)

Depuis/vers Kaštela

On peut se rendre à Kaštela avec le bus 37 depuis Split ou Trogir ; il part toutes les 20 minutes et fait halte dans toutes les localités de la baie. Mieux vaut descendre à Kaštel Štafilić et suivre à pied vers l'est la promenade côtière qui traverse les localités. Dès que vous en avez assez, bifurquez vers l'intérieur des terres pour reprendre le bus sur la route principale.

Trogir

13 200 HABITANTS

La superbe Trogir (les Vénitiens l'appelaient *Trau*), entourée de remparts médiévaux, occupe une île minuscule reliée par des ponts à la terre ferme et à l'île de Čiovo, beaucoup plus grande. Les soirs d'été, tout le monde se retrouve sur la promenade du front de mer, bordée de bars, de cafés et de yachts, tandis que les vieux lampadaires éclairent d'une lueur mystérieuse le labyrinthe de rues pavées de marbre.

La vieille ville a gardé de son âge d'or, qui s'étend du XIIIe au XVe siècle, de nombreux beaux édifices intacts. Cette profusion de bâtiments romans et Renaissance lui a valu l'inscription au Patrimoine mondial en 1997.

Si l'on peut facilement s'y rendre pour une excursion d'une journée depuis Split, Trogir peut inversement être une bonne base pour visiter Split et pour se reposer quelques jours.

Histoire

Encadrée au nord par de hautes collines et au sud par la mer, bien protégée derrière ses murailles, Trogir (la Tragurion romaine) fut toujours au goût de ses occupants. La cité illyrienne fut investie par les Croates au VIIe siècle, mais sa position défensive lui permit de conserver son autonomie durant les périodes successives de domination, l'exploitation des mines voisines lui assurant la viabilité économique. Sa richesse culturelle se manifesta brillamment au XIIIe siècle à travers l'épanouissement de son architecture et de sa sculpture. Lorsque Venise acheta la Dalmatie en 1409, Trogir refusa de reconnaître le nouveau pouvoir et ne fut soumise que par les armes. Et, tandis que le reste de la région végétait, elle continua de donner naissance à de grands artistes qui contribuèrent encore à l'embellir.

À voir

Cathédrale Saint-Laurent — CATHÉDRALE

(Katedrala Svetog Lovre ; Trg Ivana Pavla II ; 25 Kn ; 8-19h lun-sam, 12h-18h30 dim). Joyau de Trogir, cette cathédrale d'influence vénitienne et de plan basilical à trois nefs figure parmi les plus beaux monuments de Croatie. En majeure partie romane (XIIIe siècle), elle fut achevée au XVe siècle, d'où ses voûtes gothiques. Dû au talentueux maître Radovan, son **portail roman** (1240) est encadré des emblématiques lions de la Sérénissime surmontés des statues d'Adam et Ève, premiers nus de la sculpture dalmate. À l'extrémité du porche se trouve un admirable **baptistère** (1464) sculpté par Andrija Aleši. À gauche en entrant dans la cathédrale se trouve la **chapelle Saint-Ivan**, richement ornée et de style Renaissance, construite par les maîtres Nikola Firentinac et Ivan Duknović de 1461 à 1497. Allez voir le **trésor**, il comprend un triptyque en ivoire et plusieurs manuscrits médiévaux enluminés. Vous pourrez grimper au sommet du **clocher**, haut de 47 m, d'où la vue est splendide.

Une tenue décente est exigée à l'intérieur de la cathédrale (ni torse nu ni short).

Musée d'Art sacré — MUSÉE

(Muzej Sakralne Umjetnosti ; Trg Ivana Pavla II ; 10 Kn ; 8h-20h mi-juin à mi-sept, 13h-19h mi-sept à mi-juin). Les pièces maîtresses de ce petit musée sont notamment des manuscrits enluminés, un tableau de Bellini représentant saint Jérôme et saint Jean-Baptiste, un *Crucifix au Christ triomphant* et les fragments à peine éclairés d'une icône du XIIIe siècle qui décorait jadis l'autel de la cathédrale.

Église Saint-Sébastien — ÉGLISE

(Crkva Sv Sebastijana ; Trg Ivana Pavla II). Cette église désaffectée datant de 1476 renferme des sarcophages de pierre et les photos de Croates tués pendant la guerre dans les années 1990. Elle est coiffée d'une grande horloge Renaissance.

Loggia municipale — ÉDIFICE HISTORIQUE

(Gradska Loža ; Trg Ivana Pavla II). Un relief du célèbre sculpteur croate Ivan Meštrović orne cet édifice du XIIIe siècle ouvert sur deux côtés installé sur la place principale.

Musée de Trogir — HISTOIRE LOCALE

(Muzej Grada Trogira ; 021-881 406 ; www.muzejgradatrogira.blogspot.com ; Gradska vrata 4 ;

VAUT LE DÉTOUR

SALONE : DANS LE DÉDALE D'UNE CITÉ ROMAINE

Le principal site archéologique de Croatie se niche parmi les vignobles, au pied des montagnes : ce sont les ruines de la cité romaine de Salone (021-213 358 ; Don Frane Bulića bb, Solin ; tarfi plein/réduit 30/15 Kn ; 9h-19h lun-sam, 9h-14h dim), l'actuelle Solin, au nord-est de Split.

Allez d'abord acquitter le droit d'entrée au musée Tusculum, près de l'entrée du site, car vous aurez besoin de la carte insérée dans la brochure pour vous repérer. Ce petit musée contient beaucoup de sculptures antiques et une intéressante exposition sur l'équipe archéologique qui découvrit le site.

Ce foyer illyrien fut mentionné pour la première fois en 119 av. J.-C. Conquise par les Romains en 78 av. J.-C., la cité devint, sous le règne d'Auguste, la capitale de la province de Dalmatie. À la fin du IIIe siècle, Dioclétien fit édifier sa résidence impériale à Split en raison de sa proximité avec Salone. Rattachée à l'empire romain d'Orient au VIe siècle, cette dernière fut dévastée en 614 par les Slaves et les Avars. La fuite de ses habitants vers Split et les îles voisines sonna son déclin.

Si de nombreux trésors de Salone sont aujourd'hui exposés au Musée archéologique de Split (p. 207), il en reste beaucoup *in situ*. Entre le parking et le musée, la nécropole de Manastirine, rassemble des sépultures de martyrs chrétiens, et l'on y trouve les vestiges d'une basilique paléochrétienne.

Depuis le musée, un sentier bordé de cyprès descend vers le rempart nord, au sud. De là, on survole du regard les fondations d'édifices comme le centre épiscopal, qui comprend la cathédrale du Ve siècle à triple nef, dotée d'un baptistère octogonal, et les vestiges de la basilique de l'évêque Honorius, qui suit un plan en croix grecque. Les thermes voisinent la cathédrale à l'est.

Juste après cet ensemble, légèrement à droite, s'élève la Porta Caesarea, porte orientale de la ville (Ier siècle), qui fut englobée dans la cité lorsque celle-ci s'agrandit à l'est. On peut y voir les sillons creusés par les roues dans les pavés, ainsi que les vestiges d'un aqueduc couvert qui courait au sommet des remparts. Probablement construit vers le Ier siècle, il acheminait l'eau de la Jadro jusqu'à Salone et au palais de Dioclétien. Juste après cette porte s'étendait le cœur de la ville, le Forum, avec ses temples de Jupiter, de Junon et de Minerve, dont aucun ne subsiste.

La ville d'origine s'étendait ensuite vers l'ouest jusqu'à un immense amphithéâtre (IIe siècle) que les Vénitiens détruisirent au XVIIe siècle afin qu'il ne puisse servir de refuge aux pirates turcs. Il contenait 18 000 spectateurs, ce qui donne une idée de la taille et de l'importance de cette cité antique.

Le principal sentier conduisant à l'amphithéâtre suit les anciens remparts ; les vignes situées à gauche recouvrent l'ancienne extrémité ouest de la ville. Juste à droite du sentier (c'est-à-dire en dehors des remparts), l'on passe devant un autre cimetière chrétien primitif, où furent inhumés certains esclaves tués dans l'amphithéâtre, et devant les ruines de la basilique des Cinq Martyrs (Kapljuč Basilica), construite en leur honneur.

En dehors de l'ensemble principal, mais située à l'endroit correspondant à l'angle sud-est de l'ancienne cité fortifiée, se dresse la Gradina (Kralja Zvonimira bb, Solin), une forteresse médiévale construite autour des vestiges d'une église chrétienne primitive de forme rectangulaire.

On peut rejoindre facilement Salone depuis Split par le bus urbain n°1 (13 Kn), qui part toutes les 30 minutes de Trg Gaje Bulata et va jusqu'au parking du site.

---

tarif plein/réduit 20/15 Kn ; 9h-12h et 18h-21h juil-août, 9h-12h et 17h-20h juin et sept, 9h-14h lun-ven oct-mai). Ce musée installé dans l'ancien palais Garagnin-Fanfogna expose des livres, des documents, des dessins et des costumes anciens relatifs à la longue histoire de Trogir.

Fort Kamerlengo ARCHITECTURE MILITAIRE
(Kaštel Kamerlengo ; Hrvatskog proljeća 1971 bb ; tarif plein/réduit 25/20 Kn ; 9h-19h). Ce fort, construit en 1420, était jadis élié aux remparts auxquels il permet d'accéder. Des concerts y sont organisés lors du Festival d'été de Trogir (p. 222).

Okrug Gornji PLAGE
(Šetalište Stjepana Radića bb). Cette plage, la plus prisée de Trogir, s'étend à 1,7 km au sud de la vieille ville sur l'île de Čiovo. Surnommée Copacabana, ses 2 km de galets sont bordés de café bars.

Plage de Medena PLAGE
Sur la Riviera de Seget, à 4 km à l'ouest de la vieille ville, cette plage est dotée d'une longue promenade bordée de bars, de courts de tennis, d'un minigolf, de glaciers et de loueurs de Jet-Skis, kayaks et planches à voiles. Bien que située sur le domaine de l'immense complexe fané de l'Hotel Medena, elle est ouverte à tous. Parking sur place.

✯ Fêtes et festivals

Festival d'été de Trogir MUSIQUE
(Trogirsko Ljeto ; ⊙juin-sept). Tous les ans, du 21 juin à début septembre, la ville accueille le Festival d'été de Trogir, un festival de musique qui programme dans les églises, sur les places et dans la forteresse des concerts classiques et folkloriques annoncés par voie d'affichage un peu partout en ville.

🛏 Où se loger

Kamp Seget CAMPING €
(☎021-880 394 ; www.kamp-seget.hr ; Hrvatskih Žrtava 121, Seget Donji ; empl par adulte/enfant/tente/voiture 38/22/28/40 Kn ; ⊙mars-oct). Ce camping intime à 2 km à l'ouest de Trogir dispose d'emplacements sous les pins, de casiers, d'un bâtiment avec douches et toilettes, d'une petite plage de galets et d'un point de plongée cimenté.

Villa Tudor HÔTEL €€
(☎091 25 26 652 ; www.villa-tudor.com ; Obala kralja Zvonimira 12 ; s/d à partir de 584/730 Kn ; P❋🛜). Assez exceptionnel, ce petit hôtel tenu en famille loue des chambres élégantes avec murs en pierre apparente mise en valeur par des peintures bleu layette, et offre une vue superbe sur la vieille ville de Trogir dans son écrin d'eau. Le double vitrage réduit efficacement le bruit de la rue animée.

Vila Tina HÔTEL €€
(☎021-888 305 ; www.vila-tina.com ; Cesta Domovinske Zahvalnosti 63, Arbanija ; s/d 610/750 Kn ; P❋@🛜). Cet hôtel situé à l'écart dans une petite localité en bord de mer, à 5 km à l'est de Trogir, est intéressant si vous êtes motorisé. Il dispose d'une petite piscine au pied de l'établissement. Certaines des chambres, spacieuses et soignées, ont un grand balcon donnant sur la mer et il y a un bain chaud et un sauna.

Concordia HÔTEL €€
(☎021-885 400 ; www.concordia-hotel.net ; Obala bana Berislavića 22 ; s/d à partir de 500/690 Kn ; ❋🛜). Les chambres soignées et au charme désuet de ce beau bâtiment en pierre trois fois centenaire situé sur le front de mer sont propres, mais rudimentaires, toutefois le service et le cadre sont parfaits. Demandez une chambre avec vue sur la mer. Les bateaux conduisant aux plages partent juste en face.

Hotel Tragos HÔTEL €€€
(☎021-884 729 ; www.tragos.hr ; Budislaviéva 3 ; s/d à partir de 730/1 100 Kn ; ❋🛜). Cette demeure familiale de l'époque médiévale bien rénovée a conservé pierres apparentes et détails d'origine. Ses 12 chambres, joliment décorées, disposent de la TV satellite et d'un minibar. Même si vous n'y logez pas, ne manquez pas la savoureuse cuisine maison du restaurant (plats à partir de 55 Kn), notamment la *trogirska pašticada* (ragoût de bœuf à la mode de Trogir).

Aparthotel Bellevue HÔTEL €€€
(☎021-492 000 ; www.bellevue.com.hr ; Alojzija Stepnica 42 ; ch/app à partir de 915/990 Kn ; P❋🛜). À Trogir, côté terre, ce bâtiment ingrat des années 1990 dispose de chambres spacieuses aménagées avec simplicité, à l'exception de quelques luminaires extravagants. Certaines sont dotées de balcons courbes donnant sur la vieille ville mais celles de l'arrière sont plus calmes et, d'ailleurs, la vue n'est pas aussi *belle* de ce côté de Trogir.

Hotel Pašike HÔTEL €€€
(☎021-885 185 ; www.hotelpasike.com ; Sinjska bb ; s/d à partir de 98/135 € ; ❋🛜). Ce charmant hôtel aménagé dans une maison du XVᵉ siècle renferme un mobilier du XIXᵉ siècle, des boiseries sombres et des lits raffinés. Pour ajouter au parfum d'antan, le personnel, sympathique, porte le costume traditionnel. Le toit-terrasse donne sur la vieille ville.

🍴 Où se restaurer

Pizzeria Mirkec PIZZA, DALMATE €€
(☎021-883 042 ; www.pizzeria-mirkec.hr ; Budislaviéva 15 ; plats 40-150 Kn ; ⊙9h-minuit). Des dizaines de tables s'étalent sur la

Trogir

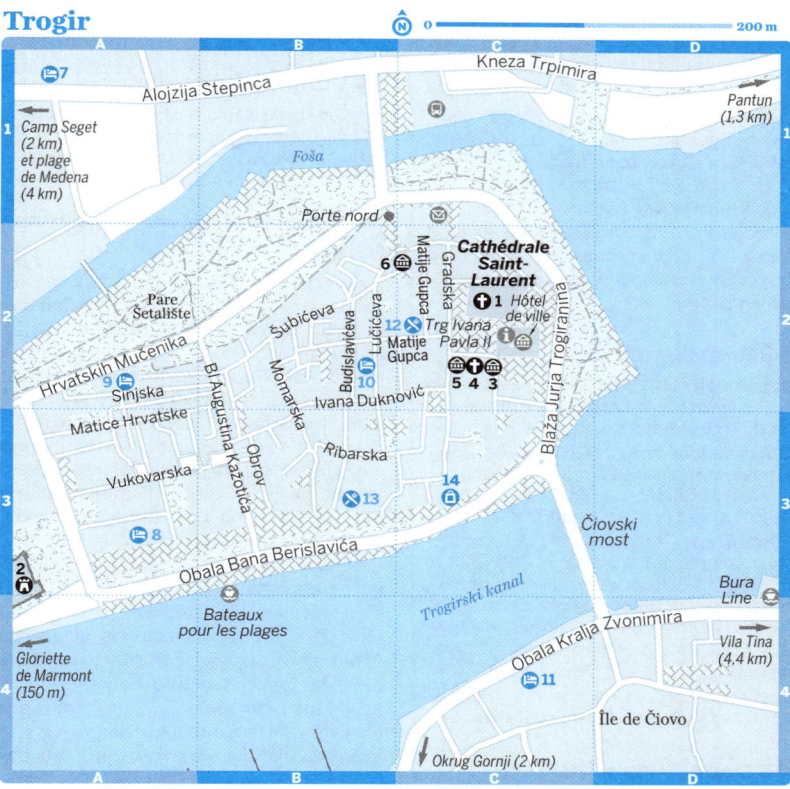

Trogir

◉ Les incontournables
1 Cathédrale Saint-Laurent C2

◎ À voir
2 Fort Kamerlengo A3
3 Musée d'art sacré C2
4 Église Saint-Sébastien C2
5 Loggia municipale C2
6 Musée de Trogir C2

🛏 Où se loger
7 Aparthotel Bellevue A1
8 Concordia A3
9 Hotel Pašike A2
10 Hotel Tragos B2
11 Villa Tudor C4

🍴 Où se restaurer
12 Konoba Trs C2
13 Pizzeria Mirkec B3

🛍 Achats
14 Petite Loggia C3

promenade du bord de mer et l'établissement lui-même occupe l'angle de la rue. Ce restaurant décontracté prépare de savoureuses pizzas au feu de bois, des omelettes, des steaks, des pâtes, du poisson grillé et, sur commande, des plats traditionnels cuits sous *peka* (cloche de cuisson). Le petit-déjeuner est également d'un bon rapport qualité/prix (40 Kn).

♥ Konoba Trs
DALMATE €€€

(☏021-796 956 ; www.konoba-trs.com ; Matije Gupca 14 ; plats 75-225 Kn ; ⊙11h-minuit). Cette petite taverne rustique d'allure très traditionnelle est dotée de bancs en bois, de murs en pierre et d'une cour accueillante ombragée par une treille. Revisitant des classiques dalmates, la carte propose du poulpe à la panure japonaise (panko) et la spécialité maison : la *pasticada* d'agneau à la muscade servie avec des crêpes salées – repas inoubliable garanti. Réservez.

Achats

Petite Loggia MARCHÉ
(Mala Loža ; Obala bana Berislavića ; 9h-21h). Cette petite halle ouverte historique collée aux remparts sert toujours aux marchands, mais on y trouve surtout des bijoux de nos jours. Un bon endroit pour acheter des pièces intéressantes ornées de pierreries et de perles croates.

Renseignements

Atlas Trogir (021-881 374 ; www.atlas-trogir.hr). Chambres chez l'habitant, excursions et location de voitures, scooters, vélos et bateaux.
Office du tourisme (021-885 628 ; www.tztrogir.hr ; Trg Ivana Pavla II 1 ; 8h-16h lun-ven, 9h-13h sam). À l'intérieur de l'hôtel de ville. Distribue des plans de la ville.
Portal Trogir (021-885 016 ; www.portal-trogir.com ; Bana Berislavića 3 ; 8h-20h mai-sept, 9h-13h lun-ven oct-avr). Locations chez l'habitant, location de vélos, scooters et kayaks ; réservation d'excursions et d'activités d'aventure (safaris en quad, rafting, plongée, canyoning).
Poste (Blaža Jurjeva Trogiranina 5 ; 8h-16h lun-ven, 9h-13h sam). Cabines téléphoniques.

Depuis/vers Trogir

BATEAU
De petits bateaux Bura Line (p. 218) font l'aller-retour depuis/vers Split 4 à 6 fois par jour de juin à septembre.
Jadrolinija (021-338 333 ; www.jadrolinija.hr) propose 3 car-ferries quotidiens (adulte/enfant/voiture/moto/vélo 16/8/160/70/38 Kn) entre Trogir et Drvenik Veli (1 heure) allant jusqu'à Drvenik Mali (20 min supplémentaires).

BUS
Les bus interurbains s'arrêtent à la **gare routière** (021-881 405 ; Kneza Tripimira bb) près du pont desservant Trogir. Il y a une **garderoba** (consigne ; gare routière ; 15 Kn/jour ; 7h-20h) mais le personnel n'est pas toujours présent. Ces bus desservent notamment Zagreb (à partir de 149 Kn, 6 heures 30, 11/jour), Rijeka (200 Kn, 7 heures 30, 3/jour), Zadar (80 Kn, 2 heures 30, ttes les 30 min), Split (21 Kn, 30 min, fréquents) et Dubrovnik (140 Kn, 5 heures 30, 5/jour).

Le bus urbain n°37 dessert la route côtière de Kaštela depuis/vers Trogir ainsi que l'aéroport.

Il est beaucoup moins rapide que les bus interurbains, qui empruntent la nationale.

Comment circuler
En été, de petits **bateaux** desservant les plages d'Okrug Gornji (25 Kn) et de Medena (20 Kn) partent d'Obala bana Berislavića, juste en face de l'Hotel Concordia (45 min environ).

Šolta

Pour échapper à la touffeur estivale, les habitants de Split viennent volontiers se réfugier sur cette charmante petite île boisée de 59 km². Son principal point d'accès est Rogač, où les ferries venant de Split s'amarrent au bord d'une vaste baie. Un sentier ombragé contourne la baie et dessert de plus petites criques aux plages rocheuses, et une petite route monte jusqu'au centre administratif de l'île, Grohote, où l'on trouve un marché et des boutiques. Maslinica, la plus jolie localité de l'île, compte sept îlots au large, quelques restaurants, un luxueux hôtel classé et des hébergements chez l'habitant. Très beau également, le village de Stomorska dispose d'un joli port abrité prisé des propriétaires de yachts.

À l'intérieur de l'île, vous trouverez plusieurs fermes-auberges familiales ; le Kaštelanac à Gornje Selo propose des

---

RAFTING SUR LA CETINA

La Cetina, plus longue rivière de Dalmatie centrale, s'étend sur 105 km depuis le village éponyme. Elle traverse le mont Dinara, les plaines de Sinj et forme des rapides avant d'alimenter une centrale hydroélectrique proche d'Omiš. Sa descente est un voyage extraordinaire : ses flots bleus et limpides sont encadrés de hautes parois rocheuses couvertes d'une épaisse végétation. On y pratique le rafting du printemps à l'automne, mais les rapides peuvent être redoutables après de fortes pluies. L'été est la meilleure saison pour les moins expérimentés.

Les agences de rafting vendent leurs services sur les berges près du pont d'Omiš côté vieille ville. Les meilleurs demandent plus de 200 Kn. Certaines sont moins chères, mais moins fiables.

dégustations d'huiles d'olive, de grappas et de vins. L'office du tourisme vous fournira d'autres adresses à l'intérieur des terres.

Où se loger

Martinis Marchi HÔTEL €€€
(021-572 768 ; www.martinis-marchi.com ; Put Sv Nikole 51, Maslinica ; ste 2613-4140 Kn ;). Ce manoir, construit en 1703, installé en bord de mer, est devenu un hôtel de luxe classé disposant de 7 suites, d'une marina, d'un restaurant et d'un spa.

Renseignements

Office du tourisme (021-654 491 ; www.visitsolta.com ; Obala Sv Terezije 3 ; 10h-17h lun et mer, 8h-20h mar et jeu-dim)

Depuis/vers Šolta

Quatre à 6 car-ferries **Jadrolinija** (021-654 664 ; www.jadrolinija.hr) circulent quotidiennement entre Split et Rogač (adulte/enfant/voiture/vélo 33/17/160/38 Kn, 1 heure). Un ou 2 catamarans LNP (p. 218) effectuent aussi le trajet (35 Kn, 35 minutes) chaque jour.

Omiš

15 000 HABITANTS

Ce légendaire repaire de pirates occupe un des plus beaux cadres de la côte dalmate. Située à l'embouchure de la Cetina, à l'extrémité d'une gorge pittoresque, Omiš est installée entre deux massifs montagneux superbes.

Le trafic de la route côtière s'éteint doucement en débouchant dans la rue principale, ombragée et bordée de chênes. Un petit labyrinthe pittoresque de vieilles rues sur lequel règne un modeste château s'étend d'un côté. Une plage de sable et de galets occupe l'autre côté, attirant une foule de familles en été.

À voir

Forteresse de Mirabela TOUR
(Tvrđava Mirabela ; 20 Kn ; 9h-21h). Également appelée Peovica, cette petite tour vénitienne fut érigée au XIIIe siècle sur des fondations byzantines du IXe siècle.

On y accède par un escalier abrupt. Elle ne contient pas grand-chose, mais vous ne regretterez pas d'avoir gravi l'escalier intérieur puis l'échelle finale pour admirer la vue sur la ville depuis le sommet.

Activités

De par son cadre exceptionnel, Omiš se prête à de multiples activités. L'option la plus calme consiste à remonter la rivière en bateau jusqu'au ravissant Radmanove Mlinice (moulin de Radman). De petits bateaux alignés le long du pont partent dès qu'ils sont pleins ; prévoyez 100 Kn environ.

La randonnée est également très pratiquée. Les plus dynamiques font l'ascension jusqu'à **Fortica**, une forteresse juchée au-dessus la ville qui se fond si bien dans la roche grise qu'on la discerne difficilement d'en bas. Le sentier n'est pas particulièrement difficile, mais ça grimpe !

Tyrolienne SPORTS D'AVENTURE
(095 82 22 221 ; www.zipline-croatia.com ; ride 400 Kn). Filez comme le vent sur ces 8 tyroliennes au-dessus des gorges de la Cetina – la plus haute est à 150 m du sol, la plus longue mesure 700 m.

Où se loger et se restaurer

Hotel Plaža HÔTEL €€€
(021-755 260 ; www.hotelplaza.hr ; Trg kralja Tomislava 6 ; s/d à partir de 737/988 Kn ;). Juste à côté de la plage, ce grand hôtel moderne loue des chambres très colorées, dont beaucoup disposent de balcon et ont vue sur la mer. En hiver, vous pourrez filer sur la patinoire de l'hôtel avant d'aller vous réchauffer au spa.

Restaurant Bastion CROATE €€
(021-757 922 ; Fošal 9 ; plats 49-169 Kn ; 10h-minuit ;). Basé dans une vieille maison en pierre bordant la rue principale toujours encombrées de voitures, ce restaurant ser à sa clientèle de savoureuses viandes grillées, des pizzas et de nombreux produits de la mer. Goûtez le risotto à l'encre ou commandez à l'avance un poulpe cuit sous *peka*.

Renseignements

Office du tourisme (021-861 350 ; www.visitomis.hr ; Trg kneza Miroslava bb)

Comment s'y rendre et circuler

Le bus n°60 de Split rejoint Omiš toutes les 30 minutes (21 Kn). Depuis Omiš, on peut se rendre notamment à Makarska (31 Kn, 40 minutes, 3/jour), Dubrovnik (121 Kn, 4 heures, 3/jour), Šibenik (82 Kn, 2 heures, 2/jour) et Zagreb (110 Kn, 6 heures, 3/jour).

RIVIERA DE MAKARSKA

La Riviera de Makarska est une bande littorale de 58 km qui s'étend au pied du massif du Biokovo. Une succession de falaises et de crêtes forme une impressionnante toile de fond pour un chapelet de jolies plages de galets. Sur les contreforts, protégés des vents violents, s'épanouit une végétation de pins, d'oliviers et d'arbres fruitiers.

Les stations balnéaires s'adressent principalement aux touristes en voyage organisé. Partie la plus construite du littoral dalmate, c'est une destination idéale pour les familles et les sportifs car les infrastructures y sont nombreuses. En juillet, et plus encore en août, la Riviera est prise d'assaut par les vacanciers, et de nombreux hôtels imposent un séjour minimum de sept nuits.

Renseignements

Berulia Travel (021-618 519 ; www.beruliatravel-brela.hr ; Frankopanska 111). Une agence qui trouve des chambres chez l'habitant, change les devises, réserve des excursions et organise les transferts à l'aéroport.

Office du tourisme (021-618 455 ; www.brela.hr ; Trg Alojzija Stepinca bb ; 8h-20h). Plan de ville et carte des itinéraires cyclables dans la région.

Depuis/vers Brela

La plupart des bus empruntant la nationale s'arrêtent près de l'embranchement pour Brela, à 1 km du centre-ville. Ils desservent notamment Zagreb (120 Kn, 6 heures 30), Šibenik (58 Kn, 3 heures), Split (35 Kn, 1 heure), Makarska (16 Kn, 20 min) et Dubrovnik (100 Kn, 4 heures).

Brela

1 710 HABITANTS

Le plus long et sans doute le plus beau front de mer de Dalmatie traverse la minuscule localité de Brela, plus chic que sa voisine Makarska, à 14 km au sud-est. Six kilomètres de plages de galets bordent de jolies criques plantées de pinèdes, où vous pourrez profiter de la mer cristalline et de magnifiques couchers de soleil.

Une promenade ombragée bordée de bars et de cafés serpente le long des criques qui s'étendent des ceux côtés de la ville. La plus belle plage est celle de **Punta Rata**, une magnifique étendue de galets à quelques 300 m au nord-ouest du centre-ville.

Où se loger et se restaurer

Hostel Casa Vecchia AUBERGE DE JEUNESSE €
(021-619 014 ; www.casavecchia.hostel.com ; Breljanska cesta 40 ; dort 17 € ; juin-sept ; P). L'Hostel Casa Vecchia est l'adresse la plus abordable de Brela – et aussi la plus charmante. Cette auberge de jeunesse est installée sur la route de la côte (Magistrala) et ouvre ses portes de mai à septembre. Le propriétaire, un sympathique Australien, offre la navette pour la plage et propose aux clients de l'auberge des croisières bien arrosées (avec modération quand même !) à bord d'un bateau en bois restauré.

Konoba Feral DALMATE €€
(021-618 909 ; Obala Domagoja 30 ; plats 75-150 Kn ; 10h-minuit). Cette taverne accueillante du littoral sert des produits de la mer bien préparés. Goûtez le calmar grillé à l'ail et au persil.

Makarska

13 900 HABITANTS

Makarska une charmante localité portuaire et balnéaire au cadre naturel spectaculaire, adossée au superbe massif du mont Biokovo. Les faubourgs sont un peu délabrés, mais il y a une belle et longue promenade en bord de mer et un joli centre-ville en pierre calcaire qui se teinte d'orangé au couchant. Les sportifs séjournent ici pour profiter des possibilités de randonnée, d'escalade, de parapente, de VTT, de windsurf et de baignade ainsi que du bon réseau de transports.

Les touristes bosniaques envahissent la longue plage de galets l'été. Makarska est aussi une ville de "tourisme médical" appréciée des seniors.

L'ambiance bat son plein en haute saison, entre cafés qui swinguent toute la nuit et moult loisirs pour les familles. Vous vous y plairez si vous aimez les bars de plage, les parties de volley et le farniente. Le calme revient à la fin de la saison estivale.

À voir

Le port et le centre historique de Makarska occupent une large crique délimitée au sud-est par le cap Osejava et au nord-ouest par la péninsule de Sveti Petar. Bordée d'hôtels, la longue **plage municipale** (de galets) s'étire tout le long de la baie, du parc Sveti Petar, au début d'Obala Kralja Tomislava, vers le nord-ouest.

Au sud-est se trouvent des plages plus rocheuses mais plus plaisantes, comme

> **VAUT LE DÉTOUR**
>
> ### GASTRONOMIE À TUČEPI
>
> Si vous êtes motorisé, vous trouverez de bonnes adresses dans les collines au-dessus du village de Tučepi, au sud-est de Makarska.
>
> **Konoba Ranč** (☏ 021-623 563 ; www.ranc-tucepi.hr ; Kamena 62, Tučepi ; plats 80-150 Kn ; ⊕ 18h-1h). Cette adresse rustique à l'écart de l'agitation touristique vaut bien les 10 minutes de route permettant de rejoindre les hauteurs au sud-est de Tučepi ; suivez la flèche à partir de la nationale. Assis sur des sièges en rondins sous les oliviers, régalez-vous de viande ou de poisson grillé, d'une *peka* commandée à l'avance, de vin maison et parfois, de concerts de klapa.
>
> **Jeny Restaurant** (☏ 091 58 78 078 ; www.restaurant-jeny.hr ; Čovići 1, Gornji Tučepi ; plats à partir de 130 Kn ; ⊕ 18h-minuit mi-mai-sept). Située au pied du mont Biokovo, dans le village de Gornji Tučepi, cette bonne table est axée sur la cuisine de Méditerranée, avec une touche française. Offrez-vous le menu dégustation de 5 plats (575 Kn, vin compris). La vue magnifique sur la riviera compense la médiocrité de la décoration.

Nugal, prisée des nudistes (suivez le sentier balisé depuis l'extrémité est de la promenade du front de mer).

À la **plage de Buba**, près de l'Hotel Rivijera après la plage municipale, ambiance festive et musicale toute la journée en été.

Musée municipal   MUSÉE
(Gradski Muzej ; Obala kralja Tomislava 17/1 ; 10 Kn ; ⊕ 9h-13h lun-sam). Les jours de mauvais temps, vous pouvez aller découvrir l'histoire de la ville devant cette collection guère captivante de photos, de vieilles pierres et de reliques nautiques.

🏃 Activités

Wine Club Croatia   VIN
(☏ 091 57 70 053 ; www.wineclubcroatia.com ; atelier 250 Kn). L'expert Daniel Čečavac organise dans divers hôtels de Makarska ces dégustations de vin mariant 5 grands crus et des spécialités culinaires locales. Il propose aussi des circuits privés dans des exploitations viticoles de la péninsule de Pelješac (2 à 4 personnes, 1 500 Kn) et chez un apiculteur de Grabovac (300 Kn/personne).

Biokovo Active Holidays   SPORTS D'AVENTURE
(☏ 021-679 655 ; Kralja Petra Krešimira IV 7b). Ce prestataire est une mine d'informations sur le Biokovo. Organisation de randonnées, de sorties à vélo, de canyoning, de rafting et d'excursions en kayak.

🛏 Où se loger

Hostel Makarska   AUBERGE DE JEUNESSE €
(☏ 098 542 785 ; www.hostelmakarska.com ; Prvosvibanjska 15 ; dort 140 Kn, ch avec/sans sdb 350/300 Kn ; ⊕ mai-sept ; P ❄ 🛜). Le vieux chien sympathique viendra probablement vous accueillir dans cet établissement chaleureux mais basique en plein centre-ville. Il compte 6 chambres (dont 2 avec salle de bains), un dortoir pour 10 personnes, une cuisine commune et un espace commun en extérieur.

Maritimo   HÔTEL €€€
(☏ 021-679 041 ; www.hotel-maritimo.hr ; Put Cvitačke bb ; s/d à partir de 629/838 Kn ; P ❄ 🛜). Juste à côté de la plage, cet hôtel au personnel sympathique dispose de chambres modernes avec chacune réfrigérateur, coffre, belle salle de bains et balcon avec vue sur la mer. Le petit-déjeuner servi sur la terrasse près de la mer permet de démarrer merveilleusement la journée.

Hotel Osejava   HÔTEL €€€
(☏ 021-604 300 ; www.osejava.com ; Šetalište fra Jure Radića bb ; s et d 109-152 € ; ❄ 🛜 🐕). Cet hôtel contemporain à l'extrémité sud du port est le quatre-étoiles le plus adorable de la ville. Son intérieur tout blanc est agrémenté de bois clair et de nombreuses photos en noir et blanc sur le thème de la Dalmatie. Il comprend un restaurant, un mini-spa, une piscine extérieure et une petite plage, juste devant.

Hotel Park   HÔTEL €€€
(☏ 021-608 200 ; www.parkhotel.hr ; Kralja Petra Krešimira IV 23 ; s/d à partir de 150/230 € ; P ❄ 🛜). L'extérieur très années 1980 n'est pas des plus heureux, mais l'intérieur est frais et chic, et les chambres baignées de couleurs apaisantes. La plupart ont un balcon et une sur deux donne sur la mer. C'est le genre d'endroits où l'on côtoie parfois des célébrités croates à la piscine ou au spa.

(Suite du texte en page 232)

La côte croate

De la pointe de l'Istrie à l'éblouissante Dubrovnik, la Croatie possède l'une des plus magnifiques côtes de toute la Méditerranée. Les eaux cristallines de l'Adriatique ont pour toile de fond des montagnes, des villes fortifiées ou des îles qui émergent à peine de l'eau.

Villes fortifiées

Depuis l'Antiquité, les populations de la côte se sont protégées des fréquentes attaques en enserrant leurs villes de murailles solides. Aujourd'hui, vus de la mer, ces bastions de pierre qui jaillissent de l'eau offrent l'une des images les plus remarquables de la côte adriatique. Et si ces murailles ont aujourd'hui partiellement disparu, offrant aux regards les dédales de rues médiévales qu'elles abritaient, ces sites offrent toujours une vision mémorable.

Dubrovnik est le joyau emblématique du littoral croate, mais beaucoup de petites cités tout aussi splendides émaillent la côte. Trogir, à l'ouest de Split, qui occupe un petit îlot relié par des ponts au continent, est l'un des lieux parmi les plus magiques. Une ancienne forteresse bâtie sur les ruines d'un palais impérial romain en constitue le cœur – même si, de la mer, elle est difficile à distinguer de l'urbanisation qui l'entoure. La vieille ville fortifiée de Šibenik occupe le flanc d'une colline surmontée d'un imposant château, tandis qu'à Ston, les fortifications ferment l'isthme montagneux de Pelješac.

La ville historique de Rovinj était autrefois une île, séparée du continent par un chenal étroit qui fut comblé par la suite – comme Dubrovnik, d'ailleurs. À Zadar, les murailles – dont il ne subsiste que la moitié environ – fermaient l'extrémité d'une péninsule. Les îles recèlent également de nombreux sites impressionnants, dont les plus notables sont les villes anciennes de Cres, Krk, Rab, Pag et Korčula.

En dehors de ces lieux populaires, vous pourrez aussi tomber sur un bijou fortifié plus secret, comme Osor, la petite endormie, qui contrôle le chenal séparant les îles de Cres et de Lošinj, ou le charmant village de Primošten, qui jaillit de la côte rocheuse au sud de Šibenik.

Les îles...

Les quelque 1 200 îles de Croatie vont du simple rocher qui émerge à peine de l'eau à la grande île peuplée abritant une activité agricole et des petites villes. Deux des plus grandes îles, Krk et Pag, sont reliées au continent par des ponts, tout en préservant leur culture insulaire et leur style de vie.

Les îles les plus touristiques et les plus peuplées sont bien desservies toute l'année par des ferries, même s'il peut y avoir de longues files d'attente pour les car-ferries en juillet et en août, et durant les week-ends de juin et septembre. Si vous projetez de passer d'une île à l'autre à cette période, il vaut mieux traverser comme simple passager et louer une voiture ou un scooter à l'arrivée. Notez que l'usage local tend à réserver le terme de "ferries" aux car-ferries, et que les bateaux rapides pour passagers uniquement sont généralement appelés "catamarans".

....

1. Bateau de pêche au large de l'île de Pag (p. 178)
2. Plaisirs de la côte à Rovinj (p. 111)

Pour les archipels plus petits comme les îles Kornati, les excursions organisées sont très en vogue. Renseignez-vous auprès des agences de voyages, des offices du tourisme ou dans les marinas. Les amateurs de voile seront ici au paradis, avec quantité de criques désertes ou d'îlots inhabités. Si, par hasard, vous n'avez pas pu venir avec votre propre voilier, il est possible d'en louer, avec skipper ou non (pourvu que vous ayez le permis adéquat). Les promenades organisées aux îles, à la voile, sont légion.

... et les plages

Bien que la côte ne fasse que 600 km à vol d'oiseau, un chemin parcourant le littoral adriatique croate, y compris le tour des îles, s'étendrait sur 1 778 km. Les eaux transparentes et le temps clément attirent des millions de touristes sur les plages chaque été, avec un pic de fréquentation pendant les vacances d'été en Europe, c'est-à-dire en juillet-août.

Si vous cherchez de grandes plages de sable, vous serez un peu déçu. La plupart du temps, ce sont de petites criques de rochers ou de galets, bordées de pins, d'oliviers ou de petits buissons. Il existe bien quelques belles plages de sable – essentiellement dans les îles – mais hélas souvent avec très peu de fond, et il vous faudra marcher loin pour avoir de l'eau ne serait-ce qu'aux genoux. C'est en partie pour cela que les gens du cru préfèrent les baies rocheuses.

Le long du littoral, la transparence et la couleur de l'eau sont remarquables, d'un bleu ou d'un vert presque surnaturel. À l'heure actuelle, 99 plages croates ont reçu le label Pavillon bleu (www.blueflag.org), qui mesure la qualité de l'eau et de l'environnement, dont une majorité sont en Istrie et dans le golfe de Kvarner.

Les nageurs feront attention aux oursins, dont les piquants, très douloureux si vous marchez dessus, peuvent se morceler dans la plaie et s'infecter. Il est recommandé de porter des sandales de plastique, disponibles au bord des plages infestées d'oursins.

La Croatie ne manque pas d'endroits pour se laisser aller, et des plages naturistes, à proximité desquelles on trouvera souvent des campings naturistes également, jalonnent toute la côte. Elles sont indiquées par des panneaux portant le sigle "FKK", qui signifie *Freikörperkultur*, c'est-à-dire "culture du corps libre" en allemand. Mais n'oubliez pas vos sandales !

Snorkeling et plongée

Faites-vous plaisir et emportez masque et tuba – l'eau est claire et chaude, et les petits poissons abondent pour vous offrir un joli spectacle. Les plongeurs chevronnés trouveront aisément de quoi s'occuper, avec beaucoup d'épaves (datant de l'Antiquité jusqu'à la Seconde Guerre mondiale), de failles et de cavernes. L'épave du *Taranto* près de Dubrovnik, le récif de Margarita au large de l'île de Susak, l'épave du *Rosa* près de Rab et les abords des îles de Brač, Vis, Dugi Otok et Lošinj sont quelques-uns des sites de plongée les plus visités.

3. Plage de Nugal (p. 227), Makarska **4.** Oursin
5. Baignade au large de la côte croate

(*Suite du texte de la page 227*)

 Où se restaurer

Les bons restaurants et tavernes ne manquent pas à Makarska, jusque dans de petites rues improbables.

♥ Konoba Kalalarga DALMATE €
(Kalalarga 40 ; plats à partir de 45 Kn ; ⊗9h-2h ; 🛜). Cette taverne traditionnelle dalmate à l'éclairage tamisé, est décorée de bois sombre et dispose de tables avec bancs dans une ruelle partant de la place principale. Vous pourrez y déguster une savoureuse cuisine de *baba* (grand-mère) et la meilleure *pašticada* de la ville. Il n'y a pas de carte, juste une liste de plats du jour.

Riva DALMATE €€€
(☏021-616 829 ; www.vinc-mornar.hr ; Obala kralja Tomislava 6 ; plats 95-190 Kn ; ⊗10h-1h). Attardez-vous dans la cour verdoyante de ce restaurant chic tout près de l'artère principale, devant un plat d'agneau, un steak ou du poisson frais. Bonne carte des vins.

🍷 Où prendre un verre et faire la fête

Grabovac BAR À VINS
(Kačićev trg 11 ; ⊗9h-2h). Sur la place principale, en face de l'église, cette vitrine d'un fameux domaine viticole d'Imotski (région viticole derrière les montagnes, à la frontière bosniaque) sert des vins du domaines au verre et de savoureux amuse-bouches, notamment au fromage et au *pršut* (jambon cru).

UNE OFFRE TRÈS COMPLÈTE

Meilleur hôtel en formule "tout compris", le **Sensimar Adriatic Beach Resort** (☏021-681 400 ; www. sensimaradriaticbeach.com ; Porat 136, Zivogosce, Igrane ; ch à partir de 240 € tout compris ; P❄🛜≋) est un vaste *resort* comprenant une piscine surplombant la mer et plusieurs bars et restaurants. La plupart des chambres sont avec vue, beaucoup ont un balcon et les "swim-up rooms" donnent directement sur une piscine. La clientèle est à peu près 90% britannique et 10% scandinave.

Deep CLUB
(www.facebook.com/deepmakarska ; Šetalište fra Jure Radića 5a ; ⊗9h-5h mi-juin à mi-sept ; 🛜). Aménagé dans une grotte près de l'Hotel Osejava, une clientèle branchée y boivent des cocktails pendant qu'un DJ mixe les rythmes en vogue.

Rockatansky BAR
(www.facebook.com/udrugarockatanskymakarska ; Fra Filipa Grabovca 15 ; ⊗18h-2h). Le bar le plus underground de Makarska draine une foule éclectique venue écouter du rock, du grunge, du metal et du jazz en live.

Yeti CAFÉ, BAR
(☏021-278 767 ; www.facebook.com/hostel.caffe.bar.yeti ; Dalmatinska 1 ; ⊗7h-2h). Situé sur la place principale, ce café-bar douillet et très apprécié fait aussi auberge de jeunesse à l'étage.

❶ Renseignements

Atlas Travel Agency (☏021-617 038 ; www. atlas-croatia.com ; Obala kralja Tomislava 17 ; ⊗8h-20h lun-sam, 9h-13h dim). Excursions et hébergements chez l'habitant.

Marivaturist (☏021-615 214 ; www. marivaturist.hr ; Obala Kralja Tomislava 15a ; ⊗8h-15h lun-ven, 8h-12h sam). Service de change, location de voitures et réservation d'excursions et de chambres chez l'habitant tout le long de la côte de Makarska, notamment à Brela.

Office du tourisme (☏021-612 002 ; www. makarska-info.hr ; Obala Kralja Tomislava 16 ; ⊗8h-20h). Publie un excellent guide de Makarska avec carte.

❶ Depuis/vers Makarska

Trois car-ferries quotidiens circulent entre Makarska et Sumartin, sur l'île de Brač (adulte/enfant/voiture/moto/vélo 33/17/160/70/38 Kn, 1 heure) ; il y en a 4 en juin et septembre et 5 en juillet-août. Le **guichet de Jadrolinija** (☏021-679 515 ; www.jadrolinija.hr ; Obala kralja Tomislava bb) se trouve près de l'Hotel Biokovo.

Depuis la gare routière (☏021-612 333 ; Ante Starčevića 30 ; ⊗5h-22h30), situé à 300 m du port sur les hauteurs, des bus desservent les villes suivantes :

Dubrovnik 105 Kn, 3 heures, 5 à 7/jour
Međugorje 117 Kn, 3/jour
Mostar 100 Kn, 2 heures 15, 4/jour
Rijeka 259 Kn, 7 heures, 2 à 3/jour
Sarajevo 204 Kn, 4 heures, 2/jour
Split 50 Kn, 1 heure 15, ttes les heures au moins
Zagreb 175 Kn, 6 heures, 10/jour

Parc naturel de Biokovo

Géré et protégé par le **parc naturel de Biokovo** (Park Prirode Biokovo ; www.biokovo.com ; 50 Kn), le massif calcaire de Biokovo offre de merveilleuses possibilités de randonnée. Si vous marchez en indépendant, vous devez entrer dans le parc au début de la Biokovska cesta, seule route à gravir la montagne, et acheter votre ticket d'entrée à cet endroit.

À voir et à faire

Le **pic de Vošac** (1 422 m), objectif le plus proche, se trouve à 2,5 km de Makarska. De l'église Saint-Marc, sur Kačićev trg, montez à pied ou en voiture jusqu'à Put Makra, en suivant les panneaux indiquant le village de Makar, d'où part le chemin menant au sommet. Du Vošac, un sentier bien balisé mène au **Sveti Jure** (4 heures), point culminant du massif (1 762 m), qui offre un panorama fantastique sur le littoral croate et, par temps clair, jusqu'à l'Italie, par-delà l'Adriatique.

Emportez suffisamment d'eau, de l'écran solaire, un chapeau et des vêtements imperméables – il fait toujours beaucoup plus froid au sommet qu'au bord de la mer.

Biokovo Active Holidays (p. 227) propose des excursions guidées à pied ou par la route, pour tous les niveaux. Vous pourrez faire une partie du trajet en minibus et finir de grimper à pied jusqu'au pic de Sveti Jure, entreprendre la randonnée de 5 heures 30 à travers les forêts de pins et les prairies, ou encore vous y rendre en voiture à l'aube pour assister au lever du soleil sur Makarska.

Jardin botanique de Kotišina RÉSERVE NATURELLE

(Botanički vrt Kotišina). GRATUIT Juste au-dessus du village de Kotišina sur le mont Biokovo, ce n'est pas vraiment un jardin botanique traditionnel mais plutôt une parcelle de flore indigène clôturée offrant une vue spectaculaire sur les îles de Brač et de Hvar. Suivez le sentier balisé passant au pied de plusieurs sommets.

Où se loger

Le site Web du parc naturel (www.biokovo.com) fournit la liste de plusieurs refuges de montagne servant surtout aux randonneurs acharnés et aux alpinistes. Autrement, on peut se baser à Makarska pour les excursions d'une journée.

Depuis/vers le parc naturel de Biokovo

Pour rejoindre l'entrée du parc depuis Makarska, partez au sud-est et quittez la nationale pour la route menant à Vrgorac. L'entrée du parc se trouve sur la gauche à 6 km de cet embranchement.

ÎLE DE BRAČ

14 500 HABITANTS

Brač est réputée pour deux choses : sa pierre d'un blanc éclatant, utilisée pour la construction du palais de Dioclétien à Split (et de la Maison-Blanche à Washington), et Zlatni Rat, la longue plage de galets de Bol. Plus grande île de la Dalmatie centrale, Brač compte plusieurs villages assoupis dans un superbe paysage de falaises escarpées, de mer bleu sombre et de pinèdes. L'intérieur de l'île est couvert de tas de pierres, résultat du dur labeur effectué par les femmes au fil des siècles pour préparer la terre à la culture de la vigne, des olives, des figues, des amandes et des griottes.

Des conditions de vie difficiles ont fait émigrer nombre d'insulaires sur le continent, laissant l'arrière-pays quasi désert. Parcourir Brač pour découvrir ses villages de pierre ne manque pas d'intérêt.

Supetar et Bol, les deux localités principales, sont assez différentes : Supetar est agréable mais sans prétention tandis que Bol assume totalement son côté plus luxueux.

Histoire

Des vestiges néolithiques ont été mis au jour dans la grotte de Kopačina, près de Supetar. Le premier peuple identifié fut celui des Illyriens, qui construisirent à Škrip un fort pour se défendre des Grecs. Arrivés sur place en 167 av. J.-C., les Romains exploitèrent les carrières de pierre proches de Škrip et bâtirent des résidences estivales.

À partir du XIe siècle, l'île a été successivement dominée par Venise, Byzance, la Hongrie, la Croatie, de nouveau Venise puis Byzance, Omiš, Venise, la Bosnie, Dubrovnik et, enfin Venise, de 1420 à 1797. Pendant cette période, les villages de l'intérieur furent dévastés par la peste et les habitants se déplacèrent vers des localités plus saines, sur la côte, redynamisant ainsi les villes de Supetar, Bol, Sumartin et Milna.

BRAČ CÔTÉ CALME

Point d'arrivée sur l'île de Brač quand on vient de Makarska, **Sumartin** est un port assoupi agrémenté de quelques plages rocheuses. Il n'y a pas grand-chose à faire, mais c'est une retraite à l'écart de l'animation des centres touristiques comme Bol et Supetar. L'**office du tourisme** (☎ 021-648 209 ; www.touristboard-selca.com ; Porat 1 ; ⊙ 9h-15h lun, mer et ven juin, 8h-20h juil-août, 9h-15h sept) au centre-ville, à côté de l'arrêt du ferry et du bus, détient des listes de chambres chez l'habitant.

Si vous recherchez la côte, rejoignez **Pučišća**, séduisante petite ville lovée autour d'un port bordé de bâtiments d'un blanc aveuglant sur la côte nord-est de Brač. Parmi eux, le **Palača Dešković** (☎ 021-778 240 ; www.palaca-deskovic.com ; Trg Sv Jeronima 4, Pučišća ; s/d à partir de 154/206 € ; P ✽ ☎), est un hôtel pittoresque aménagé dans un palais du XVe siècle. Non loin, un autre palais accueille **l'office du tourisme** (☎ 021-633 555 ; www.tzo-pucisca.hr ; Trg Hrvatskog skupa 1 ; ⊙ 8h-12h lun-ven mai et oct, 8h-14h lun-sam juin et sept, 8h-20h tlj juil-août).

À l'intérieur de l'île, le village de **Dol**, un des plus anciens de Brač, regroupe des maisons de pierre bien conservées construites sur la roche nue. On peut y découvrir l'île telle qu'elle était jadis, loin de l'agitation touristique. **Konoba Toni** (☎ 091 51 66 532 ; www.toni-dol.info ; Dol ; plats 45-120 Kn ; ⊙ 12h-minuit), taverne rustique tenue en famille dans une maison de pierre trois fois centenaire, sert une cuisine maison traditionnelle.

Un des sites intéressant de Brač est le village de **Škrip**, le plus ancien de l'île, à environ 8 km au sud-est de Supetar. Ancien refuge des Illyriens, le fort fut pris par les Romains au IIe siècle av. J.-C. avant d'accueillir les réfugiés fuyant la chute de Salone (Solin, près de Split). Des sarcophages romains bordent les rues principales. Le **musée de Brač** (Brački Muzej ; Škrip ; adulte/enfant 20/10 Kn ; ⊙ 8h-20h) occupe le Kaštil Radojković, une tour édifiée pendant les guerres turco-vénitiennes à partir d'un ancien rempart illyrien et d'un mausolée romain exceptionnellement intact.

Donji Humac, à 8 km au sud de Supetar, comprend une carrière de pierre et un intéressant clocher coiffé d'un bulbe, mais on y vient surtout pour admirer la vue panoramique sur la vallée depuis le restaurant **Konoba Kopačina** (☎ 021-647 707 ; www.konoba-kopacina.com ; Donji Humac 7 ; plats 55-130 Kn ; ⊙ 10h-22h lun-jeu, 10h-minuit ven-sam) tout en dégustant des spécialités insulaires traditionnelles comme le *vitalac* (brochettes d'abats et de viande d'agneau).

Un courte marche très gratifiante conduit à l'extraordinaire **ermitage de Blaca**, fondé au XVIe siècle par deux moines glagolitiques sur les hauteurs près de l'extrémité sud de l'île. De nombreux circuits s'y rendent, mais on peut aussi venir en voiture jusqu'à Dragovoda puis terminer à pied (30 minutes).

Le port de **Milna**, à 20 km au sud-ouest de Supetar, est le genre d'adorable village de pêcheurs qui, partout ailleurs, serait déjà envahi de touristes en voyage organisé ; pour l'instant, il reçoit surtout la visite de yachts de luxe. Cette localité du XVIIe siècle se dresse en lisière d'un port naturel profond d'où l'empereur Dioclétien faisait expédier des pierres pour la construction de son palais à Split. Des sentiers explorent la baie, jalonnée de criques abritant des plages rocheuses. Couronnant ce paysage de carte postale, l'**église Notre-Dame-de-l'Annonciation** (XVIIIe siècle) possède une façade baroque et des peintures d'autel du début du XVIIIe siècle.

Après une brève période d'administration napoléonienne, l'île passa à l'Autriche. La viticulture s'y développa jusqu'à l'épidémie de phylloxéra, qui ravagea les vignes au tournant du XXe siècle. Nombre d'insulaires émigrèrent alors en Amérique du Nord et du Sud, particulièrement au Chili. Au cours de la Seconde Guerre mondiale, les soldats allemands et italiens pillèrent et incendièrent les villages, tuant de nombreux habitants. Si son industrie touristique a subi un coup d'arrêt au milieu des années 1990, elle a bien repris et l'île est maintenant bondée en été.

❶ Depuis/vers l'île de Brač

AVION

L'aéroport de Brač (☎ 021-559 711 ; www.airport-brac.hr) est à 14 km au nord-est de Bol et à 38 km au sud-est de Supetar.

Croatia Airlines assure un vol hebdomadaire depuis Zagreb le samedi de fin mai à septembre. L'été, des vols charters viennent d'Autriche et d'Italie.

Il n'existe pas de transport public jusqu'à Supetar ; il vous faudra donc prendre un **taxi**, moyennant environ 300 Kn (150 Kn pour Bol).

BATEAU

Jadrolinija (021-631 357 ; www.jadrolinija.hr ; Hrvatskih Velikana bb, Supetar) propose des car-ferries (adulte/enfant/voiture/moto/vélo 33/17/160/70/38 Kn, 50 min) reliant Split à Supetar toutes les 1 heure 30 environ de juin à octobre (ttes les 2 heures le reste du temps). Les ferries accostent au centre de Supetar, à deux pas de la gare routière.

Cinq car-ferries Jadrolinija quotidiens relient Makarska à Sumartin (adulte/enfant/voiture/moto/vélo 33/17/160/70/38 Kn, 1 heure) en juillet-août ; il n'y en a que 4 en juin et septembre et 3 le reste de l'année. Les bus au départ de Sumartin sont peu fréquents.

De juin à septembre, deux catamarans rapides Jadrolinija desservent quotidiennement Bol en reliant Split (55 Kn, 70 min) à Jelsa, sur l'île de Hvar (35 Kn, 20 min) ; il n'y en a qu'un seul par jour le reste de l'année. Achetez vos tickets à l'avance à Bol car ils partent comme des petits pains en haute saison.

De juillet à mi-septembre, un catamaran en provenance de Hvar (60 Kn, 1 heure), Korčula (100 Kn, 2 heures 45) et Dubrovnik (190 Kn, 5 heures 15) dessert quotidiennement Bol.

Un catamaran desservant Split (40 Kn, 40 min) et la ville de Hvar (50 Kn, 55 min) s'arrête à Milna le mardi de juin à septembre.

Toute l'année, un catamaran rapide Kapetan Luka (p. 218) reliant Split (40 Kn, 45 min) à Vis (55 Kn, 55 min) s'arrête le mercredi à Milna.

De juin à septembre, il y a également un bateau quotidien entre Milna et Split (40 Kn, 30 min), la ville de Hvar (70 Kn, 30 min), la ville de Korčula (110 Kn, 1 heure 45), Pomena, sur l'île de Mljet (130 Kn, 2 heures 30), et Dubrovnik (190 Kn, 3 heures 45) ; il ne passe que 4 fois/semaine en mai et 3 fois/semaine en octobre.

ⓘ Comment circuler

C'est de Supetar que partent les bus irriguant l'île. Ils desservent notamment Milna (28 Kn, 30 min, 7/jour), Škrip (22 Kn, 15 min, 3/jour), Pučišća (28 Kn, 35 min, 6/jour), Bol (40 Kn, 1 heure, 9/jour) et Sumartin (40 Kn, 1 heure 15, 3/jour). Il y a moins de bus le dimanche.

Les liaisons en bus depuis Bol sont beaucoup plus limitées. Outre les bus depuis/vers Supetar, il existe des bus pour Pučišća (28 Kn, 35 min, 9/jour) et, en juillet-août uniquement, pour Sumartin (28 Kn, 35 min, 4/jour).

Mieux vaut avoir une voiture pour visiter les plus petites localités de l'île. Pour éviter le prix du car-ferry, on peut assez facilement louer une voiture ou un scooter dans les agences de voyages de Supetar ou de Bol.

Supetar

4 080 HABITANTS

Sans soutenir la comparaison avec Bol, plus chic, Supetar est une agréable petite ville dotée d'un centre historique constitué de rues pavées partant du port que domine une église imposante. Pour les vacances, les familles croates apprécient ses plages de galets peu éloignées du centre-ville. La vue sur Split et les montagnes au-delà est magnifique.

👁 À voir

Des plages propices à la baignade s'égrènent des deux côtés le long de la côte de galets. La **plage de Vrilo** est à environ 100 m à l'est du centre-ville. Vers l'ouest, on découvre d'abord **Vlačica** puis la plage de **Banj**, grande anse face à l'est bordée de pins et de bars de plage. Au-delà du cimetière s'étendent **Tri Mosta** et **Bili Rat**. Après le cap suivant, vous atteindrez la plage de **Vela Luka**, sise dans une baie tranquille.

Cimetière de Supetar   CIMETIÈRE
(Groblje Supetar ; Banj bb). Curiosité originale, ce passionnant cimetière est rempli de monuments remarquables. Le plus grandiose est le **mausolée de la famille Petrinović**. Édifié entre 1924 et 1927, cet édifice outrancier en pierre blanche de Brač est orné de 5 dômes byzantins, d'une porte en bronze richement ornée et d'un relief finement sculpté de style Sécession viennoise. Un étonnant crucifix est visible par le trou de la serrure. Les ruines d'une *villa rustica* (maison de campagne) romaine du VIe siècle se dressent juste avant l'entrée principale.

🏃 Activités

Rent a Robert's   BATEAU
(091 53 47 575 ; www.rentaroberts.com ; Petra Jakšića 31 ; mai-oct). Sur la plage principale, cette agence sympathique et fiable loue de petits bateaux (à partir de 450 Kn /jour), des Jet-Skis (200 Kn/12 min) et des vélos (20/90 Kn heure/journée). Elle propose aussi les services de bateaux-taxis.

Fun Dive Club PLONGÉE
(☏ 098 13 07 384 ; www.fundiveclub.com ; Punta 2 ; ⊗ 8h-9h30 et 15h-18h mars-oct). Le meilleur spot de plongée se situe au large de la côte sud-ouest, entre Bol et Milna, faisant de Bol une base plus pratique. Ce club de plongée assure leçons, sorties et location de matériel.

Fêtes et festivals

Festival d'été de Supetar CULTUREL
(Supetarsko Lito ; ⊗ mi-juin à mi-sept). Ce festival conjugue musique traditionnelle, *klapa* (chant traditionnel a cappella), danse et concerts classiques présentés dans des lieux publics et des églises, ainsi que des expositions, des causeries et des séances de cinéma en plein air. La plupart des manifestations sont gratuites.

Où se loger

Pansion Palute PENSION €
(☏ 021-631 541 ; palute@st.t-com.hr ; Put Pašike 16 ; s/d 210/380 Kn ; P✽🛜). Cette petite *pansion* tenue en famille dispose de chambres propres et soignées (la plupart avec balcon) avec parquet et TV. Le propriétaire, volubile, a un penchant pour les nains de jardin.

Funky Donkey AUBERGE DE JEUNESSE €
(☏ 021-630 937 ; Polanda 20 ; dort 110-120 Kn, ch 260 Kn ; ⊗ mai-août ; P✽@🛜). Une bonne énergie se dégage de cette auberge de jeunesse accueillante mais encombrée, située sur une parcelle déserte et désordonnée en lisière de la ville. Elle comprend notamment une cuisine, des casiers, une terrasse et un barbecue.

Hotel Osam HÔTEL €€€
(☏ 021-552 333 ; www.hotel-osam.com ; Vlačica 3 ; s/d à partir de 116/165 € ; ✽🛜≋). Ce luxueux et récent hôtel offre une retraite sans enfants aux adultes désireux de se détendre en relative quiétude autour de la piscine. Le bar du toit-terrasse offre une vue imbattable sur Split et les montagnes.

Bračka Perla HÔTEL €€€
(☏ 021-755 530 ; www.brackaperla.com ; Put Vele Luke 53 ; ch/ste à partir de 209/249 € ; P✽🛜≋). Situé dans la partie calme de la ville, ce luxueux petit "hôtel d'art" dispose de 6 suites et de 5 chambres toutes décorées par le célèbre artiste Srećko Žitnik sur le thème d'une plante indigène. Cet ensemble joliment conçu, construit en pierre blanche de Brač, dispose d'une belle petite piscine, d'un petit spa et d'un accès direct à la plage.

Où se restaurer

Punta DALMATE €€
(☏ 021-631 507 ; www.villapunta.com ; Punta 1 ; plats 45-145 Kn ; ⊗ 8h-minuit). Idéale, la terrasse domine les flots. Les saveurs marines réjouissent les papilles, mais on se délecte aussi bien d'un plat de viande grillée ou d'une simple pizza, face aux vagues et aux prouesses des surfeurs.

Konoba Luš DALMATE €€
(☏ 099 80 33 646 ; Glavna cesta bb ; plats 60-145 Kn ; ⊗ 17h-23h30). Juchée au-dessus de la ville sur la route principale menant à Mirca, cette taverne rustique tenue en famille offre une bonne cuisine traditionnelle, une vue superbe et un accueil chaleureux. Installés sur la terrasse à l'ombre des oliviers, goûtez des viandes, du poisson ou du poulpe cuits sous *peka*, de l'agneau à la broche (tous ces plats sont à commander à l'avance) ou des encornets et du poisson grillés.

Vinotoka PRODUITS DE LA MER €€
(☏ 021-630 969 ; Jobova 6 ; plats 60-130 Kn ; ⊗ 12h-23h ; 🛜). L'une des meilleures tables de Supetar, dans un décor marin avec une grande terrasse vitrée. Les produits de la mer, excellents, sont encore meilleurs avec un vin blanc croate. Commandez à l'avance l'agneau à la broche ou cuit sous *peka*.

Où prendre un verre et faire la fête

Beer Garden PUB
(www.facebook.com/beergardensupetar ; Petra Jakšića 1 ; ⊗ 8h-minuit). Dans cette cour en pierre à l'écart de l'agitation de la promenade côtière, on peut écouter de la musique, choisir parmi une vaste sélection de bières artisanale croates et étrangères et manger des en-cas consistants comme les burgers de sanglier et de chevreuil.

Day n' Night BAR
(Put Vela Luke 2 ; ⊗ 9h-20h lun-jeu, 9h-5h ven-sam). Installé sur une vaste terrasse, ce grand bar de plage se transforme en discothèque les week-ends d'été, ou accueille des groupes locaux appréciés.

ⓘ Renseignements

Adriatic Experience (www.adriaticexperience.com). Découvrez le vrai Brač à travers diverses activités : voile, excusions à vélo chez des tailleurs de pierre, balades œnologiques et circuit sur les petites routes de l'île.

Atlas (021-631 105 ; www.atlas-supetar.com ; Porat 10). Réservation d'excursions et d'hébergements chez l'habitant, change de devises.

Office du tourisme (021-630 551 ; www.supetar.hr ; Porat 1 ; 8h-18h mai à mi-juin, 8h-22h mi-juin à mi-sept, 8h-18h lun-sam avr et mi-sept à oct, 8h-315h30 lun-ven nov-mars). Près du port et du terminal des ferries. Brochures sur Supetar, liste d'hébergements chez l'habitant, derniers horaires des bus et des ferries.

Bol

1 630 HABITANTS

Resserrée autour d'une petite marina, la vieille ville de Bol séduit par ses petites maisons de pierre et ses rues sinueuses colorées de géraniums roses et violets. Les curiosités sont peu nombreuses mais de nombreux édifices portent des panneaux expliquant leur importance culturelle et historiques.

La principale attraction de la ville est Zlatni Rat, la belle plage de galets qui attire des nuées de nageurs et de véliplanchistes en été. Une longue promenade côtière bordée de pins et de jardins relie la plage à la vieille ville. Très animée, Bol est une des villes croates les plus visitées en été, et elle est perpétuellement remplie de touristes.

À voir

Zlatni Rat   PLAGE
La plage la plus photographiée de Croatie s'avance dans la mer sur environ 500 m. Malgré la présente perpétuelle d'une foule branchée, ce "cap doré" est un endroit magnifique. Constitué de galets blancs et lisses, le vent et les vagues en redessinent constamment la pointe, des pins l'ombragent et les falaises rocheuses qui s'élèvent en toile de fond composent un des plus jolis décors naturels du pays. Une petite plage nudiste s'étend juste à l'ouest du cap.

Stina Wines   DOMAINE VITICOLE
(021-306 220 ; www.stina-vino.hr ; Riva bb ; dégustation 3 vins 76 Kn ; 16h-21h). Cette entreprise locale possède un chais et une salle de dégustation dans un entrepôt ancien sur le front de mer. Suivez la visite de 30 minutes avant de goûter tranquillement les meilleurs crus, dont le *pošip* et le *plavac mali*.

Galerija Branislav Dešković   ART
(021-637 092 ; Trg Sv Petra 1 ; adulte/enfant 15/5 Kn ; 9h-12h et 18h-23h mar-dim mi-juin à mi-sept, 9h-15h mar-sam mi-sept à mi-juin). Installée dans un hôtel particulier Renaissance et baroque sur le front de mer, cette galerie expose environ 300 tableaux, peintures et sculptures d'artistes croates du XXe siècle. Cette collection étonnamment prestigieuse pour une petite ville comprend de grands noms comme Ivan Meštrović ou Ivo Dulčić.

Activités

Bol est un spot de **planche à voile**, l'activité étant concentrée sur les plages à l'ouest du centre-ville. Malgré le *maestral* (vent fort et régulier) qui souffle d'avril à octobre, les meilleures périodes pour pratiquer ce sport se situent fin mai et début juin, ainsi que fin juillet et début août. Le vent atteint sa puissance maximale en début d'après-midi pour cesser progressivement en fin de journée.

Si vous aimez la randonnée, tentez l'ascension (2 heures) du **Vidova Gora** (778 m), le plus haut sommet de la région. Des sentiers de VTT gravissent la montagne et on peut faire du parapente depuis le sommet. L'office du tourisme local (p. 239) vous renseignera et vous donnera des cartes sommaires.

Nautic Center Bol   BATEAU
(098 361 361 ; www.nautic-center-bol.com ; Put Zlatnog rata bb ; bateau /jour à partir de 600 Kn). Location de bateaux sur la plage, devant le Bretanide Hotel. Parachute ascensionnel et excursions à Hvar (60 E), Korčula (80 E) et à la grotte Bleue de Biševo (80 €).

Big Blue Diving   PLONGÉE
(098 425 496 ; www.big-blue-diving.hr ; Hotel Borak, Put Zlatnog rata bb ; plongées avec/sans équipement 330/220 Kn ; mi-avr à mi-nov). Cours d'initiation, sorties quotidiennes pour plongeurs confirmés, notamment sur des récifs, des grottes et les vestiges d'une villa romaine submergée, décorée de mosaïques. Les bateaux sortent deux fois par jour en haute saison.

Big Blue Sport   PLANCHE À VOILE
(021-635 614 ; www.bigbluesport.com ; Put Zlatnog rata bb ; 8h-21h avr-oct). Cette grosse agence propose des cours de planche à voile pour débutants (990 Kn) et loue des planches à voile (120/270 Kn l'heure/la demi-journée), des planches de stand-up paddle (100/370 Kn l'heure/la journée) et des kayaks (à partir de 52/187 Kn l'heure/la journée) sur la plage, devant l'Hotel Borak (p. 239). Elle loue aussi des VTT (à partir de 30/900 Kn heure/journée) dans un stand situé plus loin sur la promenade, devant le Bretanide Hotel.

LA GROTTE AU DRAGON

Comptez environ une heure de marche depuis Murvica, à 5 km à l'ouest de Bol, pour atteindre cette étrange **grotte** (Zmajeva Špilja ; ☎091 51 49 787 ; 50 Kn/pers, minimum 4 pers) aux parois décorées de reliefs particulièrement inhabituels. Sculptés, dit-on, par un moine du XVe siècle à l'imagination fertile, ils représentent notamment des anges, des animaux et un dragon à la gueule béante, le tout mêlant symboles chrétiens et païens. Attention, la grotte ne peut être visitée que sur rendez-vous avec Zoran Kojdić, le guide (on peut le joindre facilement par l'intermédiaire de l'office du tourisme). Chaussures de marche correctes conseillées.

Potočine Tennis Centre TENNIS
(☎021-635 222 ; www.hotelbonacabol.com ; Put Zlatnog rata). Ce grand centre rattaché à l'Hôtel Bonaca dispose de 26 courts en terre battue de qualité professionnelle. Location de balles et de raquettes.

✨ Fêtes et festivals

Festival d'été de Bol CULTUREL
(Bolsko Lito ; ⊙mi-juin–fin-sept). Expositions artistiques, événements gastronomiques, danseurs et musiciens de toute la Croatie s'installent dans les églises et en plein air.

Festival culturel Imena CULTURE
(Festival Kulture Imena ; ⊙fin juin). Écrivains, artistes et musiciens se réunissent chaque année durant plusieurs jours pour des expositions, des lectures et des concerts, entre autres.

Destination Ultra Boat Regatta MUSIQUE
(www.ultraeurope.com ; ⊙mi-juil). Le seul aspect sportif de cette "régate", c'est le rythme cardiaque des fans de musique et d'électro. Cette fête a lieu sur la plage de Zlatni Rat le lundi suivant le festival Ultra Europe de Split.

Fête de Notre-Dame-du-Carmel TRADITION
(⊙5 août). La fête de Notre-Dame-du-Carmel, sainte patronne de Bol, donne lieu à une procession en costume traditionnel, accompagnée de musique et d'animations de rue.

🛏 Où se loger

Villa Ana APPARTEMENT €
(☎021-635 022 ; www.villa-ana-bol.com ; David cesta 55a ; app à partir de 45 € ; P❋📶🏊). Un accueil chaleureux vous attend dans ces appartements tenus par une famille à la lisière est de Bol. Simples mais bien équipés, ils occupent deux immeubles modernes séparés par une petite piscine et un bain bouillonnant.

Kamp Kito CAMPING €
(☎021-635 551 ; www.camping-brac.com ; Bračka cesta bb ; empl par adulte/enfant/tente/voiture 60/40/20/20 Kn, bungalow 413 Kn ; P📶🍴). Sur la route principale, en lisière de la ville, ce camping décontracté comprend des emplacements ombragés par un bosquet d'oliviers, 2 petits bungalows à louer, un petit restaurant et un bâtiment regroupant des toilettes et des douches très propre.

Hostel Bol AUBERGE DE JEUNESSE €€
(☎098 758 595 ; hostelbol.croatia@gmail.com ; Podan glavica 1d ; dort/ch 30/62 € ; P❋📶🏊). Chaque dortoir a sa salle de bains particulière dans cette auberge de jeunesse bien tenue située en plein cœur de la vieille ville. Certaines chambres offrent une vue splendide sur la mer et il y a une petite piscine intérieure et une terrasse avec cuisine extérieure.

Hotel Kaštil HÔTEL €€
(☎021-635 995 ; www.kastil.hr ; Frane Radića 1 ; s/d à partir de 80/104 € ; ❋📶). Ce petit établissement occupe un magnifique hôtel en pierre du XVIIe siècle, que la décoration intérieure impersonnelle ne met malheureusement pas en valeur. Les chambres sont toutefois confortables et parfois dotées d'un balcon, et la situation centrale sur le front de mer est incomparable.

Hotel Bol HÔTEL €€€
(☎021-635 660 ; www.hotel-bol.com ; Hrvatskih domobrana 19 ; ch/ste à partir de 154/269 € ; P❋📶🏊). Cet hôtel de charme contemporain décline le thème de l'olive et pas seulement dans sa palette de couleurs : les balcons dont décorées d'oliviers en pot et les murs d'olives géantes. Une organisation bien huilée, des chambres chics (dont beaucoup avec vue sur la mer), un sauna et une petite salle de sport.

Villa Giardino PENSION €€€
(☎021-635 900 ; www.dalmacija.net/bol/villa-giardino ; Novi Put 2 ; s/d 653/876 Kn ; ❋📶).

Un portail en fer s'ouvre sur un jardin luxuriant et une élégante villa blanche. Des 10 grandes chambres restaurées avec goût et dotées de mobilier ancien, certaines donnent sur le jardin, d'autres ont vue sur la mer. Une oasis de tranquillité, avec un jardin isolé à l'arrière. Paiement en espèces uniquement.

Bluesun Hotel Elaphusa — HÔTEL €€€
(021-306 200 ; www.hotelelaphusabrac.com ; Put Zlatnog rata 46 ; s/d à partir de 158/210 € ; P❋@🛜🏊). Cet hôtel massif a de faux airs de navire de croisière, avec sa décoration intérieure, ses cloisons en verre, ses piscines (intérieure et extérieure) et ses chambres raffinées. Cerise sur le gâteau, il est tout proche de la célèbre plage de Zlatni Rat. Son atmosphère reste toutefois légèrement imprégnée de son passé d'hôtel d'État.

Bluesun Hotel Borak — HÔTEL €€€
(021-306 202 ; www.brachotelborak.com ; Put Zlatnog rata 42 ; s/d à partir de 1 320/1 760 Kn ; P❋🛜🏊). Proche de la plage de Zlatni Rat et de nombreuses activités sportives, ce vaste complexe manque de caractère, mais c'est néanmoins un établissement confortable, propice à la détente et doté d'une belle piscine.

🍴 Où se restaurer

Konoba Mali Raj — DALMATE €€
(098 756 922 ; www.maliraj-bol.com ; Put Zlatnog rata ; plats 75-200 Kn ; 12h-23h). Dans un joli coin à l'écart de l'agitation touristique, au-dessus du parking de la plage de Zlatni Rat, cette taverne en plein air dispose d'un jardin où l'on déguste de délicieux plats de poisson : brochettes de lotte, calmar grillé. L'agneau, le veau ou le poulpe cuits sous *peka* sont à commander la veille.

Konoba Dalmatino — DALMATE €€
(095 19 74 457 ; www.konobadalmatino.com ; Frane Radića 14 ; plats 65-160 Kn ; 12h-23h ; 🛜). Cette taverne propose une cuisine simple et locale servie dans un vénérable bâtiment en pierre décoré de veilles photos et de bibelots. La cuisine n'a rien d'exceptionnel, mais les prix sont raisonnables et l'ambiance est charmante.

Ranč — DALMATE €€€
(021-635 635 ; Hrvatskih domobrana 6 ; plats 55-190 Kn ; 18h-1h). Cette adresse excelle dans les choses simples, comme le délicieux pain maison ou la soupe de poissons traditionnelle. Commandez à l'avance l'agneau à la broche et l'agneau, le veau ou le poulpe cuits sous *peka*.

Taverna Riva — DALMATE €€€
(021-635 236 ; www.tavernariva-bol.com ; Frane Radića 5 ; plats à partir de 75-215 Kn ; 11h-23h). Les habitants viennent pour un bon dîner traditionnel sur la terrasse dominant la promenade. Si vous êtes d'humeur aventureuse, goûtez le *vitalac* (abats d'agneau cuits à la broche) ou commandez à l'avance un agneau ou un poulpe cuits sous *peka*.

🍸 Où prendre un verre et faire la fête

Varadero — COCKTAILS
(091 23 33 471 ; www.varadero-bol.com ; Frane Radića 1 ; 7h-2h mai-nov ; 🛜). En plein air, un bar du front de mer où l'on peut prendre, en journée, un café ou du jus d'orange frais sous un parasol en paille. En soirée, affalé dans de confortables canapés et fauteuils, on profite de ses fabuleux cocktails et de la musique du DJ.

Marinero — BAR
(Rudina 46 ; 9h-2h). Lieu de rendez-vous prisé des habitants, en haut de l'escalier partant du front de mer (suivez le panneau). Il y a une terrasse verdoyante sur une place, de la musique live certains soirs, du football à la TV, du Bon Jovi en fond sonore et toutes sortes de gens venus là pour s'amuser.

ℹ️ Renseignements

Adria Bol (021-635 966 ; www.adria-bol.hr ; Bračka cesta 10 ; 8h-20h mai-sept, 9h-15h lun-ven oct-avr). Une très bonne adresse pour réserver visites et transferts, comme pour louer un appartement, un bateau, un vélo, un scooter ou une voiture. En haute saison, un second bureau ouvre près de la gare routière.

Bol Tours (021-635 693 ; www.boltours. com ; Vladimira Nazora 18 ; 10h-13h et 17h-20h). Organisation d'excursions, location de voitures, bureau de change et location d'appartements privés.

More (021-642 050 ; www.more-bol.com ; Vladimira Nazora 28). Location de vélos, scooters et voitures, hébergements chez l'habitant, change de devises, visites de l'île et excursions.

Office du tourisme (021-635 638 ; www.bol. hr ; Porat Bolskih Pomoraca bb ; 8h30-22h juil-août, 8h30-14h et 16h-21h lun-sam, 9h-12h dim juin et sept, 8h30-14h et 16h-21h lun-sam oct-mai). Installé dans un hôtel particulier gothique du XVe siècle ; distribue quantité de brochures.

ÎLE DE HVAR

11 080 HABITANTS

Hvar est la destination de tous les superlatifs : c'est à la fois l'île la plus luxueuse, le lieu le plus ensoleillé (avec 2 724 heures d'ensoleillement par an) et, avec Dubrovnik, la destination touristique la plus renommée de Croatie. La ville de Hvar, capitale de l'île, n'est qu'une succession d'hôtels huppés et de restaurants élégants que fréquentent les plaisanciers nantis. En un mot, le lieu où voir et être vu. Plus calmes, les villes côtières de Stari Grad et de Jelsa, centres culturel et historique de l'île, en donnent une idée plus authentique.

Réputée pour sa lavande – cultivée à côté d'autres plantes aromatiques, comme le romarin et la bruyère –, l'île est émaillée de champs bleutés.

Pratiquement ignoré des touristes, l'intérieur de l'île, avec ses vieux hameaux abandonnés, ses sommets imposants et ses paysages luxuriants mérite d'être exploré, tout comme la pointe sud de l'île, qui possède certaines des baies les plus belles et les plus isolées de Hvar.

❶ Depuis/vers Hvar

Il existe deux ports de car-ferries importants à Hvar : un près de Stari Grad, l'autre à Sućuraj, à la pointe est de l'île. **Jadrolinija** (☎ 021-773 433 ; www.jadrolinija.hr) dessert les deux ; des ferries relient Split à Stari Grad (adulte/enfant/voiture/moto/vélo 47/24/318/78/45 Kn, 2 heures, 6/jour juin-septembre, 3/jour le reste de l'année) et Drvenik à Sućuraj (16/8/108/30/16 Kn, 34 min, 10/jour). Les bus depuis/vers Sućuraj sont très peu nombreux.

Des catamarans rapides Jadrolinija desservent aussi la ville de Hvar depuis les localités suivantes :

Ville de Korčula 70 Kn, 1 heure 30, 2/jour

Milna (Brač) 50 Kn, 55 minutes, uniquement le mardi

Split 55 Kn, 65 minutes, 7/jour

Ubli (île de Lastovo) 45 Kn, 2 heures, tlj

Vela Luka (île de Korčula) 40 Kn, 55 minutes, tlj

Les dessertes sont moins fréquentes d'octobre à mai. De juillet à mi-septembre un catamaran dessert la ville de Hvar depuis Bol, sur l'île de Brač (60 Kn, 1 heure), Korčula (70 Kn, 1 heure 30) et Dubrovnik (190 Kn, 4 heures). Un catamaran relie quotidiennement Jelsa à Bol (35 Kn, 20 min) avant de rejoindre Split (55 Kn, 1 heure 45).

Kapetan Luka (p. 218) assure une liaison pour la ville de Hvar en catamaran rapide depuis les localités suivantes :

Dubrovnik 190 Kn, 3 heures
Ville de Korčula 90 Kn, 65 min
Milna 70 Kn, 30 min
Pomena (île de Mljet) 130 Kn, 1 heure 45
Split 70 Kn, 1 heure 05

Ces bateaux circulent tous les jours de juin à septembre, mais seulement 4 fois par semaine en mai et 3 fois par semaine en octobre. Le mardi, toute l'année, Kapetan Luka fait aussi halte à la ville de Hvar entre Vis (40 Kn, 50 min) et Split. Les tickets sont en vente chez Pelegrini Tours (p. 247).

De mi-juillet à août, quelques liaisons vers l'Italie sont possibles : certains car-ferries Jadrolinija, BlueLine (p. 218) et SNAV (p. 218) s'arrêtent à Stari Grad entre Ancône et Split.

De fin juillet à fin août, SNAV propose aussi 5 bateaux rapides hebdomadaires entre Stari Grad et la ville de Hvar ; ils rejoignent ensuite Pescara (Italie).

❶ Comment circuler

Des bus attendent la plupart des ferries arrivant au port près de Stari Grad. Ils desservent la ville de Hvar (27 Kn, 20 min), le centre de Stari Grad (13 Kn, 10 min) et Jelsa (33 Kn, 40 min). Des bus circulent aussi entre la ville de Hvar et Stari Grad (30 Kn, 30 min, 10/jour) ou Jelsa (33 Kn, 50 min, 8/jour), et entre Stari Grad et Jelsa (30 Kn, 25 min, 13/jour). Ils sont moins fréquents en basse saison.

Ville de Hvar

4 260 HABITANTS

Nœud des transports sur l'île, la ville de Hvar est aussi sa destination la plus animée, à raison de quelque 20 000 visiteurs par jour en haute saison. Aussi incroyable que cela puisse paraître, toute cette foule parvient à tenir dans la petite ville entourée de remparts du XIIIe siècle, qui dissimulent un dédale de ruelles pavées de marbre et de palais gothiques richement ornés.

Les touristes se promènent sur la grand-place, explorent les sites nichés au détour des venelles, se baignent sur l'une des nombreuses plages ou se joignent aux naturistes des îles Pakleni. Le soir venu, tous se retrouvent pour faire la fête. La réputation de Hvar, considérée comme la première ville festive de Croatie, n'est pas usurpée.

La bourgade compte plusieurs bons restaurants et bars, et beaucoup d'excellents hôtels. Mais, sur cette île destinée à une clientèle aisée, les prix peuvent atteindre des sommes astronomiques. Les voyageurs au budget serré pourront se rabattre sur les chambres chez l'habitant et quelques pensions.

Ville de Hvar

Ville de Hvar

⊙ À voir
1. Monastère franciscain C3

⊙ Activités
2. Diving Centre Viking A1
3. Marinesa Dive Centre D3

⊙ Où se loger
4. Apartments Ana Dujmović B1
5. Apartments Ivanović D2
6. Apartments Komazin D3
7. Earthers Hostel D3
8. Green Lizard D2
9. Hotel Podstine A1
10. Luka's Lodge D2
11. Villa Skansi D3
12. Violeta Hvar B2

⊙ Où prendre un verre et faire la fête
13. Falko A2
14. Hula-Hula Hvar B2

⊙ À voir

Hvar est de taille si modeste que les noms de rue n'y sont apparus que très récemment. Du reste, personne ne les utilise. L'interdiction de la circulation automobile dans la partie historique, autour de la place Saint-Étienne, permet de préserver la quiétude médiévale de ces ruelles.

Une longue promenade en bord de mer serpente sur la côte, jalonnée de criques rocheuses, d'hôtels, de bars et de restaurants.

Cathédrale Saint-Étienne   CATHÉDRALE
(Katedrala svetog Stjepana ; carte p. 242 ; Trg Sv Stjepana bb ; 10 Kn ; ⊙9h-13h et 17h-21h). Flanquée d'un campanile de quatre étages, dont chacun est plus ouvragé que le précédent, la cathédrale, qui domine majestueusement la place principale, témoigne de l'apogée de la Renaissance dalmate (XVIe et XVIIe siècles). Elle recouvre les vestiges (encore visibles dans la nef et les stalles du XVe siècle) d'une cathédrale plus ancienne détruite par les Turcs.

Musée épiscopal   ART SACRÉ
(Biskupski Muzej ; carte p. 242 ; ☎021-743 126 ; Trg Sv Stjepana bb ; 10 Kn ; ⊙9h-12h et 17h-19h lun-ven, 9h-12h sam mi-juin à mi-sept, 16h-18h lun-ven mi-sept à mi-juin). Attenant à la cathédrale, ce musée expose des coupes en argent, un calice en or datant du XVe siècle offert par le dernier roi de Bosnie, des vêtements sacerdotaux brodés, de nombreuses

Ville de Hvar

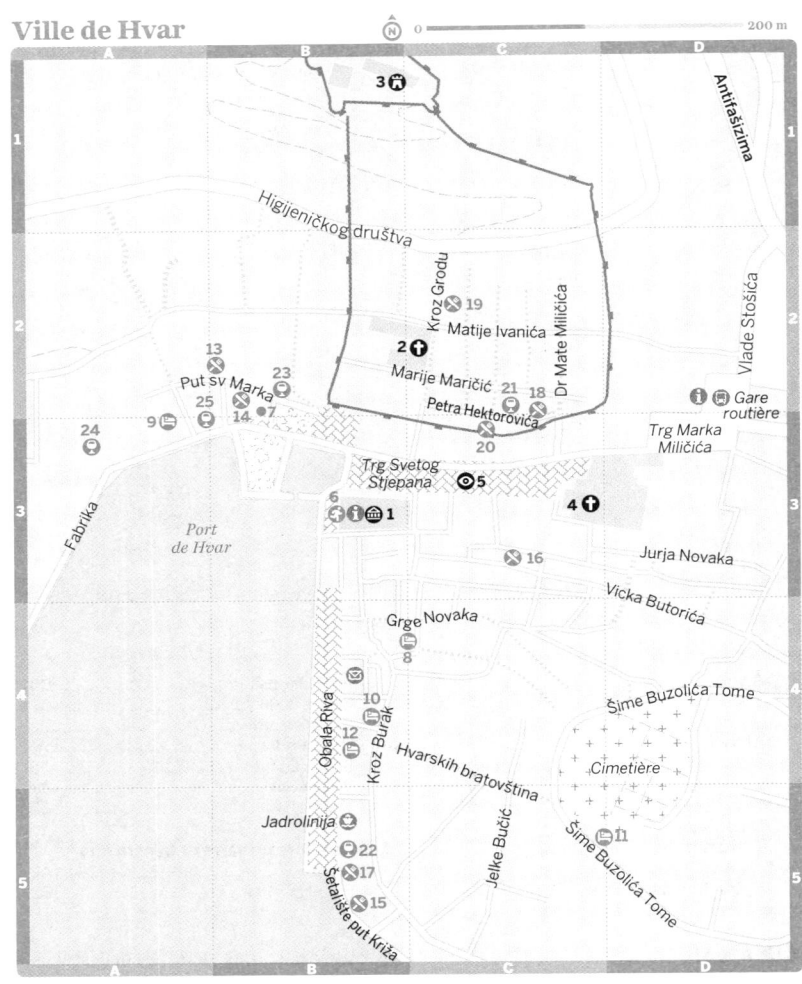

représentations de la Vierge, deux icônes du XIIIe siècle et un sarcophage finement sculpté.

Place Saint-Étienne ARCHITECTURE
(Carte ci-dessus ; Trg Sv Stjepana). Le centre de la ville est cette place rectangulaire, construite sur un bras de mer comblé. D'une superficie de 4 500 m², elle figure parmi les plus grandes places anciennes de Dalmatie. Le bourg se développa d'abord vers le nord, au XIIIe siècle, puis vers le sud, au XVe siècle. Tout au nord de la place subsiste un puits creusé en 1520, qui fut doté d'une grille en fer forgé en 1780.

Arsenal ARCHITECTURE MILITAIRE
(Carte ci-dessus ; Trg Sv Stjepana). Mentionné dans les documents vénitiens comme la "construction la plus belle et la plus utile de toute la Dalmatie", il accueillait les vaisseaux de guerre à réparer. Il fut édifié en 1611 pour remplacer un bâtiment détruit par les Turcs. On ne peut pas y pénétrer par la grande et belle arche, mais on peut gravir l'escalier jusqu'à la terrasse pour savourer la vue sur le joli port de Hvar.

À l'étage se trouve un théâtre décoré de fresques et de loggias baroques. édifié en 1612 aurait été le premier d'Europe

Ville de Hvar

À voir
1. Arsenal B3
2. Couvent des Bénédictines C2
   Musée épiscopal .... (voir 4)
3. Fortica B1
4. Cathédrale Saint-Étienne C3
5. Place Saint-Étienne C3

Activités
6. Hvar Adventure B3
7. Secret Hvar B2

Où se loger
8. Helvetia Hostel C4
9. Hostel Marinero A3
10. Hvar Out Hostel B4
11. Jagoda & Ante Bracanović House C5
12. Riva B4

Où se restaurer
13. 50 Hvar B2
14. Dalmatino B2
15. Divino B5
16. Fig Cafe Bar C3
17. Gariful B5
18. Giaxa C2
19. Konoba Menego C2
    Nonica .... (voir 10)
20. Zlatna Školjka C3

Où prendre un verre et faire la fête
21. 3 Pršuta C2
22. Carpe Diem B5
23. Central Park Club B2
24. Kiva Bar A3
25. Nautica A3

accessible aux nobles comme au peuple. Il est demeuré un pôle culturel régional à travers les siècles et a programmé des représentations jusqu'en 2008. Il est actuellement fermé pour restauration.

Couvent des Bénédictines ÉDIFICE RELIGIEUX
(Muzej Hanibal Lucić ; carte ci-contre ; ☎021-741 052 ; Kroz Grodu bb ; 10 Kn ; ◉10h-12h lun-sam). C'est ici qu'est né l'auteur dramatique et poète Hanibal Lucić en 1485, mais cet hôtel particulier en pierre héberge une communauté de bénédictines depuis 1664. Au fil des siècles, les religieuses ont perfectionné l'art de la dentelle, qu'elles réalisent en entrelaçant minutieusement des fibres tirées de feuilles d'agave séchées. Cette tradition est désormais reconnue comme patrimoine immatériel de l'humanité par l'Unesco. Un petit musée montre le fruit de leur travail ainsi qu'une collection de tableaux et divers objets liturgiques.

Fortica ARCHITECTURE MILITAIRE
(Tvrđava Španjola ; carte ci-contre ; ☎021-742 608 ; Biskupa Jurja Dubokovica bb ; adulte/enfant 30/15 Kn ; ◉8h-21h). Dominant la ville, cette forteresse occupe le site d'un ancien village illyrien antérieur à 500 av. J.-C et offre une vue magnifique sur Hvar et les îles Pakleni. Une fois passé les remparts, le chemin ombragé par des arbres serpente doucement à flanc de colline jusqu'à la forteresse ; on peut aussi rejoindre le sommet en voiture.

Les Byzantins construisirent ici une citadelle au VIe siècle, puis la construction de la forteresse actuelle débuta en 1282. Les Vénitiens la renforcèrent en 1557, ce qui sauva probablement la vie des habitants de Hvar qui s'y réfugièrent en 1571 lorsque les Turcs pillèrent leur ville. Les Autrichiens la rénovèrent au XIXe siècle et ajoutèrent des casernes. On y verra une modeste collection d'amphores découvertes dans les fonds sous-marins. Un café vous attend tout en haut.

Monastère et musée franciscains ÉDIFICE RELIGIEUX
(Franjevčki samostan ; carte p. 241 ; Šetaliste put Križa ; 30 Kn ; ◉9h-15h et 17h-19h lun-sam). Ce monastère construit au XVe siècle en surplomb d'une crique ombragée a été agrémenté d'un élégant campanile au XVIe siècle grâce aux talents d'une célèbre famille de maçons originaire de Korčula. Le cloître Renaissance débouche sur un réfectoire où sont présentés dentelles, monnaies, cartes maritimes et ouvrages rares, en particulier une *Géographie* de Ptolémée imprimée en 1524. Remarquez *La Cène*, une toile de 8 m sur 2,50 m, œuvre du Vénitien Matteo Ingoli (fin du XVIe siècle).

L'église attenante, Notre-Dame-de-la-Charité, possède elle aussi de beaux tableaux, dont trois polyptyques, chefs-d'œuvre de Francesco da Santacroce (1583).

Activités et circuits organisés

De la ville de Hvar, on accède facilement à 120 km de sentiers de randonnée et à 96 km d'itinéraires cyclables balisés ; renseignez-vous à l'office du tourisme.

La plupart des lieux de baignade de la ville sont de petites criques rocheuses dont certaines ont été augmentées de plateformes en béton pour s'étendre au soleil. Baladez-vous sur la promenade et faites votre choix, mais consultez les prix avant de louer une chaise longue (47 €/jour au luxueux club de plage Bonj Les Bains !).

On peut aussi rejoindre en bateau-taxi les îles Pakleni ou les plages situées à l'est sur la côte comme **Mekićevica** (dotée d'un excellent restaurant en bord de mer), **Milna** ou **Zaraće**. Nous avons une préférence pour **Dubovica**, sa poignée de maisons en pierre et ses cafés-bars au bord d'une plage en forme de banane. La juxtaposition des galets blancs et du scintillement bleu-vert de la mer est éblouissante. Si vous êtes motorisé, vous pouvez vous garer au bord de la route, non loin de l'endroit où elle bifurque vers l'intérieur en direction du tunnel, puis rejoindre Dubovica par un sentier cailouteux.

Hvar Adventure   SPORTS D'AVENTURE
(Carte p. 242 ; 021-717 813 ; www.hvar-adventure.com ; Obala Riva bb). Cette agence propose tout ce que peut souhaiter le voyageur sportif : voile, vélo, escalade, randonnée, planche à voile, parachutisme, safaris en jeep, entraînement au triathlon et, pour souffler un peu, circuits œnologiques.

Diving Centre Viking   PLONGÉE
(Carte p. 241 ; 091 56 89 443 ; www.viking-diving.com ; Podstine bb ; à partir de 45 €, équipement inclus). Préparation au brevet PADI et sorties plongée en bateau.

Marinesa Dive Centre   PLONGÉE
(Carte p. 241 ; 091 51 57 229 ; www.hvar-vuljan.com/marinesa-hvar ; Janka Zazjala 39 ; à partir de 35 €, équipement inclus). Organise des sorties plongées en bateau.

Secret Hvar   CIRCUITS GUIDÉS
(Carte p. 242 ; 021-717 615 ; www.secrethvar.com ; Trg Sv Stjepana 49). Pour sortir des sentiers battus et découvrir les beautés cachées de l'intérieur de l'île. Comptez 600 Kn – déjeuner dans une taverne traditionnelle compris – pour un circuit à travers villages abandonnés, canyons spectaculaires, huttes de pierre et champs de lavande à perte de vue avant d'atteindre le point culminant de l'île, Sveti Nikola (626 m). Également des visites de vignobles (550 Kn avec dégustation et en-cas) et des tours de l'île à pied ou à vélo.

Fêtes et festivals

Festival d'été de Hvar   MUSIQUE
(juil-sept). Festival musical durant tout l'été. De concerts ont lieu sur la place et dans le cloître du monastère franciscain (p. 243).

Destination Ultra Beach   MUSIQUE
(www.ultraeurope.com ; tickets 99 € ; mi-juil). Étape de la Destination Ultra Croatia Music Week, cette immense fête en bord de piscine a lieu à l'Hotel Amfora la semaine suivant le festival d'électro Ultra Europe de Split.

Où se loger

Hvar étant l'une des destinations les plus prisées de l'Adriatique, n'espérez pas des tarifs avantageux. Même les auberges de jeunesse passent de la catégorie petits budgets à la catégorie moyenne en été. Tout est pratiquement complet en juillet-août, malgré la présence d'hôtels immenses, de plusieurs auberges de jeunesse et de nombreux ensembles d'appartements de vacances gérés par des familles.

♥ Villa Skansi   AUBERGE DE JEUNESSE €
(Carte p. 241 ; 021-741 426 ; hostelvillaskansi1@gmail.com ; Domovinskog rata 18 ; dort/ch à partir de 250/750 Kn ; ※@🖤). La plus grande et la meilleure auberge de jeunesse de Hvar dispose de dortoirs aux couleurs vives, de salles de bains chics, d'une grande terrasse avec vue sur la mer, d'un barbecue, d'un bar, d'un service d'échange de livres et d'un service de blanchisserie. Elle loue aussi scooters et bateaux. Les chambres occupent un nouveau bâtiment à part juste à côté, entouré de citronniers, grenadiers et bougainvilliers.

♥ Apartments
Ana Dujmović   APPARTEMENTS €
(Carte p. 241 ; 098 838 434 ; www.visit-hvar.com/apartments-ana-dujmovic ; Biskupa Jurja Dubokovića 36 ; app à partir de 55 € ; P※🖤). Ces confortables appartements de vacances se trouvent derrière un bosquet d'oliviers, à seulement 10 minutes de marche du centre-ville et, surtout, à 5 minutes de la plage et du bar Hula-Hula. Appelez pour que la charmante propriétaire vienne vous cherchez au centre-ville.

Hostel Marinero   AUBERGE DE JEUNESSE €
(Carte p. 242 ; 091 41 02 751 ; hostel.marinero@gmail.com ; Put Sv Marka 7 ; dort 240-320 Kn ; mai-oct ; ※🖤). Au cœur du quartier de la fête à Hvar, cette auberge dispose de

6 dortoirs rudimentaires mais propres équipés de grands casiers. Pas de cuisine commune mais un restaurant agréable. Sa proximité avec le Kiva Bar (p. 247) vaut à l'endroit quelques nuisances sonores.

Jagoda & Ante Bracanović House   PENSION €
(Carte p. 242 ; ☎021-741 416 ; www.hvar-jagoda. com ; Šime Buzolića Tome 21 ; ch/app 350/525 Kn). Cette grande maison particulière sise dans une rue résidentielle au voisinage très tranquille (elle est près du cimetière) propose à la location 3 chambres et 1 appartement bien tenus. Chacun dispose d'un réfrigérateur, d'un balcon et d'une salle de bains ; une cuisine est à la disposition des locataires.

Hvar Out Hostel   AUBERGE DE JEUNESSE €
(Carte p. 242 ; ☎021-717 375 ; hvarouthostel@ gmail.com ; Kroz Burak 32 ; dort 180-280 Kn ; ✱🛜). À deux pas du port, dans un labyrinthe de vieilles rues, cette auberge animée dispose de dortoirs de 4 à 12 places avec casiers, d'une petite cuisine commune et d'une terrasse avec vue sur le port au dernier étage.

♥ Earthers Hostel   AUBERGE DE JEUNESSE €€
(Carte p. 241 ; ☎099 26 79 889 ; www.facebook. com/earthershostel ; Martina Vučetića 11 ; dort/ ch 250/640 Kn ; ⊙avr-sept ; P✱🛜). Sa situation à l'extrémité de la ville lui permet d'être entourée d'espace et d'avoir vue sur le coucher du soleil. L'auberge principale occupe une maison familiale confortable (qui retourne à sa vocation première hors saison), tandis que, juste à côté, vous trouverez des chambres bien équipées dans un bâtiment chic. Un petit-déjeuner très simple est compris dans le prix et les propriétaires organisent souvent un barbecue.

Apartmani Ivanović   APPARTEMENTS €€
(Carte p. 241 ; ☎021-741 332 ; www.ivanovic-hvar. com ; Ivana Buzolića 9 ; ch à partir de 670 Kn ; P✱🛜). Cette grande maison moderne sur trois niveaux abrite une chambre double et 5 appartements à louer, tous avec balcon et salle de bains. L'hôtesse parle bien l'anglais et offre un verre de bienvenue sur la grande terrasse ombragée par une treille.

Luka's Lodge   AUBERGE DE JEUNESSE €€
(Carte p. 241 ; ☎021-742 118 ; www.lukalodgehvar. hostel.com ; Šime Buzolića Tome 75 ; dort/ch/ app 270/620/760 Kn ; P✱@🛜). Luka, le sympathique propriétaire, est aux petits soins pour les hôtes de son accueillante auberge, à 5 minutes à pied de la ville. Toutes les chambres ont un réfrigérateur, et certaines un balcon. Salon, 2 terrasses, cuisine extérieure et laverie à disposition. S'il est disponible, Luka pourra venir vous chercher au débarcadère des ferries.

Helvetia Hostel   AUBERGE DE JEUNESSE €€
(Carte p. 242 ; ☎091 34 55 556 ; hajduk.hvar@ gmail.com ; Grge Novaka 6 ; dort/ch 210/500 Kn ; ✱🛜). Ouverte par un aimable habitant de l'île dans sa vieille demeure familiale, juste derrière la Riva, cette auberge a seulement quelques dortoirs et chambres. Il bénéficie d'un vaste toit-terrasse, idéal pour se détendre avec une vue imprenable sur la baie de Hvar et les îles Pakleni.

Violeta Hvar   APPARTEMENT €€
(Carte p. 241 ; ☎099 33 44 779 ; ursa.lavanda@ gmail.com ; Biskupa Jurja Dubokovića 22 ; ch à partir de 100 € ; ✱). Dans cet immeuble élégant juste au-dessus de la ville, vous trouverez des chambres et des appartements dotés de grands balcons – ceux du dernier étage donnent sur la mer.

Green Lizard   AUBERGE DE JEUNESSE €€
(Carte p. 241 ; ☎021-742 560 ; www.greenlizard. hr ; Domovinskog Rata 13 ; dort/ch à partir de 220/600 Kn ; ⊙avr-oct ; ✱🛜). Dans le jardin de cette auberge de jeunesse simple mais accueillante, on peut se détendre sur des poufs ou des hamacs. Outre les dortoirs, petits et encombrés, et quelques chambres avec salle de bains particulière, dont une triple avec balcon, il y a une cuisine commune extérieure et un service de blanchisserie.

Apartments Komazin   APPARTEMENT €€€
(Carte p. 241 ; ☎091 60 19 712 ; www.croatia-hvar-apartments.com ; Nikice Kolumbića 2 ; app à partir de 1 025 Kn ; P✱@🛜♨). Cette adresse privée plutôt haut de gamme et envahie de bougainvilliers regroupe 5 appartements lumineux et 1 chambre.

Hotel Podstine   HÔTEL €€€
(Carte p. 241 ; ☎021-740 400 ; www.podstine.com ; Put Podstina 11 ; ch 242-449 € ; P✱@🛜♨). Juste au bord de l'eau dans la crique de Podstine, à 1 km au sud-ouest du centre-ville, cet hôtel cliquant dispose d'une plage, d'un spa et d'un centre de bien-être. Hormis les moins chères, toutes les chambres donnent sur la mer.

✕ Où se restaurer

La scène culinaire est vaste même si, à l'instar des hôtels, elle vise plutôt une clientèle aisée. Plat incontournable, la *hvarska gregada* est le ragoût de poisson traditionnel de l'île servi dans de nombreux restaurants, mais il faut en général le commander à l'avance.

Nonica PÂTISSERIES €
(Carte p. 242 ; ☎021-718 041 ; Kroz Burak 23 ; ⊙8h-14h et 17h-23h lun-sam, 17h-23h dim). Les meilleurs gâteaux de la ville sont servis dans cette minuscule boulangerie. Parmi les recettes locales traditionnelles, goûtez les *rafioli*, les *forski koloc* et la tarte Nonica à la mousse au chocolat avec zestes d'orange.

♥ **Fig Cafe Bar** CAFÉ €€
(Carte p. 242 ; ☎099 42 29 721 ; www.figcafebar.com ; Ivana Frane Biundovića 3 ; plats 60-100 Kn ; ⊙9h-22h mi-avr à oct ; 🛜🍴). Tenue par un tandem australo-croate et américain, cette petite adresse épatante sert de délicieuses galettes fourrées (figue et fromage fermier, poire et fromage persillé, brie et jambon cru), des curries végétariens et des œufs aux épices, notre petit-déjeuner préféré à Hvar. Il y a même quelques plats vegan.

50 Hvar BURGERS €€
(Carte p. 242 ; www.50hvar.rocks ; burgers 75 Kn ; ⊙18h-minuit). Montez sur le charmant toit-terrasse pour déguster des hamburgers, des sandwichs, des frites et des salades. Il y a même du champagne, Hvar oblige.

Konoba Menego DALMATE €€
(Carte p. 242 ; ☎021-717 411 ; www.menego.hr ; Kroz Grodu 26 ; plats 95-110 Kn ; ⊙12h-14h30 et 18h-22h30). Cette vieille maison rustique accessible par une rue escarpée de la vieille ville vise la simplicité et l'authenticité. Le cadre est décoré d'antiquités de l'île et le service est discret. Les viandes marinées, les fromages et les légumes sont tous préparés à la mode dalmate d'autrefois.

♥ **Dalmatino** DALMATE €€€
(Carte p. 242 ; ☎091 52 93 121 ; www.dalmatino-hvar.com ; Sv Marak 1 ; plats 70-250 Kn ; ⊙12h-15h et 17h-minuit ; 🛜). "Restaurant de steak et de poisson", cette adresse doit sa perpétuelle popularité à la fois à de beaux serveurs et à la *rakija* (eau-de-vie) qui coule à flots. Heureusement, la cuisine est bonne également ; goûtez la *gregada*, un poisson accompagné de pommes de terre nappé d'un épais bouillon.

Divino MÉDITERRANÉEN €€€
(Carte p. 242 ; ☎091 43 77 777 ; www.divino.com.hr ; Šetalište put Križa 1 ; plats 125-185 Kn ; ⊙12h-14h et 18h-22h30). Un cadre exceptionnel et la meilleure carte de vins de l'île sont des raisons suffisantes pour s'offrir ce restaurant chic. Ajoutez-y une cuisine innovante et une vue éblouissante sur les îles Pakleni et vous êtes sûr de passer une soirée exceptionnelle. On peut aussi simplement venir grignoter autour d'un verre de vin au coucher du soleil sur la splendide terrasse. La réservation est impérative en saison.

Giaxa POISSON €€
(Carte p. 242 ; ☎021-741 073 ; www.giaxa.com ; Petra Hektorovića 3 ; plats 90-220 Kn ; ⊙12h-minuit). Ce restaurant haut de gamme installé dans un palais du XVe siècle a la réputation de table incontournable à Hvar. Il y a un ravissant jardin à l'arrière. La cuisine est excellente – le homard est très apprécié – et de nombreux plats traditionnels dalmates sont proposés.

Zlatna Školjka CROATE €€€
(Carte p. 242 ; ☎098 16 88 797 ; Petra Hektorovića 8 ; plats 100-230 Kn ; ⊙12h-15h et 19h-23h). Dans une ruelle bordée de restaurants, ce refuge du Slow Food se distingue par une cuisine créative concoctée par un chef local renommé. Établissement familial avec intérieur en pierre et terrasse à l'arrière. Tentez le calmar à la sauce à l'orange sauvage, la dinde aux figues sèches ou la succulente *gregada* au homard, fruits de mer et autres prises du jour.

Gariful POISSON €€€
(Carte p. 242 ; ☎021-742 999 ; www.hvar-gariful.hr ; Obala Riva ; plats 90-240 Kn ; ⊙12h-23h). À l'instar des célébrités descendues de leurs yachts clinquants amarrés en face, venez déguster ici des produits de la mer parmi les meilleurs de Hvar. Les prix sont à l'aune de la clientèle.

🍷 Où prendre un verre et faire la fête

♥ **Hula-Hula Hvar** BAR DE PLAGE
(Carte p. 241 ; www.hulahulahvar.com ; Šetalište Antuna Tomislava Petrića 10 ; ⊙9h-23h). Pour un coucher du soleil sur fond de techno et de house : le Hula-Hula est réputé pour ses soirées (16h-21h), où les jeunes branchés de Hvar viennent siroter des cocktails.

♥ Kiva Bar
BAR

(Carte p. 242 ; www.facebook.com/kivabar.hvar ; Fabrika 10 ; ⊙21h-2h). Un lieu branché dans une petite rue à deux pas de la Riva. Ce bar est généralement bondé et la foule déborde largement dans la rue.

Les DJ mixent un mélange de dance *old-school* et de classiques pop et hip-hop pour une clientèle qui ne demande pas mieux.

3 Pršuta
BAR À VINS

(Carte p. 242 ; Petra Hektorovića 5 ; ⊙18h-2h). Le meilleur bar à vins de Hvar, c'est cette petite adresse sans prétention nichée dans une ruelle derrière la place principale. Bien calé dans le divan près du bar, on a la sensation d'être dans le salon d'un habitant de l'île, tout en dégustant quelques-uns des meilleurs vins locaux, accompagnés d'en-cas dalmates.

Carpe Diem
BAR, CLUB

(Carte p. 242 ; ☏021-742 369 ; www.carpe-diem-hvar.com ; Obala Riva bb ; ⊙9h-2h). Ce fut le premier bar-club de la côte croate. Du petit-déjeuner jusqu'à l'heure des cocktails nocturnes onéreux, ce lieu chic ne désemplit jamais. Le DJ résident mixe de la house suave, les cocktails sont bien préparés et la clientèle est aisée.

Central Park Club
BAR

(Carte p. 242 ; ☏021-718 337 ; www.klubparkhvar.com ; Bankete bb ; ⊙7h-2h). Situé derrière le bouquet de palmiers phœnix du front de mer, ce grand bar-terrasse est le principal lieu de musique live à Hvar. Il y a un concert chaque soir, que ce soit du jazz, de la soul, du rock ou du funk.

Falko
BAR

(Carte p. 241 ; ☏095 23 35 296 ; Šetalište Antuna Tomislava Petrića 22 ; ⊙8h-21h mi-mai à mi-sept ; 🕾). Il faut aller presque au bout de la promenade du front de mer pour atteindre cet adorable refuge niché dans une forêt de pins au-dessus de la plage. On y vient se régaler dans un cabanon de délicieux sandwichs et salades, de *limoncello* maison et de *rakija* (eau-de-vie).

Ambiance paillote discrète, hamacs et clientèle décontractée. Notez que le service est parfois lent.

Nautica
BAR

(Carte p. 242 ; Fabrika 8 ; ⊙17h-2h). Quand le Hula-Hula ferme et que le Riva (carte p. 242 ; ☏021-750 100 ; www.suncanihvar.com ; Obala Riva 27 ; ch à partir de 172 € ; ✱🕾) est trop plein, le Nautica devient une halte obligatoire sur le circuit des noctambules. Les DJ mixent aussi bien de la techno que du hip-hop ou de l'Eurodisco.

ⓘ Renseignements

Atlas Hvar (☏021-741 911 ; atlas-hvar.com ; Fabrika 27). Excursions à Vis, à Bol et à Dubrovnik, et location de vélos et de bateaux.

Consigne (Garderoba ; Trg Sv Stjepana bb ; 30/50/60 Kn les 3/12/24 heures ; ⊙7h-23h juin-sept). Consigne, laverie et toilettes en bordure de la place Saint-Étienne, près de la gare routière.

Fontana Tours (☏021-742 133 ; www.happyhvar.com ; Obala Riva 18). Propose des locations chez l'habitant, des visites de l'île et des circuits œnologiques, réserve des bateaux-taxi, loue voitures, scooters, quads et vélos. Gère aussi 2 appartements romantiques isolés sur l'île de Palmižana.

Office du tourisme (carte p. 242 ; ☏021-741 059 ; www.tzhvar.hr ; Trg Sv Stjepana 42 ; ⊙8h-21h juil-août, 8h-20h lun-sam, 8h-13h et 16h-20h dim juin et sept, 8h-14h lun-ven, 8h-12h sam oct-mai). Dans le bâtiment de l'Arsenal, sur la place Saint-Étienne. **Annexe estivale de l'office du tourisme** (carte p. 242 ; ☏021-718 109 ; Trg Marka Miličića ; ⊙8h-21h lun-sam, 9h-13h dim juin-sept). Dans la gare routière.

Pelegrini Tours (☏021-742 743 ; www.pelegrini-hvar.hr ; Obala Riva 20). Locations chez l'habitant, tickets de bateaux Snav et Blue Line pour l'Italie, excursions (notamment celles d'une journée aux îles Pakleni et aux grottes Bleue et Verte de Vis), location de vélos, scooters, voitures et bateaux. Propose également des circuits de dégustation œnologiques (600 Kn/pers).

Poste (carte p. 242 ; www.posta.hr ; Obala Riva 19 ; ⊙7h-21h lun-sam). On peut y passer des appels internationaux.

Urgences hospitalières (Bolnica ; ☏021-717 099 ; Biskupa Jurja Dubokovića bb)

Stari Grad

2 790 HABITANTS

Sur la côte septentrionale de l'île, Stari Grad ("vieille ville" en croate) ne rivalise pas, malgré son ancienneté – elle fut fondée en 384 av. J.-C. par les Grecs –, avec l'architecture raffinée et le cadre enchanteur de la ville de Hvar. Moins à la mode que cette dernière, elle n'en est pas moins charmante et présente l'avantage de ne pas être envahie par les visiteurs. Le village occupe l'extrémité d'un bras de mer et les rues étroites

À NE PAS MANQUER

ÎLES PAKLENI

La plupart des personnes visitant la ville de Hvar vont aussi admirer les eaux cristallines et les plages secrètes des îles Pakleni (Pakleni Otoci), superbe archipel d'îles boisées situé en face de la ville. Leur nom, souvent traduit par "îles de l'enfer", dériverait en réalité de *paklina*, une résine de pin qu'on y récoltait jadis pour étanchéifier les bateaux.

La plus grande de ces îles est de loin **Sveti Klement**, qui regroupe trois villages sur 5 km². Celui de **Palmižana** comprend une marina, des hébergements, des restaurants et une plage de galets. On peut loger au **Palmižana Meneghello** (021-717 270 ; www.palmizana.hr ; Palmižana ; app à partir de 120 € ;), tenu par les Meneghello, une famille d'amateurs d'art. Cet ensemble de charme comprend des villas et des bungalows éparpillés dans un parc tropical luxuriant, ainsi que deux restaurants et une galerie d'art ; il y a souvent des récitals.

L'île la plus proche de Hvar est **Jerolim**, dotée d'une plage naturiste prisée. La baie de Stipanska, située sur l'île de **Marinkovac** (40 Kn, 10 à 15 minutes), comprend aussi une plage où l'on pratique le nudisme mais elle est surtout connue pour son club de plage le **Carpe Diem Beach** (www.carpe-diem-hvar.com ; 10h-19h et 23h-5h juin-sept), un établissement où la Méditerranée se décline en version glamour, avec des massages et des fêtes jusqu'à l'aube (transferts en bateau depuis l'autre discothèque **Carpe Diem** (p. 247) 100 Kn ; entrée en supplément, prix variables selon les soirées). La baie de Ždrilca et la ravissante **plage de Mlini** sont d'autres endroits prisés de Marinkovac.

Des bateaux-taxis rallient les îles ; ils partent en face de l'Arsenal (p. 242) de Hvar. Comptez environ 50 Kn pour les îles les plus proches et un peu plus pour les autres.

---

du quartier ancien s'étendent dans la partie sud. La promenade du bord de mer se prolonge sur la rive nord pour rejoindre une petite plage.

👁 À voir

Tvrdalj   FORTERESSE
(Trg Tvrdalj 11 ; 15 Kn ; 10h-13h et 17h-21h). Le palais construit comme une forteresse au XVIe siècle par le poète Petar Hektorović (1487-1572), possède un bassin à poissons ombragé qui reflétait son amour pour la pêche. Son poème *Pêche et discussion de pêcheurs* (1555) brosse un portrait plaisant de son loisir favori. Sur les murs du château sont gravés, en latin et en croate, des extraits de son œuvre.

Monastère dominicain   ÉDIFICE RELIGIEUX, MUSÉE
(Dominikanski Samostan ; Kod Sv Petra 3 ; 20 Kn ; 9h30-12h30 et 16h-18h30 mai-oct). Fondé en 1482, ce vénérable monastère fut endommagé par les Turcs en 1571, puis fortifié par l'ajout d'une tour. Outre la bibliothèque et une collection archéologique et d'icônes religieuses datant de la période entre le XVIe et le XVIIIe siècle exposées dans le musée, on peut voir dans l'église (XIXe siècle) une *Lamentation du Christ* (XVIe siècle) attribuée au Tintoret et deux tableaux de Giambattista Crespi.

🛏 Où se loger et se restaurer

Apolon   HÔTEL €€€
(021-778 320 ; www.apolon.hr ; Šetalište Don Šime Ljubića 7 ; ch/ste à partir de 179/249 € ; mai-oct ;). Construit en 1887 pour une sommité locale inhumée dans le somptueux mausolée coiffé d'une coupole situé à côté, cet édifice majestueux doit son nom à la statue d'Apollon qui en orne le toit. Il accueille un élégant boutique-hôtel décoré de mobilier ancien et dont les suites sont dotées de baignoires à pattes de lion.

Eremitaž   DALMATE €€
(091 54 28 395 ; Obala hrvatskih branitelja 2 ; plats 50-135 Kn ; 12h-15h et 18h-minuit). Installé dans un ermitage au bord de l'eau construit en 1487 pour les moines de l'église Saint-Jérôme, toute proche, ce restaurant sert des spécialités dalmates dans une salle en pierre apparente et sur une terrasse ombragée.

Antika   DALMATE €€
(Duolnja Kola 34 ; plats 50-95 Kn ; 12h-22h ;). Ce bar-restaurant, un des meilleurs de Hvar, se compose de trois espaces distincts : un vieil hôtel particulier délâbré, des tables alignées dans la ruelle et un bar sur une terrasse à l'étage. L'adresse incontournable pour passer la soirée.

Achats

Fantazam BIJOUX
(☎ 021-765 070 ; www.fantazam.com ; Ivana Gundulića 6 ; ⊙ 11h-15h et 17h-1h). Cette galerie remplie de délirantes sculptures d'insectes conduit à l'intéressant atelier de bijouterie de Zoran Tadić.

❶ Renseignements

Hvar Touristik (☎ 091 17 17 580 ; www.hvar-touristik.com ; Šiberija 31 ; ⊙ 9h30-14h et 16h-20h lun-sam). Locations chez l'habitant, réservation de transferts (100 Kn jusqu'au ferry ; 240 Kn jusqu'à la ville de Hvar), location de scooters (à partir de 150 Kn/jour), voitures (à partir de 400 Kn/jour), bateaux (à partir de 250 Kn/jour) et vélos (20 Kn/heure).

Office du tourisme (☎ 021-765 763 ; www.stari-grad-faros.hr ; Obala Dr Franje Tuđmana 1 ; ⊙ 8h-20h juil-août, 8h-20h lun-ven, 8h-14h sam, 9h-12h et 17h-20h dim juin et sept, 8h-14h lun-ven, 8h-12h sam fév-mai et oct, 8h-14h lun-ven nov-jan). Distribue une bonne carte du secteur.

Jelsa

3 590 HABITANTS

Petite localité portuaire et balnéaire située à 27 km à l'est de Hvar, Jelsa se niche au milieu d'épaisses forêts de pins et de peupliers. Ses rues et places agréables ont une atmosphère intimiste. À proximité se trouvent des criques propices à la baignade et des plages de sable faciles d'accès. Nous vous déconseillons d'y loger, mais c'est une bonne destination pour une courte visite.

✕ Où se restaurer

Me & Mrs Jones DALMATE €€
(Mala Banda bb ; plats 70-154 Kn ; ⊙ 12h-minuit juin-juil et sept-oct, 17h-minuit août). Le couple croate à la tête de ce restaurant en lisière du port revisite la cuisine dalmate. Le décor marie pierre traditionnelle, bois et touches rétro. C'est ici que viennent dîner nombre d'habitants de la ville de Hvar.

❶ Renseignements

Office du tourisme (☎ 021-761 017 ; www.tzjelsa.hr ; Strossmayerovo šetalište bb ; ⊙ 8h-22h lun-sam, 10h-12h et 19h-21h dim juil-août, 8h-13h et 17h30-20h lun-sam, 9h30-12h dim mai-juin et sept-oct). Renseignements sur les plages, les clubs de plongée, les hébergements privés et les hôtels.

ÎLE DE VIS

3 620 HABITANTS

De toutes les îles croates, Vis est la plus mystérieuse, même aux yeux de ses habitants. La plus éloignée du littoral parmi les grandes îles de la Dalmatie centrale a longtemps servi de base militaire à l'armée yougoslave et est restée interdite d'accès aux visiteurs étrangers des années 1950 à 1989. Cet isolement, qui l'a préservée du développement, a conduit ses habitants à émigrer pour chercher du travail, la laissant sous-peuplée pendant de longues années.

Or, comme dans d'autres îles délaissées de la Méditerranée, l'absence d'infrastructures fait aujourd'hui le véritable charme de Vis. Elle séduit les vacanciers étrangers et croates en quête d'authenticité, de nature, d'aventures gastronomiques et de tranquillité.

Vis possède son propre cépage, le *vugava*, un raisin blanc cultivé ici depuis l'Antiquité. Vous y goûterez aussi des poissons à la fraîcheur irréprochable, grâce à une pêche traditionnelle demeurée florissante.

Histoire

Habitée depuis le néolithique, l'île fut peuplée dès le Ier millénaire av. J.-C. par les Illyriens, qui apportèrent avec eux leur savoir-faire de forgerons. La fondation de la colonie grecque d'Issa (Vis), en 390 av. J.-C., permit au tyran Denys l'Ancien de contrôler ses autres territoires dans l'Adriatique. Devenue une puissante cité-État, Vis établit à son tour des colonies sur l'île de Korčula, à Trogir et à Stobreč. En s'alliant à Rome lors des guerres illyriennes, elle perdit son autonomie et fut intégrée à l'empire en 47 av. J.-C. Des tribus slaves s'y installèrent au Xe siècle, puis Venise l'acheta en 1420, en même temps que d'autres villes de Dalmatie. La population, menacée par les pirates dalmates, quitta alors la côte pour se réfugier dans l'arrière-pays.

Après la chute de la république de Venise en 1797, l'île passa successivement sous la coupe de l'Autriche, de la France, de la Grande-Bretagne, puis à nouveau de l'Autriche. Pendant la Seconde Guerre mondiale, l'Italie s'empara de cet avant-poste stratégique de l'Adriatique que se disputaient les grandes puissances. Durant la guerre, l'île fut une base importante des Partisans de Josip Broz Tito : celui-ci établit son quartier général dans une grotte du mont Hum, d'où il coordonna les opérations militaires et diplomatiques avec les forces alliées.

Depuis/vers l'île de Vis

Deux à 3 grands car-ferries **Jadrolinija** (021-711 032 ; www.jadrolinija.hr ; Šetalište stare Isse , Luka) relient quotidiennement la ville de Vis à Split (adulte/enfant/voiture/vélo 54/27/370/51 Kn, 2 heures 15, 2 à 3/jour) ; la billetterie située à Vis n'ouvre que 90 minutes avant chaque départ.

Kapetan Luka (www.krilo.hr) propose un catamaran beaucoup plus rapide entre la ville de Vis et Split (55 Kn, 1 heure 30), qui fait aussi halte à la ville de Hvar le mardi et à Milna (Brač) le mercredi.

Comment circuler

Il y au moins 6 bus quotidiens entre Komiža et la ville de Vis (20 Kn).

Ville de Vis

1 940 HABITANTS

Plus ancien site habité de l'île, la vieille ville de Vis embrasse la forme de la baie en fer à cheval qu'elle borde sur la côte nord-est de l'île. L'arrivée des ferries apporte un peu d'animation à cette localité par ailleurs paisible, appréciée pour son front de mer, ses vieilles maisons du XVIIe siècle et ses ruelles qui grimpent en sinuant doucement depuis la côte.

Agrippée au flanc sud de la colline de Granida, Vis résulte de la fusion de deux villages : Luka ("port"), créé au XIXe siècle, et le village médiéval de Kut, de l'autre côté du fer à cheval. Les ferries accostent à Luka, d'où part une promenade panoramique qui longe l'eau jusqu'à Kut. De son passé tumultueux, Vis a gardé des traces : les vestiges d'un cimetière grec, de thermes romains et d'une forteresse anglaise.

À voir

La promenade est bordée de petites plages, mais la plus courue de la ville est celle située au nord du port, face à l'hôtel Issa. Plus loin, on atteint des criques nudistes et une succession de lieux de baignade sauvages. De l'autre côté, au-delà de Kut et du cimetière marin britannique, s'étire le ruban de galets de Grandovac, plage assez fréquentée avec son bar (on peut parfois y faire la fête la nuit).

Musée archéologique   MUSÉE
(Arheološkog Muzeja ; Šetalište viški boj 12, Kut ; adulte/enfant 20/10 Kn ; 9h-13h et 17h-21h lun-sam). Installé dans une forteresse autrichienne construite en 1841, ce petite musée rassemble la plus vaste collection d'objets hellénistiques du pays et notamment des céramiques, bijoux et sculptures de l'Antiquité grecque. Le clou est une ravissante tête d'Artémis en bronze du IVe siècle av. J.-C. Une salle de l'autre côté de la cour est consacrée aux objets trouvés dans des épaves.

Activités

Les eaux entourant Vis sont propices à la plongée. Elles abritent des poissons en abondance, plusieurs épaves, un champ d'amphores et un avion de la Seconde Guerre mondiale. La plupart des plongées les plus intéressantes sont néanmoins techniques et requièrent un certain niveau.

Circuits organisés

La plupart des agences de la ville proposent une série de circuits plus ou moins identiques. Le plus intéressant est la visite des **bases militaires secrètes** abandonnées par l'armée nationale yougoslave en 1992 : abris anti-roquettes, bunkers, entrepôts d'armes, "parkings" sous-marins, dont la grotte de Tito (où se réfugia le président de l'ex-Yougoslavie durant la Seconde Guerre mondiale) et abris antinucléaires qui servaient de centres de communication aux services secrets yougoslaves. Ces sites, qui occupent certains des lieux les plus spectaculaires de l'île, n'ont été ouverts au public que récemment.

On peut aussi suivre des circuits spéléologiques, gastronomiques ou œnologiques et effectuer des randonnées et des excursions en bateau jusqu'à des îles éloignées pour découvrir la grotte Bleue, la grotte Verte et des plages isolées.

Vis Special   CIRCUITS
(021-711 524 ; www.vis-special.com ; Korzo 33, Luka). Circuits thématiques comme "Vin et gastronomie", "Militaire", "Top Secret", "Sentiers du maréchal Tito" et "Grotte de la reine Teuta". Cette agence propose aussi des excursions en bateau jusqu'à la grotte Bleue, la grotte Verte, la plage de Stiniva et les îles excentrées, et loue des hébergements privés, des vélos, des scooters, des voitures, des bateaux et des kayaks.

Fêtes et festivals

Resistance   MUSIQUE
(Billet 49 € ; mi-juil). Cette soirée de clôture officielle de Destination Ultra Croatia Music Week organisée au fort George attire des amateurs d'électro du monde entier.

> **À NE PAS MANQUER**
>
> ### LES PLUS BELLES PLAGES DE VIS
>
> **Stiniva** Cette plage minuscule est la crique la plus parfaite de Vis. De haute falaises l'encerclent presque entièrement : seule une ouverture de 10 m de large la relie à la mer. La plage tapissée de gros galets lisses forme un contraste éblouissant avec l'eau bleutée. On la rejoint par un sentier particulièrement abrupt et ardu ou, beaucoup plus facilement, en bateau. La plupart des bateaux d'excursion partant de la ville de Vis ou de Komiža peuvent éventuellement s'arrêter à Stiniva, mais Rukavac est beaucoup plus proche.
>
> **Srbrena** Proche du village de pêcheurs de Rukavac et adossée à une réserve naturelle, la jolie plage de Srbrena est dotée de gros galets blancs, d'une mer bleu pâle et présente l'avantage d'être reliée au parking proche par un sentier plat.
>
> **Milna** et **Zaglav** Si le reste de l'île n'offre que des galets ou des rochers, l'extrémité est de Vis offre quelques plages sablonneuses. Milna, juste à côté de la route principale, est une plage de sable aux eaux d'un bleu profond que ponctuent joliment de petites îles. Mieux vaut toutefois marcher 15 minutes le long du sentier bordé de maquis qui démarre à l'extrémité sud de cette plage pour rejoindre Zaglav, encore plus belle et plus calme.

Où se loger

Bien que Vis ne possède aucun camping ni auberge de jeunesse et seulement quelques hôtels, vous ne devriez avoir aucun mal à trouver une chambre ou un appartement chez l'habitant. Vous en trouverez une liste complète sur www.info-vis.net, sur les sites web de l'office du tourisme (p. 253), sur **VisVillas** (021-717 786 ; www.visvillas.com) ou auprès des agences de voyage locales. En été, il faut réserver bien à l'avance, la capacité d'hébergement étant limitée.

Apartments Kulјiš   APPARTEMENTS €€
(098 460 937 ; Petra Svačića 41, Kut ; app 500 Kn ; P❄🛜). Tenus par des hôtes accueillants et situés dans un beau cadre à courte distance à pied du centre de Kut, ces 4 appartements confortables à prix raisonnables sont tous dotés de balcons ou de terrasses et d'une kitchenette.

Pansion Dionis   B&B €€
(021-711 963 ; www.dionis.hr ; Matije Gubca 1, Luka ; s/d/tr 60/70/90 € ; ❄🛜). Au-dessus de la pizzeria du même nom, ce B&B tenu en famille occupe un bâtiment en pierre à proximité du front de mer. Il dispose de 8 chambres avec TV et réfrigérateur, dont certaines avec balcon. La triple sous les toits dispose d'une jolie terrasse avec vue sur la ville.

Hotel San Giorgio   HÔTEL €€€
(021-607 630 ; www.hotelsangiorgiovis.com ; Petra Hektorovića 2 ; s/d à partir de 114/152 € ; ❄🛜). Cet hôtel appartenant à des Italiens et rempli d'œuvres d'art intéressantes dispose de 10 chambres et suites chics et colorées réparties dans 2 bâtiments, et très bien équipées, avec parquet et grands lits. La meilleure chambre (n°1) a une grande terrasse face à la mer et un Jacuzzi.

Villa Vis   PENSION €€€
(098 94 87 490 ; www.migration.villaviscroatia.com ; Jakšina 11, Kut ; s/d 995/1147 Kn ; ❄🛜). Aménagé dans une maison traditionnelle à l'intérieur entièrement moderne, cet établissement élégant comprend 4 chambres de coloris différents (vert, crème, chocolat et rouge). Il est bien situé, proche des restaurants et des bars et à courte distance à pied de la plage.

Où se restaurer

Vis compte d'excellents restaurants disséminés tant à Luka qu'à Kut. Ne manquez pas de goûter les spécialités locales, comme la *viška pogača*, un pain plat garni de poisson salé et d'oignons, et le *viški hib*, un gâteau de figues séchées et râpées mélangées à des herbes aromatiques.

Buffet Vis   DALMATE, POISSON €
(021-711 043 ; Obala Sv Jurja 35, Luka ; plats à partir de 40 Kn ; 9h-15h et 18h-1h lun-ven et dim, 18h-1h sam). Minuscule et sans prétention, cet établissement sert d'excellents produits de la mer. Quelques tables en terrasse.

Kantun   DALMATE €€
(021-711 306 ; Biskupa Mihe Pušića 17, Luka ; plats 100-130 Kn ; 17h-minuit). La petite carte de cette taverne en bord de mer affiche des spécialités savoureuses, à base d'ingrédients locaux. Le jardin, intime, est couvert d'une treille, l'intérieur en pierres apparentes est rustique et de bon goût.

HORS DES SENTIERS BATTUS

LE Q.G. DE TITO

Culminant à 587 m, le mont **Hum** domine l'extrémité ouest de Vis. On ne peut pas atteindre le sommet, mais on peut se garer un peu avant la fin de la route puis suivre un sentier indiqué "Panorama Komiža", qui offre une vue superbe sur le village. Il n'y a pas grand-chose à voir, sauf visiter la **chapelle du Saint-Esprit (Crkva Sveti Duh)**.

Tito établit son fameux Q.G. dans une grotte de cette montagne pendant la Seconde Guerre mondiale. Le départ du sentier conduisant à la **grotte de Tito** n'est plus indiqué mais reste facile à repérer, grâce au vaste parking situé au pied d'un mur en pierre bien construit, à droite de la route lorsqu'on monte. Il faut 15 minutes de marche pour atteindre le refuge du leader des Partisans, petite espace fermé par un mur de pierre sous un aplomb calcaire.

Pour rejoindre Hum, quittez la route principale à Podšplije et suivez les panneaux.

Pojoda DALMATE, POISSON €€
(021-711 575 ; Don Cvjetka Marasovića 40, Kut ; plats 85-150 Kn ; 12h-1h). Les gastronomes du cru encensent ce restaurant de produits de la mer doté d'une cour verdoyante plantée de bambous, d'orangers et de citronniers. Goûtez l'*orbiko*, le plat maison à base d'*orzo* (petites pâtes), de petits pois et de crevettes.

Karijola PIZZA €€
(021-711 358 ; www.pizzeria-karijola.com ; Šetalište viški boj 4, Kut ; pizzas 60-81 Kn ; 12h-minuit juil-août, 17h-23h juin-sept). Affilié à deux autres pizzerias prisées homonymes à Zagreb, cet établissement sert des pizzas à pâte fine garnies d'ingrédients de qualité. Goûtez la Karijola (tomate, ail, mozzarella, roquette et jambon cru) ou la surprenante et délicieuse pizza blanche sans sauce.

Val DALMATE €€
(021-711 763 ; Trg Eugena Kvaternika 1, Kut ; plats 80-140 Kn ; 17h-minuit). Dans une ancienne maison de pierre à la terrasse ombragée par les palmiers et surplombant les flots, la carte saisonnière a des accents italiens : asperges sauvages au printemps, sanglier et champignons l'hiver, et poisson en été. Goûtez la *pašta fažol* (ragoût dalmate aux haricots) au poisson, sans oublier le dessert local : le gâteau à la caroube.

♥ **Konoba & Bar Lola** MÉDITERRANÉEN €€€
(www.lolavisisland.com ; Matije Gupca 12, Luka ; plats 115-190 Kn ; 18h-minuit). Ce restaurant au mur orné d'un vélo rétro se cache dans un beau jardin entouré de vieux murs de pierre et décoré d'une fontaine de Meštrović. Le chef croate et son épouse espagnole proposent une carte succincte mais très créative d'influence fortement ibérique. La carte des vins et le service sont également excellents.

Vila Kaliopa DALMATE €€€
(091 27 11 755 ; Vladimira Nazora 34, Kut ; plats 150-180 Kn ; 13h-16h et 17h-1h). Dans le jardin exotique de la maison Gariboldi (XVIe siècle), ce restaurant huppé séduit les plaisanciers avec des spécialités dalmates renouvelées tous les jours, dans un cadre de palmiers, de bambous et de statues classiques. Concerts et expositions.

Où prendre un verre et faire la fête

Fort George BAR
(091 26 56 041 ; www.fortgeorgecroatia.com ; Utvrda Sv Juraj bb ; 12h-1h). Pour admirer le coucher du soleil en été, il n'y a pas meilleur endroit que la terrasse de ce vieux fort construit par les Britanniques en 1811 (vous apercevrez peut-être l'Union Jack gravé dans la pierre au-dessus de l'entrée). Les soirées discothèque sont annoncées par voie d'affiches en ville.

Bejbi BAR
(Pod Ložu 4, Kut ; 7h-15h et 17h-2h ;). On peut venir dans café-bar prendre un café entre deux visites la journée et y revenir pour un cocktail le soir. Pour les petits creux, il y a des petits-déjeuners anglais, des burgers et des steaks.

Lambik BAR
(Pod Ložu 2, Kut ; 8h-2h). Le bar le plus sympathique de Kut, avec des tables installées sur une petite place et dans une ravissante ruelle couverte de vigne vierge, sous une ancienne colonnade. Des groupes de musique acoustique et des chanteurs se produisent certains soirs.

ⓘ Renseignements

Ionios (021-711 532 ; ionios@st.t-com.hr ; Sv Jurja 37, Luka et Pod Ložu 5, Kut ;).

Cette agence de voyages trouve des chambres chez l'habitant, loue des voitures (à partir de 390 Kn), des vélos (100 Kn) et des scooters (200 Kn) ; organise aussi des excursions.

Navigator (021-717 786 ; www.navigator.hr ; Šetalište stare Isse 1, Luka ; 8h-14h et 16h30-20h tlj). Réservation d'excursions et de plongées ; location de voitures, scooters et bateaux.

Office du tourisme (021-717 017 ; www.tz-vis.hr ; Šetalište stare Isse 5 ; 8h-14h et 17h-20h juin-sept, 8h-14h lun-sam mai et oct, 8h-14h lun-ven reste de l'année). À côté de l'embarcadère de Jadrolinija.

Poste (Obala Sv Jurja 25, Luka ; 8h-15h lun-ven, 8h-12h sam)

Komiža

1 530 HABITANTS

Située dans un cadre pittoresque, une baie au pied du mont Hum, cette petite ville a ses inconditionnels en Croatie, qui ne jurent que par son ambiance bohème. Ses petites rues bordées d'hôtels particuliers des XVIIe et XVIIIe siècles grimpent en serpentant depuis le port, utilisé par les pêcheurs depuis le XIIe siècle au moins.

Une rivalité amicale oppose Komiža à la ville de Vis. Cette dernière est historiquement associée à la haute noblesse tandis que Komiža s'enorgueillit de son passé de village de pêcheurs et de ses histoires de pirates.

Komiža a des petites plages de sable et de galets, mais la plupart des visiteurs y viennent pour prendre un bateau pour la grotte Bleue ou pour Biševo, l'île voisine. On peut réserver des excursions en bateau auprès de toutes les agences de voyages locales ou simplement en se promenant le long de port.

À voir

À l'extrémité sud du port s'élève le **Kaštel**, une massive citadelle Renaissance construite en 1585. La grande église devant laquelle on passe en arrivant à Komiža par l'est date du XVIIe siècle et est attachée à un **monastère bénédictin**.

La **plage** la plus courue de Komiža est à l'extrémité nord de la ville, juste au-dessous de l'Hotel Biševo. Elle est bordée de pins et dominée par l'**église Gospa Gusarica**, un édifice à triple nef.

Circuits organisés

Alter Natura CIRCUITS
(021-717 239 ; www.alternatura.hr ; Hrvatskih Mučenika 2). Cette agence spécialisée dans le tourisme d'aventure, notamment la randonnée, le kayak et la descente en rappel, propose aussi un circuit militaire et des excursions en bateau à la grotte Bleue, à la grotte Verte et jusqu'à des plages difficiles d'accès de Vis et des îles environnantes.

VAUT LE DÉTOUR

BONNES TABLES RURALES

La gastronomie à Vis ne se limite pas aux villes principales. L'intérieur de l'île et les criques isolées sont en train de devenir de véritables destinations gastronomiques. Depuis quelques années, plusieurs familles concoctent une cuisine maison qui mérite vraiment le détour.

Konoba Stončica (021-711 952 ; www.konoba-stoncica.com ; Stončica 11 ; plats 60-140 Kn ; 13h-23h). Tout près d'une jolie plage sablonneuse, ce restaurant décontracté sert d'excellents calmars et poissons grillés à l'ombre des palmiers et des pins et sous une pergola en bois. Commandez en accompagnement une purée de pommes de terre à l'huile d'olive et à l'ail, une spécialité de Vis.

Roki's (098 303 483 ; www.rokis.hr ; Plisko Polje 17 ; peka 150 Kn/pers ; 19h-minuit). À Plisko Polje, à 8 km au sud de la ville de Vis, ce restaurant d'un domaine viticole est une des meilleures adresses pour goûter la cuisine sous *peka* (cloche métallique). Commandez à l'avance car il faut quatre heures pour que l'agneau, le veau, le poulpe ou le poisson soient prêts. Transport gratuit pour les groupes à partir de 4 personnes.

Kod Magića (091 89 84 859 ; Stončica 19 ; repas complet 230 Kn ; 17h-23h). Installée à l'est de Vis au beau milieu des champs et des vignes, cette affaire familiale sert des repas mettant à l'honneur des ingrédients locaux frais et un délicieux vin maison. Ne manquez pas son ragoût de fèves à la seiche et au *savur*, spécialité de Vis aux sardines marinées.

VAUT LE DÉTOUR

GROTTES FÉERIQUES

Située sur la côte de l'île de Biševo, au large de la pointe sud-ouest de Vis, la **grotte Bleue** (Modra Špilja ; sept-juin 50 Kn, juil-août 70 Kn) est un des plus célèbres sites naturels de la région. Entre 11h et 12h, les rayons du soleil pénètrent par une ouverture immergée, baignant l'intérieur d'une lumière bleue irréelle. Sous ces eaux bleues et limpides, les roches s'éclairent de rose et d'argent jusqu'à une profondeur de 16 m. La solution la plus facile et la plus rapide pour s'y rendre est de participer à un circuit au départ de Komiža.

En juillet-août, l'affluence est parfois telle que la file d'attente des bateaux a de quoi décourager. Hors saison, on peut en principe se baigner. La mer, cependant, est parfois trop agitée pour pénétrer dans la grotte en dehors des mois d'été ou quand souffle le *jugo* (vent du sud).

Des bateaux affluent de toute l'île, des îles environnantes et même de Split. Depuis Komiža, les excursions durent entre 1 heure et 1 heure 30, selon le temps d'attente à l'entrée de la grotte. Comptez environ 100 Kn, plus le prix d'entrée.

La **grotte Verte** (Zelena Špilja), située sur l'îlot inhabité de Ravnik, au large de la côte de Rukavac, est une grotte marine beaucoup plus vaste, réputée moins encombrée et moins chère que la fascinante **grotte Bleue**. Elle ne bénéficie pas du même éclairage que sa célèbre consœur, mais il n'y a pas de queue, l'entrée est gratuite et l'on peut s'y baigner. Les bateaux-taxis au départ de Rukavac demandent environ 150 Kn aller-retour.

✕ Où se restaurer

Slastičarnica Cukar BOULANGERIE €
(www.facebook.com/cukar.komiza ; Hrvatskih Mučenika 8 ; pâtisseries 7-15 Kn ; 8h-20h). Cette petite boutique vend de délicieuses douceurs – dommage qu'il n'y ait pas de café pour les accompagner.

Konoba Jastožera DALMATE, POISSON €€
(021-713 253 ; www.jastozera.eu ; Gundulićeva 6 ; plats à partir de 100 Kn ; 12h-2h). Ancien local construit en 1883 pour stocker les homards vivants avant leur exportation dans toute l'Europe, le Jastožera est doté d'une terrasse en bois couverte surplombant la mer. Des nasses à homards sont accrochées aux vieilles poutres et le homard (à partir de 950 Kn/kg) est préparé de diverses manières. Agneau à la broche sur commande.

Bako DALMATE, POISSON €€
(021-713 742 ; www.konobabako.hr ; Gundulićeva 1 ; plats 80-140 Kn ; 16h-2h juin-août, 17h-minuit sept-mai). Ce restaurant spécialisé dans les produits de la mer dispose d'une terrasse avec vue sur la mer et d'une salle fraîche, en pierre, contenant un bassin à poisson et une collection d'amphores grecques et romaines. Une bonne adresse pour goûter la *komiška pogača*, une spécialité très locale.

❶ Renseignements

Darlić & Darlić (021-713 760 ; www.darlic-travel.hr ; Riva Sv Mikule 13). Excursions (notamment à la grotte Bleue), location de logements chez l'habitant, de voitures, de scooters et de vélos.

Office du tourisme (021-713 455 ; www.tz-komiza.hr ; Riva Sv Mikule 1 ; 9h-13h lun-ven)

Poste (Hrvatskih Mučenika 8 ; 8h-17h lun, 7h30-14h mar-ven)

Dubrovnik et Dalmatie du Sud

Dans ce chapitre ➡
Dubrovnik 257
Cavtat. 276
Îles Élaphites. 279
Île de Mljet. 279
Okuklje 281
Saplunara 281
Péninsule de Pelješac. .282
Ston et Mali Ston . . . 282
Orebić. 283
Île de Korčula 285
Île de Lastovo 290

Le top des restaurants

- ➡ Pantarul (p. 272)
- ➡ Restaurant 360° (p. 272)
- ➡ Konoba Koraćeva Kuća (p. 278)
- ➡ Bugenvila (p. 277)
- ➡ Konoba Mate (p. 291)

Le top des hébergements

- ➡ Karmen Apartments (p. 267)
- ➡ Villa Klaić (p. 270)
- ➡ Hotel Kompas (p. 270)
- ➡ Hotel Adriatic (p. 284)
- ➡ Korčula Royal Apartments (p. 288)

Pourquoi y aller

Surnommée la "Perle de l'Adriatique", Dubrovnik est tout simplement unique. Chaque jour, des milliers de visiteurs arpentent ses ruelles et ses places, émerveillés par la beauté de la cité et son cadre sublime.

La vieille ville, remarquable, entourée d'épaisses murailles dont les pieds plongent dans une mer céruléenne, est le point culminant de tout voyage en Croatie, et représente la quintessence de la Méditerranée médiévale. La ville a même obtenu une reconnaissance internationale en devenant l'un des lieux de tournage de la série TV *Game of Thrones*.

Dubrovnik est aussi une base idéale pour se lancer dans des expéditions dans tout le sud de la Dalmatie. Depuis l'île de Korčula au nord-ouest jusqu'aux sublimes plaines de Konavle au sud-ouest, la contrée ravira autant les inconditionnels de la plage que les amateurs de vin et les passionnés d'histoire et de patrimoine.

Quand partir
Dubrovnik

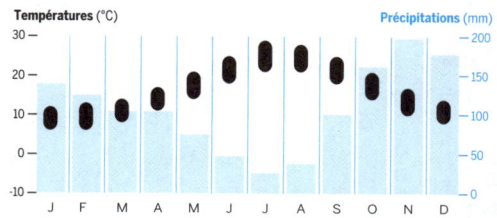

Mai-juin De chaudes journées ensoleillées, sans la météo caniculaire ni la foule du plein été.

Juil-août Le prestigieux Festival d'été de Dubrovnik offre un excellent programme culturel.

Sept-oct Il fait encore assez chaud pour nager et les plages sont moins bondées.

À ne pas manquer

1 Une balade le long des remparts de **Dubrovnik** (p. 258) puis la montée en téléphérique au mont Srđ, pour la vue époustouflante.

2 L'ambiance médiévale de la ville fortifiée de **Korčula** (p. 286).

3 Les plages, villages et restaurants secrets de la partie est de l'île de **Mljet** (p. 279),

avant de rejoindre les bords des jolis lacs du parc national.

4 Une exploration de la fascinante île de **Lokrum** (p. 262) pour échapper à la foule.

5 Une dégustation de bon vin au cœur de la **péninsule de Pelješac** (p. 282).

6 Un dîner au **Konoba Koračeva Kuća** (p. 278) pour voir le soleil se coucher sur les

montagnes du Konavle depuis la terrasse.

7 Un festin d'huîtres dans le superbe vieux port de **Ston** (p. 282).

DUBROVNIK

28 500 HABITANTS

Qu'on la visite pour la première ou pour la centième fois, Dubrovnik émerveille toujours le voyageur. De fait, il semble difficile de pouvoir se lasser de ses ruelles pavées de marbre, des édifices baroques, de la lumière et des couleurs de l'Adriatique. Une promenade le long des remparts qui ont protégé durant des siècles cette république raffinée ne peut laisser indifférent.

Les bombardements sur Dubrovnik en 1991, ont provoqué de très lourds dommages à la "Perle de l'Adriatique". Depuis, la ville a su effacer les traces de ces destructions pour enchanter à nouveau les visiteurs.

Empruntez le téléphérique jusqu'au sommet du mont Srđ ; appréciez l'ambiance méditerranéenne et la manière dont la lumière joue sur la pierre ; découvrez les musées qui retracent l'essor et la chute de Dubrovnik à travers les collections d'art et d'archéologie ; puis plongez dans la mer azur.

Histoire

L'histoire de Dubrovnik a débuté au VIIe siècle par l'attaque des Slaves, qui détruisirent la cité romaine (ancienne colonie grecque) d'Epidaurum (aujourd'hui Cavtat). Les habitants se réfugièrent sur un îlot rocheux (Raguse), séparé du continent par un chenal. La menace d'invasions les incita à construire rapidement des remparts. Au IXe siècle, la cité fortifiée résista quinze mois durant à un siège des sarrasins.

Entre-temps, une autre localité avait vu le jour sur le continent, qui fut appelée Dubrovnik, du croate *dubrava*, désignant les chênes verts qui tapissaient la région. Les deux cités fusionnèrent au XIIe siècle et le chenal qui les séparait fut comblé (il constitue l'actuelle Placa, ou Stradun).

À la fin du XIIe siècle, Dubrovnik devint un important centre marchand, reliant les pays méditerranéens aux Balkans. La ville passa sous domination vénitienne en 1205, et le demeura jusqu'en 1358.

Au XVe siècle, la Respublica Ragusina (république de Raguse) après avoir annexé l'île de Lastovo, la péninsule de Pelješac et l'île de Mljet, repoussa ses frontières pour inclure toute la bande côtière de Ston à Cavtat. Devenue une puissance respectée, elle se tourna vers le commerce maritime et fonda sa propre flotte, qui opéra jusqu'en Égypte, au Levant, en Sicile, à Istanbul et sur les côtes espagnoles et françaises. Rompue à la diplomatie, la cité maintint de bonnes relations avec ses rivaux, y compris avec l'Empire ottoman, auquel Dubrovnik commença à payer un tribut au XVIe siècle.

Des siècles de paix et de prospérité permirent l'épanouissement des arts, des sciences et de la littérature. Malheureusement, la plupart des œuvres d'art et des édifices Renaissance furent détruits par le tremblement de terre de 1667 qui fit 5 000 victimes et laissa la cité en ruine ; seuls

---

DUBROVNIK EN...

Deux jours

Deux jours, cela laisse beaucoup de temps pour explorer la vieille ville compacte. Après une balade matinale le long des **remparts** (p. 258) avant que la température ne s'élève, vous pourrez passer le reste de la journée à déambuler dans les rues pavées de marbre. Arrêtez-vous au fil de vos envies pour visiter églises, palais et musées. Dirigez-vous vers **Buža** (p. 273) pour un verre à prendre au coucher du soleil avant le dîner.

Le lendemain, grimpez dans le **téléphérique** (p. 264) jusqu'au mont Srđ. Au sommet, visitez **l'exposition sur Dubrovnik pendant la guerre patriotique** (p. 262). Reprenez votre flânerie dans la vieille ville là où vous l'avez laissée la veille. Lorsque le soleil se fait ardent, rejoignez la **plage de Banje** (p. 263) pour un bain rafraîchissant. Pour votre dernière soirée, offrez-vous un repas romantique au **Restaurant 360°** (p. 272), qu'aura précédé une dégustation d'excellents vins à **D'vino** (p. 273).

Quatre jours

Avec deux jours de plus, vous aurez le luxe d'explorer la vieille ville à la nuit tombée, lorsque les croisiéristes ont regagné leur navire. Le troisième jour, passez quelques heures sur l'île de **Lokrum** (p. 262). Le dernier jour, sautez dans un bateau direction **Cavtat** (p. 276) pour flâner dans la ville historique avant de vous attabler pour le déjeuner au **Bugenvila** (p. 277).

le palais Sponza, l'église du Saint-Sauveur et le palais du Recteur furent alors sauvés de la destruction. Le séisme marqua le début du déclin économique de la cité.

Le coup de grâce fut donné par l'armée napoléonienne, qui occupa Dubrovnik en 1808 et proclama la fin de la république. Le congrès de Vienne, en 1815, céda la ville à l'Autriche, qui autorisa le maintien de sa flotte. Elle fit partie de l'Empire austro-hongrois jusqu'en 1918, qui marque le début du développement du tourisme.

Prise dans la tourmente de la guerre qui ravagea l'ancienne Yougoslavie, Dubrovnik fut bombardée, entre octobre 1991 et juillet 1992, par des centaines d'obus qui causèrent des dégâts considérables. Tous les édifices endommagés ont été restaurés depuis.

 À voir

Aujourd'hui, Dubrovnik est la ville la plus prospère, la plus chic et la plus chère de Croatie. À maints égards, elle conserve une ambiance de cité-État, isolée du reste du pays par sa géographie et son histoire. Cependant, le tourisme a pris une telle ampleur qu'il est question, pendant certaines périodes, de limiter l'accès à la vieille ville. Ainsi lorsque plusieurs bateaux de croisière débarquent leurs passagers en même temps, il devient presque impossible de circuler dans les ruelles de la cité

Vieille ville

Remparts et forts de la ville
FORTIFICATIONS

(Gradske zidine ; carte p. 264 ; tarif plein/réduit 120/30 Kn ; 8h-19h30 avr-oct, 9h-15h nov-mars). Aucune visite de Dubrovnik ne saurait être complète sans une promenade sur ses remparts, parmi les plus beaux au monde. D'en haut, la vue sur la vieille ville baignée par l'Adriatique est sublime. Contempler les toits aux tuiles récentes vous permettra de mesurer l'étendue des dégâts causés par les bombardements des années 1990 et les efforts menés pour la reconstruction.

La première enceinte fut construite dès le XIIIe siècle ; puis, vers le milieu du XIVe siècle, les remparts de 1,50 m d'épaisseur furent renforcés par 15 tours carrées. La menace d'attaques ottomanes incita à consolider les tours existantes en les doublant par des bastions semi-circulaires au XVe siècle ; la vieille ville fut ainsi protégée par un système défensif long de 2 km, pouvant atteindre jusqu'à 25 m de hauteur. Les murs sont plus épais du côté terre – jusqu'à 6 m –, pour une épaisseur de 1,50 à 3 m côté mer.

La **tour Minčeta** (Tvrđava Minčeta), ronde, protégeait la cité des attaques par la terre, la **tour Bokar** (Tvrđava Bokar) et le **fort Saint-Laurent** (Tvrđava Lovrjenac ; 30 Kn ; 8h-19h30) sont tournés vers l'ouest et la mer, tandis que le **fort Revelin** (Trg Oružja) et le **fort Saint-Jean** (Tvrđava Sv Ivana) gardent l'entrée est et le vieux port.

Des accès aux remparts se situent près de la porte Pile, de la porte Ploče et du Musée maritime. L'entrée par la porte Pile est souvent la plus encombrée. Pénétrer par la **porte Ploče** présente l'avantage de se débarrasser en premier des montées les plus raides (marchez dans le sens inverse des aiguilles d'une montre). Ne sous-estimez pas la pénibilité de la promenade, notamment par une journée chaude. Les espaces ombragés sont rares et les quelques vendeurs d'eau sur le parcours pratiquent des tarifs exorbitants.

Porte Pile
PORTE

(Gradska vrta Pile ; carte p. 264). Point de départ de la plupart des parcours dans Dubrovnik, cette porte remarquable fut édifiée en 1537. Dans le passé, le pont-levis était relevé chaque soir, la porte fermée et la clé remise au recteur. Remarquez la statue de saint Blaise, patron de la ville, au-dessus de l'arche Renaissance.

Après avoir franchi la porte extérieure, une seconde porte intérieure (1460) ouvre sur Placa, aussi appelée Stradun, la promenade piétonne qui traverse la vieille ville.

Fontaine d'Onofrio
FONTAINE

(Velika Onofrijeva fontana ; carte p. 264 ; Placa bb). Monument emblématique de la cité, cette fontaine fut construite en 1438 et faisait partie d'un système d'adduction des eaux alimenté par une source située à 12 km environ. Ornée de sculptures, elle fut endommagée par le séisme de 1667. Elle présente 16 mascarons crachant de l'eau dans une vasque.

Monastère franciscain et musée
MONASTÈRE

(Muzej Franjevačkog samostana ; carte p. 264 ; Placa 2 ; adulte/enfant 30/15 Kn ; 9h-18h). Les solides murs de ce monastère renferment un magnifique **cloître** du milieu du XIVe siècle, une **pharmacie** qui abrite du matériel ancien et des livres de médecine ainsi qu'un petit **musée** avec une collection de reliques et d'objets liturgiques : calices, tableaux, bijoux en or. Des pièces d'artillerie qui ont endommagé les murs du monastère durant la guerre des années 1990 sont aussi conservées.

Avant d'y pénétrer, admirez la remarquable **pietà** au-dessus de la porte, sculptée par les maîtres locaux Petar et Leonard Andrijić en 1498. Hélas, le portail est l'unique vestige d'une église richement décorée, détruite par le séisme de 1667.

Le cloître est l'un des plus beaux édifices de style roman tardif de Dalmatie ; ses fines colonnes géminées comportent des chapiteaux ornés de têtes humaines, d'animaux et de motifs floraux. Au centre, le jardin est planté d'orangers et de palmiers.

Dans le monastère, vous découvrirez la troisième plus ancienne pharmacie d'Europe, ouverte en 1317, toujours en activité.

♥ War Photo Limited — GALERIE DE PHOTOS
(Carte p. 264 ; 020-322 166 ; www.warphotoltd.com ; Antuninska 6 ; tarif plein/réduit 40/30 Kn ; 10h-22h tlj juin-sept, 10h-16h mer-lun mai et oct). Cette galerie présente le travail de photographes qui couvrent les conflits dans différents points du globe. Son commissaire, le photojournaliste néo-zélandais Wade Goddard, a travaillé dans les Balkans dans les années 1990. L'objectif de la galerie étant "d'exposer le mythe de la guerre… pour que les gens voient la guerre telle qu'elle est, crue, vénale, effrayante, en se concentrant sur les injustices qu'elle inflige aux innocents et aux combattants". Au dernier étage, une exposition permanente est consacrée aux guerres de l'ex-Yougoslavie.

Synagogue et musée juif — SYNAGOGUE
(Sinagoga i Židovski muzej ; carte p. 264 ; Žudioska 5 ; 40 Kn ; 9h-21h mai-oct, 9h-15h nov-avr). Établie en 1352, et considérée comme la deuxième plus vieille synagogue (sépharade) encore active au monde, elle abrite un musée qui expose des reliques religieuses et des documents sur la population juive locale, dont des archives relatives à leur persécution pendant la Seconde Guerre mondiale.

Monastère dominicain et musée — MONASTÈRE
(Muzej Dominikanskog samostana ; carte p. 264 ; Sv Dominika 4 ; entrée 30 Kn ; 9h-17h). Imposant, ce splendide bâtiment entre styles gothique et Renaissance abrite une impressionnante collection d'art. Il a été construit au XIVᵉ siècle, à peu près en même temps que les remparts ; sa façade extérieure austère fait davantage penser à une forteresse qu'à un édifice religieux. Il abrite un **cloître** gracieux du XVᵉ siècle, bâti par les artisans locaux selon les plans de l'architecte florentin Maso da Bartolomeo.

La grande église à nef unique présente des vitraux lumineux et modernes, et une peinture de Vlaho Bukovac installée au-dessus de l'un des autels latéraux. D'autres inestimables œuvres d'art figurent dans des salles non loin du cloître, dont des œuvres de Lovro Dobričević, de Nikola Božidarević et de Titien.

Musée archéologique — MUSÉE
(Arheološke muzej ; carte p. 264 ; 020-324 041 ; www.dumus.hr ; Fort Revelin, Sv Dominika 3 ; entrée avec pass multi-musées, adulte/enfant 100/25 Kn ; 10h-16h jeu-mar). Vestiges archéologiques et sculptures sont présentés dans ce petit musée situé sous le fort Revelin. On y trouve de beaux échantillons de l'art médiéval du *pleter* (motifs tressé).

Palais Sponza — PALAIS
(Palača Sponza ; carte p. 264 ; Placa bb). Ce superbe palais du XVIᵉ siècle, mélange des styles gothique et Renaissance, possède un ravissant porche supporté par six colonnes corinthiennes. Des fenêtres de style gothique tardif ornent le premier étage, tandis que le second comporte des fenêtres Renaissance et une alcôve avec une statue de saint Blaise. Le palais Sponza abrita successivement les douanes, l'hôtel de la Monnaie, le Trésor et une banque.

Le palais accueille aujourd'hui les **Archives d'État** (Državni Arhiv ; 020-321 031 ; www.dad.hr ; Palais Sponza, Placa 25 Kn ;

> ### ℹ MUSÉES DE DUBROVNIK
> Neuf des institutions de Dubrovnik ne sont accessibles qu'après l'achat d'un pass multi-musées (adulte/enfant 100/25 Kn). L'incontournable palais du Recteur en fait partie.
>
> Si vous avez acheté votre pass pour visiter le palais du Recteur, nous vous suggérons de visiter les autres sites dans l'ordre de priorité suivant : musée d'Art moderne et contemporain, Musée maritime, Musée archéologique, galerie Dulčić Masle Pulitika, Muséum d'histoire naturelle, Musée ethnographique, maison de Marin Držić et atelier Pulitika.

⊙10h-19h juin sept, 8h-15h lun-ven, 8h-13h sam oct-mai), qui comprennent une collection de manuscrits presque millénaires. Quelques légendes des documents sont en anglais ; la visite est surtout intéressante pour les férus d'histoire.

À l'entrée, le **mémorial des Défenseurs de Dubrovnik** (⊙10h-22h lun-ven, 8h-13h sam) GRATUIT présente une collection émouvante de photos en noir et blanc des hommes – jeunes, pour la plupart – qui périrent pour défendre la ville entre 1991 et 1995.

Colonne de Roland   MONUMENT
(Orlando Stup ; carte p. 264 ; pl Luža). La place Luža servait de place du marché, et cette colonne en pierre, sculptée en 1417 et représentant un chevalier médiéval, était le lieu où décrets, festivités et verdicts étaient prononcés. L'avant-bras du chevalier était la mesure étalon de la république : la coudée de Dubrovnik (51,1 cm).

Église Saint-Blaise   ÉGLISE
(Crkva svetog Vlahe ; carte p. 264 ; place Luža). Dédiée au saint patron de la ville, cette imposante église fut bâtie en 1715 dans le style baroque. À l'intérieur, notez les autels en marbre et la statue en argent de saint Blaise (XVe siècle), qui tient une maquette de Dubrovnik avant le séisme de 1667.

♥ Palais du Recteur   PALAIS
(Knežev dvor ; carte p. 264 ; ☏020-321 422 ; www.dumus.hr ; Pred Dvorom 3 ; pass multi-musées adulte/enfant 100/25 Kn ; ⊙9h-18h avr-oct, 9h-16h nov-mars). Construit à la fin du XVe siècle pour le recteur, élu, qui gouvernait Dubrovnik, ce palais à la fois gothique et Renaissance abrite son bureau, ses appartements privés, des salles publiques, des bureaux et un donjon. Pendant son mandat d'un mois, le recteur ne pouvait quitter le bâtiment sans l'autorisation du Sénat. Aujourd'hui transformé en **musée d'Histoire culturelle**, le palais renferme des salles habilement restaurées, des tableaux, des armoiries et des pièces de monnaie rappelant la glorieuse histoire de Dubrovnik.

Malgré de nombreuses reconstructions, l'édifice conserve une intéressante unité architecturale. Remarquez les chapiteaux finement ouvragés et l'escalier ornementé dans l'atrium, lequel accueille souvent des concerts lors du Festival d'été. Toujours dans l'atrium, on peut admirer une statue de Miho Pracat (1638), qui légua sa fortune à la république de Raguse.

Dubrovnik

⊙ À voir
1. Dubrovnik pendant la guerre patriotique G3
2. Musée d'Art moderne et contemporain G4

⊙ Activités
3. Plage de Banje G4
4. Plage de Bellevue E3
5. Blue Planet Diving B2
6. Buggy Safari Dubrovnik G3
7. Plage de Copacabana B1
8. Dubrovnik Boat Rentals F4
9. Baie de Lapad C2
10. Outdoor Croatia D1

⊙ Où se loger
11. Apartments & Rooms Biličić F3
12. Apartments Silva C2
13. Begović Boarding House C2
14. Hotel Bellevue E3
15. Hotel Kompas C2
16. Royal Princess Hotel B1
17. Solitudo C1
18. Villa Klaić F3

⊙ Où se restaurer
19. Amfora D2
20. Atlantic Kitchen C2
21. Pantarul C2
22. Shizuku C2

⊙ Où prendre un verre et faire la fête
23. Art F4
    Plage de Banje .... (voir 3)
24. Cave Bar More B2
25. Victoria G4

⊙ Où sortir
26. Lazareti G4

Galerie Dulčić Masle Pulitika   GALERIE
(Carte p. 264 ; www.ugdubrovnik.hr ; Držićeva poljana 1 ; avec pass multi-musées tarif plein/réduit 100/25 Kn ; ⊙9h-20h mar-dim). Cette petite annexe de la galerie principale réunit trois amis à titre posthume : les artistes locaux Ivo Dulčić, Antun Masle et Đuro Pulitika, qui s'illustrèrent dans les années 1950 et 1960. Une collection permanente présente l'œuvre du trio au rez-de-chaussée, tandis que la galerie à l'étage est consacrée à des artistes d'aujourd'hui à travers des expositions temporaires.

Musée maritime   MUSÉE
(Pomorski muzej ; carte p. 264 ; www.dumus.hr ; Tvrđava Sv Ivana ; avec pass multi-musées, tarif plein/réduit 100/25 Kn ; ⊙9h-18h mar-dim avr-oct, jusqu'à 16h nov-mars). Installé dans les salles

voûtées du fort Saint-Jean, ce musée retrace l'histoire navale de Dubrovnik à travers une riche collection de maquettes de navires, objets maritimes et divers tableaux.

Cathédrale de l'Assomption CATHÉDRALE
(Stolna Crkva Velike Gospe ; carte p. 264 ; Držićeva poljana ; ⏰8h-17h lun-sam, 11h-17h dim). Édifiée sur le site d'une basilique érigée au VIIe siècle et agrandie au XIIe siècle, la première cathédrale de Dubrovnik aurait été bâtie grâce à un don du roi Richard Ier Cœur de Lion, sauvé d'un naufrage sur l'île proche de Lokrum. Peu après sa destruction par le séisme de 1667, la construction d'une nouvelle cathédrale baroque débuta, et s'acheva, en 1713.

La cathédrale se distingue par ses autels remarquables, notamment celui de saint Jean Népomucène en marbre violet. Derrière l'autel principal on peut admirer un polyptyque représentant l'Assomption de la Vierge, réalisé dans l'atelier du peintre italien Titien au XVIe siècle.

Pour voir le tableau de Titien, il est préférable de se procurer un billet pour le trésor (Riznica ; 20 Kn), situé près de l'autel principal. Couvert d'or et d'argent, il contient des reliques de saint Blaise, ainsi que 138 reliquaires réalisés pour la plupart dans les orfèvreries de Dubrovnik entre les XIe et XVIIe siècles.

Église Saint-Ignace-de-Loyola ÉGLISE
(Crkva svetog Ignacija Lojolskoga ; carte p. 264 ; Uz Jezuite). Perchée en haut d'un remarquable escalier, cette église jésuite baroque fut bâtie entre 1699 et 1725. À l'intérieur, des fresques illustrent des scènes de la vie de saint Ignace de Loyola, fondateur de la Compagnie de Jésus. Collège jésuite attenant à l'édifice.

Musée ethnographique MUSÉE
(Etnografski muzej ; carte p. 264 ; www.dumus.hr ; Od Rupa 3 ; avec le pass multi-musées, adulte/enfant 100/25 Kn ; ⏰9h-16h mer-lun). Logé dans le grenier du Rupe (XVIe siècle), ce musée présente de modestes expositions sur l'agriculture et les coutumes locales.

Environs de Dubrovnik

Lokrum ÎLE
(www.lokrum.hr ; tarif plein/réduit bateau inclus 100/20 Kn ; ⏰avr-nov). Lokrum est une belle île luxuriante et boisée, pleine de chênes verts, d'eucalyptus, de pins et d'oliviers, qui offre une escapade parfaite depuis Dubrovnik. On aime venir y nager, même si ses plages sont rocheuses. Pour rejoindre la plage naturiste, depuis le ferry, prenez à gauche et suivez les panneaux indiquant FKK ; les rochers à l'extrémité de la plage marquent la plage gay officieuse de Dubrovnik. Un petit lac d'eau salée, baptisé la **mer Morte**, est également très fréquenté.

Le cœur de l'île est son grand **monastère bénédictin**, du Moyen Âge, où on trouve un restaurant et une exposition sur l'histoire de l'île et la série TV *Game of Thrones* filmée en partie à Dubrovnik. C'est l'occasion de poser sur une copie du Trône de fer. Le monastère a un joli jardin dans son cloître et un jardin botanique d'importance, avec des agaves géants et des palmiers d'Afrique du Sud et du Brésil.

Lokrum n'est qu'à 10 minutes de ferry du vieux port de Dubrovnik. Les bateaux partent à peu près toutes les heures en été (toutes les 30 minutes en juillet-août). Vérifiez l'heure du dernier retour pour le continent. Il est interdit de fumer et de passer la nuit sur l'île.

Dubrovnik pendant la guerre patriotique MUSÉE
(Dubrovnik u domovinskom ratu ; carte p. 260 ; Fort Impérial, Srđ ; tarif plein/réduit 30/15 Kn ; ⏰8h-22h). Installée à l'intérieur d'un fort napoléonien près du terminus du téléphérique, cette exposition permanente est consacrée au siège de Dubrovnik pendant la "guerre patriotique" des années 1990. Les troupes défensives campées à l'intérieur du fort empêchèrent la ville d'être prise par les assaillants. Si les expositions sont partielles, elles permettent de comprendre les événements de façon détaillée, et présentent quantité de séquences d'archives.

> ### ⓘ DUBROVNIK CARD
> Si vous voulez voir les sites importants de Dubrovnik en une seule journée, la **Dubrovnik Card** (www.dubrovnikcard.com ; 170 Kn, 153 Kn en ligne) est intéressante. Si vous projetiez déjà d'arpenter ses remparts (entrée 120 Kn) et d'acheter un pass pour les musées (100 Kn), elle l'est encore plus. Elle vous offre en outre des trajets gratuits en bus et des réductions dans divers magasins et restaurants. La carte est disponible dans les offices du tourisme, les hôtels et les musées.

> **DUBROVNIK : DESTRUCTION ET RECONSTRUCTION**
>
> De fin 1991 à mai 1992, Dubrovnik a vécu dans la guerre et les bombardements. La ville ne l'a pas oublié et le rappelle à ses visiteurs à travers une série de plaques commémoratives, accrochées en particulier aux portes d'entrée.
>
> Pour mémoire, les obus ont touché 68% des 824 bâtiments de la vieille ville, endommageant deux toitures sur trois. Les façades, les rues et les places pavées ont subi 314 impacts directs, et les remparts, 111. Neuf bâtiments historiques ont été ravagés par des incendies, tandis que le palais Sponza, le palais du Recteur, l'église Saint-Blaise, le monastère franciscain et les fontaines sculptées d'Amerling et d'Onofrio ont été gravement endommagés. Le coût de la reconstruction a été estimé à 10 millions de dollars en privilégiant la plupart du temps des techniques traditionnelles et l'utilisation de matériaux d'origine. L'aide internationale a aussi permis de faire avancer les travaux. Ainsi Dubrovnik a recouvré sa splendeur, en particulier ses remparts et ses rues pavées, d'un marbre étincelant.

Lorsque le téléphérique n'est pas en service, il est possible de rejoindre en voiture le mont Srđ par une route étroite, non loin de la grand-route principale (suivre les panneaux " Bosanka").

Musée d'Art moderne et contemporain   MUSÉE
(Umjetnička galerija ; carte p. 260 ; ☏020-426 590 ; www.ugdubrovnik.hr ; Frana Supila 23 ; pass multi-musées, adulte/enfant 100/25 Kn ; ⊙9h-20h mar-dim). Dans un remarquable bâtiment moderniste situé à l'est de la vieille ville, cette excellente galerie expose, sur trois niveaux, des artistes croates, en particulier le peintre Vlaho Bukovac, natif de Cavtat. Depuis la terrasse des sculptures, la vue est superbe.

🏃 Activités

Baignade

Plage de Banje   BAIGNADE
(Carte p. 260 ; www.banjebeach.eu ; Frana Supila 10). C'est la plage la plus proche de la vieille ville, juste après le lazaret (ancien lieu de quarantaine) du XVIIe siècle, près de la porte Ploče. Nombreux sont ceux qui louent chaises longues et parasols au club de la plage, mais vous pouvez simplement étendre votre serviette sur le sable – si vous trouvez de la place.

Plage de Bellevue   BAIGNADE
(Carte p. 260). C'est la plus belle plage facilement accessible à pied depuis la vieille ville, au pied de l'Hotel Bellevue. Cette crique de galets est abritée par de hautes falaises, qui servent de plongeoir aux casse-cou mais offrent aussi de l'ombre en fin d'après-midi. On y accède par un escalier raide qui débouche dans la rue Kotorska.

Baie de Lapad   BAIGNADE
(Carte p. 260 ; Masarykov put bb). La plage la plus populaire (comprendre "bondée") de Dubrovnik après Banje est au fond du fer à cheval de Lapad. On y trouve de nombreuses activités dans et hors de l'eau, dont une aire de jeux gonflable flottante, des toboggans, et beaucoup de cafés et de bars.

Plage de Copacabana   BAIGNADE
(Carte p. 260 ; Ivana Zajca bb). Sur la côte nord de Babin Kuk, cette plage de galets dispose de nombreux équipements : douches, chaises longues, aire de jeux gonflable flottante, ainsi qu'un restaurant sous une tonnelle. On peut se faire faire des massages, ou louer kayaks et Jet skis.

Porporela   BAIGNADE
(Carte p. 264). Quand les habitants de Dubrovnik veulent se détendre, ils peuvent aller sur les rochers de la digue du vieux port. Ils s'installent alors sur la digue ou sur les dalles de ciment à la base des murs.

Kayak

Adriatic Kayak Tours   KAYAK, VÉLO
(Carte p. 264 ; ☏020-312 770 ; www.adriatickayaktours.com ; Zrinsko Frankopanska 6 ; à partir de 280 Kn/demi-journée). Excursions en kayak de mer (de la balade d'une demi-journée à l'expédition d'une semaine), randonnées, circuits à vélo, et escapades au Monténégro (rafting compris).

Outdoor Croatia   KAYAK
(Carte p. 260 ; ☏020-418 282 ; www.outdoorcroatia.com ; Sv Križa 3 ; excursion 1 journée 400 Kn). Loue des kayaks et propose des excursions d'une journée aux îles Élaphites, d'autres de plusieurs jours et des circuits combinés kayak-vélo.

Vieille ville de Dubrovnik

Autres activités

Téléphérique TÉLÉPHÉRIQUE
(Žičara ; carte ci-dessus ; ☏020-414 355 ; www.dubrovnikcablecar.com ; Petra Krešimira IV bb ; aller-retour tarif plein/réduit 120/50 Kn ; ⊙9h-17h nov-mars, 9h-21h avr-mai et sept-oct, 9h-minuit juin-août). Ce téléphérique vous conduit du nord des remparts au sommet du mont Srđ (405 m) en moins de 4 minutes.

À l'arrivée, vous découvrirez une vue époustouflante sur la cité, les toits en tuiles de la vieille ville, l'île de Lokrum, l'Adriatique

et les îles Élaphites – le moment idéal pour une photo. Le service est suspendu par vent fort ou temps orageux.

Des télescopes permettent d'observer des détails au loin. Snack-bar et restaurant sur le site.

Blue Planet Diving PLONGÉE
(Carte p. 260 ; ☎091 89 90 973 ; www.blueplanet-diving.com ; Dubrovnik Palace Hotel, Masarykov Put 20 ; initiation plongée 65 € , plongeurs certifiés 55 € pour deux plongées, stage PADI "Open Water" 345 €). Dubrovnik offre de splendides sites

Vieille ville de Dubrovnik

◎ Les incontournables
1 Remparts et forts de la ville C3
2 Palais du Recteur F5
3 War Photo Limited D3

◎ À voir
4 Musée archéologique G3
5 Tour Bokar B4
6 Cathédrale de l'Assomption E5
7 Monastère dominicain et musée F3
8 Galerie Dulčić Masle Pulitika F5
9 Musée ethnographique C4
10 Fort Saint-Laurent A4
11 Fort Revelin G3
12 Fort Saint-Jean G5
13 Monastère franciscain
 et musée D3
14 Place Gundulić E5
15 Musée maritime G5
 Mémorial des Défenseurs
 de Dubrovnik .... (voir 20)
16 Tour Minčeta D2
17 Fontaine d'Onofrio C3
18 Colonne de Roland E4
19 Porte Pile C3
20 Palais Sponza F4
21 Église Saint-Blaise E4
22 Église Saint-Ignace de Loyola D5
 Archives d'État .... (voir 20)
23 Synagogue et musée juif E3

◉ Activités
24 Adriatic Explore C3
25 Adriatic Kayak Tours B1
26 Cable Car G2
27 Dubrovnik Shore Tours A2
28 Dubrovnik Walks B2
29 Porporela G5

◎ Où se loger
30 Celenga Apartments D4
31 City Walls Hostel D5
32 Fresh* Sheets Kathedral E5
33 Hostel Angelina D2
34 Karmen Apartments F5
35 MirÓ Studio Apartments A3
36 Rooms Vicelić D3

◎ Où se loger
37 Bota Šare Oyster & Sushi Bar F5
38 Horizont H2
39 Konoba Ribar F5
40 Nishta D3
41 Oliva Pizzeria E4
42 Restaurant 360° F3
43 Restaurant Dubrovnik E5
44 Taj Mahal D4

◎ Où prendre un verre et faire la fête
45 Bard E6
46 Buža D6
47 Buzz Bar E3
48 D'vino D3
49 Gaffe E4
50 Matuško E3
 Revelin .... (voir 11)
51 Troubadour E5

◎ Achats
52 Algoritam E4
53 Dubrovnik City Shop E3
54 Dubrovnik Treasures D3
55 Duchkas G5
 Marché de la place Gundulić .... (voir 14)
56 Medusa E3
57 Portrait D4
58 Uje E4

---

de plongée, dont l'épave du *Taranto*, un navire marchand de 1899 coulé par une mine pendant la Seconde Guerre mondiale. L'équipe expérimentée de Blue Planet propose des plongées récréatives et également des cours.

Buggy Safari Dubrovnik AVENTURES
(Carte p. 250 ; ☎ 098 16 69 730 ; www.buggydubrovnik.com ; terminus du téléphérique, mont Srđ ; balade de 45 min 240 Kn ; ⏱ 9h-19h). Prenez un quad au moteur gonflé et traversez le bas du mont Srđ, en visitant ses forts et une ferme. Attendez-vous à revenir couvert de boue et de poussière.

👉 Circuits organisés

Dubrovnik Shore Tours CIRCUITS ORGANISÉS
(Carte p. 264 ; ☎ 095 80 33 587 ; www.dubrovnikshoretours.net ; Branitelja Dubrovnika 15 ; prix sur demande). Circuits sur mesure pour petits groupes. Parmi les circuits populaires : une excursion au mont Srđ et à Cavtat suivie d'une visite guidée à pied de la vieille ville (4 heures) ou vers la péninsule de Pelješac pour déguster vin et huîtres (4 heures).

Dubrovnik Day Tours CIRCUITS ORGANISÉS
(☎ 091 44 55 846 ; www.dubrovnikdaytours.net ; prix sur demande). Ce prestataire organise des circuits d'une journée avec des guides diplômés qui vont jusqu'à Korčula, Split, Kotor, Mostar et Sarajevo, ainsi que des visites de Dubrovnik et ses environs, et un circuit *Game of Thrones*.

Dubrovnik Boats CIRCUITS ORGANISÉS
(☎ 098 757 890 ; www.dubrovnikboats.com ; prix sur demande). Bateaux rapides vers les îles Élaphites, et jusqu'à Mljet et Korčula.

Dubrovnik Boat Rentals   CIRCUITS ORGANISÉS
(Carte p. 260 ; ☎095 90 45 799 ; www.dubrovnikboatrentals.com ; Anice Bošković 6 ; prix sur demande). Excursions d'une demi-journée ou d'une journée en bateau rapide vers Lokrum, Cavtat, les îles Élaphites, Mljet et Korčula.

Dubrovnik Walks   CIRCUIT PÉDESTRE
(Carte p. 264 ; ☎095 80 64 526 ; www.dubrovnikwalks.com ; Brsalje bb ; ⊗avr-nov). Très bonnes visites guidées (en anglais) à pied qui partent à proximité de la porte Pile, avec des circuits "vieille ville" (90 min, 100 Kn), *Game of Thrones* (150 Kn), ainsi qu'un circuit de 2 heures "murs et guerres" (190 Kn). Inutile de réserver.

Adriatic Explore   BUS
(Carte p. 264 ; ☎020-323 400 ; www.adriatic-explore.com ; Poljana Paska Miličevića 4 ; excursions 1 journée 290-400 Kn ; ⊗8h-21h juin-août, 8h-16h sept-mai). Excursions d'un jour au Monténégro (360 Kn), à Mostar (360 Kn), Korčula et Pelješac (390 Kn), aux îles Élaphites (290 Kn) et à Mljet (390 Kn), ainsi que des safaris en quad (300 Kn). L'agence loue aussi des voitures et des bateaux, organise transferts, hébergements chez l'habitant et circuits personnalisés.

Sunsail   BATEAUX
(www.sunsail.com ; ACI Marina Dubrovnik, Na skali bb, Mokošica ; ⊗8h-16h lun-ven, 9h-19h sam-dim). Ce tour-opérateur international propose la location de bateaux avec ou sans équipage, depuis Dubrovnik ou la Marina Agana, à 40 km à l'ouest de Split.

🎉 Fêtes et festivals

Saint-Blaise   CULTURE
(⊗3 fév). Cette fête du saint patron de Dubrovnik permet d'assister à une reconstitution historique et à des processions.

Carnaval   CARNAVAL
Tohu-bohu masqué à la vénitienne, à l'approche du carême (généralement en février).

Festival d'été de Dubrovnik   CULTURE
(Dubrovačke ljetne Igre ; ☎020-326 100 ; www.dubrovnik-festival.hr ; ⊗10 juil-25 août). Du 10 juillet au 25 août, le festival d'été le plus prestigieux de Croatie programme théâtre, opéra, concerts et spectacles de danse sur des scènes en plein air. Les billets sont en vente en ligne, au bureau du festival, dans Placa, ou sur place une heure avant le début du spectacle.

🛏 Où se loger

Dubrovnik est la ville la plus chère du pays : attendez-vous à payer plus pour une chambre ici (même les auberges de jeunesse ont des tarifs de milieu de gamme), et il faut réserver longtemps à l'avance, surtout en été. Les hébergements dans la vieille ville même sont peu nombreux. Si vous voulez combiner votre séjour en ville et des vacances à la plage, envisagez d'aller sur la péninsule boisée de Lapad, 4 km à l'ouest du centre.

Vieille ville

Hostel Angelina   AUBERGE DE JEUNESSE €
(Carte p. 264 ; ☎091 89 39 089 ; www.hostelangelinaoldtowndubrovnik.com ; Plovani skalini 17a ; dort 208 Kn ; ❄🛜). Dans un petit recoin de la vieille ville, cette jolie auberge de jeunesse offre des chambres en dortoir, une petite cuisine commune et une terrasse ombragée de bougainvillées avec une vue mémorable sur les toits. En prime, un bon exercice pour les fessiers à chaque fois que vous remontez la ruelle.

♥ Karmen Apartments   APPARTEMENTS €€
(Carte p. 264 ; ☎098 619 282 ; www.karmendu.com ; Bandureva 1 ; app à partir de 95 € ; ❄🛜). Ces 4 appartements séduisants sont idéalement situés à deux pas du port de Ploče. Chacun bénéficie de beaucoup de cachet avec des touches de couleur, de jolis meubles et des livres à disposition. Le n°2 possède un petit balcon et le n°1 une jolie vue sur le port. Réservez longtemps à l'avance.

Hostel City Walls   AUBERGE DE JEUNESSE €€
(Carte p.264 ; ☎091 79 92 086 ; www.citywallshostel.com ; Sv Šimuna 15 ; dort/ch à partir de 303/536 Kn ; ❄@🛜). Nichée près des remparts, cette adresse appréciée des voyageurs s'avère chaleureuse et accueillante. Dortoirs simples et propres à l'étage et une double avec vue sur la mer. Cuisine et espace de rencontres et d'échanges au rez-de-chaussée.

Rooms Vicelić   PENSION €€
(Carte p. 264 ; ☎095 52 78 933 ; www.rooms-vicelic.com ; Antuninska 10 ; ch à partir de 100 € ; ❄🛜). Situé dans une des ruelles pentues de la vieille ville, cette sympathique adresse tenue par une famille propose 4 chambres aux murs en pierres apparentes, avec salle de bains privative. Les hôtes disposent d'une kitchenette commune avec micro-ondes et bouilloire.

(Suite du texte à la page 270)

Vieille ville de Dubrovnik

Rien ne prépare vraiment au spectacle qu'offre lorsqu'on la découvre la vieille ville de Dubrovnik. Vu de loin, le spectacle des toits aux tuiles de terre cuite entourés de remparts couleur miel `s'avançant dans le bleu céruléen de la mer est stupéfiant. Et l'effet se prolonge quand on franchit les anciennes portes et que l'on foule les ruelles pavées de marbre. **1.** **Ville fortifiée**

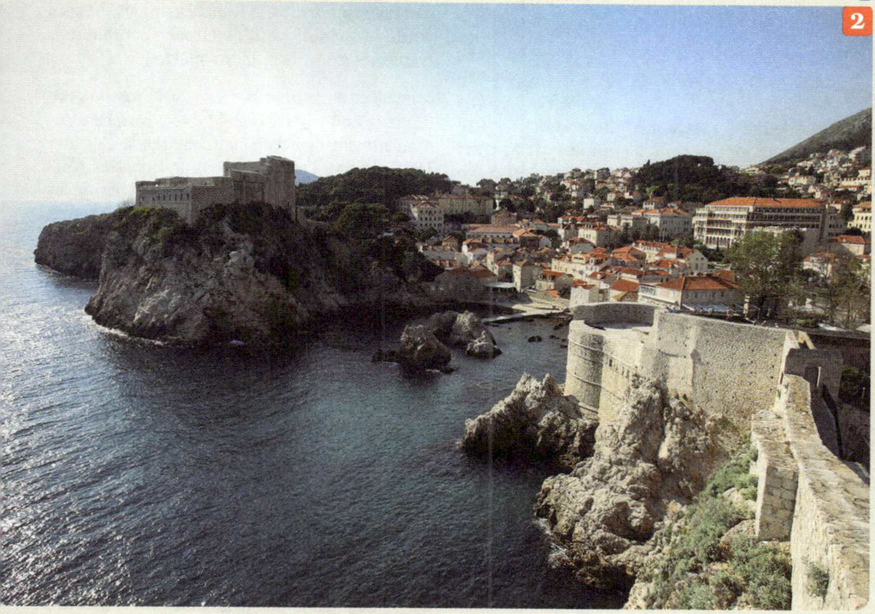

JASON MAEHL / GETTY IMAGES ©

RASPU / GETTY IMAGES ©

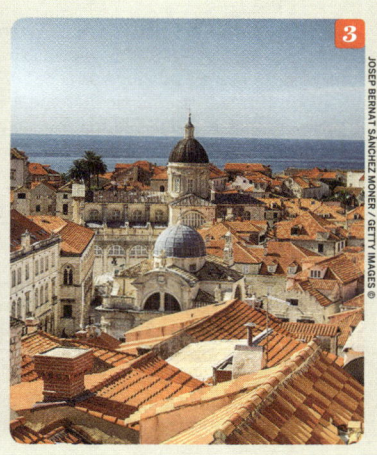

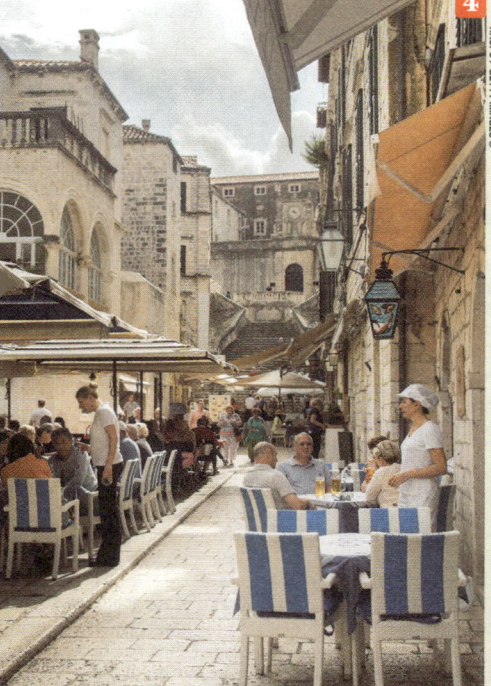

Offrez-vous une flânerie le long des remparts historiques de la ville (p. 257).

2. Vue sur la vieille ville
Depuis les postes d'observation des forts de Dubrovnik, la vue sur la vieille ville et la mer est féerique (p. 257).

3. Toits de la vieille ville
Endommagés par les bombardements des années 1990, beaucoup de toits de la vieille ville furent dotés de nouvelles tuiles.

4. Repas en terrasse
Pour apprécier la cuisine locale (p. 271).

JOSEP BERNAT SÁNCHEZ MONER / GETTY IMAGES ©

(*Suite du texte de la page 267*)

Fresh* Sheets Kathedral PENSION €€€
(Carte p. 264 ; ☎091 89 67 509 ; www.freshsheetskathedral.com ; Bunićeva poljana 6 ; ch à partir de 188 € ; ❄︎☎). Montez l'escalier usé sur lequel donnent des couloirs ornés d'art religieux jusqu'à cette petite pension sympathique, au cœur de la vieille ville. Chambres élégantes avec salle de bains attenante, sauf une dont la salle de bains est de l'autre côté du couloir. Notre préférée est la chambre 9, spacieuse, qui donne sur la place Gundulić. Une cuisine est à la disposition des clients.

Celenga Apartments APPARTEMENTS €€€
(Carte p. 264 ; ☎099 80 70 760 ; www.celengaapartments.com ; Sv Josipa 13 ; app à partir de 124 € ; ❄︎☎☎). Dans une maison ancienne d'une ruelle calme de la vieille ville, Celenga loue 5 appartements bien meublés, du studio au deux-pièces sous les toits. Loue aussi toute une maison sur trois niveaux, à proximité.

Viktorija

♥ Villa Dubrovnik HÔTEL €€€
(☎020-500 300 ; www.villa-dubrovnik.hr ; Vlaha Bukovca 6 ; ch à partir de 581 € ; P❄︎☎☎). Avec son emplacement de choix sur le front de mer, et la vue sur la vieille ville et Lokrum, cet élégant boutique-hôtel étincelle, tout blanc sur fond de pierres couleur miel. Les baies vitrées s'escamotent entièrement pour que la piscine intérieure devienne extérieure, et les amateurs de soleil peuvent paresser sur une chaise longue au bord de la mer ou sur un sofa au bar du toit-terrasse.

Pile

Apartments & Rooms Biličić PENSION €
(Carte p. 260 ; ☎098 802 111 ; www.dubrovnik-online.net ; Priveźna 2 ; ch/app à partir de 50/100 € ; ❄︎☎). Une adresse particulièrement évocatrice, en partie grâce à la main verte de son sympathique hôte, dont le jardin subtropical est un régal. Les chambres sont lumineuses, propres et agréables, bien que les salles de bains ne soient pas privatives. Cuisine collective sur la terrasse.

♥ Villa Klaić CHAMBRES D'HÔTES €€
(Carte p. 260 ; ☎091 73 84 673 ; www.villaklaic-dubrovnik.com ; Šumetska 9 ; ch/d à partir de 70/90 € ; P❄︎☎☎). À proximité de la route côtière principale, perchée au-dessus de la vieille ville, cette remarquable adresse offre des chambres au confort moderne. Accueil chaleureux de son propriétaire, Milo Klaić. Parmi les extras : petite piscine, petit-déjeuner continental, transferts gratuits et bière offerte !

Miró Studio Apartments APPARTEMENTS €€€
(Carte p. 264 ; ☎099-42 42 442 ; www.mirostudioapartmentsdubrovnik.com ; Sv Đurđa 16 ; app 140 € ; ❄︎☎). Dans un paisible quartier résidentiel à seulement quelques mètres de la mer, ce complexe de standing, caché entre les remparts de la vieille ville et le fort de Lawrence, est un véritable bijou. La décoration des chambres allie pierres apparentes, poutres chaulées, parois vitrées coulissantes et salle de bains au design contemporain.

Lapad

Solitudo CAMPING €
(Carte p. 260 ; ☎020-448 686 ; www.camping-adriatic.com ; Vatroslava Lisinskog 60 ; adulte/enfant/empl à partir de 81/45/191 Kn, mobilhome à partir de 67 € ; ☉avr-nov ; P☎❄︎☎). Drôle de nom pour ce gigantesque camping surpeuplé en été, mais qui a le mérite de proposer des blocs sanitaires modernes et de donner accès à la piscine d'un hôtel voisin. À proximité de la plage. Sol rocailleux (ou boueux et rocailleux par temps de pluie) pour planter sa tente.

Apartments Silva PENSION €
(Carte p. 260 ; ☎098 244 639 ; silva.dubrovnik@yahoo.com ; Kardinala Stepinca 62 ; ch/app à partir de 90/120 € ; P❄︎☎). Une luxuriante végétation méditerranéenne borde les terrasses de ce ravissant complexe à flanc de coteau et à un saut de puce d'une plage. Les chambres sont confortables et à un prix abordable, mais le fin du fin est le spacieux appartement (5 personnes) du dernier étage.

Begović Boarding House PENSION €€
(Carte p. 260 ; ☎020-435 191 ; begovic-boardinghouse.com ; Primorska 17 ; dort/ch 256/527 Kn ; P❄︎@☎). Cet établissement familial accueillant, offre depuis longtemps des hébergements simples et nets, avec une terrasse commune d'où la vue est superbe. Les appartements disposent de kitchenettes, il y a une cuisine commune pour les chambres.

♥ Hotel Kompas HÔTEL €€€
(Carte p. 260 ; ☎020-299 000 ; www.adriaticluxuryhotels.com ; Kardinala Stepinca 21 ; ch/ste à partir de 210/542 € ; P❄︎☎☎). Au bord de la plage de Lapad, ce grand hôtel a plus de personnalité que sa taille ne le laisse penser,

grâce notamment à sa décoration, à son design épuré et à son personnel, charmant. Le buffet du petit-déjeuner est excellent, et la piscine extérieure agréablement fraîche quand il fait très chaud (la piscine intérieure est plus chaude).

Hotel Bellevue HÔTEL €€€
(Carte p. 260 ; 020-330 000 ; www.hotel-bellevue.hr ; Pera Čingrije 7 ; ch à partir de 342 € ; P ❄ @ 🛜 🏊). Situé sur une falaise, presque à l'entrée de la presqu'île de Lapad (à seulement 20 minutes à pied à l'ouest de la porte Pile), cet hôtel de luxe possède un décor moderne (malgré sa façade en verre fumé démodée), d'excellents équipements et un restaurant de qualité. Cerise sur le gâteau : l'ascenseur permet un accès direct à une sublime crique en contrebas.

Royal Princess Hotel HÔTEL €€€
(Carte p. 260 ; 020-440 100 ; www.hotelroyalprincess.com ; Kardinala Stepinca 31 ; ste à partir de 450 € ; P ❄ @ 🛜 🏊). Parmi les adresses situées sur le littoral de la baie de Lapad, le Royal Princess Hotel s'avère l'adresse la plus chic. Un luxe suranné se dégage des suites, qui ont toutes des balcons.

✕ Où se restaurer

Dans la vieille ville, les restaurants semblent miser sur le fait que vous n'êtes là que pour la journée (à l'instar des passagers descendus des paquebots de croisière). Les établissements touristiques quelconques se concentrent dans le Stradun et dans Prijeko. Les tarifs sont les plus élevés du pays. Cela dit, il existe quelques très bons restaurants dans la vieille ville, à Lapad et Gruž.

✕ Vieille ville

Oliva Pizzeria PIZZA €
(Carte p. 264 ; 020-324 594 ; www.pizza-oliva.com ; Lučarica 5 ; plats 41-86 Kn ; ⏱10h-minuit). Les quelques plats de pâtes figurent sur la carte pour la forme car la véritable spécialité de ce séduisant petit établissement, ce sont les pizzas. Et celles-ci méritent votre attention et satisferont votre appétit ! Attablez-vous dans la rue et dégustez.

♥ Nishta VÉGÉTARIEN €€
(Carte p. 264 ; 020-322 088 ; www.nishtarestaurant.com ; Prijeko 29 ; plats 77-85 Kn ; ⏱11h30-23h30 ; 🛜 ✎). La popularité de ce

---

LIEUX DE TOURNAGE DE GAME OF THRONES

Dubrovnik est un monde fantastique pour beaucoup, mais les fans de *Game of Thrones* apprécieront encore plus que d'autres, puisqu'une bonne partie de la série TV à succès a été tournée ici. Si on a aussi filmé à Split et à Šibenik, Dubrovnik est la plus présente, puisqu'elle a servi de décor à Port-Réal et à Qarth. Si vous voulez faire votre propre "Marche de la honte" dans les rues de Westeros, voici quelques lieux :

Fort Saint-Laurent (p. 258), le célèbre Donjon rouge de Port-Réal. Cersei dit adieu à sa fille Myrcella dans le petit port à ses pieds.

Remparts (p. 258) Tyrion Lannister commande la défense de Port-Réal depuis les murailles qui font face à la mer, lors de la bataille de la Néra (Blackwater).

Tour Minčeta (p. 258). L'extérieur de la maison des Non-Mourants.

Palais du Recteur (p. 261). Son atrium est le palais du roi des Épices de Qarth – ils n'ont même pas enlevé la statue !

Rue Sv Dominika La rue et l'escalier à l'extérieur du monastère dominicain (p. 259) ont servi à diverses scènes de marché à Port-Réal.

Uz Jezuite Les escaliers qui relient l'église Saint-Ignace-de-Loyola (p. 262) à la **place Gundulić** (Gundulićeva poljana ; carte p. 264) sont le point de départ de la mémorable "Marche de la honte" que Cersei Lannister effectue nue. Elle se poursuit dans Stradun.

Parc Gradac Site de la scène de mariage où le roi Joffrey a finalement ce qu'il mérite.

Musée ethnographique (p. 262) Le bordel de Petyr Baelish.

Lokrum (p. 262) La réception donnée pour Daenerys à Qarth se déroule dans le cloître du monastère.

Arboretum de Trsteno (p. 278). Le jardin du Donjon rouge, où les Tyrell discutent et complotent sans fin durant les Saisons 3 et 4.

petit restaurant de la vieille ville (attente à prévoir) témoigne de la rareté des options végétariennes-végétaliennes en Croatie, mais aussi de l'excellence et de l'inventivité de sa cuisine. Outre les curries, pâtes et burgers végétaliens attendus, la carte propose des plats plus originaux comme le tartare d'aubergine, les "tempehritos" et des "spaghettis" de courgettes, sans pâtes.

Taj Mahal BOSNIAQUE €€
(Carte p. 264 ; 020-323 221 ; www.tajmahal-dubrovnik.com ; Nikole Gučetićeva 2 ; plats 80-165 Kn ; 10h-2h). Contrairement à son nom, ce minuscule restaurant ne sert pas de spécialités indiennes mais… bosniaques ! Dans un décor digne de la caverne d'Ali Baba, on déguste, entre autres saveurs, du *džingis kan* (viande de bœuf séchée ou en saucisse, poivrons, ciboule et lait caillé) ou l'on se régale de *sudžukice* (saucisse de bœuf) épicée.

Konoba Ribar DALMATE €€
(Carte p. 264 ; 020-323 194 ; Kneza Damjana Jude bb ; plats 77-122 Kn ; 10h-minuit ;). Proposant une cuisine croate comme les habitants l'apprécient et à des prix plus ou moins croates, ce petit restaurant familial est une adresse peu touristique. Aucune fantaisie mais on y sert juste de généreux classiques traditionnels tels que le risotto et le calmar farci. Installé dans une ruelle au pied des remparts.

Bota Šare Oyster & Sushi Bar SUSHIS €€
(Carte p. 264 ; 020-324 034 ; www.bota-sare.hr ;Od Pustijerne bb ; huîtres/sushis à partir de 14/15 Kn la pièce ; 12h-22h mar-dim). Bien que les Croates ne soient pas des adeptes de la cuisine asiatique, ils savent parfaitement préparer et servir le poisson frais cru. Testez cette petite adresse et attablez-vous sur la terrasse avec vue sur la cathédrale pour déguster des huîtres de Ston (fraîches ou en tempura) et de très bons sushis et sashimis.

♥ Restaurant 360° EUROPÉEN MODERNE €€€
(Carte p. 264 ; 020-322 222 ; www.360dubrovnik.com ; Sv Dominika bb ; plats 240-290 Kn , menu 5 plats 780 Kn ; 18h30-23h). Cuisine savoureuse et créative, joliment présentée et servie par un personnel compétent et professionnel : ce restaurant mérite une visite tant pour sa carte que pour son emplacement. Il est situé au-dessus des remparts et offre une vue superbe sur le port par-delà les fortifications.

Restaurant Dubrovnik EUROPÉEN €€€
(Carte p. 264 ; 020-324 810 ; www.restorandubrovnik.com ; Marojice Kaboge 5 ; plats 105-210 Kn ; 12h-minuit). Un des restaurants les plus haut de gamme de Dubrovnik, dans un décor merveilleusement simple, qui occupe un toit-terrasse caché parmi les vénérables bâtiments de pierre de la vieille ville. La carte, aux forts accents français, est pleine de plats riches et décadents, confit de canard ou pâtes maison à la queue de langouste de l'Adriatique.

Ploče

Horizont EUROPÉEN €€€
(Carte p. 264 ; 099 69 76 729 ; restaurant-horizont.com ; Put od Bosanke 8 ; plats 84-169 Kn ; 12h-14h et 18h-23h). Les branchés de la ville et les touristes se mêlent dans ce restaurant chic, juste à l'extérieur de la vieille ville. Les tables les plus demandées sont dans la ruelle, même si l'intérieur est aussi élégant, avec ses murs de pierre et un bar turquoise vif. Bonne cuisine bistrot (carré d'agneau, filet de porc, ballottine de poulet, poissons divers).

Lapad

♥ Pantarul EUROPÉEN MODERNE €€
(Carte p. 260 ; 020-333 486 ; www.pantarul.com ; Kralja Tomislava 1 ; plats 70-128 Kn ; 12h-16h et 18h-minuit). Ce bistrot spacieux sert des pâtes, du risotto et du pain maison délicieux, ainsi que de la poitrine de porc, des steaks, de la joue de bœuf, des burgers et divers plats de poissons. La cuisine a une touche moderne agréable mais le chef Ana-Marija Bujić connaît aussi très bien la cuisine dalmate traditionnelle.

♥ Shizuku JAPONAIS €€
(Carte p. 260 ; 020-311 493 ; www.facebook.com/ShizukuDubrovnik ; Kneza Domagoja 1f ; plats 65-99 Kn ; 12h-minuit mar-dim ;). Dans un quartier résidentiel entre le port et la baie de de Lapad, ce petit restaurant charmant est décoré de draperies soyeuses, d'abat-jour de papier et d'ombrelles colorées. Il dispose d'une agréable terrasse sur le devant. Ses propriétaires japonais sont en cuisine et préparent d'authentiques sushis, sashimis, *udon* ou *gyoza*, À accompagner de bière japonaise ou de saké.

Atlantic Kitchen MÉDITERRANÉEN €€
(Carte p. 260 ; 020-435 726 ; www.atlantic-kitchen.com ; Kardinala Stepinca 42 ; plats

89-159 Kn ; ⊗12h-22h). Avec ses jolies nappes à carreaux et ses ardoises où les différents plats sont inscrits à la main, ce bistrot convivial dégage une atmosphère bien française.

La cuisine, qui est excellente, est influencée par plusieurs pays : la France bien sûr, la Croatie, l'Espagne ainsi que l'Italie. Les plats de poisson sont vraiment délicieux. Prenez place et régalez-vous !

Gruž

Amfora INTERNATIONAL €€€
(Carte p. 260 ; ☏020-419 419 ; www.amforadubrovnik.com ; Obala Stjepana Radića 26 ; plats 145-185 Kn ; ⊗12h-16h et 19h-23h). Vu de l'extérieur, Amfora est un café-bar tout à fait ordinaire, mais son restaurant qui dispose de six tables, à l'arrière, est tout bonnement magique. Les classiques dalmates comme la *pašticada* (ragoût et gnocchis) et le risotto noir le disputent à la cuisine fusion : sashimis d'espadon, *kofte* de veau ou soupe de poisson miso.

Où prendre un verre et faire la fête

Rassurez-vous, vous ne mourrez pas de soif à Dubrovnik : la ville est pleine de *lounges* chics, de pubs irlandais, de bars accrochés aux falaises, de bars à vins sophistiqués et de nombreux cafés-bars croates. Tout cela rien que dans la vieille ville. L'alcool est à consommer avec modération bien entendu.

Vieille ville

Bard BAR
(Carte p. 264 ; près d'Ilije Sarake ; ⊗9h-3h). C'est le plus chic, le plus élégant des deux bars en bord de falaise, contre les murs de la vieille ville, côté mer. Celui-ci est moins en hauteur et dispose d'une terrasse ou vous pourriez passer une journée entière, fasciné par la vue sur l'Adriatique. Le soir, les rochers qui l'entourent sont illuminées de couleurs changeantes.

Buža BAR
(Carte p. 264 ; près d'Od Margarite ; ⊗8h-2h). Dénicher ce bar délabré est un exploit, car il faut scruter les remparts pour repérer le tunnel d'entrée. Mais Buža n'a rien d'un secret : il peut être bondé, surtout au coucher du soleil. Attendez une place sur l'une des plateformes de béton, prenez votre boisson (gobelet plastique) puis savourez l'ambiance et la vue.

D'vino BAR À VINS
(Carte p. 264 ; ☏020-321 130 ; www.dvino.net ; Palmotićeva 4a ; ⊗10h-tard ; 🕿). Envie de goûter quelques bonnes bouteilles de vins croates ? Rejoignez ce petit bar haut de gamme qui dispose d'une belle carte des vins. Dégustations (3 vins 50 Kn) présentées par un personnel compétent.

Buzz Bar BAR
(Carte p. 264 ; ☏020-321 025 ; www.thebuzzbar.wixsite.com/buzz ; Prijeko 21 ; ⊗8h-2h). Bien nommé (c'est une vraie ruche), ce bar sur les rochers, décontracté, propose surtout bières artisanales et cocktails.

Matuško BAR À VINS
(Carte p.264 ; www.facebook.com/WineBarMatusko ; Prijeko 6 ; ⊗10h-2h). Annexe du domaine viticole réputé de la péninsule de Pelješac (p. 282), cet élégant petit bar à vins offre l'occasion de goûter à certains des meilleurs vins de Croatie dans un décor plein d'ambiance : on se sent presque dans une caverne.

Troubadour BAR
(Carte p. 264 ; ☏020-323 796 ; Bunićeva Poljana 2 ; ⊗7h30-2h ; 🕿). Situé derrière la cathédrale, ce bar passe presque inaperçu en journée. Tout change les soirs d'été, quand les musiciens de jazz font monter la température et attirent une clientèle nombreuse.

Gaffe PUB IRLANDAIS
(Carte p. 264 ; www.facebook.com/irishpubthegaffe ; Miha Pracata 4 ; ⊗9h-1h ; 🕿). Adresse la plus animée en ville lors des matchs de rugby, ce pub irlandais tenu par des Croates possède un intérieur sobre et une terrasse couverte.

Revelin CLUB
(Carte p.264 ; www.clubrevelin.com ; Sv Dominika 3 ; ⊗23h-6h tlj juin-sept, ven-sam oct-mai). Logé dans les immenses salles voûtées du fort Revelin, voici le plus impressionnant des clubs de la ville. DJ étrangers de renommée internationale en été.

Ploče

Banje Beach BAR, CLUB
(Carte p. 260 ; ☏020-412 220 ; www.banjebeach.eu ; Frana Supila 8 ; ⊗10h-4h mai-sept). Durant la journée, cet établissement haut de gamme loue chaises longues et parasols sur la plage de Banje et sert des boissons. Le soir, le bar à cocktails s'active, puis la discothèque prend le relais.

Victoria
COCKTAILS

(Carte p. 260 ; ☎020-440 588 ; Frana Supila 14 ; ⊙18h-minuit). Dans un très joli jardin où une fontaine gargouille, le bar en terrasse de la Villa Oršula est un bel endroit pour s'habiller chic, siroter un cocktail et regarder le soleil se coucher sur la vieille ville. Des musiciens viennent souvent y jouer du *smooth jazz*, les soirs d'été.

Lazareti
CENTRE CULTUREL

(Carte p. 260 ; www.lazareti.com ; Frana Supila 8). Cet ancien lazaret (centre de quarantaine) accueille soirées cinéma ou club, concerts, danses folkloriques, expositions et tout ce qui se fait de mieux en ville.

Pile

Art
BAR

(Carte p. 260 ; Branitelja Dubrovnika 25 ; ⊙9h-minuit lun-jeu, 9h-2h ven-dim). C'est le café-bar le plus bohème de Dubrovnik, avec des sièges faits à partir de baignoires, des tables en tambours de machine à laver, des murs aux couleurs vives, un bande-son funky (James Brown, lors de notre passage) et des terrasses, devant et derrière.

Lapad

Cave Bar More
BAR

(Carte p. 260 ; www.hotel-more.hr ; Hotel More, Šetalište Nika i Meda Pucića ; ⊙10h-minuit). Un petit bar de plage qui propose café, en-cas et cocktails aux baigneurs qui se prélassent face aux eaux incroyablement claires de la baie de Lapad, mais ce n'est pas tout. Le bar principal est dans une vraie grotte. Rafraîchissez-vous avec les stalactites de la salle latérale, où un plancher de verre dévoile une caverne pleine d'eau.

Achats

Portrait
MODE ET ACCESSOIRES

(Carte p. 264 ; www.portrait.hr ; Od Puča ; ⊙10h-22h). A priori, le concept du T-shirt souvenir est passé de mode, mais pas dans cette boutique haut de gamme. Ses T-shirts sur Dubrovnik sont dessinés par le designer croate Matija Čop. Portrait vend aussi des lunettes de soleil et des bijoux originaux.

Marché de la place Gundulić
MARCHÉ

(Carte p. 264 ; Gundulićeva poljana ; ⊙6h-13h lun-sam). On trouve aux étals de ce marché en plein air surtout de l'alimentation et des produits de l'artisanat local.

Algoritam
LIVRES

(Carte p. 264 ; www.algoritam.hr ; Placa 8 ; ⊙9h-21h lun-sam, 10h-14h dim). Librairie bien pourvue en livres en anglais et en guides sur Dubrovnik et la Croatie.

Uje
ALIMENTATION

(Carte p. 264 ; www.uje.hr ; Placa 5 ; ⊙9h-23h). Uje est spécialiste de l'huile d'olive – celle de Brachia, sur l'île de Brač, est une des meilleures – et vend d'autres délices locaux pour les gourmets : excellentes confitures (celle au citron est divine), câpres, fines herbes, épices, miel, figues au miel, chocolat, vins et *rakija* (grappa).

Duchkas
DESIGN

(Carte p. 264 ; www.duchkas.com ; Od Pustijerne 1 ; ⊙9h-20h). Dans ce petit magasin original, tout est fabriqué et conçu en Croatie. Nous avons aimé les magnets de réfrigérateur qui ont la forme des îles dalmates.

Medusa
CADEAUX ET SOUVENIRS

(Carte p. 264 ; ☎020-322 004 ; www.medusa.hr ; Prijeko 18 ; ⊙9h-21h). Se présentant elle-même comme "une boutique charmante pour des gens charmants", Medusa vend des savons, du sel parfumé, de la *rakija,* des cravates, des objets en pierre de Brač, des tirages d'art, du chocolat et des produits de toilette, tous fabriqués localement.

Dubrovnik Treasures
BIJOUX

(Carte p. 264 ; ☎020-321 098 ; www.dubrovniktreasures.com ; Celestina Medovića 2 ; ⊙9h-22h mars-nov). Le cerveau de cette caverne d'Ali Baba remplie de bijoux contemporains créés sur place ? Un frère et une sœur nés en Australie, élevés en Croatie et installés à Dubrovnik.

Dubrovnik City Shop
CADEAUX ET SOUVENIRS

(Carte p. 264 ; www.dubrovnikcityshop.com ; Boškovićeva 7 ; ⊙9h-21h). Vous trouverez ici les produits dérivés de *Game of Thrones*, sinon prenez la pose sur le Trône de fer et faites un selfie avec la statue de Peter Dinklage (qui joue Tyrion Lannister).

❶ Renseignements

L'office du tourisme de Dubrovnik a des bureaux à **Pile** (carte p. 264 ; ☎020-312 011 ; www.tzdubrovnik.hr ; Brsalje 5 ; ⊙8h-21h juin-sept, 8h-19h lun-sam, 9h-15h dim oct-mai), **Gruž** (carte p. 260 ; ☎020-417 983 ; Obala Pape Ivana Pavla II 1 ; ⊙8h-21h juin-sept, 8h-15h lun-sam oct-mai) et **Lapad** (carte p. 260 ; ☎020-437 460 ; Kralja Tomislava 7 ; ⊙8h-20h lun-ven, 9h-12h et 17h-20h sam-dim juin-sept).

BUS AU DÉPART DE DUBROVNIK

DESTINATION	TARIF (KN)	DURÉE (HEURES)	FRÉQUENCE
Kotor (Monténégro)	124	2½	6/jour
Ljubljana (Slovénie)	300	13	2/jour
Mostar (Bosnie-Herzégovine)	107	3½	3/jour
Pula	383	15	1/jour
Rijeka	331-411	12-13¼	4/jour
Sarajevo (Bosnie-Herzégovine)	175	6½	2/jour
Split	130	4½	21/jour
Trieste (Italie)	459	14¾	1/jour
Zadar	213	7½-8½	5/jour
Zagreb	219	9¼-11¾	10/jour

Hôpital général de Dubrovnik (Opća bolnica Dubrovnik ; 020-431 777 ; www.bolnica-du.hr ; Dr Roka Mišetića 2 ; service d'urgences 24h/24). À la sortie sud de la presqu'île de Lapad.

Poste (carte p. 264 ; www.posta.hr ; Široka 8 ; 8h-21h lun-sam mai-oct, 8h-19h lun-ven, 8h-12h sam nov-avr)

Travel Corner (020-492 313 ; Obala Stjepana Radića 40 ; Internet 25 Kn/heure, consigne 10 Kn/2 heures puis 4 Kn/heure, 40 Kn/jour ; 9h-20h lun-sam, 9h-16h30 dim). Pratique, on y trouve aussi bien une consigne qu'un accès à Internet ou des renseignements touristiques. On y propose aussi des excursions et des billets pour le ferry de Kapetan Luka.

Depuis/vers Dubrovnik

AVION

L'aéroport de Dubrovnik (DBV, Zračna luka Dubrovnik ; 020-773 100 ; www.airport-dubrovnik.hr) est à Čilipi, 19 km au sud-est de la ville. Croatia Airlines et British Airways desservent Dubrovnik toute l'année. L'été, des dizaines d'autres compagnies opèrent des lignes saisonnières et des charters.

Croatia Airlines propose des vols intérieurs depuis Zagreb (toute l'année), Split et Osijek (de mai à octobre seulement). De juillet à octobre, des hydravions d'European Coastal Air desservent aussi Lumbarda (Korčula) et le port de Split. Trade Air propose des vols saisonniers depuis/vers Rijeka et Split.

BATEAU

Le **terminal des ferries** (carte p. 260 ; Obala Pape Ivana Pavla II 1) est à Gruž, à 3 km au nord-ouest de la vieille ville. Les ferries pour l'île de Lokrum et Catvat (carte p. 264) partent du vieux port.

Quatre catamarans quotidiens de **Jadrolinija** (carte p. 260 ; 020-418 000 ; www.jadrolinija.hr ; Obala Stjepana Radića 40) partent pour Koločep (23 Kn, 30 min), Lopud (23 Kn, 55 min) et Suđurađ à Šipan (23 Kn, 1 heure 15) ; entre 4 et 10 ferries plus lents desservent aussi Lopud (23 Kn, 1 heure) et Suđurađ (23 Kn, 1 heure 30). De juillet à mi-septembre, un catamaran quotidien vers Korčula (120 Kn, 2 heures 15), Hvar (190 Kn, 4 heures) et Bol, sur l'île de Brač (190 Kn, 5 heures 15). D'avril à octobre, 2 à 6 car-ferries par semaine font le trajet entre Dubrovnik et Bari, en Italie (passager/voiture à partir de 44/59 €, 10 heures).

Tous les jours, un catamaran de **G&V Line** (carte p. 260 ; 060 100 000 ; www.gv-line.hr) part pour Šipanska Luka sur l'île de Šipan (35 Kn, 50 min), et Sobra sur l'île de Mljet (60 Kn, 1 heure 15). Entre juin et septembre, un second bateau va directement à Sobra et continue vers Polače, à Mljet (70 Kn, 2 heures). En juillet-août, certains continuent jusqu'à Korčula (90 Kn, 2 heures 30) et Ubli, sur l'île de Lastovo (95 Kn, 4 heures). On peut acheter les billets au kiosque, près du port, 30 minutes avant le départ (1 heure avant en juillet-août).

De juin à septembre, un bateau rapide de **Kapetan Luka** (Krilo ; 021-872 877 ; www.krilo.hr) part tous les jours depuis/vers Pomena, sur Mljet (80 Kn, 1 heure 15), Korčula (120 Kn, 1 heure 45), Hvar (190 Kn, 3 heures), Milna, sur l'île de Brač (190 Kn, 3 heures 45) et Split (190 Kn, 4 heures 15). Il n'y en a que 4/semaine en mai, 3/semaine en octobre.

BUS

Les bus de la **gare routière** (carte p. 260 ; 060 305 070 ; Obala Pape Ivana Pavla II 44a ;) de Dubrovnik sont vite bondés en été ; mieux vaut réserver. La gare dispose de toilettes et d'une *garderoba* pour laisser vos bagages (5 Kn la première heure, puis 1,50 Kn/heure).

Les bus Split-Dubrovnik traversent brièvement le territoire bosniaque ; conservez votre passeport à portée de main.

Le site www.libertasdubrovnik.hr répertorie l'ensemble des horaires de départ.

❶ Comment circuler

DEPUIS/VERS L'AÉROPORT

L'agence de voyages Atlas assure les services de bus-navettes (35 Kn, 30 min), calés sur les vols. Les bus pour Dubrovnik s'arrêtent à la porte Pile et à la gare routière ; ceux pour l'aéroport font monter les passagers à la gare routière et à l'arrêt de bus près du téléphérique.

Les bus urbains n°s 11, 27 et 38 s'arrêtent aussi à l'aéroport mais sont moins fréquents et le trajet est plus long (28 Kn, 4/jour, sauf dimanche).

Comptez jusqu'à 280 Kn pour un taxi jusqu'à Dubrovnik.

TRANSPORTS PUBLICS

Dubrovnik a un excellent service de bus. En été, les principaux itinéraires touristiques sont desservis jusqu'à 2h. Vous n'aurez donc pas à écourter votre soirée si vous logez à Lapad. Le billet peut être acheté au chauffeur (15 Kn) ou dans un *tisak* (kiosque à journaux, 12 Kn). Le site libertasdubrovnik.hr affiche lignes et horaires.

Pour rejoindre la vieille ville depuis la gare routière, prenez les lignes 1a, 1b, 3 ou 8. Pour Lapad, empruntez le bus n°7.

De la porte Pile (carte p. 264), les bus n°s 4, 5, 6 et 9 rallient Lapad.

VOITURE

Toute la vieille ville est une zone piétonne, les transports en commun sont commodes et le parking est cher : il vaut mieux ne pas louer de voiture jusqu'à ce que vous souhaitiez quitter la ville. Le parking dans les rues qui entourent la vieille ville est payant de mai à octobre (40 Kn/heure). Plus loin, le tarif baisse à 20 ou 10 Kn l'heure.

Le **parking d'Ilijina Glavica** (carte p. 260 ; 091 23 00 366 ; Zagrebačka bb ; heure/jour/semaine 35/420/2100 Kn ; 24h/24), couvert, n'est qu'à quelques pas de la vieille ville, mais la montée pour y revenir est raide. Méfiez-vous : prépaiement obligatoire pour les tarifs à la journée et à la semaine. Les automates ne l'indiquent pas clairement et certains ont eu des notes salées.

La plupart des agences internationales de location de voitures sont représentées à l'aéroport et dans la ville.

ENVIRONS DE DUBROVNIK

Dubrovnik s'avère un excellent point de départ pour des journées d'excursion dans la région (voire jusqu'au Monténégro et en Bosnie). On peut aisément profiter d'un bain de soleil en rejoignant les îles d'Élaphites, flâner dans les jardins de Trsteno ou pousser jusqu'à Cavtat pour visiter la ville et se baigner. Cavtat est une alternative, moins chère et plus calme, d'où explorer Dubrovnik.

Cavtat

2 160 HABITANTS

À une vingtaine de kilomètres au sud de Dubrovnik, Cavtat, blottie autour d'un joli port ourlé de plages, au pied de hautes collines, a l'avantage d'être moins touristique que la Perle de l'Adriatique. Cette

---

VAUT LE DÉTOUR

EXCURSIONS TRANSFRONTALIÈRES

De Dubrovnik, on rejoint facilement en bus le **Monténégro** et les villes de Kotor, Herceg Novi et Budva. Ces localités possèdent des centres historiques de toute beauté, avec des rues sinueuses pavées de marbre et jalonnées de superbes édifices. Si vous souhaitez prendre le temps d'explorer la région, mieux vaut louer une voiture. Cependant des bus passent quotidiennement la frontière, de même que des circuits organisés. Le poste de contrôle est parfois encombré en été. Prévoyez deux heures pour rejoindre Herceg Novi en bus et environ une heure de plus jusqu'à Kotor. Les ressortissants de l'UE, les Suisses et les Canadiens n'ont pas besoin de visa pour entrer au Monténégro pour un court séjour.

Des bus rallient également **Mostar**, l'occasion d'admirer le pont emblématique. Le trajet peut s'effectuer en transport en commun, mais une excursion organisée d'une journée dans des minibus privés (environ 380 Kn) est souvent plus pratique. Renseignez-vous auprès des agences de voyages locales. Les minibus partent vers 8h, traversent le magnifique village fortifié de Počitelj et arrivent à Mostar vers 11h30. Après une courte visite guidée, vous pourrez vous promener librement jusqu'à 15h. La ville de Mostar est nettement divisée entre communautés croate et bosniaque (la rivière fait office de frontière). La plupart des sites historiques se trouvent côté bosniaque.

proximité permet de faire l'excursion dans la journée, en explorant par exemple les sites le matin, en flânant sur la plage l'après-midi et en revenant à Dubrovnik pour le dîner.

Cavtat est la ville natale du célèbre peintre Vlaho Bukovac (1855-1922), l'un des chefs de file du modernisme croate. Ses œuvres sont à découvrir dans la plupart des monuments de la ville.

Histoire

Connue sous le nom d'Épidaure à l'époque romaine, Cavtat fut détruite au VIIe siècle par des invasions barbares. Ses habitants se réfugièrent plus au nord pour fonder une nouvelle cité, l'actuelle Dubrovnik. Au Moyen Âge, elle fut rattachée à la république de Raguse, dont elle partagea la vie économique et culturelle.

À voir

Mausolée de la famille Račić   MONUMENT
(Mauzolej obitelji račić ; 10 Kn ; 10h-17h lun-sam avr-nov). Édifiée en 1921, cette belle tombe en pierre blanche est l'œuvre d'Ivan Meštrović, sculpteur croate majeur. Elle est située dans le cimetière municipal, près de l'espace boisé proche de la pointe de la presqu'île. Suivre le sentier qui monte depuis le monastère.

Maison de Bukovac   MUSÉE
(Kuća Bukovac ; 020-478 646 ; www.kuca-bukovac.hr ; Bukovćeva 5 ; 20 Kn ; 9h-13h et 16h-18h mar-sam, 16h-20h dim mai-oct, 9h-17h mar-sam, 14h-17h dim nov-avr). La maison natale de Vlaho Bukovac, construite au début du XIXe siècle, héberge un petit musée qui contient des souvenirs et des œuvres de l'artiste. En 1998, une frise représentant des animaux a été découverte sur l'un des murs de la maison.

Monastère
de Notre-Dame-des-Neiges   MONASTÈRE
(Samostan Snježne Gospe ; Šetalište Ratabb). L'église qui jouxte le monastère franciscain (fondé en 1484) vaut le détour pour ses remarquables tableaux du début de la Renaissance. Très belle œuvre de Bukovac au-dessus de l'entrée du sanctuaire (Vierge à l'Enfant regardant les toits of Cavtat au coucher du soleil).

Église Saint-Nicolas   ÉGLISE
(Crkva svetog Nikole ; Obala Ante Starčevića bb). Belle église du XVe siècle dotée d'autels en bois et de peintures de Vlaho Bukovac.

Où se loger

Castelletto   B&B €€
(020-479 547 ; www.dubrovnikexperience.com ; Frana Laureana 22 ; ch 494-722 Kn ; P✱@🛜☕). Villa familiale très bien tenue offrant 13 chambres spacieuses et climatisées. Toutes disposent d'une cafetière, d'une théière, d'un réfrigérateur et de la TV par satellite ; certaines ont des balcons et une belle vue sur la baie. Transferts pour l'aéroport gratuits.

Fox Apartments   APPARTEMENTS €€
(091 89 50 401 ; www.dubrovnikfox.com ; Stjepana Radića 49 ; app 69-105 € ; P✱🛜). Implanté dans une rue résidentielle, cet immeuble de 3 niveaux propose 3 petits appartements et un plus grand, tous avec balcons et vue sur la mer. Tenu par un jeune couple croato-canadien qui dirige aussi une école d'anglais dans le grand appartement, en hiver ; les trois autres sont disponibles toute l'année.

Villa Ivy   APPARTEMENTS €€€
(020-478 328 ; www.villaivy-croatia.com ; SS Kranjčevića 52 ; app à partir de 960 Kn ; P✱🛜). Si son emplacement est un peu étrange, dans un quartier un peu miteux du haut de la ville, tout prend sens dès que vous découvrez la vue sur la mer depuis la piscine en terrasse. L'endroit est calme, et les 4 appartements de cet immeuble aux tons abricot sont modernes et très confortables. Il n'accepte que des réservations à la semaine en juillet et août.

Où se restaurer

Galija   POISSON €€
(020-478 566 ; www.galija.hr ; Vuličelićeva 1 ; plats 70-180 Kn ; 12h-22h). Avec sa terrasse à l'ombre des pins face aux flots et sa salle aux murs en pierres apparentes, ce restaurant existe de longue date. Les produits de la mer dominent la carte, avec notamment un excellent plateau (poisson, saint-jacques, homard, crevettes et langoustines).

♥ Bugenvila   EUROPÉEN €€€
(020-479 949 ; www.bugenvila.eu ; Obala Ante Starčevića ; plats déj 80-90 Kn, dîner 140-270 Kn ; 12h-16h et 18h-22h ; 🛜). C'est l'adresse la plus sympathique sur le front de mer qui donne également le "la" culinaire de Cavtat. Grande terrasse extérieure et toiles colorées accrochées aux murs en pierre à l'étage. Les ingrédients locaux sont mis en valeur sur une audacieuse et succulente carte. Pour le déjeuner, formules du jour avec 3 plats (145-165 Kn).

> **VAUT LE DÉTOUR**
>
> ### L'ARBORETUM DE TRSTENO
>
> Le vaste jardin luxuriant de l'**arboretum de Trsteno** (☎020-751 019 ; tarif plein/réduit 45/25 Kn ; ◷8h-19h juin-sept, 8h-16h oct-mai), 14 km au nord-ouest de Dubrovnik, le plus ancien du genre en Croatie, vaut bien une visite. C'est à partir du XVIe siècle que la noblesse de Dubrovnik s'intéressa à l'art des jardins et en particulier Ivan Gučetić qui planta les premières graines de cet arboretum. Ses descendants ont entretenu le domaine au fil des siècles, jusqu'à ce que l'Académie des sciences (yougoslave, et croate aujourd'hui), devenue propriétaire du terrain, le transforme un arboretum ouvert au public.
>
> Agencé selon les codes en vigueur à la Renaissance, le jardin arbore des formes géométriques, dessinées par des plantes et des arbustes (lavande, romarin, fuchsias, bougainvillées), tandis que des vergers de citronniers parfument l'air. L'arboretum est constitué également d'un **labyrinthe** qui fait la joie des enfants, d'une belle collection de palmiers et d'un **étang** ravissant, couvert de nénuphars et peuplé de grenouilles-taureaux, que domine une statue de Neptune. Seule une partie du domaine est paysagère, le reste est conservé à l'état sauvage.
>
> Les deux **platanes géants** à l'entrée du village de Trsteno ont plus de cinq siècles et s'élèvent à environ 50 m, ce qui en fait les spécimens parmi les plus hauts d'Europe.
>
> Pour se rendre à Trsteno, prendre les bus locaux n°s 12, 15, 22 ou 35 à la gare routière de Dubrovnik. À défaut, n'importe quel bus interurbain pour Split fait arrêt à Trsteno.

🛈 Renseignements

Office du tourisme (☎020-479 025 ; www.visit.cavtat-konavle.com ; Zidine 6 ; ◷8h-20h lun-sam, 8h-14h dim avr-oct, 8h-15h lun-ven nov-mar). Nombreuses brochures et carte en couleurs.

Poste (☎020-362 845 ; www.posta.hr ; Trumbićev Put 10 ; ◷8h-21h lun-ven, 8h-12h et 18h-21h sam mi-juin à mi-sept, 7h-19h lun-ven, 8h-midi sam sept-mai)

🛈 Depuis/vers Cavtat

BATEAU

De juin à septembre, 11 traversées par jour sont assurées entre le vieux port de Dubrovnik et Cavtat (aller simple/aller-retour 50/80 Kn, 45 min). Le reste de l'année, 3-5 départs/jour selon la météo.

BUS

De la gare routière de Dubrovnik, le bus n°10 part toutes les heures pour Cavtat (25 Kn, 25 min) ; le dernier revient vers Ch45.

Konavle

Après la côte aride et découpée qui entoure Dubrovnik, les champs verts et les vignobles bien alignés du Konavle surprennent plutôt. Ici, dans ce petit coin entre les frontières de Bosnie et du Monténégro, à l'est de Cavtat, les montagnes sont un peu en retrait et forment un arrière-plan spectaculaire à cette région agricole fertile. Elle est surtout connue pour sa *malvasija*, un cépage endémique qui fournit un vin blanc très agréable.

Il y a un délicieux restaurant au village de Gruda, qui vaut à lui seul le voyage. On trouve au village de Ljuta de vieux moulins au bord d'une jolie rivière ; Sokol Grad, un château du XIVe siècle construit par les Bosniaques sur les contreforts des montagnes mérite aussi le détour.

🍴 Où se restaurer

💙 **Konoba Koraćeva Kuća**   DALMATE €€
(☎020-791 557 ; mmihatovic04@gmail.com ; Gruda bb ; plats 60-100 Kn ; ◷18h-22h lun-ven, 12h-22h sam-dim avr-oct). Il n'existe pas de meilleur endroit pour profiter du paysage que la terrasse de ce restaurant familial exceptionnel, qui propose une version moderne des plats traditionnels dalmates. Appelez au préalable pour l'agneau ou le veau mijoté sous une *peka* (cloche de cuisson), ou venez simplement découvrir ce que propose la carte. Nous recommandons chaudement la *bruschetta*, les légumes grillés et le ragoût de sanglier aux gnocchis.

Lors de notre passage, cinq chambres pour les clients, à l'étage de cette maison vieille de 300 ans, étaient presque prêtes pour la location.

Depuis/vers le Konavle

Il vaut mieux explorer la région en voiture ou à vélo, car les transports en commun sont limités. Les bus urbains n°11 et 38 relient Dubrovnik à Gruda (2 à 5/jour), le bus n°31 part, lui, de Cavtat (3 à 5/jour).

Îles Élaphites

Passer la journée dans l'une des îles Élaphites (Otoci Elafiti), archipel au nord-ouest de Dubrovnik, permet d'oublier la cohue estivale. Seules les trois plus grandes – Koločep, Lopud et Šipan – sont habitées en permanence. Vous pouvez visiter les trois en une journée : plusieurs opérateurs ayant des bureaux au vieux port de Dubrovnik proposent un circuit "îles et pique-nique de poisson" (comptez environ 270 Kn, boissons et déjeuner compris).

À voir

Koločep   ÎLE
Cette charmante petite île Élaphite est la plus proche de Dubrovnik. Elle compte seulement 163 habitants, et est couverte de pins centenaires, d'oliveraies et de vergers de citronniers et d'orangers. Une plage de sable s'étend du village principal jusqu'à un grand hôtel et au-delà. Si vous continuez un peu, vous trouverez une jolie zone de rochers, naturiste.

Lopud   ÎLE
Lopud, interdite aux voitures, abrite un joli monastère et des églises datant du XVIe siècle, époque où les exploits maritimes des îliens étaient légendaires. Des forteresses en ruine dominent le village de Lopud et ses jolies maisons de pierre entourées de jardins exotiques. On y trouve une petite plage, mais il vaut mieux traverser l'île jusqu'à **Šunj**, une belle plage de sable avec un petit bar où on trouve sardines et autres poissons à la plancha.

Šipan   ÎLE
Šipan est la plus grande des îles Élaphites, appréciée de l'aristocratie de Dubrovnik qui y a construit des résidences. La plupart des ferries accostent à Suđurađ, un petit port que bordent des maisons de pierre et la grande villa fortifiée du XVIe siècle de Skočibuha, avec sa tour. De l'autre côté de l'île, vous trouverez, au village de Šipanska Luka, les vestiges d'une villa romaine et un palais ducal gothique du XVe siècle.

Où se loger et se restaurer

Hotel Božica   HÔTEL €€€
(020-325 400 ; www.hotel-bozica.hr ; Suđurađ 13 ; ch/ste à partir de 143/390 € ; ✲ ≋). Si vous cherchez le calme et la paix, il y a bien pire que cet hôtel moderne de 26 chambres, sur l'île de Šipan. Vous pourrez naviguer tranquillement entre la piscine, la terrasse sur la plage, et le restaurant.

Kod Marka   POISSON €
(020-758 007 ; Šipanska Luka ; plats à partir de 50 Kn ; 12h-22h mai-oct). Ce petit restaurant au bord de l'eau sert des produits de la mer superbement préparés : essayez le ragoût de poisson à la "korčulaise".

Depuis/vers les îles Élaphites

Outre les nombreux circuits organisés en bateau, des ferries réguliers relient les îles Élaphites au port de Gruž, à Dubrovnik.

Jadrolinija (p. 275) propose 4 catamarans quotidiens vers Koločep (23 Kn, 30 min), Lopud (23 Kn, 55 min) et Suđurađ, à Šipan (23 Kn, 1 heure 15) ; un trajet entre Koločep et Suđurađ coûte 14 Kn (40 min). De 4 à 10 car-ferries hebdomadaires, plus lents, desservent aussi Lopud (23 Kn, 1 heure) et Suđurađ (23 Kn, 1 heure 30).

Tous les jours, un catamaran de **G&V Line** (p. 275) relie Šipanska Luka (sur Šipan) à Dubrovnik (35 Kn, 50 min), et Šipanska Luka à Sobra, sur Mljet (30 Kn, 35 min).

ÎLE DE MLJET

1 090 HABITANTS

De toutes les îles de l'Adriatique, Mljet est l'une des plus séduisantes. Couverte surtout de forêts, elle est parsemée de petits villages entourés de champs de culture et de vignes. C'est dans la moitié ouest de l'île que se trouve le parc national de Mljet, constitué de forêts de pins et de spectaculaires lacs salés. Selon la légende, ce havre de paix préservé aurait retenu Ulysse pendant sept ans.

Histoire

Les Grecs la nommaient "Melita" (miel), en raison des nombreux essaims d'abeilles dans ses forêts. Les marins hellènes accostaient à Melita pour s'abriter des tempêtes et s'approvisionner en eau de source. À cette époque, l'île était peuplée d'Illyriens, qui commerçaient avec le continent et érigèrent des forts dans les collines. En 35 av. J.-C., les

Romains s'emparèrent de Mljet et développèrent Polače en construisant un palais, des thermes et des logements pour les serviteurs.

Au VIe siècle, Mljet tomba aux mains de l'Empire byzantin puis fut envahie par les Slaves et les Avars le siècle suivant. Dominée pendant plusieurs siècles par les villes du continent, elle fut cédée au XIIIe siècle aux Bénédictins. Dubrovnik annexa l'île en 1410.

Même si le sort de Mljet dépendait largement des exigences de Dubrovnik, les îliens conservèrent leurs activités traditionnelles – agriculture, viticulture et navigation. Aujourd'hui encore, ce sont des activités clés de l'île. Si la création du parc national en 1960 a révélé l'île au tourisme, la plupart des visiteurs se cantonnent à l'enclave de Pomena. Si vous recherchez la tranquillité, vous la trouverez sans peine.

❶ Renseignements

Office du tourisme de Sobra (☏ 020-746 025 ; www.mljet.hr ; ⊘ 9h-14h et 16h-19h lun-sam, 9h-14h dim). Il se cache près de la billetterie de Jadrolinija, au port des ferries.

❶ Depuis/vers Mljet

La liaison la plus rapide entre Mljet et le continent est le ferry de **Jadrolinija** (☏ 020-746 134 ; www.jadrolinija.hr) qui relie Sobra à Prapratno, sur la péninsule de Pelješac (passager/voiture 30/140 Kn, 45 min, 4 à 5/jour).

Un catamaran quotidien de G&V Line (p. 275) relie Sobra à Šipanska Luka (30 Kn, 35 min) et Dubrovnik (60 Kn, 1 heure 15). De juin à septembre, un second bateau rallie Sobra et Polače depuis Dubrovnik (70 Kn, 2 heures). En juillet-août, ce bateau continue parfois jusqu'à Korčula (50 Kn, 45 min) et Ubli, sur l'île de Lastovo (70 Kn, 2 heures 15).

Entre juin et septembre, un bateau rapide quotidien de Kapetan Luka (p. 275) relie Pomena et Dubrovnik (80 Kn, 1 heure 15), Korčula (80 Kn, 30 min), Hvar (130 Kn, 1 heure 45), Milna, sur l'île de Brač (130 Kn, 2 heures 30) et Split (130 Kn, 3 heures). Il n'y en a que 4 par semaine en mai, 3 par semaine en octobre.

❶ Comment circuler

Mini Brum (☏ 099 61 15 574 ; www.rent-a-car-scooter-mljet.hr ; ⊘ 9h-19h) loue des voitures basiques (5/12/24 heures à partir de 280/320/390 Kn) et des scooters (190/220/250 Kn), au port des ferries de Sobra et à Polače.

Comptez environ 300 Kn pour un trajet Sobra-Polače en taxi.

Les bus sur l'île se limitent à un seul service qui part de chaque bout de l'île à l'aube en direction de Sobra, avec un retour tard le soir.

Parc national de Mljet

Bien qu'il couvre 5 400 ha de terre et de mer, et tout le quart occidental de l'île, lorsqu'ils parlent du **parc national de Mljet** (Nacionalni park Mljet ; ☏ 020-744 041 ; www.np-mljet.hr ; Pristanište 2 ; adulte/enfant 100/60 Kn ; ⊘ 8h-20h avr-oct), la plupart des gens ne se réfèrent en fait qu'à la petite partie payante qui comprend les deux superbes lacs salés Malo Jezero ("petit lac") et Veliko Jezero ("grand lac"). Les deux sont reliés par un petit canal, et le plus grand se déverse dans la mer par le canal de Soline, plus long, qui permet à la marée de remonter vers le lac.

Les principaux centres du parc sont les petits villages de Pomena et de Polače, qui débordent de visiteurs en été mais retrouvent leur calme une fois les bateaux repartis. Des kiosques y vendent les billets d'entrée au parc. De Pomena, un sentier forestier de 400 m mène au Malo Jezero ; de Polače, votre billet comprend le transport jusqu'à Pristanište, au Veliko Jezero, où on trouve le bureau d'information du parc.

👁 À voir

Sveti Marija ÎLE
L'îlot Sainte-Marie est situé au milieu du Veliko Jezero, non loin de sa rive sud. Une fois par heure au moins, durant les heures d'ouverture du parc, des bateaux (compris dans le prix d'entrée) y mènent à partir de Mali Most, le pont à proximité du canal entre les deux lacs, et de Pristanište. Le **monastère bénédictin** a été fondé en 1198 mais reconstruit plusieurs fois, et des traits Renaissance et baroques se sont ajoutés à la structure romane.

Le monastère a fermé en 1809 après la conquête napoléonienne, et hébergé des services administratifs jusqu'en 1960. Il a ensuite été transformé en hôtel, puis a fermé de nouveau en 1991 durant la guerre. Il a été rendu depuis à l'Église catholique, qui le restaure peu à peu.

L'ensemble comprend la grande église de Sainte-Marie (Crkva Svete Marije), deux petites chapelles et l'ancien monastère, dont la cave accueille désormais un restaurant. On trouve aussi des vestiges d'un bâtiment romain au centre de l'île et des écuries – avec un âne.

Ce sont les premiers moines qui ont élargi et creusé le passage entre les deux lacs, et construit un moulin qui fonctionnait avec la marée remontant le canal.

Palais romain — RUINES

On trouve à Polače divers vestiges datant de la période entre le Ier et le VIe siècle. Ceux de ce grand palais, probablement du Ve siècle, sont les plus importants, avec un tracé rectangulaire au sol et des tours aux deux angles extérieurs, séparées par une digue. La structure est vaste, traversée en son centre par la route. Parmi les autres ruines, un fort de la fin de l'Antiquité, une basilique du début de la chrétienté et une église du Ve siècle.

Activités

Baignade

L'endroit le plus fréquenté sur le petit lac est près du pont, mais nous vous suggérons de longer le rivage jusqu'à ce que vous trouviez un coin tranquille pour vous seul. On peut faire le tour complet du petit lac, mais pas du plus grand, car il n'y a pas de pont sur le canal de Soline. Si vous décidez de le traverser à la nage, gardez en tête que le courant peut être fort.

Plongée

Aquatica — PLONGÉE

(☏099 81 14 090 ; www.aquatica-mljet.hr ; à côté de l'Hotel Odisej, Pomena). Ce prestataire (qui propose des sorties de plongée et des cours de plongée) vous permettra d'accéder aux sites de plongée de Mljet, dont une épave de torpilleur allemand de la Seconde Guerre mondiale et plusieurs parois. À noter aussi : une épave romaine du IIIe siècle gît à une profondeur relativement faible ; la coque du bateau et sa cargaison d'amphores se sont calcifiées au fil du temps, les protégeant ainsi des pilleurs.

Randonnée et vélo

Il y a des chemins piétonniers et cyclables dans tout le parc national, et on peut louer à divers endroits des vélos et des kayaks. Le vélo est un très bon moyen de se déplacer mais notez que Pomena et Polače sont séparées par une colline assez pentue. Le chemin qui borde les lacs est plus facile à vélo, et très pittoresque.

Renseignements

Office du tourisme de Polače (☏020-744 186 ; www.mljet.hr ; ⊙9h-13h et 16h-19h lun-sam, 9h-13h dim juin-sept, 8h-13h lun-ven oct-mai)

Okuklje

30 HABITANTS

Okuklje, une simple rangée de maisons bordant une baie presque circulaire frangée de collines verdoyantes, est le genre d'endroit dont on tombe facilement amoureux au premier regard. Il y a peu de choses à y faire à part se détendre avec un livre, se baigner et monter à l'église Saint-Nicolas pour la vue sur la baie et jusqu'à la péninsule de Pelješac.

Où se loger et se restaurer

Lampalo — APPARTEMENTS €€

(☏020-420 059 ; Okuklje 8 ; app 90 € ; P❄). Vos hôtes vous accueilleront avec chaleur, et peut-être même une bière à votre arrivée. Si vous les prévenez assez tôt, ils allumeront le feu et mettront quelque chose sous la *peka* pour le dîner. Il n'y a que 2 appartements à louer : un studio et un spacieux appartement de 2 chambres.

Konoba Maestral — DALMATE €€€

(☏098 428 890 ; www.okukljerestaurantmaestral.com ; plats 110-150 Kn ; ⊙13h-minuit mi-avr à mi-oct ; 🔊). Maestral est un établissement familial plutôt charmant, où les plus jeunes enfants du propriétaire aident au service tandis que le fils aîné charge le charbon de bois pour les *peka* commandées à l'avance. On recommande très chaudement le carpaccio de poulpe.

Saplunara

70 HABITANTS

À l'extrémité orientale de Mljet, le petit village de Saplunara paraît superbement isolé, même si on y voit les lumières de Dubrovnik au loin. On vient surtout pour son excellent restaurant et ses trois plages de sable. Continuez jusqu'à la troisième : c'est la plus grande et la plus belle.

Où se loger et se restaurer

Villa Mirosa — B&B €€

(☏099 19 96 270 ; www.villa-mirosa.com ; Saplunara 26 ; ch 96 € ; P❄🔊≋). Une superbe piscine à débordement sur le toit donne à cette pension de 12 chambres un avantage sur les autres hôtels similaires de Mljet. Les chambres sont très agréables ; le restaurant a une terrasse couverte de vigne. Vous pouvez accéder, sur l'arrière, à une crique rocheuse.

LA ROUTE DES VINS DE PELJEŠAC

Les visiteurs ignorent peut-être qu'en empruntant les méandres de la route qui traverse le centre de la péninsule de Pelješac Peninsula, ils traversent le domaine du roi des vins croates, le *plavac mali*.

Issu du *crljenak kaštelanski* (couramment appelé *zinfandel*), ce petit raisin bleu donne un vin généreux et savoureux (appelé *primitivo* en Italie). Plus le terrain est inhospitalier, plus les raisins sont gorgés de saveurs : voilà pourquoi le meilleur *plavac mali* se cultive sur les arides coteaux écrasés de soleil de **Dingač** et de **Postup**, sur la côte sud de la péninsule. Les vignes sont souvent difficiles d'accès et les vendanges sont pratiquées manuellement. Ces deux régions bénéficient d'une appellation d'origine protégée.

Pour déguster la production locale, on ne peut espérer endroit plus authentique que la **Taverna Domanoeta** (9h-1h juil-août), une cave à vins en pierre du village de **Janjina**, en plein centre de la péninsule. S'il fait beau, prenez place dans le jardin et commandez du *plavac mali*, accompagné de fromage local et de *pršut* (jambon cru).

Un peu plus loin, l'embranchement vers le village de **Trstenik**, où le célèbre vigneron de la Napa Valley, Mike Grgich, a lancé **Grgić Vina** (020-748 090 ; www.grgic-vina.com ; Trstenik ; 9h-17h). Arrêtez-vous au domaine pour déguster et acheter son *plavac mali* et son *pošip* (un cépage blanc cultivé à Korčula), primés.

La route principale traverse une vallée jusqu'au village de **Potomje**, où un tunnel de 400 m coupe dans la montagne jusqu'aux célèbres coteaux de Dingač. Le meilleur domaine à visiter à Potomje est le **Matuško** (098 428 676 ; www.matusko-vina.hr ; Potomje ; 8h-20h), où vous pouvez faire un tour des vastes caves avant de vous asseoir pour une dégustation.

Si tout ceci vous a donné soif, arrêtez-vous au **Peninsula** (www.peninsula.hr ; 9h-23h ;), un bar à vins en bord de route qui propose 40 sortes d'excellents vins locaux, ainsi qu'une sélection de *rakija* et d'alcools. Il est situé à **Donja Banda**, à proximité de l'endroit où la route de Trpanj quitte la route principale.

Stermasi DALMATE €€

(098 93 90 362 ; www.stermasi.hr ; plats 70-190 Kn ; 8-minuit ;). Situés sur la côte est, ces 10 appartements (à partir de 65 €) sont lumineux et modernes avec leur terrasse ou leur balcon privatif. Cependant le véritable attrait de Stermasi est son restaurant, qui sert une cuisine dalmate savoureuse et authentique. Parmi les spécialités maison : légumes, poulpe ou chevreau cuits sous *peka*, sanglier avec gnocchis et *brodet*, un ragoût de poisson à la mode de Mljet.

PÉNINSULE DE PELJEŠAC

Longue bande de terre reliée dans sa partie sud au continent, la péninsule de Pelješac est un incontournable des côtes croates. Avec des montagnes escarpées, de larges vallées, des criques idylliques et de bons vins, l'endroit est sensationnel. Deux villes anciennes, Ston et Orebić, encadrent la péninsule et la route tranquille qui serpente de l'une à l'autre est très plaisante ; comptez une heure, plus si vous vous arrêtez en chemin pour une dégustation de vin. La troisième bourgade par l'importance est **Trpanj**, bordée de palmiers, sur la côte nord, d'où partent les car-ferries pour Ploče.

Ston et Mali Ston

690 HABITANTS

Les deux bourgades de Ston et Mali Ston sont situées à 50 km au nord-ouest de Dubrovnik, sur un isthme rattachant la péninsule de Pelješac au continent. Jadis propriété de la république de Raguse, Ston était et reste un grand centre de production de sel. Son importance économique pour Dubrovnik conduisit en 1333 à l'édification d'un rempart de 5,5 km, l'un des plus longs d'Europe. L'architecte Juraj Dalmatinac participa aux plans et à la construction de l'ensemble, qui comprenait 40 tours et 5 forts. Toujours debout, les remparts forment un ensemble remarquable de bâtiments de l'époque médiévale dans le centre-ville.

Mali Ston, un petit port à 1 km au nord-est de Ston, fut créé en même temps que les fortifications et faisait partie du système défensif. Aujourd'hui destinations gastronomiques, les deux villes sont renommées pour leurs grosses huîtres plates et leurs moules, élevées ici depuis l'époque romaine.

À voir

Remparts
REMPARTS

(Gradske zidine ; adulte/enfant 40/20 Kn ; 8h-19h30). Principal site à voir à Ston, les remparts du XIVe siècle s'étendent entre les deux bourgs jusqu'en haut d'une colline. Aujourd'hui restaurés, on peut les arpenter sur de longs tronçons. La section de Ston peut se faire en 15 minutes ; comptez 30 minutes de plus pour continuer jusqu'à Mali Ston.

Prapratno
PLAGE

C'est la plage la plus proche de Ston, un bijou de baie sablonneuse aux eaux claires et calmes où les familles adorent venir. À 4 km au sud-ouest de Ston, près du ferry pour Mljet.

Où se loger

Autokamp Prapratno
CAMPING €

(020-754 000 ; www.duprimorje.hr ; Prapratno ; 56/42/46 Kn adulte/voiture/empl ; P). Dans ce joli camping de Prapratno près de la plage, les emplacements sont disposés à l'ombre des oliviers. Il bénéficie de bons équipements : courts de tennis, terrain de basket, boutique, DAB et restaurant.

Ostrea
HÔTEL €€€

(020-754 555 ; www.ostrea.hr ; Mali Ston ; s/d à partir de 690/990 Kn ; P). À quelques pas du joli port de Mali Ston, les murs en pierre et les volets verts de ce bâtiment historique cachent d'élégantes chambres avec parquet en bois verni et salle de bains moderne. Le personnel est accueillant et très professionnel.

Où se restaurer

Kapetanova Kuća
DALMATE, POISSON €€

(020-754 264 ; www.ostrea.hr ; Mali Ston ; plats 90-140 Kn ; 9h-minuit). Cette "Maison du Capitaine" est une institution de la région en matière de produits de la mer. Festoyez d'huîtres de Ston et de poulpe grillé sur la terrasse ombragée, mais essayez de garder de la place pour le traditionnel pudding de macaronis : original, et délicieux.

Stagnum
DALMATE €€

(020-754 158 ; Imena Isusova 23, Ston ; plats 30-120 Kn ; 11h-minuit mai-oct). Installé dans la ravissante cour avec jardin, vous pourrez regarder et sentir le poisson et la viande cuir sur le barbecue. On y sert aussi pizza, moules fraîches et risotto.

Renseignements

Office du tourisme (020-754 452 ; www.ston.hr ; Pelješki put bb, Ston ; 8h-14h et 16h-19h lun-ven, 8h-14h sam juin, 8h-19h lun-sam, 8h-12h et et 16h-19h dim juil-sept, 8h-14h lun-sam oct-mai). Brochures et horaires de bus ; peut vous aider à trouver une chambre chez l'habitant.

Depuis/vers Ston et Mali Ston

L'arrêt des bus est au centre de Ston, près de l'office du tourisme et de la poste. De là, il y a un quart d'heure à pied jusqu'à Mali Ston.

Parmi les destinations en bus : ville de Korčula (60 Kn, 2 heures, 4/jour), Orebić (48 Kn, 1 heure 15, 4/jour), Dubrovnik (52 Kn, 1 heure 15, 4/jour), Split (101 Kn, 3 heures 15, 3/jour) et Zagreb (239 Kn, 9 heures 30, tlj).

Orebić

1 980 HABITANTS

Orebić, sur la côte sud de la péninsule de Pelješac, compte une série de jolies petites plages, de sable ou de galets, bordées de bosquets de tamaris et de pins. À 2,5 km de la ville de Korčula, elle est idéale pour une excursion d'une journée. Outre le plaisir de se poser sur une plage ou une crique vous pourrez effectuer de belles **randonnées** sur le **mont Ilija** (961 m) et visiter les églises et musées alentour. Le mont Ilija protège la ville des vents du nord, permettant à la végétation de s'épanouir. La température est généralement un peu plus élevée qu'à Korčula ; le printemps arrive plus tôt et l'été s'achève plus tard.

À voir et à faire

Trstenica
PLAGE

Une plage étroite s'étend à l'ouest du quai. Celle de Trstenica, à 700 m à l'est des quais, est bien plus plaisante : un large croissant de sable avec de jolis galets, bordé d'arbres et baigné d'une eau turquoise.

Balades
RANDONNÉE

Orebić est idéale pour pratiquer la randonnée. Passez à l'office du tourisme pour obtenir la carte des sentiers. Un sentier conduit à travers les pinèdes de l'Hotel Bellevue jusqu'à un **monastère franciscain** du XVᵉ siècle, sur une crête qui s'élève à 152 m au-dessus de la mer. De là, les garde-côtes pouvaient surveiller les navires vénitiens ancrés à Korčula et signaler les mouvements suspects.

Le village de **Karmen**, qui se trouve près du monastère, est le point de départ de bonnes marches vers de charmants villages ou de l'ascension plus ardue du **mont Ilija**, massif rocheux dominant Orebić. Au sommet, vous serez récompensé par une vue panoramique sur la côte.

Sur une colline à l'est du monastère, l'**église Notre-Dame-des-Anges** (Crkva Gospa Od Karmena) côtoie d'immenses cyprès, une loggia baroque et les ruines d'un château ducal.

Où se loger

Glavna Plaža CAMPING, APPARTEMENTS €
(020-713 399 ; www.glavnaplaza.com ; Šetalište kneza Domagoja 49 ; 58/30/50/44 Kn par adulte/enfant/empl/voiture, app à partir de 50 € ; juin-oct ; P). Vous trouverez ce petit camping familial implanté au bout de la plage sablonneuse de Trstenica, à l'extrémité d'Orebić. Il loue également 4 appartements (3 studios et 1 pour 6 personnes).

♥ Hotel Adriatic HÔTEL €€€
(020-714 488 ; www.hoteladriaticorebic.com ; Šetalište Kneza Domagoja 8 ; s/d à partir de 1 000/1 254 Kn ;). Installée pile au bord de l'eau, cette ancienne maison de capitaine propose 6 chambres luxueuses avec des murs en pierres apparentes, du parquet et de vastes et belles salles de bains. Toutes les chambres ménagent une vue absolument magnifique sur la mer. L'excellent petit-déjeuner est servi sur la terrasse face à la mer. Notez que les enfants ne sont pas admis.

Hotel Indijan HÔTEL €€€
(020-714 555 ; www.hotelindijan.hr ; Šetalište, Škvar 2 ; s/d à partir de 109/189 € ; P). Cet hôtel bien conçu baigne dans une atmosphère contemporaine plutôt agréable. Les chambres modernes sont bien équipées, parfois dotées d'un balcon avec une vue sur Korčula. Les clients ont accès toute l'année à une petite piscine chauffée au toit vitré ouvrant.

Où se restaurer

Croccantino CAFÉ €
(098 16 50 777 ; www.facebook.com/CroccantinoCRO ; Obala Pomoraca 30 ; en-cas 10 Kn ; 7h-22h). Un petit café décontracté sur la promenade où satisfaire vos envies de sucre, avec un strudel ou une glace maison.

Konoba Andiamo DALMATE €€
(098 98 38 614 ; Šetalište kneza Domagoja 28 ; plats 50-120 Kn ; 14h-minuit ;). Un restaurant spacieux, sur une terrasse de bois, à quelques mètres à peine de l'eau. Nous avons adoré l'assiette de fruits de mer pour deux avec crevettes, moules, langoustines et deux sortes de poisson. Sur commande, il prépare aussi de l'agneau, du porc, du veau ou du poulpe à la *peka*.

Renseignements

Office du tourisme (020-713 718 ; www.visitorebic-croatia.hr ; Zrinsko Frankopanska 2 ; 8h-22h juil-août, 8h-20h mai, juin, sept et oct, 8h-16h lun-ven nov-avr). Carte utile des chemins de randonnée et des pistes cyclables de la péninsule et nombreuses brochures.

Orebić Tours (020-713 367 ; www.orebictours.hr ; Bana Josipa Jelačića 84a ; 8h-20h lun-sam, 8h-15h dim juin-sept, 8h-15h lun-ven oct-mai). Propose hébergement chez l'habitant, service de change et excursions – dont des circuits dans les vignobles et des croisières.

Poste (020-362 848 ; www.posta.hr ; Obala Pomoraca 30 ; 8h-21h lun-ven, 8h-12h et 18h-21h sam juin-sept, 7h30-17h lun-ven, 9h-13h sam oct-mai)

Depuis/vers Orebić

Les ferries en provenance de Korčula sont amarrés à quelques pas de l'office du tourisme et de l'arrêt de bus.

Des bus effectuent le trajet depuis/vers Ston (48 Kn, 1 heure 15, 5/jour), Dubrovnik (86 Kn, 2 heures 30, 4/jour), Split (117 Kn, 4 heures 30, tlj), Mostar (114 Kn, 4 heures 15, tlj) et Zagreb (250 Kn, 10 heures 45, tlj).

Viganj

280 HABITANTS

Viganj présente des conditions idéales pour la pratique de la planche à voile. Le village s'étire le long de la côte à 7 km à l'ouest d'Orebić, non loin de la pointe de la péninsule de Pelješa.

L'endroit est modeste, mais on y trouve deux restaurants, un bar de plage animé et un petit office du tourisme, l'été.

🛏 Où se loger

Camping Antony-Boy   CAMPING €
(📞 020-719 077 ; www.antony-boy.com ; adulte/enfant/tente/voiture 50/30/40/50 Kn, app 530-760 Kn ; 🅿🛜🏊). Près d'une plage de galets, ce camping au nom étrange a de bons équipements. Sur place, vous pourrez louer des bicyclettes et profiter des cours d'une école de planche à voile.

🛈 Renseignements

Office du tourisme (📞 020-719 059 ; www.visitorebic-croatia.hr ; ⊙9h-14h lun-sam mi-juin à mi-sept)

ÎLE DE KORČULA

15 600 HABITANTS

Riche en vignobles, oliveraies et petits villages, Korčula, sixième île de l'Adriatique par la taille, s'étire sur près de 47 km de long et recèle une splendide vieille ville. Paisibles criques et petites plages de sable constellent l'abrupte côte sud, tandis que le rivage nord est plat et caillouteux.

La tradition demeure vivace à Korčula, avec des cérémonies religieuses et des spectacles de danse et de musique folkloriques qui attirent les touristes. Les amateurs ne manqueront pas de goûter les vins locaux, dont l'un des meilleurs blancs du pays produit à partir du cépage *pošip*, qui n'est cultivé qu'ici et, dans une moindre mesure, sur la péninsule de Pelješac. Le cépage *grk*, cultivé dans la région de Lumbarda, donne également un blanc sec de qualité.

Histoire

Près de Vela Luka, à la pointe ouest de l'île, une grotte néolithique (Vela Spilja) a révélé l'existence d'un peuplement préhistorique. Les Grecs s'installèrent sur l'île vers le VIe siècle av. J.-C. Ils fondèrent leur principale colonie dans la région de l'actuelle Lumbarda vers le IIIe siècle av. J.-C.

Puis les Romains conquièrent Korčula au Ier siècle, les Slaves au VIIe siècle, et les Vénitiens en l'an 1000. Korčula passa ensuite sous domination hongroise. Elle fit brièvement partie de la république de Raguse, avant de retomber sous la coupe des Vénitiens de 1420 à 1797. Durant cette période, l'île prospéra autour de ses carrières de pierre et sa construction navale.

Après la conquête napoléonienne de la Dalmatie en 1797, Korčula passa aux mains des Français, puis des Britanniques, des Austro-Hongrois et des Italiens, avant d'intégrer la première république de Yougoslavie en 1921.

Korčula est aujourd'hui l'une des îles croates les plus prospères, et sa capitale historique attire nombre de visiteurs.

🛈 Depuis/vers Korčula

AVION

European Coastal Airlines (📞 021-444 813 ; www.ec-air.eu) relie par hydravion Lumbarda et Split de juillet à septembre, et Lumbarda à Dubrovnik en août. Vols de Vela Luka à Split et Ubli de mai à octobre, également.

BATEAU

On compte 3 ports principaux sur l'île : le port ouest de la ville de Korčula, Dominče (à 3 km de la ville de Korčula) et Vela Luka.

Jadrolinija (📞 020-715 410 ; www.jadrolinija.hr ; Plokata 19 travnja 1921 br 19) relie par car-ferry Orebić et Dominče (passager/voiture 16/76 Kn, 15 min), avec un départ toutes les heures environ (toutes les 90 min d'octobre à mai). Un catamaran quotidien relie Korčula (ville) et Split (80 Kn, 2 heures 45), avec escale à Hvar (70 Kn, 1 heure 30). De juillet à mi-septembre, il y a un catamaran quotidien entre le port ouest et Dubrovnik (120 Kn, 2 heures 15), Hvar (70 Kn, 1 heure 30) et Bol, sur l'île de Brač (100 Kn, 2 heures 45).

De Vela Luka, il y a deux car-ferries de Jadrolinija par jour pour Split (passager/voiture 60/530 Kn, 2 heures 45) et jusqu'à trois par jour vers Ubli, sur l'île de Lastovo (32/195 Kn, 1 heure 15). Un catamaran quotidien suit aussi cette ligne, avec escale à Hvar (40 Kn, 55 min) entre Split (65 Kn, 2 heures 15) et Ubli (40 Kn, 55 min).

En juillet-août, quatre catamarans de G&V Line (p. 275) relient Korčula(ville) à Dubrovnik (90 Kn, 2 heures 30), Polače, (50 Kn, 45 min) et Sobra, sur l'île de Mljet (60 Kn, 1 heure 30). Deux de ces bateaux continuent jusqu'à Ubli (60 Kn, 1 heure 15).

De juin à septembre, Kapetan Luka (p. 275) opère une liaison par jour par bateau rapide entre Korčula (ville) et Dubrovnik (120 Kn, 1 heure 45), Pomena, à Mljet (80 Kn, 30 min), Hvar (190 Kn, 1 heure), Milna, à Brač (110 Kn, 1 heure 45) et Split (120 Kn, 2 heures 15). Seulement 4 bateaux par semaine en mai, 3 en octobre.

🛈 Comment circuler

Des bus relient Korčula (ville) à Lumbarda (aller/AR 15/25 Kn, 15 min, 4 à 10/jour) et Vela Luka (40/60 Kn, 1 heure, 4 à 6/jour).

Ville de Korčula

2 860 HABITANTS

La ville de Korčula impressionne. Entourée d'imposants remparts, cette citadelle côtière, chargée d'histoire, possède des rues pavées de marbre et de magnifiques monuments Renaissance et gothique. Son plan suit une disposition ingénieuse, conçue pour le confort et la sécurité des habitants : les rues orientées à l'ouest sont rectilignes afin que le *maestral* (fort vent du nord) rafraîchisse la ville en été, tandis que celles orientées vers l'est sont incurvées pour affaiblir le souffle de la bora (vent de nord-est froid) en hiver. La cité est implantée sur une presqu'île, que surplombent des tours rondes défensives et des maisons aux toits rouges ombragées de palmiers.

Pour vous détendre après avoir arpenté la ville, plusieurs plages sont facilement accessibles à pied.

Histoire

Des documents attestent l'existence d'une ville fortifiée dès le XIIIe siècle, cependant la cité actuelle fut bâtie au XVe siècle. Sa construction coïncida avec l'apogée de la sculpture sur pierre à Korčula, qui a donné aux monuments et aux rues leur style si particulier.

Au XVIe siècle, les maçons ajoutaient aux façades des éléments décoratifs, tels que des colonnes ornementées et des armoiries, conférant une allure Renaissance aux bâtiments gothiques.

Aux XVIIe et XVIIIe siècles, alors que la menace d'invasion diminuait, la ville se développa, à l'extérieur de ses remparts, au sud. Ce nouveau faubourg, aux ruelles étroites et aux maisons de pierre, attira des marchands et des artisans ; il est resté le cœur des activités commerciales de la cité.

À voir et à faire

D'excellents sentiers cyclables et de randonnée sillonnent les alentours de Korčula. Procurez-vous une carte de l'île à l'office du tourisme. En été, des **bateaux-taxis** proposent des circuits à l'**île de Badija**, qui abrite un monastère franciscain du XVe siècle et une plage naturiste.

Fortifications   REMPARTS

Particulièrement imposantes depuis la mer, les tours de Korčula visaient à dissuader les pirates de toute tentative d'agression. À l'origine, les fortifications formaient une barrière continue comportant 12 tours et des murs hauts de 20 m.

À l'ouest, la **grande tour du Gouverneur** (1483 ; Obala dr Franje Tuđmana bb), conique, et la **petite tour du Gouverneur** (1449) protégeaient le port, les navires et le palais du Gouverneur qui se dressait autrefois près de l'hôtel de ville. En longeant les remparts de la vieille ville dans le sens des aiguilles d'une montre, on tombe sur la petite **tour de la Porte maritime** (Sv Barbare bb) qui porte une inscription en latin de 1592 affirmant que Korčula fut fondée après la chute de Troie. Puis vient la **tour Kanavelić** (Sv Barbare bb), semi-circulaire,

---

MARCO POLO : ITALIE CONTRE CROATIE

En 2011, près de six siècles après sa mort, Marco Polo (1254-1324) fut au cœur d'un petit incident diplomatique entre l'Italie, la Croatie et la Chine. À l'occasion d'un discours de l'ancien président croate Stjepan Mesić pour l'ouverture d'un musée consacré à l'explorateur, à Yangzhou, en Chine, le dirigeant présenta Marco Polo comme un "explorateur du monde, né en Croatie, qui fit découvrir la Chine à l'Europe". Fous de rage, les médias italiens accusèrent la Croatie d'usurper la nationalité de cette figure historique.

Si le lieu de naissance exact de Marco Polo n'est pas certain (Venise et Korčula se le disputent), il est communément admis qu'il était natif de la république de Venise et non pas de la Croatie (gouvernée à cette époque par la Hongrie et n'englobant pas Korčula) ou de l'Italie (alors inexistante). L'une des familles historiques de Korčula était connue sous le surnom de Pilić ("poulet" en croate). À cette époque, les marchands et les aristocrates employaient couramment leurs noms sous deux versions : croate et italienne. Marko Pilić aurait donc donné Marco Polo (*pollo* signifiant "poulet" en italien).

Malgré le manque de preuves, Korčula revendique fièrement *son* Marco Polo avec la création de deux musées Marco-Polo. Toutefois, aucun des deux n'est vraiment intéressant. À vous de vous faire une idée.

surmontée de créneaux et restaurée, ainsi que la **tour Zakerjan**, la plus petite, aujourd'hui occupée par le bar Massimo (p. 289).

L'entrée principale, la porte sud côté terre de la **tour Veliki Revelin** (Trg krajla Tomislava), donne accès à la vieille ville. Érigée au XIVe siècle et agrandie par la suite, elle arbore les armoiries des doges vénitiens et des gouverneurs de Korčula. Elle comportait jadis un pont-levis en bois, remplacé au XVIIIe siècle par de larges marches en pierre qui ajoutent à la majesté de l'entrée. Les plus beaux vestiges des remparts s'étendent à l'ouest de cette tour. Sa partie haute abrite le petit **musée de la Moreška** (Tour Veliki Revelin ; 20 Kn ; ◉9h-15h mai-oct), consacré à cette danse traditionnelle et qui contient quelques costumes et des photographies anciennes.

♥ Cathédrale Saint-Marc   CATHÉDRALE

(Katedrala svetog Marka ; Trg Sv Marka ; église 10 Kn ; clocher tarif plein/réduit 20/15 Kn ; ◉9h-21h juil-août, pour la messe seulement sept-juin). Construite par des artistes italiens et locaux dans un style mêlant gothique et Renaissance, cette magnifique cathédrale du XVe siècle en calcaire de Korčula domine la petite place au cœur de la ville. Les sculptures qui ornent sa façade sont intéressantes. Une balustrade et une coupole, sculptées par Marko Andrijić, originaire de Korčula, surmontent le **clocher**.

À l'intérieur de la cathédrale, la nef, haute de 30 m, est bordée d'une double colonnade de piliers en calcaire. Remarquez le tabernacle, également sculpté par Andrijić, et, derrière, le retable *Les Trois Saints*, œuvre du Tintoret. Autre peinture attribuée au Tintoret ou à son atelier, *L'Annonciation* surplombe l'autel baroque de saint Antoine.

Parmi les autres œuvres remarquables, vous pourrez admirer une peinture du Vénitien Jacopo Bassano dans l'abside du bas-côté sud et un bronze de saint Blaise, près de l'autel du bas-côté nord, œuvre d'Ivan Meštrović, qui figure parmi les sculptures modernes du **baptistère**.

Avant de quitter la place, vous remarquerez le **palais Arneri** et ses élégants ornements face à la cathédrale, à l'angle de l'étroite rue homonyme.

Trésor de l'abbaye Saint-Marc   MUSÉE

(Opatska riznica svetog Marka ; Trg Sv Marka ; 25 Kn ; ◉9h-19h lun-sam mai-nov). Ce palais abbatial du XIVe siècle abrite une antichambre avec une collection d'icônes et une salle consacrée à l'art dalmate avec une belle sélection de peintures des XVe et XVIe siècles, dont un splendide polyptyque – *La Vierge*, de Blaž Trogiranin. On peut y voir également des objets liturgiques, des bijoux, des meubles et des documents relatifs à l'histoire de Korčula.

Musée de la Ville   MUSÉE

(Gradski muzej ; ☏020-711 420 ; www.gm-korcula.com ; Trg Sv Marka 20 ; tarif plein/réduit 20/6 Kn ; ◉9h-21h juil-sept, 10h-13h oct-juin). Aménagé dans le palais Gabriellis du XVIe siècle, ce musée retrace l'histoire et les cultures spécifiques de l'île. Si son organisation laisse à désirer, il abrite d'intéressantes curiosités, dont une tablette rappelant la présence grecque au IIIe siècle av. J.-C. Explications en anglais. Les collections couvrent des domaines tels que la taille de la pierre, l'archéologie, l'art, les meubles et le textile. On peut voir quelques modèles de la robe traditionnelle de Korčula.

Musée des Icônes   MUSÉE

(Muzej Ikona ; Trg Svih Svetih ; 15 Kn ; ◉10h-13h lun-sam). Ce modeste musée possède une très belle collection d'icônes byzantines, peintes sur bois doré, ainsi que des objets rituels des XVIIe et XVIIIe siècles.

Le billet donne accès à la belle **église de Tous-les-Saints** (Crkva Svih Svetih), située juste à côté. Dans cet édifice baroque du XVIIIe siècle vous pourrez admirer un jubé en bois sculpté et peint du XVe siècle, une *pietà* de la fin du XVIIIe siècle et de nombreuses peintures religieuses d'artistes de la région.

☞ Circuits organisés

Des agences de voyages locales organisent la visite de l'île, des excursions à Mljet ainsi que des sorties VTT, kayak de mer et snorkeling.

✨ Fêtes et festivals

Un programme des manifestations est disponible à l'office du tourisme. Lors de la **Semaine sainte**, du dimanche des Rameaux à Pâques, les confréries religieuses locales organisent des cérémonies et des processions en costume traditionnel. Les habitants entonnent des chants et des hymnes médiévaux, des épisodes bibliques sont mis en scène et les portes de la ville sont bénies. Les processions les plus solennelles ont lieu le soir du Vendredi saint.

Ville de Korčula

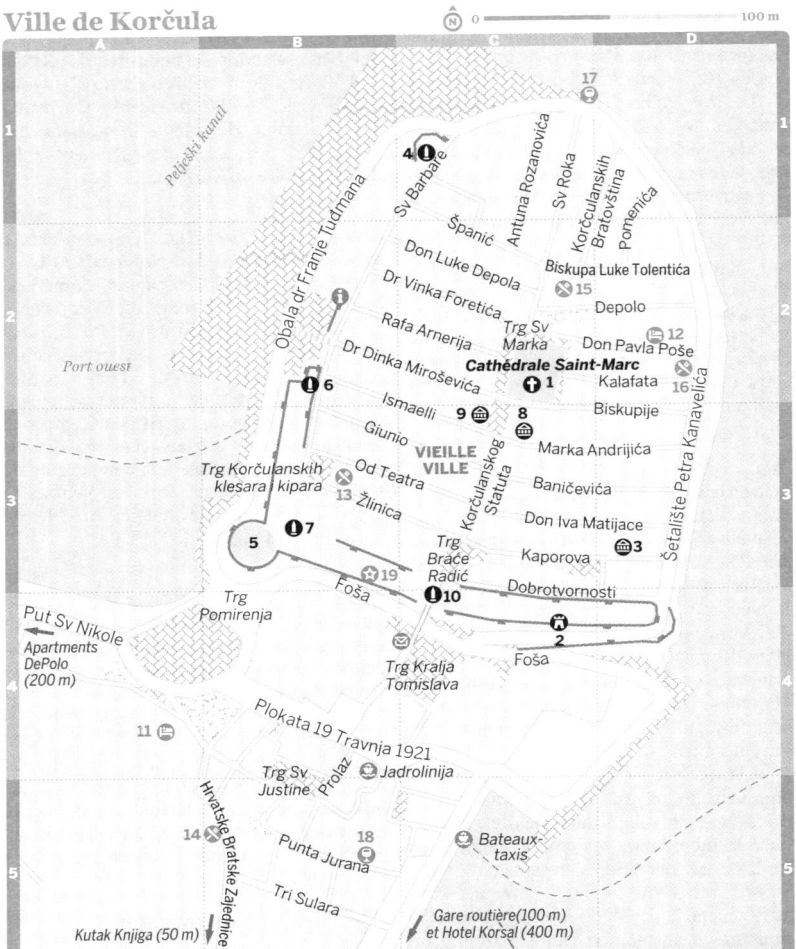

🛏 Où se loger

Hajduk 1963 — PENSION €

(📞 020-711 267 ; www.hajduk1963.com ; ul 67 br 6 ; ch 40 € ; 🅿 ❄ 🛜). Hajduk, qui porte le nom du club de football préféré des Dalmates, est accueillant, avec des chambres abordables, un bon restaurant sur place, et même une piscine et des balançoires pour les enfants. À quelques kilomètres du centre-ville, en retrait de la route qui mène au ferry.

Apartments DePolo — PENSION €

(📞 020-711 621 ; rezi.depolo@gmail.com ; Put Sv Nikole 28 ; ch/app 330/380 Kn ; 🅿 ❄ 🛜). Petites mais confortables, ces chambres ont leur propre salle de bains, et l'une d'elles possède une terrasse avec une vue sensationnelle. Il y a un supplément de 30% pour les courts séjours en été.

💚 **Korčula**

Royal Apartments — APPARTEMENTS €€

(📞 098 18 40 444 ; www.korcularoyalapartments.com ; Trg Petra Šegedina 4 ; app à partir de 80 € ; ❄ 🛜). Chics et bien équipés, ces appartements occupent une maison ancienne au bord de l'eau, en lisière de la vieille ville. Difficile de trouver meilleur cadre et accueil plus chaleureux.

Ville de Korčula

◉ Les incontournables
1. Cathédrale Saint-Marc C2

◉ À voir
2. Fortifications C4
3. Musée des Icônes D3
4. Tour Kanavelić C1
5. Grande tour du Gouverneur B3
   Musée de la Moreška .... (voir 10)
6. Tour de la Porte maritime B2
7. Petite tour du Gouverneur B3
8. Trésor de l'abbaye Saint-Marc C3
9. Musée de la Ville C3
10. Tour Veliki Revelin C4

◉ Où se loger
11. Korčula Royal Apartments A4
12. Lešić Dimitri Palace D2

◉ Où se restaurer
13. Aterina B3
14. Cukarin B5
15. Konoba Adio Mare C2
16. LD Terrace D2

◉ Où prendre un verre et faire la fête
17. Massimo C1
18. Vinum Bonum B5

◉ Où sortir
19. Moreška Cultural Club B3

Lešić Dimitri Palace APPARTEMENTS €€€
(☏ 020-715 560 ; www.ldpalace.com ; Don Pavla Poše 1-6 ; app 495-1 495 € ; ❄🛜). Cet endroit extraordinaire, hors catégorie, propose 5 "résidences" impeccables, dans un palais épiscopal du XVIIIe siècle. La décoration s'inspirant des voyages de Marco Polo (Chine et Inde) et la rénovation du bâti (poutres apparentes, murs en pierre et dalles, etc.) reflètent harmonieusement l'atmosphère de la vieille ville.

Hotel Korsal HÔTEL €€€
(☏ 020-715 722 ; www.hotel-korsal.com ; Šetalište Frana Kršinića 80 ; s/d à partir de 153/168 € ; ❄🛜). Près de la marina, cette nouvelle adresse propose 18 chambres confortables mais ordinaires, réparties dans 3 bâtiments. Intégralement rénovés, les 2 immeubles les plus anciens ont vue sur la mer, tandis que les plus récents sont un peu en retrait et offrent une vue partielle.

🍴 Où se restaurer

Cukarin TRAITEUR €
(www.cukarin.hr ; Hrvatske Bratske Zajednice bb ; gâteaux à partir de 10 Kn ; ⊙8h30-12h et 17h-19h30 lun-sam). Bonnes spécialités de Korčula, comme le *klašun* (pâtisserie aux noix) et l'*amareta* (riche gâteau rond aux amandes), mais aussi du vin, de la confiture et de l'huile d'olive provenant de l'île.

Konoba Adio Mare DALMATE €€
(☏ 020-711 253 ; www.konobaadiomare.hr ; Sv Roka bb ; plats 60-180 Kn ; ⊙12h-23h lun-sam, 17h-23h dim mi-avr à mi-oct). Au cœur de la vieille ville, le toit-terrasse de ce restaurant réputé est très probablement le lieu le plus animé de Korčula. La carte privilégie les spécialités locales telles que le *brodet*, la *pašticada* et le bœuf avec raviolis.

Aterina POISSON €€€
(☏ 091 98 61 856 ; www.facebook.com/aterina-korcula ; Trg Korčulanskih klesara i kipara 2 ; plats 75-180 Kn ; ⊙12h-minuit mai-oct). En plus d'être un superbe endroit où admirer le coucher du soleil, Aterina propose d'excellents plats de la mer d'inspiration italienne. Les plats du jour, affichés sur l'ardoise selon la pêche du jour, ont la vedette.

LD Terrace MÉDITERRANÉEN €€€
(☏ 020-715 560 ; www.lesic-dimitri.com ; Šetalište Petra Kanavelića bb ; petit-déj 42 Kn, plats 190-240 Kn ; ⊙8h-minuit ; 🛜). L'hébergement le plus raffiné de Korčula possède son meilleur restaurant. Le cadre est superbe, avec une salle à manger chic à l'étage et de romantiques tables disposées juste au-dessus de l'eau. Carte méditerranéenne moderne et belle cave de vins dalmates prestigieux.

🍷 Où prendre un verre et faire la fête

Vinum Bonum BAR À VINS
(Punta Jurana 66 ; ⊙18h-minuit ; 🛜). Niché dans une allée piétonne derrière le port, voici un bar à l'ambiance décontractée où goûter certains des meilleurs vins et *rakija* de l'île.

Massimo COCKTAILS
(☏ 098 19 13 538 ; Šetalište Petra Kanavelića 1 ; ⊙9h-1h mai-oct). C'est l'endroit le plus branché de Korčula au crépuscule, un bar interdit aux enfants, au sommet de la tour Zakerjan, auquel on n'accède que par une échelle ; vos boissons sont montées à l'aide d'une poulie. Venez-y pour l'originalité et la vue.

100% LOCAL

LA MOREŠKA, DANSE AVEC DES ÉPÉES

L'une des traditions les plus pittoresques de Korčula, la *moreška*, une danse avec des épées, sans doute d'origine espagnole, remonte au XVe siècle. À l'heure actuelle, elle n'est plus exécutée que sur l'île. Cette danse conte l'histoire d'un roi blanc (vêtu de rouge) et d'un roi noir, qui a enlevé une princesse que les deux souverains se disputent. Dans le prologue, la belle déclare son amour pour le roi blanc, mais le roi noir refuse de la libérer. Les deux armées s'affrontent et, accompagnées par la musique, simulent le combat au fil d'une chorégraphie complexe. Si la représentation a lieu traditionnellement le jour de la fête de la ville de Korčula (le 29 juillet), l'association culturelle Moreška (ci-après) la donne à peu près deux fois par semaine désormais durant tout l'été.

La *kumpanija*, dansée dans les villages de Pupnat, Smokvica, Blato, Čara et la ville de Vela Luka, est aussi un bon divertissement, mais il vous faut être motorisé pour y assister. Différente de la *moreška*, cette danse symbolise aussi un combat entre deux armées rivales et culmine avec le déploiement d'un immense drapeau. Elle se déroule au son du *mišnice* (sorte de cornemuse) et de percussions. Une variante, la *moštra*, se danse au village de Žrnovo, le soir de l'Assomption seulement (15 Août).

Association culturelle Moreška DANSE
(www.moreska.hr ; Ljetno kino, Foša 2 ; 100 Kn ; ⊙ spectacles à 21h lun et jeu, juil-août, à 21h jeu juin et sept). Des habitants de la ville pratiquent avec enthousiasme la *moreška*, une danse traditionnelle avec des épées, accompagnés d'une fanfare, lors d'un spectacle d'une heure souvent prolongé par une chorale de *klapa*.

 Achats

Kutak Knjiga LIVRES
(☎020-716 541 ; kutak-knjiga.blogspot.co.nz ; Hrvatske Bratske Zajednice 110 ; ⊙9h30-20h lun-ven, 10h-15h sam). On ne sait pas comment tant de livres en croate, anglais, français entre autres langues étrangères peuvent tenir dans un si petit espace.

Renseignements

Atlas (☎020-711 060 ; atlas-korcula@du.htnet.hr ; Plokata 19 Travnja 1921 bb ; ⊙8h-20h lun-sam, 8h-15h dim juin-sept, 8h-15h lun-ven oct-mai). Excursions et réservation d'hébergements chez l'habitant.

Cabinet médical (Dom zdravlja ; ☎020-711 700 ; www.dom-zdravlja-korcula.hr ; Ulica 57 br 5)

Na 90° (☎099 32 54 448 ; Obala Korčulanskih brodograditelja bb ; ⊙7h-21h lun-sam, 8h-19h dim). Laverie automatique dans la gare routière, avec un service de consigne.

Office du tourisme (☎020-715 701 ; www.visitkorcula.eu ; Obala dr Franje Tuđmana 4 ; ⊙8h-20h lun-sam, 8h-15h dim juin, 8h-22h tlj juil à mi-sept, 8h-15h lun-ven oct-mai). Excellente source d'informations, avec brochures, cartes et horaires des ferries.

Poste (☎020-362 865 ; www.posta.hr ; Trg kralja Tomislava 14 ; ⊙7h-21h lun-sam juin-sept, 7h-20h lun-ven, 8h-13h sam oct-mai).

Lumbarda

1 220 HABITANTS

Lumbarda est une localité tranquille entourant un port à l'extrémité sud-est de l'île de Korčula. Ici, le sol sablonneux convient aux vignes et le cépage *grk* donne un vin réputé. Au XVIe siècle, des aristocrates de Korčula firent construire des résidences estivales aux alentours de Lumbarda. Le village possède des petites plages de sable.

 A voir

Pržina PLAGE
Les familles se précipitent sur cette plage de sable où on peut nager sans risque, faire des châteaux de sable et musarder dans ses petits cafés-bars. Pour y aller, depuis la route qui mène en ville, continuez tout droit sur la route qui passe devant le bureau de poste.

Renseignements

Poste (www.posta.hr ; Lumbarda 546 ; ⊙8h-12h et 17h-20h lun-ven juil-août, 8h-11h lun-ven sept-juin)

ÎLE DE LASTOVO

Petite, isolée, verdoyante, au sud de Korčula et à l'ouest de Mljet, Lastovo est l'une des plus reculées et des moins développées des îles habitées de Croatie. Tout comme Vis, tout aussi isolée, elle a servi de base militaire à l'époque yougoslave et était interdite aux visiteurs.

Désormais accessible, elle est devenue une destination de choix pour les plaisanciers avertis, qui viennent mouiller dans ses petites baies paradisiaques. L'île est moins attrayante sans bateau, car elle ne compte pas de belle plage et il y a peu à y faire. Son principal attrait est la ville du même nom, un très bel ensemble de maisons en pierre et d'églises anciennes accroché à flanc de colline, dans l'intérieur.

Lastovo et les dizaines d'îlots qui l'entourent sont maintenant protégés au sein du parc naturel de l'archipel de Lastovo, qui abrite puffins (oiseaux), coraux, éponges, langoustes, escargots de mer rares, dauphins et tortues carettes ou vertes.

Activités

Des chemins piétonniers ou cyclables bien indiqués sillonnent l'île. Renseignez-vous à l'office du tourisme sur l'itinéraire qui correspondra à vos désirs et à vos possibilités.

Le seul endroit ressemblant à une plage est la petite étendue de galets au pied du restaurant Porto Rosso, dans la petite baie de **Skrivena Luka**.

Où se loger

Peut-être parce que de nombreux visiteurs dorment à bord de leurs bateaux, les bons hébergements sont rares. On trouve l'unique hôtel de Lastovo, plus quelques appartements de vacances basiques, au joli village de Pasadur, à cheval sur deux îlots reliés par un petit pont. Contactez l'office du tourisme pour en savoir plus sur l'hébergement chez l'habitant.

Où se restaurer

Triton DALMATE, POISSON €€
(020-801 161 ; www.triton.hr ; Zaklopatica 15 ; plats 60-100 Kn ; 11h-22h mai-sept). Au fond de la jolie crique en fer à cheval de Zaklopatica, ce restaurant de la mer familial propose de délicieux poissons et langoustes frais. Commencez avec la spécialité de la maison : les crevettes frites (à manger entières), les beignets de calamars, et le thon froid aux légumes. Loue aussi des chambres à l'étage.

Renseignements

Office du tourisme (020-801 018 ; tz-lastovo.hr ; Pjevor 7, Lastovo ; 8h-14h et 16h-20h lun-sam)

Depuis/vers Lastovo

Le quai des ferries est à Ubli, à l'extrémité ouest de l'île.

Jadrolinija (020-805 175 ; www.jadrolinija.hr) affrète jusqu'à trois car-ferries par jour pour Vela Luka, à Korčula (passager/voiture 32/195 Kn, 1 heure 15), dont un qui continue jusqu'à Split (68/530 Kn, 4 heures 30). Il y a

---

HORS DES SENTIERS BATTUS

TABLES RURALES

Les meilleurs repas de Korčula se font souvent dans les *konoba* (restaurants simples et familiaux) de ses petits villages. Si vous possédez votre propre moyen de locomotion, rejoignez les adresses suivantes.

Konoba Mate (020-717 109 ; www.konobamate.hr ; Pupnat 28 ; plats 50-80 Kn ; 9h-14h et 19h-minuit ;). Notre adresse favorite sur l'île a pour cadre improbable le tranquille village agricole de Pupnat, près de la route principale de l'île, à 11 km à l'ouest de la ville de Korčula. La carte est réduite mais tentera tout le monde, avec des plats traditionnels revus avec originalité, comme le chevreau cuit sous *peka* (cloche de cuisson). Beau plateau de hors-d'œuvre.

Konoba Belin (091 50 39 258 ; www.facebook.com/RestoranBelin ; Prvo Selo Žrnovo ; plats 50-130 Kn ; 10h30-13h30 et 18h-23h30). Rendez-vous à cette chaleureuse adresse familiale située dans la partie ancienne de Žrnovo, à 2,5 km à l'ouest de la ville de Korčula. On s'installe autour du barbecue pour des poissons et viandes grillés à foison. Sur commande, poulpe ou agneau cuit sous *peka*.

Konoba Maslina (020-711 720 ; www.konobamaslina.com ; Lumbarajska cesta bb ; plats 55-130 Kn ; 11h-22h lun-sam, jusqu'à 17h dim). Cette *konoba* (taverne) rurale offre une atmosphère rustique et sert une cuisine campagnarde honnête : poisson frais, agneau et veau, mais aussi jambon et fromage locaux. À environ 3 km à l'extérieur de la ville, sur la route pour Lumbarda.

également un catamaran quotidien sur cette même ligne, qui fait escale à Vela Luka (40 Kn, 55 min), Hvar (45 Kn, 2 heures) et Split (65 Kn, 2 heures 15).

En juillet-août, deux catamarans de G&V Line (p. 275) se rendent chaque semaine à Korčula (60 Kn, 1 heure 15), Polače (70 Kn, 2 heures 15) et Sobra (70 Kn, 3 heures), sur Mljet, puis à Dubrovnik (95 Kn, 4 heures).

De mai à octobre, des hydravions d'**European Coastal Airlines** (☎021-444 813 ; www.ec-air.eu) relient Ubli au centre de Split et à Vela Luka.

❶ Comment circuler

Vous trouverez des stations de vélos en libre-service Next Bike (www.nextbike.hr) près du ferry à Ubli et dans la ville de Lastovo.

Comprendre la Croatie

LA CROATIE AUJOURD'HUI 294
Bien que la Croatie fasse partie de l'Union européenne, sa situation politique et économique reste encore instable.

HISTOIRE 296
L'histoire riche et complexe du pays joue encore un grand rôle dans la Croatie actuelle.

L'ESPRIT CROATE 312
Partez à la rencontre des Croates : un peuple à l'âme religieuse, aimant les plaisirs de la vie et fou de sport !

LA CUISINE CROATE 317
Truffes blanches, asperges sauvages, vin de qualité et fruits de mer excellents font de la Croatie un paradis des gourmets.

ARCHITECTURE 323
On peut contempler presque toute l'histoire de l'architecture européenne dans ce pays de petites dimensions.

ENVIRONNEMENT 325
La faune de Croatie, le karst, les parcs nationaux, et quelques-uns des défis actuels.

ARTS ET CULTURE 328
Les arts ont une grande importance pour les Croates ; tout sur la vie artistique traditionnelle ou contemporaine.

La Croatie aujourd'hui

Pendant près de mille ans, le sort de la Croatie a dépendu de décisions prises à Budapest, Venise, Vienne ou Belgrade. Le pays est désormais maître de son destin, élit ses propres dirigeants et c'est à lui seul de trouver la voie du rétablissement. Le tourisme est en plein boom, mais, quelques années après après son entrée dans l'Union européenne, l'économie croate est encore fragile.

À voir

On n'aime qu'une fois (*Samo jednom se ljubi*, Rajko Grlić, 1981)
Kiklop (*Cyclope,* Antun Vrdoljak, 1982)
Comment la guerre a commencé sur mon île (*Kako je počeo rat na mom otoku*, Vinko Brešan, 1996)
Armin (Ognjen Sviličić, 2006)
Buick Riviera (Miljenko Jergovic, 2008)
Broj 55 (Kristijan Milić, 2014)
Happily Ever After (Tatjana Bozić, 2014)

À lire

Agneau noir et faucon gris. Un voyage à travers la Yougoslavie (Rebecca West, 1941). Journal de voyage de l'auteur à travers les Balkans en 1941.
La Désagrégation de la fédération yougoslave : 1988-1992 (Zoran Kosanic, 2008, L'Harmattan).
Le Pont sur la Drina (Ivo Andrić, 1945). 400 ans d'histoire de la Bosnie et de ses communautés, par le Prix Nobel de littérature 1961.
Tito est mort (Marica Bodrožić ; Éd. de l'Olivier, 2004). Dans l'arrière-pays dalmate, au début des années 1980.
Freelander (Miljenko Jergović ; Actes Sud, 2009). Toute l'âme de la Croatie dans un court et captivant roman.
Nous ne verrons jamais Vukovar (Louise L. Lambrichs ; Philippe Rey, 2005). Une critique implacable de la dictature de Milošević.

L'intégration à l'UE

La guerre terminée et leur indépendance acquise, les Croates franchirent une nouvelle étape en juillet 2013, en adhérant officiellement à l'UE. En janvier 2012, près de 44% des Croates avaient participé au référendum sur l'accession à l'UE, en répondant oui à 66%. Pourtant, le scepticisme était grand quant aux bénéfices de cette adhésion, notamment parmi les jeunes.

L'industrie et l'agriculture croates ne bénéficient plus des exemptions douanières jadis en vigueur avec leurs anciens voisins yougoslaves, et affrontent la rude compétition des produits de l'UE. De nombreuses voix s'élèvent également contre l'influence des sociétés étrangères sur le style de vie méditerranéen traditionnel : commencer à travailler tôt et finir tôt, pour laisser le temps aux grands déjeuners en famille et à la sieste dans l'après-midi, est une pratique qui disparaît progressivement.

Malgré cela, il existe des signes de reprise de l'économie : le PIB, les exportations et la production industrielle sont en hausse. En juin 2016, le taux de chômage est redescendu à 13,6%, au plus bas depuis 2008 même si ce taux chez les jeunes dépasse toujours les 40%.

En septembre 2015, l'est de la Croatie a commencé à connaître un grand afflux de réfugiés. La Hongrie venait d'ériger une barrière à sa frontière avec la Serbie, faisant de la Croatie et de la Slovénie la route la plus directe entre la Serbie et l'Autriche. Plus de 340 000 personnes sont passées par le camp de réfugiés créé en novembre 2015 à Slavonski Brod, dans l'est du pays, avant son démantèlement en avril 2016. En mars 2016, la Croatie a imposé des restrictions au passage de sa frontière avec la Serbie. En juillet 2016, le pays a accueilli son premier groupe de demandeurs d'asile au titre des quotas de l'UE.

Essor du tourisme

Le tourisme poursuit son essor en Croatie. En 2015, 14,1 millions de personnes ont visité le pays (8,3% de plus que l'année précédente), et ce secteur représente maintenant 20% du PIB du pays, générant près de 8 milliards d'euros par an.

Le gouvernement croate espère doubler les revenus du tourisme d'ici à 2020 et créer 32 000 emplois nouveaux dans ce secteur. Le défi est de développer l'industrie touristique tout en préservant les richesses naturelles et culturelles qui font de la Croatie une destination si attrayante. Les Croates cherchent à éviter les excès du développement, si visibles dans d'autres régions de la Méditerranée. La construction immobilière est actuellement soumise à des règles strictes, et il existe 444 zones protégées dans le pays, dont huit parcs nationaux.

Les nombreux festivals de musique attirent de plus en plus de monde, sont programmés de juin à septembre, et ont lieu dans les régions côtières déjà très fréquentées. Le gouvernement croate cherche donc à encourager les touristes à venir hors saison et à quitter la côte pour admirer les beautés de l'intérieur du pays, notamment le Zagorje et la Slavonie.

Changements politiques

En janvier 2015, Kolinda Grabar-Kitarović, membre de l'Union démocratique croate (HDZ, principal parti politique croate de centre droit, conservateur et démocrate chrétien) était la première femme élue à la présidence de la République en Croatie. Ancienne ministre des Affaires étrangères, ambassadrice aux États-Unis et secrétaire générale adjointe de l'OTAN, elle battait de peu au second tour le social-démocrate Ivo Josipović.

En janvier 2016, Tihomir Orešković, un homme d'affaires croato-canadien sans passé politique était nommé Premier ministre par le Parlement. À peine six mois plus tard, son gouvernement était renversé et, pour la première fois de l'histoire croate, des élections anticipées étaient organisées en septembre 2016 ; 53% de la population croate s'est rendue aux urnes. La HDZ, le parti conservateur au pouvoir, mené par le modéré Andrej Plenković, a manqué de peu d'obtenir la majorité et formé un gouvernement de coalition avec le petit parti populiste MOST (centre-droit). Le nouveau gouvernement devra entre autres apaiser les craintes de l'UE que suscite la montée du nationalisme.

POPULATION : **4,3 MILLIONS D'HABITANTS**

PIB PAR HABITANT : **20 550 €**

CROISSANCE : **1,6%**

INFLATION : **0,5%**

CHÔMAGE : **19,3%**

Population au km²

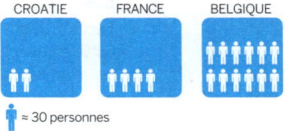

≈ 30 personnes

Religions
(% de la population)

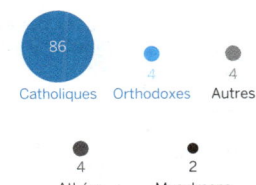

Sur 100 personnes en Croatie

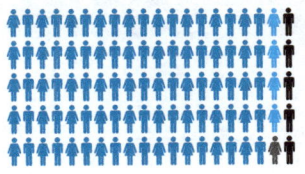

90 sont croates
4 sont serbes
1 sont bosniaques
5 sont d'une autre nationalité

Histoire

Envahie de tous bords, ballottée d'un empire à l'autre, divisée puis réunifiée selon différentes configurations, la Croatie a été façonnée par une histoire des plus mouvementées. Dans cette région du monde, le passé affleure à tout moment, omniprésent dans l'architecture et sous-jacent dans toute discussion sur la situation actuelle et le devenir du pays.

Les premiers habitants

Des fouilles effectuées sur le site préhistorique de Krapina ont révélé que cette région était habitée depuis le paléolithique. Le fruit de ces fouilles est exposé au Muséum d'histoire naturelle croate de Zagreb, mais vous pouvez vous faire une idée de la vie des hommes de Néandertal en visitant le nouveau musée de l'Homme de Néandertal, à Krapina. En Slavonie orientale se développa ce qu'on appelle la "culture de Vucedol" qui essaima dans les territoires occupés aujourd'hui par la Slovaquie, la Slovénie, l'Autriche, l'Allemagne, la Hongrie et la République tchèque avant de progresser vers le sud et les îles de l'Adriatique.

À partir du premier millénaire avant J.-C. arrivèrent dans la région les Illyriens, un peuple indo-européen. Redoutables guerriers, ils limitèrent, au VIe siècle av. J-C, l'influence des Grecs à l'établissement de comptoirs sur la côte adriatique, à Épidaure et à Korčula au VIe siècle av. J-C, et sur les îles de Vis et de Hvar au IVe siècle av. J.-C. Deux siècles plus tard, l'invasion celte repoussa cependant les Illyriens plus au sud, vers l'actuelle Albanie. Puis les Romains s'implantèrent peu à peu dans la région pour finir, en 168 av. J.-C., par vaincre Genthius, le dernier roi illyrien.

> L'Adriatique tirerait son nom de l'ancienne ville étrusque d'Adria, près de Venise ; c'est aussi le mot illyrien désignant l'eau.

L'Empire romain

Après la chute de Gentius, le sud de l'Illyrie devint officiellement un protectorat romain indépendant, l'Illyricum, puis une province romaine qui s'agrandit à mesure que Rome s'étendait vers le nord, durant les guerres de Pannonie. Au IXe siècle, l'Illyricum fut divisé en deux provinces : la Pannonie (qui comprenait l'actuelle Slovénie, le nord de la Croatie, la Bosnie, et une partie de l'Autriche, de la Slovaquie,

CHRONOLOGIE	VIe siècle av. J.-C.	IVe siècle av. J.-C.	229 av. J.-C.
	Les premières colonies grecques sur l'île de Korčula et à Épidaure (aujourd'hui Cavtat, au sud de Dubrovnik), dans une zone déjà peuplée d'Illyriens (ainsi désignés par les Grecs).	Les tribus illyriennes, comme les Histri (ancien nom de l'Istrie) et les Liburniens assoient leur suprématie dans les Balkans, fondant plusieurs royaumes et s'imposant comme puissances maritimes.	Rome entre en guerre contre la reine illyrienne Teuta, à la demande des Grecs, assaillis par les corsaires illyriens. Après leur défaite, les Illyriens furent contraints de payer à Rome un tribut annuel.

de la Hongrie et de la Serbie) et la Dalmatie (le reste de la Croatie, de la Bosnie et du Monténégro actuels, ainsi qu'une partie de l'Albanie et de la Serbie).

Le siège du pouvoir romain fut établi à Salone (Solin, près de Split), apportant enfin paix et prospérité à la région. Plusieurs villes comme Iader (Zadar), Felix Arba (ville de Rab), Curicum (ville de Krk), Tarsaticae (Rijeka), Parentium (Poreč), Polensium (Pula) et Siscia (Sisak) se dotèrent de tous les attributs culturels de la vie romaine, notamment temples, bains et amphithéâtres. Les Romains construisirent un réseau de routes menant à la mer Égée, à la mer Noire et au Danube, afin de faciliter le commerce et l'expansion de la culture romaine. Par la suite, ces routes accélérèrent également l'essor de la chrétienté.

Ces provinces furent également le berceau d'importantes figures historiques romaines. Dioclétien naquit près de Salone, vers 244. Après s'être distingué en tant que chef militaire, il devint empereur en 284. Empereur, Dioclétien tenta de simplifier les lourdeurs de l'empire en le subdivisant en deux parties administratives distinctes, semant ainsi les graines du futur schisme entre l'empire romain d'Orient et l'empire romain d'Occident. Il participa par ailleurs activement à la persécution des chrétiens. En 305, il se retira dans son somptueux palais au bord de l'eau, près de sa ville natale. Dominant le cœur historique de Split, le palais de Dioclétien est aujourd'hui le principal vestige romain de Croatie. Les chrétiens eurent finalement le dernier mot : ils exhumèrent l'empereur de son mausolée et firent de celui-ci une cathédrale.

Le christianisme se diffusa dans la région dès son origine. Dans la Bible, la lettre de saint Paul aux Romains (écrite vers 56) évoque un prêche en Illyricum, tandis que dans sa seconde lettre à Timothée, il déclare que saint Tite est en Dalmatie. Les premières catacombes chrétiennes se trouvent sous le monastère serbe orthodoxe du parc national du Krka ; selon la légende locale, Tite – et saint Paul lui-même – auraient rendu visite à la communauté. En 313, deux ans seulement après la mort de Dioclétien, l'empereur Constantin autorisa la religion chrétienne ; en 380, sous le règne de Théodose le Grand, elle devint la seule religion tolérée.

Théodose fut le dernier dirigeant romain à régner sur un empire unifié. À sa mort, en 395, l'Empire fut officiellement divisé entre l'Est et l'Ouest. La ligne de démarcation traversait l'actuel Monténégro, plaçant ainsi l'actuelle Croatie à l'ouest et la Serbie à l'est. La partie orientale devint l'Empire byzantin, qui perdura jusqu'en 1453. La chute de l'empire romain d'Occident, en 476, fut occasionnée par diverses invasions "barbares", notamment celles des Wisigoths, des Huns et des Lombards. Les Goths s'emparèrent de la Dalmatie jusqu'en 535, date à laquelle ils furent chassés par l'empereur byzantin Justinien.

Les plus belles ruines romaines

Palais de Dioclétien à Split, Dalmatie centrale

Salone (Solin), dans la banlieue de Split

Amphithéâtre de Pula, Istrie

---

168 av. J.-C.
Le dernier roi d'Illyrie, Gentius, est vaincu par les Romains près de Shkodra, capitale du royaume (aujourd'hui en Albanie). Rome s'empare de la Dalmatie.

27 av. J.-C.
Près de 500 ans après son avènement, la République romaine devient l'Empire romain, lorsqu'Octavien se voit accorder des pouvoirs exceptionnels et le titre inédit d'Augustus.

11 av. J.-C.
La province romaine d'Illyricum, correspondant à l'actuelle Dalmatie, s'agrandit jusqu'au Danube après la défaite des Pannoniens, pour couvrir l'essentiel de la Croatie, à l'exception de l'Istrie.

an 9
L'Illyrie est divisée en deux provinces : la Dalmatie au sud et la Pannonie au nord. L'actuelle Croatie est à cheval sur les deux provinces.

Les Slaves remplacent les Avars

À la suite de l'effondrement de l'empire romain d'Occident, plusieurs tribus slaves quittèrent leur ancien territoire, au nord des Carpates, pour aller vers le sud. Vers la même époque, les Avars (un peuple nomade d'Asie centrale connu pour sa brutalité) lançaient des assauts contre la Dalmatie byzantine. Les Avars ravagèrent les anciennes villes romaines de Salone et d'Épidaure, dont les habitants se réfugièrent respectivement dans le palais de Dioclétien et à Raguse (Dubrovnik). Ils continuèrent ensuite jusqu'à Constantinople (aujourd'hui Istanbul), la puissante capitale byzantine, où ils furent littéralement écrasés, et se perdirent dans les méandres de l'Histoire (d'où le proverbe balkanique "s'éteindre comme des Avars").

Le rôle des Slaves dans la défaite des Avars est controversé. Certains affirment que Byzance fit appel aux Slaves pour se défendre contre l'assaut avar ; d'autres pensent qu'ils ont justement élu domicile dans la région après la disparition des Avars. Quoi qu'il en soit, les Slaves s'implantèrent rapidement dans les Balkans, atteignant l'Adriatique au début du VIIe siècle.

Deux tribus slaves apparentées s'installèrent le long de la côte adriatique et dans son arrière-pays : les Croates et les Serbes. Les Croates occupèrent des territoires correspondant à la Croatie et la Bosnie actuelles. Au VIIIe siècle, ils avaient formé deux puissants clans, chacun mené par un *knez* (duc). Le duché de Croatie comprenait presque toute la Dalmatie actuelle, ainsi qu'une partie du Monténégro et de la Bosnie occidentale, tandis que le duché de Pannonie couvrait la Slavonie actuelle, Zagorje et la région de Zagreb. Les Byzantins gardèrent le contrôle de plusieurs villes côtières, notamment Zadar, Split et Dubrovnik, ainsi que des îles de Hvar et de Krk.

Le christianisme et les rois de Croatie

La prise de la Dalmatie par les armées franques de Charlemagne entraîna la christianisation des païens croates au cours de baptêmes collectifs. Après la mort de Charlemagne, en 814, les Croates de Pannonie tentèrent sans succès de secouer le joug franc – il leur manqua le soutien des Croates de Dalmatie, dont les principales villes côtières restaient alors sous l'influence de l'Empire byzantin. L'avancée la plus importante des Croates eut lieu lorsque le duc Branimir se révolta contre le joug byzantin. Il en retira la reconnaissance du pape Jean VIII, qui contribua au rapprochement du peuple croate avec le Vatican ; le catholicisme devint ainsi une part importante de l'identité nationale croate.

Trpimir, qui fut *knez* de 845 à 864, est considéré comme le fondateur de la première dynastie croate, mais c'est à Tomislav, son petit-fils, premier

---

Si les Croates ont indéniablement un lien avec les autres nations slaves, le nom par lequel ils se désignent, *Hrvat*, n'est pas un mot slave. *Hrvat* pourrait dériver du perse parlé par les Alains d'Asie centrale qui régentèrent brièvement la tribu slave des Croates.

257	395	614	Début IXe siècle
Salone (Solin) devient le premier diocèse dalmate ; le catholicisme s'implante ainsi dans la région. En moins de trente ans, l'évêque de Salone accède au pontificat.	L'Empire romain est scindé en deux. Les territoires actuels de Slovénie, Croatie et Bosnie vont à l'empire romain d'Occident ; ceux de Serbie, du Kosovo et de Macédoine, à l'Empire byzantin.	Les Avars, nomades d'Asie centrale, pillent Salone et Épidaure. Les Croates pénètrent à leur tour dans la région pour repousser les Avars, à la demande de l'empereur Héraclius.	Les Francs, menés par Charlemagne, s'emparent de la Dalmatie et baptisent de force les païens croates. Les Byzantins reconnaissent l'autorité franque mais gardent le contrôle de plusieurs villes côtières.

souverain à se proclamer *kralj* (roi) en 925, que l'on doit l'unification de la Pannonie et de la Dalmatie. Son royaume correspondait à peu près au territoire de la Croatie actuelle, auquel s'ajoutait une partie de la Bosnie et de la côte monténégrine.

Cette période de gloire ne dura pas. Au XIe siècle, les Serbes, les Byzantins et les Vénitiens s'imposèrent sur la côte dalmate, et de nouveaux ennemis, les Hongrois, arrivèrent quant à eux par le nord et entrèrent en Pannonie. Krešimir IV (règne 1059-1074) put un temps reprendre le contrôle de la Dalmatie. Il fut suivi par deux nouveaux rois, Zvonimir et Stjepan, qui ne laissèrent d'héritiers ni l'un ni l'autre. Le roi hongrois Laszlo, frère de la reine Jelena – veuve de Zvonimir – tenta alors de faire valoir ses droits. Il parvint à prendre le contrôle du nord de la Croatie, mais mourut sans avoir pu asseoir son autorité dans le Sud.

> Les dalmatiens feraient partie de l'une des plus anciennes races canines. Ils ne seraient pas originaires de Dalmatie, mais, selon des experts, auraient pu y être introduits par les Romains.

La convoitise des Hongrois et des Vénitiens

Koloman, frère de Laszlo, lui succéda sur le trône de Hongrie et s'engagea également dans la lutte pour le trône de Croatie. En 1097, il écarta son rival Petar Svačić, mettant fin à la dynastie croate. Il imposa en 1102 la *Pacta conventa*, pacte qui stipulait que la Hongrie et la Croatie étaient deux entités séparées sous la tutelle d'une seule monarchie – hongroise. En réalité, alors que la Croatie maintenait un *ban* (vice-roi ou gouverneur) et un *sabor* (Parlement), les Hongrois continuaient à marginaliser la noblesse croate. Sous le règne hongrois, la Pannonie prit le nom de Slavonie, tandis que les villes intérieures de Zagreb, Vukovar et Varaždin devenaient des foyers d'échanges et de culture. En 1107, Koloman réussit à convaincre la noblesse dalmate d'accepter sa suzeraineté sur la côte croate, convoitée depuis longtemps par les rois hongrois.

Mais après la mort de Koloman en 1116, les Vénitiens revinrent à la charge et attaquèrent de nouveau Biograd et les îles de Lošinj, de Pag, de Rab et de Krk. À cette époque, Zadar était devenue la plus grande et la plus prospère des villes dalmates. Elle résista à deux expéditions navales vénitiennes dans les années 1190. Cependant, en 1202, le doge de Venise, avide de vengeance, soudoya les croisés pour qu'ils mettent à sac Zadar, malgré l'interdiction du pape Innocent III d'attaquer les États chrétiens. Les croisés continuèrent ensuite jusqu'à Constantinople, et pillèrent ce bastion de la chrétienté d'Orient.

L'invasion mongole de 1242 fit fuir le roi hongrois Béla IV à Trogir et laissa l'arrière-pays croate exsangue. Profitant à nouveau de la confusion ambiante, Venise consolida son emprise sur Zadar et, à la mort du roi Béla, en 1270, ajouta Šibenik et Trogir à ses possessions.

> **Les plus beaux édifices gothiques**
>
> *La cathédrale Saint-Jacques, Šibenik*
>
> *La cathédrale Saint-Marc, Korčula*
>
> *La cathédrale Sainte-Anastasie, Zadar*
>
> *La cathédrale de l'Assomption-de-la-Vierge-Marie, Zagreb*

845-864	869	910-928	1000
Le prince Trpimir fonde la première dynastie croate. Il tient en échec le puissant État bulgare et inflige de sévères défaites aux Byzantins. Sous son règne, le territoire croate occupe une grande partie de l'actuelle Bosnie.	Les moines macédoniens Méthode et Cyrille créent l'écriture glagolitique, qui serait à l'origine de l'alphabet cyrillique. Une invention qui accélérera l'évangélisation des Slaves.	Tomislav s'autoproclame roi et étend son territoire au détriment des Hongrois ; il réunit les Croates de Pannonie et de Dalmatie.	Venise envahit la côte dalmate. Cette incursion marque le début d'une lutte incessante entre la Sérénissime et les autres puissances pour le contrôle de la Dalmatie.

SOUS LE JOUG DE VENISE

Pendant près de huit siècles, les doges vénitiens cherchèrent à contrôler, à coloniser et à exploiter les côtes croates. Les villes côtières et insulaires, de Rovinj au nord, à Korčula, au sud, portent encore dans leur architecture, leur cuisine et leur culture, la marque de la forte influence vénitienne laissée par cette période de soumission.

La domination vénitienne en Dalmatie et en Istrie se caractérisa par une exploitation économique presque ininterrompue. Les Vénitiens déboisèrent systématiquement le pays afin de construire leur flotte. Les monopoles d'État imposèrent des prix artificiellement bas pour l'huile d'olive, les figues, le vin, le poisson et le sel, ce qui profita aux acheteurs vénitiens et appauvrit les marchands et producteurs locaux. La construction navale fut interdite pour éviter toute compétition avec les navires vénitiens. Aucune route ni école ne vit le jour et l'industrie locale ne bénéficia d'aucun investissement.

Le roi Louis Ier le Grand de Hongrie (règne 1342-1382) reprit le contrôle du pays et parvint même à persuader les Vénitiens de renoncer à la Dalmatie. Mais de nouveaux conflits surgirent à sa mort et la noblesse croate se rallia à Ladislas de Naples, qu'elle couronna roi à Zadar en 1403. Ce dernier, pour renflouer ses caisses, vendit la ville à Venise en 1409 pour la somme dérisoire de 100 000 ducats et abandonna ses droits sur la Dalmatie. La Sérénissime renforça alors ses positions sur la côte dalmate au sud de Zadar, puis les conserva jusqu'à l'invasion napoléonienne de 1797. Seuls les citoyens de Raguse, dont la république avait été fondée en 1358, purent garder leur indépendance.

Faust Vrančić (1551-1617), natif de Šibenik, est l'inventeur du parachute.

L'offensive ottomane

Au XIVe siècle, l'essor de l'Empire ottoman fit peser de nouvelles menaces sur la Croatie. La défaite serbe de 1389 au Kosovo ouvrit l'accès vers la Bosnie, qui ne résista pas longtemps après la chute de Constantinople, en 1453. Sentant qu'un vent mauvais soufflait de l'est, la noblesse croate sollicita en vain l'aide des puissances étrangères. Mais rien ne put enrayer l'avancée ottomane ni le sacrifice de l'élite croate sur le champ de bataille de Krbavsko Polje (Champ-de-Corbavie), en 1493, pas plus que l'union qui régna soudain entre les familles survivantes : l'une après l'autre, les villes tombèrent aux mains des sultans. Le puissant évêché de Zagreb fortifia la cathédrale de Kaptol, qui demeura inviolée, mais la ville frontière de Knin tomba en 1521. Cinq ans plus tard, les Ottomans chargèrent les Hongrois à Mohács. Encore une fois, les Turcs gagnèrent la bataille et réduisirent à néant les forces hongroises. La côte adriatique, malgré

1058-1074	1091-1102	1242	Début XIVe siècle
Peu après le schisme de 1054, le pape reconnaît Krešimir IV comme roi de Dalmatie et de Croatie, plaçant ainsi le pays en terre catholique.	Ladislas Ier de Hongrie, parent du défunt roi Zvonimir, réclame le trône slavon. Son successeur, Koloman, tient en échec le dernier roi croate et confirme la domination hongroise sur la Croatie par la *Pacta conventa*.	Les Mongols anéantissent les maisons royales de Hongrie et de Croatie. Les familles aristocratiques des Šubić et des Frankopan s'arrogent le pouvoir. Leur mainmise durera des siècles.	Charles puis Louis Ier d'Anjou réaffirment l'autorité des rois de Hongrie en Croatie et chassent les Vénitiens de Dalmatie.

la menace des Turcs, ne tomba en revanche jamais sous leur joug et la république de Raguse conserva son indépendance durant toute cette période d'instabilité.

L'invasion ottomane dans les Balkans causa de terribles ravages : villes et villages détruits, population réduite en esclavage et enrôlée dans la machine de guerre ottomane, réfugiés dispersés dans toute la région.

La montée au pouvoir des Habsbourg

Une fois les Hongrois éliminés de la scène, les Croates trouvèrent protection auprès des Autrichiens. Les Habsbourg, depuis Vienne, intégrèrent à leur empire un étroit territoire autour de Zagreb, Karlovac et Varaždin. Pour se protéger des Turcs, les Autrichiens implantèrent un chapelet de forts au sud de Zagreb qui prit le nom de Vojna Krajina (littéralement : Confins militaires). Une armée composée pour l'essentiel de Valaques et de Serbes se leva contre les Ottomans.

Exactement un siècle après leur défaite face aux Ottomans, les Croates parvinrent cette fois à inverser la donne. En 1593, à Sisak, l'armée autrichienne, renforcée par des soldats croates, parvint finalement à infliger une défaite à l'envahisseur ottoman. Puis, en 1683, la déroute ottomane après le siège de Vienne marqua le début de la fin de l'hégémonie turque sur la Croatie et sur une bonne partie de l'Europe. En 1699, au terme du traité de Sremski Karlovci, les Turcs renoncèrent à toute revendication sur l'Europe centrale. La Bosnie resta dans l'Empire ottoman, mais Venise récupéra la côte, hormis une étroite bande de terre

> La cravate tire son nom du mot croate *cravat*, contraction de *Croat* et de *Hrvat*, qui désignait une pièce de l'uniforme militaire conçu en Croatie et adopté par les Français au XVIIe siècle.

LA RÉPUBLIQUE DE RAGUSE

Pendant de nombreuses années, alors qu'une grande partie de la côte dalmate était aux prises avec les Vénitiens, Raguse (l'actuelle Dubrovnik) mena une existence paisible et autonome. La classe dirigeante, dotée d'un sens aigu des affaires et de talents diplomatiques inégalés, veillait au rayonnement de cette minuscule cité-État et à l'importance de son rôle dans la région et au-delà.

Après avoir obtenu du pape l'autorisation de commercer avec les Turcs en 1371, les Ragusains ouvrirent des comptoirs dans tout l'Empire ottoman. L'essor du commerce entraîna le développement des arts et des sciences. Les habitants de Raguse faisaient preuve d'un grand libéralisme pour l'époque puisqu'ils abolirent la traite des esclaves au XVe siècle. Ils se distinguèrent aussi par leur avant-gardisme dans le domaine scientifique, en établissant dès 1377 un système de mise en quarantaine comme mesure de protection contre la peste.

Coincés entre les intérêts ottomans et vénitiens, l'équilibre des Ragusains était précaire. Le tremblement de terre de 1667 causa de graves dommages, dont ils ne se remirent jamais totalement, et Napoléon finit par conquérir la république de Raguse en 1808.

1358	1409	1493	1526-1527
Raguse (Dubrovnik) se libère du joug vénitien et devient une république indépendante. Écartant astucieusement les Vénitiens et les Ottomans, elle se développe et devient une société libérale.	Ladislas de Naples, désigné roi de Croatie, fuit devant les querelles dynastiques. Il cède la Dalmatie à Venise pour 100 000 ducats. Venise prend rapidement le contrôle de la côte, de Zadar à Raguse.	À Krbavsko Polje, lors de la bataille de Corbavie, l'armée hungaro-croate s'incline face aux Turcs. L'avancée des Turcs sème le trouble, faisant fuir la population et entraînant la famine.	L'armée ottomane écrase la noblesse hongroise à Mohács, mettant fin à la domination hongroise en Croatie. Le roi Louis II de Hongrie meurt sans héritier, laissant le contrôle aux Habsbourg.

autour du Neum, qui permettait aux Ottomans d'accéder à l'Adriatique et servait de zone tampon entre les territoires de Venise et de Raguse.

Les Habsbourg réclamèrent la Slavonie peu après, agrandissant la zone autour de la Krajina. Le règne de Marie-Thérèse d'Autriche marqua le retour de la stabilité dans la région. Si la production agricole s'intensifia, la culture et la langue croates ne se développèrent guère.

Napoléon entre en scène

Le soutien des Habsbourg à la restauration de la monarchie française conduisit Napoléon à envahir les possessions italiennes de l'Autriche en 1796. Après avoir conquis Venise en 1797, il accepta par le traité de Campoformio de céder la Dalmatie à l'Autriche en échange d'autres concessions. Le rêve croate de voir la Dalmatie et la Slavonie réunies s'effondra lorsque l'Autriche affirma son intention de conserver une administration distincte pour chacun des deux territoires.

En 1805, la victoire de Napoléon à Austerlitz contre les forces autrichiennes et prussiennes contraignit l'Autriche à abandonner la côte dalmate à la France. Raguse se rendit rapidement à l'armée française, qui s'empara également de la baie de Kotor, dans l'actuel Monténégro. Napoléon rebaptisa ses nouvelles possessions "Provinces illyriennes" et s'empressa de reconstruire la région exsangue. Un programme de reboisement des collines dénudées fut mis en place. Des routes et des hôpitaux furent construits, et de nouvelles semences introduites. La population étant presque entièrement illettrée, des écoles primaires et secondaires furent créées, ainsi qu'une université à Zadar. Mais tous ces efforts ne suffirent pas à rendre les Français populaires.

La chute de l'Empire napoléonien donna lieu en 1814-1815 au congrès de Vienne, lequel reconnut les prétentions austro-hongroises sur la Dalmatie et plaça le reste de la Croatie sous la juridiction de la province hongroise de l'Empire autrichien. Pour les Dalmates, cela était synonyme de retour au statu quo antérieur, les Autrichiens ayant restauré dans ses droits l'ancienne élite italienne. Pour les Croates du Nord, cela impliquait de se soumettre à la volonté hongroise d'imposer à la population sa langue et sa culture.

Vers l'autonomie

Traditionnellement, les Dalmates de la bonne société parlaient italien, tandis que la noblesse de la Croatie du Nord parlait allemand ou hongrois. Mais, sous l'influence du siècle des Lumières et de Napoléon naquirent les prémices d'une identité nationale au sein des populations slaves du Sud. Ce sentiment d'identité commune s'exprima tout d'abord dans les années 1830 par un mouvement de renaissance nationale dit "illyrien", centré sur le renouveau de la langue croate.

1537-1540	1593	1671	1699
Les Turcs s'emparent de Klis, dernier bastion croate en Dalmatie, et continuent leur progression jusqu'à Sisak, au sud de Zagreb. Pour des raisons inconnues, ils ne poursuivent pas jusqu'à Zagreb.	À Sisak, les Habsbourg infligent leur première défaite majeure aux Ottomans, marquant le début de leur lent retrait d'Europe centrale.	Une conspiration menée par Fran Frankopan et Petar Zrinski, visant à mettre fin à la domination hongroise, est réprimée. Ils sont pendus et leurs terres, confisquées par les Habsbourg.	Par le traité de Karlovci, les Turcs ottomans renoncent à la Croatie. Venise et la Hongrie s'arrogent toutes les terres libres pendant les vingt années qui suivent.

La création, en 1834, du premier journal "illyrien", rédigé en dialecte de Zagreb, incita le Sabor croate à demander l'enseignement de cette langue slave dans les écoles.

À la suite de la révolution de 1848 en France, les Hongrois réclamèrent des réformes à l'intérieur de l'Empire austro-hongrois. De leur côté, les Croates virent alors une chance de reprendre un peu de contrôle et d'unifier la Dalmatie, la Krajina et la Slavonie. Cherchant un appui en Croatie, les Habsbourg acceptèrent de nommer comme *ban* (vice-roi ou gouverneur) Josip Jelačić (dont une imposante statue trône aujourd'hui au cœur de Zagreb), un réformateur qui appela immédiatement à des élections et partit combattre les rebelles hongrois en échange, entre autres revendications, de l'affranchissement de la Croatie de la juridiction hongroise. Mais ses demandes restèrent lettre morte.

La désillusion qui succéda aux espoirs de 1848 fut amplifiée par la mise en place, en 1867, de la double monarchie austro-hongroise. Celle-ci plaça la Croatie du Nord et la Slavonie sous administration hongroise, tandis que la Dalmatie demeurait rattachée à l'Autriche. Le peu d'autonomie dont les Croates jouissaient sous les Habsbourg leur fut ravi.

Rêves de Yougoslavie

Du mécontentement latent devait surgir, à la fin du XIXe siècle, deux principaux courants appelés à dominer le paysage politique du XXe siècle. Le vieux mouvement "illyrien" donna naissance au Parti national dirigé par le brillant évêque Josip Juraj Strossmayer, qui pensait que les Habsbourg et les Hongrois ne pouvaient qu'exacerber les disparités entre Serbes et Croates, et que seule une *jugoslavenstvo* (union des Slaves du Sud) comblerait les aspirations de ces deux peuples. Strossmayer soutint le mouvement indépendantiste, même si sa faveur allait à la création d'une entité yougoslave au sein de l'Empire austro-hongrois, plutôt qu'à l'indépendance complète.

À l'inverse, le Parti du droit, mené par Ante Starčević, un fervent militant antiserbe, aspirait à une Croatie indépendante constituée de la Slavonie, de la Dalmatie, de la Krajina, de la Slovénie, de l'Istrie et d'une partie de la Bosnie et de l'Herzégovine. À la même époque, l'Église orthodoxe encourageait les Serbes à se forger une identité nationale fondée sur leur religion. Jusqu'au XIXe siècle, les habitants de la Croatie de confession orthodoxe s'identifiaient comme valaques, morlaques, serbes, orthodoxes ou même grecs. Les attaques de Starčević, qui marquèrent une rupture, contribuèrent à développer une identité serbe orthodoxe distincte dans la région.

Fidèles à l'idée qu'il faut diviser pour mieux régner, les Hongrois nommèrent un *ban* (vice-roi) de Croatie favorable aux Serbes et à l'Église

Ivan Vučetić (1858-1925), qui a mis au point la dactyloscopie – identification par les empreintes digitales –, est originaire de l'île de Hvar, dans l'Adriatique.

Fin XVIIIe siècle	1797-1815	1830-1850	1867
Les Habsbourg germanisent la Croatie et font de l'allemand la langue de l'administration. Cette décision entraîne une résurgence du sentiment nationaliste chez les sujets non allemands.	Napoléon met fin à la république de Venise. Les possessions vénitiennes sont léguées aux Habsbourg, mais en 1809, Napoléon acquiert lacôte adriatique, qu'il rebaptise "Provinces illyriennes".	Éveil de l'identité des Slaves du Sud, qui vise l'affranchissement des dominations hongroise et allemande voulues par les Habsbourg. Il débouche sur la renaissance du sentiment national croate.	Le royaume des Habsbourg devient une double monarchie austro-hongroise. Le territoire croate est partagé : la Dalmatie est attribuée à l'Autriche, tandis que la Slavonie passe sous le giron hongrois.

orthodoxe. Cette stratégie devait cependant se retourner contre eux. En Dalmatie, en 1905, les représentants croates de Rijeka (Fiume) et leurs homologues serbes de Zadar unirent leurs forces pour demander la réunification de la Dalmatie et de la Slavonie, avec l'engagement formel de garantir l'égalité de la Serbie en tant que nation. Cet esprit unitaire fit boule de neige et permit à des coalitions serbo-croates de s'emparer, aux élections de 1906, des structures gouvernementales locales en Dalmatie et en Slavonie, ce qui mit sérieusement en péril la suzeraineté hongroise.

La Première Guerre mondiale et la première Yougoslavie

Le déclenchement de la Première Guerre mondiale exposa de nouveau la Croatie aux convoitises. Peu désireux de faire figure de pions entre les mains des grandes puissances, les Croates dépêchèrent une délégation, appelée Comité yougoslave, pour convaincre le gouvernement serbe de fonder une monarchie parlementaire qui régnerait sur les deux pays. Si les Croates pouvaient conserver des doutes quant aux intentions serbes, ils n'en avaient aucun sur celles de l'Italie, qui s'était empressée d'annexer Pula, Rijeka et Zadar dès la fin de la guerre. N'ayant d'autre choix que de lier leur sort à celui de l'Italie ou à celui de la Serbie, les Croates choisirent la seconde option.

Après l'effondrement de l'Empire austro-hongrois, en 1918, le Comité yougoslave prit le nom de Conseil national des Slovènes, des Croates et des Serbes. Le Conseil décida rapidement de la création d'un royaume des Serbes, des Croates et des Slovènes (rebaptisé plus synthétiquement royaume de Yougoslavie en 1929), qui aurait pour capitale Belgrade. Le royaume indépendant du Monténégro fut intégré à la nouvelle entité. Durant la guerre, le roi Nicolas Ier de Monténégro s'était réfugié en France, mais celle-ci refusa de le laisser partir, mettant fin ainsi à la dynastie des Petrović, au pouvoir depuis trois siècles.

Mais les premiers problèmes ne tardèrent pas à se manifester. Une fois de plus, les Croates avaient une autonomie très limitée ; des réformes monétaires, bénéfiques pour les Serbes, furent prises à leur détriment ; un traité entre la Yougoslavie et l'Italie céda à cette dernière l'Istrie, Zadar et plusieurs îles ; la nouvelle Constitution abolit le Sabor croate pour centraliser le pouvoir à Belgrade ; pour finir, un nouveau découpage des circonscriptions électorales conduisit à une sous-représentation des Croates.

L'opposition au nouveau régime se rassembla sous la houlette du Croate Stjepan Radić, favorable au principe de la Yougoslavie sous la forme d'une démocratie fédérale. Il s'allia au Serbe Svetozar Pribićevic, ce

Comprendre les Balkans. Histoire, sociétés, perspectives (Non Lieu, 2010), de Jean-Arnault Dérens et Laurent Geslin, est destiné aux non-spécialistes, désireux d'appréhender cette région complexe.

1905	1908	1918	1920
Les résolutions de Fiume (Rijeka) témoignent de l'essor de l'identité nationale croate en appelant à plus de démocratie et à la réunification de la Dalmatie et de la Slavonie.	L'Empire austro-hongrois prend le contrôle de la Bosnie-Herzégovine. Il place sous son joug les musulmans slaves des Balkans, jetant ainsi les bases de la future fédération yougoslave.	Le royaume des Serbes, des Croates et des Slovènes est créé avec le démantèlement de l'Empire austro-hongrois, après la Première Guerre mondiale. Le prince Alexandre Ier monte sur le trône.	Stjepan Radić fonde le Parti paysan croate, qui devient le porte-parole des intérêts croates face à la domination serbe.

qui apparut comme une telle menace envers le régime qu'il fut assassiné en 1928. Jouant sur la crainte d'une guerre civile, le roi Alexandre Iᵉʳ de Yougoslavie proclama une dictature royale. Les partis politiques furent supprimés et le système parlementaire, suspendu.

Le début des années 1920 vit également la naissance du Parti communiste yougoslave, qui allait être dirigé par Josip Broz, dit Tito, à partir de 1937.

TITO

Josip Broz, dit Tito, naquit à Kumrovec en 1892, d'un père croate et d'une mère slovène. Pendant la Première Guerre mondiale, il fut enrôlé dans l'armée austro-hongroise et fait prisonnier par les Russes. Il s'évada juste avant la révolution de 1917 et, embrassant l'idéal communiste, s'engagea dans l'Armée rouge. De retour en Croatie en 1920, il travailla dans la métallurgie tout en exerçant une activité syndicale.

En qualité de secrétaire du comité du Parti communiste de Zagreb, alors interdit, Tito s'employa à unifier le parti, qui accrut considérablement le nombre de ses adhérents. En 1941, l'invasion de la Yougoslavie par l'armée allemande l'incita à prendre le pseudonyme de Tito (en hommage à l'écrivain croate du XVIIIᵉ siècle, Tito Brezovački) et à organiser de petits groupes de résistants, appelés les Partisans. Le succès de sa campagne lui valut le soutien militaire des Britanniques et des Américains. L'Union soviétique, quant à elle, refusa de l'aider, ce qui explique peut-être la rupture ultérieure entre Belgrade et Moscou.

En 1945, Tito devint chef du gouvernement d'une Yougoslavie reconstituée. Mais son caractère indépendant ne tarda pas à l'opposer à Staline et, en 1948, il fut officiellement exclu du Kominform (organe de coordination entre les partis communistes européens créé en 1947). Il adopta dès lors une politique de conciliation envers le bloc occidental.

La rivalité entre les diverses nationalités du pays constituait un problème majeur, que Tito régla en interdisant toute opposition et en assurant une représentation équilibrée aux échelons supérieurs du gouvernement. Communiste convaincu, il considérait les rivalités ethniques comme préjudiciables à la recherche du bien commun.

Pleinement conscient des tensions sous-jacentes, Tito commença dès le début des années 1970 à préparer sa succession en tentant d'instaurer un équilibre des forces entre les différents groupes ethniques du pays. Il créa une présidence collective tournante qui devait changer chaque année, mais ce système se révéla impraticable. Les événements ultérieurs allaient montrer à quel point la Yougoslavie reposait sur le charisme et l'habileté de son leader.

À la mort de Tito, en mai 1980, son corps fut transporté de Ljubljana (Slovénie) à Belgrade (Serbie). Des milliers de personnes rendirent un dernier hommage à celui qui avait unifié le pays pendant 35 ans. Ce devait être le dernier instant de communion entre tous les peuples composant la Yougoslavie.

1934	1939	1941	1943
Les Oustachi et les révolutionnaires macédoniens font assassiner le roi Alexandre Iᵉʳ de Yougoslavie à Marseille lors d'une visite officielle en France. Son fils Pierre II, âgé de 11 ans, lui succède.	L'Allemagne nazie envahit la Pologne. La Yougoslavie, avec à sa tête le prince régent Paul, tente de rester neutre. Deux ans plus tard, alors qu'Hitler veut lui faire signer un pacte, il est renversé par un coup d'État.	L'Allemagne envahit la Yougoslavie. Ante Pavelić proclame l'État Indépendant de Croatie, État fantoche sous la coupe nazie. Les Oustachi commencent à exterminer Serbes, Roms et juifs.	Les Partisans de Tito remportent des victoires militaires et forment un front antifasciste. Ils reconquièrent des territoires contrôlés par les fascistes en repli et bénéficient du soutien militaire des Alliés.

Vie et mort de la Yougoslavie (Fayard, 2000), de Paul Garde, est un ouvrage incontournable, retraçant l'histoire du mariage malheureux des nations yougoslaves et de leur sanglant divorce.

La Seconde Guerre mondiale et le règne des Oustachi

Au lendemain de la proclamation de la dictature royale, Ante Pavelić, un Croate de Bosnie, fonda à Zagreb un mouvement de libération croate inspiré de Mussolini et appelé l'Oustacha (Ustaša, les Insurgés). Celui-ci avait pour but avoué de créer, au besoin par la force, un État croate indépendant. Redoutant d'être arrêté, Ante Pavelić se réfugia tout d'abord à Sofia, en Bulgarie, où il prit contact avec des révolutionnaires macédoniens antiserbes. Il gagna ensuite l'Italie, où il établit des camps d'entraînement pour son organisation, sous l'œil bienveillant de Mussolini. Mais quand, en 1934, il réussit à assassiner le roi Alexandre Ier à Marseille, avec l'aide de ses alliés macédoniens, l'Italie réagit en fermant les camps d'entraînement et en emprisonnant Pavelić et bon nombre de ses acolytes.

Lorsque l'Allemagne envahit la Yougoslavie le 6 avril 1941, elle plaça immédiatement au pouvoir les Oustachi (Ustaše), avec le soutien de l'Italie qui espérait voir satisfaites ses propres revendications territoriales en Dalmatie. En quelques jours, l'État indépendant de Croatie (NDH : Nezavisna Država Hrvatska), dirigé par Pavelić, signa une série de décrets visant à persécuter et à éliminer les "ennemis" du régime, soit principalement les juifs, les Roms et les Serbes. Entre 1941 et 1945, la majeure partie de la population juive fut déportée dans des camps d'extermination.

Quant aux Serbes, le programme de l'Oustacha prévoyait "d'en tuer un tiers, d'en expulser un tiers et d'en convertir un tiers au catholicisme", programme qui fut suivi avec une telle brutalité qu'il sidéra même les nazis. Les villages organisèrent leurs propres pogroms antiserbes et des camps d'extermination furent établis. Le plus tristement célèbre fut celui de Jasenovac, au sud de Zagreb, où périrent également des juifs, des Roms, ainsi que des prisonniers politiques. Le nombre exact de victimes serbes reste controversé, mais on estime que ce massacre a fait plusieurs centaines de milliers de morts.

Tito et les Partisans

Tous les Croates ne soutenaient pas une telle politique. Le régime de l'Oustacha recrutait principalement ses appuis dans la région de Lika, au sud-ouest de Zagreb, et en Herzégovine occidentale. En revanche, la cession d'une bonne partie de la Dalmatie à l'Italie était si impopulaire que les Oustachi ne comptaient presque aucun partisan dans cette région, pas plus que parmi les intellectuels de Zagreb.

La résistance armée au régime s'organisa. Le mouvement serbe "tchetnik" (Četnik) du général Draža Mihailović vit le jour. Il prit tout

1945	1948	Années 1960	1971
L'Allemagne capitule, les Partisans reprennent Zagreb et fondent la république populaire fédérative de Yougoslavie. La Croatie devient membre constituant d'une fédération de six républiques.	Tito rompt avec Staline et la Yougoslavie est exclue du Kominform, le bureau d'information des États communistes, dominé par les Soviétiques. Tito amorce un prudent compromis entre l'Est et l'Ouest.	La centralisation du pouvoir à Belgrade et la surreprésentation des Serbes dans la fonction publique et l'armée mécontentent les Croates.	Lors du "Printemps croate", les réformateurs du Parti communiste, des intellectuels, des étudiants réclament une plus grande autonomie économique et politique pour le pays.

d'abord la forme d'une rébellion antifasciste avant que ses actions ne dégénèrent, pour donner lieu au massacre de Croates en Croatie orientale et en Bosnie.

La lutte antifasciste la plus efficace fut le fait des unités partisanes de libération nationale menées par Josip Broz, plus connu sous le nom de Tito. Le mouvement des Partisans, qui plongeait ses racines dans le Parti communiste yougoslave, illégal, attira les intellectuels yougoslaves, sans oublier les Croates et les Serbes écœurés par les massacres tchetniks ou de l'Oustacha. Les Partisans acquirent un large soutien populaire grâce à leur premier programme qui envisageait une Yougoslavie d'après-guerre organisée en une fédération souple.

Les Alliés, qui avaient commencé par soutenir les "tchetniks" serbes, ne tardèrent pas à comprendre que les Partisans livraient contre les nazis un combat sans merci beaucoup plus déterminé. Grâce à l'appui diplomatique et militaire fourni par Churchill et par les puissances alliées, le mouvement réussit à contrôler une bonne partie de la Croatie en 1943. Il installa des gouvernements locaux dans les zones libérées par ses soins, ce qui facilita plus tard son accession au pouvoir. Le 20 octobre 1944, Tito entra dans Belgrade avant l'Armée rouge et fut proclamé Premier ministre. Puis, après la reddition de l'Allemagne en 1945, Pavelić et les Oustachi prirent la fuite, laissant les Partisans entrer dans Zagreb.

Les dernières colonnes de l'armée du NDH tentèrent de franchir la frontière autrichienne à Bleiburg, afin d'échapper aux Partisans. Un petit contingent britannique approcha ces 50 000 hommes et promit de les interner hors de Yougoslavie s'ils se rendaient. Les Oustachi tombèrent dans le piège et furent embarqués de force dans des trains à destination de la Yougoslavie où les Partisans les attendaient. Les massacres qui s'ensuivirent firent au moins 30 000 victimes et entachèrent la réputation du gouvernement yougoslave.

La deuxième Yougoslavie

Si les tentatives de Tito pour récupérer la ville italienne de Trieste et plusieurs territoires d'Autriche méridionale se heurtèrent à l'opposition des Alliés, la Dalmatie et la plus grande partie de l'Istrie furent en revanche définitivement intégrées à la Yougoslavie de l'après-guerre. Tito entendait fonder un État au sein duquel aucun groupe ethnique n'occuperait de position dominante, mais il comptait aussi conforter cet équilibre délicat par l'instauration d'un parti unique et l'étouffement de toute forme d'opposition. La Croatie devint l'une des six républiques de la Fédération yougoslave aux côtés de la Macédoine, de la Serbie, du Monténégro, de la Bosnie-Herzégovine et de la Slovénie.

Dans les années 1960, la concentration du pouvoir à Belgrade (Serbie) suscita une irritation grandissante quand il s'avéra que les revenus des

> Pour découvrir l'histoire de la péninsule balkanique depuis le XIVᵉ siècle, lisez *Histoire des Balkans*, de Georges Castellan (Fayard, 1999).

> *Histoire de la Croatie et de la Slovénie* (Armeline, 2011) est un ouvrage de Georges Castellan, historien spécialiste des Balkans.

HISTOIRE LA DEUXIÈME YOUGOSLAVIE

1980
La mort du président Tito suscite un vif émoi. Des hommages parviennent du monde entier. Pourtant, la Yougoslavie est acculée par l'inflation, le chômage et le déficit extérieur.

1981
Le futur président Franjo Tuđman est condamné à 3 ans de réclusion, pour avoir accordé des interviews à des journaux étrangers sur la position des Croates en Yougoslavie.

1984
La Yougoslavie accueille les Jeux olympiques d'hiver à Sarajevo, sans se heurter aux boycotts observés lors des Jeux olympiques d'été de 1980 et de 1984, en raison de la guerre froide.

1986
Slobodan Milošević prend la tête du Parti communiste serbe. L'année suivante, il se fait remarquer par son discours à l'adresse des minorités serbes du Kosovo.

prospères républiques de Slovénie et de Croatie étaient redistribués à leurs consœurs plus pauvres du Monténégro et de la Bosnie-Herzégovine. Le problème était particulièrement épineux en Croatie, qui voyait les profits de son industrie touristique florissante engloutis dans les caisses de Belgrade. Parallèlement, en Croatie, les Serbes étaient surreprésentés au gouvernement, dans les forces armées et dans la police.

L'agitation atteignit son apogée avec le "Printemps croate" de 1971. Intellectuels et étudiants, menés par des réformateurs du Parti communiste croate, demandèrent alors un assouplissement des liens avec la Yougoslavie, en vue d'une plus grande autonomie économique et d'une réforme constitutionnelle ; des nationalistes se manifestèrent également. La riposte de Tito fut féroce. Une purge élimina les leaders du mouvement, qui furent incarcérés ou expulsés du parti. Les Serbes virent là une résurgence du mouvement de l'Oustacha, tandis que, du fond de leur prison, les réformateurs accusaient les Serbes de tous leurs maux. Le décor était planté pour la guerre des années 1990.

La fin de la Yougoslavie

À la mort de Tito en mai 1980, la Yougoslavie chancelait. Dans un contexte de fragilité économique, la présidence tournante assurée par les six républiques était en outre privée de la fermeté de Tito. L'autorité du gouvernement central s'effondra en même temps que l'économie, et la méfiance longtemps réprimée entre les différents groupes ethniques de Yougoslavie refit surface, s'accompagnant de la montée du nationaliste Slobodan Milošević en Serbie.

En 1989, la répression sévère de la majorité albanaise dans la province serbe du Kosovo réveilla la crainte d'une hégémonie serbe et sonna le glas de la Fédération yougoslave. Face aux bouleversements politiques qui secouaient l'Europe de l'Est et aux provocations de Milošević, la Slovénie s'engagea dans la lutte pour l'indépendance. Pour la Croatie, une Yougoslavie sous domination serbe, amputée du contrepoids slovène, n'était pas une option viable.

Les élections libres d'avril 1990 donnèrent 40% des voix à l'Union démocratique croate (HDZ : Hrvatska Demokratska Zajednica) de Franjo Tudjman (Tuđman en croate), contre 30% au Parti communiste, qui conservait l'appui de la communauté serbe, ainsi que celui des électeurs de l'Istrie et de Rijeka. Une nouvelle Constitution croate fut promulguée le 22 décembre 1990. Dans celle-ci, les Serbes de Croatie étaient désignés non plus comme une "nation constitutive", mais comme une "minorité nationale".

L'absence de garanties constitutionnelles quant au respect des droits des minorités et les licenciements massifs de fonctionnaires serbes incitèrent les 600 000 Serbes établis en Croatie à demander

Pendant deux ans, Jean Hatzfeld, grand reporter et correspondant de guerre, a sillonné l'ex-Yougoslavie en guerre avant d'être grièvement blessé en juin 1992 à Sarajevo. L'Air de la guerre : sur les routes de Croatie et de Bosnie-Herzégovine (Points, 1998) est un récit de guerre d'une exceptionnelle humanité sur l'embrasement de la région.

1989	1990	1991	1992
Alors que le système communiste s'effrite en Europe de l'Est, Tudjman fonde l'Union démocratique croate (HDZ), premier parti non communiste en Yougoslavie.	Des désaccords entre la Slovénie et la Serbie entraînent la dissolution du Parti communiste yougoslave. Le Parti communiste croate autorise les élections multipartites, remportées par l'Union démocrate croate.	Le Sabor (Parlement) croate proclame l'indépendance de la Croatie. Les Serbes de Krajina font à leur tour sécession, avec le soutien de Milošević. La guerre éclate entre les Croates et les Serbes.	Un premier cessez-le-feu négocié par l'ONU entre en vigueur temporairement. L'Union européenne reconnaît l'indépendance de la Croatie, qui intègre les Nations unies.

leur autonomie. Au début de l'année 1991, des extrémistes serbes fomentèrent des provocations destinées à susciter une intervention militaire fédérale. Le référendum de mai 1991 (boycotté par les Serbes) donna un score de 93% en faveur de l'indépendance de la Croatie. Mais, le jour de la proclamation de l'indépendance, le 25 juin 1991, les séparatistes serbes de Krajina firent à leur tour sécession.

La guerre en Croatie

À la suite d'une médiation de la Communauté européenne (aujourd'hui Union européenne), la Croatie accepta de retarder sa déclaration d'indépendance de trois mois afin d'éviter les effusions de sang. Mais de violents combats éclatèrent dès juin 1991 dans la Krajina, dans la Baranja et en Slavonie. Sous prétexte d'apaiser les violences ethniques, l'Armée populaire yougoslave (contrôlée par les communistes serbes) se porta de son propre chef au secours des indépendantistes serbes. Lorsque le gouvernement croate ordonna le blocus des installations militaires fédérales de la République, l'armée yougoslave bloqua en représailles la côte adriatique et assiégea la ville stratégique de Vukovar, sur le Danube. À l'été 1991, un quart de la Croatie était tombé aux mains des milices serbes et de l'Armée populaire yougoslave.

À la fin de 1991, l'armée fédérale et les milices monténégrines attaquèrent Dubrovnik, et le palais présidentiel de Zagreb fut touché par des tirs de roquettes de l'aviation yougoslave, lors d'un attentat manqué contre le président Tudjman. Au terme du moratoire de trois mois, la Croatie proclama son indépendance. Peu après, le 19 novembre, Vukovar se rendit. En six mois, la guerre fit 10 000 victimes en Croatie. Des centaines de milliers d'habitants s'enfuirent et des dizaines de milliers de foyers furent détruits.

L'intervention des Nations unies

Au début du mois de décembre, les Nations unies (ONU) entamèrent avec la Serbie des négociations couronnées de succès, sur le déploiement d'une force d'interposition de 14 000 hommes (Forpronu) dans les régions croates sous domination serbe. Un cessez-le-feu entra en vigueur le 3 janvier 1992 et, sous la pression de l'Allemagne, la Communauté européenne reconnut la Croatie dans le courant du mois de janvier. La reconnaissance américaine suivit en mai 1992 et la Croatie fit son entrée à l'ONU.

Le plan de paix de l'ONU pour la Krajina prévoyait le désarmement des formations paramilitaires serbes locales, le rapatriement des réfugiés et le retour de la région dans le giron croate. En réalité, il réussit seulement à figer la situation existante, sans apporter de solution à long terme. En janvier 1993, l'armée croate lança une offensive soudaine

> En juillet 1995, plus de 8 000 musulmans, hommes et adolescents, furent massacrés par l'armée serbe de Bosnie dans la ville de Srebrenica, en Bosnie. Le secrétaire général de l'ONU Kofi Annan a décrit le génocide comme "le pire commis en Europe depuis la Seconde Guerre mondiale".

1993	1994	1995	2009
Les Croates et les musulmans de Bosnie, auparavant unis contre les Serbes de Bosnie, entrent en conflit. La réputation de la Croatie est souillée par le massacre de civils musulmans et serbes.	Les négociations sous l'égide des États-Unis aboutissent à la création d'une Fédération croato-musulmane de Bosnie. Le pape Jean-Paul II se rend en Croatie et appelle à la paix et au rejet du nationalisme.	Avec l'opération Tempête, les forces militaires croates récupèrent les territoires de la Krajina ; la plupart des Serbes de la région s'enfuient. Les accords de Dayton établissent la paix et les frontières de la Croatie.	La Croatie intègre l'OTAN. Démission surprise d'Ivo Sanader. La vice-Premier ministre, l'ancienne journaliste Jadranka Kosor, le remplace ; elle devient la première femme Premier ministre de la Croatie.

CORRUPTION ET RÉPRESSION

La lutte contre la corruption rampante a connu un coup de projecteur fin 2010 avec le cas d'Ivo Sanader, qui avait renoncé sans explication en juillet 2009 à un second mandat de Premier ministre pour un poste au Parlement. Accusé de corruption, il fut arrêté en Autriche quelques jours après avoir fui la Croatie (ce qu'il nie). Il a été reconnu coupable et purge actuellement une peine de prison de 8 ans et demi.

dans le sud de la Krajina, repoussant les Serbes et reprenant des points stratégiques. Les Serbes de Krajina jurèrent qu'ils n'admettraient jamais de dépendre de Zagreb et, en juin 1993, ils se prononcèrent, à une écrasante majorité, pour un rattachement aux Serbes de Bosnie (et tôt ou tard à la Grande Serbie). Pendant ce temps, conséquence du nettoyage ethnique, il ne restait plus que 900 Croates en Krajina sur une population originelle de 44 000 personnes. Le 29 mars 1994, les Serbes de Krajina acceptèrent finalement un cessez-le-feu général, qui instaura des "zones de séparation" démilitarisées entre les belligérants. La violence diminua considérablement dans la région.

Troubles en Bosnie-Herzégovine

Parallèlement, l'armée yougoslave et les formations paramilitaires serbes firent subir un sort similaire à la Bosnie-Herzégovine voisine, prévoyant ainsi l'éventuelle création d'une Grande Serbie, qui intégrerait les zones de Bosnie et de Croatie déjà sous domination serbe. Après s'être tout d'abord unis pour faire face à l'avancée des Serbes, les Croates et les musulmans de Bosnie entrèrent en conflit en 1993. Avec le soutien tacite de Zagreb, les Croates se rendirent coupables d'actes de violence et furent notamment à l'origine de la destruction du vieux pont de Mostar. La situation finit par s'apaiser en 1994 lorsque, sous l'influence des États-Unis, un accord déboucha sur la naissance de la Fédération croato-musulmane, alors que le monde assistait avec horreur à l'interminable siège de Sarajevo.

À la même époque, le gouvernement croate s'attacha à se procurer discrètement des armes. Le 1er mai 1995, l'armée et la police pénétrèrent dans le territoire occupé de la Slavonie occidentale et prirent le contrôle de la région. Les Serbes de Krajina ripostèrent en bombardant Zagreb. Bilan : 7 morts et 130 blessés. Voyant que les forces croates consolidaient leurs positions en Slavonie occidentale, près de 15 000 Serbes fuirent la région. Le silence observé par Belgrade tout au long de cette campagne, signe que les Serbes de Krajina avaient perdu l'appui de leurs alliés serbes, encouragea les Croates à pousser leur avantage. Le 4 août, ils

2010
La Slovénie organise un référendum sur le différend frontalier avec la Croatie. Une petite majorité de Slovènes approuve le compromis, levant le principal obstacle à l'entrée de la Croatie dans l'UE.

2012
Un référendum montre que deux tiers des Croates soutiennent l'adhésion de la Croatie à l'UE, malgré le faible taux de participation de 44% environ.

2013
Le 1er juillet, la Croatie devient officiellement le 28e membre de l'Union européenne. Elle est, après la Slovénie, la 2e république d'ex-Yougoslavie à être admise.

2015
En février, la Croatie élit pour la première fois à la présidence une femme, Kolinda Grabar-Kitarović ; elle succède à Josipović.

lancèrent un assaut sur la capitale rebelle de Knin. Écrasée, l'armée serbe s'enfuit vers le nord de la Bosnie, accompagnée par 150 000 civils issus de familles implantées en Krajina depuis plusieurs siècles. Les opérations militaires ne durèrent que quelques jours, mais de longs mois de terreur s'ensuivirent, marqués par les pillages et les incendies de villages serbes.

Les accords de paix de Dayton, signés à Paris en décembre 1995, reconnurent les frontières de la Croatie, telles que définies à l'époque de la Yougoslavie. Ils prévoyaient en outre le rattachement de la Slavonie orientale, qui devint effectif en janvier 1998. Si la transition se fit avec moins de violence qu'on aurait pu le craindre, la méfiance et l'hostilité subsistent aujourd'hui encore entre les deux peuples.

La Croatie de l'après-guerre

Depuis la fin des hostilités, la Croatie a retrouvé une certaine stabilité. Toutefois, le gouvernement croate est encore loin d'avoir satisfait sa promesse de faciliter le retour des réfugiés serbes, faite lors de la signature des accords de paix. En effet, s'il a effectivement fait de l'accueil des réfugiés l'une de ses priorités, en réponse aux attentes de la communauté internationale, ses efforts sont souvent court-circuités par des autorités locales attachées à la singularité ethnique de leur région. Le dernier recensement (2011) comptait 4,4% de Serbes dans la population, soit un peu moins qu'en 2001, et à peine un tiers des effectifs recensés en 1991.

En 2005, le général Ante Gotovina, accusé de crimes de guerre, fut livré à la Cour internationale de justice de La Haye. Il s'agissait de la principale condition à l'ouverture des négociations pour l'entrée de la Croatie dans l'UE. En 2011, la Cour condamna Gotovina et son ex-général Mladen Markač respectivement à 24 et 18 ans de réclusion. Le jugement a toutefois été cassé en novembre 2012 par la Cour d'appel, faute, selon elle, de l'existence d'une association criminelle visant à commettre des crimes de guerre.

La Croatie, officiellement invitée à rejoindre l'OTAN lors du sommet de Bucarest au printemps 2008, entra dans l'Alliance l'année suivante. En 2012, lors du référendum, les Croates se sont prononcés en faveur de l'adhésion à l'UE ; le pays est officiellement devenu membre en 2013. En février 2015, Kolinda Grabar-Kitarović a succédé à Ivo Josipović et est devenue la première femme présidente de Croatie.

L'esprit croate

Imprégnés d'influences germaniques au nord et affichant une personnalité toute méditerranéenne au sud, les Croates ne semblent pas tous issus du même moule. Pourtant, d'un bout à l'autre du pays, on observe quelques constantes. Partout, la famille et la religion sont prépondérantes, un certain conservatisme social est de mise, et le sport reste une obsession nationale.

Est ou Ouest ?

En grande majorité, les Croates s'identifient culturellement à l'Europe de l'Ouest, s'estimant plus occidentaux que leurs voisins bosniaques, monténégrins ou serbes. L'idée que la Croatie constitue le dernier avant-poste avant l'Orient ottoman/orthodoxe prévaut dans toutes les couches de la population. Décrire la Croatie comme un pays de l'Est vous vaudra une antipathie certaine. Certains habitants rejettent même le terme de "balkanique", vu la connotation négative qui lui est attachée. Ils précisent volontiers que Zagreb est située plus à l'ouest que Vienne, que la population est majoritairement catholique et non orthodoxe, et que l'écriture croate utilise l'alphabet latin, non le cyrillique.

Bien que l'alphabet diffère, le croate et le serbe s'assimilent plus à deux dialectes qu'à deux langues distinctes. Leurs locuteurs respectifs insistent néanmoins sur leurs singularités. En Croatie, en particulier, une forme de nationalisme linguistique a fait supprimer les panneaux les termes employés à l'époque yougoslave. Ainsi, *aerodrom* (aéroport) a été supplanté par le mot d'origine croate *zračna luka* (*zrak* signifie air et *luka* port) ; néanmoins, la plupart des habitants utilisent encore malgré tout le terme *aerodrom*. Autre exemple : si vous demandez du *hljeb* ou *hleb* (du pain, respectivement en monténégrin et en serbe) au lieu de *kruh* dans un restaurant de Dubrovnik, on vous regardera de travers.

En 2014, plus de 500 000 signatures ont été réunies pour réclamer un référendum sur la restriction de l'usage du cyrillique sur les panneaux croates. Conformément à la loi sur les minorités, cyrillique et écriture latine figurent en effet côte à côte dans les zones habitées à plus de 30% par des Serbes. Les pétitionnaires souhaitaient que ce seuil soit remonté au minimum à 50% de Serbes dans les régions concernées, mais la Cour constitutionnelle a déclaré anticonstitutionnelle l'organisation d'un tel référendum. Décision considérée par les partisans du référendum comme un affront envers les vétérans de la guerre et les victimes d'agressions serbes, notamment à Vukovar.

> Nikola Tesla (1856-1943), le père de la radio et du courant alternatif, est né de parents serbes dans le village de Smiljan, en Croatie (son père était un prêtre orthodoxe). Il est considéré comme un héros national tant par les Croates que par les Serbes.

UNE ASPIRATION À LA NORMALITÉ

Les Croates utilisent souvent le mot "normal" pour se qualifier. Ils vous diront : "Nous voulons devenir un pays normal." Ils font souvent la distinction entre les nationalistes survoltés, prompts à brandir le drapeau, et les gens "normaux" qui souhaitent vivre en paix. C'est là une des raisons qui a poussé la Croatie à livrer les personnes suspectées de crimes de guerre sous la pression internationale.

Ces considérations semblent toutefois en contradiction avec l'écrasante popularité en Croatie du turbo-folk serbe, genre musical méprisé et honni pendant la guerre des années 1990. Ainsi les tensions ethniques semblent s'être suffisamment apaisées pour que l'héritage balkanique intéresse à nouveau la société croate, quoique ce soit à travers des aspects inattendus.

Les deux facettes de la Croatie

Avec sa capitale dans les terres et la plupart de ses grandes villes sur la côte, le pays conjugue une décontraction méditerranéenne sur le littoral et le caractère plus sérieux de la Mitteleuropa (Europe centrale) à Zagreb, Zagorje et en Salvonie – avec une cuisine roborative, une architecture autrichienne et un intérêt plus marqué pour la réussite professionnelle que pour les loisirs. Les Istriens, souvent bilingues italien et croate, restent fortement influencés par l'Italie. Les Dalmates aussi vivent un peu à l'italienne : l'ambiance est généralement à la détente et beaucoup de bureaux ferment dès 15h, pour permettre aux employés de profiter de la plage, du soleil et des terrasses. Dans le secteur du tourisme, la plupart des employés parlent anglais.

La famille croate

Pour les Croates, la famille compte beaucoup et ils entretiennent des liens étroits avec toute leur parenté, notamment entre cousins germains. Ils restent aussi assez liés avec des cousins plus lointains.

Traditionnellement, les enfants vivent avec leurs parents pendant une grande partie de leur vie d'adulte. C'est particulièrement vrai pour les garçons, qui amènent souvent leur épouse dans la maison familiale. Une tradition qui se perpétue essentiellement à la campagne et dans les petites villes. Cette vie chez les parents jusqu'au mariage entrave beaucoup les aspirations à l'indépendance et complique notamment la vie des personnes homosexuelles. Pour gagner un peu de liberté, nombre de jeunes partent ainsi étudier dans une autre ville.

Majoritairement propriétaires de leur habitation, les Croates l'ont acquise à la chute du communisme, lorsque l'État a permis aux locataires d'acheter leur logement à prix modiques. Ainsi, ce sont aujourd'hui des biens propres souvent hérités des grands-parents, d'une grand-tante ou d'autres parents.

Vie quotidienne

Passer du temps dans les cafés et les bars est une tradition bien ancrée dans le pays. Au *kava*, personne ne saurait déroger et c'est peut-être là que le pays trouve une grande part d'énergie !

Les Croates aiment les plaisirs de la vie et attachent de l'importance aux apparences. Les rues sont propres, les gens bien mis. Même en période de vaches maigres, on préférera, en majorité, se priver de restaurant et de cinéma plutôt que d'une virée shopping en Italie ou en Autriche. Pour les jeunes gens, apparence soignée et beaux vêtements font partie de la panoplie du séducteur. Les hommes croates détestent perdre la face en se ridiculisant en public : s'ils apprécient l'alcool, ils boivent rarement dans le seul but de s'enivrer. Quant aux femmes, elles ne boivent presque pas.

En Croatie comme ailleurs, le culte de la célébrité est bien installé.

Manières et usages

Les Croates passent parfois pour des individus indifférents et impolis (même dans le secteur du tourisme), quoique certains étrangers apprécient justement cette franchise, selon laquelle les civilités outrancières sont jugées superflues. Les Croates réservent leur sourire

Pas d'impairs !

Une tenue sobre est de rigueur dans les églises (ni short, ni maillot de bain).

Pour appeler quelqu'un par son prénom, il faut y avoir été invité.

Femmes de l'île de Mljet (p. 279)

et leur "bonne journée" aux personnes qui comptent vraiment pour eux. L'idée d'adresser une lettre à un parfait inconnu en commençant par "cher" leur semble farfelue, tout autant que de traiter en amis des personnes dont ils viennent à peine de faire la connaissance. C'est l'usage en Croatie, et il ne faut pas s'en offenser. Au moins, on sait à quoi s'en tenir. Si on a la chance de pénétrer dans le cercle, on découvre un peuple chaleureux, sociable, généreux et très accueillant.

Ne lancez jamais à un Croate un "ça va ?" si vous n'êtes pas disposé à écouter la réponse. Il ne se contentera pas d'un simple "bien". Les Dalmates, en particulier, sont assez théâtraux : ils seront tantôt au septième ciel, tantôt plongés dans le désespoir. En tout cas, si vous posez la question, on vous répondra par le menu.

Religion

Selon le dernier recensement, 86,3% de la population se déclare catholique, 4,4% orthodoxe (ce qui correspond exactement à la proportion de Serbes), 4% "autre" (ou ne se prononce pas), 3,8% athée et 1,5% musulmane.

La religion constitue la seule différence entre des populations par ailleurs ethniquement identiques : les Croates sont très majoritairement catholiques, tandis que les Serbes se rattachent à l'orthodoxie orientale, une division qui remonte au partage de l'Empire romain en 395. La Croatie actuelle s'était alors retrouvée du côté occidental, sous domination romaine, tandis que la Serbie, à l'est, passait sous l'égide de Constantinople (aujourd'hui Istanbul), d'influence grecque. Avec le temps, certaines différences sont apparues entre chrétiens de l'Ouest et de l'est, culminant avec le Grand Schisme de 1054, date à laquelle les deux Églises se séparèrent définitivement. Outre quelques divergences

L'Église croate s'est opposée à Rome concernant le maintien de l'alphabet glagolitique, d'où provient en partie le cyrillique. Il a continué à être utilisé sur l'île de Krk jusqu'au XIXe siècle.

doctrinales, les orthodoxes vénèrent des icônes, autorisent le mariage des prêtres et rejettent l'autorité du pape.

Ayant fait allégeance à Rome dès le IXe siècle, les Croates bénéficièrent dès lors du droit de célébrer les messes et de rédiger des écrits religieux dans la langue locale, qui devint l'écriture glagolitique. Les papes soutinrent les premiers rois croates, qui à leur tour bâtirent des monastères et des églises afin de promouvoir le catholicisme. Durant les longs siècles de domination étrangère, le catholicisme servit d'élément unificateur dans la constitution d'un sentiment national.

L'Église jouit d'une position respectée dans la vie culturelle et politique croate et le Vatican porte une attention particulière au pays. L'Église est l'institution croate qui inspire le plus confiance, avec l'armée.

Les Croates, dans le pays et à l'étranger, fournissent un flux régulier de prêtres et de religieuses, qui regarnit les rangs du clergé catholique. Les fêtes religieuses sont célébrées avec ferveur et les églises se remplissent le dimanche pour la messe.

Hommes et femmes en Croatie

Si la situation s'améliore, les femmes doivent encore faire face à des obstacles. Sous la bannière socialiste de Tito, elles étaient encouragées à participer à la vie politique et leur représentation dans le *sabor* (Parlement) atteignait 18%. Actuellement, 24% des membres du Parlement sont des femmes, et c'est une femme qui préside le pays, pour la première fois de l'histoire de la Croatie.

De plus en plus de femmes, et de mères, travaillent, tout en assumant la quasi-totalité des tâches ménagères. Peu d'entre elles obtiennent des postes de direction.

La condition féminine est plus rude dans les villages traditionnels que dans les zones urbaines. Par ailleurs, les difficultés économiques nées après la guerre serbo-croate ont plus impacté la vie des femmes que celle des hommes, particulièrement en Slavonie orientale où les usines qui ont dû fermer employaient une importante main-d'œuvre féminine.

Les violences domestiques et le harcèlement sexuel au travail sont relativement courants, et la législation ne permet pas encore d'obtenir réparation.

Bien que l'attitude évolue lentement à l'égard de l'homosexualité, la Croatie est un pays essentiellement catholique, qui garde une vision très conservatrice de la sexualité. La plupart des homosexuels restent très discrets, par souci de ne pas être brimés en raison de leur orientation sexuelle. En 2013, le groupe *U ime obitelji* (Au nom de la famille) a soutenu l'organisation d'un référendum sur l'interdiction constitutionnelle du mariage homosexuel, approuvé par 65% des votants. L'année suivante, le Parlement a voté une loi autorisant le PACS pour les couples de même sexe, leur accordant des droits restreints.

Le culte du sport

En 2016, la Croatie a été classée 10e meilleure nation sportive par habitant. Le football, le basket et le tennis rencontrent un énorme succès dans cette nation férue de sport, et la Croatie a fourni un nombre étonnant d'athlètes de niveau international dans chacune des disciplines.

Football

Le football est de loin le sport le plus populaire. Il sert souvent d'exutoire au patriotisme croate et, à l'occasion, de moyen pour exprimer son opposition politique. Quand Franjo Tuđman accéda au pouvoir, il décida que Dinamo Zagreb, le nom du club de foot de Zagreb, était "trop communiste" et le changea pour "Croatia Zagreb". Cette décision suscita une vague d'indignation, que les jeunes supporters mirent à profit pour

---

En Croatie, les femmes n'ont obtenu le droit de vote qu'en 1945. À l'issue des élections, la Yougoslavie devint une république à parti unique. Les élections étaient toujours tenues mais c'est la Ligue des communistes qui choisissait les candidats ; un seul nom figurait parfois sur le bulletin.

La génération actuelle des stars du football comprend Luka Modrić (Real Madrid), Dejan Lovren (Liverpool FC) ou Mario Pašalić (Chelsea). Les jeunes pousses à suivre : Ante Ćorić, Nikola Vlašić et Andrija Balić.

> Comme les férus de foot locaux, suivez les aventures du Hajduk Split (hajduk.hr/naslovnica) et du Dinamo Zagreb (gnkdinamo.hr).

exprimer leur opposition au régime. Même si le gouvernement suivant a rétabli le nom d'origine, vous verrez encore des graffitis *Dinamo volim te* (Dinamo je t'aime) à Zagreb. Le plus opiniâtre rival du Dinamo est le Hajduk de Split ; leurs rencontres donnent souvent lieu à des bagarres.

À la fin de sa carrière, Davor Šuker totalisait 46 buts internationaux, dont 45 pour la Croatie. C'est le meilleur buteur de l'équipe nationale croate de tous les temps et l'actuel président de la Fédération croate de football. En 2004, Pelé a désigné l'icône footballistique croate comme l'un des 125 plus grands footballeurs vivants.

Tennis

La Croatie a produit – et continue de produire – de très grands joueurs, dans tous les sens du terme. En 2001, la victoire à Wimbledon de Goran Ivanišević a donné lieu à des manifestations enthousiastes dans tout le pays, en particulier à Split, sa ville natale. Cet attaquant charismatique s'est imposé parmi les dix meilleurs joueurs durant la majeure partie des années 1990. Des blessures l'ont contraint à se retirer en 2004, mais la Croatie est restée en haut de l'affiche en 2005 avec la victoire en Coupe Davis d'Ivan Ljubičić (1,93 m) et de Mario Ančić (1,95 m). L'un des joueurs croates les mieux classés, Marin Čilić (1,98 m), a gagné son premier titre en grand chelem, l'US Open, en 2014 et a atteint les quarts de finale à Wimbledon la même année. À suivre, Borna Ćorić, un joueur qui figurait dans la liste des "30 sportifs de moins de 30 ans" de Forbes en 2016.

Du côté féminin, Iva Majoli, native de Zagreb et connue pour son solide jeu de fond de court, a remporté Roland-Garros en 1997. Ce sera toutefois là le seul titre du Grand Chelem à son palmarès. Elle a pris sa retraite en 2004.

Le tennis est un sport largement pratiqué en Croatie, et la côte offre de nombreux courts en terre battue. Le plus grand tournoi du pays, l'Open d'Umag se déroule en juillet, en Istrie.

Basket-ball

Le basket, sport le plus populaire après le football, est suivi quasi religieusement. Les clubs de Split, Zadar et le Cibona Zagreb sont connus dans toute l'Europe, même si aucun n'a atteint le niveau du Cibona des années 1980, lorsque le club est devenu champion d'Europe.

Ski

Si la Croatie possédait une déesse nationale, ce serait Janica Kostelić, sa skieuse la plus émérite. Après avoir gagné la Coupe du monde de ski alpin en 2001, elle a remporté, à 20 ans seulement, trois médailles d'or et une médaille d'argent aux Jeux olympiques d'hiver en 2002, les premières remportées par un athlète croate aux JO d'hiver. Souffrant d'une blessure au genou en 2002, entre autres problèmes de santé, la skieuse n'en a pas moins décroché aux JO de Turin en 2006 l'or au combiné féminin et l'argent au Super-G. Janica s'est retirée de la compétition l'année suivante.

Le ski semble être une affaire de famille puisque son frère, Ivica Kostelić, a remporté le slalom masculin lors de la Coupe du monde de 2003, puis, à trois reprises, la médaille d'argent au combiné hommes des JO d'hiver de 2006, 2010 et 2014, plus la médaille d'argent du slalom en 2010.

> La célèbre athlète croate Blanka Vlašić détient le deuxième record mondial de saut en hauteur femmes de tous les temps. Elle a été médaillée d'or à plusieurs championnats du monde, d'argent aux Jeux olympiques de Pékin et de bronze à ceux de Rio.

La cuisine croate

La cuisine croate est traversée par mille et une saveurs qui sont autant de reflets de son histoire aux cultures croisées. Il existe une nette distinction entre la cuisine d'influence italienne, sur la côte, et les accents hongrois, autrichiens et turcs de la partie continentale. Du bar grillé arrosé d'huile d'olive de Dalmatie au roboratif ragoût de viande au paprika de Slavonie, chaque région vante fièrement ses spécialités ; et partout vous apprécierez la qualité des plats, préparés avec des produits frais de saison.

Culture culinaire

Si les Croates sont peu enclins à l'expérimentation dans le domaine culinaire, ils vouent une véritable passion à la cuisine et peuvent passer des heures à discuter de la qualité d'une viande ou d'un poisson. Par ailleurs, la culture gastronomique se développe, en grande partie grâce au mouvement Slow Food, qui privilégie les ingrédients frais et locaux de saison et le plaisir d'un repas prolongé. L'Istrie et le Kvarner ont rapidement atteint le sommet de l'échelle gourmande, mais d'autres régions les talonnent. La production de vin et d'huile d'olive est en plein renouveau, tandis qu'un réseau d'itinéraires balisés rend hommage à ces précieux nectars.

Un nouveau genre de restaurants vous permettra de passer des heures a déguster des délices slow-food où à savourer les préparations inventives de chefs en pleine ascension. Étant donné les ressources limitées des habitants, la plupart des restaurants pratiquent des prix raisonnables. Quel que soit votre budget, un mauvais repas restera une exception. Autre avantage : restaurant est souvent synonyme de dîner en terrasse, quand le temps est clément.

Spécialités régionales

Zagreb et le nord-ouest de la Croatie

Zagreb et le nord-ouest de la Croatie privilégient les plats de viande roboratifs à la mode viennoise. Les *pečenje* (viandes rôties à la broche) d'agneau (*janjetina*), de porc (*svinjetina*) et de canard (*patka*) s'accompagnent souvent d'un gratin de nouilles (*mlinci*) ou de pommes de terre sautées (*pečeni krumpir*). La viande lentement braisée sous *peka* (couvercle-cloche en fer recouvert de braises), particulièrement savoureuse, doit se commander à l'avance dans de nombreux restaurants. La dinde (*purica*) aux *mlinci* fait figure d'institution sur les cartes de

> **COURS DE CUISINE**
>
> Apprendre à cuisiner devient de plus en plus à la mode en Croatie. **Culinary Croatia** (www.culinary-croatia.com), une excellente source d'information, propose divers cours de cuisine, ainsi que des circuits gastronomiques et œnologiques, essentiellement en Dalmatie. À Zagreb, **iCroatiaTravel** (p. 57) invite à découvrir les délices locaux en sessions de 5 heures. **Eat Istria** (p. 108) organise des cours de cuisine et des dégustations de vin dans toute l'Istrie.

PLATS ET BOISSONS À GOÛTER

Bazga Le jus de sureau artisanal est un classique de la Croatie continentale. Aussi rafraîchissant que délicieux, un plaisir à ne pas manquer.

Bermet Une liqueur d'herbes très parfumée qu'on ne fabrique qu'à Samobor. Sa composition : caroube séchée, figues, armoise, zestes d'orange, sauge et graines de moutarde, le tout mariné dans du vin rouge.

Boškarin En voie d'extinction à la fin du XXᵉ siècle, une race bovine originaire d'Istrie miraculeusement sauvée et fort appréciée pour la finesse de sa viande.

Gregada Un ragoût de différents poissons blancs avec des pommes de terre, du vin blanc, de l'ail et des épices. La *gregada* croate la plus connue vient de Hvar.

Komiška pogača La spécialité de Komiža, sur l'île de Vis : une sorte de foccacia fourrée d'oignons, de tomates et d'anchois. Sans tomate, comme à Vis, c'est une *viška pogača*.

Rogačica Parmi toutes les *rakija* (grappas) qui ont fait la renommée de la Croatie, cette liqueur dalmate à la caroube est idéale si vous aimez les alcools sucrés.

Vitalac Typiques de la région de Brač, des abats d'agneau entourés de fines tranches de viande et rôtis à la broche.

Zagreb ou du Zagorje, de même que la *zagrebački odrezak*, une escalope de veau panée, farcie de jambon et de fromage. Le *sir i vrhnje* (fromage blanc servi avec de la crème fraîche) est un autre classique, qu'on trouve au marché et qui se marie très bien avec du pain. Côté dessert, les *palačinke*, des crêpes fines aux garnitures variées, figurent fréquemment sur les cartes.

Slavonie

Plus épicée que celle des autres régions, la cuisine de Slavonie emploie généreusement l'ail et le paprika. L'influence hongroise s'y ressent, et de nombreux plats typiques, comme le *čobanac*, sont des variantes du *gulaš* (goulasch). La proximité de la Drave permet de déguster des poissons tels que la carpe, le brochet et la perche ; mijotés dans une sauce au paprika et accompagnés de nouilles, ils composent le *fiš paprikaš*. Autre spécialité, la carpe à la broche (*šaran u rašljama*) est grillée sur le feu dans sa graisse. Les saucisses de la région sont également réputées, notamment la *kulen,* parfumée au paprika et affiné pendant neuf mois ; elle est généralement servie avec du fromage frais, des poivrons, des tomates et des légumes marinés (*turšija*).

Istrie

Le site www.tasteofcroatia.org (en anglais) propose d'excellentes critiques de restaurants et des informations sur les petits producteurs.

Depuis quelques années, l'Istrie attire des gourmets du monde entier en raison de sa longue tradition gastronomique, de la fraîcheur de ses produits et de ses spécialités uniques. Parmi les classiques, citons la *maneštra,* une épaisse soupe de légumes et de haricots semblable au minestrone, les *fuži*, des pâtes maison souvent servies avec des *tartufi* (truffes) ou du *divljač* (gibier), et la *fritaja*, une omelette fréquemment accompagnée de légumes de saison, telles les asperges sauvages. De fines tranches de *pršut* (jambon cru), également excellent en Dalmatie, font régulièrement partie des entrées ; le prix élevé s'explique par le travail long et attentif du fumage. L'huile d'olive d'Istrie, également très réputée, a été primée internationalement. Le département du Tourisme a balisé une route de l'huile d'olive, qui permet de rencontrer des producteurs et de déguster leurs huiles. Les truffes blanches, ramassées en automne, et les asperges blanches, récoltées au printemps, comptent parmi les meilleurs produits de saison.

Golfe de Kvarner et Dalmatie

Sur la côte, les cuisines du golfe de Kvarner et de Dalmatie sont essentiellement méditerranéennes et utilisent beaucoup l'huile d'olive, l'ail, le persil plat et toutes sortes de produits la mer. Au bord de la mer, essayez les *lignje* (calmars) frits, en plat principal. Les repas commencent souvent par un plat de pâtes ou un *rižot* (risotto) aux fruits de mer. En entrée, vous pourrez aussi choisir du *paški sir*, le fromage au lait de brebis corsé de l'île de Pag. Autre spécialité régionale, le *brujet* ou *brodetto* dalmate (un ragoût de poisson servi avec de la polenta) est souvent proposé pour deux personnes. La *pašticada* (du bœuf mijoté dans du vin et des épices, accompagné de gnocchis) figure sur les cartes de la côte et de l'arrière-pays. Les herbes fraîches que broutent les agneaux de Cres et de Pag rendent leur viande particulièrement savoureuse.

> Le sel extrait des marais salants de Pag et de Ston est considéré comme le plus pur du pourtour méditerranéen.

Végétariens

Même si vous précisez *ja ne jedem meso* (je ne mange pas de viande), on vous servira peut-être une soupe avec des lardons… Les mentalités changent lentement mais le végétarisme progresse en Croatie, surtout dans les grandes villes. Zagreb, Rijeka, Split et Dubrovnik comptent désormais des restaurants végétariens, et quelques enseignes classiques commencent à proposer des menus végétariens. Dans le Zagorje, au nord, et en Slavonie, à l'est, les végétariens auront plus de difficulté car la viande constitue la base des repas. Parmi les spécialités sans viande, citons la *maneštra od bobića* (soupe de haricots et de maïs frais), la *juha od krumpira na zagorski način* (soupe de pommes de terre du Zagorje), les *štrukli* (feuilletés au fromage) et les *blitve* (blettes bouillies, souvent servies avec des pommes de terre, de l'huile d'olive et de l'ail). Sur la côte, vous pourrez vous régaler de pizzas, de pâtes et de risottos accompagnés de divers légumes et de délicieux fromages. Si vous mangez du poisson et des fruits de mer, vous ferez des repas somptueux.

> Des recherches ont montré que les huîtres de la région de Ston, sur la péninsule de Pelješac, très recherchées, sont cultivées depuis l'époque romaine.

Plats de fête

Comme dans d'autres pays catholiques, la plupart des Croates mangent du poisson la veille de Noël (*Badnjak*) ; en Dalmatie, le *bakalar* (morue séchée) est le plat traditionnel de cette occasion. Le repas de Noël se compose de cochon de lait rôti, de dinde accompagnée de *mlinci* ou d'un autre plat de viande. La *sarma* (chou farci de viande hachée) est un autre mets de Noël, comme le *badnji kruh*, un pain au miel, aux noix et aux fruits secs. Autre tradition, la tresse de Noël est une pâte glacée, avec de la noix de muscade, des raisins et des amandes. Souvent décorée de blé et de bougies, elle trône sur la table jusqu'à l'Épiphanie, où on la coupe en

---

LE PAŠKI SIR, FROMAGE CROATE

Le fromage de Pag (*paški sir*) ne ressemble à aucun autre. Salé et piquant, le goût de ce fromage de brebis à pâte dure rappelle l'île où il est produit. En effet les vents marins qui fouettent les reliefs bas de l'île de Pag déposent du sel qui la végétation, principale nourriture des moutons qui paissent en liberté sur l'île. On recueille le lait du fromage de Pag en mai, lorsqu'il est le plus parfumé. Non pasteurisé, son goût peut ainsi s'épanouir durant sa fermentation. Lorsque le fromage a fini de fermenter, il est frotté de sel de mer, badigeonné d'huile d'olive et laissé à maturer, de six mois à un an. Le produit final est acidulé, ferme, sec, granuleux et aromatique. En entrée, on le sert en tranches fines avec des olives noires, mais on peut aussi le râper et l'utiliser en garniture, comme le parmesan.

Essayez aussi la *skuta*, semblable à de la ricotta, un fromage onctueux au parfum subtil, rare mais qu'on peut trouver dans des restaurants comme Boškinac (p. 181), près de Novalja.

tranches pour la manger. L'*orahnjača* (gâteau aux noix), les *fritule* (donuts) et la *makovnjača* (gâteau aux graines de pavot) sont des desserts de fête classiques.

Le plat de Pâques le plus typique, du jambon avec des œufs durs, est servi avec des légumes frais. Le *pinca,* un pain très ferme, fait également partie des spécialités pascales, notamment en Dalmatie.

À table

Dans l'ancienne Yougoslavie, le *doručak* (petit-déjeuner) courant était le *burek* (un feuilleté à la viande, aux épinards ou au fromage). Aujourd'hui, les Croates préfèrent commencer la journée par un café, une pâtisserie, un yaourt et un fruit. Si vous logez dans une auberge de jeunesse ou dans un hébergement privé, le plus simple consiste à acheter des viennoiseries dans une boulangerie et à vous rendre dans un café. Dans les hôtels, le buffet du petit-déjeuner comprend des céréales, du pain, des yaourts, de la charcuterie, du fromage et des jus de fruits industriels. Les hôtels haut de gamme proposent des buffets plus alléchants avec des œufs, des saucisses et des pâtisseries maison.

Les restaurants ouvrent pour le *ručak* (déjeuner) vers 12h et servent généralement en continu jusqu'à minuit. Souvenir de l'antique collation de la matinée, la *marenda* se prend tôt et reste un repas léger, à la différence du *gablec*, plus consistant mais peu onéreux. Sinon les Croates s'attablent plus tard pour déjeuner plus amplement. Pour composer un excellent pique-nique, achetez des fruits et des légumes au marché, puis du pain, du fromage et du jambon dans une épicerie. Au rayon traiteur du supermarché ou de l'épicerie, on peut généralement vous préparer un *sendvič* (sandwich) au *sir* (fromage) ou au *pršut* (prosciutto) dont vous ne paierez que les ingrédients.

Le soir, la *večera* (dîner) est un repas plutôt léger, mais la plupart des restaurants se sont adaptés aux habitudes des touristes, plus habitués à faire un dîner consistant.

Boissons

La Croatie est réputée pour ses *rakija* (eaux-de-vie), qui peuvent avoir différents parfums. Les plus courantes sont la *loza* (tirée du raisin, comme la grappa italienne), la *šljivovica* (prune) et la *travarica* (herbes aromatiques). L'excellente grappa d'Istrie se décline dans diverses saveurs, de la *medica* (au miel) à la *biska* (au gui). L'île de Vis est

---

CALENDRIER CULINAIRE

Si les fêtes du vin et autres festivals de cuisine locaux battent leur plein en automne, il n'y a pas de mauvaise saison pour manger en Croatie.

Printemps (mars-mai) Asperges sauvages et fruits rouges, avec quelques fêtes comme les journées des fruits de mer en Istrie, en mars, la fête des gâteaux traditionnels en avril dans le Zagorje et les journées portes ouvertes dans les caves à vins d'Istrie, fin mai.

Été (juin-août) La bonne période pour les produits de la mer tout frais pêchés, sur la côte. Glaces et cocktails vous aideront à combattre la chaleur et le Festival des cuisines traditionnelles, à Vrbovec, un tout petit peu au nord-est de Zagreb, vous dévoilera les secrets ancestraux des fourneaux croates.

Automne (septembre-novembre) Vin, truffe ou châtaigne, les fêtes leur font honneur. Les amateurs de truffes et de grappa se rendront en Istrie, les œnophiles iront aux vendanges dans leur région préférée. Et, s'il est une fête à ne pas manquer, c'est celle de la châtaigne de Lovran, la Marunada, le long du golfe de Kvarner, fin septembre.

Hiver (décembre-février) C'est la période des douceurs de Noël et du carnaval.

DÉLICIEUX EN-CAS

Pour tester les fast-foods locaux, essayez les *ćevapčići* (boulettes de bœuf, d'agneau ou de porc hachés, épicées), *pljeskavica* (hamburger en version ex-yougoslave), *ražnjići* (morceaux de porc grillés, en brochette) ou les *burek* (pâtisseries salées fourrées à la viande hachée, aux épinards ou au fromage).

renommée pour sa délicieuse *rogačica* (eau-de-vie de caroube), souvent proposée dans un petit verre de *rakija* en apéritif. Le *vinjak* (cognac), le marasquin (liqueur de cerise de Zadar), le *pelinkovac* (liqueur aux herbes) et le *prošek* (vin de dessert) sont également prisés.

L'Ožujsko de Zagreb et la Karlovačko de Karlovac sont les deux bières (*pivo*) croates les plus appréciées. Moins largement distribuée, la Velebitsko séduit les connaisseurs, mais n'est disponible que dans quelques bars et magasins, essentiellement sur le continent.

Le *kava*, un café très serré servi dans une tasse minuscule, est disponible partout. Vous pourrez aussi demander un *macchiato* (café au lait) ou un cappuccino. Si quelques endroits proposent du décaféiné, ce breuvage s'apparente à un sacrilège pour les Croates, amateurs de café ! Quand ceux-ci parlent de thé (*čaj*), ils signifient le plus souvent infusion ; le thé noir peut être difficile à dénicher. L'eau du robinet est potable.

Vin

Si les vins croates sont arrivés tardivement sur le marché mondial et y sont encore discrets, le *vino* croate fait partie de la culture du pays depuis plus de 2 500 ans. Aujourd'hui, la tradition renaît sous l'impulsion d'une nouvelle génération de vignerons, soucieux de préserver les cépages nationaux et de faire revivre les domaines ancestraux. Avec l'amélioration de la qualité et la hausse des exportations, les vins croates gagnent peu à peu en notoriété.

La Croatie comprend quatre grandes régions vinicoles : d'une part, la Slavonie et les hauts plateaux au climat continental frais ; d'autre part, l'Istrie, le Kvarner et la Dalmatie, sur la côte adriatique au climat méditerranéen. Chaque région compte de multiples vignobles (*vinogorje*) comptabilisant plus de 300 appellations géographiques.

Vins du continent

Les cépages blancs *graševina, traminac,* pinot, chardonnay et sauvignon dominent la zone continentale, donnant des vins fruités, légers et rafraîchissants dans le Nord plus froid, et des blancs charpentés, puissants et de garde en Slavonie où le climat est plus doux, sans oublier de bons vins sucrés (*predikatno*). Le village de Kutjevo, en Slavonie, est réputé pour ses vignobles de qualité.

Dans la campagne vallonnée du Međimurje, du Plešivica et du Zagorje, les hauts plateaux croates donnent des vins blancs frais, parfaits pour les repas (et également du bon pinot noir). En dehors du *graševina* et du *škrlet* local, les cépages internationaux chardonnay, pinot blanc, pinot gris et sauvignon blanc abondent. Les très recherchées bouteilles de Bodren, pour son vin glacé *(ledeno vino),* font de délicieux souvenirs.

Zone côtière

L'Istrie, qui couronne la côte adriatique nord, est la région de la *malvazija istarska* (malvoisie d'Istrie), un cépage qui permet d'obtenir des vins primés de diverses sortes : secs et légers ou doux et sucrés ; frais et sans tanin ou vieillis en fûts d'acacia, ainsi que des vins orange (vins blancs macérés). L'Istrie propose aussi un rouge intense typique de la région : le *teran*.

> Le marasquin de Zadar, une liqueur de cerise acide, a été inventé au début du XVIe siècle par des apothicaires du monastère dominicain de Zadar.

> On recense en Croatie 17 000 vignerons produisant 2 500 crus d'origine contrôlée dans 880 établissements vinicoles.

VISITER LES DOMAINES

Pour les visites de domaines, sachez que les exploitations familiales ne sont pas toujours ouvertes au public. Voici une sélection de domaines recommandés qui proposent des dégustations, selon nous les meilleurs endroits pour tester chacune des quatre grandes régions vinicoles. La réservation est fortement conseillée.

Slavonie

Krauthaker (p. 95). excellent producteur de *graševina*.

Vina Belje (p. 95). Visite d'une cave vieille de 500 ans.

Iločki Podrumi (p. 95). Bon endroit pour déguster du *traminac*.

Hautes terres

Bolfan Vinski Vrh (p. 79). Domaine au sommet d'une colline, lauréat de nombreux prix.

Domaine Lovrec (p. 86). Excellent domaine, avec une cave vieille de 300 ans, qui produit chardonnay, *graševina* et autres cépages.

Cmrečnjak (p. 87). Exploitation familiale qui existe depuis 1884.

Istrie/Golfe de Kvarner

Cossetto (p. 120). *Malvazija* et rouges haut de gamme.

Geržinić (p. 127). Réputé notamment pour sa *malvazija*.

Toljanić-Gospoja (p. 162). Très bon endroit pour goûter le *žlahtina*.

Dalmatie

Boškinac (p. 181). L'unique producteur au monde de *gegić*. Fait aussi de délicieux cabernet-merlot.

Grgić Vina (p. 282). Le domaine familial du célèbre vigneron californien Mike Grgich, qui produit d'excellents *plavac mali* et *pošip*.

Matuško (p. 282). Dégustez le meilleur *plavac mali*, de l'appellation Dingač.

Chaque année, le 1er avril, le vin remplace l'eau dans la fontaine municipale de la ville de Ludbreg, dans le nord de la Croatie.

Le Kvarner, au sud de l'Istrie, est le pays du *žlahtina*, un vin blanc idéal pour accompagner les fruits de mer qu'on trouve sur l'île de Krk.

Au sud, la beauté sauvage de la Dalmatie, dont les îles sont couvertes de vignes (Hvar, Vis, Brač, Korčula), favorise une grande variété de cépages régionaux profitant du climat méditerranéen. Il en résulte des vins charpentés de caractère : le *plavac mali,* descendant du *zinfandel* (*crljenik kašteljanski*) et le confidentiel *obričić,* roi des rouges. Les vins étiquetés "Dingač" sont des *plavac mali* d'un coteau particulier qui domine la mer dans la péninsule de Pelješac, souvent considéré comme le meilleur vin rouge de Croatie. La production est limitée et les bonnes bouteilles sont chères.

Parmi les autres variétés locales dignes d'intérêt, citons le *babić* (rouge), le *pošip* (blancs élégants, dont les meilleurs viennent de l'île de Korčula), le *grk* (blanc fruité, produit exclusivement à Lumbarda, sur l'île de Korčula) et la *malvasija* (blanc du Kvarner, à ne pas confondre avec la *malvazija*, avec un "z"). Les excellents rosés dalmates évoquent joliment la Méditerranée.

Architecture

Des villes fortifiées de la côte à la splendeur baroque de Varaždin au nord, en passant par les ruines romaines, les cathédrales gothiques, les palais Renaissance et les villas viennoises, le visage architectural de la Croatie a été dessiné par les nombreux peuples qui l'ont successivement conquise.

Vestiges romains

Si l'époque préromaine n'a laissé aucune trace substantielle, les vestiges de 650 ans de domination romaine sont en revanche omniprésents en Croatie – notamment une arche intacte dans le centre de Rijeka, un amphithéâtre dans le parc national de la Krka, ou encore des colonnes héritées de l'ancien forum à Zadar.

Mais toutes ces ruines semblent dérisoires comparées à l'un des vestiges romains les mieux conservés du monde : le palais de Dioclétien (p. 202), à Split. L'empereur abdiqua à la fin du IIIe siècle et se retira dans ce colossal ensemble architectural. Ce dernier fut par la suite transformé en ville fortifiée, et n'a cessé d'être habité. Malgré cela, certaines parties évoquent encore à merveille l'époque de Dioclétien : ainsi, le mausolée et le temple de Jupiter, avec leurs toits parfaitement préservés, ne sont pas à proprement parler des "ruines".

Les deux autres principaux trésors romains se trouvent en Istrie. Le remarquable amphithéâtre de Pula (le Colisée croate, p. 102), imposante arène du Ier siècle, dont les murs circulaires de 30 m de haut sont toujours intacts, accueille à nouveau le public – pour des spectacles toutefois moins sanglants que jadis. La basilique euphrasienne de Poreč (p. 118) est l'autre joyau byzantin d'Istrie. Construite au VIe siècle, elle recèle des fragments issus de bâtiments plus anciens intégrés dans ses murs, et une précieuse mosaïque dans l'abside.

> La cathédrale Saint-Domnius (IIIe-IVe siècle) de Split est la plus ancienne du monde. Elle fut érigée dans le mausolée d'origine de Dioclétien.

Églises préromanes

L'arrivée des Slaves en Croatie au début du VIIe siècle inaugura la période préromane (dite "ancienne période croate"). La plupart des vestiges de cette période ont été détruits lors de l'invasion mongole du XIIIe siècle. Les plus intéressants se trouvent sur la côte dalmate, à commencer par l'imposante église Saint-Donat (p. 183), à Zadar, construite au IXe siècle sur les ruines du forum romain. Elle comporte une structure centrale ronde, unique pour l'époque (fin de l'Antiquité), ainsi que trois absides semi-circulaires.

Deux autres petites églises de la région, tout en courbes, datent de cette période : l'église de la Sainte-Croix à Nin (XIe siècle), dotée d'un plan en croix, avec deux absides et un dôme central, et la minuscule église Saint-Nicolas aux allures de forteresse, perchée au sommet d'une colline à la lisière de Nin.

Gothique et Renaissance

La tradition romane du Moyen Âge, caractérisée par ses arcs semi-circulaires et ses formes symétriques, a perduré sur la côte longtemps

> Premier ornement distinct typiquement croate, le *pleter* (motif tressé), est apparu vers l'an 800. Ressemblant aux entrelacs caractéristiques des croix celtiques et des manuscrits médiévaux, le *pleter* figure à l'entrée des églises et sur les meubles du début du Moyen Âge (ancienne période croate).

> La cathédrale Saint-Jacques (1431-1536) de Šibenik est le seul bâtiment de son époque construit avec des éléments en pierre préfabriqués.

après que le reste de l'Europe eut adopté le style gothique et les arcs brisés. Au XIIIe siècle, les premiers exemples gothiques se mêlaient souvent encore au style roman. Parmi les œuvres les plus étonnantes de cette période figurent le portail de la cathédrale Saint-Laurent (p. 220), à Trogir, sculpté par le maître artisan Radovan en 1240. La cathédrale de l'Assomption de la Vierge Marie (p. 54), à Zagreb, est la première église de style gothique en Croatie du Nord. Les diverses reconstructions ont épargné les vestiges des peintures murales du XIIIe siècle dans la sacristie.

La période gothique tardive fut dominée par l'architecte et sculpteur Juraj Dalmatinac (Georges le Dalmate), qui naquit à Zadar au XVe siècle. Son œuvre la plus remarquable est la cathédrale Saint-Jacques (p. 194), à Šibenik, qui marqua la transition entre la période gothique et la Renaissance. Dalmatinac bâtit l'église entièrement en pierre et orna les murs extérieurs d'une farandole de personnages locaux, sculptés de manière très réaliste. À Korčula, la cathédrale Saint-Marc (p. 287), du XVe siècle, est une autre merveille de cette époque.

La Renaissance connut un bel épanouissement en Croatie, particulièrement dans la république alors indépendante de Raguse (Dubrovnik). Durant la seconde moitié du XVe siècle, des éléments Renaissance apparurent sur des édifices de style gothique tardif. Le palais Sponza (p. 259) est un bel exemple de ce mélange de styles. Au milieu du XVIe siècle, les caractéristiques de l'architecture Renaissance commencèrent à supplanter le style gothique dans les palais et les résidences d'été de la noblesse fortunée construits à Raguse et aux alentours. Malheureusement, ceux-ci furent presque tous détruits par un séisme en 1667.

Du baroque au brutalisme

Le nord de la Croatie est réputé pour ses monuments baroques, style qui fut introduit par les Jésuites au XVIIe siècle. Capitale régionale aux XVIIe et XVIIIe siècles, Varaždin accueillit, en raison de sa situation géographique, un flux constant d'artistes, d'artisans et d'architectes venus du nord de l'Europe. La prospérité conjuguée à un environnement créatif fit de Varaždin la vitrine de l'art baroque en Croatie. Ce style grandiloquent, souvent très ornementé, s'observe aujourd'hui dans les maisons et les églises soigneusement restaurées, ainsi que dans l'imposant château.

À Zagreb, la ville haute recèle de beaux exemples de style baroque, tels que l'église jésuite Sainte-Catherine (p. 52) et les demeures restaurées qui abritent le musée croate d'Art naïf (p. 52). Des familles fortunées firent construire des manoirs baroques dans la campagne aux alentours de Zagreb, notamment à Brezovica, à Miljana, à Lobor et à Bistra.

L'influence austro-hongroise imprègne également la capitale : les imposants bâtiments publics néoclassiques, mais aussi l'architecture de certains appartements et maisons Art nouveau en témoignent, tout comme l'ancien palais du gouverneur de Rijeka et les résidences de vacances de l'élite viennoise disséminées autour de la station balnéaire d'Opatija et sur certaines des îles voisines.

À l'époque du mouvement moderne, l'architecture croate adopta le style international. L'ère socialiste a légué de nombreux bâtiments publics et résidentiels sophistiqués et esthétiques, en particulier dans les banlieues nouvelles, comme Novi Zagreb. Cependant, les édifices en béton de style brutaliste, autrefois jugés futuristes et modernes, sont désormais souvent laissés à l'abandon. Malheureusement, malgré une certaine nostalgie de la Yougoslavie des années 1970, personne ne s'est intéressé à la préservation des hôtels pourtant emblématiques de la période.

> La Croatie d'aujourd'hui affiche son dynamisme dans le domaine architectural. Pendant la reconstruction qui suivit la guerre des années 1990, de nombreux concours ont été organisés, offrant aux jeunes architectes l'occasion de montrer leur talent. Le Gymnasium de Koprivnica et l'Hôtel Lone de Rovinj comptent parmi les plus belles réussites.

Environnement

Des terres agricoles de la fertile Slavonie jusqu'à la péninsule istrienne en passant par les collines de la Croatie centrale, au nord, puis vers le sud à travers la Dalmatie le long de la côte adriatique escarpée, la Croatie s'incurve tel un boomerang. La plupart des visiteurs se concentrent sur l'étroite bande côtière au pied des Alpes dinariques et sur les nombreuses îles sublimes au large, mais vous découvrirez beaucoup d'autres beautés naturelles en explorant l'arrière-pays et les régions du Nord.

Karst, grottes et cascades

Très répandu en Croatie, le karst est la caractéristique géologique la plus saillante du pays. Cette roche calcaire et dolomitique extrêmement poreuse est omniprésente le long de la côte et couvre de larges portions de l'arrière-pays. Le karst résulte de la dissolution en surface du calcaire sous l'action de l'eau, qui s'infiltre alors dans les strates inférieures, plus dures. Au fil du temps, ce ruissellement forme des cours d'eau dans le sous-sol, qui creusent des fissures et des cavités, avant de réapparaître puis de se perdre dans une autre grotte pour, finalement, s'écouler dans la mer.

> La température de l'Adriatique oscille entre 7°C en moyenne en décembre et 23°C en septembre.

Les cavités et les sources caractérisant l'intérieur des formations karstiques ont façonné le gouffre de Pazin, les lacs de Plitvice, les cascades de la Krka et la grotte de Manita Peć, à Paklenica. Lorsque la roche calcaire s'effondre, une sorte de cuvette se forme. Appelée *polje*, elle est alors cultivée, bien que le drainage insuffisant de ce type de sol risque de le transformer en lac éphémère.

Parcs nationaux

La Croatie possède huit des plus beaux parcs nationaux de l'ex-Yougoslavie. Ils couvrent 1,3% du territoire, avec un total de 961 km², dont 742 km² de terre et 219 km² d'eau. Les zones protégées, dont entre autres, les parcs naturels, en représentent environ 8%. L'excellent site Internet des parcs de Croatie (www.parkovihrvatske.hr) répertorie les 19 parcs nationaux et parcs naturels du pays.

Sur le continent...

Près de la frontière bosniaque, à mi-chemin entre Zagreb et Zadar, le parc national des lacs de Plitvice (p. 173), classé au patrimoine mondial de l'Unesco, est de loin le plus réputé des huit parcs nationaux. Son chapelet de lacs et de cascades très pittoresques a été formé par des mousses qui retiennent le carbonate de calcium quand l'eau dévale le karst. Les chutes atteignent leur plus haut niveau au printemps. Le parc est cependant victime de son succès : les principaux sentiers deviennent affreusement embouteillés lors des mois de grande fréquentation.

Le parc national de la Krka (p. 192) est une suite encore plus vaste de lacs et de cascades qui longent la rivière Krka, au nord de Šibenik. Le principal point d'accès est Skradinski Buk, où la plus grande cascade coule sur 800 m. À l'instar de Plitvice, la fréquentation de cette partie du parc peut s'avérer gênante en juillet et en août, mais de nombreuses étendues sont plus paisibles. Le parc renferme également des sites d'importance culturelle sous la forme d'un monastère orthodoxe serbe et d'un monastère catholique romain.

Façonné par de spectaculaires gorges et falaises karstiques, le parc national de Paklenica, qui longe la côte adriatique près de Zadar, est un haut lieu de l'escalade. Les vastes grottes et cavernes hérissées de stalactites et de stalagmites séduiront les amateurs de spéléologie, et des kilomètres de sentiers sillonnent le parc. Les installations touristiques sont bien développées, mais l'on trouve de vastes étendues sauvages.

À l'autre bout de la même chaîne de montagnes, le parc national du Velebit du Nord est un patchwork de forêts, de sommets, de ravins et de crêtes qui longe la côte sur le continent, en face de l'île de Rab.

Le parc national de Risnjak (p. 143), au nord-est de Rijeka, est le parc forestier le mieux préservé, sans doute à cause de son climat inhospitalier en altitude (température moyenne de 12,6°C en juillet). Les hivers sont longs et enneigés, mais lorsque le printemps arrive, fin mai ou début juin, toutes les plantes fleurissent de concert. Le parc est délibérément dépourvu d'aménagements touristiques, afin de n'attirer que les vrais amateurs de montagne. L'entrée principale se fait par le motel et le point d'information de Crni Lug.

... et dans les îles

Les îles Kornati se composent de 140 îles inhabitées, îlots et récifs à la végétation clairsemée, éparpillés sur 300 km^2, dont 89 sont inclus dans le parc national des Kornati (p. 191). Leur forme atypique et leurs extraordinaires formations rocheuses en font un des sites phares de l'Adriatique. À moins d'avoir votre propre bateau, il vous faudra vous joindre à un circuit organisé partant de Zadar ou des alentours.

Le parc national de Mljet (p. 280), sur la moitié nord-ouest de l'île éponyme, englobe deux lacs salés aux contours très dentelés, ceints d'une végétation luxuriante. Le maquis est plus épais et plus haut à Mljet que nulle part ailleurs en Méditerranée, ce qui fait de l'île un havre naturel pour de nombreux animaux.

L'archipel des Brijuni (p. 109) constitue le parc national le mieux aménagé depuis sa transformation en station balnéaire à la fin du XIXe siècle. Lieu de villégiature préféré de Tito, ces îles paradisiaques attirent aujourd'hui des célébrités et leurs yachts. La plupart des espèces animales et végétales exotiques ont été importées. Attention, l'accès aux îles est limité : vous ne pourrez les visiter que dans le cadre d'un circuit organisé.

Faune et flore

Animaux

Sur les 59 espèces de mammifères présentes en Croatie, sept sont classées comme vulnérables : le lérot, et six espèces de chauves-souris. Cerfs et chevreuils abondent dans les denses forêts du parc national de Risnjak, qui comptent aussi chamois, ours bruns, chats sauvages et le lynx commun (*ris*) qui donne son nom au parc. Loups gris et sangliers se laissent rarement apercevoir. Le parc national des lacs de Plitvice est toutefois un important refuge pour les loups. La rare loutre d'Europe est également protégée dans ce même parc ainsi que dans le parc national de la Krka.

Deux espèces endémiques de serpents venimeux, la vipère unicorne et la vipère péliade, vivent dans le parc de Paklenica. Le serpent-léopard, non venimeux, la couleuvre à quatre bandes, la couleuvre et le serpent-lézard peuplent les parcs nationaux de Paklenica et de la Krka.

La plaque tectonique adriatique est jalonnée de 1 244 îles et îlots, dont seulement 50 sont habités. Les plus grandes îles sont Cres, Krk, Pag et Rab au nord ; Brač, Hvar, Dugi Otok et Vis au centre ; Korčula et Mljet au sud.

Mesurant jusqu'à 95 cm de long, la vipère unicorne est le serpent le plus grand et le plus venimeux d'Europe. Elle apprécie les habitats rocheux, son corps présente une rayure en zigzag et elle se distingue par une "corne" d'écailles sur le museau. Si vous êtes assez près pour apercevoir la corne, vous êtes probablement un peu trop près.

> **ORNITHOLOGIE**
>
> Les îles de Cres, Krk et Prvić abritent des colonies sédentaires de vautours fauves, qui peuvent atteindre 2,6 m d'envergure. Le parc national de Paklenica compte quantité de faucons pèlerins, d'autours, d'éperviers, de buses et de hiboux. Le parc de la Krka accueille des oiseaux en pleine migration et sert d'habitat hivernal à des espèces des marais, comme les hérons, les canards sauvages, les oies, les grues et les rares aigles royaux et circaètes jean-le-blanc. Le parc de Kopački Rit, près d'Osijek, dans l'est du pays, est un refuge de premier ordre pour l'avifaune.

Les eaux qui bordent les îles de Lošinj et de Cres hébergent l'unique groupe résident de dauphins souffleurs connu dans l'Adriatique. On y aperçoit parfois dauphins bleu et blanc et requins pèlerins. Un centre a été créé à Mali Lošinj pour soigner les tortues caouannes, luths et vertes blessées.

Plantes

Le massif du Velebit, qui fait partie des Alpes dinariques, remporte la palme de la diversité végétale, avec 2 700 espèces recensées, dont 78 endémiques – parmi lesquelles l'edelweiss, de plus en plus menacée. Vous pourrez également admirer des edelweiss dans le parc national de Risnjak, où poussent aussi des nigritelles noires (ou orchis vanille), des lis et de magnifiques rosages hérissés. Le climat méditerranéen sec de la côte convient à merveille au maquis, présent tout au long du littoral, en particulier sur l'île de Mljet, ainsi qu'aux lauriers roses, jasmins et genévriers. La lavande est cultivée sur l'île de Hvar. Oliviers et figuiers sont également abondants.

Écologie

L'absence d'industrie lourde a préservé les forêts, les côtes, les rivières et, de manière générale, la qualité de l'air. Toutefois, comme toujours, le développement met en péril l'environnement.

La demande de poisson frais et de fruits de mer s'est fortement accrue avec l'expansion du tourisme. La production de bars, de brèmes et de thons d'élevage (destinés à l'exportation) augmente substantiellement, avec tous les risques environnementaux que cela entraîne le long du littoral. Ainsi, en Croatie, les fermes d'élevage de thons capturent souvent les jeunes poissons avant même qu'ils aient pu se reproduire pour perpétuer l'espèce.

Les forêts côtières et insulaires connaissent des problèmes spécifiques. Déboisées par les Vénitiens pour construire leurs bateaux, puis par les villageois en quête de combustible, les montagnes des îles et des côtes ont ensuite été négligées pendant des siècles et sont aujourd'hui dénudées. De plus, les étés secs et le souffle du *maestral*, un vent puissant et régulier venant du nord, favorisent les incendies de forêt. Au cours des vingt dernières années, le feu a détruit 7% des forêts croates.

En 2014, le gouvernement croate a lancé un appel d'offres pour l'exploration de pétrole et de gaz dans l'Adriatique. L'organisation écologiste Zelena Akcija ("Action verte") s'oppose à cette décision, car une marée noire sur cette étendue d'eau relativement fermée serait potentiellement dévastatrice.

> Les dernières actualités sur l'environnement en Croatie figurent sur le site Internet du ministère de la Protection de l'environnement et de la nature (www.mzoip.hr).

Arts et culture

Nourrie aux sources artistiques de l'Europe centrale, la Croatie s'enorgueillit de cette culture profondément empreinte de traditions purement locales. Néanmoins l'avant-garde ne la rebute pas, bien au contraire. Les artistes croates n'ont guère besoin de la reconnaissance internationale pour être hautement honorés dans leur pays.

Littérature

Poètes et dramaturges

Ivan Gundulić (1589-1638), originaire de Raguse (Dubrovnik), est considéré comme le plus grand poète croate. Tin Ujević (1891-1955), dont l'œuvre reste très populaire de nos jours, peut également prétendre à ce titre.

La littérature croate fleurit d'abord en Dalmatie, une région fortement influencée par la Renaissance italienne. Les écrits du poète et érudit Marko Marulić (1450-1524), originaire de Split, restent aujourd'hui vénérés dans le pays. Son poème épique *Judita* (*Judith*, 1501) fut la première œuvre rédigée par un écrivain croate dans sa langue maternelle. Les pièces de théâtre de Marin Držić (1508-1567), notamment *Dundo Maroje*, expriment les idéaux humanistes de la Renaissance et sont toujours jouées, surtout à Dubrovnik. Le poème épique d'Ivan Gundulić (1589-1638), *Osman*, célèbre la victoire polonaise sur les Turcs en 1621, que l'auteur, originaire de Dubrovnik, considérait comme l'annonce de la fin de la férule ottomane.

Vesna Parun, figure la plus marquante de la période qui suivit la guerre des années 1990, se distingue par son lyrisme et un ton parfois satirique. Avec une grande liberté de forme et de ton (qui lui a valu les foudres de la censure), elle analyse et critique la situation politique et sociale de son pays. Cette poétesse, auteur d'une trentaine de recueils de poèmes, dont seul *La Pluie maudite* (Obsidiane, 1990) a été traduit en français, a touché la jeune génération, qui a trouvé du réconfort dans sa vision de la folie de la guerre.

Romanciers

Romancier et dramaturge, Miroslav Krleža (1893-1981) est une personnalité majeure de la littérature croate du XXᵉ siècle. Engagé sur le plan politique, Krleža se brouilla avec Tito en 1967 au sujet de la campagne du romancier pour l'égalité des langues littéraires serbe et croate. Parmi ses romans les plus populaires, qui dépeignent les problèmes d'une Yougoslavie en pleine mutation, mentionnons *Le Retour de Philippe Latinović* (1932 ; Calmann-Lévy, 1994) et *Enterrement à Theresienbourg* (1933 ; Ombres, 1994).

"Sorcières", c'est sous ce sobriquet qu'un magazine croate a désigné Dubravka Ugrešić et quatre autres femmes écrivains pour ne pas avoir suffisamment manifesté d'enthousiasme pour la guerre d'indépendance.

Ivo Andrić (1892-1975), Prix Nobel de littérature en 1961 pour sa trilogie historique bosniaque de 1945 *Le Pont sur la Drina* (LGF, 2008), était un Croate catholique né en Bosnie, qui écrivait en dialecte serbe, vivait à Belgrade et se considérait comme yougoslave. Beaucoup de ses œuvres ont été traduites en français, parmi lesquelles *La Chronique de Travnik* (1942, Éd. du Rocher, 2011), *Contes au fil du temps* (Le Serpent à plumes, 2005), *Omer Pacha Latas* (Le Serpent à plumes, 1999) et *Visages* (1960 ; Phébus, 2006).

Ivo Brešan, né en 1936, est devenu célèbre grâce à son roman *La Représentation de "Hamlet" au village de Mrduša-d'en-Bas* (1965 ; L'Espace d'un instant, 2009), adapté au cinéma par Krsto Papic en 1973.

Publié en Yougoslavie en 1968, *Mirisi, zlato i tamjan* ("La Myrrhe, l'or et l'encens", non traduit en français) de Slobodan Novak a pour décor l'île de Rab, où une vieille femme se meurt. Le narrateur – qui la soigne – s'interroge sur la vie, l'amour, le pays, la religion et le souvenir.

Certains écrivains contemporains ont été fortement marqués par les conséquences de l'indépendance croate. Le journaliste Alenka Mirković a écrit d'émouvants souvenirs du siège de Vukovar. Goran Tribuson utilise le roman à suspense pour aborder les changements de la société croate après-guerre. L'œuvre de Josip Novakovich, qui vit au Canada, est imprégnée de nostalgie de sa Croatie natale. Son roman le plus connu, *April Fool's Day* (2005), est une présentation absurde et réaliste des guerres récentes dans la région. Slavenka Drakulić est une romancière de renom à la plume spirituelle et vive, dont les textes prennent souvent un ton de provocation politique et sociale. Certains de ses romans ont été traduits en français : *Peau de marbre* (Robert Laffont, 1991), *Les restes du communisme sont dans la casserole* (éd. Jacques Bertoin, 1992) et *Je ne suis pas là* (Belfond, 2002).

Critiquée en Croatie et encensée à l'étranger, la romancière et essayiste Dubravka Ugrešić vit actuellement en exil volontaire aux Pays-Bas. En 1996, son recueil d'essais *The Culture of Lies* ("La Culture du mensonge") a reçu le prix Charles-Veillon du meilleur essai européen. Ont été traduits en français : *L'Offensive du roman-fleuve* (Plon, 1993), *Le Musée des redditions sans condition* (Fayard, 2004), *Ceci n'est pas un livre* (Fayard, 2005), *Le Ministère de la douleur* (Albin Michel, 2008), *Il n'y a personne pour vous répondre* (Albin Michel, 2010) et *Karaoke Culture* (Galaade éditions, 2012).

Pavao Pavličić, romancier, essayiste, professeur et traducteur croate, a été traduit en français pour son roman policier *Le Calligraphe : les 6 jours d'une étrange affaire* (1987 ; éd. Ginkgo, 2008), dont il est lui-même le personnage principal.

Né à Sarajevo, Miljenko Jergović vit en Croatie et s'est imposé comme l'un des chefs de file de la nouvelle génération des années 1990. Plusieurs de ses ouvrages ont été traduits et publiés chez Actes Sud : *Le Jardinier de Sarajevo* (2004), *Buick Riviera* (2004), *Le Palais en noyer* (2007), *Freelander* (2009), *Ruta Tannenbaum* (2012) et *Volga, Volga* (2015).

Le roman *Rage* (Quidam éditeur, 2005), de Vedrana Rudan, est un cri poussé avec les tripes et un humour ravageur sur des sujets éclectiques : nationalisme exacerbé, condition de la femme, liberté...

Cinéma

L'école de cinéma d'animation croate, surnommée "l'école de Zagreb", a fait la renommée du pays dans les années 1950. Les studios de la capitale produisirent des films d'animation dès 1930, mais c'est surtout à partir de 1950, avec Zagreb Film, que ce genre connut son heure de gloire. Dušan Vukotić (1927-1998), l'un des réalisateurs les plus réputés, remporta un oscar en 1961 pour *Surogat* (*Ersatz*). Plus récemment, *Lapitch le petit cordonnier* (1997), de Milan Blažeković (né en 1940), inspiré d'un conte d'Ivana Brlić-Mažuranić, a rencontré un grand succès, en Croatie comme à l'étranger. Animafest, le Festival international du film d'animation (voir p. 58), est le rendez-vous incontournable des amateurs du genre comme des professionnels.

Le personnage le plus important de l'industrie du cinéma croate, et de loin, est Branko Lustig, qui a remporté deux oscars pour avoir produit *La Liste de Schindler* et *Gladiateur*. Né à Osijek de parents juifs croates, il survécut, enfant, à Auschwitz et a commencé sa carrière à Jadran Film, la compagnie nationale, aux côtés, entre autres, du réalisateur Branko Bauer (1921-2001).

Sur la scène internationale, les acteurs croates les plus célèbres se nomment Mira Furlan (les séries *Babylon 5* et *Lost : Les Disparus*) et Goran Višnjić (*Urgences*, *Millenium : Les hommes qui n'aimaient pas les femmes*). Les acteurs John Malkovich et Eric Bana (né Banadinović) ont des origines croates.

POUR DÉCOUVRIR LA MUSIQUE FOLKLORIQUE

- *Lijepa naša tamburaša* (Narodni Radio, 2002) – une compilation de chants slavons accompagnés à la *tamburica*.
- *Omiš 1967-1975* (Croatia Records) – une introduction à la *klapa*.
- *Pripovid O Dalmaciji* (2002) – une excellente sélection de *klapa*, dans laquelle on reconnaît nettement l'influence des chants choraux des églises.

Citons également Veljko Bulajić, scénariste et réalisateur dont le premier film *Vlak bez voznog reda* (*Train sans horaire*) a été en compétition pour la Palme d'or à Cannes en 1959, et dont *Bitka na Neretvi* (*La Bataille de la Neretva*) a été nominé pour un oscar dix ans plus tard.

Plus récemment, deux films de Vinko Brešan, *Kako je počeo rat na mom otoku* (*Comment la guerre a commencé sur mon île*, 1996) et *Maršal* (*L'Esprit du maréchal Tito*, 1999) ont été d'immenses succès populaires en Croatie. L'élégant *Mondo Bobo* (1997) de Goran Rušinović a été le premier long métrage indépendant réalisé en Croatie, et son *Buick Riviera* (2008) a été primé aux festivals de Pula et de Sarajevo.

On pourra aussi découvrir *Potonulo groblje* (*Le Cimetière submergé*, 2002), de Mladen Juran, et *Armin* (2006), d'Ognjen Sviličić.

L'ancien bassiste de Nirvana, Krist Novoselic, est né en Californie de parents croates, et a passé une partie de son adolescence à Zadar.

Musique
Musique folklorique

Même si la Croatie a donné naissance à bon nombre de musiciens et de compositeurs classiques, sa contribution musicale la plus originale réside dans sa riche tradition folklorique. Cette musique reflète diverses influences, dont beaucoup remontent au Moyen Âge, époque à laquelle les Hongrois et les Vénitiens se disputaient la domination du pays. Le compositeur Joseph Haydn (1732-1809) naquit près d'une enclave croate en Autriche et sa musique est fortement influencée par les chants folkloriques croates.

L'instrument le plus utilisé dans la musique folklorique est la *tamburica*, une mandoline à trois ou cinq cordes que l'on pince ou que l'on gratte. Introduite par les Turcs au XVIIe siècle, elle séduisit rapidement des musiciens de Slavonie orientale et devint le symbole des aspirations nationales croates. Les airs de *tamburica* furent encore joués lors des mariages et des fêtes locales durant la période yougoslave.

Le chant suit la tradition de la *klapa* – un terme qui signifie "groupe" –, issue des chœurs des églises. Particulièrement populaire en Dalmatie, notamment à Split, la *klapa* comporte jusqu'à dix choristes qui chantent l'amour, la tragédie et la perte de l'être aimé. Traditionnellement, les chœurs sont masculins et, si des femmes y participent aujourd'hui, ceux-ci sont encore rarement mixtes.

Un autre courant populaire de musique folklorique, fortement influencé par la musique de la Hongrie voisine, provient de la région du Međimurje, dans le nord-est du pays. La *citura* (cithare) est l'instrument prédominant ; les mélodies, lentes et mélancoliques, évoquent essentiellement les amours perdues. De nouveaux artistes ont redonné vie à ce genre traditionnel, comme Lidija Bajuk et Dunja Knebl, des chanteuses qui ont conquis un large public.

Pop, rock et autres genres

La Croatie a aussi donné naissance à de nombreux musiciens pop et rock de talent. L'un des principaux groupes, Hladno Pivo ("Bière fraîche"),

> **DANSES FOLKLORIQUES**
>
> La *drmeš*, une sorte de polka accélérée, se danse en petits groupes de plusieurs couples. Le *kolo*, une ronde slave animée où les hommes et les femmes dansent en alternance, est accompagné par des violonistes inspirés par la musique rom. En Dalmatie, la *poskočica* est aussi dansée par des couples qui effectuent des figures diverses.
>
> Comme la musique folklorique, les danses traditionnelles croates sont toujours à l'honneur aux fêtes locales, notamment lors du Festival folklorique international de Zagreb, en juillet. Des groupes folkloriques effectuent par ailleurs des tournées en été dans la plupart des villes côtières et dans les îles. Renseignez-vous dans les offices du tourisme.

joue un punk énergique sur des paroles mordantes et politisées. Le groupe de rock indé Pips, Chips & Videoclips, qui a percé avec le single "Dinamo ja te volim" ("Dinamo, je t'aime"), référence à la tentative de Tudjman de rebaptiser l'équipe de football de Zagreb, effectue depuis un parcours généralement apolitique.

Le groupe Gustafi chante en dialecte istrien et conjugue musique américaine et folklore local, tandis que les musiciens savoureusement déjantés de Let 3, originaires de Rijeka, sont connus pour leurs accords fous et leurs concerts chocs, où ils apparaissent souvent nus. TBF ("The Beat Fleet") concocte une version locale du hip-hop et utilise l'argot de Split pour évoquer les questions d'actualité, les problèmes familiaux, les chagrins d'amour et les jours heureux. Né en Bosnie et vivant en Croatie, le chanteur de hip-hop Edo Maajka possède aussi une verve acérée.

La fusion du jazz et de la pop avec des airs folkloriques est depuis longtemps populaire en Croatie. L'une des principales représentantes de ce genre est Tamara Obrovac, qui chante dans un dialecte istrien tombé en désuétude.

Reine de la pop croate, Severina Vučković fait aussi parler d'elle pour son physique avantageux et sa vie privée mouvementée. Autre chanteur adulé, Gibonni est largement influencé par Oliver Dragojević, un chanteur de charme légendaire. Tous trois sont originaires de Split.

Peinture et sculpture

Au XVe siècle, le peintre Vincent de Kastav (Vincencius de Kastua) a orné de superbes fresques les églises d'Istrie. La plus célèbre est certainement la *Danse macabre* de la petite église Sainte-Marie, près de Beram. Grand peintre lui aussi, son frère Ivan de Kastav (Johannes de Kastua) a laissé des fresques dans toute l'Istrie, surtout dans la partie slovène.

Beaucoup d'artistes dalmates ont été influencés par la Renaissance italienne. Les sculpteurs Lucijano Vranjanin et Frano Laurana, le miniaturiste Julije Klović et le peintre Andrija Medulić quittèrent la Dalmatie menacée par les Turcs au XVe siècle pour travailler en Italie. Leurs œuvres sont désormais présentées dans des musées de Paris, Londres et Florence, alors que la Croatie en possède très peu.

Vlaho Bukovac (1855-1922) fut le plus grand peintre croate de la fin du XIXe siècle. Après avoir travaillé à Londres et à Paris, il s'installa à Zagreb en 1892 et réalisa des portraits et des tableaux historiques très vivants. Parmi les artistes notables du début du XXe siècle, citons les peintres Miroslav Kraljević (1885-1913) et Josip Račić (1885-1908), ainsi que les sculpteurs de renommée internationale Ivan Meštrović (1883-1962), auteur de nombreux chefs-d'œuvre inspirés de thèmes croates, et Antun Augustinčić (1900-1979), dont le *Monument de la paix* se dresse devant le bâtiment des Nations unies à New York – ses œuvres sont par ailleurs exposées dans un petit musée à Klanjec, au nord de Zagreb.

> Pour une liste exhaustive des événements culturels en Croatie, consultez le site très bien informé www.culturenet.hr.

Art naïf

La période qui suivit la Seconde Guerre mondiale fut surtout marquée par l'essor de l'art naïf, qui débuta en 1931 avec l'exposition *Zemlja* ("Terre") organisée à Zagreb, où le public découvrit le travail d'Ivan Generalić (1914-1992) et d'autres peintres paysans. Attaché à produire un art facilement compréhensible, Generalić fut rejoint par les peintres Franjo Mraz (1910-1981) et Mirko Virius (1889-1943) et par le sculpteur Petar Smajić (1910-1985). Tous contribuèrent à la reconnaissance de l'art naïf.

Art abstrait

L'art abstrait perça également après-guerre. Le peintre croate abstrait le plus célèbre, Edo Murtić (1921-2005), puisait son inspiration dans la campagne de Dalmatie et d'Istrie. En 1959, plusieurs artistes – Marijan Jevsovar (1922-1988), Julije Knifer (1921-2004) et Ivan Kožarić (1921) – créèrent le groupe Gorgona, qui repoussa les limites de l'art abstrait. Đuro Pulitika (1922-2006), réputé pour ses paysages colorés, était un peintre apprécié de Dubrovnik, tout comme Antun Masle (1919-1967) et Ivo Dulčić (1916-1975).

Art contemporain

La tendance avant-gardiste de l'après-guerre évolua vers l'art des installations, le minimalisme, l'art conceptuel et la vidéo. Parmi les artistes contemporains à découvrir figurent Lovro Artuković (né en 1959), dont les peintures hautement réalistes contrastent avec un cadre surréaliste, et les vidéastes Sanja Iveković (née en 1949) et Dalibor Martinis (né en 1947). Les œuvres multimédias d'Andreja Kulunčić (née en 1968), les installations de Sandra Sterle (née en 1965) et les productions vidéo de Renata Poljak (née en 1974), qui vit à Zagreb, suscitent un intérêt international. Les réalisations de Slaven Tolj (né en 1964), artiste multimédia de Dubrovnik, sont mondialement appréciées. La photographe Lana Šlezić (née en 1973), qui vit à Toronto, prend souvent ses superbes clichés en Croatie.

Croatie Pratique

CARNET PRATIQUE.. 334
Ambassades
et consulats 334
Argent 334
Assurance 335
Bénévolat............. 335
Cartes
de réduction 336
Cartes et plans......... 336
Désagréments
et dangers............. 336
Douane................337
Électricité 337
Formalités et visas......337
Handicapés 337
Hébergement 338
Heure locale 340
Heures d'ouverture 340
Homosexualité 340
Internet (accès) 340
Jours fériés 341
Offices du tourisme......341
Photographie 341
Poste..................341
Problèmes juridiques 341
Santé 341
Téléphone 342
Toilettes............... 343
Voyager en solo 343

TRANSPORTS..... 344
DEPUIS/VERS
LA CROATIE........... 344
Entrer en Croatie 344
Voie aérienne 344
Voie maritime.......... 346
Voie terrestre 346
VOYAGES ORGANISÉS... 346
COMMENT CIRCULER .. 347
Avion................. 347
Bateau 347
Bus 348
Train 348
Transports urbains...... 349
Vélo 349
Voiture et moto........ 349

LANGUE...........351

Carnet pratique

Ambassades et consulats

Ambassades de Croatie à l'étranger

France (☎01 53 70 02 80 ; fr.mvep.hr/fr ; 7 square Thiers, 75116 Paris ; section consulaire ☎01 53 70 02 91 ; ⊙10h-13h lun-ven)

Belgique (☎02 639 20 36 ; www.mvep.hr/fr ; avenue Louise 425, 1050 Bruxelles)

Suisse (ambassade ☎031 352 02 75 ; vrhbern@mvep.hr ; Thunstrasse 45, 3005 Berne ; section consulaire ☎031 352 50 80 ; consulat ☎044 386 67 50 ; Bellerivestrasse 5, 8008 Zurich)

Canada (☎613 562 7820 ; ca.mvep.hr ; 229 Chapel St, Ottawa, Ontario K1N 7Y6)

Ambassades étrangères à Zagreb

Albanie (☎01-481 0679 ; www.ambasadat.gov.al/croatia ; Boškovićeva 7a, 2kat)

Belgique (☎01 457 8901, urgences 09 820 3044 ; croatia.diplomatie.belgium.be/fr ; Pantovčak 125 b1)

Bosnie-Herzégovine (☎01-450 1070 ; ambasada-bh-zg@zg.htnet.hr ; Torbarova 9, PP27)

Canada (☎01-488 1200 ; zagrb@international.gc.ca ; Prilaz Gjure Deželića 4)

France (☎01-489 3600 ; www.ambafrance-hr.org ; Hebranga 2)

Hongrie (☎01-489 0900/0906 ; www.mfa.gov.hu/kulkepviselet/CR/en/ ; Pantovčak 255-257)

Italie (☎01-484 6386 ; www.ambzagabria.esteri.it ; Medulićeva 22)

Serbie (☎01-457 9067/3330/3337 ; www.zagreb.mfa.gov.rs ; Pantovčak 245)

Slovénie (☎01-631 1000 ; www.zagreb.veleposlanistvo.si ; Alagovićeva 30)

Suisse (☎01 487 8800 ; www.eda.admin.ch/zagreb ; Bogovićeva 3, Case Postale 471)

Argent

Cartes bancaires

Les cartes Visa et MasterCard sont acceptées dans la plupart des hôtels, mais pas dans les hébergements chez l'habitant. Les cartes Diners Club et American Express sont moins courantes et beaucoup de petits restaurants et magasins n'acceptent aucune carte bancaire.

Change

➡ Il existe de nombreux endroits où changer de l'argent en Croatie. Tous pratiquent des taux de changes semblables, y compris les agences de voyages et les bureaux de poste.

➡ Les agents de change appliquent une commission allant de 1 à 1,5% pour les espèces ; certaines banques ne le font pas.

➡ Seules les banques prennent les chèques de voyage.

➡ La kuna ne peut être convertie en devises fortes que dans les banques et sur présentation du reçu de la précédente transaction.

Distributeurs automatiques de billets (DAB)

➡ Les DAB, la plupart affiliés aux réseaux Cirrus et Maestro, constituent un moyen pratique de retirer des devises à travers tout le pays. Renseignez-vous sur les frais et les commissions auprès de votre banque.

➡ Les DAB de la Privredna Banka autorisent généralement les retraits avec une carte Amex.

➡ Tous les bureaux de poste délivrent des espèces sur présentation d'une carte MasterCard ou Cirrus ; la Diners Club est de plus en plus souvent acceptée.

Monnaie

➡ La monnaie croate est la kuna (abréviation locale : Kn ; HRK selon la norme internationale), qui se décline notamment en coupures de 500, 200, 100, 50, 20, 10 et 5 Kn. La kuna se subdivise en 100 lipas, sous forme de pièces argentées de 50 et 20 lipas, et de pièces de 10 lipas de couleur bronze.

PRATIQUE

Journaux Les journaux à grand tirage incluent le *Večernji List,* le *Jutarnji List,* et le *Slobodna Dalmacija.*

Radio La station la plus écoutée est Narodni Radio, qui ne passe que de la musique croate ; elle est suivie par Antena Zagreb et Otvoreni Radio. La radio publique croate (Hrvatski Radio) diffuse des informations en anglais tous les jours à 20h sur HR1.

Tabac Fumer est, en théorie du moins, interdit dans les transports en commun, les restaurants et la plupart des hôtels, des bars et des cafés. Mais la loi n'est pas toujours appliquée. Il est généralement permis de fumer dehors, y compris aux terrasses des bars et des cafés.

Poids et mesures Système métrique.

→ La monnaie croate est liée par un taux fixe à l'euro, d'où un taux de change relativement constant d'une année sur l'autre. L'État surévalue néanmoins la kuna en été, afin d'amasser des devises fortes. Le taux de change est donc plus avantageux de la mi-septembre à la mi-juin.

→ Beaucoup de tarifs d'hébergements sont indiqués en euros. Dans les rubriques de Lonely Planet, nous les donnons en kunas ou en euros, suivant la manière dont l'établissement affiche ses prix. On peut souvent payer en espèces en euros, mais les cartes bancaires sont toujours facturées en kunas.

→ Vous pouvez parfois régler un repas ou de menus services en euros, mais le taux ne sera guère intéressant.

→ Les prix des traversées internationales par bateau sont indiqués en euros, bien que le paiement s'effectue en kunas.

Pourboire

Le pourboire ne se pratique en général que dans les restaurants et les cafés-bars.

Cafés et bars Arrondissez à l'entier supérieur.

Restaurants Jusqu'à 10% de la note.

Taxes et remboursements

Les ressortissants des pays hors UE qui dépensent plus de 740 Kn dans une boutique peuvent prétendre à un remboursement de la TVA équivalant à 25% du prix d'achat. Pour vous faire rembourser la TVA, le vendeur doit remplir un formulaire *ad hoc* (PDV-P), que vous devrez présenter au bureau de douane en quittant le pays, avec les marchandises neuves. Renvoyez-en une copie tamponnée six mois au plus tard après votre achat au magasin, qui créditera votre carte bancaire de la somme correspondante.

Il existe aussi un service appelé Global Blue (www.globalblue.com) qui vous remboursera en espèces, à l'aéroport ou dans certains bureaux de poste.

Assurance

Il est conseillé de souscrire une assurance qui vous couvrira en cas d'annulation de votre voyage, de vol, de perte de vos affaires, de maladie ou encore d'accident.

Vérifiez notamment que les "sports à risques", comme la plongée, la moto ou même la randonnée ne sont pas exclus de votre contrat, ou encore que le rapatriement médical d'urgence, en ambulance ou en avion, est couvert. De même, le fait d'acquérir un véhicule dans un autre pays ne signifie pas nécessairement que vous serez protégé par votre propre assurance.

Vous pouvez contracter une assurance qui réglera directement les hôpitaux et les médecins, vous évitant ainsi d'avancer des sommes qui ne vous seront remboursées qu'à votre retour. Dans ce cas, conservez avec vous tous les documents nécessaires (les consultations médicales se règlent généralement en espèces : demandez un reçu pour le remboursement).

Attention ! Avant de souscrire une police d'assurance, vérifiez bien que vous ne bénéficiez pas déjà d'une assistance par votre carte bancaire, votre mutuelle ou votre assurance automobile.

N'oubliez pas de prendre avec vous les documents relatifs à l'assurance ainsi que les numéros à appeler en cas d'urgence.

Voir également le chapitre *Transports,* p. 344.

Bénévolat

Le bénévolat est une bonne formule pour découvrir la société et les paysages croates, s'immerger dans le pays et connaître l'envers du décor touristique en bénéficiant d'une ambiance internationale (les volontaires viennent en général de divers pays). Pour faire du bénévolat sur une courte période, envisagez le **refuge de Kuterevo** (www.kuterevo-medvjedi.org) pour les jeunes ours du massif du Velebit, le **centre Sokolarski** (☑091 50 67 610 ; www.sokolarskicentar.com ; Škugori bb) pour la protection des oiseaux de proie, près de Šibenik, ou le **centre marin éducatif de Lošinj** (☑051-604 666 ; www.blue-world.org ; Kaštel 24) sur l'île de Lošinj.

En France, quelques organismes offrent des opportunités de travail bénévole sur des projets de développement ou d'environnement, parfois sur des périodes courtes, de une à quatre semaines. Certaines associations s'adressent plus spécifiquement aux jeunes. Les chantiers proposés vont de la réfection d'une école aux travaux liés à l'environnement. Il s'agit d'une bonne formule pour s'immerger dans le pays, connaître l'envers du décor touristique et bénéficier d'une ambiance internationale (les volontaires viennent de divers pays en général). En revanche, les conditions de vie sur un chantier sont spartiates, et prenez garde au décalage fréquent entre le programme et la réalité. La fouille archéologique peut rapidement se transformer, une fois sur place, en coup de peinture donné à la maison des jeunes locale. Le matériel est parfois rudimentaire, et la réalité du terrain souvent plus dure qu'on ne l'imaginait.

Voici quelques organismes à connaître :

Comité de coordination du service volontaire international (CCIVS ; 01 45 68 4936 ; ccivs.org)

Maison de l'Unesco (01 45 68 10 00 ; www.unesco.org ; 1 rue Miollis, 75015 Paris)

Association Rempart (01 42 71 96 55 ; www.rempart.com, contact@rempart.com ; 1 rue des Guillemites, 75004 Paris)

Service Civil International (SCI, branche française ; 03 20 55 22 58 ; www.sci-france.org ; 75 rue du Chevalier-Français, 59800 Lille)

Cartes de réduction

➜ La plupart des musées et des galeries, des théâtres et des festivals accordent aux étudiants des réductions allant jusqu'à 50%. Pour obtenir des renseignements sur les avantages réservés aux jeunes et sur les différentes cartes, contactez la section Voyages de l'**Association des auberges de jeunesse croates** (carte p. 48 ; 01-48 29 294 ; www.hfhs.hr ; Savska 5, Zagreb ; 8h30-16h30 lun-ven).

➜ La carte d'étudiant internationale **ISIC** (www.isic.fr) est la plus utile. Si vous avez moins de 26 ans et n'êtes pas étudiant, vous pouvez demander la carte jeune internationale de voyage **IYTC** (www.isic.fr/les-cartes).

➜ La Carte Jeunes européenne de l'EYCA (www.eyca.org) donne droit à des réductions dans certains magasins, restaurants, sites, auberges de jeunesse et sociétés de transport.

Consultez aussi le site www.cartejeunes.fr.

Cartes et plans

En France, Michelin publie une carte (n°757) de la Croatie au 1/750 000, ainsi que la carte *Slovénie, Croatie, Bosnie-Herzégovine, Serbie, Monténégro et ex-République yougoslave de Macédoine* au 1/1 000 000. Vous pourrez également vous procurer la carte *Croatie, Slovénie* au 1/300 000 de l'IGN. Berlitz publie une carte *Croatie, Istrie, Dalmatie* au 1/300 000. Si vous ne séjournez pas sur la côte, la carte Freytag & Berndt *Carte de la Côte Croate* au 1/200 000 est superbement détaillée.

Sur place, vous trouverez notamment la carte intitulée *Hrvatska, Slovenija, Bosna i Hercegovina* au 1/600 000 éditée par Naklada Naprijed à Zagreb.

Les offices du tourisme régionaux proposent souvent de bonnes cartes routières.

Excepté pour Zagreb, Split, Zadar, Rijeka et Dubrovnik, les plans de ville sont rarement satisfaisants. Néanmoins, les offices du tourisme locaux offrent généralement des cartes pratiques.

Désagréments et dangers

➜ La violence de rue est rare et les pickpockets ne posent pas de problèmes particuliers, mais le sens commun doit néanmoins prévaloir.

Mines antipersonnel

➜ Durant la guerre des années 1990, plus d'un million de mines antipersonnel ont été posées dans l'est de la Slavonie autour d'Osijek et dans l'arrière-pays au nord de Zadar. Si le gouvernement

---

CONSEILS AUX VOYAGEURS

La plupart des gouvernements possèdent des sites Internet qui recensent les dangers possibles et les régions à éviter. Consultez notamment les sites suivants :

Ministère des Affaires étrangères français (www.diplomatie.gouv.fr)

Ministère des Affaires étrangères de Belgique (diplomatie.belgium.be)

Département fédéral des Affaires étrangères suisse (www.eda.admin.ch/eda/fr)

Ministère des Affaires étrangères du Canada (www.voyage.gc.ca)

a lourdement investi dans les opérations de déminage, le processus est long. Les zones minées sont généralement bien signalées, avec des panneaux portant un crâne et des os croisés et du ruban jaune. Ne vous aventurez pas seul dans les endroits sensibles sans en parler avec des gens du coin. Ne vous approchez jamais d'une maison abandonnée ou en ruine.

Douane

➜ Les visiteurs peuvent entrer en Croatie sans payer de droits de douane avec leurs effets personnels et 200 cigarettes, 2 l d'alcool titrant plus de 22%, 1 l d'alcool à moins de 22%, 4 l de vin et 16 l de bière.

➜ L'importation de denrées alimentaires en Croatie depuis un pays hors UE est réglementée.

➜ Il n'y a pas de quarantaine pour les animaux introduits dans le pays, mais chats et chiens doivent avoir une micropuce, et il vous faut un certificat vétérinaire récent attestant de l'état de santé de l'animal. Sinon, il doit être examiné par un vétérinaire local, qui ne sera pas forcément disponible immédiatement.

Électricité

Le réseau est en 230 V, 50 Hz alternatif. La Croatie utilise les prises rondes européennes.

Formalités et visas

La Croatie est membre de l'Union européenne depuis le 1er juillet 2013. Les ressortissants de l'UE, les Suisses et les Canadiens n'ont pas besoin de visa pour un séjour touristique d'une durée inférieure à 90 jours. Il faut pouvoir présenter

230 V/50 Hz

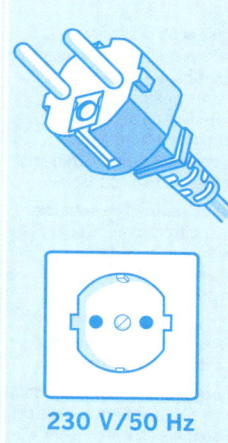

230 V/50 Hz

un passeport (délivré il y a moins de 10 ans et valable au moins 3 mois après la date prévue de la fin du séjour en Croatie) ou une simple carte d'identité pour les ressortissants de l'UE ; attention cependant aux voyageurs qui souhaitent rentrer par l'Italie, certaines compagnies maritimes exigent le passeport. Le permis de conduire n'est pas une pièce d'identité.

Notez que vous n'êtes autorisé à séjourner en Croatie que pendant 90 jours au total sur une période de 180 jours : quitter le pays pour obtenir un tampon sur le passeport et revenir juste après n'est pas autorisé.

Un mineur doit posséder une pièce d'identité valide ou être inscrit sur le passeport d'un de ses parents ou du tuteur l'accompagnant. Il est conseillé de se munir d'une autorisation du (ou des) détenteur(s) de l'autorité parentale (sur papier libre ou sur un formulaire délivré en mairie) en cas d'absence de ce(s) dernier(s).

Les autorités croates demandent à tous les étrangers de s'inscrire auprès de la police locale en arrivant dans un nouveau lieu. Il s'agit en réalité d'une simple formalité dont se chargent généralement les hôtels, les auberges de jeunesse, les campings et les agences s'occupant des hébergements chez l'habitant. Si vous logez ailleurs (chez un parent ou des amis), votre hôte est censé effectuer la démarche.

Avant le départ, il est impératif de contacter les ambassades et les consulats pour s'assurer que les modalités d'entrée sur le territoire n'ont pas changé. Nous vous conseillons de scanner ou de photocopier tous vos documents importants (pages d'introduction de votre passeport, cartes bancaires, police d'assurance, billets de train/d'avion/de bus, permis de conduire, etc.). Conservez ces copies à part des originaux. Vous remplacerez ainsi plus aisément ces documents en cas de perte ou de vol.

Handicapés

La Croatie fait de plus en plus attention aux besoins des personnes handicapées, notamment à cause du nombre de vétérans blessés durant la guerre. Vous trouverez plus de renseignements auprès de l'**Association croate des handicapés physiques** (Hrvatski savez udruga tjelesnih invalida ; carte p. 48 ; ☏01-48 12 004 ; www.hsuti.hr ; Šoštarićeva 8, Zagreb).

➡ Les toilettes des gares routières et ferroviaires, des aéroports et des principaux lieux publics sont habituellement accessibles aux fauteuils roulants. C'est également le cas des grands hôtels, mais rarement des hébergements chez l'habitant.

➡ À l'inverse des gares routières et ferroviaires de Zagreb, Zadar, Rijeka, Split et Dubrovnik, les ferries ne possèdent pas de rampe spéciale.

➡ L'APF (Association des paralysés de France ; ☏01 40 78 69 00 ; www.apf. asso.fr ; 17 bd Auguste-Blanqui, 75013 Paris) peut fournir des informations utiles sur les voyages accessibles. L'agence de voyages Yoola (www.yoola.fr) et l'association Ailleurs & Autrement (www.ailleursetautrement.fr) organisent des voyages adaptés aux personnes à mobilité réduite. Yanous (www.yanous.com) et handicap.fr (www.handicap.fr) constituent également de bonnes sources d'information.

Hébergement

La Croatie est surtout considérée comme une destination estivale et les bons hébergements sont complets longtemps à l'avance en juillet-août. Ils sont aussi bien remplis en juin et septembre.

Hôtels Ils vont des immenses complexes en bord de plage aux établissements de charme.

Appartements Les hébergements en appartements tenus par des particuliers à louer pour les vacances, notamment pour des familles, sont courants en Croatie.

Pensions Ce sont souvent des établissements familiaux dont les chambres libres sont bon marché – elles disposent parfois de leur propre salle de bains.

Auberges de jeunesse Surtout dans les grandes villes et les stations balnéaires les plus fréquentées. Dortoirs, et chambres privatives à l'occasion.

Campings Emplacements pour tentes et caravanes, souvent assez sommaires.

Saisons

La saison touristique va en général de Pâques à octobre. Mais, et surtout sur la côte, les hébergements sont tarifés en fonction de quatre périodes :

Juillet-août La grande période de pointe, prix et taux d'occupation au plus haut – réservez. De nombreux établissements demandent un séjour de 3 nuits minimum ou facturent un supplément (environ 30%) pour des séjours plus courts.

Juin et septembre Autrefois mois de transition, ils sont maintenant aussi très demandés : attendez-vous à des prix élevés.

Avril, mai et octobre Le nouveau tournant de la saison, avec des tarifs intermédiaires.

De novembre à mars Beaucoup d'endroits sont fermés mais ceux qui sont ouverts pratiquent leurs prix les plus bas.

Enregistrement et taxe de séjour

Votre établissement s'occupera de vous enregistrer auprès de la police locale, comme le veut la réglementation croate. Vous devrez produire votre passeport à votre arrivée. En principe, on note les éléments nécessaires ou on scanne votre passeport et on vous le rend tout de suite.

Cette démarche sert en partie à établir le montant de votre "taxe de séjour". On applique cette faible taxe (en général moins de 10 Kn/jour) à chaque journée passée en Croatie, quel que soit votre mode d'hébergement. Elle vient très souvent en supplément du tarif annoncé pour votre chambre.

Camping

On trouve plus de 500 campings le long de la côte croate, qui varient énormément en qualité et en niveau d'équipement. La plupart ouvrent de mi-avril à mi-septembre, quelques uns de mars à octobre. Au printemps et en automne, mieux vaut téléphoner pour s'assurer que le camping est ouvert. Ne vous fiez pas systématiquement aux horaires indiqués par les offices du tourisme, les brochures, car ils sont susceptibles de changements.

TERRAINS

➡ En Istrie, beaucoup de campings sont de gigantesques ensembles ("autocamps") englobant des restaurants, des boutiques et des rangées de caravanes. En Dalmatie, ils sont souvent plus petits et familiaux.

➡ Si vous recherchez un cadre plus intime, insistez auprès de l'office du tourisme pour qu'il vous indique un endroit à taille humaine.

➡ Les campings réservés aux naturistes (estampillés FKK) jouissent d'une situation retirée garantissant paix et tranquillité.

RÉSERVATION EN LIGNE

Trouvez un vol, un séjour ou un hôtel en quelques clics dans la rubrique "Réserver" de www.lonelyplanet.fr.

> **PRIX DES CHAMBRES**
>
> Les gammes de prix suivantes se rapportent dans tout le guide à une chambre double avec salle de bains en juillet et août.
>
> € moins de 450 Kn (environ 60 €)
> €€ 450-800 Kn (environ 60-100 €)
> €€€ plus de 800 Kn (plus de 100 €)

➜ Le camping sauvage est interdit.

➜ Pour des informations et des liens sur le camping, consultez le site www.camping.hr.

TARIFS

La façon dont les tarifs des campings sont calculés est très variable, et souvent compliquée. Certains lieux additionneront le nombre d'adultes, d'enfants et d'animaux dans votre groupe, puis ajouteront un supplément selon que vous avez ou non un véhicule (et selon sa taille), selon la taille de votre tente ou de votre camping-car, et si vous demandez l'électricité ou non. D'autres endroits comprennent le véhicule et/ou la tente dans le prix global, mais ajoutent une part selon le nombre de personnes.

Quel que soit le mode de calcul, comptez entre 200 Kn et 300 Kn pour 2 personnes en haute saison, avec une petite tente et une voiture.

Auberges de jeunesse

Les auberges de jeunesse croates évoluent très vite, même si elles restent limitées essentiellement aux grandes villes et aux destinations les plus touristiques. On en trouve un bon choix à Zagreb, Rijeka, Split et Hvar ; Osijek, Pula, Zadar, Šibenik et Dubrovnik comptent au moins une ou deux bonnes adresses.

L'**Association des auberges de jeunesse croate** (carte p 48 ; ☏01-48 29 294 ; www.hfhs.hr ; Savska 5, Zagreb ; ⏰8h30-16h30 lun-ven) gère des auberges dans 11 localités. Les meilleures se trouvent à Veli Lošinj et Pula ; certaines ne sont pas d'un grand intérêt. Une carte de membre coûte 60 Kn et offre des réductions dans les fédérations des auberges de jeunesse du monde entier. Les non-membres peuvent accumuler des tampons (1/jour) sur une carte de fidélité : six tampons permettent de devenir membre.

Beaucoup d'auberges de jeunesse indépendantes sont petites et pleine de cachet. Elle propose des activités communes comme des barbecues ou des tournées des bars. Dans les grandes villes, certaines sont installées dans des appartements d'immeubles, transformés.

Les auberges de jeunesse sont parfois fermées en hiver, et leur personnel n'est pas là en permanence. Il vaut mieux appeler à l'avance.

Hôtels

Les hôtels croates sont conformes aux standards internationaux, et vont des petits établissements familiaux aux immenses complexes hôteliers balnéaires, autrefois gérés par le gouvernement. La grande majorité des chambres dispose de salles de bains privatives, de la clim et de la TV, et souvent du Wi-Fi gratuit.

Le petit-déjeuner est souvent inclus et certains endroits, notamment dans les régions les moins fréquentées, proposent également la demi-pension (petit-déjeuner et dîner).

En été, une surtaxe peut être ajoutée pour les courts séjours (moins de 3 nuits), sur la côte et dans les îles.

Le système d'étoiles des hôtels croates est plutôt incohérent et de peu d'utilité.

Hébergement chez l'habitant

Les hébergements chez l'habitant font partie intégrante de l'industrie du tourisme croate et sont souvent la meilleure option (parfois la seule) dans les destinations les plus éloignées. Pour les visiteurs à petit ou moyen budget, ils offrent plus de choix, surtout si vous venez en haute saison. De plus, beaucoup de propriétaires font tout pour être hospitaliers et certains vous proposent même de manger avec eux, ce qui est une excellente manière de découvrir leur culture.

Il existe deux types d'hébergement privé : les appartements (*apartmani*) et les chambres (*sobe*). Les appartements disposent tous de salles de bains et d'équipements de cuisine de base. Les salles de bains des chambres peuvent être à partager avec d'autres clients et/ou les propriétaires.

L'époque où on choisissait son logeur au milieu d'un groupe de vieilles dames à la gare routière est presque révolue. De nos jours, la plupart des options sont disponibles sur les sites Internet des offices du tourisme locaux et des agences de voyages. Les meilleurs choix figurent aussi souvent sur les grands sites de réservations internationaux.

➜ Vous préférez décider au dernier moment ? Une fois arrivé à destination, appelez l'office du tourisme local ou une agence de voyages et renseignez-vous sur les disponibilités. Fixes, les tarifs sont habituellement

TARIFS DES RESTAURANTS

Les gammes de prix suivantes sont données pour un plat principal.

- € moins de 70 Kn
- €€ 70-120 Kn
- €€€ plus de 120 Kn

identiques dans toutes les agences. Néanmoins, certaines enseignes excluent les chambres bon marché, tandis que d'autres sont spécialisées dans les appartements. Les agences surtaxent les séjours de moins de 4 jours (au moins 30%) ; certaines exigent un minimum de 7 jours en haute saison.

En cas de problème, les agences peuvent recueillir vos réclamations (souvent en anglais) ; vous pouvez aussi trouver sans intermédiaire en frappant à la porte des maisons portant les panneaux *sobe, zimmer* ou *apartmani* ("chambres libres").

BONS PLANS

➜ Si vous décidez de réserver un hébergement auprès d'un propriétaire à la gare routière, au terminal du ferry, ou auprès de ceux qui brandissent une pancarte au bord de la route, vérifiez son emplacement exact : vous pourriez vous retrouver loin de la ville.

➜ Si vous décidez d'aller frapper aux portes pour trouver une chambre, laissez vos bagages à la *garderoba* (consigne) avant de commencer : vous serez plus à l'aise et en meilleure position pour négocier les tarifs.

➜ Vérifiez si le tarif est par personne ou par chambre. N'hésitez pas à marchander, surtout si vous restez une semaine ou plus.

➜ Évitez les surtaxes en spécifiant la durée exacte de votre séjour, et l'heure de votre départ. En haute saison, sur la côte, il peut s'avérer impossible de trouver un propriétaire qui accepte de vous louer une chambre pour une seule nuit.

➜ Si vous êtes dans une chambre ou un appartement sans panneau bleu annonçant *sobe, zimmer* ou *apartmani* à l'extérieur, le propriétaire est dans l'illégalité (il ne paye pas la taxe de séjour). Il rechignera probablement à donner son nom complet ou son numéro de téléphone et vous n'aurez absolument aucun recours en cas de problème.

Heure locale

➜ La Croatie est à l'heure GMT + 1 heure et donc toute l'année à la même heure que la France, la Belgique et la Suisse. Le pays observe le passage à l'heure d'été (de fin mars à fin septembre).

Heures d'ouverture

Les Croates se lèvent tôt : dès 7h, il y a du monde dans les rues et nombre de magasins font déjà des affaires. Le rythme est plus décontracté sur la côte, où les boutiques et les bureaux ferment fréquemment entre 12h et 16h.

Les agences de voyages du littoral ouvrent de 8h ou 9h à 21h ou 22h en pleine saison ; elles pratiquent des horaires restreints le reste de l'année. Dans les terres, la plupart des agences suivent les horaires standards.

À Zagreb et à Split, les clubs ouvrent toute l'année, mais, sur la côte, ils n'ouvrent souvent que l'été.

Les supermarchés sont ouverts de 8h à 20h en semaine. Certains ferment à 14h le samedi, d'autres restent ouverts jusqu'à 20h. Quelques supermarchés ouvrent le dimanche pendant l'été. Voir aussi p. 17

Homosexualité

L'homosexualité, légale depuis 1977 dans le pays, est tolérée à défaut d'être appréciée. Les effusions en public entre personnes de même sexe suscitent parfois de l'hostilité.

Les lieux gays sont quasi inexistants en dehors de Zagreb. Cependant, de nombreuses villes de la côte ont une plage gay officieuse, le plus souvent une section de rochers au bout de la partie nudiste.

➜ La Split Pride se déroule en général le premier samedi de juin. Celle de Zagreb (www.zagreb-pride.net) le samedi suivant.

➜ LORI (www.lori.hr) est une association lesbienne basée à Rijeka.

➜ La plupart des sites Internet croates consacrés à l'homosexualité sont en croate uniquement. Le site www.croatia-gay.com est une bonne entrée en matière.

➜ Les applications internationales et les sites de contact comme Grindr (www.grindr.com) et Planet Romeo (www.planetromeo.com) sont très populaires chez les gays et les bisexuels croates.

Internet (accès)

➜ La plupart des cafés, restaurants et bars de Croatie ont un accès Wi-Fi gratuit, il suffit de demander le mot de passe.

➜ Les hôtels et les chambres d'hôtes sont presque tous équipés du Wi-Fi.

→ L'accès au Wi-Fi gratuit a quasiment supprimé la demande en cybercafés, mais les offices du tourisme locaux sauront vous indiquer les quelques-uns qui restent.

Jours fériés

Les jours fériés sont bien respectés en Croatie. Les magasins et les musées ferment, et les services de ferry sont réduits. Lors des fêtes religieuses, les églises se remplissent ; on peut parfois profiter de l'occasion pour admirer l'intérieur des lieux de culte habituellement fermés.

Nouvel An 1er janvier

Épiphanie 6 janvier

Dimanche et Lundi de Pâques mars/avril

Fête du Travail 1er mai

Fête-Dieu 60 jours après Pâques

Jour de la Résistance antifasciste 22 juin

Fête nationale 25 juin

Jour du Souvenir national 5 août

Assomption 15 août

Fête de l'Indépendance 8 octobre

Toussaint 1er novembre

Noël 25 et 26 décembre

Offices du tourisme

Le tourisme est supervisé par les offices du tourisme régionaux.

Office national croate du tourisme (www.croatia.hr).

Comitat de Dubrovnik-Neretva (www.visitdubrovnik.hr)

Comitat d'Istrie (www.istra.hr)

Comitat de Krapina-Zagorje (www.tzkzz.hr)

Comitat d'Osijek-Baranja (www.tzosbarzup.hr)

Comitat de Primorje-Gorski Kotar (Kvarner) (www.kvarner.hr)

Comitat de Šibenik-Knin (www.sibenikregion.com)

Comitat de Split-Dalmatie (www.dalmatia.hr)

Comitat de Zadar (www.zadar.hr)

Comitat de Zagreb (www.tzzz.hr)

Photographie

Il est interdit de photographier les installations militaires.

Pour des conseils professionnels, procurez-vous l'ouvrage *La Photo de voyage* de Richard l'Anson, publié par Lonely Planet.

Poste

Les services de la poste croate, Hrvatska pošta (www.posta.hr), sont généralement fiables. Consultez son site Internet pour connaître les tarifs actuels et l'emplacement des bureaux de poste.

Problèmes juridiques

Ayez toujours sur vous une pièce d'identité (carte d'identité, passeport) car la police peut effectuer un contrôle à tout moment, bien que, dans les faits, vous ne risquiez guère d'être tracassé.

En cas d'arrestation, une convention internationale vous autorise à prévenir l'ambassade ou le consulat de votre pays, qui vous dirigera vers un avocat francophone dont vous devrez régler vous-même les honoraires.

Santé

Les soins médicaux sont de bonne qualité. En cas de problème mineur, les pharmaciens pourront vous conseiller et vous délivrer un traitement sans ordonnance.

La qualité des soins dentaires est la plupart du temps satisfaisante.

La **carte européenne d'assurance maladie** (CEAM), nominative et individuelle et valable un an, assure l'aide médicale d'urgence (mais non le rapatriement sanitaire) aux citoyens de l'Union européenne. Vous devez en faire la demande auprès de votre caisse d'assurance maladie ou en ligne sur www.ameli.fr. Comptez un délai de 2 semaines pour la réception. Les ressortissants de l'UE doivent présenter cette carte pour pouvoir payer le tarif le plus bas dans le système public de soins (10 Kn environ pour une visite chez le médecin et 2 000 Kn au maximum pour un séjour en hôpital). Pour ceux qui ne sont pas couverts par un accord international, comptez environ 250 Kn pour une brève consultation chez le médecin.

→ En cas d'urgence, composez le ☏112.

→ Aucun vaccin n'est obligatoire pour entrer dans le pays.

→ L'eau du robinet est potable.

Problèmes de santé spécifiques

→ Il fait très, très chaud l'été en Croatie et l'ombre est souvent rare sur les sentiers de montagne. Protégez-vous de la déshydratation et des coups de chaleur en buvant beaucoup d'eau. En cas de véritable **coup de chaleur**, un état grave, qui survient quand le mécanisme de régulation thermique du corps ne fonctionne plus, il faut absolument hospitaliser le malade (symptômes : malaise général, transpiration faible ou inexistante, forte fièvre, céphalée lancinante, difficultés à coordonner ses mouvements, signes de confusion mentale ou d'agressivité).

➡ Sur les plages de la mer Adriatique, gare aux **oursins**, dont les épines se brisent et se logent sous la peau. Il faut les extraire – utilisez de l'huile d'olive – pour empêcher une inflammation douloureuse, voire une infection. Par précaution, portez des sandales en plastique pour vous baigner et marcher sur les rochers.

➡ Les conseils des habitants vous éviteront de faire la rencontre des **méduses** et de leurs tentacules urticants. Certaines espèces peuvent être mortelles, mais, en général, la piqûre est seulement douloureuse. Des antihistaminiques et des analgésiques limiteront la réaction et la douleur.

➡ Pour éviter les **morsures de serpent**, ne marchez pas pieds nus et ne mettez pas la main dans les trous et les anfractuosités. Il existe généralement un antivenin. En cas de morsure, il faut calmer la victime, lui interdire de bouger, bander étroitement le membre comme pour une foulure et l'immobiliser avec une attelle (mais absolument pas sucer le venin ou poser un garrot). Essayez d'apporter le serpent mort au médecin (mais ne prenez aucun risque).

➡ Les **punaises** affectionnent la literie douteuse. Vérifiez l'état de la literie avant de vous glisser dans votre lit ; si vous repérez de petites taches de sang sous les draps ou les murs autour du lit, cherchez un autre hôtel. Les piqûres de punaises forment des alignements réguliers. Une pommade calmante apaisera la démangeaison.

➡ Les **sangsues**, présentes dans les régions de forêts humides, se collent à la peau et sucent le sang. Les randonneurs en retrouvent souvent sur leurs jambes ou dans leurs bottes.

➡ L'encéphalite à **tique**, dite "tique du Danube", est une maladie virale transmise par les piqûres de tique, représente un risque sérieux. Les régions concernées par la maladie sont la Slavonie et la région frontalière de la Croatie centrale. En cas de piqûre, un traitement antibiotique est obligatoire. La contamination peut également se faire, de façon exceptionnelle, par ingestion de lait cru contaminé chèvre, brebis ou vache. La vaccination est recommandée pour les séjours dans les zones rurales et forestières.

➡ Vérifiez toujours que vous n'avez pas attrapé de tiques dans une région infestée : elles peuvent transmettre le typhus ou la maladie de Lyme (maladie bactérienne). Sangsues ou tiques, ne les arrachez pas, car la morsure s'infecterait plus facilement. Détachez les tiques délicatement avec une pincette fine (huile, vaseline, allumette, alcool sont déconseillés). Passez l'ongle sous la bouche de la sangsue pour lui faire lâcher prise (ne pas appliquer de sel). Une crème répulsive peut les maintenir éloignées.

Trousse médicale de voyage

Veillez à emporter avec vous une petite trousse à pharmacie contenant quelques produits indispensables. Certains ne sont délivrés que sur ordonnance médicale. Attention, les liquides et les objets coupants sont interdits en cabine.

➡ des antibiotiques, à utiliser uniquement aux doses et aux périodes prescrites. Il n'est pas absurde de demander à votre médecin traitant de vous en prescrire pour le voyage

➡ un antidiarrhéique, en cas de forte diarrhée, surtout si vous voyagez avec des enfants

➡ un antihistaminique en cas de rhume, allergie, piqûre d'insectes, mal des transports

➡ un antiseptique ou un désinfectant pour les coupures, les égratignures superficielles et les brûlures, ainsi que des pansements gras pour les brûlures

➡ de l'aspirine ou du paracétamol (douleurs, fièvre)

➡ une bande Velpeau et des pansements pour les petites blessures

➡ une paire de lunettes de secours (si vous portez des lunettes ou des lentilles de contact) et la copie de votre ordonnance

➡ un produit contre les moustiques, de l'écran total

➡ une pommade pour soigner les piqûres et les coupures

➡ une paire de ciseaux à bouts ronds, une pince à épiler et un thermomètre à alcool

➡ une petite trousse de matériel stérile comprenant une seringue, des aiguilles, du fil à suture, une lame de scalpel et des compresses

➡ des préservatifs (norme CE)

Téléphone

➡ Appeler la Croatie depuis l'étranger : composez le code d'accès international en vigueur dans votre pays (⌨00 en France, en Belgique et en Suisse, ⌨011 au Canada), suivi du ⌨385 (indicatif de la Croatie), de l'indicatif régional (sans le 0 initial), puis du numéro de votre correspondant.

➡ Appeler l'étranger depuis la Croatie : faites le ⌨00, puis l'indicatif du pays (⌨33 pour la France, ⌨32 pour la Belgique, ⌨41 pour la Suisse et ⌨1 pour le Canada) et le numéro de votre correspondant, sans l'éventuel 0 initial.

NOMS DE RUE

À Zagreb et à Split, en particulier, vous noterez parfois un écart entre les noms de rue indiqués sur les plans et ceux utilisés sur place.

En croate, le nom d'une artère peut en effet figurer soit au nominatif, soit au génitif, ce qui se traduit par une différence de terminaison. Ulica Ljudevita Gaja peut ainsi devenir Gajeva ulica. La seconde forme est celle qui se rencontre le plus fréquemment sur les panneaux et dans la conversation. Le même principe s'appliquant aux places (*trg*), on trouvera Trg Petra Preradovića ou Preradovićev trg.

Parmi les noms les plus courants, mentionnons Trg Svetog Marka (Markov trg), Trg Josipa Jurja Strossmayera (Strossmayerov trg), Ulica Andrije Hebranga (Hebrangova), Ulica Pavla Radića (Radićeva), Ulica Augusta Šenoe (Šenoina), Ulica Nikole Tesle (Teslina) et Ulica Ivana Tkalčića (Tkalčićeva). Attention : Trg Nikole Šubića Zrinskog est presque toujours appelée Zrinjevac.

Dans une adresse, les lettres "bb" après un nom de rue (comme dans Placa bb) correspondent à *bez broja* (sans numéro), ce qui signifie que le bâtiment désigné ne porte pas de numéro.

→ Appels nationaux en Croatie : commencez par l'indicatif régional (avec le zéro initial) ; au sein d'une même région, ne composez pas l'indicatif régional.

→ Les numéros de téléphone débutant par 060 sont gratuits ou au contraire facturés à des prix exorbitants ; renseignez-vous !

→ Ceux commençant par 09 sont des numéros de téléphone portable, vers lesquels les appels reviennent beaucoup plus cher que vers les numéros ordinaires.

Téléphones portables

→ Si vous possédez un téléphone 3G débloqué, vous pourrez acheter une carte SIM pour environ 20-50 Kn (15-30 minutes de communication offertes). Trois opérateurs se partagent le marché croate : VIP (www.vipnet.hr), Hrvatski Telekom (www.hrvatskitelekom.hr) et Tele2 (www.tele2.hr).

→ Il existe aussi des offres avec des cartes SIM prépayées pour touristes, disponibles en haute saison (de juin à septembre) entre 50 et 100 Kn, avec des forfaits temps ou débit inclus.

Cartes de téléphone

→ Les téléphones publics sont à carte. Beaucoup de cabines possèdent un bouton marqué d'un drapeau permettant d'obtenir des instructions (notamment en anglais).

→ Des cartes téléphoniques sont en vente dans les bureaux de poste et les kiosques à journaux.

→ On peut appeler sans carte depuis un bureau de poste.

Toilettes

→ La plupart des toilettes sont les habituels W.-C. à siège, mais vous trouverez parfois des toilettes à la turque dans les ferries et les toilettes publiques les moins modernes.

→ Les toilettes publiques ne sont pas si courantes, et beaucoup sont payantes.

→ Si vous avez un besoin pressant, allez dans un café mais la politesse veut que vous preniez une consommation.

Voyager en solo

Femmes seules

→ La Croatie ne présente pas de danger particulier pour les femmes. Dans les grandes villes côtières, des problèmes de harcèlement ont été signalés, mais ce n'est pas un phénomène courant.

→ La police ne prend pas toujours au sérieux les plaintes pour un viol commis par une personne de votre connaissance (lors d'un rendez-vous galant par exemple). Restez vigilante en compagnie d'inconnus.

→ Le monokini est toléré, mais mieux vaut le réserver aux nombreuses plages nudistes.

Transports

DEPUIS/VERS LA CROATIE

Il est de plus en plus facile de se rendre en Croatie, des compagnies aériennes petits budgets ou non desservant plusieurs aéroports en été. En outre, bus et ferries acheminent aussi les vacanciers jusqu'au pays.

Entrer en Croatie

L'économie du pays reposant fortement sur le tourisme, la Croatie a réduit au minimum les formalités pour les voyageurs étrangers.

➥ Les ressortissants de l'UE, les Suisses et les Canadiens n'ont pas besoin de visa pour un séjour touristique de moins de 3 mois. Un passeport valide (voire une carte d'identité en cours de validité pour les ressortissants de l'UE) suffit. Rappelons que le permis de conduire n'est pas une pièce d'identité.

Les autorités croates exigent que tout ressortissant étranger signale sa présence à la police locale lorsqu'il arrive dans une nouvelle partie du pays, mais il s'agit d'une formalité dont se charge généralement votre hôtel, auberge de jeunesse, camping ou encore l'agence qui vous loue un logement chez l'habitant. Si vous séjournez ailleurs (par exemple chez des parents ou des amis), c'est à votre hôte de s'en occuper.

Pour plus d'informations sur les formalités administratives, reportez-vous au *Carnet pratique* p. 334.

Voie aérienne

Aéroports

La Croatie compte pas moins de sept aéroports internationaux, mais seuls les trois plus importants (Zagreb, Split et Dubrovnik) accueillent des vols internationaux toute l'année.

Croatia Airlines (☎01-66 76 555 ; www.croatiaairlines.hr), la compagnie nationale, fait partie de Star Alliance.

Aéroport de Brač (☎021-559 711 ; www.airport-brac.hr). Ne fonctionne que de fin mai à septembre. Les seuls vols internationaux sont des charters.

Aéroport de Dubrovnik (DBV, Zračna luka Dubrovnik ; ☎020-773 100 ; www.airport-dubrovnik.hr). Croatia Airlines et British Airways y opèrent toute l'année ; de nombreuses autres compagnies s'y ajoutent pendant la saison touristique.

Aéroport de Pula (☎060 308 308 ; www.airport-pula.hr). Vols internationaux uniquement en été.

Aéroport de Rijeka (Zračna Luka Rijeka ; ☎051-841 222 ; www.rijeka-airport.hr ; Hamec 1, Omišalj). Sur l'île de Krk ; n'opère que d'avril à octobre.

Aéroport de Split (Zračna Luka Split ; ☎021-203 507 ; www.split-airport.hr ; Cesta dr Franje Tuđmana 1270, Kaštel Štafilić, Kaštela). Grand aéroport international. Vols Croatia Airlines, Germanwings et Lufthansa CityLine toute l'année, nombreuses autres compagnies en été.

Aéroport de Zadar (☎023-205 800 ; www.zadar-airport.hr). Vols internationaux uniquement durant la saison touristique.

Aéroport de Zagreb (☎01-45 62 170 ; www.zagreb-airport.hr). Principal aéroport ce Croatie. De nombreuses compagnies le desservent toute l'année depuis des villes de toute l'Europe notamment.

Les compagnies aériennes desservant la Croatie mettent en place davantage de liaisons directes et

> **AVERTISSEMENT**
>
> Les informations contenues dans ce chapitre sont particulièrement susceptibles de changements. Vérifiez directement auprès de la compagnie aérienne ou de l'agence de voyages les modalités d'utilisation de votre billet d'avion. N'hésitez pas à comparer les prestations. Les détails fournis ici doivent être considérés à titre indicatif et ne remplacent en rien une recherche personnelle attentive.

renforcent la fréquence de leurs vols durant la saison estivale. Réservez bien à l'avance pour bénéficier de tarifs intéressants en juillet-août, la demande étant alors plus forte.

Depuis la France

Pour un vol direct Paris-Zagreb (durée 1 heure 50) ou Paris-Dubrovnik (2 heures 20), les prix démarrent à 180 €.

Air France (✆36 54, 0,35 €/min ; www.airfrance.fr) assure tous les jours des vols réguliers directs pour Zagreb depuis Paris-CDG. La compagnie propose aussi des vols, avec escale à Zagreb, à destination de Dubrovnik, Pula, Split et Zadar.

Croatia Airlines (✆01-66 76 555 ; www.croatiaairlines.hr) assure au départ de Paris-CDG des vols directs quotidiens pour Zagreb, Split et Dubrovnik et, plusieurs fois par semaine, des vols directs pour Zadar et Pula.

easyJet (www.easyjet.com). De juillet à début septembre, vols directs depuis Paris-Orly et Lyon pour Dubrovnik, Pula et Split.

Eurowings (www.eurowings.com). En été, relie Nice à Dubrovnik, Split et Zagreb via Hambourg, Lyon via Dusseldorf.

Ryanair (www.ryanair.com). Vols Paris-Zadar, Marseille-Zadar.

Transavia (www.transavia.com). En saison, vols Paris-Dubrovnik, Paris-Split, Paris-Zadar.

Volotea (www.volotea.com/fr). Liaisons saisonnières Bordeaux, Marseille, Nantes, Toulouse à destination de Split, et entre Bordeaux, Marseille, Nantes et Strabourg vers Dubrovnik.

Voici quelques adresses d'agences et de transporteurs :

Thomas Cook (www.thomascook.fr)

TUI (www.tui.fr)

Voyages SNCF (www.voyages-sncf.com)

Voyageurs du monde (www.voyageursdumonde.fr)

AGENCES EN LIGNE

Vous pouvez réserver votre vol via une agence en ligne ou vous renseigner auprès d'un comparateur de vols :
www.bourse-des-vols.com
www.ebookers.fr
www.expedia.fr
www.govoyages.com
www.illicotravel.com
www.kayak.fr
www.liligo.fr
www.opodo.fr
www.skyscanner.fr
voyages.kelkoo.fr
www.voyages-sncf.com

Depuis la Belgique

Un vol direct Bruxelles-Zagreb sur une compagnie régulière (durée 2 heures 10) vous reviendra à environ 225 €.

Brussels Airlines (✆02 723 23 62 ; www.brusselsairlines.com). Vols directs Bruxelles-Zagreb.

Croatia Airlines (✆02 753 5132 ; www.croatiaairlines.com). Vols directs Bruxelles-Zagreb.

Austrian Airlines (www.austrian.com)

TUI fly (www.tuifly.be)

Ryanair (www.ryanair.com). Vols Bruxelles-Rijeka, Bruxelles-Pula, Bruxelles-Zadar.

Quelques agences de voyages :

Airstop (www.airstop.be)

Connections (www.connections.be)

Gigatours/Éole (www.voyageseole.be)

Depuis la Suisse

Comptez à partir de 290 FS pour un vol direct Zurich-Zagreb (durée 1 heure 30) sur une compagnie régulière.

Austrian Airlines (www.austrian.com)

Croatia Airlines (✆044 2610 840 ; www.croatiaairlines.com). Vols directs Zurich-Zagreb et Zurich-Dubrovnik.

easyJet (www.easyjet.com). Vols directs Genève-Split, Genève-Dubrovnik,

Eurowings (www.eurowings.com).

Swiss International Air Lines (✆0848 700 700 ; www.swiss.com).

Vous pouvez aussi vous renseigner auprès de l'agence de voyages **STA Travel** (✆058 450 49 49 ; www.statravel.ch).

Depuis le Canada

Il n'existe pas de vol direct entre le Canada et la Croatie. Sur **Air Canada** (✆888 247 2262 ; www.aircanada.com) les vols Montréal-Zagreb (10 heures 30, à partir de 1 400 $C) transitent au minimum par Bruxelles, Munich ou Francfort.

Vous pourrez contacter :

Lufthansa (www.lufthansa.com)

United Airlines (www.united.ca)

Outre les sites de réservation en ligne comme **Travelocity** (www.travelocity.com), **Orbitz** (www.orbitz.com) et **Expedia** (www.expedia.ca), vous pouvez aussi vous renseigner auprès de **Travel Cuts** (www.travelcuts.com).

Voie maritime

Des ferries réguliers relient la Croatie à l'Italie. Split est leur principal point de départ ; ce port accueille des ferries nocturnes depuis/vers Ancône (Italie) dont certains font aussi halte à Stari Grad, sur l'île de Hvar. Il existe des lignes saisonnières entre Ancône et Zadar, entre Bari et Dubrovnik et entre Pescara et la ville de Hvar. Des bateaux saisonniers relient Venise à Umag, Poreč, Rovinj et Pula, certains faisant halte à Piran (Slovénie).

Blue Line (www.blueline-ferries.com)

Jadrolinija (www.jadrolinija.hr)

SNAV (www.snav.com)

Venezia Lines (www.venezialines.com)

Voie terrestre

La Croatie partage des frontières avec la Slovénie, la Hongrie, la Serbie, la Bosnie-Herzégovine et le Monténégro.

De Paris, 1 390 km (environ 13 heures de route) vous séparent de Zagreb. Deux itinéraires principaux s'offrent à vous, l'un par l'Allemagne, l'autre par l'Italie. Pour le premier, vous passerez par Strasbourg, puis par Munich (Allemagne), Salzbourg (Autriche) et Ljubljana (Slovénie). Le deuxième itinéraire passe par le tunnel du Mont-Blanc, l'Italie (Milan, Trieste), puis la Slovénie (Ljubljana) ; comptez alors 1 500 km (14 heures 30) depuis Paris.

Sachez que si vous prenez l'autoroute en Slovénie, il vous faudra acheter une vignette à l'entrée dans le pays, d'un montant de 15 € pour une validité d'une semaine. Pour plus de renseignements, consultez le site www.slovenia.info (rubrique *Informations pratiques*).

Pour aller dans le sud de la Croatie, une solution consiste à se rendre par exemple à Ancône par la route (de Paris, 1 290 km et 12 heures via le tunnel du Mont-Blanc, Milan et Bologne), puis à prendre un ferry pour Hvar, Split, Vis ou Zadar. Vous pouvez également partir de Bari, Pescara ou Venise. Pour un ferry régulier au départ d'Ancône, comptez environ 10 heures jusqu'à Split et 7 heures jusqu'à Zadar.

France
BUS

Eurolines (www.eurolines.fr) assure des liaisons entre Paris et de nombreuses villes croates (Zagreb, Split, Rijeka, Zadar…), mais les tarifs ne sont pas nécessairement intéressants comparés à ceux de l'avion. À titre d'exemple, comptez à partir de 140 € l'aller-retour Paris-Zagreb (environ 23 heures). Il est possible de partir de certaines villes de province. Consultez le site Internet pour plus de détails.

TRAIN

Il n'existe pas de train direct entre la France et Zagreb. Au départ de Paris, vous pourrez transiter par exemple par Genève, Munich ou Lausanne (voir ci-après). Renseignez-vous sur les horaires, les tarifs et les réservations auprès d'une gare ou d'une agence commerciale de la **SNCF** (www.voyages-sncf.com).

Belgique
BUS

Eurolines (www.eurolines.be) assure de nombreuses liaisons entre la Belgique et la Croatie. Là encore, cette solution n'est guère avantageuse. Comptez par exemple 215 € pour l'aller-retour Bruxelles-Zagreb (23 heures). Des départs sont proposés depuis certaines autres villes.

TRAIN

Il n'existe pas de train direct entre la Belgique et la Croatie. Entre Bruxelles et Zagreb, prévoyez au minimum 2 correspondances (via Francfort et Munich par exemple). Renseignements auprès de la **SNCB Europe** (www.b-europe.com).

Suisse
BUS

Eurolines (www.eurolines.ch) offre de nombreuses liaisons entre la Suisse et la Croatie. Comptez par exemple 200 FS l'aller-retour Zurich-Zagreb (12 heures 30) – comparez avec les tarifs aériens.

TRAIN

Il existe un train direct quotidien Zurich-Zagreb (14 heures). Les prix varient en fonction du confort choisi (place assise, couchette, etc.). Contactez la compagnie ferroviaire **CFF** (www.cff.ch).

Italie
Pour les liaisons en ferry entre l'Italie et la Croatie, et la traversée de l'Italie en voiture en provenance de la France, ci-contre.

VOYAGES ORGANISÉS

Grands week-ends, séjours balnéaires, circuits et croisières : la Croatie se prête à toutes les formules. Même s'il est facile de s'organiser seul en Croatie, le recours à un voyagiste pourra vous faciliter la vie, notamment si vous envisagez un séjour thématique – autour de la randonnée, d'une croisière ou de la découverte des parcs nationaux, par exemple.

Spécialistes de la Croatie et des voyages culturels

Adeo Voyages (www.adeo-voyages.com). Circuit découverte des richesses architecturales et naturelles de la Croatie.

VOYAGES ET CHANGEMENTS CLIMATIQUES

Tous les moyens de transport fonctionnant à l'énergie fossile génèrent du CO_2 – la principale cause du changement climatique induit par l'homme. L'industrie du voyage est aujourd'hui dépendante des avions. Si ceux-ci ne consomment pas nécessairement plus de carburant par kilomètre et par personne que la plupart des voitures, ils parcourent en revanche des distances bien plus grandes et relâchent quantité de particules et de gaz à effet de serre dans les couches supérieures de l'atmosphère. De nombreux sites Internet utilisent des "compteurs de carbone" permettant aux voyageurs de compenser le niveau des gaz à effet de serre dont ils sont responsables par une contribution financière à des projets respectueux de l'environnement. Lonely Planet "compense" les émissions de tout son personnel et de ses auteurs.

Adriagate (www.adriagate.com). Agence en ligne croate. Séjours d'agrotourisme et croisières.

Adriatica.net (www.adriatica.net). Agence en ligne croate. Spécialiste de la côte adriatique (croisières, excursions, week-ends, tourisme vert, etc.).

Arts et Vie (www.artsetvie.com). Circuit Dubrovnik et la côte dalmate, littoral croate…

Bemex Tours (www.bemextours.com). Croisières (goélettes, paquebots, caïques ou voiliers), séjours dans les îles et circuits combinés avec des pays voisins (Albanie, Bosnie-Herzégovine, Monténégro et Slovénie).

Clio (www.clio.fr). Croisières à la découverte des trésors de la côte dalmate et des Balkans.

Intermèdes (www.intermedes.com). Croisières culturelles sur l'Adriatique, en Dalmatie et séjours à Dubrovnik.

Croisières, randonnées et séjours sportifs

Les agences de voyages suivantes programment notamment des randonnées dans les parcs nationaux ou sur les îles, des circuits en kayak, à vélo, des formules rando-bateau à la découverte des îles de l'Adriatique.

Allibert Trekking (www.allibert-trekking.com)

Atalante (www.atalante.fr)

Chamina Voyages (www.chamina-voyages.com)

Comptoir des voyages (www.comptoir.fr)

Grand Angle (www.grandangle.fr)

Huwans (www.huwans-clubaventure.fr)

Les Glénans (www.glenans.asso.fr). Stages croisières en Croatie.

Nomade Aventure (www.nomade-aventure.com)

Rives du monde (www.rives-du-monde.com)

Terres d'Aventure (www.terdav.com)

Top of Travel (www.topoftravel.fr)

Voyageurs du Monde (www.voyageursdumonde.fr).

Zig Zag (www.zigzag-randonnees.com)

COMMENT CIRCULER

Avion

Croatia Airlines (01-66 76 555 ; www.croatiaairlines.hr). La compagnie nationale opère surtout depuis Zagreb. Brač (été seulement), Dubrovnik, Osijek, Pula, Split et Zadar sont quelques-unes de ses destinations intérieures. Il y a aussi des vols entre ces villes l'été.

Trade Air (091 62 65 111 ; www.trade-air.com). Vols entre Zagreb et Osijek ; vols saisonniers entre Pula, Rijeka, Split, Dubrovnik et Osijek.

European Coastal Airlines (021-444 813 ; www.ec-air.eu). Vols en hydravion entre plusieurs villes côtières et îles de mai à octobre.

Bateau

De nombreux ferries relient les principaux centres côtiers aux îles toute l'année ; ils sont plus fréquents en haute saison. Pour les Croates, *ferry* désigne exclusivement un car-ferry tandis que *catamaran* désigne un ferry plus rapide réservé aux passagers.

G&V Line (carte p. 260 ; 060 100 000 ; www.gv-line.hr). Liaison quotidienne en catamaran entre Dubrovnik et les îles de Šipan et Mljet. En juillet-août, certains bateaux vont jusqu'aux îles de Korčula et Lastovo.

Jadrolinija (carte p. 204 ; 021-338 333 ; www.jadrolinija.hr ; Gat Sv Duje bb). Principale compagnie, Jadrolinija propose des car-ferries et des catamarans sur 34 itinéraires différents en hiver et 37 pendant la saison touristique. Seuls certains billets peuvent être achetés à l'avance. Certains itinéraires étant très fréquentés pendant les vacances, mieux vaut arriver de bonne heure, surtout si l'on a une voiture. Le transport des vélos à bord des car-ferries est payant. L'équipement des bateaux est très variable : les plus gros disposent d'un restaurant et du Wi-Fi gratuit ; la plupart possèdent au moins un snack-bar.

Kapetan Luka (Krilo ; ☏021-645 476 ; www.krilo.hr). Bateaux rapides entre Split et les îles de Hvar, Brač et Vis, et entre Rijeka et les îles de Cres, Unije, Susak, Ilovak et Lošinj. De mai à octobre, il y a aussi une liaison entre Dubrovnik et Split, avec halte aux îles de Mljet, Korčula, Hvar et Brač.

Bus

La Croatie offre d'excellents services de bus, relativement bon marché. Plusieurs compagnies desservent souvent un même trajet, offrant une grande diversité de prix.

Les compartiments à bagages des bus sont payants (environ 10 Kn/bagage). Les bus reliant Split à Dubrovnik passent en territoire bosniaque : gardez votre passeport sous la main.

Compagnies de bus

Autoherc (☏060 301 301 ; www.autoherc.info). Très nombreuses dessertes en Dalmatie et à destination de Zagreb.

Autotrans (☏051-660 660 ; www.autotrans.hr). Basé à Rijeka, dessert la majeure partie du pays, notamment l'Istrie, le Kvarner, la Dalmatie, Zagreb et la Slavonie.

Brioni Pula (☏052-544 537 ; www.brioni.hr). Basé à Pula. Bus pour Rovinj, Medulin, Rijeka, Split, Zagreb, Osijek et Vukovar.

Clissa (☏099 83 44 700 ; www.clissa-bus.hr ; ☏). Ne dessert que l'itinéraire Zagreb-Trogir-Split. Les passagers disposent de prises électriques, du Wi-Fi, de journaux et d'eau.

Croatia Bus (☏01-61 13 073 ; www.croatiabus.hr). Relie Zagreb à des villes du Zagorje, d'Istrie, du Kvarner et de Dalmatie.

Samoborček (☏01-63 21 190 ; www.samoborcek.hr). Relie Zagreb à la Dalmatie.

Billets et horaires

➡ Dans les grandes gares routières, les billets s'achètent au guichet et non auprès du chauffeur.

➡ Essayez de réserver à l'avance pour vous assurer d'un siège, notamment en été.

➡ Au-dessus des guichets, des tableaux d'affichage indiquent les destinations pour lesquelles les billets sont en vente.

➡ Sur les horaires libellés en croate, "*vozi svaki dan*" signifie "tous les jours" et "*ne vozi nedjeljom i blagdanom*", "pas de service le dimanche et les jours fériés".

➡ Les bus de nuit permettent d'économiser une nuit d'hôtel – les lumières allumées en permanence et la musique ne promettent toutefois guère le repos.

➡ Prenez garde à ne pas rater le départ après les arrêts-repas et autres (toutes les 2 heures environ).

➡ Des sites Web comme www.vollo.net et www.getbybus.com indiquent les horaires et enregistrent les réservations.

Train

Les trains, moins fréquents que les bus, sont plus confortables. Les retards sont en revanche réguliers, parfois jusqu'à plusieurs heures. Pour connaître les horaires, tarifs et services, contactez **HŽPP** (☏01-37 82 583 ; www.hzpp.hr).

Aucune ligne ne longe la côte et très peu de cités maritimes sont reliées à la capitale par le train. Voici les liaisons les plus intéressantes pour les voyageurs :

➡ Zagreb-Osijek

➡ Zagreb-Varaždin

➡ Zagreb-Rijeka-Pula

➡ Zagreb-Knin-Split (correspondance à Knin pour Zadar ou Šibenik)

Classes Les trains nationaux sont soit "express" soit "de passagers" (locaux). Chaque tarif indiqué dans ce guide vaut pour une place assise en 2e classe sans réservation. Les trains express ont des voitures 1re et 2e classe ; ils sont plus chers que les trains de passagers et il est conseillé de réserver.

Wagons-lits Les liaisons de nuit entre Zagreb et Split comportent des wagons-lits.

PETIT GLOSSAIRE FERROVIAIRE

Voici quelques termes que vous pourrez voir sur les horaires affichés dans les gares :

brzi – train rapide

dolazak – arrivées

polazak – départs

ne vozi nedjeljom i blagdanom – pas de service le dimanche et les jours fériés

poslovni – train de classe affaires

presjedanje – correspondance

putnički – classe économique/train local

rezerviranje mjesta obvezatno – réservation obligatoire

vozi svaki dan – tous les jours

Bagages Le transport des bagages est gratuit ; la plupart des gares disposent de consignes.

Pass Pour les résidents de l'UE, les pass ferroviaires **InterRail** (fr.interrail.eu) fonctionnent en Croatie – Interrail Croatie Pass. Si c'est là votre unique destination, assurez-vous que vous allez effectuer suffisamment de trajets en train dans le pays pour permettre de rentabiliser le pass. Les prix, qui varient selon la formule (3/4/6/8 jours de voyage sur une période de 1 mois), s'échelonnent de 50 à 94 € pour les moins de 27 ans et de 67 à 127 € pour les plus de 26 ans. Vous pouvez les commander en ligne (livraison gratuite en France) ou vous les procurer dans la plupart des grandes gares et dans certaines agences de voyages (surtout celles pour les étudiants).

Transports urbains

Les bus assurent l'essentiel du transport urbain (Zagreb et Osijek possèdent néanmoins des réseaux de tramway bien développés).

Dans les grandes villes comme Dubrovnik, Rijeka, Split et Zadar, les bus circulent toutes les 20 minutes environ (moins fréquemment le dimanche). Le billet coûte en moyenne de 10 à 15 Kn, un peu moins si vous l'achetez dans un *tisak* (kiosque à journaux).

Vélo

On trouve facilement des vélos à louer sur la côte et dans les îles, et le vélo est un excellent moyen de locomotion pour explorer les îles. Celles qui sont relativement plates, comme Pag et Mali Lošinj, sont les moins fatigantes à sillonner. Sur les autres, de magnifiques panoramas récompenseront vos efforts sur les sentiers sinueux et vallonnés. Sur la côte comme dans les terres, soyez vigilant : le réseau routier se compose pour l'essentiel de routes à deux voies très fréquentées et dépourvues de pistes cyclables.

Certains offices du tourisme, notamment dans le golfe du Kvarner et en Istrie, distribuent des cartes proposant des itinéraires et vous indiqueront les loueurs locaux.

Si vous possédez quelques notions de croate, le site www.pedala.hr fournit des informations utiles sur le cyclotourisme en Croatie.

Voiture et moto

Des autoroutes relient Zagreb à la Slavonie, mais aussi à l'Istrie via Rijeka. Une autre grande autoroute relie Zagreb à la Dalmatie, avec des embranchements pour Zadar, Šibenik et Split ; elle continue ensuite en direction de Dubrovnik mais s'arrête 110 km avant. Les routes sont en excellent état. En revanche, les stations-service et autres enseignes sont rares sur certains tronçons.

Assurance

La loi impose aux compagnies de location de voitures d'inclure une assurance au tiers. Si votre assurance voyage ne couvre pas ce risque, vérifiez que le prix de location comprend une assurance dommages matériels ou *collision damage waiver* (CDW).

Code de la route

➡ En Croatie, on roule à droite et le port de la ceinture est obligatoire.

➡ Sauf indication contraire, la vitesse des voitures et des motos est limitée à :

50 km/h en agglomération

100 km/h sur les nationales

130 km/h sur autoroute

➡ Sur les routes à deux voies, il est illégal de doubler un convoi militaire ou encore une file de voitures coincées derrière un camion poussif.

➡ Le taux d'alcool autorisé au volant est fixé à 0,5 g/L.

➡ Vous devez rouler avec vos phares allumés même en journée. En Dalmatie, cela ne s'applique que d'octobre à juin.

Tous les véhicules étrangers doivent avoir un autocollant du pays de provenance, même si votre plaque d'immatriculation européenne l'indique.

Location

On peut louer des voitures dans toutes les grandes villes, les aéroports et les lieux touristiques. Les loueurs locaux indépendants sont souvent meilleur marché que les chaînes internationales, mais ces dernières permettent de rendre le véhicule dans une autre ville. On peut parfois bénéficier de tarifs intéressants en réservant depuis l'étranger, ou en

DISTANCES ROUTIÈRES (KM)

	Dubrovnik	Osijek	Rijeka	Split	Zadar	Zagreb
Dubrovnik	---					
Osijek	495	---				
Rijeka	601	459	---			
Split	216	494	345	---		
Zadar	340	566	224	139	---	
Zagreb	572	280	182	365	288	---

optant pour une formule vol et location de voiture.

Il faut avoir au moins 18 ans, un permis de conduire valide et une carte bancaire pour couvrir la franchise.

Permis de conduire

Un permis valide émis dans votre pays d'origine suffit pour conduire une voiture en Croatie et louer un véhicule ; un permis de conduire international n'est pas nécessaire.

Le **Hrvatski Autoklub** (HAK ; automobile club croate ; 0800 99 87 ; www.hak.hr) dispense aide et conseils et dispose d'un numéro d'assistance dans tout le pays (1987).

Sur la route

➡ Les stations-services ont généralement ouvertes de 7h à 19h (souvent jusqu'à 22h l'été) ; elles vendent de l'Eurosuper 95 et 98 et du diesel.

➡ Toutes les autoroutes sont payantes, de même que le tunnel d'Učka entre Rijeka et l'Istrie, le pont de l'île de Krk et la route reliant Rijeka à Delnice. Le premier péage que l'on franchit sur l'autoroute délivre un ticket qu'il faut présenter au péage de sortie, où il sert à calculer le montant à payer.

➡ De mi-juin à août, la radio HR2 émet toutes les heures à l'heure pile des bulletins d'information en anglais sur les conditions de circulation.

Langue

Le croate fait partie de la famille des langues slaves du Sud. Il ressemble aux autres langues du même groupe : le serbe, le bosniaque et le monténégrin.

En croate, chaque lettre se prononce et sa prononciation ne varie pas d'un mot à l'autre. D'une manière générale, le č se prononce "tch", le š correspond à notre "ch", le đ au son "dj" et le ž équivaut au "j" (de "jeu"). Le j se prononce comme le "y" de "yoyo" et le nj, que nous transcrivons "ny'" dans ce guide, se prononce comme le "ny" de "canyon". Ajoutons que le u se prononce toujours "ou", que la lettre c se prononce "ts" et que le g est toujours dur (comme dans "gare"). Enfin, pour faciliter la prononciation du r inséré entre deux consonnes, ajoutez un léger son "eu" juste avant : ainsi, par exemple, la ville de Krk se dit "keurk".

Si, en gardant ces quelques règles à l'esprit, vous lisez la prononciation transcrite en bleu comme du français, vous arriverez à vous faire comprendre.

Dans la plupart des cas, l'accent tombe sur la première voyelle du mot – la dernière n'étant jamais accentuée. La syllabe accentuée est indiquée en italique dans notre système de transcription.

Enfin, sachez que le genre influe sur les terminaisons des verbes et des adjectifs. Par exemple, l'expression "Je voudrais" se traduit différemment selon que le sujet est masculin (désigné dans ce chapitre par "m") ou féminin (désigné dans ce chapitre par "f") : *Želio bih / Željela bih.*

> **POUR ALLER PLUS LOIN**
>
> Indispensable pour mieux communiquer sur place : le *Guide de conversation français/croate* de Lonely Planet. Pour réserver une chambre, lire un menu ou simplement faire connaissance, ce manuel permet d'acquérir des rudiments de croate. Inclus : un minidictionnaire bilingue.

CONVERSATION

Bonjour.	Bok.	bok
Au revoir.	Zbogom.	zbo·gom
Oui./Non.	Da./Ne.	da/nè
S'il vous plaît.	Molim.	mo·lim
Merci.	Hvala.	hva·la
Il n'y a pas de quoi.	Nema na čemu.	nè·ma na tchè·mou
Excusez-moi.	Oprostite.	o·pro·sti·tè
Pardon.	Žao mi je.	ja·o mi yè
Avez-vous une chambre ?	Imate li ... sobu?	i·ma·tè li ... so·bou
simple	jednokrevetnu	yèd·no·krè·vèt·nou
double	dvokrevetnu	dvo·krè·vèt·nou
camping	kamp	kamp
pension	privatni smještaj	pri·vat·ni smièch·tai
hôtel	hotel	ho·tèl
auberge de jeunesse	omladinski hostel	om·la·din·ski ho·stèl
climatisation	klima-uređaj	kli·ma·ou·rè·djai
salle de bains	kupaona	kou·pa·o·na
lit	krevet	krè·vèt
lit d'enfant	dječji krevet	dyètch·yi krè·vèt
Wi-Fi	bežični internet	bè·jitch·ni in·tèr·nèt
fenêtre	prozor	pro·zor

DIRECTIONS

Où est... ?
Gdje je... ? gdyè yè...
Quelle est l'adresse ?
Koja je adresa ? ko·ya yè a·drè·sa

Pouvez-vous me montrer (sur la carte) ?		
Možete li mi to	mo·jè·tè li mi to	
pokazati (na karti) ?	po·ka·za·ti (na kar·ti)	
à l'angle	na uglu	na ou·glou
au feu de circulation	na semaforu	na sè·ma·fo·rou
derrière	iza	i·za
en face de...	ispred...	is·prèd
loin (de)	daleko (od)	da·lè·ko (od)
à gauche	lijevo	li·yè·vo
à droite	desno	dè·sno
près	blizu	bli·zou
à côté	pored	po·rèd
à l'opposé	nasuprot	na·sou·prot
tout droit	ravno naprijed	rav no · na·pri·yèd

AU RESTAURANT

Que recommandez-vous ?
Što biste nam   chto bi·stè nam
preporučili ?   prè·po·rou·tchi·li

Qu'y a-t-il dans ce plat ?
Od čega se   od tchè·ga sè
sastoji ovo jelo ?   sa·sto·yi o·vo yè·lo

C'était délicieux !
To je bilo izvrsno !   to yè bi·lo iz·vr·sno

L'addition s'il vous plaît.
Molim vas,   mo·lim vas
donesite račun.   do·nè·si·tè ra·tchoun

Je voudrais réserver une table pour...	Želim rezervirati stol za...	jè·lim rè·zèr·vi·ra·ti stol za...
(huit) heures	(osam) sati	(o·sam) sa·ti
(deux) personnes	(dvoje) ljudi	(dvo·yè) ly'ou·di
Je ne mange pas de...	Ja ne jedem...	ya nè yè·dèm...
poisson	ribu	ri·bou
noix	razne orahe	raz·nè o·ra·hè
volaille	meso od peradi	mè·so od pè·ra·di
viande rouge	crveno meso	tsr·vè·no mè·so

Mots-clés

aliments pour bébé	hrana za bebe	hra·na za bè·bè
apéritif	aperitiv	a·pè·ri·tiv
assiette	tanjur	ta·ny'our
avec/sans	sa/bez	sa/bèz
bar	bar	bar

PHRASES-CLÉS

Pour vous exprimer en croate, servez-vous des exemples suivants, en ajoutant les mots de votre choix :

Quand sera (la prochaine excursion) ?
Kada je (idući   ka·da yè (i·dou·tchi
dnevni izlet) ?   dnèv·ni iz·lèt)

Où y a-t-il (un marché) ?
Gdje je (tržnica) ?   gdyè yè (trj·ni·tsa)

Où puis-je (acheter un billet) ?
Gdje mogu   gdyè mo·gou
(kupiti kartu) ?   (kou·pi·ti kar·tou)

En avez-vous (d'autres) ?
Imate li   i·ma·tè li
(kakve druge) ?   (kak·vè drou·gè)

Y a-t-il (une couverture) ?
Imate li (deku) ?   i·ma·tè li (dè·kou)

Je voudrais (ce plat).
Želim (ovo jelo).   jè·lim (o·vo yè·lo)

Je voudrais (louer une voiture).
Želio/Željela   jè·li·o/jè·lyè·la
bih (iznajmiti   bih (iz·nai·mi·ti
auto).   a·ou·to) (m/f)

Puis-je (vous/te prendre en photo) ?
Mogu li   mo·gou lu
(vas/te slikati) ?   (vas/tè sli·ka·ti)

Pourriez-vous (m'aider) ?
Molim vas,   mo·lim vas
možete li   mo·jè·tè li
(mi pomoći) ?   (mi po·mo·tchi)

Dois-je (payer) ?
Trebam li (platiti) ?   trè·bam li (pla·ti·ti)

bol	zdjela	zdyè·la
bouteille	flaša	fla·cha
couteau	nož	noj
cuillère	žlica	jli·tsa
déjeuner	ručak	rou·tchak
dîner	večera	vè·tchè·ra
épicé	pikantno	pi·kant·no
fourchette	vilica	vi·li·tsa
menu	jelovnik	yè·lov·nik
nourriture	hrana	hra·na
petit-déjeuner	doručak	do·rou·tchak
plat (nourriture)	jelo	yè·lo
plat principal	glavno jelo	glav·no yè·lo
repas	obrok	o·brok
restaurant	restoran	rè·sto·ran
(trop) froid	(pre) hladno	(prè) hlad·no
verre	čaša	tcha·cha

Viande et poisson

agneau	janjetina	ya·ny'è·ti·na
bœuf	govedina	go·vè·di·na
poisson	riba	ri·ba
porc	svinjetina	svi·ny'è·ti·na
poulet	piletina	pi·lè·ti·na
veau	teletina	tè·lè·ti·na

Fruits et légumes

abricot	marelica	ma·rè·li·tsa
carotte	mrkva	mrk·va
cerise	trešnja	trèch·nya
champignon	gljiva	glyi·va
chou	kupus	kou·pous
citrouille	bundeva	boun·dè·va
concombre	krastavac	kra·sta·vats
fraise	jagoda	ya·go·da
fruit	voće	vo·tchè
haricots verts	mahune	ma·hou·nè
laitue/salade	zelena salata	zè·lè·na sa·la·ta
légume	povrće	po·vr·tchè
lentilles	leća	lè·tcha
maïs	kukuruz	kou·kou·rouz
noix	orah	o·rah
oignon	luk	louk
orange	naranča	na·ran·tcha
pastèque	lubenica	lou·bè·ni·tsa
pêche	breskva	brès·kva
petits pois	grašak	gra·chak
poire	kruška	krouch·ka
pomme	jabuka	ya·bou·ka
pomme de terre	krumpir	kroum·pir
prune	šljiva	chlyi·va
raisin	grožđe	groj·djè
tomate	rajčica	rai·tchi·tsa

PANNEAUX

Izlaz	Sortie
Muškarci	Messieurs
Otvoreno	Ouvert
Ulaz	Entrée
Zabranjeno	Interdit
Zahodi	Toilettes/WC
Zatvoreno	Fermé
Žene	Dames

Divers

beurre	maslac	ma·slats
confiture	džem	djèm
fromage	sir	sir
huile	ulje	ou·lyè
miel	med	mèd
œuf	jaje	ya·yè
pain	kruh	krouh
pâtes	tjestenina	tyè·stè·ni·na
poivre	papar	pa·par
riz	riža	ri·ja
sel	sol	sol
sucre	šećer	chè·tchèr
vinaigre	ocat	o·tsat

Boissons

bière	pivo	pi·vo
café	kava	ka·va
eau (minérale)	(mineralna) voda	(mi·nè·ral·na) vo·da
jus	sok	sok
lait	mlijeko	mli·yè·ko
thé	čaj	tchai
vin (rouge/ blanc)	vino (crno/ bijelo)	vi·no (tsr·no/bi·yè·lo)

URGENCES

Au secours !
Upomoć !   *ou·po·motch*

Je suis perdu(e).
Izgubio/   *iz·gou·bi·o/*
Izgubila sam se.   *iz·gou·bi·la sam sè* (m/f)

Laissez-moi tranquille !
Ostavite me   *o·sta·vi·tè mè*
na miru !   *na mi·rou*

Il y a eu un accident !
Desila se nezgoda !   *dè·si·la sè nèz·go·da*

Appelez un médecin !
Zovite doktora !   *zo·vi·tè dok·to·ra*

Appelez la police !
Nazovite policiju !   *na·zo·vi·tè po·li·tsi·you*

Je suis malade.
Ja sam bolestan/   *ya sam bo·lè·stan/*
bolesna.   *bo·lè·sna* (m/f)

J'ai mal là.
Boli me ovdje.   *bo·li mè ov·dyè*

Je suis allergique à...
Ja sam alergičan/   *ya sam a·lèr·gi·tchan/*
alergična na...   *a·lèr·gitch·na na...* (m/f)

ACHATS ET SERVICES

Je voudrais acheter...
Želim kupiti... jè·lim kou·pi·ti...

Je ne fais que regarder.
Samo razgledavam. sa·mo raz·glè·da·vam

Puis-je regarder ?
Mogu li to pogledati ? mo·gou li to po·glè·da·ti

Combien cela coûte-t-il ?
Koliko košta ? ko·li·ko koch·ta

C'est trop cher.
To je preskupo. to yè prè·skou·po

Auriez-vous quelque chose de moins cher ?
Imate li nešto i·ma·tè li nèch·to
jeftinije ? yèf·ti·ni·yè

Il y a une erreur dans l'addition.
Ima jedna greška i·ma yèd·na grèch·ka
na računu. na ra·tchou·nou

bureau de poste	pošta	poch·ta
carte	kreditna	krè·dit·na
de crédit	kartica	kar·ti·tsa
cybercafé	internet kafić	in·tèr·nèt ka·fitch
DAB	bankomat	ban·ko·mat
office	turistička	tou·ri·stitch·ka
du tourisme	agencija	a·gèn·tsi·ya

DATE ET HEURE

Quelle heure est-il ?
Koliko je sati ? ko·li·ko yè sa·ti

Il est (dix) heures.
(Deset) je sati. (dè·sèt) yè sa·ti

matin	jutro	you·tro
après-midi	poslijepodne	po·sli·yè·pod·nè
soir	večer	vè·tchèr
hier	jučer	you·tchèr
aujourd'hui	danas	da·nas
demain	sutra	sou·tra
lundi	ponedjeljak	po·nè·dyè·lyak
mardi	utorak	ou·to·rak
mercredi	srijeda	sri·yè·da

MOTS INTERROGATIFS

Comment ?	Kako ?	ka·ko
Quoi ?	Što ?	chto
Quand ?	Kada ?	ka·da
Où ?	Gdje ?	gdyè
Qui ?	Tko ?	tko
Pourquoi ?	Zašto ?	za·chto

jeudi	četvrtak	tchèt·vr·tak
vendredi	petak	pè·tak
samedi	subota	sou·bo·ta
dimanche	nedjelja	nè·dyè·lya
janvier	siječanj	si·yè·tchany'
février	veljača	vè·lya·tcha
mars	ožujak	o·jou·yak
avril	travanj	tra·vany'
mai	svibanj	svi·bany'
juin	lipanj	li·pany'
juillet	srpanj	sr·pany'
août	kolovoz	ko·lo·voz
septembre	rujanj	rou·yan'
octobre	listopad	li·sto·pad
novembre	studeni	stou·dè·ni
décembre	prosinac	pro·si·nats

TRANSPORTS

Transports publics

avion	avion	a·vi·on
bateau	brod	brod
bus	autobus	a·ou·to·bous
train	vlak	vlak
tram	tramvaj	tram·vai

Je voudrais aller à...
Želim ići u ... jè·lim i·tchi ou

Est-ce qu'il s'arrête à (Split) ?
Da li staje u da li sta·yè ou
(Splitu) ? (spli·tou)

À quelle heure part-il ?
U koliko sati kreće ? ou ko·li·ko sa·ti krè·tchè

À quelle heure arrive-t-il à (Zagreb) ?
U koliko sati stiže ou ko·li·ko sa·ti sti·jè
u (Zagreb) ? ou (zag·rèb)

Pouvez-vous me dire comment aller à (l'arène) ?
Možete li mi reći mo·jè·tè li mi rè·tchi
kako da stignemo ka·ko da stig·nè·mo
do (Arene) ? do (a·rè·nè)

Je voudrais descendre à (Dubrovnik).
Želim izaći jè·lim i·za·tchi
u (Dubrovniku). ou (doub·rov·ni·kou)

Un billet (de)	Jednu kartu	yèd·nou kar·tou
1re classe	prvorazrednu	peur vo raz rèd nou
2e classe	drugorazrednu	drou·go raz·rèd nou
aller	jednosmjernu	yèd·no smyèr·nou
aller-retour	povratnu	po·vrat·nou

NOMBRES

1	jedan	yè·dan
2	dva	dva
3	tri	tri
4	četiri	tchè·ti·ri
5	pet	pèt
6	šest	chèst
7	sedam	sè·dam
8	osam	o·sam
9	devet	dè·vèt
10	deset	dèsèt
20	dvadeset	dva·dè·sèt
30	trideset	tri·dè·sèt
40	četrdeset	tchè·teur·dè·sèt
50	pedeset	pè·dè·sèt
60	šezdeset	tchèz·dè·sèt
70	sedamdeset	sè·dam·dè·sèt
80	osamdeset	o·sam·dè·sèt
90	devedeset	dè·vè·dè·sèt
100	sto	sto
1000	tisuću	ti·sou·tchou

le premier	prvi	pr·vi
le dernier	posljednji	pos·lyèd·ny'i
le prochain	sljedeći	slyè·dè·tchi
siège	sjedište	syè·dich té·
côté couloir	u sredini	ou sré di ni·
fenêtre	do prozora	do pro·zo·ra
retardé	u zaka_njenju	ou za kach nyé nyou
annulé	poništeno	po·nich·tè·no
quai	peron	pè·ron
billetterie	blagajna	bla·gai·na
horaire	red vožnje	rèd voj·ny'è
gare ferroviaire	željeznička postaja	jè·lyèz·nitch·ka pos·ta·ya

Voiture et vélo

Je voudrais
Želio bih (m.)/ jè·lio bih/
Željela bih (f.) jè·lyè·la bih

louer un (e)...	iznajmiti...	iz·nai·mi·ti...
4x4	džip	djip
moto	motocikl	mo·to·tsi·kl
vélo	bicikl	bi·tsi·kl
voiture	auto	a·ou·to
casque	kaciga	ka·tsi·ga
diesel	dizel gorivo	di·zèl go·ri·vo
essence	benzin	bèn·zin
garagiste	auto-mehaničar	a·ou·to·me·ha·ni·tchar
pompe à vélo	pumpa za bicikl	poum·pa za bi·tsi·kl
siège enfant	sjedalo za dijete	syè·da·lo za di·yè·tè
station-service	benzinska stanica	bèn·zin·ska sta·ni·tsa

Est-ce la route pour... ?
Je li ovo yé li o·vo
cesta za... ? tsè·sta za

(Combien de temps) Puis-je stationner ici ?
(Koliko dugo) (ko·li·ko dou·go)
Mogu ovdje mo·gou ov·dyè
parkirati ? par·ki·ra·ti

La voiture/moto est en panne (à Knin).
Auto/ a·ou·to/
Motocikl mo·to·tsi·kl
se pokvario sè pok·va·ri·o
(u Kninu). (ou kni·nou)

J'ai crevé.
Probušila pro·bou·chi·la
mi se guma. mi sè gou·ma

Je n'ai plus d'essence.
Nestalo mi je nè·sta·lo mi yè
benzina. bèn·zi·na

J'ai perdu les clés.
Izgubio/ iz·gou·bi·o/
Izgubila iz·gou·bi·la
sam ključeve. sam klyou·tchè·vè (m/f)

GLOSSAIRE

(s) indique le singulier et (pl) le pluriel

apse – abside

autocamps – immense camping avec des restaurants, des magasins et des rangées de caravanes

Avars – peuple nomade originaire de Mongolie qui combattit l'Empire byzantin du VIe au IXe siècle

ban – vice-roi ou gouverneur

bb – dans une adresse, les lettres "bb" placées après un nom de rue (comme dans "Placa bb") signifient *bez broja* ("sans numéro")

bura – bora ; vent froid et sec dévalant les montagnes vers l'Adriatique

cesta – route

crkva – église

fortica – forteresse

galerija – galerie

garderoba – consigne à bagages

glagolitique – alphabet slave ancien, inventé par les évangélisateurs Cyrille et Méthode

gora – montagne

HDZ – Hrvatska Demokratska Zajednica ; Union démocratique croate

Illyriens – peuple de la côte adriatique, vaincu par les Romains au IIe siècle av. J.-C.

karst – phénomène produit par la corrosion du calcaire, avec pour résultat un relief marqué par des grottes, des rivières souterraines et des gorges

klapa – chorale traditionnelle

konoba – terme désignant traditionnellement un petit restaurant (taverne) souvent aménagé dans une cave. Il s'applique aujourd'hui à toutes sortes de lieux de restauration ; généralement un établissement simple, tenu par une famille.

knez – duc

maestral – vent du nord soufflant sur l'Adriatique en été par temps clair

mali – petit

muzej – musée

nave – nef

NDH – Nezavisna Država Hrvatska ; État indépendant de Croatie

obala – front de mer

otok (s), **otoci** (pl) – île

pansion – pension

plaža – plage

polje – zone calcaire éboulée, souvent cultivée

put – chemin, sentier

restoran – restaurant

rijeka – rivière

Sabor – Parlement

šetalište – promenade

sobe – chambres à louer

sveti – saint

svetog – saint (génitif ; comme dans église Saint-Joseph)

tamburica (ou *tambura*) – instrument à trois ou cinq cordes proche de la mandoline

tisak – kiosque à journaux

toplice – station thermale

trg – place

turbo folk – musique folklorique serbe en version techno

ulica – rue

uvala – baie

velik – grand

vrh – sommet, pic

zimmer – chambres à louer (mot d'origine allemande)

En coulisses

VOS RÉACTIONS ?

Vos commentaires nous sont très précieux et nous permettent d'améliorer constamment nos guides. Notre équipe lit toutes vos lettres avec la plus grande attention. Nous ne pouvons pas répondre individuellement à tous ceux qui nous écrivent, mais vos commentaires sont transmis aux auteurs concernés. Tous les lecteurs qui prennent la peine de nous communiquer des informations sont remerciés dans l'édition suivante, et ceux qui nous fournissent les renseignements les plus utiles se voient offrir un guide.

Pour nous faire part de vos réactions, prendre connaissance de notre catalogue et vous abonner à notre newsletter, consultez notre site Internet : **www.lonelyplanet.fr**

Nous reprenons parfois des extraits de notre courrier pour les publier dans nos produits, guides ou sites Web. Si vous ne souhaitez pas que vos commentaires soient repris ou que votre nom apparaisse, merci de nous le préciser. Notre politique en matière de confidentialité est disponible sur notre site Internet.

À NOS LECTEURS

Merci à tous les voyageurs qui ont utilisé la dernière édition de ce guide et qui nous ont fait part de leurs conseils, de leurs suggestions et de leurs anecdotes :

Charlotte Aimard, Sophie Barbey, Claire Buty, Auriane Duperthuy, Marc Dubreuil, Sophie Fournier, Patrick Janjaud, Natasha Langis, Martine et Jean Lassalle, M. Le Corre, Mme Saint-Denis.

UN MOT DES AUTEURS

Peter Dragicevich

C'est toujours un plaisir de parcourir la Croatie, d'autant plus en bonne compagnie : mille mercis à Robert Carpenter et Catherine Cole pour m'avoir accompagné en chemin. Une fois de plus, toute ma gratitude à Vojko et Marija Dragičević pour leur merveilleuse hospitalité.

Marc Di Duca

Je remercie beaucoup le personnel des offices du tourisme de toute la côte, tout particulièrement ceux de Pula, Rab, Rijeka et Zadar ; ma camarade auteur Anja ; Zlatko à Lopar ; mon épouse, Tanya, et mes fils Taras et Kirill pour m'avoir accompagné lors de ce voyage.

Anja Mutić

Un grand *hvala* à Lidija Miščin et Andrea Pisac pour leur aide et leur expertise précieuses – ce livre ne serait pas le même sans vous. À Ana Mažuran, compagne idéale de mes voyages de recherche – merci d'avoir faim juste au bon moment. Merci à mes nombreux amis de Croatie qui m'ont donné tant de conseils. *Hvala, mama*, pour ton rire. *Obrigada,* Kweli, mon étoile polaire.

REMERCIEMENTS

Les données de la carte climatique sont adaptées de Peel MC, Finlayson BL & McMahon TA (2007) "Updated World Map of the Köppen-Geiger Climate Classification", *Hydrology and Earth System Sciences*, 11, 163344.

Photographie de couverture : La vieille ville de Dubrovnik au lever du soleil, Doug Pearson/AWL ©

À PROPOS DE CET OUVRAGE

Cette 8e édition française du guide *Croatie* est traduite et adaptée de la 9e édition du guide *Croatia* en anglais, documentée et rédigée par Peter Dragicevich, Marc Di Duca et Anja Mutić. Les deux précédentes éditions avaient été rédigées par Peter Dragicevich, Anja Mutić et Vesna Maric.

Traduction Florence Guillemat-Szarvas, Vincent Guilluy et Laurence Stewart

Direction éditoriale Didier Férat

Responsable prépresse Jean-Noël Doan

Coordination éditoriale et adaptation française Muriel Chalandre-Yanes Blanch

Maquette Christian Deloye

Cartographie Cartes originales d'Anthony Phelan adaptées en français par Caroline Sahanouk

Couverture Adaptée en français par Laure Vilmot

Remerciements à Angélique Adagio, Claude Albert et Christiane Mouttet pour leur précieuse contribution au texte. Merci à Camille Marie pour sa préparation du manuscrit. Un grand merci à Dominique Spaety, Dorothée Pasqualin, ainsi qu'à Clare Mercer, Joe Revill, Sarah Nicholson, Luan Angel et Becky Henderson du bureau LP Londres, et Darren O' Connell, Andy Nielsen, Chris Love, Jacqui Saunders, Glenn van der Knijff et Claire Murphy du bureau LP Australie.

Index

A
activités 30
Ada 97
aéroports 17, 344
   Dubrovnik 275
   Split 217
   Zagreb 69
agrotourisme 126
Alexandre Ier de Yougoslavie 305
Allée glagolitique 131
ambassades 334
amphithéâtre romain (Pula) 102
Andrić, Ivo 328
Anića Kuk 176
Animafest 329
animaux **33**, **231**, 326
Apoxyomène de Lysippe 154
Aquae Vivae 78
Aqua Iasae 81
Aquarium Terrarium Šibenik 196
arboretum de Trsteno 278
Arc de Balbi 113
Arc de triomphe de Sergius 102
architecture 323
Archives d'État 259
argent 16, 334
art 328
Art naïf 52, 85
Artuković, Lovro 332
Association culturelle Moreška 290
Association des artistes croates 335
assurance 335, 349
Atelier Meštrović 54
Augustinčić, Antun 78, 154, 331
Avars 298
avion 344, 347

Référence des cartes
Référence des photos

B
babić 322
Backo Mini Express 51
Bačvice 209
Badija, île de 286
baignade 30
Bale 111
Banj 235
baptistère de Dalmatinac 196
Baranja du Nord 94
Bašić, Nikola 185
basilique des Cinq Martyrs 221
basilique euphrasienne de Poreč 118
Baška 163
basket 316
Bassano, Jacopo 287
bateau 347
Batina 94
Bauer, Branko 329
Bazga 318
Béla IV 299
Beli 150
bénévolat 335
Bermet 318
Biennale de musique contemporaine, Zagreb 22, 57
bière 321
Bijela Rijeka (rivière Blanche) 174
Bijela Vila 109
Bili Rat 235
Biokovo 233
Biševo, île de 14, **14**, 254
Blato 290
Blažeković, Milan 329
Blue World Institute of Marine Research & Conservation 158
Boćarski Dom 56
Bol 13, **13**, 237
Boškarin 318
Božava 189
Brač 233
Brela 226
Brešan, Ivo 329
Brešan, Vinko 330
Brijuni 109
Buba (plage) 227
Bukovac, Vlaho 207, 331
Bundek, lac 56
Bulajić, Veljko 330
bus 348
Buzet 24, 128

C
café 321
Čakovec 86
campanile Sainte-Marie 167
canoë 93
Čara 290
carnaval 22
   Dubrovnik 267
   Pag 179
   Rijeka 141
   Split 211
cartes 336
cartes bancaires 334
cartes de réduction 55, 336
cathédrale de l'Assomption de Dubrovnik 262
cathédrale de l'Assomption de la ville de Krk 160
cathédrale de l'Assomption de Varaždin 83
cathédrale de l'Assomption de la Vierge Marie 54
cathédrale (Pula) 102
cathédrale Saint-Domnius 206
cathédrale Sainte-Anastasie 183
cathédrale Saint-Étienne 241
cathédrale Saint-Guy 139
cathédrale Saint-Jacques 194
cathédrale Saint-Laurent 220
cathédrale Saint-Marc 287
cathédrale Saint-Pierre de Đakovo 88
Cavtat 276
Centre d'astronomie 139
Centre de mémoire Nikola Tesla 177
Centre de protection des vautours fauves 164
Centre de secours des tortues marines 155
Centre pédagogique maritime de Lošinj 157
Centre Sokolarski 196
Centre sportif et de loisirs Šalata 56
Cest is D'Best 23, 57
Cetina 224
ćevapčići 321
change 334
chapelle de Saint-Jérôme 131
chapelle Saint-Quirinus 160
château de Nehaj 165
château de Trakošćan 15, **15**, 80
château de Trsat 139
château de Veliki Tabor 80
château Eltz 97
château Morosini-Grimani 133
château (Pazin) 132
chevaux de Posavina (Posavski konj) 86
Čikat 154
cimetière de Supetar 235
cimetière de Varaždin 82
cinéma 294, 329
Cmrečnjak 87
code de la route 349
collection archéologique d'Osor 153
collégiale de l'Assomption de Marie 179
colombe de Vučedol (Vučedolska golubica) 46
Colonne de Roland 261
Concerts de jazz 120
Concerts de musique classique 120

359

Couvent des Bénédictines 243
cravate 67, 301
Cres (île) 14, **14**, 149, 228
Cres (ville) 150
crljenak kaštelanski 282
Crna Rijeka (rivière Noire) 174
Crnika, baie de 170
Crni Lug 143
croisières 34
Crveni Otok 117
cuisine **20**, 108, 317
culture 312, 328
cyclotourisme *voir* vélo

D
Đakovo 88
Đakovački Vezovi 88
Dalmatie 171, **172**, 199, **200**, 255, **256**
dangers 336
Dan Rakije 131
danse 331
dauphins 158
Degrassi 123
dentelle de Pag 179
Design District Zagreb 23, 58
Desinička, Veronika 80
Destination Ultra Beach 244
Destination Ultra Boat Regatta 238
Dingač 282
Dioclétien 202, 221, 297
distributeurs automatiques de billets (DAB) 334
Dol 234
Dolphin Day 158
Donja Banda 282
Donja Stubic 79
Donji Huma 234
douane 337
Dragojević, Oliver 331
Drakulić, Slavenka 329
Drašković, Janko 43
drmeš 331
Držić, Marin 328
Dubovica 244
Dubrovnik **5**, **8**, 9, 255, 257, **260**, **264**, **266**, **267**, 268
 à voir 258
 bars 273
 hébergements 267

Référence des cartes
Référence des photos

restaurants **267**, 271
transports 275
Dubrovnik pendant la guerre patriotique 262
Dugi Otok 188
Dulčić, Ivo 332
Dvorac Tikveš 93
Dvorišta, Zagreb 23, 58

E
écologie voir environnement
église capucine Notre-Dame-de-Lourdes 138
église de la Nativité 155
église de la Sainte-Croix 167
église de l'Assomption, Osor 153
église de l'Assomption, ville de Rab 167
église de Tous-les-Saints 287
église et monastère franciscains Saint-Jean-Baptiste 82
église franciscaine 196
église jésuite Sainte-Catherine 52
église Notre-Dame de Trsat 139
église paroissiale Sainte-Marie 152
église Saint-Antoine-l'Abbé 167
église Saint-Antoine l'Ermite 157
église Saint-Blaise 110, 261
église Saint-Donat 183
église Sainte-Euphémie 113
église Sainte-Justine 167
église Sainte-Lucie 163
église Sainte-Marie-des-Neiges 151
église Saint-Étienne 126
église Saint-Ignace-de-Loyola 262
église Saint-Jean-l'Évangéliste 167
église Saint-Marc 52
église Saint-Pierre-et-Saint-Paul 89
église Saint-Sébastien 220
église Saint-Siméon 182
église Saints-Vitus-Modeste-et-Crescentius 125
Élaphites, îles 279
Electric Elephant 191
électricité 337
Empire ottoman 300

enfants 36, 56
environnement 325, 327
épave du "Baron Gautsch" 113
Ergela 88
ermitage de Blača 234
escalade 34, **34**, 113, 176
escalier Petar Kružić 139
Exposition Tito aux Brijuni 109

F
femmes en voyage 343
ferry 346
Festival culturel Imena 238
Festival de danse et de théâtre non verbal 134
Festival de danse et de théâtre non verbal, Svetvinčenat 24
Festival de l'Accordéon de Roč 130
Festival d'été de Bol 238
Festival d'été de Dubrovnik 23, 267
Festival d'été de Hvar 244
Festival d'été de la musique et des traditions 114
Festival d'été de Rab 169
Festival d'été de Split 23, 211
Festival d'été de Supetar 236
Festival d'été de Trogir 222
Festival de théâtre du monde 24, 58
Festival d'Opatija 146
Festival du film de Motovun 23, 127
Festival du film de Pula 103
Festival du film des droits de l'Homme 25, 58
Festival du film de Split 212
Festival du film de Tabor 80
Festival du film de Vukovar 24, 97
Festival du film de Zagreb 24, 58
Festival du film méditerranéen de Split 211
Festival folklorique international 58
Festival international de marionnettes 58
Festival international des enfants 196
Festival mondial du film d'animation 58

Festival subversif 23, 57
Fête de la Pleine Lune 24, 185
Fête de la Saint-Martin 25
Fête de Notre-Dame-du-Carmel 238
Fête de Saljske Užance 190
Fête de Subotina 24, 128
Fjord de Lim 117
Foire de Rab 169
Fontaine d'Onofrio 258
football 315
formalités 16, 337, 344
forteresse de Klis 206
forteresse de Knin 193
forteresse de Mirabela 225
forteresse (Labin) 135
forteresse Saint-Michel 196
Fortica 225, 243
fortifications (Korčula) 286
fort Kamerlengo 221
fort Revelin 258
fort Saint-Jean 258
fort Saint-Laurent 258
Forum romain 183
Fra Angelico 46
Fresh Island 180
fromage 319
Fuliranje 25, 58
funiculaire 52

G
Galerie d'Art moderne 46
Galerie de Hlebine 85
Galerie des Beaux-Arts 207
Galerie des Maîtres anciens et modernes 82
Galerie Dulčić Masle Pulitika 261
Galerie Koprivnica 85
Galerie Meštrović 208
Galerie Strossmayer des Maîtres anciens 46
Galerija Branislav Dešković 237
Galerija Gret 47
Galerija Josip Generalić 85
Galerija Klovićevi Dvori 52
Galerija Miroslav Kraljević 47
Galerija Nova 47
Galerija Studentski Centa 47
Game of Thrones 271
géants lumineux 102
Generalić, Ivan 85, 332
géologie 325
Geržinić 127
Gibonni 331
glossaire 356

Gornji Kamenjak 108
Gospić 177
Gouffre de Pazin 132
Grabar-Kitarović, Kolinda 295, 311
Grabovac 175
Gračišće 133
Gradec 43
Gradina 221
grappa 318, 320
graševina 95
Gregada 318
Grégoire de Nin 82, 207
Grisia Art Show 114
Grisia (Rovinj) 113
grk 285, 322
Grohote 224
grotte au Dragon 238
grotte Bleue 254
grotte de Kopačina 233
grotte de Tito 252
grotte de Veternica 76
grottes 325
grottes de Barać 174
grottes de Baredine 120
grotte Verte 254
Grožnjan 124
Gundulić, Ivan 328

H
Habsbourg 301
handicapés 337
Haydn, Joseph 330
hébergement 338
Hegedušić, Krsto 85
heure locale 16, 340
heures d'ouverture 17, 340
Hideout 23, 180
histoire 296
Hižakovec 79
homme de Néandertal 81
homosexualité 67, 340
hôpital de Vukovar de 1991 97
Hongrie 299
Hraščina 79
Hum 131
Hvar (île) 11, **11**, 240, **241**, **242**
Hvar (ville) 11, **11**, 240, **241**, **242**
  bars 246
  hébergements 244
  restaurants 246

I
îles 228
Illyrie 297

Iločki Podrumi 98
Ilok 98
Ilovik 155
Inmusic Festival 23, 57
Internet (accès) 340
Internet (sites) 17
Istarske Toplice 129
Istrie 10, 99, **101**
itinéraires 26
Iveković, Sanja 332

J
Janjina 282
Japetić 73
Jardin botanique (Zagreb) 47
Jardin botanique de Kotišina 233
Jardin de la Reine Jelena Madijevka 182
Jardin des parfums merveilleux 155
Jardin méditerranéen du monastère médiéval 196
Jarun, lac 56
Jelačić, Josip 43, 303
Jelsa 249
Jergović, Miljenko 329
Jerolim 248
Jevsovar, Marijan 332
Jezerce 174
Job, Ignjat 207
journaux 335
jours fériés 341
Juran, Mladen 330

K
Kaptol 43
Kastav 145
Kastav, Ivan de 331
Kaštela 219
Kaštelet 209
Kaštel Gomilica 219
Kaštel Kambelovac 219
Kaštel Lukšić 219
Kaštel Novi 219
Kaštel Štafilić 219
Kaštel Stari 219
Kaštel (ville de Krk) 160
Kaštel Vitturi 219
kayak 34
Kino Bačvice 216
Kinoteka Zlatna Vrata 216
Klanjec 78
klapa 206, 214, 330
Klet Sveti Martin na Muri 87
Klin 176

Klis 206
Knifer, Julije 332
Knin 193
Kolan 181
Koločep 279
Koloman 299
Komiška pogača 318
Komiža 253
Konavle 278
Kopačevo, lac 93
Kornati, îles 190
Korčula (île) 12, **12**, 285
Korčula (ville) 286, **288**
Kožarić, Ivan 332
Kozjak, lac 173
Kraljević, Miroslav 331
Krapina 79
Krapinske Toplice 78
Krapje 86
kremšnite 73
Krešimir IV 299
Krivica 156
Krk (île) 159
Krk (ville) 160
Krka 13, 13,
Krleža, Miroslav 328
Kršinić, Frano 154
Kulunčić, Andreja 332
kumpanija 290
Kumrovec 77, 305
Kuterevo 177
Kutjevo 95
Kvarner, Golfe de 136, **137**

L
Labin 134
lac Bundek 56
lac Jarun 56
lac Kopačevo 93
lac Kozjak 173
lac Mir 190
lac Prošćansko 174
lac Sakadaško 93
Ladislas de Naples 301
langue 351
Lapad, baie de 263
Last Minute Open Jazz Festival 111
Lastovo, île de 290
Lauba 55
Les journées Jules Verne 132
L'Été de Poreč 120
littérature 294
littoral 228
Ljeto na Štrosu 23, 57
Lokrum 262
Lopar 170

Lošinj 228
Lopud 279
loups 326
Lovrec 86
Loznati 151
Lubenice 152
Lumbarda 290
Lungomare 146
Lustig, Branko 329

M
Maison de Bukovac 277
Maison du Batana 113
Maison suisse 145
Makarska 226
Mala Paklenica (Petite Paklenica) 176
Mala Učka 148
Mali Lošinj 154
Malinska 159
Mali Plac s Tavana (Le Petit Marché du grenier) 68
Mali Ston 282
malvasija 278
malvazija (malvoisie) 321
Manastirine 221
Manita Peć (grotte) 176
marché d'antiquités 68
marché de Dolac 54
Marija Bistrica 78
Marinkovac 248
Martinis, Dalibor 332
Marulić, Marko 328
Maškin 117
Masle, 332
Masle, Antun 332
Maslinica 224
mausolée de la famille Račić 277
Međimurje 86
méduses 342
Medvedgrad 76
Mekićevica 244
Mémorial des Défenseurs de Dubrovnik 261
Mémorial d'Ovčara 97
mer Morte (Dubrovnik) 262
Mesić, Stjepan 286
Meštrović, Ivan 46, 52, 54, 154, 208, 331
mesures 335
Milna 234, 244, 251
Milošević, Slobodan 307, 308
mines antipersonnel 176, 336
Mir, lac 190
Mirković, Alenka 329
Mirogoj 55

Mlini 248
Mljet 10, **10**, 279, **309**
momies 110
Momjan 124
monastère bénédictin (Lokrum) 262
monastère de la Krka 193
monastère de Notre-Dame-des-Neiges 277
monastère de Sainte-Euphémie 167
monastère dominicain (Stari Grad) 248
monastère dominicain et musée (Dubrovnik) 259
monastère et musée franciscains (ville de Hvar) 243
monastère franciscain (Kaprina) 81,
monastère franciscain (Zadar) 185
monastère franciscain de Košljun 162
monastère franciscain et musée (Dubrovnik) 258
monastère franciscain Notre-Dame-de-la-Miséricorde 192
monastère Saint-André 167
monnaie 334
Monténégro 276
mont Hum 252
mont Ilija 283
Mont Medvednica 76
mont Srđ 257
moreška 290
mosaïques 102, 118
Mostar 276
moštra 290
moto 349
Motovun 125
mouton de la Tramuntana 149
Mraz, Franjo 85, 332
Mukinje 174
Murter 191
Murtić, Edo 332
Musée Antun Augustinčić 78
Musée archéologique (Dubrovnik) 259
Musée archéologique (Split) 207
Musée archéologique (Vis) 250
Musée archéologique (Zadar) 183

Référence des cartes
Référence des photos

Musée archéologique (Zagreb) 43
Musée croate d'Art naïf 52
Musée croate du Tourisme 145
Musée d'Art contemporain (Zagreb) 55
Musée d'Art contemporain d'Istrie 102
Musée d'Art moderne et contemporain (Rijeka) 138
Musée d'Art moderne et contemporain (Dubrovnik) 263
Musée d'Art sacré (Trogir) 220
Musée d'Art sacré (Zadar) 183
Musée de Brač 234
Musée de la culture de Vučedol 97
Musée de la Dentelle de Pag 179
Musée de la Moreška 287
Musée de l'Apoxyomène 154
Musée de la Slavonie 89
Musée de la Tour 157
Musée de l'Automobile Ferdinand-Budicki 47
Musée de la Ville de Korčula 287
Musée de la Ville de Rijeka 139
Musée de la Ville de Šibenik 196
Musée de la Ville de Split 207
Musée de la Ville de Varaždin 82,
Musée de la Ville de Zagreb 54
Musée de l'Homme de Néandertal 296
Musée de l'Homme de Néandertal de Krapina 81
Musée de l'Illusion 50
Musée des Arts décoratifs 50
Musée des Beaux-Arts 89
Musée des Icônes 287
Musée des Techniques Nikola-Tesla 55
Musée d'Histoire culturelle 261
Musée d'Histoire maritime d'Istrie 102
Musée Dražen Petrović 56
Musée du Patrimoine 113
Musée du Verre antique 183

Musée épiscopal 241
Musée ethnographique (Dubrovnik) 262
Musée ethnographique (Pazin) 132
Musée ethnographique (Split) 206
Musée ethnographique (Zagreb) 47
Musée Gloria Maris 89
Musée maritime (Dubrovnik) 261
Musée maritime et historique (Rijeka) 139
Musée Mimara 47
Musée Staro Selo 77
Musée Tusculum 221
Muséum croate d'histoire naturelle 54
Muséum d'histoire naturelle 139
Museum of Broken Relationships 52
musique 330
Muzej Grada Kaštela 219
Mužilovčica 86

N
naturisme 107
Nerezine 154
Novakovich, Josip 329
Novak, Slobodan 329
Novalja 180
Novigrad 122
Nugal 227, **231**
Nuit des musées 22, 57
Nuits d'été de Rijeka 141

O
Obonjan 24, 198
observation de la faune 35
offices du tourisme 341
oiseaux 113, 196, 327
Okrug Gornji 222
Okuklje 281
Omiš 225
Opatija 144
Orebić 283
Orešković, Tihomir 295
Orgue marin 185
Osijek 88, **90**
Osor 153
Oštrc 73
oursins 342
Oustachi 306
Outlook Festival 103
Ovčar 96

P
Pag (île) 178, 228, **229**
Pag (ville) 179
Pakleni, îles 248
palais Arneri 287
palais de Dioclétien 202, 323
palais de Dioclétien 202
palais de Salomon 133
palais du Recteur 261
palais Fritzy 154
palais Gabriellis 287
palais Papalić 207
palais romain 281
palais Sponza 259
Palmižana 248
parapente 73, 126
parc des grottes de Grabovača 177
parc forestier du Marjan 209
parc forestier Punta Corrente 113
parc Komrčar 166
parc Maksimir 55
parc national de la Krka 13, **13**, **33**, 192
parc national de Mljet 280
parc national de Paklenica 176
parc national de Risnjak 143
parc national des Kornati 191
parc national des lacs de Plitvice **2**, **9**, **20**, 173
parc naturel de Biokovo 233
parc naturel de Kopački Rit 14, **14**, 93
parc naturel de Lonjsko Polje 86
parc naturel de Medvednica 76
parc naturel d'Učka 148
parcs nationaux 325
parc sportif Mladost 56
Parenzana Bike Trail 124
Parun, Vesna 328
paški sir (fromage de Pag) 178, 319
passeport 344
Pavelić, Ante 47, 306
pavillon artistique Juraj Šporer 145
Pavillon des Arts 47
Pavličić, Pavao 329
Pazin 131
peinture 331
peka 317
Pelješac, péninsule de 282
Peristil 206

permis de conduire 350
Perušić 177
phare de Punta Bjanca 189
photographie 341
pic de Vošac 233
picigin (jeu de paume) 207, 209, 211
Piškera 191
plage de Banje 263
plage de Bellevue 263
plage de Copacabana 263
plage de Hawaï 103
plage de Kolombarica 108
plage de Livačina 170
plage de Medena 222
plage de Sahara 170
plage de Zrće 181
plage du Paradis 170
plages 230
planche à voile 34, 284
plans 336
plavac mali 282, 322
Plenković, Andrej 295
Plešivica 73
Plitvice, lacs de **2**, **9**, **20**, 173
plongée 32, 230, 281
poids 335
Poklon, col de 148
Poljak, Renata 332
Polo, Marco 286
Poreč 118, **119**
Porporela 263
porte de la Terre ferme 182
porte de Pierre 54
porte des Lions 194
porte Pile 258
porte romaine 139
pošip 282, 322
poskočica 331
poste 341
Postup 282
Potomje 282
pourboire 335
Pracat, Miho 261
Prapratno 283
Premantura, péninsule de 108
Primošten 197
problèmes juridiques 341
Prošćansko, lac 174
pršut 282, 318
Pučišća 234
Pula 101, **104**
Pulitika, Đuro 332
Punat 162
Punta Rata 226
Pupnat 290, 291

R
Rab (île) 165
Rab (ville) 166, **168**
Rabac 134
Račić, Josip 331
Rački, Mirko 89
radio 335
rafting 35, 224
rakija 320
Rakovica 175
randonnée 31, 155, 163, 167
rapaces 196
refuge de Kuterevo 177
religion 314
remparts (Dubrovnik) 258, **266**
remparts (Motovun) 125
république de Raguse 301
république de Venise 101, 286, 300, 303
République des arts de Labin 135
réserve ornithologique de Palud Marsh 113
Resistance 250
Rijeka 138, **140**
Riviera de Makarska 226
Roč 130
Rogačica 318
Rogoznica 198
Roški Slap 193
route des vins 282
Rovinj **3**, 111, **112**
Rovinj Jazz Festival 114
Rt Kamenjak, Cap de **13**, **13**, 108
Rude 73
Rukavac 251
Rušinović, Goran 330

S
Sabor 52
Saint-Blaise 22, 267
Sakadaško, lac 93
Sakarun, baie de 189
Sali 189
Salle Vatroslav Lisinski 66
Salone 202, 221
Salut au soleil 15, **15**, 185
Samobor 73
Samoborsko Gorje 73
Samograd (grotte) 177
santé 341
Saplunara 281
sculpture 331
Seasplash Festival 103
sécurité 336
Selište Drežničko 175
Semaine sainte 22, 287
Senj 165
sentier de Leska 143
serpents 342
Šibenik 194, **195**
Šibenik-Knin 190
Šipan 279
ski 22, 35, 76, 316
Skradin 192
Skradinski Buk 192
Škrip 234
Skrivena Luka 291
Slaves 298
Slavonie 87
Sljeme, Station de ski du 76
šljivovica (prune) 320
Smajić, Petar 332
Smokvica 290
snorkeling 32, 113, 230
société 294, 312
Soirée musicales d'Osor 153
Soirées baroques de Varaždin 24
Soirées de Grič 58
Soirées musicales de Rab 169
Soirées musicales de Saint-Donat 185
Šolta 224
Sonus 24, 180
Soundwave, Tisno 24, 192
sources sulfureuses 81
Sovinjsko Polje 129
Špancirfest 24, **25**, 83
špica 63
Split 12, **12**, 199, 202, **204**, **208**
  bars 215
  hébergements 212
  promenade à pied 203
  restaurants 213
  transports 217
Splitski Festival 211
Splitski Litnji Koluri 211
sports 30, 315
Srbrena 251
Srebrenica 309
Stadion Maksimir 67
Stara Baška 161
Stari Grad 247
statue de l'évêque Grégoire de Nin 82, 207
statue de l'évêque Strossmayer 46
stèle de Baška 46
Sterle, Sandra 332
Stiniva 251

St Nikola Tavilić 196
Ston 282
Sudamja 211
Sudamja, Split 23
Sumartin 234
Sunčana Uvala 154
SUNćeBeat 191
Šunj 279
Supetar 235
Susak 155
Sveta Katarina 117
Sveti Andrija 117
Sveti Jure 233
Sveti Klement 248
Sveti Marija 280
Sveti Nikola 120
Svetvinčenat 24, 133
Sviličić, Ognjen 330
synagogue et musée juif 259
Syrmie 98

T
tabac 335
taux de change 17
taxes 335
Telaščića, baie de 190
téléphérique 264
téléphone 16, 342
temple de Jupiter 207
temple de Neptune 119
tennis 316
Tesla, Nikola 177, 312
Théâtre municipal de marionnettes de Split 216
Théâtre national croate 66
Théâtre national croate de Split 216
Théâtre national croate Ivan Zajc 143
Théodose le Grand 297
Tintoret 287
tiques 342
Tisno 24, 191
Tito 77, 101, 109, 252, 305, 306, 326
toilettes 343
tombeau de sainte Euphémie 113
tortues 155
Tortureum-Musée de la Torture 54
tour Bokar 258
tour Cibona 67
tour de la ville 138
tour Lotrščak 52
tour Minčeta 258
tours vénitiennes 118

tour Veliki Revelin 287
tour Zakerjan 287
train 348
train de Parenzana 126
traité de Rapallo 101, 149, 182
transports 344
travarica (herbes aromatiques) 320
Trg Bana Jelačića 43
Trget 135
Trg Frane Petrića 151
Trogir 220, **223**
Trpanj 282
Trpimir 298
Trstenica 283
truffe 24, 128, 129, 130, 318
Tučepi 227
Tuđman, Franjo 307, 308
Tuheljske Toplice 79
Tunel Grič 51
türbe 98
Tvrđa (citadelle) 89
Tvrdalj 248

U
Ugrešić, Dubravka 329
Ultra Europe 24, 211
Umag 123
Unije 155
us et coutumes 313

V
vallée de Draga (Limska Draga) 117
vallée de la Sutla 77
Valun 152
Varaždin 24, 81, **83**
Varaždinske Barokne Večeri 84
Varaždinske Toplice 81
vautour fauve 164
végétariens 319
Vela Draga 148
Vela Luka 235, 290
Velebit 176, 177
Velebitaški 176
Veli Brijun 109
Velika Paklenica (Grande Paklenica) 176
Veliki Slap (Grande Cascade) 173
Veli Lošinj 157
Veli Rat 189
vélo 32, 93, 124, 146, 155, 349
Verne, Jules 132
Verudela, péninsule de 103
Via Pacis Pannoniae 32, 93
Vidova Gora 237
Viganj 284
villa Angiolina 145
vin **10**, 86, 95, 282, 321
Vincent de Kastav 331
vipère 326
Virius, Mirko 85, 332
Vis (île) 11, **11**, 249
Vis (ville) 250
visas 337
Vitalac 318
Vlačica 235
Vodnjan 110
voile 34
voiture 349
Vojak 144
Volosko 146
voyages organisés 346
Vrbnik 162
Vrilo 235
Vučedolska golubica (colombe de Vučedol) 46
Vučković, Severina 331
Vukotić, Dušan 329
Vukovar 96

W
War Photo Limited 259

Y
Yougoslavie 304

Z
Zadar 15, **15**, 182, **184**
Zadar Rêve 185
Zaglav 251
Zagorje 15, **15**, 77
Zagreb 10, **10**, **25**, 42, **44**, **48**, **53**
 à voir 43
 bars 64
 hébergements 58
 promenade à pied 53
 restaurants 61
 transports 69
 Ville basse (Donji Grad) 43, 58, 61, 64
 Ville haute (Gornji Grad) 51, 60, 63, 65
 Ville nouvelle (Novi Zagreb) 55
Zagrebačko Kazalište Mladih 66
Zagreb Card 55
Zagrebdox 22, 57
Zapadna Obala 209
Zaraće 244
Zerostrasse 103
žlahtina 162, 322
Zlatni Rat 237
zoo de Zagreb 55
zoo d'Osijek 89
Zrinjevac 46
Žrnovo 290, 291
Žumberak 73
Žut 191

Référence des cartes
Référence des photos

NOTES

1 ∂ = 7,4 KC
1 CDN = 5,0 KC
1 US = 6,6 KR
1 CLT = 6.55 KR

Légende des cartes

À voir
- Château
- Monument
- Musée/galerie/édifice historique
- Ruines
- Église
- Mosquée
- Synagogue
- Temple bouddhiste
- Temple confucéen
- Temple hindou
- Temple jaïn
- Temple shintoïste
- Temple sikh
- Temple taoïste
- Sentō (bain public)
- Cave/vignoble
- Plage
- Réserve ornithologique
- Zoo
- Autre site

Activités, cours et circuits organisés
- Bodysurfing
- Plongée/snorkeling
- Canoë/kayak
- Cours/circuits organisés
- Ski
- Snorkeling
- Surf
- Piscine/baignade
- Randonnée
- Planche à voile
- Autres activités

Où se loger
- Hébergement
- Camping

Où se restaurer
- Restauration

Où prendre un verre
- Bar
- Café

Où sortir
- Salle de spectacle

Achats
- Magasin

Renseignements
- Banque
- Ambassade/consulat
- Hôpital/centre médical
- Accès Internet
- Police
- Bureau de poste
- Centre téléphonique
- Toilettes
- Office du tourisme
- Autre adresse pratique

Géographie
- Plage
- Refuge/gîte
- Phare
- Point de vue
- Montagne/volcan
- Oasis
- Parc
- Col
- Aire de pique-nique
- Cascade

Agglomérations
- Capitale (pays)
- Capitale (région/État/province)
- Grande ville
- Petite ville/village

Transports
- Aéroport
- Poste frontière
- Bus
- Téléphérique/funiculaire
- Piste cyclable
- Ferry
- Métro
- Monorail
- Parking
- Station-service
- Station de métro
- Taxi
- Gare/chemin de fer
- Tramway
- U-Bahn
- Autre moyen de transport

Les symboles recensés ci-dessus ne sont pas tous utilisés dans ce guide

Routes
- Autoroute à péage
- Voie rapide
- Nationale
- Route secondaire
- Petite route
- Chemin
- Route non goudronnée
- Route en construction
- Place/rue piétonne
- Escalier
- Tunnel
- Passerelle
- Promenade à pied
- Promenade à pied (variante)
- Sentier

Limites et frontières
- Pays
- État/province
- Frontière contestée
- Région/banlieue
- Parc maritime
- Falaise
- Rempart

Hydrographie
- Fleuve/rivière
- Rivière intermittente
- Canal
- Étendue d'eau
- Lac asséché/salé/intermittent
- Récif

Topographie
- Aéroport/aérodrome
- Plage/désert
- Cimetière (chrétien)
- Cimetière (autre)
- Glacier
- Marais/mangrove
- Parc/forêt
- Site (édifice)
- Terrain de sport

LES GUIDES LONELY PLANET

Une vieille voiture déglinguée, quelques dollars en poche et le goût de l'aventure, c'est tout ce dont Tony et Maureen Wheeler eurent besoin pour réaliser, en 1972, le voyage d'une vie : rallier l'Australie par voie terrestre via l'Europe et l'Asie. De retour après un périple harassant de plusieurs mois, et forts de cette expérience formatrice, ils rédigèrent sur un coin de table leur premier guide, Across Asia on the Cheap, qui se vendit à 1 500 exemplaires en l'espace d'une semaine. Ainsi naquit Lonely Planet, dont les guides sont aujourd'hui traduits en 12 langues.

NOS AUTEURS

Peter Dragicevich

Préparer son voyage, Dalmatie centrale, Dalmatie du Sud. Après une carrière bien remplie à travailler pour des journaux et des magazines de sa Nouvelle-Zélande natale et d'Australie, Peter a cédé à la bougeotte des Kiwis pour partir à la recherche de ses racines dans presque toute l'Europe. Depuis dix ans, il a écrit des douzaines de guides pour Lonely Planet. Auckland, en Nouvelle-Zélande, est à nouveau son port d'attache.

Marc Di Duca

Istrie, Golfe de Kvarner, Dalmatie du Nord. Écrivain voyageur depuis dix ans, Marc a travaillé pour Lonely Planet en Sibérie, Slovaquie, Bavière, Angleterre, Ukraine, Autriche, Pologne, Croatie, au Portugal, à Madère et sur le chemin de fer transsibérien. Quand il n'est pas sur la route, Marc se partage entre les Sandwich, le Kent et Mariánské Lázně, en République tchèque, avec sa femme et ses deux fils.

Anja Mutić

Comprendre la Croatie, Croatie pratique, Zagreb, Croatie continentale. Anja est née et a grandi à Zagreb. Sa carrière d'écrivain voyageuse l'a amenée dans plus de soixante pays, où elle a appris plusieurs langues. Ses articles lui ont valu plusieurs prix. Elle a vécu, travaillé et voyagé sur tous les continents (sauf l'Antarctique), avec plusieurs séjours de plusieurs mois à Buenos Aires et à Lisbonne. Anja a écrit pour des publications comme *The Washington Post, New York Magazine, National Geographic Traveler, AFAR* et *BBC Travel*. Suivez-la sur Instagram : Everthenomad.

Croatie

8ᵉ édition
Traduit et adapté de l'ouvrage *Croatia, 9th edition*, April 2017
© Lonely Planet Global Limited 2017
© Lonely Planet et Place des éditeurs 2017
Photographes © comme indiqué 2017

Dépôt légal Mail 2017
ISBN 978-2-81616-358-2

Imprimé par Pollina, Luçon, France - 83566
Réimpression 03, février 2018

Bien que les auteurs et Lonely Planet aient préparé ce guide avec tout le soin nécessaire, nous ne pouvons garantir l'exhaustivité ni l'exactitude du contenu. Lonely Planet ne pourra être tenu responsable des dommages que pourraient subir les personnes utilisant cet ouvrage.

En Voyage Éditions | un département place des éditeurs

Tous droits de traduction ou d'adaptation, même partiels, réservés pour tous pays. Aucune partie de ce livre ne peut être copiée, enregistrée dans un système de recherches documentaires ou de base de données, transmise sous quelque forme que ce soit, par des moyens audiovisuels, électroniques ou mécaniques, achetée, louée ou prêtée sans l'autorisation écrite de l'éditeur, à l'exception de brefs extraits utilisés dans le cadre d'une étude.
Lonely Planet et le logo de Lonely Planet sont des marques déposées de Lonely Planet Global Limited.
Lonely Planet n'a cédé aucun droit d'utilisation commerciale de son nom ou de son logo à quiconque, ni hôtel ni restaurant ni boutique ni agence de voyages. En cas d'utilisation frauduleuse, merci de nous en informer : www.lonelyplanet.fr